"十三五"全国统计规划教材

（第二版）

应用抽样技术

杨贵军　尹　剑
孟　杰　王维真　编著

经济类、统计类、管理类专业适用

中国统计出版社
China Statistics Press

图书在版编目(CIP)数据

应用抽样技术 / 杨贵军等编著. —— 2版. —— 北京 :
中国统计出版社，2020.8
“十三五”全国统计规划教材
ISBN 978－7－5037－9234－2

Ⅰ. ①应… Ⅱ. ①杨… Ⅲ. ①抽样调查统计－高等学校－教材 Ⅳ. ①C811

中国版本图书馆 CIP 数据核字(2020)第 164583 号

应用抽样技术(第二版)

作　　者/杨贵军　尹　剑　孟　杰　王维真
责任编辑/姜　洋
封面设计/张　冰
出版发行/中国统计出版社有限公司
通信地址/北京市丰台区西三环南路甲 6 号　邮政编码/100073
电　　话/邮购(010)63376909　书店(010)68783171
网　　址/http://www.zgtjcbs.com
印　　刷/河北鑫兆源印刷有限公司
经　　销/新华书店
开　　本/787×1092mm　1/16
字　　数/500 千字
印　　张/22.5
印　　数/1－2000 册
版　　别/2020 年 8 月第 2 版
版　　次/2020 年 8 月第 1 次印刷
定　　价/66.00 元

国家统计局
全国统计教材编审委员会第七届委员会

出版说明

全国统计教材编审委员会成立于1988年，是国家统计局领导下的全国统计教材建设工作的最高指导机构和咨询机构。自编审委员会成立以来，分别制定并实施了“七五”至“十三五”全国统计教材建设规划，共组织编写和出版了“七五”至“十二五”六轮“全国统计教材编审委员会规划教材”，这些规划教材被全国各院校师生广泛使用，对中国的统计和教育事业作出了积极贡献。自本轮规划教材起，“全国统计教材编审委员会规划教材”更名为“全国统计规划教材”，将以全新的面貌和更积极的精神，继续服务全国院校师生。

《国家教育事业发展“十三五”规划》指出，要实行产学研用协同育人，探索通识教育和专业教育相结合的人才培养方式，推动高校针对不同层次、不同类型人才培养的特点，改进专业培养方案，构建科学的课程体系和学习支持体系。强化课程研发、教材编写、教学成果推广，及时将最新科研成果、企业先进技术等转化为教学内容。加快培养能够解决一线实际问题、宽口径的高层次复合型人才。提高应用型、技术技能型和复合型人才培养比重。

《“十三五”时期统计改革发展规划纲要》指出，“十三五”时期，统计改革发展的总体目标是：形成依靠创新驱动、坚持依法治统、更加公开透明的统计工作格局，逐步实现统计调查的科学规范，统计管理的严谨高效，统计服务的普惠优质，统计运作效率、数据质量和服务水平明显提升，建立适应全面建成小康社会要求的现代统计调查体系，保障统计数据真实准确完整及时，为实现统计现代化打下坚实基础。

围绕新时代中国特色社会主义教育事业和统计事业新特点，全国统计教材编审委员会将组织编写和出版适应新时代特色、高质量、高水平的优秀统计规划教材，以培养出应用型、复合型、高素质、创新型的统计人才。

2015年9月，经李克强总理签批，国务院印发了《促进大数据发展行动纲要》系统部署大数据发展工作，我国各项工作进入大数据时代，拉开了统计教育和统计教材建设的大数据新时代。因此，在完成以往传统统计专业规划教材的编写和出版外，本轮规划教材要把编写大数据内容统计规划教材作为重点工作，以培养新一代适应大数据时代需要的统计人才。

为了适应新时代对统计人才的需要，组织编写出版高质量、高水平教材，本轮规划教材在组织编写和出版中，将坚持以下原则：

1. 坚持质量第一的原则。本轮规划教材将从内容编写、装帧设计、排版印刷等各环节把好质量关，组织编写和出版高质量的统计规划教材。

2. 坚持高水平原则。本轮规划教材将在作者选定、选题编写内容确定、编辑加工等环节上严格把关，确保规划教材在专业内容和写作水平等各方面，保证高水平高标准，坚决杜绝在低水平上重复编写。

3. 坚持创新的原则。无论是对以往规划教材进行修订改版，还是组织编写新编教材，本轮规划教材将把统计工作、统计科研、统计教学以及教学方法、方式的新内容融合在教材中，从规划教材的内容和传播方式上，实行创新。

4. 坚持多层次、多样性规划的原则。本轮规划教材将组织编写出版专科类、本科类、研究生和职业教育类等不同层次的统计教材，并可以考虑根据需要组织编写社会培训类教材；对于同一门课程，鼓励教师编写若干不同风格和适应不同专业培养对象的教材。

5. 坚持教材编写与教材研讨并重的原则。本轮规划教材将注重帮助院校师生学习和使用这些教材，使他们对教材中一些重要概念进一步理解，使教材内容的安排与学生的认知规律相符，发挥教材对统计教学的指导作用，进一步加强统计教材研讨工作，对教材进行分课程的研讨，以促进统计教材的向前发展。

6. 坚持创品牌、出精品、育经典的原则。本轮规划教材将继续修订改版已经出版的优秀规划教材，使它们成为精品，乃至经典，与此同时，将有意识地培养优秀的新作者和新内容规划教材，为以后培养新的精品教材打下基础，把“全国统计规划教材”打造成国内具有巨大影响力的统计教材品牌。

7. 坚持向国际优秀统计教材学习和看齐的原则。不论是修订改版教材还是新编教材，本轮规划教材将坚持与国际接轨，积极吸收国内外统计科学的新成果和统计教学改革的新成就，把这些优秀内容融进去。

8. 坚持积极利用新的教学方式和教学科技成果的原则。本轮规划教材将积极利用数据和互联网发展成果，适应院校教学方式、教学方法以及教材编写方式的重大变化，立体发展纸介质和利用数据、互联网传播方式的统计规划教材内容，适应新时代发展需要。

总之，全国统计教材编审委员会将不忘初心，牢记使命，积极组织各院校统计专家学者参与编写和评审本轮规划教材，虚心听取读者的积极建议，努力组织编写出版好本轮规划教材，使本轮规划教材能够在以往的基础上，百尺竿头，更进一步，为我国的统计和教育事业作出更大贡献。

国家统计局

全国统计教材编审委员会

第二版序言

在大数据和人工智能时代，抽样调查的理论和应用并没有停滞发展，反而在科学研究和生产实践中发挥越来越重要的作用。数据成为生产要素，人们更加注重数据质量，关注数据收集方法的严谨性和科学性。抽样技术在政府部门、社会团体、企业单位等很多领域获得更广泛应用和理论创新。

《应用抽样技术》（第二版）系统介绍抽样理论的核心抽样方法，包括简单随机抽样、分层随机抽样、系统抽样、单级整群抽样、两级抽样、以及比率估计、回归估计等。此外，还介绍了无回答问题和捕获再捕获抽样的专题，希望读者了解抽样技术的理论发展前沿。

本书坚持以科学性作为抽样技术的应用前提。力图给出每种抽样方法统计性质的必要推导过程，便于具有概率统计基础知识的读者顺利阅读，有助于帮助读者准确理解抽样技术的使用方法和适用范围。

本书坚持以应用性作为抽样方法的学习目标。略去逻辑推导过程，不妨碍本书核心内容的理解。本书选用了更多例题和模拟案例，从多个角度详细介绍每种抽样方法的优良性及其应用场合和假设条件。模拟案例重复针对同一总体的应用不同抽样方法，是为了帮助读者理解抽样方法的优良性和局限性，在实际应用或者阅读抽样调查文献更好把握抽样调查数据分析结论。

《应用抽样技术》（第二版）保留了第一版的章节结构安排。先介绍每种抽样方法的理论性质，再给出相应的例题，形成抽样方法的相互印证。简单随机抽样和分层随机抽样的模拟案例使用了中国规模以上工业企业利润的调查数据，演示个体抽样的样本抽取方法和数据分析过程。系统抽样、单级整群抽样和两级抽样的模拟案例选用了中国地区规模以下服务业企业的调查数据，演示群抽样的样本抽取方法和数据分析过程。对《应用抽样技术》的模拟案例中的R语言代码进行简化，不特别关注代码编写规范性，注重读者易于模仿和理解。每章的R语言代码和附录A与B的数据放在网站上（网址：http：//www.zgtjcbs.com)，供大家下载。同时校正了《应用抽样技术》数学符号、语言叙述等问题，使读者更易阅读和理解。

本书作为统计学专业的抽样技术课程教材，也可用作非统计学专业学生和各类人员学习抽样技术的教材或参考书。书中涉及内容较多，读者在学习中可以根据不同的需求，对书中内容进行取舍。

《应用抽样技术》（第二版）是由杨贵军、尹剑、孟杰和王维真合作修改和校正完成。在书稿完成过程中，多个年级在读博士研究生和在读硕士研究生参与了书稿录入、修订和校对。王维真教授修改和校正了专题B。作者感谢天津财经大学中国经济统计研究中心和统计学院对本书的支持。感谢参加过本课程学习的统计学专业本科生和研究生。感谢中国统计出版社给予本书出版的大力支持和协助。感谢国家自然科学基金（11471239）、国家社会科学基金（17CTJ002）、全国统计科学研究计划项目（2017LZ25、2017LZ30）、天津市哲学社会科学规划课题（TJTJ19—001）资助。本书借鉴了其他参考书的一些观点、例题和习题等，在此特向有关作者表示感谢。

尽管我们尽了最大的努力，限于作者水平有限，书稿编写难免存在疏漏或错误之处，恳请读者多提宝贵意见，今后进一步修改和完善。

作者

2020年5月

第一版序言

统计学已经在科学研究和生产实践中发挥越来越重要的作用。统计数据质量决定了统计结论的可信度。统计数据收集方法对统计数据质量影响很大。抽样调查是统计数据收集的最重要方法之一。由于其科学性，抽样调查已经被用于收集政府部门、社会团体、企业单位等很多领域的数据。

抽样技术是抽样调查的核心。《应用抽样技术》一书系统介绍了抽样技术的核心内容，包括简单随机抽样、分层随机抽样、系统抽样、单级整群抽样、两级抽样、以及比率估计、回归估计等。本书选用了更多例题，帮助读者更好掌握每种抽样方法及其数据分析。给出了多个模拟案例，演示每种抽样方法的抽选样本过程和数据分析方法。这些模拟案例针对同一总体的调查，也是为了帮助读者理解抽样方法之间的差异。此外，还介绍了无回答问题及其解决办法，并着重介绍了捕获再捕获抽样及其最新发展，鼓励读者了解抽样技术的理论发展前沿。

在书稿完成过程中，兼顾以下两个方面。

(1) 强调抽样方法的严谨性。抽样技术的理论性很强，本书力图对每个结论都给出简洁的推导过程，便于具有概率论和数理统计基础知识的读者顺利阅读，有助于帮助读者准确理解抽样方法的假设条件和适用范围。

(2) 注重抽样方法的应用性。略去推导过程并不妨碍对本书中核心内容的理解。本书详细介绍了每种抽样方法的应用场合和应用条件，对抽样方法进行对比，以解释抽样方法的特点和优良性。

本书可以作为统计学专业的抽样技术课程教材，也可以用作非统计学专业学生和各类人员学习抽样技术的教材或参考书。书中涉及内容较多，读者在学习中可以根据不同的需求，有所取舍。

本书是由杨贵军、尹剑和王维真合作完成。在书稿完成过程中，多个年级在读硕士研究生参与了书稿录入、修订和校对。王维真教授编写了本书附录 B，用通俗的语言介绍了捕获再捕获抽样的发展前沿。

作者感谢天津财经大学中国经济统计研究中心和统计系对本书的支持。

感谢参加过本课程学习的多个年级统计学专业本科生以及硕士研究生。感谢中国统计出版社给予本书出版的大力支持和协助。感谢国家自然科学基金（11471239）资助。本书借鉴了其他参考书的一些例题和习题，在此特向有关作者表示谢意。

在书稿完成过程中，尽管我们尽了最大的努力，但书中仍会有一些缺憾。对于书中的不足，恳请各位专家和读者提出宝贵意见。

编者

2015 年 6 月

目　录

第一章　绪　论

本章主要介绍抽样调查的基本概念、主要调查步骤和应用场合、调查误差来源、非概率抽样方法以及本书详细讲授的概率抽样方法。总结全面调查和非全面调查的区别、概率抽样和非概率抽样的区别。抽样调查的基本概念包括总体、目标总体、被抽样总体、抽样框、基本单元、群单元、抽样单元、样本、样本量、样本单元、估计量、估计量的偏差、方差和均方误差、置信区间。待估计的标志有总体总值、总体均值、总体比例、总体比率、总体方差；样本标志有样本单元总数、样本总值、样本均值、样本比例、样本比率、样本方差。本章包含两节内容，第一节介绍抽样调查的基础知识；第二节介绍抽样技术的基本概念。

本章的符号说明

N	总体中单元总数
Y	项目 $\mathcal{Y}$ 的总体总值 $Y=\sum_{i=1}^{N} y_i$，y_i 为单元 i 的标志
$\bar{Y}$	项目 $\mathcal{Y}$ 的总体均值 $\bar{Y}=Y/N$
P	总体比例，$P=A/N$，总体有 N 个单元，其中属于 C 类的单元数为 A
R	总体比率，$R=Y/X$，$X=\sum_{i=1}^{N} x_i$ 为项目 $\mathcal{X}$ 的总体总值，x_i 为项目 $\mathcal{X}$ 的单元 i 的标志
S^2	项目 $\mathcal{Y}$ 的总体方差，$S^2=\sum_{i=1}^{N}(y_i-\bar{Y})^2/(N-1)$
S	项目 $\mathcal{Y}$ 的总体标准差，$S=\sqrt{S^2}$
n	样本容量，样本量，样本单元总数
y	项目 $\mathcal{Y}$ 的样本总值，$y=\sum_{i=1}^{n} y_i$
$\bar{y}$	项目 $\mathcal{Y}$ 的样本均值，$\bar{y}=y/n$
p	样本比例，$p=a/n$，样本有 n 个单元，属于 C 类的单元个数为 a
r	项目 $\mathcal{Y}$ 的样本比率，$r=y/x$，$x=\sum_{i=1}^{n} x_i$ 为项目 $\mathcal{X}$ 的样本总值，x_i 为单元 i 的值
s^2	项目 $\mathcal{Y}$ 的样本方差，$s^2=\sum_{i=1}^{n}(y_i-\bar{y})^2/(n-1)$
s	项目 $\mathcal{Y}$ 的样本标准差，$s=\sqrt{s^2}$
$E(\hat{\theta})$	估计量 $\hat{\theta}$ 的期望
$B(\hat{\theta})$	估计量 $\hat{\theta}$ 的偏差，$B(\hat{\theta})=\lvert E(\hat{\theta})-\theta\rvert$
$V(\hat{\theta})$	估计量 $\hat{\theta}$ 的方差，$V(\hat{\theta})=E[\hat{\theta}-E(\hat{\theta})]^2$
$MSE(\hat{\theta})$	估计量 $\hat{\theta}$ 的均方误差，$MSE(\hat{\theta})=E(\hat{\theta}-\theta)^2$
I_i	单元 i 被选入样本的示性变量。$I_i=1$ 表示单元 i 被选入样本；$I_i=0$ 表示单元 i 没有被选入样本
$1-\alpha$	置信区间的置信概率

第一节 抽样调查

调查是通过描述观察、访谈和问卷等方法收集特定目标的数据或信息,并对数据或信息进行汇总和分析的过程。例如,食品公司对糕点类食品的市场占有率开展调查;学校对在读大学生学习态度进行调查。有的调查目标很简单,例如只要询问水果销售商就可以知道市场的水果价格。然而,有的调查目标很复杂,例如政府为了掌握各省(区、市)居民生活基本消费品的价格波动,需要组织大量人员开展调查。本书讨论的抽样技术更适用于复杂调查目标。

一、抽样调查和全面调查

抽样调查和全面调查都是为了获取调查对象的数量特征。全面调查是对被调查对象总体中的全部对象进行调查。其中每个被调查对象称为单元或调查单元,所有单元的集合称为调查总体。全面调查能够收集到调查目标的全部信息,普查是全面调查的一种形式。

非全面调查是从总体中抽取部分而不是全部的单元,收集数据并对总体的数量特征进行估计。非全面调查包括两种抽样方式,概率抽样和非概率抽样。

概率抽样是事前确定每个单元被抽中的概率,再按照给定的概率进行抽样。当把概率抽样方法应用于同一具体总体时,被抽取的所有可能的样本都能够事前确定;并且每个样本都有已知的并且大于0的被抽中概率;这个概率等于用概率抽样方法随机抽取到该样本的概率。采用概率抽样,反复应用于同一总体,能够抽取到不同的单元集合,得到相应的总体参数估计值及经验分布。例如,为了调查某寝室4个人的平均成绩,运用概率抽样从4个人的总体中随机抽取2个人,4个人分别记为甲、乙、丙、丁;可能被抽取的集合共有6个,分别为{甲,乙},{甲,丙},{甲,丁},{乙,丙},{乙,丁},{丙,丁}。这6个集合是确定的。指定6个集合被抽取的概率相等,都等于1/6;选用的概率抽样方法必须满足抽取任意集合的概率等于1/6;用抽中的集合中2个人的平均成绩估计该小组4人的平均成绩。通常,将所有可能的不同单元集合罗列出来很烦琐也很困难。概率抽样的更简便做法是,先指定每个单元被抽中的概率,再逐个地抽取单元,直到满足事前指定数量为止。概率抽样是以概率论为理论基础,抽取样本单元并进行统计分析和误差估计,给出总体参数的估计及其精度描述。

非概率抽样是指有意抽取具有某种特征的单元,包括目的抽样、方便选样、定额抽样等。

目的抽样,也称为判断抽样,是调查组织者根据对调查目标的了解,挑选标志值较“适中”的单元,对总体进行估计。例如,估计某幼儿园大班的26个孩子的平均身高,选择其中6个中等身高的孩子,计算他们身高的平均值作为大班26个孩子的平均身高。采用目的抽样,有些个体进入样本的概率为零。

方便选样,是指采用某种方便方式从调查总体中选择单元。例如,为检验某焦煤的品质,从焦煤堆的表层抽取实验样品。为了调查某化妆品的市场占有率,调查员站在商店门口,对自愿接受调查的消费者进行调查。

定额抽样,是指把单元按照类型分成若干组,从每组中用方便选样方式抽取一定数量的单元。

有时，利用非概率抽样的样本对总体数量特征的估计，比利用概率抽样的样本的估计值更接近于总体真值。非概率抽样的样本单元抽取依赖于调查组织者的主观判断，不具有随机性，估计量偏差主要取决于调查组织者对总体认知和调查经验，与抽取的样本单元数量无关。非概率抽样的估计结果精度很难评价。

本书讲授的抽样是指概率抽样，通过调查总体的部分单元推断整个调查总体的数量特征，用较短调查时间，较低成本费用，保证调查结果的精度满足事前给定的要求。

二、常用的概率抽样方法

常用的概率抽样方法主要有简单随机抽样、分层随机抽样、等距抽样、单级整群抽样和两级抽样。

1. 简单随机抽样。简单随机抽样分为有放回简单随机抽样和不放回简单随机抽样。从总体中抽取样本单元，总体中每个单元都有可能被抽中，并且被抽中的概率都相等，这样的抽样方法称为简单随机抽样。在简单随机抽样中，如果从总体中抽取一个单元后，先将其放回总体，再抽取下一个单元，这样的抽样方法称为有放回简单随机抽样。从总体中抽取一个单元后，不再将其放回总体，继续抽取下一个单元，这样的抽样方法称为不放回简单随机抽样。简单随机抽样的过程简单。后文的简单随机抽样主要指不放回简单随机抽样。

2. 分层随机抽样。总体按照某原则划分为 L 个子总体，子总体互不相交，每个单元只属于一个子总体，即所有子总体可以合并为总体。这样的子总体称为层。从每层中用概率抽样方法独立抽取样本单元，将抽取的所有单元作为总体的样本，这样的抽样方法称为分层抽样。如果从每层中采用简单随机抽样方法抽取样本，这样的分层抽样简称为分层随机抽样。分层随机抽样可以估计总体指标，还可以估计每层指标。如果层内单元的标志值差异小，而层间单元的标志值差异大，则采用分层随机抽样比采用简单随机抽样对总体指标的估计精度更高。

3. 等距抽样。等距抽样又称为机械抽样、系统抽样。总体有 N 个单元，按某规则顺序排列，序号依次标记为 1 到 N 。抽取样本的过程如下，先从前 k 个单元中随机抽取 1 个单元，假设单元序号为 i ，再抽取序号依次为 $i+k$ ，$i+2k$，…，$i+(n-1)k$ 的单元，构成容量为 n 的样本，这样的抽样方法为等距抽样。等距抽样的样本抽取方法操作简单，实施方便。

4. 单级整群抽样。通常，总体包含若干个子总体，每个子总体称为群单元或简称为群。采用概率抽样抽取群单元的方法为整群抽样。如果对抽中群的所有单元都进行调查，这样的整群抽样称为单级整群抽样。单级整群抽样的样本单元相对集中，往往便于开展调查工作，节约现场调查费用。

5. 两级抽样。通常，总体包含若干个子总体，每个子总体称为一级单元；每个一级单元包括的基本单元，被称为二级单元。先抽取一级单元，再分别从每个被抽中的一级单元中抽取二级单元，将抽取的所有二级单元作为总体的样本，这样的抽样方法称为两级抽样。两级抽样保持了单级整群抽样的二级单元便于调查的特点。

关于上述抽样方法的详细内容，请参考本书的相关章节。

三、抽样调查的优点

抽样调查是一种概率抽样，以概率论和数理统计理论为基础的科学的调查方法。抽样调查有以下优点。

1. 调查数据收集速度快。与全面调查相比，抽样调查更快收集相对较少的单元数据，并进行数据资料汇总和分析。

2. 调查数据准确度较高。经过科学设计和严格实施的抽样调查会比全面调查提供更为准确的调查数据。抽样调查根据精度要求设计调查方案，由经过统一培训的调查人员收集数据，现场调查过程受到检查监督，调查数据能够及时地收集和汇总，统计分析方法也事前经过论证，统计分析结果的精度要求能够得到保证。有时，调查的单元数量相对少，还有可能采用更为精确的测量技术，调查数据更为准确。

3. 抽样调查成本低。抽样调查的单元选自调查总体，抽样调查比全面调查的单元数量少。在保证调查结果精度要求的条件下，抽样调查抽取的单元数量合理。当单元总数很大时，利用从调查总体中随机抽取一定数量的单元对调查总体数量特征的估计能够达到预期精度。

4. 应用范围更广。在某些调查中，受过严格培训的调查人员或专用设备能够获得更准确数据。当这类人员和设备数量有限时，抽样调查比全面调查更容易实施。在具有破坏性的产品质量调查中，抽样调查比全面调查更实用。抽样调查是在满足事前给定精度要求的前提下，抽取单元，收集调查数据并进行统计分析。因此，抽样调查的应用领域更广泛更灵活。凡是全面调查的应用领域，都可以开展抽样调查。在某些情况下不可能或不必要进行全面调查。例如，调查某厂生产的一批灯泡的使用寿命，某新推出的电子产品的市场占有率调查，都不适合开展全面调查。

在科学研究和生产实践中，抽样调查的应用领域非常广泛。但是抽样调查并不能完全取代全面调查。为了获得单元的详细分类，若采用抽样调查，满足预期精度要求的单元数量可能会很大。此时，全面调查是更好的选择。

四、抽样调查的分类

按照调查目的，抽样调查分为两类，分别为描述性调查和分析性调查[①]。描述性调查的目的是获取调查总体的某些信息，例如春运期间乘火车回家过春节的人数。分析性调查是为了对总体内不同类的个体进行比较，以便发现它们之间的差异，分析或检验产生这些差异的原因。例如，某市外来务工人员的情况调查，分析教育程度、工作经验和年限等差异对外来人员的薪酬影响。描述性调查和分析性调查之间没有明显区分，很多抽样调查都能达到这两个目的。人们运用抽样调查尽可能地为科学研究和生产实践服务，描述性调查和分析性调查的应用领域越来越广。

五、抽样调查的应用

尽管抽样调查比全面调查有诸多优点，但是调查目的决定了抽样调查的复杂性。本书讨论的抽样调查适用于需要花费很多时间和大量人力的调查工作。按照调查目的，抽样调查的应用主要有以下几个方面。

---

① Cochran W. G. Sampling techniques [M]. 3rd ed. New York: John Wiley and Sons, 1977. 中文版：张尧庭，吴辉. 抽样技术[M]. 北京：中国统计出版社，1985.

1. 政府部门的周期性抽样调查。这类抽样调查由专门机构负责组织实施，已经形成制度化。例如国家统计局负责组织的每年度人口抽样调查。

2. 市场研究。如新产品的市场占有率调查。调查目的是获取企业发展所需要的市场信息。

3. 产品质量检测。企业原材料品质的抽样调查，检验原材料是否满足生产要求。生产线上产品质量的周期性检测，提供产品的质量信息。产品出厂的抽样检测，验证出厂产品是否满足出厂要求。工商部门对某类食品质量的抽样调查，对不合格的食品生产商进行处罚。

4. 公众意见的民意调查。电视节目的收视率调查，分析电视节目受公众欢迎的程度。选举的民意测验，调查公众对选举人的倾向性。

除了上述的研究问题之外，抽样调查的应用领域还有很多。抽样调查是收集调查数据的一种方式，为调查数据使用者服务。使用者关心的应用领域很广泛，抽样调查也获得了广泛应用。

六、抽样调查的过程介绍

调查目的不同，抽样调查的复杂程度也不一样。总的来说，抽样调查的过程大致分为三个阶段，分别为抽样调查设计阶段、现场数据收集阶段、调查数据的汇总和分析阶段。

抽样调查设计阶段主要包括抽样调查方案的设计、调查员的培训、调查宣传等工作。抽样调查设计阶段要做好如下的主要工作。

1. 调查目的。明确调查目的是抽样调查的第一个步骤，对抽样调查至关重要。明确写出调查目的，避免在后续调查工作中由于调查目的不明确或不清楚而做出与调查目的不一致的调查方案。例如，为了调查企业是否存在性别歧视，需要明确性别歧视是指学历相同的女职员比男职员的薪水低，还是指薪水相同的女职员比男职员的学历高。不同的性别歧视解释导致不同的调查方案，也就可能导致不同的调查结论。

2. 调查总体。总体是单元的集合。调查我国在读大学生的消费习惯，我国高校的在读大学生就是总体。有些情况的总体需要明确定义。例如，失业率调查，需要明确什么样的人属于失业者。给出总体的简单清晰定义，便于调查员在现场调查时容易识别单元是否属于调查总体。

3. 待搜集的数据。最好的情况是，待搜集的数据与调查目的有关，而且不遗漏重要数据。待搜集的数据过多，往往有些数据没有分析的必要，也容易导致调查问卷过长，不利于突出重要的调查问题，更容易造成被调查者没有回答某些问题而影响分析结果的可信度。

4. 需要的精确度。抽样调查是利用部分单元标志值估计总体，抽样误差和非抽样误差使调查数据的分析结果具有不确定性。较大的样本量会保证数据分析结果的精确度较高，但也会需要花费更长的时间和费用。确定调查结果所需要达到的精度要兼顾调查精确度、调查时间和调查费用等多种因素。

5. 调查方式。调查方式可以采用网络调查、邮件调查、电话调查或者计算机辅助电话调查、个别采访，或几种调查方式相结合。个别采访方式的问卷调查，可以将调查表交给被调查人，由被调查人自己填写调查问卷；也可以调查员向被调查人依次询问每个问题的答案，由调查员填写调查问卷。设计调查问卷，有时可以把答案事前编好代码，填报时把答案的代码填入表格即可。调查方式的选择与被调查人对调查问题的感兴趣程度有关，也与完成调查问卷的奖励办法有关。

6. 抽样框和抽样单元。调查数据收集之前，要明确被抽样的单元，并且要保证全部单元的集合等于或者包括调查总体。例如，在读大学生的健康状况调查，抽样单元可以是一个在读大学生、或一个寝室的全部大学生、一个班级的全部大学生。抽样单元的名单或名录称为抽样框。编制抽样框是很重要的工作。抽样框编制得完美无缺很困难，需要很多调查经验和理论知识。抽样单元的确定也会影响调查的精确度和调查费用。抽样单元可以是个体，称为个体单元，也可以是个体的集合，称为群单元。对于同样数量的调查个体，个体抽样往往精度相对较高，而调查周期相对更长，找到被调查者的交通费用支出相对较高。个体单元和群单元及其规模等确定也要兼顾调查精度、调查费用、调查时间等。

7. 估计量的选择。在抽样理论中，常用的估计量有简单估计量和比率估计量。简单估计量的计算公式简单，不需要额外的调查数据。比率估计量的计算公式较复杂，需要已知辅助变量的信息，但精度往往较高。估计量的选择也是抽样方案的重要内容，对样本量确定和样本抽取方法等都有影响。

8. 样本容量。即抽样单元的数量。用随机抽取的样本单元估计总体数量特征，调查结果具有不确定性。增加单元数量，会降低调查结果的不确定性，但需要花费更多时间与费用。选择适合的抽样方案需要综合考虑单元数量、调查成本费用和调查时间等。

9. 样本抽取。现有的样本抽取方案有随机抽样和非随机抽样，随机抽样包括简单随机抽样、分层随机抽样、等距抽样、整群抽样和多级抽样等。采用随机抽样，可以给出总体参数的估计及其精度描述。然而，在某些情况下，采用非随机抽样，给出总体参数的估计更优。在样本抽取前，需要对每种抽样方案都要加以考察，选择其中最优的。样本抽取方案的确定要综合考虑样本量、样本单元、估计量精度以及估计量的计算公式等。

现场数据收集阶段主要是调查员收集调查数据、调查组织者对调查员管理和监督等。现场收集数据阶段注意做好如下两个方面的工作。

1. 小规模的调查试验。组织小规模调查，试填调查问卷或试验实地调查，发现调查表的问题要及时改进，避免在大规模调查中出现严重问题。

2. 现场调查工作的组织。调查组织者在开展大规模调查之前要做好组织宣传工作，使被调查人理解调查的重要意义，重视并积极参与调查。调查员按照既定的调查程序收集调查数据，对调查问卷及时进行检查，避免无回答问题出现。调查组织者对调查员进行适当的监督。

调查数据的汇总和分析阶段是对收集的调查表进行校订和修订，将调查数据进行汇总和分析，给出重要参数估计值及其误差描述。同时也可为将来调查搜集信息，便于未来调查工作的顺利开展。

抽样调查的准备工作无论多么严谨细致，复杂调查总会出现意想不到的情况，这就需要调查员和调查组织者在调查过程中不断学习，积累经验，及时处理突发事件，避免对调查工作产生消极影响。

七、抽样调查的误差来源

在调查过程中很多因素都会影响调查结果。通常，把抽样调查误差分为两类，抽样误差和非抽样误差。抽样误差是由于利用部分单元的数据推断总体数量特征所引起的误差。抽样误差来源于样本随机性，是随机的，不是错误。抽样误差的控制依赖于抽样方法的选择。

除了抽样误差之外，抽样调查的其他因素造成的误差属于非抽样误差。在调查过程中由可以避免的错误和缺陷所造成的误差都属于非抽样误差。理论上，严谨细致的抽样调查设计和组织工作，可以避免出现这些错误和缺陷，显著降低非抽样误差。

按照误差来源，非抽样误差分为三类，与抽样框有关的误差、调查数据无回答的误差、测量和记录观测数据的计量误差。与抽样框有关的误差主要是指抽样框所描述的总体与所研究的总体不一致。产生这类误差的可能原因有，抽样框没有包括全部的总体单元；抽样框包含的元素并不属于总体；同一总体单元在抽样框中出现多次；抽样框中单元信息不准确或不清楚等。调查数据无回答的误差是指单元数据缺失所造成的误差。造成无回答误差的可能原因有，单元不提供调查数据；单元找不到；调查数据丢失等。测量和记录观测数据的计量误差是指总体单位计量不准确所造成的误差。造成计量误差的可能原因有，调查项目含义不准确；计量方法使用不当；调查员在提问和记录时出错等。

八、抽样理论的作用

在抽样调查的过程中，抽样理论主要用于确定调查结果的精度和样本量，确定随机抽取的单元和调查数据的统计分析方法。调查过程中的其他工作，如调查目标的确定、调查总体的定义，单元划分以及现场调查的组织工作，抽样理论发挥的作用相对较小，但这些工作对调查结果也是至关重要的。只有这些调查工作做得严谨细致，才能使抽样理论在抽样调查中更好地发挥作用，保证估计结果达到给定的精度要求。

在上述工作做得很严谨细致的情况下，抽样理论的作用是保证单元的抽取方法和调查数据的统计分析方法最优。“最优”的含义是指事前给定抽样调查费用的限制，抽样理论抽取的单元集合在满足调查费用限制的条件下对总体估计的精度最高；或者事前给定调查精度的限制，抽样理论抽取的单元集合在满足调查精度限制的条件下调查费用最少。

抽样调查精度的评估方法：采用同一概率抽样方法大量重复地从调查总体中抽取容量相同的样本，基于每个样本数据计算总体参数的估计值。利用所有可能的估计值及其相应的经验分布，对抽样调查的精度进行评估。在经典的数理统计理论中，利用样本观察值估计总体参数，总是假定总体具有某种概率分布。然而，在抽样调查中，并不做这样的假定。

第二节 抽样技术的基本概念

一、总体

总体有两个定义。

定义一：总体是由某一统计调查任务所规定的，在时间、空间及若干其他标志上具有共同性质的客观存在的全体（有限个）单元（个体）组成的整体。简单地说，总体是单元的集合。有些文献用另一种方式定义总体。总体是由确定的统计调查任务规定，在时间、空间及若干其他标志上具有共同性质的全体客观存在的有限数量的基本单元的全体。这个定义在抽样调查中更适用。例如，调查某大学在读大学生的生活费支出情况，总体就是该大学所有在读大学生的集合。

定义二：总体是随机抽取的全部可能结果，即所有单元的标志值。简单地说，总体也是标志值的集合。依据定义二,上面例子的总体就是该大学在读大学生的生活费支出金额的集合。由于单元与其标志值是一一对应的,总体的两个定义也是等价的。

基本单元也称作总体基本单元、个体,是与总体相对应的概念。基本单元是总体中承担调查标志的个体。例如,总体是某大学所有在读大学生的集合,基本单元是某大学每个在读大学生。总体是某大学在读大学生的生活费支出金额的集合,基本单元是该大学每个在读大学生的生活费支出金额。由基本单元组成的集合叫群单元。例如,基本单元是某大学每个在读大学生,该大学每个班级都是由一定数量的在读大学生组成,每个班级就是群单元。

抽样单元是指实施抽样的单元。抽样单元并不总是基本单元。例如,调查某大学在读大学生的生活费支出情况,该大学的在读大学生都是基本单元,班级是群单元。抽样调查可以直接抽取一定数量的大学生进行调查,则每个抽样单元也是基本单元。另外,抽样调查可以直接抽取若干班级进行调查,则抽样单元是群单元,并不是基本单元。在人口调查中,公民是基本单元,而调查往往以家庭为单元,则抽样单元是家庭。依据抽样单元的类别,抽样又分为个体抽样和整群抽样。在抽样实践中,以基本单元为抽样单元的抽样称为个体抽样;以群单元为抽样单元的抽样则称为整群抽样。例如,调查某大学在读大学生的生活费支出情况,以大学生为抽样单元的抽样是个体抽样;以班级为抽样单元的抽样是整群抽样。

抽样框是全部抽样单元的完整列表,包括编号和对应的抽样单元名称。在抽样框中,编号与抽样单元一一对应。同一编号在抽样框中只能出现一次,不能出现多次,不能同一编号对应两个不同的抽样单元。例如,以大学生为抽样单元调查某大学在读大学生的生活费支出情况,抽样框是编号和大学生的名字,见表 1.1。以班级为抽样单元调查某大学在读大学生的生活费支出情况,抽样框是编号和班级的名字,见表 1.2。为了方便,编号往往记为从 1 到 N 的连续整数,也可以使用其他符号表示抽样单元的编号,例如以学生证的学号为编号,便于抽样的编号都可以选用。编号可以是不连续的,但一定不要重复。由于调查内容不同,抽样框可能是某地区住户的完整列表、某区域村镇的完整列表,还可能是把一段时间按照小时划分的时间列表,把一座高山按照海拔高度划分的海拔高度列表等。

表 1.1　以学生为抽样单元的抽样框

序号	名称
1	赵 * *
2	钱 * *
3	孙 * *
4	李 * *
⋮	⋮
N	杨 * *

表 1.2　以班级为抽样单元的抽样框

序号	名称
1	统计 1201
2	统计 1202
3	统计 1203
4	经济 1201
⋮	⋮
N	会计 * * * *

目标总体是作为调查目标的总体。被抽样总体,也称作业总体,是抽样框所描述的总体。例如,以大学生为抽样单元调查某大学在读大学生的生活费支出情况,抽样框为当年在该大学报到注册的大学生列表。目标总体是某大学在读大学生,被抽样总体是当年在该大学报到注册的大学生,不包括由于生病或学生校际交流等原因导致未报到注册的在读大学生,也没有排

除报到注册之后又办理退学手续的大学生。在理论上，被抽样总体与目标总体应该一致，从被抽样总体中抽取单元的数据分析结果适用于目标总体。但是在实际调查中，被抽样总体与目标总体不一致的情况经常出现。抽样框可能遗漏目标总体的若干单元，也可能包含并不属于目标总体的若干单元。此时，需要进一步分析从被抽样总体中抽取单元的数据分析结果是否适用于目标总体。为了叙述方便，本书后面都假设被抽样总体与目标总体一致。

根据基本单元数量是否有限，可将总体分为有限总体和无限总体。有限总体是包含有限数量基本单元的总体。例如，某校在读大学生人数有限，由某校所有在读大学生组成的总体是有限总体。抽样调查的总体是有限总体。相应地，有限总体概率抽样即为从有限总体中抽取单元，总体的每个单元都可能被抽取，并且每个单元都有确定的、大于零的被抽取概率。为了便于理解，也可以用随机试验来解释有限总体概率抽样。有限总体概率抽样可以重复进行；抽样的可能结果不止一个，并且事先知道所有可能结果；抽样之前不能确定哪个结果会出现。进行有限总体概率抽样需要保证有限总体的每个单元被抽取的概率与事前确定的概率一致。

总体中基本单元数量用 N 表示，N 个基本单元的标志值分别用 $y_1,\cdots,y_N$ 表示。常用的总体标志为

总体总值，用 Y 表示，$Y=\sum_{i=1}^{N}y_i$；

总体均值，用 $\bar{Y}$ 表示，$\bar{Y}=Y/N$；

总体比例，用 P 表示。把 N 个基本单元分为两类，分别为 C 类和 C' 类，记属于 C 类的单元个数为 A，属于 C' 类的单元个数为 A'，$A+A'=N$，则 $P=A/N$；

总体比率，用 R 表示。总体 N 个基本单元的成对标志值分别记为 $(y_1,x_1),\cdots,(y_N,x_N)$，则总体比率 R 为

$$R=\frac{Y}{X}=\frac{\sum_{i=1}^{N}y_i}{\sum_{i=1}^{N}x_i}$$

其中 $X=\sum_{i=1}^{N}x_i$ 为项目 $\boldsymbol{x}$ 的总体总值；

总体方差，用 S^2 表示，表达式为

$$S^2=\frac{1}{N-1}\sum_{i=1}^{N}(y_i-\bar{Y})^2$$

总体方差的平方根为总体标准差，用 S 表示，其中 $S=\sqrt{S^2}$。

例 1.1 假设总体包含 $N=5$ 个单元，单元的标志值依次为(3,1,1)，(6,2,1)，(9,3,0)，(12,4,0)，(15,5,1)。每个单元的三个标志值分别表示单元的项目 $\boldsymbol{y}$ 标志值、项目 $\boldsymbol{x}$ 标志值、类别标志值。类别标志值等于 1，表示单元属于 C 类，否则属于 C' 类。于是，总体总值为

$$Y=\sum_{i=1}^{5}y_i=3+6+9+12+15=45$$

总体均值为

$$\bar{Y}=\left(\sum_{i=1}^{5}y_i\right)/5=(3+6+9+12+15)/5=9$$

总体比例为

$$P=A/N=3/5=0.6$$

其中 $A=3$，$A'=2$。

总体比率为

$$R=\frac{\sum_{i=1}^{5}y_i}{\sum_{i=1}^{5}x_i}=\frac{3+6+9+12+15}{1+2+3+4+5}=3$$

总体方差为

$$S^2=\frac{1}{5-1}\sum_{i=1}^{5}(y_i-\bar{y})^2$$
$$=\frac{1}{5-1}\times[(3-9)^2+(6-9)^2+(9-9)^2+(12-9)^2+(15-9)^2]=22.5$$

总体标准差 $S=\sqrt{S^2}=\sqrt{22.5}=4.74$。

二、样本

样本为从总体中用概率抽样方法抽取的 n 个抽样单元。n 称为样本量，也称为样本容量、样本单元数。样本的抽样单元也叫样本单元。用 $y_1,\cdots,y_n$ 表示 n 个样本单元。从总体中使用概率抽样方法抽取的样本具有随机性，某个特定样本可能被抽中，也可能未被抽中。通过调查收集的样本单元数据称为样本观察值。

样本统计量，简称为统计量，是样本的函数，且不包含未知参数。不同的样本函数为不同的样本统计量。例如，函数 $T_1=\sum_{i=1}^{n}y_i/n$ 和 $T_2=y_1$ 是两个不同的样本统计量。

例 1.1(续 1) 从例 1.1 的总体中，采用不放回等概率抽样抽取容量 $n=3$ 的样本 y_1，y_2，y_3，试求统计量 $T=(y_1+y_2+y_3)/3$ 的分布率，及其数学期望和方差。

解：从总体的 5 个单元中，不放回等概率抽样抽取 3 个单元，不考虑样本单元的先后顺序，共有 10 种不同的观察结果，见表 1.3。表 1.3 第 2 列给出所有可能的样本观察值，相应的概率在第 3 列给出。采用等概率抽样，每个样本观察值出现的概率相同，都等于 0.1。第 4 列给出了统计量 $T=(y_1+y_2+y_3)/3$ 的观察值，是将样本观察值代入到公式中计算得到。

表 1.3　样本 y_1,y_2,y_3 的观察值及其概率

序号	样本观察值 y_1,y_2,y_3	概率 P	统计量观察值 $t=(y_1+y_2+y_3)/3$	tP	t^2P
1	(3, 6, 9)	0.1	6=(3+6+9)/3	0.6	3.6
2	(3, 6,12)	0.1	7=(3+6+12)/3	0.7	4.9
3	(3, 6,15)	0.1	8=(3+6+15)/3	0.8	6.4
4	(3, 9,12)	0.1	8=(3+9+12)/3	0.8	6.4
5	(3, 9,15)	0.1	9=(3+9+15)/3	0.9	8.1
6	(3,12,15)	0.1	10=(3+12+15)/3	1.0	10.0
7	(6, 9,12)	0.1	9=(6+9+12)/3	0.9	8.1
8	(6, 9,15)	0.1	10=(6+9+15)/3	1.0	10.0
9	(6,12,15)	0.1	11=(6+12+15)/3	1.1	12.1
10	(9,12,15)	0.1	12=(9+12+15)/3	1.2	14.4
总计	—	1.0	—	9.0	84.0

表 1.4 统计量 T 的分布率

t	6	7	8	9	10	11	12
概率 $P(T=t)$	0.1	0.1	0.2	0.2	0.2	0.1	0.1

统计量 $T=(y_1+y_2+y_3)/3$ 的分布率为统计量 T 的取值及其发生概率。根据表 1.3 第 4 列可知，统计量 T 可能的取值有 7 个，统计量的分布率见表 1.4。表 1.4 的第一行给出统计量 T 的观察值，第 2 行给出相应的概率。从而，统计量 T 的数学期望为

$$E(T)=\sum_{t=6}^{12}tP(T=t)=9.0$$

计算过程见表 1.3 的第 5 列。统计量 T 的方差为

$$\begin{aligned}V(T)&=\sum_{t=6}^{12}[t-E(T)]^2P(T=t)\\&=\sum_{t=6}^{12}t^2P(T=t)-[E(T)]^2=84.0-9.0^2=3.0\end{aligned}$$

其中 $\sum_{t=6}^{12}t^2P(T=t)=84.0$，见表 1.3 的第 6 列。

三、估计

从总体中随机抽取样本的目的就是为了对总体指标进行估计。对随机抽取的样本单元进行现场调查，获得样本观察值，按照估计量的计算公式，计算估计量的观察值，并作为总体指标的估计值，这个过程称为估计。利用概率抽样的样本，估计总体指标的统计量为估计量。估计量也是样本统计量。

总体指标估计量的优良性评价不是依据样本的一个观察值，而是基于样本所有可能观察值的平均水平。总体指标估计量的优良性评价标准主要有无偏性、有效性和最小均方误差。

假设估计量的数学期望存在，偏差定义为估计量的期望与总体指标真值的差值。总体指标真值用 θ 表示，估计量用 $\hat{\theta}$ 表示。估计量的偏差为 $B(\hat{\theta})=|E(\hat{\theta})-\theta|$。如果 $E(\hat{\theta})\neq\theta$，即估计量 $\hat{\theta}$ 的期望不等于总体指标真值 θ，则 $B(\hat{\theta})\neq 0$，$\hat{\theta}$ 称为总体指标真值 θ 的有偏估计量。如果 $E(\hat{\theta})=\theta$，即估计量 $\hat{\theta}$ 的期望等于总体指标真值 θ，则 $B(\hat{\theta})=0$，$\hat{\theta}$ 称为总体指标真值 θ 的无偏估计量。从直观意义上讲，用样本估计总体指标时，由于随机干扰，估计值可能会偏离真值。好的估计量在平均水平上应该等于所要估计的总体指标真值。

对于两个无偏估计量 $\hat{\theta}_1$ 和 $\hat{\theta}_2$，如果 $\hat{\theta}_1$ 的观察值较 $\hat{\theta}_2$ 的观察值更集中在总体指标真值 θ 的附近，则认为 $\hat{\theta}_1$ 优于 $\hat{\theta}_2$。估计量 $\hat{\theta}$ 的方差为 $V(\hat{\theta})=E[\hat{\theta}-E(\hat{\theta})]^2$，描述估计量观察值与其数学期望的平均偏离程度。估计量 $\hat{\theta}$ 的方差常用于表示估计量的精度。估计量的方差越小，估计量精度也越高；估计量的精度越高，估计量的方差越小。有效性是用于比较总体指标 θ 的两个无偏估计量 $\hat{\theta}_1$ 和 $\hat{\theta}_2$，若有 $V(\hat{\theta}_1)<V(\hat{\theta}_2)$，则估计量 $\hat{\theta}_1$ 较估计量 $\hat{\theta}_2$ 有效。在有效性标准下，最小方差的无偏估计量最优。估计量方差的平方根 $\sqrt{V(\hat{\theta})}$ 称为估计量 $\hat{\theta}$ 的标准差。

估计量的准确度为估计量观察值与总体指标真值 θ 之间的平均偏离程度，用均方误差

表述。估计量 $\hat{\theta}$ 的均方误差 $MSE(\hat{\theta})=E(\hat{\theta}-\theta)^2$。均方误差的平方根 $\sqrt{MSE(\hat{\theta})}$ 称为标准误。估计量的均方误差越小，估计量的准确度越高。对于估计量 $\hat{\theta}$ 的均方误差，有

$$\begin{aligned}MSE(\hat{\theta})&=E(\hat{\theta}-\theta)^2=E[\hat{\theta}-E(\hat{\theta})+E(\hat{\theta})-\theta]^2\\&=E[\hat{\theta}-E(\hat{\theta})]^2+E[E(\hat{\theta})-\theta]^2+2E[\hat{\theta}-E(\hat{\theta})][E(\hat{\theta})-\theta]\\&=E[\hat{\theta}-E(\hat{\theta})]^2+[E(\hat{\theta})-\theta]^2\end{aligned}$$

最后等式成立是由于

$$E[\hat{\theta}-E(\hat{\theta})][E(\hat{\theta})-\theta]=[E(\hat{\theta})-E(E(\hat{\theta}))][E(\hat{\theta})-\theta]=0$$

均方误差包括两部分，一部分为估计量 $\hat{\theta}$ 的方差 $E[\hat{\theta}-E(\hat{\theta})]^2$；一部分为估计量 $\hat{\theta}$ 的偏差平方 $[E(\hat{\theta})-\theta]^2$。当估计量是无偏的，即 $E(\hat{\theta})=\theta$，则 $MSE(\hat{\theta})=E[\hat{\theta}-E(\hat{\theta})]^2$，也就是估计量的均方误差等于方差。估计量的均方误差是估计量的方差和偏差的综合评价，常用于比较有偏估计量的优良性。

抽样调查利用样本指标值推断总体的数量特征，估计结果的表示方式有两种，分别是点估计和区间估计。

点估计就是构造一个适当的统计量 $\hat{\theta}(y_1,\cdots,y_n)$，用统计量的观察值估计总体指标真值 θ。这里称 $\hat{\theta}(y_1,\cdots,y_n)$ 为 θ 的估计量，称 $\hat{\theta}(y_1,\cdots,y_n)$ 的观察值为总体指标真值 θ 的估计值。在不致混淆的情况下，统称估计量 $\hat{\theta}(y_1,\cdots,y_n)$ 和估计值为总体指标真值 θ 的估计，并简记为 $\hat{\theta}$。估计量是样本的函数，对于不同的样本观察值，θ 的估计值往往也不相同。给出总体指标的点估计，还要给出估计量的方差或均方误差估计，以说明估计量的精度。

样本中单元数量用 n 表示，n 个样本单元的指标值分别用 $y_1,\cdots,y_n$ 表示。常用的统计量为

样本总值，用 y 表示，$y=\sum_{i=1}^{n}y_i$；

样本均值，用 $\bar{y}$ 表示，$\bar{y}=y/n=\left(\sum_{i=1}^{n}y_i\right)/n$；

样本比例，用 p 表示，把 n 个样本单元分为两类，分别为 C 类和 C' 类，记属于 C 类的单元个数为 a，属于 C' 类的单元个数为 a'，$a+a'=n$，则 $p=a/n$；

样本比率，用 r 表示。样本中 n 个基本单元的成对标志值分别记为 $(x_1,y_1),\cdots,(x_n,y_n)$，则样本比率 r 为

$$r=\frac{y}{x}=\frac{\sum_{i=1}^{n}y_i}{\sum_{i=1}^{n}x_i}$$

其中 $x=\sum_{i=1}^{n}x_i$ 为项目 $\boldsymbol{x}$ 的样本总值；

样本方差，用 s^2 表示，表达式为

$$s^2=\frac{1}{n-1}\sum_{i=1}^{n}(y_i-\bar{y})^2$$

样本方差的平方根为样本标准差，用 s 表示，其中 $s=\sqrt{s^2}$。

例 1.1(续 2) 从例 1.1 的总体中，采用不放回等概率抽样抽取容量 $n=3$ 的样本，样本单元的标志值依次为(3,1,1)，(12,4,0)，(15,5,1)。则样本总值为

$$y=\sum_{i=1}^{3}y_i=3+12+15=30$$

样本均值为

$$\bar{y}=\left(\sum_{i=1}^{3}y_i\right)/3=(3+12+15)/3=10$$

样本比例为

$$p=a/n=2/3$$

其中 $a=2$，$a'=1$。

样本比率为

$$r=\frac{\sum_{i=1}^{3}y_i}{\sum_{i=1}^{3}x_i}=\frac{3+12+15}{1+4+5}=3$$

样本方差为

$$s^2=\frac{1}{3-1}\sum_{i=1}^{3}(y_i-\bar{y})^2$$

$$=\frac{1}{3-1}\times[(3-10)^2+(12-10)^2+(15-10)^2]=39$$

样本标准差 $s=\sqrt{s^2}=\sqrt{39}=6.24$。

对于总体指标 θ，有时还会关注其可能取值范围，并希望这个范围包含总体指标 θ 的可信程度满足事前要求，这种估计方法称为区间估计。区间估计是选用两个样本统计量 $\hat{\theta}_1(y_1,\cdots,y_n)$ 和 $\hat{\theta}_2(y_1,\cdots,y_n)$，满足

$$P(\hat{\theta}_1(y_1,\cdots,y_n)<\theta<\hat{\theta}_2(y_1,\cdots,y_n))=1-\alpha$$

则区间 $(\hat{\theta}_1(y_1,\cdots,y_n),\hat{\theta}_2(y_1,\cdots,y_n))$ 称为总体指标 θ 在置信概率 $1-\alpha$ 下的置信区间。置信区间包含总体指标真值 θ 的概率 $1-\alpha$ 称为置信概率，或置信度。区间上限 $\hat{\theta}_2(y_1,\cdots,y_n)$ 称为在置信概率 $1-\alpha$ 下置信区间的置信上限，区间下限 $\hat{\theta}_1(y_1,\cdots,y_n)$ 称为在置信概率 $1-\alpha$ 下置信区间的置信下限。对于总体指标的区间估计，要给出置信区间和置信概率。置信区间的统计解释是，对同一总体重复进行概率抽样，每次抽取样本的容量都是 n，利用抽取的样本构造置信区间 $(\hat{\theta}_1(y_1,\cdots,y_n),\hat{\theta}_2(y_1,\cdots,y_n))$，这样的每个区间要么包含总体指标真值 θ，要么不包含总体指标真值 θ。在这些区间中，包含总体指标真值 θ 的区间个数占所构造的区间总数的比例约为 $100(1-\alpha)\%$，不包含总体指标真值 θ 的区间个数占所构造的区间总数的比例约占 $100\alpha\%$。例如，令 $\alpha=0.05$，重复抽取 1000 个容量 n 的样本，构造了 1000 个区间。这 1000 个区间中，包含总体指标真值 θ 的区间个数约为 950，不包含总体指标真值 θ 的区间个数约为 50。

置信概率描述置信区间的可信度，置信概率 $1-\alpha$ 越大，置信区间的可信度越高，置信区间长度 $|\hat{\theta}_2-\hat{\theta}_1|$ 越长。置信区间的长度描述置信区间的精度，置信区间长度 $|\hat{\theta}_2-\hat{\theta}_1|$ 越短，置信区间的精度越高，置信概率 $1-\alpha$ 越小。不存在可信度和精度同时达到最高的置信区间。因而，在实际应用中，在给定置信概率 $1-\alpha$ 的条件下，长度最短的置信区间最优。

另外，实际问题比较复杂，往往很难精确计算估计量的概率分布。通常，抽样调查的样本容量比较大，置信区间往往采用正态分布的置信区间。假设估计量 $\hat{\theta}$ 服从正态分布 $N(m_{\hat{\theta}},\sigma_{\hat{\theta}}^2)$。当 $\hat{\theta}$ 为总体指标真值 θ 的无偏估计量时，则 $E(\hat{\theta})=m_{\hat{\theta}}=\theta$。由于

$$P(\hat{\theta}-Z_{\alpha/2}\sigma_{\hat{\theta}}<\theta<\hat{\theta}+Z_{\alpha/2}\sigma_{\hat{\theta}})=1-\alpha$$

其中 $Z_{\alpha/2}$ 为标准正态分布上概率 $\alpha/2$ 相对应的分位数。在置信概率 $1-\alpha$ 下置信区间为 $(\hat{\theta}-Z_{\alpha/2}\sigma_{\hat{\theta}},\hat{\theta}+Z_{\alpha/2}\sigma_{\hat{\theta}})$，其中 $\hat{\theta}+Z_{\alpha/2}\sigma_{\hat{\theta}}$ 为置信上限，$\hat{\theta}-Z_{\alpha/2}\sigma_{\hat{\theta}}$ 为置信下限。

若 $\hat{\theta}$ 为 θ 的有偏估计量，则 $m_{\hat{\theta}}\neq\theta$，置信区间 $(\hat{\theta}-Z_{\alpha/2}\sigma_{\hat{\theta}},\hat{\theta}+Z_{\alpha/2}\sigma_{\hat{\theta}})$ 的置信概率并不总是 $1-\alpha$ 。

$$
\begin{aligned}
& P(\hat{\theta}-Z_{\alpha/2}\sigma_{\hat{\theta}}<\theta<\hat{\theta}+Z_{\alpha/2}\sigma_{\hat{\theta}}) \\
&= P(\hat{\theta}<\theta+Z_{\alpha/2}\sigma_{\hat{\theta}})-P(\hat{\theta}<\theta-Z_{\alpha/2}\sigma_{\hat{\theta}}) \\
&= P\left(\frac{\hat{\theta}-m_{\hat{\theta}}}{\sigma_{\hat{\theta}}}<\frac{\theta-m_{\hat{\theta}}}{\sigma_{\hat{\theta}}}+Z_{\alpha/2}\right)-P\left(\frac{\hat{\theta}-m_{\hat{\theta}}}{\sigma_{\hat{\theta}}}<\frac{\theta-m_{\hat{\theta}}}{\sigma_{\hat{\theta}}}-Z_{\alpha/2}\right) \\
&= \Phi\left(\frac{\theta-m_{\hat{\theta}}}{\sigma_{\hat{\theta}}}+Z_{\alpha/2}\right)-\Phi\left(\frac{\theta-m_{\hat{\theta}}}{\sigma_{\hat{\theta}}}-Z_{\alpha/2}\right)\neq 1-\alpha
\end{aligned}
$$

其中 $\Phi(\cdot)$ 表示标准正态分布的分布函数。当 $|B(\hat{\theta})/\sigma_{\hat{\theta}}|\leqslant 0.1$ 时，置信区间 $(\hat{\theta}-Z_{\alpha/2}\sigma_{\hat{\theta}},\hat{\theta}+Z_{\alpha/2}\sigma_{\hat{\theta}})$ 的置信概率与 $1-\alpha$ 差异小，估计量 $\hat{\theta}$ 的偏差影响小；当 $0.1\leqslant|B(\hat{\theta})/\sigma_{\hat{\theta}}|\leqslant 0.2$ 时，置信区间 $(\hat{\theta}-Z_{\alpha/2}\sigma_{\hat{\theta}},\hat{\theta}+Z_{\alpha/2}\sigma_{\hat{\theta}})$ 的置信概率与 $1-\alpha$ 差异为中等，估计量 $\hat{\theta}$ 的偏差影响为中等。

第二章　简单随机抽样

简单随机抽样是最简单的抽样方法，抽样过程和估计量表达式都比较简单。本章主要介绍简单随机抽样的抽样过程，简单随机样本的性质，总体均值、总体总值、总体比例的估计量及其方差，以及估计量方差的估计量。在给定估计量误差限度的条件下，确定简单随机抽样样本量的计算公式。介绍了子总体估计方法。本章包含五节内容，第一节介绍简单随机抽样的基本概念和性质；第二节给出简单随机抽样的估计量；第三节讨论简单随机抽样的样本量计算方法；第四节介绍子总体的估计方法；第五节以调查中国规模以上工业企业利润为例，介绍简单随机抽样的样本抽取和估计过程。

本章的符号说明

N	总体中单元总数
Y	项目 $\boldsymbol{y}$ 的总体总值，$Y=\sum_{i=1}^{N} y_i$ ，y_i 为单元 i 的标志值
$\bar{Y}$	项目 $\boldsymbol{y}$ 的总体均值，$\bar{Y}=Y/N$
A	C 类的单元总数
P	总体比例，$P=A/N$
S^2	总体方差 $S^2=\sum_{i=1}^{N}(y_i-\bar{Y})^2/(N-1)$，标准差 $S=\sqrt{S^2}$
y	项目 $\boldsymbol{y}$ 的样本总值，$y=\sum_{i=1}^{n} y_i$
$\bar{y}$	项目 $\boldsymbol{y}$ 的样本均值，$\bar{y}=y/n$ ，n 为样本量
a	C 类的样本单元数
p	样本比例，$p=a/n$
s^2	样本方差 $s^2=\sum_{i=1}^{n}(y_i-\bar{y})^2/(n-1)$，样本标准差 $s=\sqrt{s^2}$
$E(\hat{\theta})$	估计量 $\hat{\theta}$ 的期望
$B(\hat{\theta})$	估计量 $\hat{\theta}$ 的偏差，$B(\hat{\theta})=\lvert E(\hat{\theta})-\theta\rvert$
$V(\hat{\theta})$	估计量 $\hat{\theta}$ 的方差，$V(\hat{\theta})=E[\hat{\theta}-E(\hat{\theta})]^2$
$d(\hat{\theta})$	估计量 $\hat{\theta}$ 的绝对误差范围，$d(\hat{\theta})=\lvert\hat{\theta}-\theta\rvert$
$r(\hat{\theta})$	估计量 $\hat{\theta}$ 的相对误差范围，$r(\hat{\theta})=d(\hat{\theta})/\theta$
$C(\hat{\theta})$	估计量 $\hat{\theta}$ 的变异系数，$C(\hat{\theta})=\sqrt{V(\hat{\theta})}/E(\hat{\theta})$
$MSE(\hat{\theta})$	估计量 $\hat{\theta}$ 的均方误差，$MSE(\hat{\theta})=E(\hat{\theta}-\theta)^2$
I_i	单元 i 被选入样本的示性变量。$I_i=1$ 表示单元 i 被选入样本；$I_i=0$ 表示单元 i 没有被选入样本
$N_{(j)}$	j 子总体的单元总数
$y_{(j)k}$	j 子总体的单元 k 的标志值
$Y_{(j)}$	j 子总体的项目 $\boldsymbol{y}$ 的总体总值，$Y_{(j)}=\sum_{k=1}^{N_{(j)}} y_{(j)k}$

$\bar{Y}_{(j)}$	j 子总体的项目 $\boldsymbol{y}$ 的总体均值，$\bar{Y}_{(j)}=Y_{(j)}/N_{(j)}$
$A_{(j)}$	j 子总体的 C 类单元数
$P_{(j)}$	j 子总体的 C 类单元比例，$P_{(j)}=A_{(j)}/N_{(j)}$
$S_{(j)}^2$	j 子总体的方差，$S_{(j)}^2=\sum_{k=1}^{N_{(j)}}(y_{(j)_k}-\bar{Y}_{(j)})^2/(N_{(j)}-1)$
$S_{(j)}$	j 子总体标准差，$S_{(j)}=\sqrt{S_{(j)}^2}$
$n_{(j)}$	j 子总体的样本单元数
$y_{(j)}$	j 子总体的项目 $\boldsymbol{y}$ 的样本总值，$y_{(j)}=\sum_{k=1}^{n_{(j)}}y_{(j)k}$
$\bar{y}_{(j)}$	j 子总体的项目 $\boldsymbol{y}$ 的样本均值，$\bar{y}_{(j)}=y_{(j)}/n_{(j)}$
$a_{(j)}$	j 子总体的 C 类样本单元数
$p_{(j)}$	j 子总体的 C 类样本单元比例，$p_{(j)}=a_{(j)}/n_{(j)}$
$s_{(j)}^2$	j 子总体的样本方差，$s_{(j)}^2=\sum_{k=1}^{n_{(j)}}(y_{(j)k}-\bar{y}_{(j)})^2/(n_{(j)}-1)$
$s_{(j)}$	j 子总体的标准差，$s_{(j)}=\sqrt{s_{(j)}^2}$

第一节　概述

简单随机抽样是最简单的抽样方法，抽样过程比其他抽样方法简单，估计量的数学表达式也简单。为了叙述简便，本章假设抽样单元是总体基本单元。

一、简单随机抽样的定义

抽样分为有放回抽样和不放回抽样。每抽出一个单元，先将其放回总体，再抽取下一个单元，这样的抽样称为有放回抽样。与之相对比，每抽出一个单元，不将其放回总体，直接抽取下一个单元，这样的抽样称为不放回抽样。没有特别说明，本书提到的抽样都是指不放回抽样。

简单随机抽样的过程为，先将总体的 N 个单元从 1 到 N 进行编号，制定抽样框；再从抽样框中抽取单元，抽取方法必须保证抽样框中未被抽中的单元被抽中的概率相等；抽取 n 次，n 个被抽中的单元构成样本。相应的样本称为简单随机样本。

采用简单随机抽样，从抽样框的 N 个单元中抽取 n 个单元，对于所有可能的样本 ζ_1，ζ_2，…，ζ_γ，每个样本被抽中的概率都相等，其中 $\gamma=C_N^n$。对于简单随机抽样，若第 R 个样本 ζ_R 出现的概率记为 π_R，则 $\pi_R=1/C_N^n$，其中 $C_N^n=N!/[(N-n)!\,n!]$ 代表从 N 个不同单元中抽取 n 个单元的组合数，$N!=N(N-1)\cdots\times2\times1$ 表示 N 的阶乘。

简单随机抽样的样本抽取过程简单。在抽取样本之前需要编制完备的抽样框，给每个单元进行编号，再进行简单随机抽样。在完备抽样框编制很困难甚至是不可能编制的情况下，简单随机抽样无法实施。另外，采用简单随机抽样，抽取的单元比较分散，容易导致调查成本较大和调查时间较长。

二、简单随机样本的性质

总体 N 个单元的标志值分别记为 y_1，y_2，…，y_N，采用不放回简单随机抽样，抽取的结果记为 ξ_1，ξ_2，…，ξ_n，组成简单随机样本。该样本具有如下性质。

性质 2.1　对于 $i=1,2,\cdots,n$，简单随机样本中 ξ_i 的分布与总体分布相同，即简单随机样本中 ξ_i 的分布列为

y_k	y_1	y_2	y_3	y_4	$\cdots$	y_N
$P(\xi_i=y_k)$	$1/N$	$1/N$	$1/N$	$1/N$	$\cdots$	$1/N$

证明：只要证明对于任意 $i=1,2,\cdots,n$，ξ_i 为单元 y_k（$k=1,2,\cdots,N$）的概率为 $1/N$。事实上，i 次不放回抽取的可能结果有 $A_N^i=N(N-1)\cdots(N-i+1)$ 种。当第 i 次恰好抽中 y_k 时，i 次不放回抽取的可能结果有 $A_{N-1}^{i-1}=(N-1)(N-2)\cdots(N-i+1)$ 种。依据古典概型，有

$$P(\xi_i=y_k)=\frac{A_{N-1}^{i-1}}{A_N^i}=\frac{(N-1)\cdots(N-i+1)}{N(N-1)\cdots(N-i+1)}=\frac{1}{N}$$

即性质 2.1 成立。

性质 2.2　对于 $i=1,2,\cdots,n$，简单随机样本中 ξ_i 的数学期望等于总体均值。

证明：对于任意的 $i\in\{1,2,\cdots,n\}$，由性质 2.1 可得

$$E(\xi_i)=\sum_{R=1}^{N}y_RP(\xi_i=y_R)=\sum_{R=1}^{N}\frac{y_R}{N}=\frac{1}{N}\sum_{R=1}^{N}y_R=\bar{Y}$$

简单随机样本中 $\xi_1,\xi_2,\cdots,\xi_n$ 的数学期望都相等，都等于总体均值 $\bar{Y}$，性质 2.2 成立。

性质 2.3　对于 $i=1,2,\cdots,n$，简单随机样本中 ξ_i 的方差等于 $(N-1)S^2/N$。

证明：对于任意的 $i\in\{1,2,\cdots,n\}$，由性质 2.1 可得，

$$V(\xi_i)=\sum_{R=1}^{N}[y_R-E(\xi_i)]^2P(\xi_i=y_R)=\sum_{R=1}^{N}(y_R-\bar{Y})^2\frac{1}{N}=\frac{N-1}{N}S^2$$

简单随机样本中 $\xi_1,\xi_2,\cdots,\xi_n$ 的方差都相等，都等于 $[(N-1)/N]S^2$，性质 2.3 成立。

性质 2.4　对于 $i\neq j$，简单随机样本中 ξ_i 和 ξ_j 不独立。

证明：对于任意的 $R\in\{1,2,\cdots,N\}$，当 $i\neq j$ 时，由不放回简单随机抽样的过程可知

$$P(\xi_i=y_R,\xi_j=y_R)=0$$

根据性质 2.1 可得，

$$P(\xi_i=y_R)P(\xi_j=y_R)=1/N^2$$

从而，$P(\xi_i=y_R,\xi_j=y_R)\neq P(\xi_i=y_R)P(\xi_j=y_R)$，也就是说，$\xi_i$ 和 ξ_j 不独立，性质 2.4 成立。

三、简单随机样本抽取

在进行简单随机抽样之前，需要制定抽样框，将每个抽样单元与其号码一一对应。简单随机样本的抽取办法是抽取抽样框中的一组号码，保证抽样框中每个号码被抽中的概率都相等，号码被抽中的单元组成简单随机样本。通常，利用随机数抽取抽样框中的号码。

随机数是随机试验的观测结果。有些随机试验的观测结果是数量。例如，投 10 个质地均匀硬币的随机试验，观察硬币正面朝上的个数。第一次随机试验的结果是 6 个硬币正面朝上，第二次随机试验的结果是 8 个硬币正面朝上，则 6 和 8 是这个随机试验的观测结果，即随机试验产生的随机数。随机试验的观测结果不是数量的，也可以数量化。例如，投一个

质地均匀硬币的随机试验，观察硬币的正面朝上还是反面朝上。随机试验的结果可能是硬币正面朝上，也可能是硬币反面朝上，观测结果可以用下面的方法表示：

当硬币正面朝上，试验结果记为 1；否则，试验结果记为 0。

第一次随机试验的结果为硬币正面朝上，观测结果记为 1；第二次随机试验的结果为硬币反面朝上，观测结果记为 0。1 和 0 是随机试验的两个结果，也是随机试验产生的两个随机数。

有很多种方法产生随机数。随机数产生方法也被称为随机数发生器。基于物理现象的随机数，随机性好，但操作难度较大，比如投硬币、掷骰子、使用电子元器件的噪音等。在实际应用中，更多的是选用伪随机数。伪随机数依据数学理论，具有较好的随机性。下面介绍几种产生随机数的办法。

(一)抽签法

抽签法又称“抓阄法”，把抽样框中所有单元的号码都写在号签上，将号签放在袋中并充分混合后，从中依次抽取号签，直到抽出的号签数量等于要求的样本量为止。抽签法简单易行，适用于抽样框中单元总数较小的情况。

例 2.1 欲了解某班 28 名学生的学习状况，决定从该班随机抽取 4 名学生。采用抽签法的样本抽取过程如下。将全部 28 名学生姓名按照字母顺序排列，依次赋予号码 1，2，…，28；准备 28 张完全相同的卡片作为号签，分别写上 28 名学生的号码，每张卡片只写一个号码，不同卡片上的号码不同；把全部带有号码的卡片放入袋子中并充分混合；抽取者闭上眼睛，从袋中抽取 4 张卡片。这 4 张卡片上号码对应的 4 名学生为被抽中的简单随机样本。

(二)掷随机数骰子法

与通常的正六面体骰子不同，随机数骰子是由质地均匀的特殊材料制成的正二十面体，每面有 0 至 9 中的一个数字，并且每个数字只出现在两个面上。假设要产生的最大随机数的位数为 m 。如果最大随机数为 10^{m-1}，则选用 $l=m-1$ 个骰子；如果最大随机数大于 10^{m-1}，则选用 $l=m$ 个骰子。约定其中第一个骰子的数字表示随机数的个位数字，第二个骰子的数字表示随机数的十位数字，以此类推。l 个骰子的数字都为 0 代表产生的随机数为 10^l 。

例如，为了产生 900 以内的随机数，最大随机数的位数为 3，由于 $900>10^{3-1}$，选用 3 个骰子。约定第一个骰子的数字表示随机数的个位数字，第二个骰子的数字表示随机数的十位数字，第三个骰子的数字表示随机数的百位数字。特别约定，3 个骰子的数字都为 0 代表产生的随机数为 10^3。

当 l 较大时，也可采用重复使用一个骰子连续掷 l 次的替代方法。第一次掷出骰子的数字表示随机数的个位数字，第二次掷出骰子的数字表示随机数的十位数字，以此类推。利用掷随机数骰子方法得到的随机数并不一定都适用于简单随机样本的抽取。为了得到所需要的随机数，还需要对产生的随机数进行筛选。令 N 表示单元总数，l 表示选用的骰子数，R_0 表示掷 l 个骰子产生的随机数。

随机数筛选方法一：若 $R_0\leqslant N$ 且不等于所保留的其他随机数，则保留 R_0；否则舍弃 R_0。该随机数筛选方法简单，效率低。

例 2.2 令 $N=3500$，则 $l=4$。为了获取 100 个随机数，第一次掷骰子得到的随机数为 1989，由于 $1989<3500$，保留该数；第二次掷骰子得到的随机数为 4099，由于 $4099>3500$，舍弃该数；第三次掷骰子得到的随机数为 8286，由于 $8286>3500$，舍弃该数；持续该过程，直到获取

100个不同的随机数为止。

随机数筛选方法二：令 $K_1 = [R_0/N]$ 为 R_0/N 的整数部分，$R_0 = K_1N + R_1$。若 $(K_1 + 1)N \leqslant 10^l$ 且 R_1 不等于所保留的其他随机数，则保留 R_1；否则舍弃 R_1。特别约定，$R_1 = 0$ 代表产生的随机数为 10^l。该随机数筛选方法相对复杂，但效率高于随机数筛选方法一。

例 2.2(续 1) 对于 $N = 3500$，$l = 4$，为了获取100个随机数，第一次掷骰子得到的随机数为1989，则 $K_1 = 0$，$R_1 = 1989$，由于 $(K_1 + 1) \times 3500 \leqslant 10000$，保留1989；第二次掷骰子得到的随机数为4099，则 $K_1 = 1$，$R_1 = 599$，由于 $(K_1 + 1) \times 3500 \leqslant 10000$ 且 $599 \neq 1989$，保留599；第三次掷骰子得到的随机数为8286，则 $K_1 = 2$，$R_1 = 1286$，由于 $(K_1 + 1) \times 3500 > 10000$，舍弃1286；持续该过程，直到获取100个不同的随机数为止。

随机数筛选方法三：令 M 为大于 N 且小于 10^l 的整数，$K_2 = [R_0/M]$ 为 R_0/M 的整数部分，$R_0 = K_2M + R_2$，若 $(K_2 + 1)M \leqslant 10^l$，$R_2 < N$ 且 R_2 不等于所保留的其他随机数，则保留 R_2；否则舍弃 R_2。特别约定，$R_2 = 0$ 代表产生的随机数为 10^l。该随机数筛选方法相对复杂，效率高于随机数筛选方法一。

例 2.2(续 2) 当 $N = 3500$，$l = 4$，令 $M = 5000$ 大于 N 且小于 10^4。为了获取100个随机数，第一次掷骰子的随机数为1989，则 $K_2 = 0$，$R_2 = 1989$，由于 $(K_2 + 1) \times 5000 \leqslant 10^4$，保留1989；第二次掷骰子的随机数为4099，则 $K_2 = 0$，$R_2 = 4099$，由于 $(K_2 + 1) \times 5000 \leqslant 10^4$ 但 $R_2 > N$，舍弃4099；第三次掷骰子的随机数为8286，则 $K_2 = 1$，$R_2 = 3286$，由于 $(K_2 + 1) \times 5000 \leqslant 10^4$ 且 $3286 < N$，保留3286；持续该过程，直到获取100个不同的随机数为止。

（三）随机数表法

随机数表是由数字0，1，2，…，9所组成的数字表，数字在表上的排列顺序是随机的，每个数字在表中出现的频率近似相等。表2.1给出随机数表的一部分，共计500个随机数字。数字0到9在表2.1中出现的频率都接近于10%，出现的位置是随机的。为了获取一组随机数，需要事前确定抽取随机数位数。令产生的最大随机数位数为 m。如果最大随机数为 10^{m-1}，则选用随机数表的 $l = m - 1$ 列（行）；如果最大随机数大于 10^{m-1}，则选用随机数表的 $l = m$ 列（行）。约定第一列数字为随机数的个位数字，第二列数字为随机数的十位数字，以

表 2.1 随机数字(500个)

	1—5	6—10	11—15	16—20	21—25	26—30	31—35	36—40	41—45	46—50
1	45421	79586	62507	72427	36128	26388	83129	83770	78092	39674
2	82964	27495	48746	07028	14856	78699	42777	66430	00241	65919
3	80457	54331	24482	53496	13917	55641	14646	46006	43342	87164
4	95845	56755	17038	81196	35410	11698	33430	67936	12698	43394
5	10860	34489	81376	63618	41047	01478	35547	63663	43875	53461
6	86525	97839	73803	50479	97475	08736	86844	25199	53520	60815
7	75460	01258	39250	06394	06823	01010	51403	30286	73023	51903
8	94795	61558	40447	24327	65443	95568	28539	78384	91273	25965
9	75347	95082	07285	67621	24011	31870	22910	00430	07339	89666
10	11106	33378	96012	89750	50985	37824	56129	39621	52888	24394

此类推。并且随机指定开始读取随机数的位置,依次读取随机数。特别约定,随机数的 l 个数字都为 0 代表产生的随机数为 10^l。利用随机数表法得到的随机数并不一定都适用于简单随机样本的抽取。为了得到所需要的随机数,采用随机数筛选方法,对随机数表法产生的随机数进行筛选。

例 2.3 用表 2.1 的随机数表产生 400 以内的 3 个随机数。最大随机数 400 为 3 位数,由于 $400>10^{3-1}$,从随机数表中随机选用 3 列数,假设选中的是表 2.1 中的第 8,15,30 列数字。约定第 8 列数字表示随机数的百位数字,第 15 列数字表示随机数的十位数字,第 30 列数字表示随机数的个位数字。特别约定,随机数的三个数字都为 0 代表产生的随机数为 10^3。随机指定开始读取随机数的位置为第 5 行。于是依次开始读取随机数,并且利用随机数筛选方法一进行筛选:首先读取 468,由于 468 大于 400,所以舍去;第二次读取 836,由于 836 大于 400,舍去;第三次读取 200,由于 200 小于 400,保留该随机数;依此方式进行,直至选出来 3 个随机数。本例依次得到的 3 个随机数分别为 200,050,324。

(四)统计软件

使用统计软件产生随机数的方法更为快捷方便。EXCEL、EVIEWS、SPSS、SAS、R 等统计软件都能够产生随机数,产生随机数的过程请参考相关文献。下面以 EXCEL 软件为例,介绍随机数的产生过程。

例 2.3(续) 利用 EXCEL2003 软件产生 345 以内的 30 个随机数。在存有 345 个城市的资产利润 EXCEL 表中,分别将 345 个城市依次指定编号为 1 到 345,如下图 2.1 所示。现要从 345 个城市中随机抽取 30 个城市来分析资产利润。首先,单击"工具"菜单,选中"数据分析"选项;打开"数据分析"选项中的"抽样"对话框,如图 2.2 所示;在"输入区域"中选中编号所在区域,在"随机样本数"中填入 30,点击"确定"。EXCEL 软件自动生成了一个新的 EXCEL 表,表中给出了产生的随机数,如图 2.3 所示。

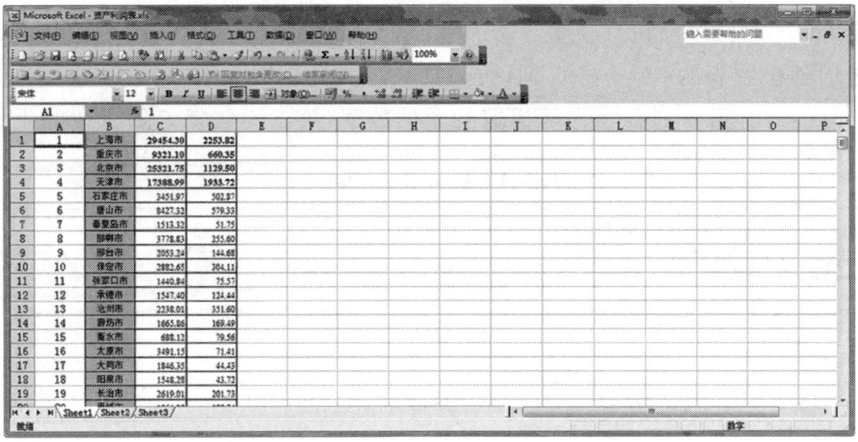

图 2.1 345 个城市的资产利润表

图 2.3 中给出了由 EXCEL 软件生成的 30 个样本单元编号。相应的 30 个样本单元组成样本量为 30 的简单随机样本。

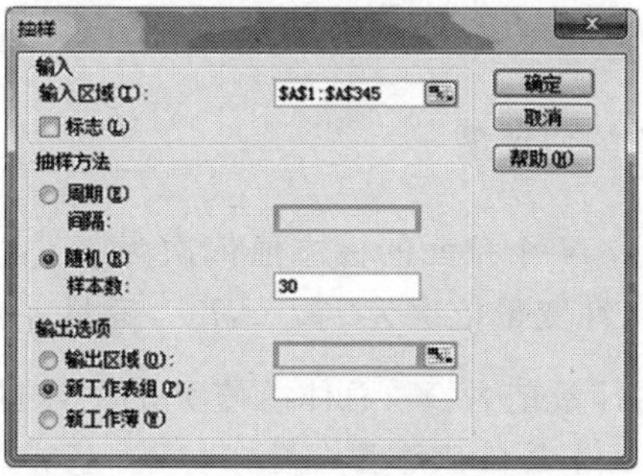

图 2.2　EXCEL“抽样”对话框

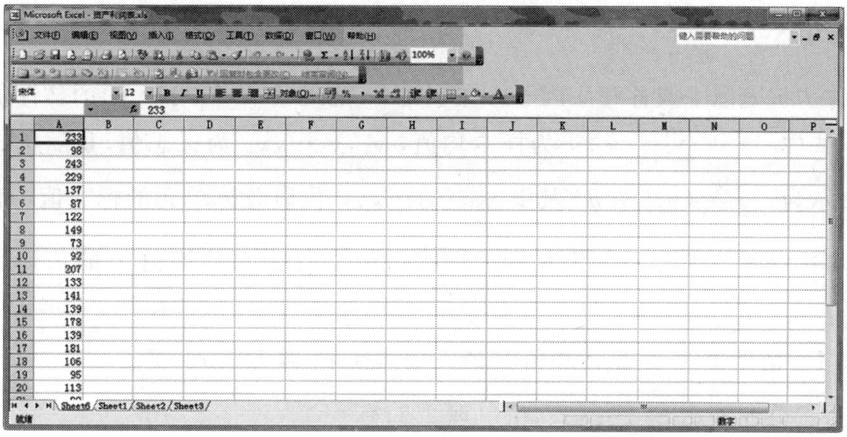

图 2.3　EXCEL 软件生成的简单随机样本

第二节　简单估计量

本节给出总体均值估计量、总体总值估计量、总体比例估计量和总体 C 类单元数估计量，以及这些估计量的方差估计。这里，先给出两个引理。

引理 2.1　从 N 个单元中随机抽取样本量为 n 的简单随机样本，则每个单元的入样概率为 n/N，两个总体单元同时入样的概率为 $[n(n-1)]/[N(N-1)]$。

引理 2.2　从 N 个总体单元中随机抽取样本量为 n 的简单随机样本。对于每个总体单元 y_i，定义示性变量 I_i 代表单元 y_i 是否被抽中，

$$I_i = \begin{cases} 1, \text{若 } y_i \text{ 被抽中} \\ 0, \text{否则} \end{cases} \tag{2.1}$$

其中 $i=1,2\cdots,N$，则 I_i 有下面的性质：

$$E(I_i)=\frac{n}{N} \tag{2.2}$$

$$V(I_i)=\frac{n}{N}\left(\frac{N-n}{N}\right) \tag{2.3}$$

$$Cov(I_i,I_j)=-\frac{1}{N-1}\frac{n}{N}\left(1-\frac{n}{N}\right) \tag{2.4}$$

一、总体均值和总体总值的估计量

记总体的单元总数为 N，N 个单元的标志值依次为 $y_1,y_2,\cdots,y_N$，总体均值为 $\bar{Y}$，总体总值为 Y，是否被抽中的示性变量依次为 $I_1,\cdots,I_N$，容量 n 的样本为 $y_1,y_2\cdots,y_n$，样本均值为 $\bar{y}$。总体均值 $\bar{Y}$ 的估计量记为 $\hat{\bar{Y}}$，总体总值 Y 的估计量记为 $\hat{Y}$。

(一)总体均值估计量和总体总值估计量

$$\hat{\bar{Y}}=\bar{y}=\frac{1}{n}\sum_{i=1}^{n}y_i=\frac{1}{n}\sum_{i=1}^{N}y_iI_i \tag{2.5}$$

$$\hat{Y}=N\hat{\bar{Y}}=N\bar{y}=\frac{N}{n}\sum_{i=1}^{N}y_iI_i \tag{2.6}$$

其中 N/n 称为扩充因子或称膨胀因子。在下文中，把式(2.5)和式(2.6)的估计量简称为简单估计量。式(2.5)中 $\sum_{i=1}^{n}y_i/n$ 为样本均值，$y_1,y_2\cdots,y_n$ 为标志值，是随机的。样本均值也可以表示为 $\sum_{i=1}^{N}(y_iI_i)/n$，其中 $y_1,y_2,\cdots,y_N$ 代表总体单元的标志值，而 $I_1,\cdots,I_N$ 是随机的，每次观测结果并不一定相同。样本均值 $\bar{y}$ 作为总体均值 $\bar{Y}$ 的估计量 $\hat{\bar{Y}}$，是无偏的。

定理 2.1 估计量 $\hat{\bar{Y}}$ 是总体均值 $\bar{Y}$ 的无偏估计量，即 $E(\hat{\bar{Y}})=\bar{Y}$。

证明：为了验证等式 $E(\hat{\bar{Y}})=\bar{Y}$，由引理 2.2，有

$$E(\hat{\bar{Y}})=E\left(\frac{1}{n}\sum_{i=1}^{N}y_iI_i\right)=\frac{1}{n}\sum_{i=1}^{N}y_iE(I_i)=\frac{1}{N}\sum_{i=1}^{N}y_i=\bar{Y}$$

故定理 2.1 成立。

推论 2.1 估计量 $\hat{Y}$ 是总体总值 Y 的无偏估计量，即 $E(\hat{Y})=Y$。

推论 2.1 的证明过程同定理 2.1，这里省略推论 2.1 的证明过程。

(二)总体均值估计量和总体总值估计量的方差

给出总体均值和总体总值的估计量，还要给出估计量的方差，以描述估计量的精度。

定理 2.2 对于简单随机抽样，总体均值估计量 $\hat{\bar{Y}}$ 的方差为

$$V(\hat{\bar{Y}})=\frac{S^2}{n}\left(1-\frac{n}{N}\right) \tag{2.7}$$

其中 $S^2=\sum_{i=1}^{N}(y_i-\bar{Y})^2/(N-1)$。

证明：根据引理 2.2 有

$$\begin{aligned}V(\hat{\bar{Y}})&=V\left(\frac{1}{n}\sum_{i=1}^{N}I_iy_i\right)=\frac{1}{n^2}\left[\sum_{i=1}^{N}y_i^2V(I_i)+\sum_{i<j}^{N}2y_iy_jCov(I_i,I_j)\right]\\&=\frac{1}{n^2}\left\{\sum_{i=1}^{N}y_i^2\left[\frac{n}{N}\left(\frac{N-n}{N}\right)\right]+\sum_{i<j}^{N}2y_iy_j\left[-\frac{n}{N(N-1)}\left(1-\frac{n}{N}\right)\right]\right\}\\&=\frac{1}{n^2}\frac{n}{N}\frac{N}{N-1}\left(1-\frac{n}{N}\right)\left(\frac{N-1}{N}\sum_{i=1}^{N}y_i^2-\frac{1}{N}\sum_{i<j}^{N}2y_iy_j\right)\end{aligned}$$

$$=\frac{1}{n}\left(1-\frac{n}{N}\right)\left\{\frac{1}{N-1}\left[\sum_{i=1}^{N}y_i^2-\frac{1}{N}\left(\sum_{i=1}^{N}y_i^2+\sum_{i<j}^{N}2y_iy_j\right)\right]\right\}$$
$$=\frac{1}{n}\left(1-\frac{n}{N}\right)\left[\frac{1}{N-1}\left(\sum_{i=1}^{N}y_i^2-N\bar{Y}^2\right)\right]$$
$$=\frac{1}{n}\left(1-\frac{n}{N}\right)\left[\frac{1}{N-1}\sum_{i=1}^{N}(y_i-\bar{Y})^2\right]=\frac{S^2}{n}\left(1-\frac{n}{N}\right)$$

因此，定理 2.2 成立。

式(2.7)中的 $1-n/N$ 被称为有限总体校正系数，n/N 被称为抽样比，常用符号 f 表示，即 $f=n/N$ 。

推论 2.2　对于简单随机抽样，总体总值估计量 $\hat{Y}$ 的方差为

$$V(\hat{Y})=\frac{N^2S^2}{n}(1-f) \tag{2.8}$$

由于 $\hat{Y}=N\hat{\bar{Y}}$，故 $V(\hat{Y})=N^2V(\hat{\bar{Y}})$，代入式(2.7)，得到推论 2.2。根据定理 2.2，总体均值估计量 $\hat{\bar{Y}}$ 的方差主要受到样本量 n 和抽样比 f 的影响。在单元总数 N 很大而抽样比 f 很小的情况下，总体均值估计量 $\hat{\bar{Y}}$ 的方差受样本量 n 的影响大，而受抽样比 f 的影响小。

例 2.4　总体 A 的单元总数 $N_1=200000$，总体均值估计量为 $\hat{\bar{Y}}_1$；总体 B 的单元总数 $N_2=10000$，总体均值估计量为 $\hat{\bar{Y}}_2$，并假设两个总体方差都为 S^2。采用下面两种方式获取两个总体的样本。

方式一：两个样本的样本量相同。假设两个样本的容量都为 500，则两个估计量的方差之比为

$$\frac{V(\hat{\bar{Y}}_1)}{V(\hat{\bar{Y}}_2)}=\frac{\dfrac{S^2}{500}\left(1-\dfrac{500}{200000}\right)}{\dfrac{S^2}{500}\left(1-\dfrac{500}{10000}\right)}=1.05$$

当两个样本的容量相同，估计量的方差近似相等。

方式二：两个样本的抽样比相同。假设两个样本的抽样比都为 1%，则两个样本的样本量分别为 2000 和 100，两个总体均值估计量的方差之比为

$$\frac{V(\hat{\bar{Y}}_1)}{V(\hat{\bar{Y}}_2)}=\frac{(1-1\%)\,S^2/2000}{(1-1\%)\,S^2/100}=0.05$$

当两个样本的抽样比相同，总体 A 的总体均值估计量的方差远小于总体 B 的总体均值估计量的方差，前者只是后者的 5%。

例 2.4 比较了获取样本的两种方式，演示了样本量对总体均值估计量的方差影响更大。为了使得两个总体均值估计量的方差近似相等，应当选择方式一。

（三）总体均值估计量和总体总值估计量的方差估计量

在实际问题中，总体方差往往是未知的，不能直接得到总体均值估计量和总体总值估计量的方差，必须利用样本数据进行估计。

定理 2.3　总体均值估计量 $\hat{\bar{Y}}$ 的方差 $V(\hat{\bar{Y}})$ 的无偏估计量为

$$v(\hat{\bar{Y}})=\frac{s^2}{n}(1-f) \tag{2.9}$$

其中 $s^2=\sum_{i=1}^{n}(y_i-\bar{y})^2/(n-1)$ 为样本方差。

证明:对于简单随机抽样，样本方差是总体方差的无偏估计，即

$$\begin{aligned}E(s^2)&=E\left[\frac{1}{n-1}\sum_{i=1}^{n}(y_i-\bar{y})^2\right]=\frac{1}{n-1}E\left(\sum_{i=1}^{n}y_i^2-n\bar{y}^2\right)\\&=\frac{1}{n-1}\left[E\left(\sum_{i=1}^{N}I_i^2y_i^2\right)-nE(\bar{y}^2)\right]\\&=\frac{1}{n-1}\left\{\frac{n}{N}\sum_{i=1}^{N}y_i^2-n[E(\bar{y})]^2-nV(\bar{y})\right\}\\&=\frac{1}{n-1}\left[\frac{n}{N}\left(\sum_{i=1}^{N}y_i^2-N\bar{Y}^2\right)-\frac{nS^2}{n}(1-f)\right]\\&=\frac{1}{n-1}\left[\frac{n(N-1)S^2}{N}-S^2+\frac{nS^2}{N}\right]=S^2\end{aligned}$$

从而，

$$E[v(\hat{\bar{Y}})]=\frac{E(s^2)}{n}(1-f)=\frac{S^2}{n}(1-f)=V(\hat{\bar{Y}})$$

即 $v(\hat{\bar{Y}})$ 是总体方差 $V(\hat{\bar{Y}})$ 的无偏估计量。定理 2.3 成立。

推论 2.3 总体总值估计量 $\hat{Y}$ 的方差 $V(\hat{Y})$ 的无偏估计量为

$$v(\hat{Y})=\frac{N^2s^2}{n}(1-f) \tag{2.10}$$

估计量 $v(\hat{Y})$ 称为总体总值估计量 $\hat{Y}$ 的方差估计量。总体均值估计量 $\hat{\bar{Y}}$ 和总体总值估计量 $\hat{Y}$ 的标准差估计量分别为 $\sqrt{v(\hat{\bar{Y}})}$ 和 $\sqrt{v(\hat{Y})}$ 。

(四)总体均值和总体总值的置信区间

在实际的抽样调查中，总体单元数量往往非常大，选择的样本量也很大。通常，当样本量 $n\geqslant 50$，总体均值估计量 $\hat{\bar{Y}}$ 的概率分布与正态分布的差异小；当 $n<50$，总体均值估计量 $\hat{\bar{Y}}$ 的概率分布与正态分布的差异可能很大①。差异大小与样本量 n 有关，还与总体分布的偏斜程度有关。为了使差异小到可以接受的程度，需要选择“充分大”的样本量。这是调查经验给出的结果。在下文的讨论中，为了简便，不管样本量 n 的大小，都选择正态分布代替总体均值估计量 $\hat{\bar{Y}}$ 的分布，这个假定不适用于实际问题研究。

若样本量 $n\geqslant 50$，总体均值 $\bar{Y}$ 在置信概率 $1-\alpha$ 下的双侧置信区间为

$$\left(\bar{y}-Z_{\alpha/2}\sqrt{v(\hat{\bar{y}})},\bar{y}+Z_{\alpha/2}\sqrt{v(\hat{\bar{Y}})}\right) \tag{2.11}$$

其中 $Z_{\alpha/2}$ 为标准正态分布上概率 $\alpha/2$ 相对应的分位数，$\bar{y}+Z_{\alpha/2}\sqrt{v(\hat{\bar{Y}})}$ 为置信上限，$\bar{y}-$

① Cochran W. G. Sampling techniques [M]. 3rd ed. New York: John Wiley and Sons, 1977. 中文版：张尧庭，吴辉. 抽样技术[M]. 北京：中国统计出版社，1985.

$Z_{\alpha/2}\sqrt{v(\hat{\bar{Y}})}$ 为置信下限。总体总值 Y 在置信概率 $1-\alpha$ 下的双侧置信区间为

$$\left(N\bar{y}-Z_{\alpha/2}N\sqrt{v(\hat{\bar{Y}})},N\bar{y}+Z_{\alpha/2}N\sqrt{v(\hat{\bar{Y}})}\right) \tag{2.12}$$

其中 $N\bar{y}+Z_{\alpha/2}N\sqrt{v(\hat{\bar{Y}})}$ 为置信上限，$N\bar{y}-Z_{\alpha/2}N\sqrt{v(\hat{\bar{Y}})}$ 为置信下限。

例 2.5 为了调查某开发区 5896 户居民的收入情况，采用简单随机抽样，抽取 30 户，登记每户的月收入，调查数据见表 2.2。试估计该开发区居民的平均每户月收入，以及开发区居民的平均每户月收入在置信概率 95%下的置信区间。

表 2.2 开发区 30 户居民的调查数据 单位：元

序号 i	收入 y_i	序号 i	收入 y_i	序号 i	收入 y_i
1	13325	11	9808	21	12639
2	15071	12	13741	22	17641
3	16329	13	9166	23	12776
4	18877	14	15460	24	10969
5	19594	15	18513	25	14606
6	17301	16	10826	26	18263
7	13899	17	15424	27	18460
8	10478	18	15064	28	14030
9	14945	19	19026	29	9709
10	19298	20	8914	30	8598

解：由题意可知，$N=5896$，$n=30$。经过计算，样本总值 $y=432750$，样本均值 $\bar{y}=14425$，标志值的平方和 $\sum_{i=1}^{n}y_i^2=6591068006$。该开发区居民的平均每户月收入的估计为

$$\hat{\bar{Y}}=\bar{y}=\frac{1}{n}\sum_{i=1}^{n}y_i$$
$$=\frac{432750}{30}=14425$$

样本方差为

$$s^2=\frac{1}{n-1}\sum_{i=1}^{n}(y_i-\bar{y})^2=\frac{1}{n-1}\left(\sum_{i=1}^{n}y_i^2-n\bar{y}^2\right)$$
$$=\frac{6591068006-30\times14425^2}{30-1}=12022388$$

于是，平均每户月收入估计量 $\hat{\bar{Y}}$ 的方差估计为

$$v(\hat{\bar{Y}})=\frac{s^2}{n}(1-f)$$
$$=\frac{12022388}{30}\times\left(1-\frac{30}{5896}\right)=398707.2$$

平均每户月收入估计量 $\hat{\bar{Y}}$ 的标准差估计为 $\sqrt{v(\hat{\bar{Y}})}=631.43$。于是，该开发区居民的每户平均月收入的估计为 14425 元，方差估计为 398707.2，标准差估计为 631.43 元。

标准正态分布上概率 0.025 相对应的分位数 $Z_{0.025}=1.96$。开发区居民平均每户月收入在置信概率 95%下双侧置信区间的置信下限为

$$\bar{y}-Z_{\alpha/2}\sqrt{v(\hat{\bar{Y}})}=14425-1.96\times 631.43=13187.40$$

置信上限为

$$\bar{y}+Z_{\alpha/2}\sqrt{v(\hat{\bar{Y}})}=14425+1.96\times 631.43=15662.60$$

该开发区居民的平均每户月收入在置信概率 95%下的置信区间为(13187.40, 15662.60)。

二、总体比例和 C 类单元总数的估计

在第一章中，把 N 个总体单元分为两类，分别为 C 类和 C' 类，记属于 C 类单元总数为 A，属于 C' 类的单元总数为 A'。C 类单元总数与总体单元总数之比为总体比例，用 P 表示，$P=A/N$。相应地，把 n 个样本单元也分为两类，分别为 C 类和 C' 类，记属于 C 类的单元数为 a，属于 C' 类的单元数为 a'，样本比例用 p 表示，$p=a/n$。

对于总体均值和总体总值的估计，并没有限定总体单元的标志值 y_i 是连续型数据还是离散型数据。对于离散型的标志值 y_i，总体均值估计量和总体总值估计量仍然具有上述性质。设定总体单元 $y_1,\cdots,y_N$ 的标志值为

$$y_i=\begin{cases}1, y_i\in C\\0, y_i\notin C\end{cases}\tag{2.13}$$

于是，C 类单元总数、总体比例和总体方差可以用标志值 $y_1,\cdots,y_N$ 表示，见表 2.3。表 2.3 第 2 列给出总体 C 类单元数 A 等于总体总值 Y，总体比例 P 等于总体均值 $\bar{Y}$，总体方差 S^2 为

$$S^2=\frac{1}{N-1}\sum_{i=1}^{N}(y_i-\bar{Y})^2=\frac{1}{N-1}\left(\sum_{i=1}^{N}y_i^2-N\bar{Y}^2\right)$$

其中 $N\bar{Y}^2=NP^2$，$y_1,\cdots,y_N$ 的取值只为 1 或 0，故

$$\sum_{i=1}^{N}y_i^2=\sum_{i=1}^{N}y_i=A=NP$$

于是，

$$S^2=\frac{NP-NP^2}{N-1}=\frac{NP(1-P)}{N-1}\tag{2.14}$$

表 2.3 总体和样本的 C 类单元数、比例和方差

	总体	样本
C 类单元数	$A=\sum_{i=1}^{N}y_i=Y$	$a=\sum_{i=1}^{n}y_i=y$
比例	$P=\frac{A}{N}=\bar{Y}$	$p=\frac{a}{n}=\bar{y}$
方差	$S^2=\frac{NP(1-P)}{N-1}$	$s^2=\frac{np(1-p)}{n-1}$

表 2.3 第 3 列给出了样本的 C 类单元数 a 等于样本总值 y，样本比例 p 等于样本均值 $\bar{y}$，由于

$$s^2=\frac{1}{n-1}\sum_{i=1}^{n}(y_i-\bar{y})^2=\frac{1}{n-1}\left(\sum_{i=1}^{n}y_i^2-n\bar{y}^2\right)$$

其中 $n\bar{y}^2=np^2$，$y_1,\cdots,y_n$ 的取值只为 1 或 0，故

$$\sum_{i=1}^{n}y_i^2=\sum_{i=1}^{n}y_i=a=np$$

于是，

$$s^2=\frac{np-np^2}{n-1}=\frac{np(1-p)}{n-1} \tag{2.15}$$

下面用总体均值 $\bar{Y}$ 的估计量构造总体比例 P 的估计量，用总体总值 Y 的估计量构造 C 类单元总数 A 的估计量。

(一)总体比例和 C 类单元总数的估计量

样本均值 $\bar{y}$ 是总体均值 $\bar{Y}$ 的无偏估计量，可以用样本比例 p 估计总体比例 P，即总体比例 P 的估计量 $\hat{P}$ 为

$$\hat{P}=p=\frac{a}{n} \tag{2.16}$$

类似地，C 类单元总数 A 的估计量 $\hat{A}$ 为

$$\hat{A}=N\hat{P}=\frac{Na}{n} \tag{2.17}$$

定理 2.4 总体比例的估计量 $\hat{P}$ 是总体比例 P 的无偏估计量。

证明：由于简单随机抽样的样本均值是总体均值的无偏估计，有

$$E(\hat{P})=E(p)=E(\bar{y})=\bar{Y}=P$$

即估计量 $\hat{P}$ 是总体比例 P 的无偏估计量，定理 2.4 成立。

推论 2.4 C 类单元总数的估计量 $\hat{A}$ 是 C 类单元总数 A 的无偏估计量。

(二)总体比例估计量和 C 类单元总数估计量的方差

利用定理 2.2，下面的定理给出了总体比例估计量 $\hat{P}$ 的方差。

定理 2.5 对于简单随机抽样，总体比例估计量 $\hat{P}$ 的方差为

$$V(\hat{P})=\frac{1-f}{n}\left[\frac{NP(1-P)}{N-1}\right] \tag{2.18}$$

其中 $f=n/N$ 为抽样比。

证明：根据定理 2.2 中总体均值估计量的方差公式，有

$$V(\hat{P})=\frac{S^2}{n}\left(1-\frac{n}{N}\right)=\frac{(1-f)S^2}{n}$$

其中 $S^2=\sum_{i=1}^{N}(y_i-\bar{Y})^2/(N-1)=NP(1-P)/(N-1)$，代入上式，得到定理 2.5。

推论 2.5 对于简单随机抽样，C 类单元总数估计量 $\hat{A}$ 的方差为

$$V(\hat{A})=\frac{N^2(1-f)}{n}\left[\frac{NP(1-P)}{N-1}\right]$$

由于 $V(\hat{A})=N^2V(\hat{P})$，利用式(2.18)，得到推论 2.5。

(三)总体比例估计量和 C 类单元总数估计量的方差估计量

定理 2.6 总体比例估计量 $\hat{P}$ 的方差 $V(\hat{P})$ 的无偏估计量为

$$v(\hat{P})=\frac{1-f}{n}\left[\frac{np(1-p)}{n-1}\right]=\frac{p(1-p)(1-f)}{n-1} \tag{2.19}$$

推论 2.6 C 类单元总数估计量 $\hat{A}$ 的方差 $V(\hat{A})$ 的无偏估计量为

$$v(\hat{A})=\frac{(1-f)N^2}{n}\left[\frac{np(1-p)}{n-1}\right]=\frac{N^2p(1-p)(1-f)}{n-1} \tag{2.20}$$

定理 2.6 可以利用定理 2.3 得到。

(四)总体比例和 C 类单元总数的置信区间

对于不放回的简单随机抽样，总体比例估计量 $\hat{P}$ 和 C 类单元总数估计量 $\hat{A}$ 的精确分布为参数 (N,A,n) 的超几何分布，即

$$P\left(\hat{P}=\frac{a}{n}\right)=P\left(\hat{A}=\frac{Na}{n}\right)=\frac{C_A^aC_{N-A}^{n-a}}{C_N^n}$$

其中 $a=0,1,\cdots,\min(n,A)$，$\min(n,A)$ 表示 n 和 A 两者的最小值。由于超几何分布的分布列计算麻烦，总体比例估计量 $\hat{P}$ 和 C 类单元总数估计量 $\hat{A}$ 的分布函数都利用正态分布近似。总体比例估计量 $\hat{P}$ 和 C 类单元总数估计量 $\hat{A}$ 的分布函数与正态分布之间的差异与比值 p 有关。估计量 $\hat{P}$ 近似服从正态分布的要求参见表 2.4①。表 2.4 的第 3 列标题为"$np\geqslant$"给出了 np 需要达到的最小值和第 4 列标题为"$n(1-p)\geqslant$"给出了 $n(1-p)$ 需要达到的最小值。在下文讨论中，为了简便，不管 n 和 p 的要求，都假定总体比例估计量 $\hat{P}$ 服从正态分布，这个假定不适用于实际问题研究。

表 2.4 用正态分布近似的 n 和 p 要求

n	p	$np\geqslant$	$n(1-p)\geqslant$
30	0.50	15	15
50	0.40	20	20
80	0.30	24	24
200	0.20	40	40
600	0.10	60	60
1400	0.05	70	70
∞	极小	80	80

总体比例 P 在置信概率 $1-\alpha$ 下的双侧置信区间为

① Cochran W. G. Sampling techniques [M]. 3rd ed. New York: John Wiley and Sons, 1977. 中文版：张尧庭，吴辉. 抽样技术[M]. 北京：中国统计出版社，1985.

$$\left(p-\left[Z_{\alpha/2}\sqrt{v(\hat{P})}+\frac{1}{2n}\right],p+\left[Z_{\alpha/2}\sqrt{v(\hat{P})}+\frac{1}{2n}\right]\right) \tag{2.21}$$

其中 $Z_{\alpha/2}$ 为标准正态分布上概率 $\alpha/2$ 相对应的分位数，$p+\left[Z_{\alpha/2}\sqrt{v(\hat{P})}+1/(2n)\right]$ 为置信上限，$p-\left[Z_{\alpha/2}\sqrt{v(\hat{P})}+1/(2n)\right]$ 为置信下限。$1/(2n)$ 是连续性的校正项。这使置信区间稍有改进。不用校正项，近似置信区间会更短。

C 类单元总数 A 在置信概率 $1-\alpha$ 下的双侧置信区间为

$$\left(Np-\left[Z_{\alpha/2}\sqrt{v(\hat{A})}+\frac{N}{2n}\right],Np+\left[Z_{\alpha/2}\sqrt{v(\hat{A})}+\frac{N}{2n}\right]\right) \tag{2.22}$$

其中 $Np+\left[Z_{\alpha/2}\sqrt{v(\hat{A})}+N/(2n)\right]$ 为置信上限，$Np-\left[Z_{\alpha/2}\sqrt{v(\hat{A})}+N/(2n)\right]$ 为置信下限。

例 2.6 某计算机公司共有员工 2341 名。为了解该公司员工的教育程度，用简单随机抽样方法抽取 200 名员工进行调查，其中 122 名员工具有本科学历，试估计该计算机公司拥有本科学历的员工总数及其比例，给出该计算机公司拥有本科学历的员工总数和员工比例在置信概率 90%下的置信区间。

解：依据题目可知，$N=2341$，$n=200$，$a=122$，样本比例 $p=a/n=0.61$。于是，该计算机公司拥有本科学历的员工比例 P 的估计为

$$\hat{P}=p$$
$$=122/200=0.61$$

其方差估计为

$$v(\hat{P})=\frac{p(1-p)(1-f)}{n-1}$$
$$=\frac{0.61\times(1-0.61)\times(1-200/2341)}{200-1}=0.001093$$

$$\sqrt{v(\hat{P})}=0.033$$

即该计算机公司拥有本科学历的员工比例为 0.61，方差估计为 1.093×10^{-3}，标准差估计为 0.033。该计算机公司拥有本科学历的员工总数 A 的估计为

$$\hat{A}=N\hat{P}$$
$$=2341\times0.61=1428$$

其方差估计为

$$v(\hat{A})=\frac{N^2p(1-p)(1-f)}{n-1}$$
$$=\frac{2341^2\times0.61\times(1-0.61)\times(1-200/2341)}{200-1}=5989.9$$

$$\sqrt{v(\hat{A})}=78$$

即该计算机公司拥有本科学历的员工总数约为 1428 名，方差估计为 5989.9，标准差估计为 78 名。

该计算机公司拥有本科学历的员工比例在置信概率 90%下的双侧置信区间的置信下限为

$$p-\left[Z_{\alpha/2}\sqrt{v(\hat{P})}+\frac{1}{2n}\right]=0.61-\left(1.64\times0.033+\frac{1}{2\times200}\right)=0.55$$

置信上限为

$$p+\left[Z_{\alpha/2}\sqrt{v(\hat{P})}+\frac{1}{2n}\right]=0.61+\left(1.64\times0.033+\frac{1}{2\times200}\right)=0.67$$

该计算机公司拥有本科学历的员工比例在置信概率 90%下的置信区间为(0.55,0.67)。

该计算机公司拥有本科学历的员工总数在置信概率 90%下的双侧置信区间的置信下限为

$$Np-\left[Z_{\alpha/2}\sqrt{v(\hat{A})}+\frac{N}{2n}\right]=2341\times0.61-\left(1.64\times78+\frac{2341}{2\times200}\right)=1294$$

置信上限为

$$Np+\left[Z_{\alpha/2}\sqrt{v(\hat{A})}+\frac{N}{2n}\right]=2341\times0.61+\left(1.64\times78+\frac{2341}{2\times200}\right)=1562$$

即该计算机公司拥有本科学历的员工总数在置信概率 90%下的置信区间为(1294,1562)。

注:在前面提到,总体比例 $P=A/N$ 的估计量 $\hat{P}$ 的真实分布与正态分布之间的接近程度与总体比例 P 有关。当总体比例 P 接近于 0 或者接近于 1 时,估计量 $\hat{P}$ 的真实分布与正态分布差异往往很大,所构造的置信区间也不一定满足置信概率要求。在例 2.6 中,该计算机公司拥有本科学历的员工比例在置信概率 90%下的置信区间为(0.55,0.67)。这个置信区间的置信概率与总体比例 P 之间的关系见图 2.4。图 2.4 的横坐标代表总体比例 P,纵坐标表示区间(0.55,0.67)的置信概率。图 2.4 显示,当总体比例 P 接近于 0 或者接近于 1 时,置信概率不到 50%,置信概率很低。本书附录给出了简单随机抽样的总体比例的精确置信区间,能够满足置信概率要求,有关细节参见专题 B。

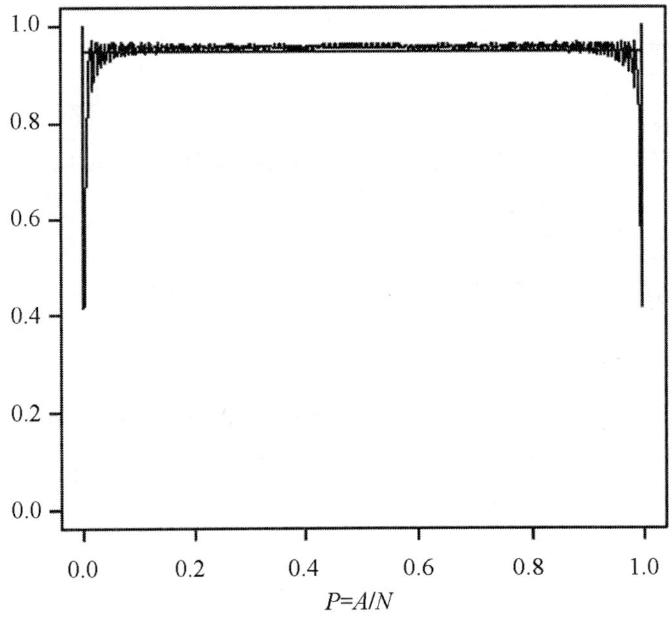

图 2.4 置信概率与总体比例($N=2341,n=200$)

第三节 样本量确定

任何抽样调查的设计都要考虑抽样调查结果的误差范围。在抽样调查之前，研究者需要综合多方面的因素，给出调查结果精度的预期描述。对于很多抽样调查，总调查费用是调查精度的制约条件。优良的抽样调查方案设计应该是调查精度与总调查费用之间的折中。给定总调查费用，满足费用要求的最大样本量使得调查结果的精度最高；给定调查精度，满足精度要求的最小样本量使得总调查费用最低。在实际抽样调查中，还要关注抽样调查方案的可操作性。

一、估计量的精度描述

抽样调查设计关注估计量的精度，估计量的精度要求是用户提出的，抽样调查结果所需要达到的精度。样本量确定是为了满足用户的精度要求，选择抽样方法并确定样本量。下面介绍 4 种表达方法，这 4 种表达方法是等价的。设 θ 为所关心的总体指标真值，$\hat{\theta}$ 表示 θ 的估计量，并假定 $\hat{\theta}$ 服从正态分布。

1. 估计量的方差和标准差。估计量 $\hat{\theta}$ 的方差和标准差分别用 $V(\hat{\theta})$ 和 $\sqrt{V(\hat{\theta})}$ 表示。方差和标准差都表示估计量取值的离散程度。方差或者标准差越大，估计量取值的离散程度越大，偏离平均水平的程度越大。在实际应用中，估计量的方差和标准差越小越好。

2. 估计量的绝对误差范围和置信概率。估计量 $\hat{\theta}$ 的绝对误差范围和置信概率分别用 $d(\hat{\theta})$ 和 $1-\alpha$ 表示。估计量 $\hat{\theta}$ 的绝对误差范围 $d(\hat{\theta})$ 和置信概率 $1-\alpha$ 满足下面关系

$$P(|\hat{\theta}-\theta|\leqslant d(\hat{\theta}))=1-\alpha$$

也就是说，估计值 $\hat{\theta}$ 与真值 θ 的绝对差值不超过 $d(\hat{\theta})$ 的置信概率为 $1-\alpha$ 。那么，当 $\hat{\theta}$ 服从均值为 θ 的正态分布，则上式可改写为

$$P(|\hat{\theta}-\theta|\leqslant d(\hat{\theta}))=P\left(\frac{|\hat{\theta}-\theta|}{\sqrt{V(\hat{\theta})}}\leqslant\frac{d(\hat{\theta})}{\sqrt{V(\hat{\theta})}}\right)=1-\alpha$$

有 $d(\hat{\theta})/\sqrt{V(\hat{\theta})}=Z_{\alpha/2}$，估计量 $\hat{\theta}$ 的方差 $V(\hat{\theta})=(d(\hat{\theta})/Z_{\alpha/2})^2$，标准差 $\sqrt{V(\hat{\theta})}=d(\hat{\theta})/Z_{\alpha/2}$。已知估计量的方差 $V(\hat{\theta})$ 或标准差 $\sqrt{V(\hat{\theta})}$ 和置信概率 $1-\alpha$，则估计量 $\hat{\theta}$ 的绝对误差范围 $d(\hat{\theta})=Z_{\alpha/2}\sqrt{V(\hat{\theta})}$。绝对误差范围 $d(\hat{\theta})$ 不变，置信概率 $1-\alpha$ 越大，估计量 $\hat{\theta}$ 的方差越小，需要的样本量也越大。置信概率 $1-\alpha$ 不变，绝对误差范围 $d(\hat{\theta})$ 越小，估计量 $\hat{\theta}$ 的方差越小，需要的样本量也越大。

3. 估计量的相对误差范围和置信概率。估计量 $\hat{\theta}$ 的相对误差范围和置信概率分别用 $r(\hat{\theta})$ 和 $1-\alpha$ 表示。估计量 $\hat{\theta}$ 的相对误差范围 $r(\hat{\theta})$ 和置信概率 $1-\alpha$ 满足下面关系

$$P\left(\left|\frac{\hat{\theta}-\theta}{\theta}\right|\leqslant r(\hat{\theta})\right)=1-\alpha$$

也就是说，估计值 $\hat{\theta}$ 与真值 θ 的相对差值不超过 $r(\hat{\theta})$ 的置信概率为 $1-\alpha$ 。给定置信概率 $1-\alpha$，绝对误差范围 $d(\hat{\theta})=r(\hat{\theta})\theta$ 。当 $\hat{\theta}$ 是服从均值为 θ 的正态分布，那么上式可以改写为

$$P\left(\left|\frac{\hat{\theta}-\theta}{\theta}\right|\leqslant r(\hat{\theta})\right)=P\left(\frac{|\hat{\theta}-\theta|}{\sqrt{V(\hat{\theta})}}\leqslant\frac{r(\hat{\theta})\theta}{\sqrt{V(\hat{\theta})}}\right)=1-\alpha$$

有 $r(\hat{\theta})\theta/\sqrt{V(\hat{\theta})}=Z_{\alpha/2}$。给定估计量 $\hat{\theta}$ 的相对误差范围 $r(\hat{\theta})$ 和置信概率 $1-\alpha$，估计量的方差 $V(\hat{\theta})=(r(\hat{\theta})\theta/Z_{\alpha/2})^2$，标准差 $\sqrt{V(\hat{\theta})}=r(\hat{\theta})\theta/Z_{\alpha/2}$。给定估计量的方差 $V(\hat{\theta})$ 或标准差 $\sqrt{V(\hat{\theta})}$ 和置信概率 $1-\alpha$，则估计量 $\hat{\theta}$ 的相对误差范围 $r(\hat{\theta})=Z_{\alpha/2}\sqrt{V(\hat{\theta})}/\theta$。相对误差范围 $r(\hat{\theta})$ 不变，置信概率 $1-\alpha$ 越大，方差越小，需要的样本量也越大。置信概率 $1-\alpha$ 不变，相对误差范围 $r(\hat{\theta})$ 越小，方差越小，需要的样本量也越大。

4. 估计量的变异系数。估计量 $\hat{\theta}$ 的变异系数为估计量 $\hat{\theta}$ 的标准差与均值之比，用 $C(\hat{\theta})$ 表示，$C(\hat{\theta})=\sqrt{V(\hat{\theta})}/E(\hat{\theta})$。变异系数反映相对于均值的估计量取值离散程度。当 $\hat{\theta}$ 为无偏估计量，则 $E(\hat{\theta})=\theta$，估计量 $\hat{\theta}$ 的方差 $V(\hat{\theta})=C(\hat{\theta})^2\theta^2$，标准差 $\sqrt{V(\hat{\theta})}=C(\hat{\theta})\theta$。若已知变异系数 $C(\hat{\theta})$ 和置信概率 $1-\alpha$，则估计量的绝对误差范围 $d(\hat{\theta})=Z_{\alpha/2}C(\hat{\theta})\theta$，估计量的相对误差范围 $r(\hat{\theta})=Z_{\alpha/2}C(\hat{\theta})$。若已知 $\hat{\theta}$ 的相对误差范围 $r(\hat{\theta})$ 和置信概率 $1-\alpha$，则 $\hat{\theta}$ 的变异系数 $C(\hat{\theta})=r(\hat{\theta})/Z_{\alpha/2}$。给定 $\hat{\theta}$ 的绝对误差范围 $d(\hat{\theta})$ 和置信概率 $1-\alpha$，则 $\hat{\theta}$ 的变异系数 $C(\hat{\theta})=d(\hat{\theta})/(Z_{\alpha/2}\theta)$。估计量 $\hat{\theta}$ 的变异系数 $C(\hat{\theta})$ 越小，需要的样本量也越大。

二、为估计总体均值或总体总值而进行的简单随机抽样

为估计总体总值而抽样的样本量精度要求可以变换为估计总体均值而抽样的估计量精度要求，再采用为估计总体均值而抽样的样本量确定办法，计算简单随机抽样所需要的样本量。本节主要讨论为估计总体均值而抽样的情况。为估计总体均值和总体总值而进行的抽样，样本单元总数不一定很大。这里，分别考虑抽样比忽略不计和抽样比不能忽略不计两种情况。

(一)抽样比 f 忽略不计

按照经验，为估计总体均值而进行的抽样，抽样比 $f=n/N$ 忽略不计通常是指抽样比 $f\leqslant 0.05$。此时，f 忽略不计，对估计量 $\hat{\bar{Y}}$ 的精度影响很小。当抽样比 $f=n/N$ 忽略不计时，估计量 $\hat{\bar{Y}}$ 的方差为 $V(\hat{\bar{Y}})=S^2(1-f)/n\approx S^2/n$，满足精度要求的最小样本量记为 n_0。

1. 给定估计量 $\hat{\bar{Y}}$ 的方差界限为 $V_{\hat{\bar{Y}}}$。也就是说，估计量 $\hat{\bar{Y}}$ 的方差不能大于 $V_{\hat{\bar{Y}}}$，即 $V(\hat{\bar{Y}})\leqslant V_{\hat{\bar{Y}}}$。由 $S^2/n\leqslant V_{\hat{\bar{Y}}}$，可得

$$n\geqslant\frac{S^2}{V_{\hat{\bar{Y}}}} \tag{2.23}$$

满足精度要求的最小样本量 n_0 为不小于 $S^2/V_{\hat{\bar{Y}}}$ 的最小整数。

2. 给定置信概率 $1-\alpha$ 和估计量 $\hat{\bar{Y}}$ 的绝对误差范围界限为 $d_{\hat{\bar{Y}}}$。在置信概率 $1-\alpha$ 下，估计量 $\hat{\bar{Y}}$ 的绝对误差范围不超过界限 $d_{\hat{\bar{Y}}}$，即 $d(\hat{\bar{Y}})\leqslant d_{\hat{\bar{Y}}}$。将 $V_{\hat{\bar{Y}}}=(d_{\hat{\bar{Y}}}/Z_{\alpha/2})^2$ 代入式(2.23)，得

$$n \geqslant \frac{Z_{\alpha/2}^2 S^2}{d_{\hat{\bar{Y}}}^2} \tag{2.24}$$

满足精度要求的最小样本量 n_0 为不小于 $Z_{\alpha/2}^2 S^2/d_{\hat{\bar{Y}}}^2$ 的最小整数。

3. 给定置信概率 $1-\alpha$ 和估计量 $\hat{\bar{Y}}$ 的相对误差范围界限为 $r_{\hat{\bar{Y}}}$。在置信概率 $1-\alpha$ 下，估计量 $\hat{\bar{Y}}$ 的相对误差范围不超过界限 $r_{\hat{\bar{Y}}}$，即 $r(\hat{\bar{Y}}) \leqslant r_{\hat{\bar{Y}}}$。将 $d_{\hat{\bar{Y}}} = r_{\hat{\bar{Y}}}\bar{Y}$ 代入式(2.24)，得

$$n \geqslant \frac{Z_{\alpha/2}^2 S^2}{r_{\hat{\bar{Y}}}^2 \bar{Y}^2} \tag{2.25}$$

满足精度要求的最小样本量 n_0 为不小于 $Z_{\alpha/2}^2 S^2/(r_{\hat{\bar{Y}}}^2 \bar{Y}^2)$ 的最小整数。

4. 给定估计量 $\hat{\bar{Y}}$ 的变异系数界限为 $C_{\hat{\bar{Y}}}$。给定估计量 $\hat{\bar{Y}}$ 的变异系数不能大于 $C_{\hat{\bar{Y}}}$，即 $C(\hat{\bar{Y}}) \leqslant C_{\hat{\bar{Y}}}$。将 $V_{\hat{\bar{Y}}} = C_{\hat{\bar{Y}}}^2 \bar{Y}^2$ 代入式(2.23)，可得

$$n \geqslant \frac{1}{C_{\hat{\bar{Y}}}^2}\left(\frac{S}{\bar{Y}}\right)^2 \tag{2.26}$$

满足精度要求的最小样本量 n_0 为不小于 $S^2/(C_{\hat{\bar{Y}}}^2 \bar{Y}^2)$ 的最小整数。

例 2.7 为了估计某大学在校大学生网上消费情况，计划采用简单随机抽样进行调查，某校大学生网上购物消费的方差预估计为 59845，假定抽样比忽略不计。试分别确定满足如下要求的样本量。

(1)估计量方差的界限为 400。

(2)估计量的绝对误差界限为 40，置信概率为 95%。

(3)估计量的相对误差界限为 0.1，置信概率为 95%。(假设该校大学生网上购物消费的平均额度为 429 元)

(4)估计量的变异系数界限为 0.05。(假设该校大学生网上购物消费的平均额度为 429 元)

解：由题意可知，某校大学生网上购物消费的方差预估计 $S^2 = 59845$。

(1) 估计量方差的界限 $V_{\hat{\bar{Y}}} = 400$，由公式(2.23)，

$$\frac{S^2}{V_{\hat{\bar{Y}}}} = \frac{59845}{400} = 149.61$$

满足精度要求的最小样本量 $n_0 = 150$。即需要调查至少 150 名大学生才能达到估计量方差的界限 $V_{\hat{\bar{Y}}} = 400$。

(2)估计量的绝对误差界限 $d_{\hat{\bar{Y}}} = 40$，置信概率为 $1-\alpha = 95\%$，$Z_{0.025} = 1.96$，由公式(2.24)，

$$\frac{Z_{\alpha/2}^2 S^2}{d_{\hat{\bar{Y}}}^2} = \frac{1.96^2 \times 59845}{40^2} = 143.69$$

满足精度要求的最小样本量 $n_0=144$，即调查至少 144 名大学生才能使估计量绝对误差范围小于 40 的置信概率为 95%。

(3)估计量的相对误差界限 $r_{\hat{\bar{Y}}}=0.1$，置信概率为 $1-\alpha=95\%$，$Z_{0.025}=1.96$，该校大学生网上购物消费的平均额度的预估计 $\bar{Y}=429$，由公式(2.25)，

$$\frac{Z_{\alpha/2}^2S^2}{r_{\hat{\bar{Y}}}^2\bar{Y}^2}=\frac{1.96^2\times 59845}{0.1^2\times 429^2}=124.92$$

满足精度要求的最小样本量 $n_0=125$。即需要调查至少 125 名大学生才能使估计量的相对误差范围小于 0.1 的置信概率为 95%。

(4)估计量的变异系数界限 $C_{\hat{\bar{Y}}}=0.05$，该校大学生网上购物消费的平均额度的预估计 $\bar{Y}=429$，由公式(2.26)，

$$\frac{1}{C_{\hat{\bar{Y}}}^2}\left(\frac{S}{\bar{Y}}\right)^2=\frac{59845}{0.05^2\times 429^2}=130.07$$

满足精度要求的最小样本量 $n_0=131$。即需要调查至少 131 名大学生才能使估计量的变异系数小于 0.05。

(二)抽样比 f 不能忽略不计

当抽样比 f 不能忽略不计，需要对抽样比 f 忽略不计时满足精度要求的最小样本量 n_0 进行修正，得到抽样比 f 不能忽略不计时满足精度要求的最小样本量，将其记为 n'。抽样比 f 不能忽略不计时满足精度要求的最小样本量 n' 和抽样比 f 忽略不计时满足精度要求的最小样本量 n_0 之间的关系设定为

$$\frac{(1-f)S^2}{n'}=\frac{S^2}{n_0}$$

经过计算，可得

$$n'=\frac{n_0}{1+\frac{n_0}{N}} \tag{2.27}$$

当抽样比 f 不能忽略不计时，满足精度要求的最小样本量 n' 为不小于 $n_0/(1+n_0/N)$ 的最小整数。

例 2.8 为了估计某企业 239 名职工的平均加班工资，计划采用简单随机抽样进行调查，该企业职工人均加班工资的方差预估计为 18517。若估计量方差的界限为 369，问需要调查多少名职工才能满足要求。

解：由题意可知，估计量方差的界限 $V_{\hat{\bar{Y}}}=369$，该企业职工人均加班工资的方差预估计 $S^2=18517$，代入式(2.23)，有

$$\frac{S^2}{V_{\hat{\bar{Y}}}}=\frac{18517}{369}=50.18$$

于是，$n_0=51$，即在抽样比 f 忽略不计时满足估计量方差界限为 369 的最小样本量为 51。由于 $n_0/N=51/239=0.213$ 较大，抽样比不能忽略不计。将 $n_0=51$ 代入式(2.27)，

$$\frac{n_0}{1+\frac{n_0}{N}}=\frac{51}{1+\frac{51}{239}}=42.03$$

满足精度要求的最小样本量 $n'=43$,即需要调查至少 43 名职工才能使估计量方差不超过 369。

三、为估计总体比例和 C 类单元总数而进行的简单随机抽样

为估计 C 类单元总数而抽样的估计量精度描述可以变换成为估计总体比例而抽样的估计量精度描述。本节主要讨论为估计总体比例而抽样的满足精度要求的最小样本量。为估计总体比例和 C 类单元总数而进行的抽样调查中,单元总数往往很大。此时,总体方差 $S^2=NP(1-P)/(N-1)$ 简化为 $S^2\approx P(1-P)$ 。

(一)抽样比 f 忽略不计

抽样比 $f=n/N$ 忽略不计时,估计量 $\hat{P}$ 的方差为 $V(\hat{P})\approx P(1-P)/n$,满足精度要求的最小样本量记为 n_0。

1. 给定估计量 $\hat{P}$ 的方差界限为 $V_{\hat{P}}$ 。也就是说,给定估计量 $\hat{P}$ 的方差不能大于 $V_{\hat{P}}$,即 $V(\hat{P})\leqslant V_{\hat{P}}$ 。由 $P(1-P)/n\leqslant V_{\hat{P}}$,可得

$$n\geqslant\frac{P(1-P)}{V_{\hat{P}}}\tag{2.28}$$

满足精度要求的最小样本量 n_0 为不小于 $P(1-P)/V_{\hat{P}}$ 的最小整数。

2. 给定置信概率 $1-\alpha$ 和估计量 $\hat{P}$ 的绝对误差范围界限为 $d_{\hat{P}}$ 。在置信概率 $1-\alpha$ 下,估计量 $\hat{P}$ 的绝对误差不能超过 $d_{\hat{P}}$,即 $d(\hat{P})\leqslant d_{\hat{P}}$ 。将 $V_{\hat{P}}=(d_{\hat{P}}/Z_{\alpha/2})^2$ 代入式(2.28),得

$$n\geqslant\frac{Z_{\alpha/2}^2P(1-P)}{d_{\hat{P}}^2}\tag{2.29}$$

满足精度要求的最小样本量 n_0 为不小于 $Z_{\alpha/2}^2P(1-P)/d_{\hat{P}}^2$ 的最小整数。

3. 给定置信概率 $1-\alpha$ 和估计量 $\hat{P}$ 的相对误差范围界限为 $r_{\hat{P}}$ 。在置信概率 $1-\alpha$ 下,估计量 $\hat{P}$ 的相对误差不能超过界限 $r_{\hat{P}}$,即 $r(\hat{P})\leqslant r_{\hat{P}}$ 。将 $d_{\hat{P}}=r_{\hat{P}}P$ 代入式(2.29),得

$$n\geqslant\frac{Z_{\alpha/2}^2(1-P)}{r_{\hat{P}}^2P}\tag{2.30}$$

满足精度要求的最小样本量 n_0 为不小于 $Z_{\alpha/2}^2(1-P)/(r_{\hat{P}}^2P)$ 的最小整数。

4. 给定估计量 $\hat{P}$ 的变异系数界限为 $C_{\hat{P}}$ 。估计量 $\hat{P}$ 的变异系数不能大于 $C_{\hat{P}}$,即 $C(\hat{P})\leqslant C_{\hat{P}}$ 。将 $V_{\hat{P}}=C_{\hat{P}}^2P^2$ 代入式(2.28),可得

$$n\geqslant\frac{1-P}{C_{\hat{P}}^2P}\tag{2.31}$$

满足精度要求的最小样本量 n_0 为不小于 $(1-P)/(C_{\hat{P}}^2P)$ 的最小整数。

例 2.9　为了估计某市家庭的汽车普及率,计划采用简单随机抽样进行调查,粗略预估计的汽车普及率为 25%,每户最多只有一台汽车,抽样比忽略不计。试分别确定满足如下要

求的样本量。

(1)估计量方差的界限为 0.0004。

(2)估计量的绝对误差界限为 0.04,置信概率为 95%。

(3)估计量的相对误差界限为 0.15,置信概率为 95%。

(4)估计量的变异系数界限为 0.08。

解:由题意可知,汽车普及率的粗略估计为 25%,即 $P=0.25$。

(1)估计量方差的界限 $V_{\hat{P}}=0.0004$,由公式(2.28),

$$\frac{P(1-P)}{V_{\hat{P}}}=\frac{0.25\times(1-0.25)}{0.0004}=468.75$$

满足精度要求的最小样本量 $n_0=469$,即需要调查至少 469 户家庭才能使估计量方差不超过 0.0004。

(2)估计量的绝对误差界限 $d_{\hat{P}}=0.04$,置信概率 $1-\alpha=95\%$,$Z_{0.025}=1.96$,由公式(2.29),

$$\frac{Z_{\alpha/2}^2P(1-P)}{d_{\hat{P}}^2}=\frac{1.96^2\times0.25\times(1-0.25)}{0.04^2}=450.19$$

满足精度要求的最小样本量 $n_0=451$,即需要调查至少 451 户家庭才能使估计量绝对误差范围小于 0.04 的置信概率为 95%。

(3)估计量的相对误差界限 $r_{\hat{P}}=0.15$,置信概率 $1-\alpha=95\%$,$Z_{0.025}=1.96$,由公式(2.30),

$$\frac{Z_{\alpha/2}^2(1-P)}{r_{\hat{P}}{}^2P}=\frac{1.96^2\times(1-0.25)}{0.15^2\times0.25}=512.21$$

满足精度要求的最小样本量 $n_0=513$,即需要调查至少 513 户家庭才能使估计量的相对误差范围小于 0.15 的置信概率为 95%。

(4)估计量的变异系数界限 $C_{\hat{P}}=0.08$,由公式(2.31),

$$\frac{1-P}{C_{\hat{P}}^2P}=\frac{1-0.25}{0.08^2\times0.25}=468.75$$

满足精度要求的最小样本量 $n_0=469$,即需要调查至少 469 户家庭才能使估计量的变异系数小于 0.08。

(二)抽样比 f 不能忽略不计

抽样比 $f=n_0/N$ 不能忽略不计,需要对抽样比 f 忽略不计时满足精度要求的最小样本量 n_0 进行修正,得到抽样比 f 不能忽略不计时满足精度要求的最小样本量,将其记为 n'。抽样比 f 不能忽略不计时满足精度要求的最小样本量 n' 和抽样比 f 忽略不计时满足精度要求的最小样本量 n_0 之间的关系设定为

$$\frac{1-f}{n'}\left[\frac{NP(1-P)}{N-1}\right]=\frac{P(1-P)}{n_0}$$

经过计算,可得

$$n'=\frac{n_0}{1+\dfrac{n_0-1}{N}} \tag{2.32}$$

当抽样比 f 不能忽略不计时，满足精度要求的最小样本量 n' 为不小于 $n_0/[1+(n_0-1)/N]$ 的最小整数。

例 2.10　为了估计本年度某地区 1489 个出口企业是否正常运营情况，计划采用简单随机抽样进行调查，正常运营企业所占比例的粗略预估计为 50%。若估计量方差的界限为 0.0008，问需要调查多少个出口企业才能满足要求。

解：由题意可知，估计量方差的界限 $V_{\hat{P}}=0.0008$，正常运营企业所占比例 $P=0.50$，代入式(2.28)，有

$$\frac{P(1-P)}{V_{\hat{P}}}=\frac{0.5\times(1-0.5)}{0.0008}=312.5$$

得到 $n_0=313$，即在抽样比 f 忽略不计的情况下需要调查至少 313 个出口企业才能使估计量方差不超过 0.0008。由于 $n_0/N=313/1489=21\%$ 较大，抽样比 f 不能忽略不计。将 $n_0=313$ 代入式(2.32)，

$$\frac{n_0}{1+\dfrac{n_0-1}{N}}=\frac{313}{1+\dfrac{313-1}{1489}}=258.78$$

满足精度要求的最小样本量 $n'=259$。即需要调查至少 259 个出口企业才能使估计量方差不超过 0.0008。

（三）总体比例很小

为估计总体比例和 C 类单元总数而进行的抽样，需要将总体比例的预估值代入样本量的公式。当已知总体比例 P 在 30%～70%之间，较准确估计总体比例 P 并不困难。当总体比例 P 很小，有时 $P\leqslant 10\%$，较准确估计总体比例 P 就会很困难。并且总体比例 P 的预估值的较小偏误会导致样本量发生成倍变化。例如，图 2.5 给出了在相对误差界限给定下，总体比例 P 为 0.09～0.01 与 $P=0.1$ 所需的样本量之间的倍数关系。图 2.5 的横坐标代表总体比例 P 的取值，纵坐标表示相应于 P 值所需要的满足精度要求的最小样本量是在 $P=0.1$ 时满足精度要求的最小样本量的倍数。当 P 为 0.05 时，满足精度要求的最小样本量增加到在 $P=0.1$ 时的 2 倍，当 P 为 0.01 时，满足精度要求的最小样本量增加到在 $P=0.1$ 时的 11 倍。

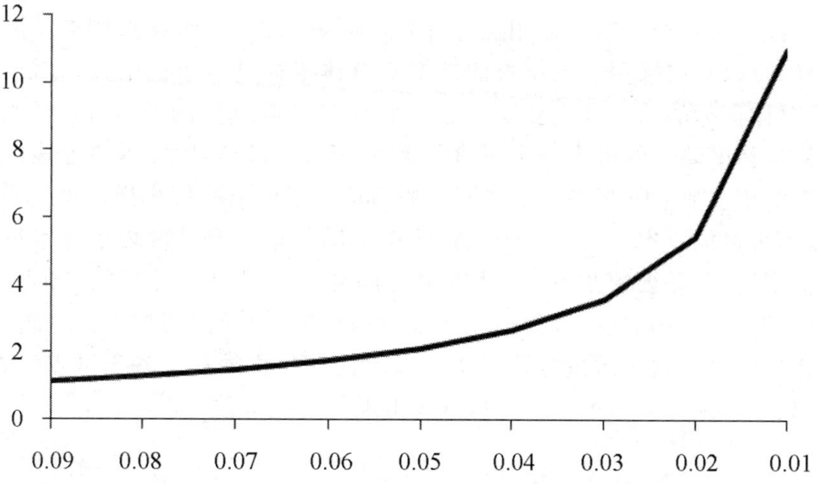

图 2.5　满足精度要求的最小样本量 n_0 随着 P 的减小而增大

当总体比例 P 很小，并且事前并不清楚 P 的情况下，通常采用 Haldane 于 1945 年提出的逆抽样。逆抽样的过程为，事前确定整数 m（$m>1$），再依次抽取单元，直到样本中有 m 个 C 类单元，抽样过程停止。假设 n 表示实际的样本量，总体比例 P 的无偏估计量 $\hat{P}^H$ 为

$$\hat{P}^H=\frac{m-1}{n-1} \tag{2.33}$$

当总体单元总数 N 很大，总体比例 P 很小，$m\geqslant 10$ 时，

$$V(\hat{P}^H)\approx\frac{mP^2(1-P)}{(m-1)^2} \tag{2.34}$$

于是，估计量 $\hat{P}^H$ 的变异系数

$$C(\hat{P}^H)=\frac{\sqrt{V(\hat{P}^H)}}{P}\approx\frac{\sqrt{m(1-P)}}{m-1}<\frac{\sqrt{m}}{m-1}$$

由于 $1-P$ 小于并且近似等于 1，$\sqrt{m}/(m-1)$ 很接近于 $C(\hat{P}^H)$ 的上限。事前给定 m，就限定了 $C(\hat{P}^H)$ 取值。例如，当 $m=14$，$C(\hat{P}^H)<30\%$；当 $m=47$，$C(\hat{P}^H)<15\%$。对于逆抽样，满足精度要求的最小样本量 n 是随机变量。当总体比例 P 很小时，满足精度要求的样本量 n 的观测值很大。

四、总体指标的事前估计

在满足精度要求的最小样本量计算公式中，出现了总体指标，包括总体均值 $\bar{Y}$ 和总体方差 S^2，总体比例 P。为了确定满足精度要求的最小样本量，需要给出这些总体指标的事前估计。为了使事前估计准确，应尽可能利用有参考价值的已有结论和历史数据。

在实际工作中，有些抽样调查多次进行，如我国的人口抽样调查等。对于这样的抽样调查，采用以前的调查结果对总体指标进行事前估计。如果当前的抽样调查内容发生变化，也可以参考以前的调查结果，给出总体指标的事前估计。为估计总体比例和 C 类单元总数而进行的抽样调查中，当没有任何关于总体比例的信息时，比较保守的总体方差事前估计办法是用 0.25 代替总体方差 S^2，因为 $S^2\approx P(1-P)\leqslant 0.25$。

如果允许进行小型的试点调查，可以利用试点调查的结果估计总体指标。对于特别大型的社会调查或者对调查方案的适用性存在疑问时，通常会组织试点调查。试点调查采用简单随机抽样，可以直接采用试点调查的结果对总体指标进行事前估计。由于试点调查的样本量较小，总体指标的估计量具有较大随机性，估计值与真值的差异可能较大。选择基于试点调查的满足精度要求的最小样本量进行调查，要利用最终的样本验证该样本量是否满足估计量精度的事前要求。当基于试点调查的满足精度要求的最小样本量满足估计量精度的事前限制，不再追加样本量。当基于试点调查的满足精度要求的最小样本量不满足估计量精度的事前限制，还需要追加样本，使得最终的样本量满足估计量精度的事前限制。另外，很多的试点调查对单元具有选择性。例如，试点调查选择方便调查的一组单元，以尽快得出试点调查的结果。这样的试点调查不是采用简单随机抽样。基于试点调查的结果，事前估计总体指标，必须充分考虑到估计量可能出现的系统偏差。

第四节　子总体的估计量

在很多调查中，所有的总体单元被划分为若干集合，把其中的第 j 个集合称为第 j 个子总体(简称为 j 子总体)，或称为第 j 个研究域(简称为 j 研究域)。例如，在全国居民受教育程度的抽样调查中，总体单元为我国居民，可以划分为男性居民子总体和女性居民子总体。在某市城镇家庭人均消费情况的抽样调查中，单元为该市的所有家庭，可以划分为没有孩子家庭子总体，1 个孩子家庭子总体，2 个孩子家庭子总体，等等。在某市私有企业利润率的抽样调查中，总体单元是某市的私有企业，可以划分为正常运营的私有企业子总体和非正常运营的私有企业子总体。在实际抽样调查中，抽样调查的设计和抽样框的构造都是针对总体的，总体的单元总数是已知的，但子总体的单元总数不一定是已知的。本节的子总体估计方法主要适用于以下两种情况。

1. 利用总体的简单随机样本估计子总体。例如，我国居民受教育程度的抽样调查，不仅给出我国居民的整体受教育程度，还要分别给出男性居民子总体和女性居民子总体的受教育程度。某市城镇家庭人均消费情况的抽样调查，不仅给出某市城镇家庭人均消费的估计，还要分别给出没有孩子家庭子总体的人均消费的估计，1 个孩子家庭子总体的人均消费的估计，2 个孩子家庭子总体的人均消费的估计，等等。

2. 利用充分但不纯洁抽样框的简单随机样本估计总体。充分但不纯洁抽样框是指抽样框包含所有的总体单元，还包含不属于研究总体的单元。例如，某市私有企业利润率的抽样调查只关心正常运营的私有企业，然而抽样框是依据工商部门提供的某市私有企业注册资料所制定的，包含了所有正常运营的私有企业，还包含已注册但未开始运营的私营企业和已停业但未注销的私营企业。采用该抽样框的简单随机样本，为了得到正常运营的私营企业子总体利润率的估计，需要对总体估计量进行修正。

利用总体的简单随机样本估计子总体，先要对样本单元进行划分，将属于 j 子总体的所有样本单元划分为一类，称为子总体样本。子总体样本的单元数称为子总体样本量。下面定理给出子总体样本的统计性质。

定理 2.7　总体有 N 个单元，其中 $N_{(j)}$ 个属于 j 个子总体，$N_{(j)}$ 可以是未知的。从总体 N 个单元中抽取容量为 n 的简单随机样本，恰有 $n_{(j)}$ 个单元属于 j 子总体。在样本量 n 和子总体样本量 $n_{(j)}$ 给定的条件下，指定 $n_{(j)}$ 个 j 子总体单元被抽中的概率是 $1/C_{N_{(j)}}^{n_{(j)}}$ 。

证明：采用简单随机抽样，从 N 个总体单元中抽取 n 个单元，恰有 $n_{(j)}$ 个 j 子总体单元被抽中的概率为 $C_{N-N_{(j)}}^{n-n_{(j)}} C_{N_{(j)}}^{n_{(j)}} / C_N^n$ ，仅有指定的 $n_{(j)}$ 个 j 子总体单元被抽中的概率是 $C_{N-N_{(j)}}^{n-n_{(j)}} / C_N^n$ 。因此，在恰有 $n_{(j)}$ 个 j 子总体单元被抽中的情况下，任意指定 $n_{(j)}$ 个 j 子总体单元被抽中的概率为

$$\frac{C_{N-N_{(j)}}^{n-n_{(j)}} / C_N^n}{C_{N-N_{(j)}}^{n-n_{(j)}} C_{N_{(j)}}^{n_{(j)}} / C_N^n} = \frac{1}{C_{N_{(j)}}^{n_{(j)}}} \tag{2.35}$$

在样本量 n 和子总体样本量 $n_{(j)}$ 给定的条件下，有推论 2.7。

推论 2.7　采用简单随机抽样，从 N 个总体单元中抽取容量为 n 的样本，其中 $n_{(j)}$ 个单

元属于 j 子总体。这 $n_{(j)}$ 个 j 子总体单元的抽取方法可以看作从 j 子总体中抽出 $n_{(j)}$ 个单元的简单随机抽样。也就是说，这 $n_{(j)}$ 个 j 子总体单元可以看作从 j 子总体中抽取的容量为 $n_{(j)}$ 的简单随机样本。

下面的讨论假定子总体样本量 $n_{(j)}$ 已给定。推论 2.7 是根据简单随机抽样的定义和定理 2.7 得到的。根据定理 2.7 和推论 2.7，可以把基于简单随机样本的总体估计结果推广到基于简单随机样本的子总体估计。j 子总体的单元数记为 $N_{(j)}$，单元标志值分别记为 $y_{(j)1}$，$y_{(j)2}$，…，$y_{(j)N_{(j)}}$，均值记为 $\bar{Y}_{(j)}$，总值记为 $Y_{(j)}$，方差记为 $S^2_{(j)}=\sum_{k=1}^{N_{(j)}}(y_{(j)k}-\bar{Y}_{(j)})^2/(N_{(j)}-1)$。

一、子总体均值的估计

从 j 子总体中抽取的样本单元记为 $y_{(j)1},y_{(j)2},\cdots,y_{(j)n_{(j)}}$，样本均值记为 $\bar{y}_{(j)}$，样本总值记为 $y_{(j)}$，样本方差记为 $s^2_{(j)}=\sum_{k=1}^{n_{(j)}}(y_{(j)k}-\bar{y}_{(j)})^2/(n_{(j)}-1)$。对于总体来说，样本均值 $\bar{y}$ 是总体均值 $\bar{Y}$ 的无偏估计。类似地，对于 j 子总体来说，样本均值 $\bar{y}_{(j)}$ 也是 j 子总体均值 $\bar{Y}_{(j)}$ 的估计量。即

$$\hat{\bar{Y}}_{(j)}=\bar{y}_{(j)}=\frac{1}{n_{(j)}}\sum_{k=1}^{n_{(j)}}y_{(j)k} \tag{2.36}$$

j 子总体的样本是简单随机样本，根据定理 2.1 可知，估计量 $\hat{\bar{Y}}_{(j)}$ 是 j 子总体均值 $\bar{Y}_{(j)}$ 的无偏估计量，即 $E(\hat{\bar{Y}}_{(j)})=\bar{Y}_{(j)}$。将 $y_{(j)1},y_{(j)2},\cdots,y_{(j)N_{(j)}}$，$n_{(j)}$，$N_{(j)}$ 依次代替定理 2.2 中 y_1，$y_2,\cdots,y_N$，n，N，得到估计量 $\hat{\bar{Y}}_{(j)}$ 的方差为

$$V(\hat{\bar{Y}}_{(j)})=\frac{S^2_{(j)}}{n_{(j)}}(1-f_{(j)}) \tag{2.37}$$

记 $f_{(j)}=n_{(j)}/N_{(j)}$ 是 j 子总体的抽样比。将 $y_{(j)1},y_{(j)2},\cdots,y_{(j)n_{(j)}}$，$n_{(j)}$，$N_{(j)}$ 依次代替定理 2.3 中 $y_1,y_2,\cdots,y_n$，n，N，得到估计量 $\hat{\bar{Y}}_{(j)}$ 的方差估计量为

$$v(\hat{\bar{Y}}_{(j)})=\frac{s^2_{(j)}}{n_{(j)}}(1-f_{(j)}) \tag{2.38}$$

在实际应用中，j 子总体单元总数 $N_{(j)}$ 可能是未知的。此时，可用 n/N 代替 $n_{(j)}/N_{(j)}$。对于简单随机抽样，$n_{(j)}/N_{(j)}$ 是 n/N 的无偏估计。

若样本量 $n_{(j)}\geqslant 50$，j 子总体均值 $\bar{Y}_{(j)}$ 在置信概率 $1-\alpha$ 下的置信区间为①

$$\left(\bar{y}_{(j)}-Z_{\alpha/2}\sqrt{v(\hat{\bar{Y}}_{(j)})},\bar{y}_{(j)}+Z_{\alpha/2}\sqrt{v(\hat{\bar{Y}}_{(j)})}\right) \tag{2.39}$$

其中 $Z_{\alpha/2}$ 为标准正态分布上概率 $\alpha/2$ 相对应的分位数，$\bar{y}_{(j)}+Z_{\alpha/2}\sqrt{v(\hat{\bar{Y}}_{(j)})}$ 为置信上限，$\bar{y}_{(j)}-Z_{\alpha/2}\sqrt{v(\hat{\bar{Y}}_{(j)})}$ 为置信下限。在下文的讨论中，为了演示，不管样本量 $n_{(j)}$ 的大小，都采

① Cochran W. G. Sampling techniques [M]. 3rd ed. New York: John Wiley and Sons, 1977. 中文版：张尧庭，吴辉. 抽样技术[M]. 北京：中国统计出版社，1985.

用这个置信区间，这个假定不适用于实际问题中。

例 2.11　由某市工商部门提供的该市流动售货店名单有 825 户，采用简单随机抽样抽取 28 户流动售货店，调查上年度的利润额，数据见表 2.5，试估计该市未停业的流动售货店上年度的平均利润额及其方差估计，并给出在置信概率 95%下的置信区间。

表 2.5　流动售货店的上年度利润额的调查数据　　单位：万元

序号	利润额	序号	利润额	序号	利润额	序号	利润额
1	9.60	8	3.79	15	5.61	22	5.45
2	4.94	9	1.03	16	7.80	23	4.01
3	停业	10	2.95	17	9.67	24	8.38
4	6.89	11	停业	18	7.32	25	7.75
5	3.52	12	6.88	19	2.23	26	5.33
6	7.46	13	7.30	20	7.08	27	停业
7	7.20	14	6.56	21	停业	28	5.86

解：由题意知，$N=825$，$n=28$，$Z_{0.025}=1.96$，j 子总体代表未停业的流动售货店的集合，样本量 $n_{(j)}=24$，样本均值 $\bar{y}_{(j)}=6.03$，$s_{(j)}^2=4.94$。该市未停业的流动售货店上年度的平均利润额 $\bar{Y}_{(j)}$ 的估计为

$$\hat{\bar{Y}}_{(j)}=\bar{y}_{(j)}=\frac{1}{n_{(j)}}\sum_{k=1}^{n_{(j)}}y_{(j)k}$$

$$=\frac{144.61}{24}=6.03$$

估计量 $\hat{\bar{Y}}_{(j)}$ 的方差估计为

$$v(\hat{\bar{Y}}_{(j)})=\frac{s_{(j)}^2}{n_{(j)}}(1-f_{(j)})$$

$$=\frac{4.94}{24}\times\left(1-\frac{28}{825}\right)=0.20$$

抽样比 $f_{(j)}=n_{(j)}/N_{(j)}$ 用 $n/N=28/825$ 代替。估计量 $\hat{\bar{Y}}_{(j)}$ 的标准差估计为 $\sqrt{v(\hat{\bar{Y}}_{(j)})}=0.45$。该市未停业的流动售货店上年度的平均利润额 $\bar{Y}_{(j)}$ 在置信概率 95%下的双侧置信区间的置信下限为

$$\bar{y}_{(j)}-Z_{\alpha/2}\sqrt{v(\hat{\bar{Y}}_{(j)})}=6.03-1.96\times0.45=5.15$$

置信上限为

$$\bar{y}_{(j)}+Z_{\alpha/2}\sqrt{v(\hat{\bar{Y}}_{(j)})}=6.03+1.96\times0.45=6.91$$

该市未停业的流动售货店上年度的平均利润额 $\bar{Y}_{(j)}$ 的估计为 6.03 万元，估计量的方差估计为 0.20，标准差估计为 0.45 万元，在置信概率 95%下的置信区间为(5.15，6.91)。

二、子总体总值的估计

对 j 子总体总值的估计分为两种情况，一种是 j 子总体的单元数 $N_{(j)}$ 已知，另一种是 j

子总体的单元数 $N_{(j)}$ 未知。在这两种情况下，j 子总体总值的估计方法不一样。

(一)子总体的单元数 $N_{(j)}$ 已知

从 j 子总体中抽取的样本单元记为 $y_{(j)1},y_{(j)2},\cdots,y_{(j)n_{(j)}}$，样本均值记为 $\bar{y}_{(j)}$，样本总值记为 $y_{(j)}$，样本方差记为 $s^2_{(j)}=\sum_{k=1}^{n_{(j)}}(y_{(j)k}-\bar{y}_{(j)})^2/(n_{(j)}-1)$。当 j 子总体的单元数 $N_{(j)}$ 已知，将 j 子总体看作"总体"，j 子总体总值 $Y_{(j)}$ 的估计为

$$\hat{Y}_{(j)}=N_{(j)}\bar{y}_{(j)}=\frac{N_{(j)}}{n_{(j)}}\sum_{k=1}^{n_{(j)}}y_{(j)k} \tag{2.40}$$

估计量 $\hat{Y}_{(j)}$ 是无偏的，即 $E(\hat{Y}_{(j)})=Y_{(j)}$。估计量 $\hat{Y}_{(j)}$ 的方差为

$$V(\hat{Y}_{(j)})=\frac{N^2_{(j)}S^2_{(j)}}{n_{(j)}}(1-f_{(j)}) \tag{2.41}$$

估计量 $\hat{Y}_{(j)}$ 的方差估计为

$$v(\hat{Y}_{(j)})=\frac{N^2_{(j)}s^2_{(j)}}{n_{(j)}}(1-f_{(j)}) \tag{2.42}$$

当样本量 $n_{(j)}\geqslant 50$，j 子总体总值 $Y_{(j)}$ 在置信概率 $1-\alpha$ 下的置信区间为[①]

$$\left(N_{(j)}\bar{y}_{(j)}-Z_{\alpha/2}\sqrt{v(\hat{Y}_{(j)})},N_{(j)}\bar{y}_{(j)}+Z_{\alpha/2}\sqrt{v(\hat{Y}_{(j)})}\right) \tag{2.43}$$

其中 $N_{(j)}\bar{y}_{(j)}+Z_{\alpha/2}\sqrt{v(\hat{Y}_{(j)})}$ 为置信上限，$N_{(j)}\bar{y}_{(j)}-Z_{\alpha/2}\sqrt{v(\hat{Y}_{(j)})}$ 为置信下限，$Z_{\alpha/2}$ 为标准正态分布上概率 $\alpha/2$ 相对应的分位数。在下文的讨论中，为了演示，不管样本量 $n_{(j)}$ 的大小，都假定总体均值估计量 $\hat{Y}_{(j)}$ 服从正态分布，这个假定不适用于实际问题中。

例 2.11(续 1) 利用例 2.11 的调查数据，试估计该市未停业流动售货店的上年度利润总额及其方差，并给出在置信概率 95%下的置信区间。(已知该市未停业的流动售货店总数为 712 户)

解：j 子总体代表未停业流动售货店的集合。由题意知，j 子总体单元总数 $N_{(j)}=712$，样本量 $n_{(j)}=24$，$Z_{0.025}=1.96$，样本均值 $\bar{y}_{(j)}=6.03$，$s^2_{(j)}=4.94$。该市未停业流动售货店的上年度利润总额 $Y_{(j)}$ 的估计为

$$\begin{aligned}\hat{Y}_{(j)}&=N_{(j)}\bar{y}_{(j)}\\&=712\times 6.03=4293.36\end{aligned}$$

估计量 $\hat{Y}_{(j)}$ 的方差估计为

$$\begin{aligned}v(\hat{Y}_{(j)})&=\frac{N^2_{(j)}s^2_{(j)}}{n_{(j)}}(1-f_{(j)})\\&=\frac{712^2\times 4.94}{24}\times\left(1-\frac{24}{712}\right)=100828.7\end{aligned}$$

估计量 $\hat{Y}_{(j)}$ 的标准差估计为 $\sqrt{v(\hat{Y}_{(j)})}=317.54$。该市未停业流动售货店的上年度利润总额 $Y_{(j)}$ 在置信概率 95%下的双侧置信区间的置信下限为

① Cochran W. G. Sampling techniques [M]. 3rd ed. New York: John Wiley and Sons, 1977. 中文版：张尧庭，吴辉. 抽样技术[M]. 北京：中国统计出版社，1985.

$$N_{(j)}\bar{y}_{(j)}-Z_{\alpha/2}\sqrt{v(\hat{Y}_{(j)})}=712\times6.03-1.96\times317.54=3670.98$$

置信上限为

$$N_{(j)}\bar{y}_{(j)}+Z_{\alpha/2}\sqrt{v(\hat{Y}_{(j)})}=712\times6.03+1.96\times317.54=4915.74$$

该市未停业流动售货店的上年度利润总额 $Y_{(j)}$ 的估计为 4293.36 万元，方差估计为 100828.7，标准差估计为 317.54 万元，在置信概率 95% 下的置信区间为（3670.98，4915.74）。

（二）子总体的单元数 $N_{(j)}$ 未知

当 j 子总体的单元数 $N_{(j)}$ 未知，不能再把 j 子总体看作“总体”。此时，定义新标志值 y'_i 为

$$y'_i=\begin{cases}y_i, & y_i \text{ 属于} j \text{ 子总体}\\0, & y_i \text{ 不属于} j \text{ 子总体}\end{cases}\tag{2.44}$$

记新的总体总值 $Y'=\sum_{i=1}^{N}y'_i$，总体均值 $\bar{Y}'=\sum_{i=1}^{N}y'_i/N$，总体方差 $S'^2=\sum_{i=1}^{N}(y'_i-\bar{Y}')^2/(N-1)$。相应地，样本单元记为 $y'_1,y'_2,\cdots,y'_n$，样本均值 $\bar{y}'=\sum_{i=1}^{n}y'_i/n$，样本方差 $s'^2=\sum_{i=1}^{n}(y'_i-\bar{y}')^2/(n-1)$。由于 y'_i 的总值 $Y'=\sum_{i=1}^{N}y'_i=\sum_{k=1}^{N_{(j)}}y_{(j)k}=Y_{(j)}$，总值 Y' 的无偏估计量 $\hat{Y}'$ 也是 j 子总体总值 $Y_{(j)}$ 的无偏估计量。选用 Y' 的估计量 $\hat{Y}'$ 去估计 $Y_{(j)}$，j 子总体总值 $Y_{(j)}$ 的估计量 $\hat{Y}_{(j)}$ 为

$$\hat{Y}_{(j)}=N\bar{y}'=\frac{N}{n}\sum_{i=1}^{n}y'_i\tag{2.45}$$

该估计量是无偏的，即 $E(\hat{Y}_{(j)})=Y_{(j)}$。用 $y'_1,y'_2,\cdots,y'_N$ 代替推论 2.2 和推论 2.3 中符号 $y_1,y_2,\cdots,y_N$，得到 j 子总体总值 $Y_{(j)}$ 的估计量 $\hat{Y}_{(j)}$ 的方差为

$$V(\hat{Y}_{(j)})=\frac{N^2S'^2}{n}(1-f)\tag{2.46}$$

估计量 $\hat{Y}_{(j)}$ 的方差估计

$$v(\hat{Y}_{(j)})=\frac{N^2s'^2}{n}(1-f)\tag{2.47}$$

当样本量 $n_{(j)}\geqslant 50$，j 子总体总值 $Y_{(j)}$ 在置信概率 $1-\alpha$ 下的置信区间为①

$$\left(N\bar{y}'-Z_{\alpha/2}\sqrt{v(\hat{Y}_{(j)})},N\bar{y}'+Z_{\alpha/2}\sqrt{v(\hat{Y}_{(j)})}\right)\tag{2.48}$$

其中 $N\bar{y}'+Z_{\alpha/2}\sqrt{v(\hat{Y}_{(j)})}$ 为置信上限，$N\bar{y}'-Z_{\alpha/2}\sqrt{v(\hat{Y}_{(j)})}$ 为置信下限，$Z_{\alpha/2}$ 为标准正态分布上概率 $\alpha/2$ 相对应的分位数。在下文的讨论中，为了演示，不管样本量 $n_{(j)}$ 的大小，都假定总体均值估计量 $\hat{Y}_{(j)}$ 服从正态分布，这个假定不适用于实际问题研究。

例 2.11（续 2） 利用例 2.11 的调查数据，若该市未停业的流动售货店总数未知，试估计该市未停业流动售货店的上年度利润总额及其方差，并给出在置信概率 95%下的置信

① Cochran W. G. Sampling techniques [M]. 3rd ed. New York: John Wiley and Sons, 1977. 中文版：张尧庭，吴辉. 抽样技术[M]. 北京：中国统计出版社，1985.

区间。

解：由题意已知，$N=825$，$n=28$，$Z_{0.025}=1.96$，j 子总体代表未停业流动售货店的集合，定义新标志值

$$y'_i=\begin{cases}y_i, & y_i \text{ 未停业}\\0, & y_i \text{ 已停业}\end{cases}$$

则样本均值 $\bar{y}'=5.16$，样本方差 $s'^2=8.82$。该市未停业流动售货店的上年度利润总额 $Y_{(j)}$ 的估计为

$$\hat{Y}_{(j)}=N\bar{y}'$$
$$=825\times5.16=4257.00$$

估计量 $\hat{Y}_{(j)}$ 的方差估计为

$$v(\hat{Y}_{(j)})=\frac{N^2s'^2}{n}(1-f)$$
$$=\frac{825^2\times8.82}{28}\times\left(1-\frac{28}{825}\right)=207120.4$$

估计量 $\hat{Y}_{(j)}$ 的标准差估计为 $\sqrt{v(\hat{Y}_{(j)})}=455.10$。该市未停业流动售货店的上年度利润总额 $Y_{(j)}$ 在置信概率 95%下的双侧置信区间的置信下限为

$$N\bar{y}'-Z_{\alpha/2}\sqrt{v(\hat{Y}_{(j)})}=825\times5.16-1.96\times455.10=3365.00$$

置信上限为

$$N\bar{y}'+Z_{\alpha/2}\sqrt{v(\hat{Y}_{(j)})}=825\times5.16+1.96\times455.10=5149.00$$

该市未停业流动售货店的上年度利润总额 $Y_{(j)}$ 的估计为 4257.00 万元，方差估计为 207120.4，标准差估计为 455.10 万元，在置信概率 95%下的置信区间为（3365.00，5149.00）。

三、子总体比例的估计

把 j 子总体的 $N_{(j)}$ 个单元划分为 $C_{(j)}$ 类和 $C'_{(j)}$ 类，定义新标志值

$$y'_{(j)i}=\begin{cases}1, & y_{(j)i}\in C_{(j)}\\0, & \text{否则}\end{cases}\tag{2.49}$$

$C_{(j)}$ 类单元数记为 $A_{(j)}$，所占比例记为 $P_{(j)}$，方差记为 $S'^2_{(j)}$，有 $A_{(j)}=\sum_{i=1}^{N_{(j)}}y'_{(j)i}$，$P_{(j)}=A_{(j)}/N_{(j)}$，$S'^2_{(j)}=N_{(j)}P_{(j)}(1-P_{(j)})/(N_{(j)}-1)$。相应地，把 j 子总体的 $n_{(j)}$ 个样本单元划分为 $C_{(j)}$ 类和 $C'_{(j)}$ 类，样本中 $C_{(j)}$ 类单元数记为 $a_{(j)}$，所占比例记为 $p_{(j)}$，方差记为 $s'^2_{(j)}$，有 $a_{(j)}=\sum_{i=1}^{n}y'_{(j)i}$，$p_{(j)}=a_{(j)}/n_{(j)}$，$s'^2_{(j)}=n_{(j)}p_{(j)}(1-p_{(j)})/(n_{(j)}-1)$。对于总体，样本比例 p 是总体比例 P 的无偏估计。对于 j 子总体，样本比例 $p_{(j)}$ 也是 j 子总体比例 $P_{(j)}$ 的估计量，即

$$\hat{P}_{(j)}=p_{(j)}=\frac{a_{(j)}}{n_{(j)}}=\frac{1}{n_{(j)}}\sum_{i=1}^{n_{(j)}}y_{(j)i}\tag{2.50}$$

j 子总体的样本是简单随机样本，根据定理 2.4 可知，估计量 $\hat{P}_{(j)}$ 是 j 子总体比例 $P_{(j)}$ 的无

偏估计量,即 $E(\hat{P}_{(j)})=P_{(j)}$。根据定理 2.5,估计量 $\hat{P}_{(j)}$ 的方差为

$$V(\hat{P}_{(j)})=\frac{S'^2_{(j)}}{n_{(j)}}(1-f_{(j)})=\frac{1}{n_{(j)}}(1-f_{(j)})\left[\frac{N_{(j)}P_{(j)}(1-P_{(j)})}{N_{(j)}-1}\right] \tag{2.51}$$

根据定理 2.6,估计量 $\hat{P}_{(j)}$ 的方差估计量为

$$v(\hat{P}_{(j)})=\frac{s'^2_{(j)}}{n_{(j)}}(1-f_{(j)})=\frac{1}{n_{(j)}}(1-f_{(j)})\left[\frac{n_{(j)}p_{(j)}(1-p_{(j)})}{n_{(j)}-1}\right] \tag{2.52}$$

当子总体的单元总数 $N_{(j)}$ 未知,可用 n/N 代替 $n_{(j)}/N_{(j)}$。

若 $n_{(j)}$ 和 $p_{(j)}$ 满足表 2.4 的要求,j 子总体比例 $P_{(j)}$ 在置信概率 $1-\alpha$ 下的置信区间为

$$\left(p_{(j)}-\left[Z_{\alpha/2}\sqrt{v(\hat{P}_{(j)})}+\frac{1}{2n_{(j)}}\right],p_{(j)}+\left[Z_{\alpha/2}\sqrt{v(\hat{P}_{(j)})}+\frac{1}{2n_{(j)}}\right]\right) \tag{2.53}$$

其中 $p_{(j)}+\left[Z_{\alpha/2}\sqrt{v(\hat{P}_{(j)})}+1/(2n_{(j)})\right]$ 为置信上限,$p_{(j)}-\left[Z_{\alpha/2}\sqrt{v(\hat{P}_{(j)})}+1/(2n_{(j)})\right]$ 为置信下限,$Z_{\alpha/2}$ 为标准正态分布上概率 $\alpha/2$ 相对应的分位数,$1/(2n_{(j)})$ 是连续性的校正项。

例 2.12 为了解经济萧条期间某开发区劳动人口的失业率,利用户籍管理机关登记的 91896 个户籍人口进行简单随机抽样,抽取 3836 人进行调查,其中劳动力人数为 2686 人,失业人数为 510 人。试估计该开发区的失业率及其方差,并给出在置信概率 95%下的置信区间。

解:由题意已知,$N=91896$,$n=3836$,$Z_{0.025}=1.96$。j 子总体代表该开发区的所有劳动力,$C_{(j)}$ 为 j 子总体的所有失业者,应用式(2.49)的数据变换为

$$y'_{(j)i}=\begin{cases}1, y_{(j)i}\in C_{(j)}\\0,\text{否则}\end{cases}$$

j 子总体的样本量 $n_{(j)}=2686$,失业人数 $a_{(j)}=510$,样本方差为 $s'^2_{(j)}=0.1541$。该开发区的失业率 $P_{(j)}$ 的估计量 $\hat{P}_{(j)}$ 为

$$\hat{P}_{(j)}=p_{(j)}=\frac{a_{(j)}}{n_{(j)}}$$
$$=\frac{510}{2686}=18.99\%$$

估计量 $\hat{P}_{(j)}$ 的方差估计为

$$v(\hat{P}_{(j)})=\frac{s'^2_{(j)}}{n_{(j)}}(1-f_{(j)})$$
$$=\frac{0.1541}{2686}\times\left(1-\frac{3836}{91896}\right)=5.4977\times10^{-5}$$

抽样比 $n_{(j)}/N_{(j)}$ 用 $n/N=3836/91896$ 代替。估计量 $\hat{P}_{(j)}$ 的标准差估计 $\sqrt{v(\hat{P}_{(j)})}=0.74\%$。该开发区失业率 $P_{(j)}$ 在置信概率 95%下的双侧置信区间的置信下限为

$$p_{(j)}-\left[Z_{\alpha/2}\sqrt{v(\hat{P}_{(j)})}+\frac{1}{2n_{(j)}}\right]=19.02\%-\left(1.96\times0.74\%+\frac{1}{2\times2686}\right)=17.55\%$$

置信上限为

$$p_{(j)}+\left[Z_{\alpha/2}\sqrt{v(\hat{P}_{(j)})}+\frac{1}{2n_{(j)}}\right]=19.02\%+\left(1.96\times0.74\%+\frac{1}{2\times2686}\right)=20.49\%$$

该开发区的失业率 $P_{(j)}$ 的估计为 18.99%，估计量的方差估计为 5.4977×10^{-5}，标准差估计为 0.74%，在置信概率 95%下的置信区间为(17.55%，20.49%)。

四、子总体 C 类单元数的估计

把 j 子总体的 $N_{(j)}$ 个单元划分为 $C_{(j)}$ 类和 $C'_{(j)}$ 类。对于 j 子总体 $C_{(j)}$ 类单元数的估计分为两种情况，第一种情况为 j 子总体的单元数 $N_{(j)}$ 已知，第二种情况为 j 子总体的单元数 $N_{(j)}$ 未知。

(一)子总体的单元数 $N_{(j)}$ 已知

采用式(2.49)的数据变换方法，将 j 子总体看作"总体"，将"总体" C 类单元数的估计量公式中 N，p 分别替换为 $N_{(j)}$，$p_{(j)}$，得到 j 子总体 $C_{(j)}$ 类单元数 $A_{(j)}$ 的估计量 $\hat{A}_{(j)}$ 为

$$\hat{A}_{(j)}=N_{(j)}p_{(j)}=\frac{N_{(j)}}{n_{(j)}}\sum_{i=1}^{n_{(j)}}y'_{(j)i} \tag{2.54}$$

估计量 $\hat{A}_{(j)}$ 是无偏的，即 $E(\hat{A}_{(j)})=A_{(j)}$。估计量 $\hat{A}_{(j)}$ 的方差为

$$V(\hat{A}_{(j)})=\frac{N^2_{(j)}S'^2_{(j)}}{n_{(j)}}(1-f_{(j)})=\frac{N^2_{(j)}}{n_{(j)}}(1-f_{(j)})\left[\frac{N_{(j)}P_{(j)}(1-P_{(j)})}{N_{(j)}-1}\right] \tag{2.55}$$

估计量 $\hat{A}_{(j)}$ 的方差估计为

$$v(\hat{A}_{(j)})=\frac{N^2_{(j)}s'^2_{(j)}}{n_{(j)}}(1-f_{(j)})=\frac{N^2_{(j)}}{n_{(j)}}(1-f_{(j)})\left[\frac{n_{(j)}p_{(j)}(1-p_{(j)})}{n_{(j)}-1}\right] \tag{2.56}$$

若 $n_{(j)}$ 和 $p_{(j)}$ 满足表 2.4 的要求，j 子总体 $C_{(j)}$ 类单元数 $A_{(j)}$ 在置信概率 $1-\alpha$ 下的置信区间为

$$\left(N_{(j)}p_{(j)}-\left[Z_{\alpha/2}\sqrt{v(\hat{A}_{(j)})}+\frac{N_{(j)}}{2n_{(j)}}\right],N_{(j)}p_{(j)}+\left[Z_{\alpha/2}\sqrt{v(\hat{A}_{(j)})}+\frac{N_{(j)}}{2n_{(j)}}\right]\right) \tag{2.57}$$

其中 $N_{(j)}p_{(j)}+\left[Z_{\alpha/2}\sqrt{v(\hat{A}_{(j)})}+N_{(j)}/(2n_{(j)})\right]$ 为置信上限，$N_{(j)}p_{(j)}-\left[Z_{\alpha/2}\sqrt{v(\hat{A}_{(j)})}+N_{(j)}/(2n_{(j)})\right]$ 为置信下限，$Z_{\alpha/2}$ 为标准正态分布上概率 $\alpha/2$ 相对应的分位数，$1/(2n_{(j)})$ 是连续性的校正项。

例 2.12(续 1) 利用例 2.12 的调查数据，试估计该开发区的失业总人数及其标准差，并给出在置信概率 95%下的置信区间。(据统计，该开发区的劳动力人数为 67342)

解：由题意知，j 子总体代表该开发区的所有劳动力，$C_{(j)}$ 为 j 子总体的全部失业者，应用式(2.49)的数据变换为

$$y'_{(j)i}=\begin{cases}1, y_{(j)i}\in C_{(j)}\\0,\text{否则}\end{cases}$$

j 子总体的劳动力人数 $N_{(j)}=67342$，样本量 $n_{(j)}=2686$，失业人数 $a_{(j)}=510$，样本方差为 $s'^2_{(j)}=0.1541$，$Z_{0.025}=1.96$。该开发区失业总人数 $A_{(j)}$ 的估计为

$$\hat{A}_{(j)}=N_{(j)}p_{(j)}=\frac{N_{(j)}a_{(j)}}{n_{(j)}}$$

$$=\frac{67342\times 510}{2686}=12787$$

估计量 $\hat{A}_{(j)}$ 的方差估计为

$$v(\hat{A}_{(j)})=\frac{N_{(j)}^2 s'^2_{(j)}}{n_{(j)}}(1-f_{(j)})$$

$$=\frac{67342^2\times 0.1541}{2686}\times\left(1-\frac{2686}{67342}\right)=249799.4$$

估计量 $\hat{P}_{(j)}$ 的标准差估计 $\sqrt{v(\hat{P}_{(j)})}=500$。该开发区失业总数 $A_{(j)}$ 在置信概率 95%下双侧置信区间的置信下限为

$$N_{(j)}p_{(j)}-\left[Z_{\alpha/2}\sqrt{v(\hat{A}_{(j)})}+\frac{N_{(j)}}{2n_{(j)}}\right]=12787-\left(1.96\times 500+\frac{67342}{2\times 2686}\right)=11794$$

置信上限为

$$N_{(j)}p_{(j)}+\left[Z_{\alpha/2}\sqrt{v(\hat{A}_{(j)})}+\frac{N_{(j)}}{2n_{(j)}}\right]=12787+\left(1.96\times 500+\frac{67342}{2\times 2686}\right)=13780$$

该开发区失业总人数的估计为 12787，估计量的方差估计为 249799.4，标准差估计为 500 人，在置信概率 95%下的置信区间为(11794，13780)。

(二)子总体的单元数 $N_{(j)}$ 未知

把总体的 N 个单元划分为 $C_{(j)}$ 类和 $C'_{(j)}$ 类，$C_{(j)}$ 类表示既属于 j 子总体又属于 C 类的所有单元集合。定义新标志值 y'_i

$$y'_i=\begin{cases}1, y_i\in C_{(j)}\\0,\text{否则}\end{cases}\tag{2.58}$$

j 子总体的 $C_{(j)}$ 类单元数记为 $A_{(j)}$，$A_{(j)}=\sum_{i=1}^{N}y'_i$，记 $P'=A_{(j)}/N$ 表示 j 子总体 $C_{(j)}$ 类单元数占总体单元数的比例，$S'^2=NP'(1-P')/(N-1)$。相应地，把样本的 n 个单元划分为 $C_{(j)}$ 类和 $C'_{(j)}$ 类，$C_{(j)}$ 类单元数记为 $a_{(j)}$，$a_{(j)}=\sum_{i=1}^{n}y'_i$，记 $p'=a_{(j)}/n$ 表示样本中 j 子总体 $C_{(j)}$ 类单元数所占比例，$s'^2=np'(1-p')/(n-1)$。j 子总体 $C_{(j)}$ 类单元数 $A_{(j)}$ 的估计量为

$$\hat{A}_{(j)}=Np'=\frac{N}{n}\sum_{i}^{n}y'_i\tag{2.59}$$

j 子总体的样本是简单随机样本，根据定理 2.4 可知，估计量 $\hat{A}_{(j)}$ 是 j 子总体的 $C_{(j)}$ 类单元数 $A_{(j)}$ 的无偏估计量，即 $E(\hat{A}_{(j)})=A_{(j)}$。根据定理 2.5，估计量 $\hat{A}_{(j)}$ 的方差为

$$V(\hat{A}_{(j)})=\frac{N^2S'^2}{n}(1-f)=\frac{N^2}{n}(1-f)\left[\frac{NP'(1-P')}{N-1}\right]\tag{2.60}$$

估计量 $\hat{A}_{(j)}$ 的方差估计为

$$v(\hat{A}_{(j)})=\frac{N^2s'^2}{n}(1-f)=\frac{N^2}{n}(1-f)\left[\frac{np'(1-p')}{n-1}\right]\tag{2.61}$$

若 n 和 p' 满足表 2.4 的要求，j 子总体的 $C_{(j)}$ 类单元数 $A_{(j)}$ 在置信概率 $1-\alpha$ 下的置信区间为

$$\left(Np'-\left[Z_{\alpha/2}\sqrt{v(\hat{A}_{(j)})}+\frac{N}{2n}\right],Np'+\left[Z_{\alpha/2}\sqrt{v(\hat{A}_{(j)})}+\frac{N}{2n}\right]\right) \tag{2.62}$$

其中 $Np'+\left[Z_{\alpha/2}\sqrt{v(\hat{A}_{(j)})}+N/(2n)\right]$ 为置信上限，$Np'-\left[Z_{\alpha/2}\sqrt{v(\hat{A}_{(j)})}+N/(2n)\right]$ 为置信下限，$Z_{\alpha/2}$ 为标准正态分布上概率 $\alpha/2$ 对应的分位数，$1/(2n)$ 是连续性的校正项。

例 2.12（续 2） 利用例 2.12 的调查数据，在开发区的劳动力人数未知的情况下，试估计该开发区的失业总人数及其标准差，并给出在置信概率 95%下的置信区间。

解：由题意知，$N=91896$，$n=3836$，$Z_{0.025}=1.96$。j 子总体代表该开发区的所有劳动者，$C_{(j)}$ 为 j 子总体的所有失业者，式(2.58)的数据变换为

$$y'_i=\begin{cases}1, y_i\in C_{(j)}\\0,否则\end{cases}$$

j 子总体的样本量 $n_{(j)}=2686$，失业人数 $a_{(j)}=510$，样本方差为 $s'^2=0.1153$。该开发区的失业总人数 $A_{(j)}$ 的估计为

$$\hat{A}_{(j)}=Np'=\frac{Na_{(j)}}{n}$$

$$=\frac{91896\times 510}{3836}=12218$$

估计量 $\hat{A}_{(j)}$ 的方差估计为

$$v(\hat{A}_{(j)})=\frac{N^2s'^2}{n}(1-f)$$

$$=\frac{91896^2\times 0.1153}{3836}\times\left(1-\frac{3836}{91896}\right)=243235.0$$

估计量 $\hat{A}_{(j)}$ 的标准差估计 $\sqrt{v(\hat{A}_{(j)})}=493$。该开发区失业总数 $A_{(j)}$ 在置信概率 95%下双侧置信区间的置信下限为

$$Np'-\left[Z_{\alpha/2}\sqrt{v(\hat{A}_{(j)})}+\frac{N}{2n}\right]=12218-\left(1.96\times 493+\frac{91896}{2\times 3836}\right)=11239$$

置信上限为

$$Np'+\left[Z_{\alpha/2}\sqrt{v(\hat{A}_{(j)})}+\frac{N}{2n}\right]=12218+\left(1.96\times 493+\frac{91896}{2\times 3836}\right)=13197$$

该开发区失业总人数的估计为 12218 人，估计量的方差估计为 243235.0，标准差估计为 493 人，在置信概率 95%下的置信区间为(11239，13197)。

第五节　模拟案例

规模以上工业企业指每年主营业务收入达到一定规模的工业企业。工业是国家经济增长的重要基础之一。规模以上工业企业是工业的重要组成部分，在产业发展以及社会经济发展中占据重要地位。中国规模以上工业企业的利润总额，反映了工业生产活动的经营成果，是衡量国民经济发展水平的重要指标，对监测社会经济平稳发展具有重要意义。2007年，国家统计局规定，规模以上工业企业的统计范围为每年主营业务收入达到 500 万元及以上的工业企业。2011 年，国家统计局重新调整了计算口径，规模以上工业企业的统计范围

调整为每年主营业务收入 2000 万元及以上的工业企业。

本节以中国规模以上工业企业利润调查为模拟例子，演示简单随机抽样的样本抽取和估计过程。若将规模以上工业企业作为总体基本单元，以市为抽样单元的简单随机抽样就是单级整群抽样。这里，并不是给出实际调查案例，而是为了模拟样本抽取和估计过程。将市作为总体基本单元，主要是为了简单随机抽样演示的方便和简单。总体为 2011 年度中国 345 个市，每个市都是一个基本单元。调查项目为每个市规模以上工业企业的资产总额和利润总额。调查数据并不是现场调查的，而是直接选自《中国区域经济统计年鉴(2012)》，见附录 A。附录 A 也作为模拟的调查抽样框。各省(区、市)的市单元数的分布情况见表 2.6。表 2.6 的第二列给出 22 个省、5 个自治区和 4 个直辖市的名称，第三列给出每个省(区、市)包含市单元数，第四列给出每个省(区、市)包含市单元数占中国市单元总数的百分比。表 2.6 显示，各个省(区、市)包含的市单元数并不一样，广东省和四川省都包含 21 个市单元，海南省只包含 2 个市单元。给出这些数据是为了介绍总体的具体情况。

本节设定的目标是调查中国 345 个市单元规模以上工业企业的利润情况。调查采用简单随机抽样。估计量的精度要求为在置信概率为 95%下每个市单元规模以上工业企业平均利润额估计量的绝对误差限度为 50 亿元，确定所需要抽取的市单元数量。根据抽取的样本，试估计中国 345 个市单元规模以上工业企业的利润总额、每个市单元规模以上工业企业的平均利润额。并估计规模以上工业企业的利润额为 100 亿元及以上的市单元总数及其所占比例，以及在规模以上工业企业的利润额为 100 亿元及以上的市单元中规模以上工业企业的利润总额和每个市单元规模以上工业企业的平均利润额。给出相应的估计和标准差估计，以及在置信概率 95%下的置信区间。

表 2.6 中国各省(区、市)市单元数的分布

序号	地 区	市单元数	百分比	抽中单元数	百分比
1	北 京	1	0.29	0	0
2	天 津	1	0.29	0	0
3	上 海	1	0.29	0	0
4	重 庆	1	0.29	0	0
5	河 北	11	3.19	1	9
6	山 西	11	3.19	2	18
7	内蒙古	12	3.48	1	8
8	辽 宁	14	4.06	2	14
9	吉 林	9	2.60	2	22
10	黑龙江	14	4.06	5	36
11	浙 江	11	3.19	3	27
12	江 苏	13	3.77	7	54
13	安 徽	16	4.64	0	0
14	福 建	9	2.61	0	0

续表

序号	地　区	市单元数	百分比	抽中单元数	百分比
15	江　西	11	3.19	4	36
16	山　东	17	4.93	6	35
17	河　南	18	5.22	3	17
18	湖　北	17	4.93	1	6
19	湖　南	14	4.06	2	14
20	广　东	21	6.09	5	24
21	广　西	14	4.06	5	36
22	海　南	2	0.58	0	0
23	四　川	21	6.09	8	38
24	贵　州	9	2.61	1	11
25	云　南	16	4.64	7	44
26	西　藏	6	1.74	4	67
27	陕　西	11	3.19	1	9
28	甘　肃	14	4.06	3	21
29	青　海	7	2.03	2	29
30	宁　夏	5	1.45	1	20
31	新　疆	18	5.22	4	22
总计	—	345	100.00	80	—

假设在调查设计阶段，对总体了解较少，不知道总体方差，先对总体进行预抽样，以估计每个市单元规模以上工业企业利润额的总体方差。尝试抽取容量为 40 的样本，抽样比为 40/345＝11.6%。从 345 个市单元中，采用简单随机抽样抽取 40 个，相应单元见表 2.7 中的前 40 个单元。可以计算，样本均值 $\bar{y}=187.31$，$\sum_{i=1}^{n} y_i^2=4006132.60$，样本方差为

$$s^2=\frac{1}{n-1}\sum_{i=1}^{n}(y_i-\bar{y})^2=\frac{1}{n-1}\left(\sum_{i=1}^{n}y_i^2-n\bar{y}^2\right)$$

$$=\frac{4006132.60-40\times 187.31^2}{40-1}=66736.70$$

样本方差 $s^2=66736.70$ 为总体方差的估计值，将其代替总体方差。在置信概率 95%下，每个市单元规模以上工业企业平均利润额的估计量的绝对误差限度为 50 亿元，则样本量至少为

$$\frac{Z_{\alpha/2}^2 S^2}{d_{\hat{\bar{Y}}}^2}=\frac{1.96^2\times 66736.70}{50^2}=102.55$$

在抽样比可以忽略不计的条件下，满足精度要求的最小样本量 $n_0=103$，需要调查 103 个市单元，才能保证每个市单元规模以上工业企业平均利润额的估计量的绝对误差不超过 50 亿元。在本例中，由于 $n_0/N=30\%$，比值较大，抽样比不应忽略不计，将 $n_0=103$ 代入式

(2.27),

$$\frac{n_0}{1+\frac{n_0}{N}}=\frac{103}{1+\frac{103}{345}}=79.32$$

若总体方差 $S^2=66736.70$,则满足精度要求的最小样本量 $n'=80$,需要调查 80 个市单元,才能保证每个市单元规模以上工业企业平均利润额的估计量的绝对误差不超过 50 亿元。

由于预抽样的样本量 40,比样本量 $n'=80$ 少 40 个。为了满足估计量的精度要求,需要再抽取 40 个市单元,从而使最终的样本量为 80。采用简单随机抽样,从余下的 305 个市单元中抽取另外 40 个。得到的样本数据见表 2.7 中的后 40 个单元。

表 2.7　最终抽取的样本数据　　单位:亿元

号码	编号	地　区	市单元	利润额 y_i	>100
1	23	山　西	运城市	99.08	0
2	35	内蒙古	乌兰察布市	64.37	0
3	39	辽　宁	沈阳市	712.58	1
4	52	辽　宁	葫芦岛市	−18.75	0
5	53	吉　林	长春市	645.21	1
6	61	吉　林	延边朝鲜族自治州	44.97	0
7	63	黑龙江	齐齐哈尔市	60.75	0
8	64	黑龙江	鸡西市	15.27	0
9	74	黑龙江	大兴安岭地区	3.60	0
10	79	江　苏	常州市	468.43	1
11	85	江　苏	扬州市	517.25	1
12	87	江　苏	泰州市	438.02	1
13	90	浙　江	宁波市	631.66	1
14	130	江　西	鹰潭市	95.37	0
15	137	山　东	青岛市	645.78	1
16	144	山　东	泰安市	358.79	1
17	148	山　东	临沂市	378.38	1
18	168	河　南	周口市	292.18	1
19	199	广　东	怀化市	68.47	0
20	202	广　东	广州市	958.53	1
21	222	广　东	云浮市	35.67	0
22	228	广　西	防城港市	67.32	0
23	232	广　西	百色市	34.06	0
24	239	四　川	成都市	501.64	1
25	240	四　川	自贡市	86.54	0

续表

号码	编号	地　区	市单元	利润额 y_i	>100
26	245	四　川	广元市	25.01	0
27	257	四　川	阿坝藏族羌族自治州	14.90	0
28	267	贵　州	黔东南苗族侗族自治州	8.78	0
29	270	云　南	曲靖市	71.78	0
30	274	云　南	丽江市	10.65	0
31	275	云　南	普洱市	15.67	0
32	286	西　藏	昌都市	−0.73	0
33	289	西　藏	阿里地区	−0.16	0
34	297	陕　西	汉中市	19.95	0
35	304	甘　肃	金昌市	42.17	0
36	313	甘　肃	陇南市	9.80	0
37	316	青　海	西宁市	39.13	0
38	320	青　海	海南藏族自治州	2.23	0
39	335	新　疆	阿克苏地区	27.53	0
40	336	新　疆	克孜勒苏柯尔克孜自治州	0.50	0
41	6	河　北	唐山市	579.33	1
42	26	山　西	吕梁市	194.57	1
43	62	黑龙江	哈尔滨市	103.26	1
44	75	黑龙江	农垦总局	11.37	0
45	77	江　苏	无锡市	1149.48	1
46	83	江　苏	淮安市	150.21	1
47	84	江　苏	盐城市	269.17	1
48	86	江　苏	镇江市	301.58	1
49	96	浙　江	衢州市	123.23	1
50	99	浙　江	丽水市	119.93	1
51	127	江　西	萍乡市	121.95	1
52	128	江　西	九江市	109.70	1
53	129	江　西	新余市	83.23	0
54	139	山　东	枣庄市	231.07	1
55	140	山　东	东营市	1004.80	1
56	150	山　东	聊城市	350.42	1
57	164	河　南	三门峡市	251.69	1
58	169	河　南	驻马店市	117.19	1
59	173	湖　北	十堰市	201.91	1
60	189	湖　南	株洲市	125.09	1
61	205	广　东	珠海市	165.62	1

续表

号码	编号	地　区	市单元	利润额 y_i	>100
62	208	广　东	江门市	311.15	1
63	217	广　东	清远市	145.11	1
64	224	广　西	柳州市	122.83	1
65	226	广　西	梧州市	53.32	0
66	234	广　西	河池市	20.72	0
67	242	四　川	泸州市	135.05	1
68	243	四　川	德阳市	154.79	1
69	246	四　川	遂宁市	84.81	0
70	251	四　川	宜宾市	209.36	1
71	271	云　南	玉溪市	105.07	1
72	276	云　南	临沧市	31.99	0
73	277	云　南	楚雄彝族自治州	23.90	0
74	281	云　南	大理白族自治州	50.53	0
75	285	西　藏	拉萨市	7.47	0
76	287	西　藏	山南市	2.61	0
77	310	甘　肃	酒泉市	14.87	0
78	324	宁　夏	石嘴山市	40.32	0
79	331	新　疆	哈密市	17.47	0
80	332	新　疆	昌吉回族自治州	36.24	0
总计	—	—	—	14824.79	38

对于表 2.7 中的样本，可以计算，样本均值 $\bar{y}=185.31$，$\sum_{i=1}^{n} y_i^2 = 7555983.66$，样本方差为

$$s^2=\frac{1}{n-1}\left(\sum_{i=1}^{n} y_i^2 - n\bar{y}^2\right)$$

$$=\frac{7555983.66-80\times 185.31^2}{80-1}=60870.89$$

总体方差 S^2 用样本方差 $s^2=60870.89$ 代替，每个市单元规模以上工业企业平均利润额估计量的方差为

$$V(\hat{\bar{Y}})=\frac{S^2}{n}(1-f)$$

$$=\frac{60870.89}{80}\times\left(1-\frac{80}{345}\right)=584.45$$

在置信概率 95%下，每个市单元规模以上工业企业平均利润额估计量的绝对误差为

$$d(\hat{\bar{Y}})=Z_{\alpha/2}\sqrt{V(\hat{\bar{Y}})}=1.96\times\sqrt{584.45}=47.38$$

由于 $47.38<50$，当样本量为 80，每个市单元规模以上工业企业平均利润额的简单估计量

在置信概率95%下的绝对误差不超过50亿元。因此，表2.7的80个样本单元作为最终的简单随机样本。

注：这里为了演示简便，直接将预抽样的样本方差代替总体方差，再计算样本量。在理论上，这种做法并不严谨，需要在所抽取的样本量基础上，额外增加样本量，计算公式也要进行适当修正，参考张尧庭、吴辉译(1985)①。

表2.7中80个市单元在各省（区、市）的分布数量及所占比例在表2.6的第5列和第6列给出。表2.6显示，样本不包含北京市、天津市、上海市、重庆市，也不包含海南省、安徽省和福建省的市单元。河北省、内蒙古、陕西省和湖北省的市单元进入样本的比例很小，不到10%。而黑龙江省、江苏省、江西省、山东省、广西、四川省、云南省和西藏的市单元进入样本的比例偏大，超过了30%。在样本中各省（区、市）的市单元所占比例并不相等，市单元在总体中散布并不是“均匀”的。对于样本中市单元编号，连续两个编号出现了10次，分别为(52,53)，(74,75)，(139,140)，(168,169)，(239,240)，(242,243)，(245,246)，(270,271)，(331,332)，(335,336)；连续三个编号出现了1次，为(285,286,287)；连续四个编号出现了3次，分别为(61,62,63,64)，(127,128,129,130)，(274,275,276,277)；连续五个编号出现了1次，为(83,84,85,86,87)。这些连续编号也反映了样本的市单元在总体中散布并不是“均匀”的。“均匀”与“随机”是完全不同的，不能用“均匀”去评价“随机”。

一、中国345个市单元规模以上工业企业的利润总额和每个市单元规模以上工业企业的平均利润额。根据上面的讨论可知，总体有 $N=345$ 个市单元，样本量 $n=80$ 个市单元，样本单元的标志值 $y_1,\cdots,y_{80}$ 分别对应表2.7的80个样本单元标志值。利用表2.7的数据，经过计算，可以得到样本均值 $\bar{y}=185.31$，样本方差 $s^2=60870.89$。每个市单元规模以上工业企业平均利润额的估计量为

$$\hat{\bar{Y}}=\bar{y}=\frac{1}{n}\sum_{i=1}^{n}y_i=185.31$$

每个市单元规模以上工业企业的平均利润额估计量的方差估计为

$$v(\hat{\bar{Y}})=\frac{s^2}{n}(1-f)$$
$$=\frac{60870.89}{80}\times\left(1-\frac{80}{345}\right)=584.45$$

估计量的标准差估计为 $\sqrt{v(\hat{\bar{Y}})}=24.18$。每个市单元规模以上工业企业的平均利润额在置信概率95%下双侧置信区间的置信下限为

$$\bar{y}-Z_{\alpha/2}\sqrt{v(\hat{\bar{Y}})}=185.31-1.96\times 24.18=137.92$$

置信上限为

$$\bar{y}+Z_{\alpha/2}\sqrt{v(\hat{\bar{Y}})}=185.31+1.96\times 24.18=232.70$$

每个市单元规模以上工业企业的平均利润额的估计值为185.31亿元，方差估计为584.45，标准差估计为24.18亿元，在置信概率95%下的双侧置信区间为(137.92，232.70)。

---

① Cochran W. G. Sampling techniques [M]. 3rd ed. New York: John Wiley and Sons, 1977. 中文版：张尧庭，吴辉. 抽样技术[M]. 北京：中国统计出版社，1985.

中国市单元规模以上工业企业利润总额的估计为

$$\hat{Y}=N\hat{\bar{Y}}=345\times185.31=63931.95$$

中国市单元规模以上工业企业利润总额估计量的方差估计为

$$v(\hat{Y})=N^2v(\hat{\bar{Y}})=345^2\times584.45=69564161.25$$

估计量的标准差估计为$\sqrt{v(\hat{Y})}=8340.51$。中国市单元规模以上工业企业利润总额在置信概率95%下双侧置信区间的置信下限为

$$N\bar{y}-Z_{\alpha/2}\sqrt{v(\hat{Y})}=63931.95-1.96\times8340.51=47584.55$$

置信上限为

$$N\bar{y}+Z_{\alpha/2}\sqrt{v(\hat{Y})}=63931.95+1.96\times8340.51=80279.35$$

中国市单元规模以上工业企业利润总额的估计值为63931.95亿元，方差估计为69564161.25，标准差估计为8340.51亿元，在置信概率95%下的双侧置信区间为(47584.55，80279.35)。

二、规模以上工业企业利润额为100亿元及以上的市单元总数及所占比例。根据上面的讨论可知，总体$N=345$个市单元，样本量$n=80$，在表2.7中规模以上工业企业利润额为100亿元及以上的市单元总数$a=38$，样本比例$p=a/n=0.475$。规模以上工业企业利润额为100亿元及以上市单元所占比例的估计为

$$\hat{P}=p=47.5\%$$

规模以上工业企业利润额为100亿元及以上市单元所占比例估计量的方差估计为

$$v(\hat{P})=\frac{p(1-p)(1-f)}{n-1}=\frac{0.475\times(1-0.475)\times(1-80/345)}{80-1}=0.002425$$

标准差估计为$\sqrt{v(\hat{P})}=0.049$。规模以上工业企业利润额为100亿元及以上的市单元所占比例在置信概率95%下双侧置信区间的置信下限为

$$p-\left[Z_{\alpha/2}\sqrt{v(\hat{P})}+\frac{1}{2n}\right]=0.475-\left(1.96\times0.049+\frac{1}{2\times80}\right)=0.373$$

置信上限为

$$p+\left[Z_{\alpha/2}\sqrt{v(\hat{P})}+\frac{1}{2n}\right]=0.475+\left(1.96\times0.049+\frac{1}{2\times80}\right)=0.577$$

规模以上工业企业利润额为100亿元及以上市单元所占比例的估计值为47.5%，估计量的方差估计为0.002425，标准差估计为0.049，在置信概率95%下的双侧置信区间为(37.3%，57.7%)。

规模以上工业企业利润额为100亿元及以上市单元总数的估计为

$$\hat{A}=N\hat{P}=345\times0.475=163.875\approx164$$

规模以上工业企业利润额为100亿元及以上市单元总数估计量$\hat{A}$的方差估计为

$$v(\hat{A})=N^2v(\hat{P})=345^2\times0.002425=288.64$$

估计量 $\hat{A}$ 的标准差估计为 $\sqrt{v(\hat{A})}=16.99\approx 17$。规模以上工业企业利润额为 100 亿元及以上的市单元总数在置信概率 95%下双侧置信区间的置信下限为

$$Np-\left[Z_{\alpha/2}\sqrt{v(\hat{A})}+\frac{N}{2n}\right]=345\times 0.475-\left(1.96\times 17+\frac{345}{2\times 80}\right)=128.40\approx 128$$

置信上限为

$$Np+\left[Z_{\alpha/2}\sqrt{v(\hat{A})}+\frac{N}{2n}\right]=345\times 0.475+\left(1.96\times 17+\frac{345}{2\times 80}\right)=199.35\approx 200$$

规模以上工业企业利润额为 100 亿元及以上市单元总数的估计值为 164 个，方差估计为 288.64，标准差估计为 17 个市单元，在置信概率 95%下的双侧置信区间为(128,200)。

三、在规模以上工业企业利润额为 100 亿元及以上的市单元中，每个市单元规模以上工业企业的平均利润额和这些市单元规模以上工业企业的利润总额。这里，将规模以上工业企业利润额为 100 亿元及以上的市单元集合看作 j 子总体。根据上面的讨论可知，j 子总体的单元总数 $N_{(j)}$ 未知，样本量 $n_{(j)}=38$，样本均值 $\bar{y}_{(j)}=352.68$，样本方差 $s_{(j)}^2=74178.22$。j 子总体每个市单元规模以上工业企业平均利润额的估计为

$$\hat{\bar{Y}}_{(j)}=\bar{y}_{(j)}=\frac{1}{n_{(j)}}\sum_{k=1}^{n_{(j)}}y_{(j)k}=352.68$$

估计量 $\hat{\bar{Y}}_{(j)}$ 的方差估计为

$$\begin{aligned}v(\hat{\bar{Y}}_{(j)})&=\frac{s_{(j)}^2}{n_{(j)}}(1-f_{(j)})\\&=\frac{74178.22}{38}\times\left(1-\frac{80}{345}\right)=1499.41\end{aligned}$$

抽样比 $n_{(j)}/N_{(j)}$ 用 $n/N=80/345$ 代替。估计量的标准差估计为 $\sqrt{v(\hat{\bar{Y}}_{(j)})}=38.72$。在 j 子总体中每个市单元规模以上工业企业平均利润额在置信概率 95%下的双侧置信区间的置信下限为

$$\bar{y}_{(j)}-Z_{\alpha/2}\sqrt{v(\hat{\bar{Y}}_{(j)})}=352.68-1.96\times 38.72=276.79$$

置信上限为

$$\bar{y}_{(j)}+Z_{\alpha/2}\sqrt{v(\hat{\bar{Y}}_{(j)})}=352.68+1.96\times 38.72=428.57$$

在规模以上工业企业利润额为 100 亿元及以上的市单元中，每个市单元规模以上工业企业平均利润额的估计值为 352.68 亿元，方差估计为 1499.41，标准差估计为 38.72 亿元，在置信概率 95%下的置信区间为(276.79,428.57)。

为了估计在规模以上工业企业利润额为 100 亿元及以上的市单元中，规模以上工业企业的利润总额，定义新标志值 y'_i 为

$$y'_i=\begin{cases}y_i, & y_i\geqslant 100\text{ 亿元}\\0, & \text{否则}\end{cases}$$

将在规模以上工业企业利润额为 100 亿元及以上的市单元中，规模以上工业企业的利润额作为新标志值，其他情况下的新标志值等于 0。于是，$N=345$，$n=80$，样本均值 $\bar{y}'=167.53$，$s'^2=66153.19$。在规模以上工业企业利润额为 100 亿元及以上的市单元中，规模以

上工业企业利润总额的估计为

$$\hat{Y}_{(j)} = N\bar{y}'$$
$$= 345 \times 167.53 = 57797.85$$

估计量 $\hat{Y}_{(j)}$ 的方差估计为

$$v(\hat{Y}_{(j)}) = \frac{N^2 s'^2}{n}(1-f)$$
$$= \frac{345^2 \times 66153.19}{80} \times \left(1 - \frac{80}{345}\right) = 75600692.45$$

估计量 $\hat{Y}_{(j)}$ 的标准差估计为 $\sqrt{v(\hat{Y}_{(j)})} = 8694.87$。规模以上工业企业利润额为 100 亿元及以上市单元中规模以上工业企业的利润总额在置信概率 95%下的双侧置信区间的置信下限为

$$N\bar{y}' - Z_{\alpha/2}\sqrt{v(\hat{Y}_{(j)})} = 57797.85 - 1.96 \times 8694.87 = 40755.90$$

置信上限为

$$N\bar{y}' + Z_{\alpha/2}\sqrt{v(\hat{Y}_{(j)})} = 57797.85 + 1.96 \times 8694.87 = 74839.80$$

在规模以上工业企业利润额为 100 亿元及以上的市单元中，规模以上工业企业利润总额估计为 57797.85 亿元，方差估计为 75600692.45，标准差估计为 8694.87 亿元，在置信概率 95%下的置信区间为(40755.90,74839.80)。

小　结

本章介绍简单随机抽样的基础知识。采用简单随机抽样，随机抽取单元，抽样过程简单。本章的知识要点如下。

1. 简单随机抽样。先制定抽样框，再从抽样框中抽取单元；抽取方法必须保证抽样框中未被抽中的单元被抽中的概率相等；抽取 n 次，n 个被抽中的单元构成样本。这样的抽样过程为简单随机抽样。采用简单随机抽样，所有可能的样本被抽中的概率都相等。

2. 简单随机样本的性质。采用不放回简单随机抽样，抽取的样本记为 $\xi_1, \xi_2, \cdots, \xi_n$。对于 $i = 1, 2, \cdots, n$，ξ_i 的分布与总体分布相同；ξ_i 的数学期望等于总体均值；ξ_i 的方差等于 $(N-1)S^2/N$；对于 $i \neq j$，ξ_i 和 ξ_j 不独立。

3. 总体均值和总体总值的估计量，估计量的统计性质。表 2.8 归纳了总体均值和总体总值的估计量、估计量的方差和方差估计。

表 2.8　总体均值和总体总值的估计量及其方差和方差估计

	总体均值	总体总值
估计量	$\hat{\bar{Y}} = \bar{y} = \frac{1}{n}\sum_{i=1}^{n} y_i$	$\hat{Y} = N\bar{y} = \frac{N}{n}\sum_{i=1}^{n} y_i$
方差	$V(\hat{\bar{Y}}) = \frac{S^2}{n}(1-f)$	$V(\hat{Y}) = \frac{N^2 S^2}{n}(1-f)$
方差估计	$v(\hat{\bar{Y}}) = \frac{s^2}{n}(1-f)$	$v(\hat{Y}) = \frac{N^2 s^2}{n}(1-f)$

4. 总体比例和 C 类单元总数的估计量及其统计性质。某一类个体占总体的比例可以用样本中该类个体占样本量的比例来估计，估计量的方差及方差估计如下表 2.9 所示。

表 2.9 总体比例和 C 类单元总数的估计量

	总体比例	C 类单元总数
估计量	$\hat{P}=p=\frac{a}{n}$	$\hat{A}=Np$
方差	$V(\hat{P})=\frac{1-f}{n}\left[\frac{NP(1-P)}{N-1}\right]$	$V(\hat{A})=\frac{N^2(1-f)}{n}\left[\frac{NP(1-P)}{N-1}\right]$
方差估计	$v(\hat{P})=\frac{p(1-p)(1-f)}{n-1}$	$v(\hat{A})=\frac{N^2p(1-p)(1-f)}{n-1}$

5. 为估计总体比例和 C 类单元总数而进行的抽样，满足精度要求的最小样本量确定。为估计 C 类单元总数而抽样的估计量精度描述可以变换成为估计总体比例而抽样的估计量精度描述。为估计总体比例而抽样的满足精度要求的最小样本量公式在表 2.10 的第三列给出，列标题为“总体比例”。在表 2.10 中，n_0 和 n' 为不小于表达式的最小整数。

6. 为估计总体均值或总体总值而进行的抽样，满足精度要求的最小样本量确定。为估计总体总值而抽样的估计量精度描述可以变换成为估计总体均值而抽样的估计量精度描述。为估计总体均值而抽样的满足精度要求的最小样本量公式在表 2.10 的第四列给出，列标题为“总体均值”。在表 2.10 中，n_0 和 n' 为不小于表达式的最小整数。

表 2.10 满足精度要求的最小样本量公式

条件	精度描述	总体比例	总体均值
抽样比忽略不计	方差 $V_{\hat{\theta}}$	$n_0=\frac{P(1-P)}{V_{\hat{P}}}$	$n_0=\frac{S^2}{V_{\hat{\bar{Y}}}}$
	置信概率 $1-\alpha$ 绝对误差范围 $d_{\hat{\theta}}$	$n_0=\frac{Z_{\alpha/2}^2P(1-P)}{d_{\hat{P}}^2}$	$n_0=\frac{Z_{\alpha/2}^2S^2}{d_{\hat{\bar{Y}}}^2}$
	置信概率 $1-\alpha$ 相对误差范围 $r_{\hat{\theta}}$	$n_0=\frac{Z_{\alpha/2}^2(1-P)}{r_{\hat{P}}^2P}$	$n_0=\frac{Z_{\alpha/2}^2S^2}{r_{\hat{\bar{Y}}}^2\bar{Y}^2}$
	变异系数 $C_{\hat{\theta}}$	$n_0=\frac{1-P}{C_{\hat{P}}^2P}$	$n_0=\frac{1}{C_{\hat{\bar{Y}}}^2}\left(\frac{S}{\bar{Y}}\right)^2$
抽样比不能忽略		$n'=\frac{n_0}{1+\frac{n_0-1}{N}}$	$n'=\frac{n_0}{1+\frac{n_0}{N}}$

7. 子总体的估计。采用简单随机抽样，从 N 个总体单位中抽取容量为 n 的样本，其中 $n_{(j)}$ 个单元属于 j 子总体。抽取这 $n_{(j)}$ 个 j 子总体单元的方法可以看作从 j 子总体中抽出

$n_{(j)}$ 个单元的简单随机抽样。j 子总体均值和 j 子总体比例的估计量、估计量的方差以及方差估计在表 2.11 中给出。j 子总体总值和 j 子总体 C 类单元数的估计量，估计量的方差以及方差估计在表 2.12 中给出。

表 2.11　j 子总体均值和 j 子总体比例的估计量

	j 子总体均值	j 子总体比例
估计量	$\hat{\bar{Y}}_{(j)}=\bar{y}_{(j)}=\frac{1}{n_{(j)}}\sum_{k=1}^{n_{(j)}}y_{(j)k}$	$\hat{P}_{(j)}=p_{(j)}=\frac{a_{(j)}}{n_{(j)}}=\frac{1}{n_{(j)}}\sum_{i=1}^{n_{(j)}}y'_{(j)i}$
方差	$V(\hat{\bar{Y}}_{(j)})=\frac{S_{(j)}^2}{n_{(j)}}(1-f_{(j)})$	$V(\hat{P}_{(j)})=\frac{1}{n_{(j)}}(1-f_{(j)})\left[\frac{N_{(j)}P_{(j)}(1-P_{(j)})}{N_{(j)}-1}\right]$
方差估计	$v(\hat{\bar{Y}}_{(j)})=\frac{s_{(j)}^2}{n_{(j)}}(1-f_{(j)})$	$v(\hat{P}_{(j)})=\frac{1}{n_{(j)}}(1-f_{(j)})\left[\frac{n_{(j)}p_{(j)}(1-p_{(j)})}{n_{(j)}-1}\right]$

表 2.12　j 子总体总值和 j 子总体 C 类单元数的估计量

	j 子总体总值	j 子总体 C 类单元数
条件一	子总体的单元数已知	
估计量	$\hat{Y}_{(j)}=N_{(j)}\bar{y}_{(j)}=\frac{N_{(j)}}{n_{(j)}}\sum_{k=1}^{n_{(j)}}y_{(j)k}$	$\hat{A}_{(j)}=N_{(j)}p_{(j)}=\frac{N_{(j)}}{n_{(j)}}\sum_{i=1}^{n_{(j)}}y'_{(j)i}$
方差	$V(\hat{Y}_{(j)})=\frac{N_{(j)}^2S_{(j)}^2}{n_{(j)}}(1-f_{(j)})$	$V(\hat{A}_{(j)})=\frac{N_{(j)}^2}{n_{(j)}}(1-f_{(j)})\left[\frac{N_{(j)}P_{(j)}(1-P_{(j)})}{N_{(j)}-1}\right]$
方差估计	$v(\hat{Y}_{(j)})=\frac{N_{(j)}^2s_{(j)}^2}{n_{(j)}}(1-f_{(j)})$	$v(\hat{A}_{(j)})=\frac{N_{(j)}^2}{n_{(j)}}(1-f_{(j)})\left[\frac{n_{(j)}p_{(j)}(1-p_{(j)})}{n_{(j)}-1}\right]$
条件二	子总体的单元数未知	
估计量	$\hat{Y}_{(j)}=N\bar{y}'=\frac{N}{n}\sum_{i=1}^{n}y'_i$	$\hat{A}_{(j)}=NP'=\frac{N}{n}\sum_{i}^{n}y'_i$
方差	$V(\hat{Y}_{(j)})=\frac{N^2S'^2}{n}(1-f)$	$V(\hat{A}_{(j)})=\frac{N^2}{n}(1-f)\left[\frac{NP'(1-P')}{N-1}\right]$
方差估计	$v(\hat{Y}_{(j)})=\frac{N^2s'^2}{n}(1-f)$	$v(\hat{A}_{(j)})=\frac{N^2}{n}(1-f)\left[\frac{np'(1-p')}{n-1}\right]$

习　题

1. 假设某总体含有 1600 个单元，将这些单元依次编号为 0001 到 1600，拟用简单随机抽样方式抽取 10 个单元，试给出抽样框，并叙述样本的抽取过程。

2. 从 90 包袋装饼干中抽取 12 包饼干进行质量检测，试叙述如何采用简单随机抽样方

法抽取样本？（用两种方法说明）

3. 从某中学的500名新生中采用简单随机抽样抽取了50名新生，分别测量他们的身高，测得的平均身高 $\bar{y}=154\text{cm}$，标准差 $s=5\text{cm}$，试求这500名新生平均身高在置信概率95%下的置信区间。

4. 从100名工人中采用简单随机抽样抽取4名工人，他们的月工资（单位：元）分别为3200，4100，3550，3500。试根据这个样本估计100名工人的每人月工资及其在置信概率95%下的置信区间。

5. 根据某地区市场调查资料编制的香皂销售点名单包含500户香皂销售点。从中采用简单随机抽样方式抽取20户，调查每个香皂销售点销售"力士"牌香皂的情况，其中只有8户香皂销售点销售"力士"牌香皂，月销售量（单位：百块）分别为：5，10，4，3，11，2，1，6。试估计该地区"力士"牌香皂的月销售量。

6. 对于 $N=6$ 的总体，6个单元的标志值 y_i 分别为8，3，1，11，4，7。请计算样本量为2的所有可能样本的均值 $\bar{y}$。说明样本均值 $\bar{y}$ 是总体均值 $\bar{Y}$ 的无偏估计，并证明 $E(s^2)=S^2$。

7. 某地区共有30000户居民。从中采用简单随机抽样抽取2000户，对这些居民的居住情况进行调查，其中1850户对住房拥有产权。试估计该地区拥有住房产权的居民户所占比例，并计算估计量的方差估计和标准差估计。

8. 在一个规模很大的人口总体中，某种疾病的患病率估计至少为1%。现在要估计该人口总体的患病人数，要求估计量的变异系数不超过2%。假定这种疾病可以准确无误地判断，若采用简单随机抽样，需要的样本量多大？

9. 某居民区共有10000户居民，现进行抽样调查以估计该区居民的用水量（单位：吨）。采用简单随机抽样抽取100户，样本均值 $\bar{y}=12.5$，样本方差 $s^2=12.52$。试估计该居民区的总用水量，并构造在置信概率95%下的置信区间。如果要求估计量的相对误差不超过2%，试问应抽多少户居民作为样本？

10. 从一本单据中用简单随机抽样方法抽取250张，发现其中有50张单据有错误。试估计在这本单据中错误单据所占比例。若已知这本单据共有1000张，重新估计错误单据所占比例，结论是否有变化？若要求估计量的绝对误差不超过7%，则至少需要检查多少张单据？（置信度为95%）

11. 为估计某城镇居民拥有电冰箱的户数和每户平均住宅面积，现要从该镇40000户居民中抽出简单随机样本，要求置信概率为95%，拥有电冰箱户数的绝对误差不超过2000户，平均居住面积的绝对误差不超过5平方米。初步估计拥有电冰箱的居民户数所占比例约为2%至40%，每户平均居住面积的总体方差约为1400，问应抽取多少居民户作为样本，才能满足上述两项估计要求。

12. 某地区有居民900户，人均月收入在5000元以上的居民户占比为0.20，要求在置信概率95%下抽样误差范围不超过12%，试计算所需要的样本量 n。

13. 某居民区共有600户居民，为了调查该居民区中每户居民的收入情况，采用简单随机抽样以居民户为单元抽取了30户居民，登记每户居民的月收入，调查数据见表2.13所示。

表 2.13 居民区中每户居民的月收入 单位:元

序号 i	月收入 y_i	序号 i	月收入 y_i	序号 i	月收入 y_i
1	7670	11	8768	21	9930
2	8760	12	9690	22	9760
3	7510	13	8880	23	5734
4	3656	14	7560	24	5604
5	7764	15	6650	25	6554
6	6494	16	6456	26	6656
7	4724	17	5456	27	3684
8	9840	18	7904	28	4760
9	9580	19	5928	29	8496
10	6574	20	4664	30	7920

根据上面数据,估计该居民区中月收入超过 7000 元的居民总数,并给出在置信概率 95%下的置信区间。

14. 从总体 900 名学生中简单随机抽取 30 名,登记他们的性别和对某种观点的态度(赞同或不赞同)。数据如下:

(男,不赞同)	(男, 赞同)	(女, 赞同)	(女,不赞同)	(女,不赞同)
(女, 赞同)	(男,不赞同)	(男, 赞同)	(女,不赞同)	(女, 赞同)
(男,不赞同)	(女,不赞同)	(女,不赞同)	(女, 赞同)	(男,不赞同)
(男,不赞同)	(男,不赞同)	(男, 赞同)	(女, 赞同)	(女, 赞同)
(女, 赞同)	(女,不赞同)	(女, 赞同)	(男, 赞同)	(男,不赞同)
(女, 赞同)	(女, 赞同)	(女, 赞同)	(女,不赞同)	(男, 赞同)

试估计女生人数以及女生中赞同该观点的人数。

15. 某大学共有 855 名教职工,现在要了解他们发表的文章数,从中简单随机抽取 50 名,得到他们发表的文章数如下:

2	4	7	4	7	1	1	3	4	5
9	4	7	7	9	6	4	3	2	6
8	8	6	2	4	3	2	3	4	1
6	8	6	3	2	0	2	4	6	2
0	2	0	1	2	3	3	6	7	4

估计平均每名教职工发表的文章数,并给出估计量的方差。估计没有发表文章的教职工所占的比例,并给出置信概率 80%下的置信区间。

第三章　分层抽样

分层抽样是常用的抽样方法。如果单元数量很大的总体包含几个集合，集合内单元标志值的差异小，而集合间单元标志值的差异大，采用分层随机抽样往往比采用简单随机抽样的估计量精度更高。本章主要介绍分层随机抽样的抽取样本过程，分层随机样本的性质，总体均值、总体总值、总体比例的估计。对于分层随机抽样，在给定估计量误差限度的条件下，推导分层随机抽样的样本量计算公式。最后，介绍了事后分层方法。本章包含六节内容，第一节介绍分层随机抽样的基本概念和性质；第二节给出分层随机抽样的估计量；第三节讨论分层随机抽样的样本量计算方法；第四节给出分层随机抽样的适用条件；第五节介绍事后分层估计量；第六节给出分层随机抽样的模拟例子。

本章的符号说明

N	总体中单元总数
L	总体的层数
h	层序号
i	层内的单元序号
N_h	第 h 层的单元总数
W_h	第 h 层权数，$W_h = N_h / N$
Y_h	第 h 层总值，$Y_h = \sum_{i=1}^{N_h} y_{hi}$，$y_{hi}$ 为第 h 层第 i 个单元的标志值
$\bar{Y}_h$	第 h 层均值，$\bar{Y}_h = \sum_{i=1}^{N_h} y_{hi} / N_h$
S_h^2	总体的第 h 层方差，$S_h^2 = \sum_{i=1}^{N_h} (y_{hi} - \bar{Y}_h)^2 / (N_h - 1)$
Y	项目 $\boldsymbol{y}$ 的总体总值，$Y = \sum_{h=1}^{L} \sum_{i=1}^{N_h} y_{hi}$，$y_{hi}$ 为第 h 层第 i 个单元的标志值
$\bar{Y}$	项目 $\boldsymbol{y}$ 的总体均值，$\bar{Y} = Y/N$
P	总体比例，$P = A/N$，总体有 N 个单元，属于 C 类的单元数为 A
S^2	项目 $\boldsymbol{y}$ 的总体方差，$S^2 = \sum_{h=1}^{L} \sum_{i=1}^{N_h} (y_{hi} - \bar{Y})^2 / (N - 1)$
S	项目 $\boldsymbol{y}$ 的总体标准差，$S = \sqrt{S^2}$
n	样本容量
n_h	第 h 层的样本量
f_h	第 h 层的抽样比，$f_h = n_h / N_h$
y_h	第 h 层的样本总值，$y_h = \sum_{i=1}^{n_h} y_{hi}$
$\bar{y}_h$	第 h 层的样本均值，$\bar{y}_h = \sum_{i=1}^{n_h} y_{hi} / n_h$
s_h^2	第 h 层的样本方差，$s_h^2 = \sum_{i=1}^{n_h} (y_{hi} - \bar{y}_h)^2 / (n_h - 1)$

s_h	第 h 层的样本标准差，$s_h=\sqrt{s_h^2}$
a_h	第 h 层 C 类样本单元数
p_h	第 h 层的样本比例，$p_h=a_h/n_h$

第一节　概述

简单随机抽样依据抽样框抽取样本，并没有利用其他信息。抽样方案设计时，除了已知的总体抽样框之外，还可以将总体划分为若干个子总体，分层抽样有时是更好的抽取样本方法。为了叙述简便，本章假设抽样单元为总体基本单元。

分层抽样(Stratified Sampling)又称为类型抽样或分类抽样。在抽取样本时，先将总体划分成若干互不相交的子总体，每个子总体也叫作层，然后在每层中独立地进行抽样，获取每层的样本，将各层的样本组合成总样本，这样的抽样过程称为分层抽样。与简单随机抽样相比，分层抽样需要事前知道总体的分层方法，抽样过程更灵活。

分层抽样对总体的划分要遵循不重复、不遗漏的原则。各层互不重复，且能合并成整个总体。总体的每个基本单元都属于且只能属于一层。总体的基本单元数记为 N，总体可以划分成 L 个层，所包含的单元数分别为 $N_1,N_2,\cdots,N_L$，则有 $N_1+N_2+\cdots+N_L=N$。

如果从每层中用简单随机抽样方法抽取样本，相应的分层抽样称为分层随机抽样，L 个层的样本组成的总样本称为分层随机样本。对于分层随机抽样，$N_1,N_2,\cdots,N_L$ 是已知的。注意，第二章第四节的子总体单元数是未知的。

分层随机抽样的抽取样本过程如下：

首先，按照某分层标志，将总体划分为 L 个互不相交的层，分别对每层的单元编号，建立每层的抽样框。若事前给定调查费用要求，计算满足费用要求的最大样本量 n 和各层样本量 $n_1,n_2,\cdots,n_L$；若事前给定精度要求，计算满足精度要求的最小样本量 n 和各层样本量 $n_1,n_2,\cdots,n_L$。

其次，采用简单随机抽样，在各层中分别独立抽取相应数量的单元，作为该层的样本。将选出的各层样本合并到一起，即为总体的分层随机样本。再利用分层随机样本估计总体。

分层抽样的主要应用场合如下：

1. 如果总体包含若干个互不相交的子总体，抽样调查不仅要估计整个总体，还要估计子总体，并且都需要满足事前的精确要求，则将子总体看成层。采用分层抽样，可以估计整个总体，还能估计子总体。

2. 为了服务于行政管理，以利于调查工作而进行分层。例如，在 2005 年全国 1% 人口抽样调查中，设有全国 1% 人口抽样调查领导小组，负责抽样调查的领导和组织协调工作，下设县以上各级人民政府组建的领导小组，负责相应地区的调查任务。在这种情况下，把全国总体划分为省(区、市)，省(区、市)为层，进行分层抽样。

3. 总体包含若干个互不相交的子总体，子总体的抽样方法不同。例如，对于人口的抽样调查，居住在军队、大学、监狱等社会机构的人和居住在一般家庭中的人常区别开，分到不同层，进行分层抽样。在某商品的市场占有率调查中，大型超市、大型商场为一个层，小型零售店为一个层，采用分层抽样。

4. 采用分层抽样的总体标志估计量的精确度更高。总体单元的标志值差异很大，划分为若干个层，层内单元标志值的差异小，基于容量较小的样本，往往能获得精确度高的层估计量，层估计量加总起来，就可以得到精确度高的总体指标估计量。

第二节 简单估计量

采用分层随机抽样，样本抽取过程是先独立抽取各层样本，再将各层样本合并为总样本。相应地，分层随机抽样的总体指标估计过程是先利用各层样本估计各层指标，再基于各层指标对总体指标估计。由于各层的样本是独立抽取的，各层估计量也是相互独立的。

一、总体均值和总体总值的估计

假设总体的单元总数为 N，被划分为 L 个层，层序号用 h 表示，$h=1,\cdots,L$。每层的单元总数依次为 $N_1,N_2,\cdots,N_L$，即 $N=N_1+N_2+\cdots+N_L$，层内的单元序号用 i 表示。y_{hi} 表示第 h 层第 i 个单元的标志值。总体总值和总体均值分别为

$$Y=\sum_{h=1}^{L}\sum_{i=1}^{N_h}y_{hi}=\sum_{h=1}^{L}Y_h=\sum_{h=1}^{L}N_h\bar{Y}_h \tag{3.1}$$

$$\bar{Y}=\frac{Y}{N}=\frac{1}{N}\sum_{h=1}^{L}\sum_{i=1}^{N_h}y_{hi}=\frac{1}{N}\sum_{h=1}^{L}N_h\bar{Y}_h=\sum_{h=1}^{L}W_h\bar{Y}_h \tag{3.2}$$

其中 $\bar{Y}_h=\sum_{i=1}^{N_h}y_{hi}/N_h$ 为第 h 层均值，$Y_h=N_h\bar{Y}_h$ 为第 h 层总值，$W_h=N_h/N$ 为第 h 层权数，$h=1,\cdots,L$。可以验证，$W_1+W_2+\cdots+W_L=1$。总样本量记为 n，各层样本量依次记为 $n_1,n_2,\cdots,n_L$，样本中层内单元序号用 i 表示，y_{hi} 表示样本中第 h 层第 i 个单元标志值。第 h 层的样本均值 $\bar{y}_h=\sum_{i=1}^{n_h}y_{hi}/n_h$。

（一）总体均值和总体总值的估计量

分层随机抽样的总体总值是各层总值之和。分层随机抽样的总体均值是各层均值的加权平均值。利用分层随机样本，先构造各层均值的估计量，再对所有的层均值估计量加权平均，得到总体均值的估计量。对于分层随机抽样，每层的样本均值是各层均值的无偏估计量，可以用每层的样本均值的加权平均作为总体均值的估计量。记分层随机抽样的总体均值的估计量为 $\hat{\bar{Y}}_{ST}$，则

$$\hat{\bar{Y}}_{ST}=\sum_{h=1}^{L}W_h\hat{\bar{Y}}_h=\sum_{h=1}^{L}W_h\bar{y}_h=\bar{y}_{ST} \tag{3.3}$$

即先用各层的样本均值 $\bar{y}_h$ 作为层均值的估计量 $\hat{\bar{Y}}_h$，再用各层权数 W_h（$h=1,\cdots,L$）对各层均值的估计量 $\hat{\bar{Y}}_h$ 进行加权平均。同理，分层随机抽样的总体总值 Y 的估计量为

$$\hat{Y}_{ST}=\sum_{h=1}^{L}\hat{Y}_h=\sum_{h=1}^{L}N_h\bar{y}_h=N\sum_{h=1}^{L}W_h\bar{y}_h=N\bar{y}_{ST} \tag{3.4}$$

对于分层随机抽样，各层的简单随机样本是独立抽取的，相应地，每层的样本均值 $\bar{y}_h$（$h=1,\cdots,L$）也是相互独立的。每层均值的估计量是无偏的，层均值估计量加权之和是总体均值的无偏估计量。

定理 3.1 对于分层随机抽样，估计量 $\hat{\bar{Y}}_{ST}$ 是总体均值 $\bar{Y}$ 的无偏估计量，即 $E(\hat{\bar{Y}}_{ST})=\bar{Y}$。

证明:根据简单随机抽样的性质,在分层随机抽样中,每层估计量 $\hat{\bar{Y}}_h$ 是层均值 $\bar{Y}_h$ 的无偏估计量,即 $E(\hat{\bar{Y}}_h)=\bar{Y}_h$ 。于是

$$E(\hat{\bar{Y}}_{ST})=E\left(\sum_{h=1}^{L}W_h\hat{\bar{Y}}_h\right)=\sum_{h=1}^{L}W_hE(\hat{\bar{Y}}_h)=\sum_{h=1}^{L}W_h\bar{Y}_h=\bar{Y}$$

定理 3.1 成立。

推论 3.1 总体总值估计量 $\hat{Y}_{ST}$ 是总体总值 Y 的无偏估计量,即 $E(\hat{Y}_{ST})=Y$ 。

推论 3.1 的证明过程同定理 3.1,这里省略推论 3.1 的证明过程。

(二)总体均值估计量和总体总值估计量的方差

对于分层随机样本,每层的样本均值 $\bar{y}_h$($h=1,\cdots,L$)是相互独立的。

定理 3.2 对于分层随机抽样,总体均值估计量 $\hat{\bar{Y}}_{ST}$ 的方差为

$$V(\hat{\bar{Y}}_{ST})=\sum_{h=1}^{L}W_h^2V(\hat{\bar{Y}}_h)=\sum_{h=1}^{L}\frac{W_h^2S_h^2}{n_h}(1-f_h) \tag{3.5}$$

其中 $S_h^2=\sum_{i=1}^{N_h}(y_{hi}-\bar{Y}_h)^2/(N_h-1)$,$f_h=n_h/N_h$ 表示第 h 层的抽样比。

证明:对于分层随机样本,由于每层的样本均值 $\bar{y}_h$($h=1,\cdots,L$)是相互独立的,由独立随机变量和的方差公式可得

$$V(\hat{\bar{Y}}_{ST})=V\left(\sum_{h=1}^{L}W_h\hat{\bar{Y}}_h\right)=\sum_{h=1}^{L}W_h^2V(\hat{\bar{Y}}_h)$$

每层的样本都是简单随机样本,依据定理 2.2,有 $V(\hat{\bar{Y}}_h)=S_h^2(1-f_h)/n_h$,其中 $S_h^2=\sum_{i=1}^{N_h}(y_{hi}-\bar{Y}_h)^2/(N_h-1)$,代入上式可得

$$V(\hat{\bar{Y}}_{ST})=\sum_{h=1}^{L}\frac{W_h^2S_h^2}{n_h}(1-f_h)$$

定理 3.2 成立。

式(3.5)中的 $1-f_h$ 被称为第 h 层的有限总体校正系数。

推论 3.2 对于分层随机抽样,总体总值估计量 $\hat{Y}_{ST}$ 的方差为

$$V(\hat{Y}_{ST})=V\left(N\hat{\bar{Y}}_{ST}\right)=N^2V\left(\hat{\bar{Y}}_{ST}\right)=\sum_{h=1}^{L}\frac{N_h^2S_h^2}{n_h}(1-f_h) \tag{3.6}$$

其中 $S_h^2=\sum_{i=1}^{N_h}(y_{hi}-\bar{Y}_h)^2/(N_h-1)$ 。

若各层的抽样比 f_h($h=1,\cdots,L$)可以忽略不计,总体均值估计量和总体总值估计量的方差公式简化为

$$V(\hat{\bar{Y}}_{ST})=\sum_{h=1}^{L}\frac{W_h^2S_h^2}{n_h} \tag{3.7}$$

$$V(\hat{Y}_{ST})=\sum_{h=1}^{L}\frac{N_h^2S_h^2}{n_h} \tag{3.8}$$

若各层的抽样比 f_h($h=1,\cdots,L$)相等,即

$$\frac{n_1}{N_1}=\frac{n_2}{N_2}=\cdots=\frac{n_L}{N_L}=\frac{n}{N}$$

相应的抽样过程被称为样本量按比例分配的分层随机抽样，简称为按比例分层随机抽样。将 $f_1=f_2=\cdots=f_L=f$ ，$n_h=N_h f_h=N_h f=nN_h/N=nW_h$ ，$h=1,\cdots,L$ 代入式(3.5)，总体均值估计量的方差为

$$V(\hat{\bar{Y}}_{ST})=\sum_{h=1}^{L}\frac{W_h^2 S_h^2}{n_h}(1-f_h)=\sum_{h=1}^{L}\frac{W_h S_h^2}{n}(1-f)=\frac{1-f}{n}\sum_{h=1}^{L}W_h S_h^2 \tag{3.9}$$

总体总值估计量 $\hat{Y}_{ST}$ 的方差为

$$V(\hat{Y}_{ST})=\frac{N^2(1-f)}{n}\sum_{h=1}^{L}W_h S_h^2 \tag{3.10}$$

其中 $\sum_{h=1}^{L}W_h S_h^2$ 为层方差的加权平均。

（三）总体均值估计量和总体总值估计量的方差估计

对于分层随机抽样，将各层均值估计量的方差估计的加权和作为总体均值估计量的方差估计。

定理 3.3 对于分层随机抽样，总体均值估计量 $\hat{\bar{Y}}_{ST}$ 的方差 $V(\hat{\bar{Y}}_{ST})$ 的无偏估计量为

$$v(\hat{\bar{Y}}_{ST})=\sum_{h=1}^{L}\frac{W_h^2 s_h^2}{n_h}(1-f_h) \tag{3.11}$$

其中 $s_h^2=\sum_{i=1}^{n_h}(y_{hi}-\bar{y}_h)^2/(n_h-1)$ 是第 h 层的样本方差。

证明：对于 $h=1,\cdots,L$ ，由于第 h 层样本是简单随机样本，第 h 层样本方差 s_h^2 是第 h 层方差 S_h^2 的无偏估计，即 $E(s_h^2)=S_h^2$ 。所以

$$E[v(\hat{\bar{Y}}_{ST})]=E\left[\sum_{h=1}^{L}\frac{W_h^2 s_h^2}{n_h}(1-f_h)\right]=\sum_{h=1}^{L}\frac{W_h^2 E(s_h^2)}{n_h}(1-f_h)$$

$$=\sum_{h=1}^{L}\frac{W_h^2 S_h^2}{n_h}(1-f_h)=V(\hat{\bar{Y}}_{ST})$$

定理 3.3 成立。

推论 3.3 对于分层随机抽样，总体总值估计量 $\hat{Y}_{ST}$ 的方差 $V(\hat{Y}_{ST})$ 的无偏估计量为

$$v(\hat{Y}_{ST})=N^2 v(\hat{\bar{Y}}_{ST})=\sum_{h=1}^{L}\frac{N_h^2 s_h^2}{n_h}(1-f_h) \tag{3.12}$$

（四）总体均值和总体总值的置信区间

采用分层随机抽样，总体均值 $\bar{Y}$ 的无偏估计量为 $\hat{\bar{Y}}_{ST}=\bar{y}_{ST}$ ，方差 $V(\hat{\bar{Y}}_{ST})$ 的无偏估计量为 $v(\hat{\bar{Y}}_{ST})$ 。对于每个 $h=1,\cdots,L$ ，当各层样本量 n_h 和 N_h-n_h 非常大，则总体单元数量 N 和样本的总容量 n 非常大。根据调查经验，当各层的样本量 $n_h\geqslant 50$，总体均值 $\bar{Y}$ 在置信概率 $1-\alpha$ 下的双侧置信区间为

$$\left(\bar{y}_{ST}-Z_{\alpha/2}\sqrt{v(\hat{\bar{Y}}_{ST})},\bar{y}_{ST}+Z_{\alpha/2}\sqrt{v(\hat{\bar{Y}}_{ST})}\right) \tag{3.13}$$

其中 $Z_{\alpha/2}$ 为标准正态分布上概率 $\alpha/2$ 相对应的分位数，$\bar{y}_{ST}+Z_{\alpha/2}\sqrt{v(\hat{\bar{Y}}_{ST})}$ 为置信上限，$\bar{y}_{ST}-Z_{\alpha/2}\sqrt{v(\hat{\bar{Y}}_{ST})}$ 为置信下限。类似于总体均值的置信区间，总体总值 Y 在置信概率 $1-\alpha$ 下的双侧置信区间为

$$\left(N\bar{y}_{ST}-Z_{\alpha/2}\sqrt{v(\hat{Y}_{ST})},N\bar{y}_{ST}+Z_{\alpha/2}\sqrt{v(\hat{Y}_{ST})}\right) \tag{3.14}$$

其中 $N\bar{y}_{ST}+Z_{\alpha/2}\sqrt{v(\hat{Y}_{ST})}$ 为置信上限，$N\bar{y}_{ST}-Z_{\alpha/2}\sqrt{v(\hat{Y}_{ST})}$ 为置信下限。这是调查经验给出的结果，不同的实际问题还会有差异。在下文的讨论中，为了教学演示，不论样本量 n_h（$h=1,\cdots,L$）的大小，都假定总体均值估计量 $\hat{\bar{Y}}_{ST}$ 服从正态分布，这个假定不适用于实际问题中。

例 3.1 某村委会辖有 3 个居民新村。村委会为了解辖区内居民购买彩票的支出情况，分别在每个新村中采用简单随机抽样方法独立抽取 10 户，调查每户居民最近一个月购买彩票的金额，调查数据见表 3.1。试估计村委会辖区内居民最近一个月内购买彩票的总支出和每户平均支出，给出估计量的方差估计和标准差估计，以及该村委会居民购买彩票的总支出和每户平均支出在置信概率 95%下的置信区间。

表 3.1 居民新村的调查数据

单位：元

新村	户数	1	2	3	4	5	6	7	8	9	10
1	256	10	10	2	0	20	10	0	10	30	20
2	420	20	35	10	50	0	40	50	10	20	20
3	168	0	20	0	30	30	50	40	0	30	0

解：由题意知，把村委会辖区的 3 个居民新村看作总体的 3 个层，采用简单随机抽样抽取每层的样本，3 个层的样本抽取是相互独立的，整个抽样过程为分层随机抽样。总体划分为 3 层，$L=3$，经过计算可以得到表 3.2 的数据。

表 3.2 总体均值估计量的计算数据

h	N_h	W_h	n_h	y_h	$\bar{y}_h$	$W_h\bar{y}_h$
1	256	0.3033	10	112	11.2	3.40
2	420	0.4976	10	255	25.5	12.69
3	168	0.1991	10	200	20.0	3.98
总计	844	1.0000	—	—	—	20.07

该村委会居民购买彩票每户平均支出的估计为

$$\begin{aligned}\hat{\bar{Y}}_{ST} &= \sum_{h=1}^{L} W_h \hat{\bar{Y}}_h = \sum_{h=1}^{L} W_h \bar{y}_h \\ &= 3.40+12.69+3.98=20.07\end{aligned}$$

利用例 3.1 的调查数据，采用样本方差公式 $s_h^2=\sum_{i=1}^{n_h}(y_{hi}-\bar{y}_h)^2/(n_h-1)$，计算各层的样本方差，结果见表 3.3。

表 3.3 总体均值估计量的方差估计的计算数据

h	N_h	W_h	n_h	s_h^2	$W_h^2 s_h^2/n_h$	$W_h s_h^2$
1	256	0.3033	10	94.40	0.8684	28.6315
2	420	0.4976	10	302.50	7.4901	150.5240
3	168	0.1991	10	355.56	1.4095	70.7920
总计	844	1.0000	—	—	9.7680	249.9475

依据表 3.3 的计算数据,该村委会居民购买彩票每户平均支出估计量的方差估计及标准差估计分别为

$$v(\hat{\bar{Y}}_{ST})=\sum_{h=1}^{L}\frac{W_h^2 s_h^2}{n_h}(1-f_h)=\sum_{h=1}^{L}\left(\frac{W_h^2 s_h^2}{n_h}-\frac{W_h^2 s_h^2}{N_h}\right)=\sum_{h=1}^{L}\frac{W_h^2 s_h^2}{n_h}-\frac{1}{N}\sum_{h=1}^{L}W_h s_h^2$$

$$=9.7680-\frac{249.9475}{844}=9.4719$$

$$\sqrt{v(\hat{\bar{Y}}_{ST})}=3.08$$

置信概率为 95%,$Z_{\alpha/2}=1.96$。该村委会居民购买彩票的每户平均支出在置信概率 95%下置信区间的置信上限为

$$\bar{y}_{ST}+Z_{\alpha/2}\sqrt{v(\hat{\bar{Y}}_{ST})}=20.07+1.96\times3.08=26.11$$

置信下限为

$$\bar{y}_{ST}-Z_{\alpha/2}\sqrt{v(\hat{\bar{Y}}_{ST})}=20.07-1.96\times3.08=14.03$$

最近一个月内村委会辖区购买彩票每户平均支出的估计值为 20.07 元,方差估计为 9.4719,标准差估计为 3.08 元。该村委会居民购买彩票的每户平均支出在置信概率 95%下置信区间为(14.03,26.11)。

该村委会居民购买彩票总支出的估计为

$$\hat{Y}_{ST}=N\hat{\bar{Y}}_{ST}$$

$$=844\times20.07=16939.08$$

该村委会居民购买彩票总支出估计量的方差估计和标准差估计分别为

$$v(\hat{Y}_{ST})=N^2 v(\hat{\bar{Y}}_{ST})$$

$$=844^2\times9.4719=6747175.36$$

$$\sqrt{v(\hat{Y}_{ST})}=2597.53$$

该村委会居民购买彩票的总支出在置信概率 95%下置信区间的置信上限为

$$N\bar{y}_{ST}+Z_{\alpha/2}\sqrt{v(\hat{Y}_{ST})}=844\times20.07+1.96\times2597.53=22030.24$$

置信下限为

$$N\bar{y}_{ST}-Z_{\alpha/2}\sqrt{v(\hat{Y}_{ST})}=844\times20.07-1.96\times2597.53=11847.92$$

该辖区居民最近一个月内购买彩票的总支出为 16939.08 元,方差估计为 6747175.36,标准差估计为 2597.53 元。该村委会居民购买彩票的总支出在置信概率 95%下置信区间为

(11847.92,22030.24)。

二、总体比例和 C 类单元总数的估计

把 N 个总体单元分为两类,分别为 C 类和 C' 类,相应的单元数分别记为 A 和 A' 。总体比例 $P=A/N$,代表 C 类单元总数与总体单元总数之比。相应地,把 n 个样本单元也分为两类,分别为 C 类和 C' 类,相应的单元数分别记为 a 和 a' ,样本比例用 p 表示, $p=a/n$ 。对于 $h=1,\cdots,L$ 和 $i=1,\cdots,N_h$,设定总体单元 y_{hi} 的标志值为

$$y_{hi}=\begin{cases}1, y_{hi}\in C\\0, y_{hi}\notin C\end{cases} \tag{3.15}$$

于是, C 类单元总数、总体比例和总体方差可以用单元标志值 y_{hi} ($h=1,\cdots,L$, $i=1,\cdots,N_h$)表示,见表 3.4。表 3.4 第 2 列给出了第 h 层 C 类单元数 A_h 等于第 h 层总值 Y_h ,第 h 层比例 P_h 等于第 h 层均值 $\bar{Y}_h$, C 类单元数 A 等于总体总值 Y ,总体比例 P 等于总体均值 $\bar{Y}$ 。第 h 层方差 S_h^2 为

$$S_h^2=\frac{1}{N_h-1}\sum_{i=1}^{N_h}(y_{hi}-\bar{Y}_h)^2=\frac{1}{N_h-1}\left(\sum_{i=1}^{N_h}y_{hi}^2-N_h\bar{Y}_h^2\right)$$

其中 $N_h\bar{Y}_h^2=N_hP_h^2$, $y_{h1},\cdots,y_{hn_h}$ 的取值只为 1 或 0,故

$$\sum_{i=1}^{N_h}y_{hi}^2=\sum_{i=1}^{n_h}y_{hi}=A_h=N_hP_h$$

于是,

$$S_h^2=\frac{N_hP_h-N_hP_h^2}{N_h-1}=\frac{N_hP_h(1-P_h)}{N_h-1} \tag{3.16}$$

表 3.4 总体和样本的 C 类单元数、比例和方差

	总体	样本
第 h 层单元数	N_h	n_h
第 h 层 C 类单元数	$A_h=\sum_{i=1}^{N_h}y_{hi}=Y_h$	$a_h=\sum_{i=1}^{n_h}y_{hi}=y_h$
第 h 层比例	$P_h=\frac{A_h}{N_h}=\bar{Y}_h$	$p_h=\frac{a_h}{n_h}=\bar{y}_h$
第 h 层方差	$S_h^2=\frac{N_hP_h(1-P_h)}{N_h-1}$	$s_h^2=\frac{n_hp_h(1-p_h)}{n_h-1}$
单元数	N	n
C 类单元数	$A=\sum_{h=1}^{L}\sum_{i=1}^{N_h}y_{hi}=Y$	$a_{ST}=\sum_{h=1}^{L}N_hp_h=\sum_{h=1}^{L}N_h\bar{y}_h=y_{ST}$
比例	$P=\frac{A}{N}=\bar{Y}$	$p_{ST}=\frac{a_{ST}}{N}=\bar{y}_{ST}$

表 3.4 第 3 列给出了样本中第 h 层 C 类单元数 a_h 等于第 h 层样本总值 y_h ,第 h 层样本比例

p_h 等于第 h 层样本均值 $\bar{y}_h$，第 h 层样本比例 p_h 的加权和 a_{ST} 等于第 h 层样本均值 $\bar{y}_h$ 的加权和 y_{ST}，第 h 层样本比例 p_h 的加权平均 p_{ST} 等于第 h 层样本均值 $\bar{y}_h$ 的加权平均 $\bar{y}_{ST}$。由于

$$s_h^2=\frac{1}{n_h-1}\sum_{i=1}^{n_h}(y_{hi}-\bar{y}_h)^2=\frac{1}{n_h-1}\left(\sum_{i=1}^{n_h}y_{hi}^2-n_h\bar{y}_h^2\right)$$

其中 $n_h\bar{y}_h^2=n_hp_h^2$，$y_{h1},\cdots,y_{hn_h}$ 的取值只为 1 或 0，故

$$\sum_{i=1}^{n_h}y_{hi}^2=\sum_{i=1}^{n_h}y_{hi}=a_h=n_hp_h$$

于是，

$$s_h^2=\frac{n_hp_h-n_hp_h^2}{n_h-1}=\frac{n_hp_h(1-p_h)}{n_h-1} \tag{3.17}$$

为了估计总体的 C 类单元所占比例，理想化的分层是分为两层，第 1 层的单元都属于 C 类，第 2 层的单元都不属于 C 类。这种理想化的分层在实际问题中很难实现。

（一）总体比例和 C 类单元总数的估计量

用总体均值 $\bar{Y}$ 的估计方法构造总体比例 P 的估计量，用总体总值 Y 的估计方法构造 C 类单元总数 A 的估计量。总体比例 P 的估计量为

$$\hat{P}_{ST}=\sum_{h=1}^{L}W_hp_h=\frac{1}{N}\sum_{h=1}^{L}N_hp_h=\frac{a_{ST}}{N}=p_{ST} \tag{3.18}$$

C 类单元总数 A 的估计量为

$$\hat{A}_{ST}=N\hat{P}_{ST} \tag{3.19}$$

定理 3.4 估计量 $\hat{P}_{ST}$ 是总体比例 P 的无偏估计量。

证明：对于分层随机抽样，每层的样本都是简单随机样本，第 h 层样本比例 p_h 是第 h 层比例 P_h 的无偏估计量，因此

$$E(\hat{P}_{ST})=E\left(\sum_{h=1}^{L}W_hp_h\right)=\sum_{h=1}^{L}W_hE(p_h)=\sum_{h=1}^{L}W_hP_h=\frac{1}{N}\sum_{h=1}^{L}A_h=\frac{A}{N}=P$$

即估计量 $\hat{P}_{ST}$ 是总体比例 P 的无偏估计量，定理 3.4 成立。

推论 3.4 估计量 $\hat{A}_{ST}$ 是 C 类单元总数 A 的无偏估计量。

采用样本量按比例分配的分层随机抽样，有 $n_h/n=N_h/N$（$h=1,\cdots,L$），代入式(3.18)，有

$$\hat{P}_{ST}=\sum_{h=1}^{L}W_hp_h=\sum_{h=1}^{L}\frac{n_hp_h}{n}=\sum_{h=1}^{L}\frac{a_h}{n}=\frac{1}{n}\sum_{h=1}^{L}a_h=p$$

此时，样本中 C 类单元数所占比例 p 是总体比例 P 的无偏估计量。

（二）总体比例估计量和 C 类单元总数估计量的方差

利用定理 3.2，分层随机抽样的总体均值估计量 $\hat{\bar{Y}}_{ST}$ 的方差为

$$V(\hat{\bar{Y}}_{ST})=\sum_{h=1}^{L}\frac{W_h^2S_h^2}{n_h}(1-f_h)$$

将 $S_h^2=[N_hP_h(1-P_h)]/(N_h-1)$ 代入上式，得到总体比例估计量 $\hat{P}_{ST}$ 的方差，见定理 3.5。

定理 3.5 对于分层随机抽样，总体比例估计量 $\hat{P}_{ST}$ 的方差为

$$V(\hat{P}_{ST})=\sum_{h=1}^{L}\frac{W_h^2}{n_h}(1-f_h)\left[\frac{N_hP_h(1-P_h)}{N_h-1}\right] \tag{3.20}$$

推论 3.5 对于分层随机抽样，C 类单元总数估计量 $\hat{A}_{ST}$ 的方差为

$$V(\hat{A}_{ST})=\sum_{h=1}^{L}\frac{N_h^2}{n_h}(1-f_h)\left[\frac{N_hP_h(1-P_h)}{N_h-1}\right] \tag{3.21}$$

通常，每层的单元数量 N_h 很大，$N_h/(N_h-1)$ 近似等于 1。此时，总体比例估计量 $\hat{P}_{ST}$ 的方差近似为

$$V(\hat{P}_{ST})=\sum_{h=1}^{L}\frac{W_h^2P_h(1-P_h)}{n_h}(1-f_h) \tag{3.22}$$

C 类单元总数估计量 $\hat{A}_{ST}$ 的方差近似为

$$V(\hat{A}_{ST})=\sum_{h=1}^{L}\frac{N_h^2P_h(1-P_h)}{n_h}(1-f_h) \tag{3.23}$$

（三）总体比例估计量和 C 类单元总数估计量的方差估计

定理 3.6 对于分层随机抽样，总体比例估计量方差 $V(\hat{P}_{ST})$ 的无偏估计量为

$$v(\hat{P}_{ST})=\sum_{h=1}^{L}\frac{W_h^2p_h(1-p_h)}{n_h-1}(1-f_h) \tag{3.24}$$

推论 3.6 对于分层随机抽样，C 类单元总数估计量方差 $V(\hat{A}_{ST})$ 的无偏估计量为

$$v(\hat{A}_{ST})=\sum_{h=1}^{L}\frac{N_h^2p_h(1-p_h)}{n_h-1}(1-f_h) \tag{3.25}$$

对于简单随机抽样，第 h 层的样本方差 $s_h^2=[n_hp_h(1-p_h)]/(n_h-1)$ 是第 h 层方差 $S_h^2=[N_hP_h(1-P_h)]/(N_h-1)$ 的无偏估计。各层样本方差的线性函数也是各层方差的线性函数的无偏估计。从而，总体比例估计量 $\hat{P}_{ST}$ 的方差估计 $v(\hat{P}_{ST})$ 是总体比例估计量方差 $V(\hat{P}_{ST})$ 的无偏估计量。

当每层的单元数量 N_h 很大，抽样比 f_h 忽略不计时，总体比例估计量 $\hat{P}_{ST}$ 的方差为

$$V(\hat{P}_{ST})=\sum_{h=1}^{L}\frac{W_h^2P_h(1-P_h)}{n_h} \tag{3.26}$$

此时，估计量 $\hat{P}_{ST}$ 的方差估计为

$$v(\hat{P}_{ST})=\sum_{h=1}^{L}\frac{W_h^2p_h(1-p_h)}{n_h-1} \tag{3.27}$$

采用样本量按比例分配的分层随机抽样，若每层的单元数量 N_h 很大，将 $f_h=f, n_h=nW_h$ 代入式(3.22)和(3.24)，得到总体比例估计量 $\hat{P}_{ST}$ 的方差为

$$V(\hat{P}_{ST})=\sum_{h=1}^{L}\frac{W_h^2P_h(1-P_h)}{nW_h}(1-f)=\frac{1-f}{n}\sum_{h=1}^{L}W_hP_h(1-P_h) \tag{3.28}$$

估计量 $\hat{P}_{ST}$ 的方差估计为

$$v(\hat{P}_{ST})=\frac{1-f}{n}\sum_{h=1}^{L}W_hp_h(1-p_h) \tag{3.29}$$

（四）总体比例和 C 类单元总数的置信区间

各层比例 p_h 和各层单元数 a_h 的分布是超几何分布。p_h 近似服从正态分布的条件可参考

表 3.5。表 3.5 的第 3 列标题为“ $n_h p_h \geqslant$ ”，给出了 $n_h p_h$ 需要达到的最小值。第 4 列标题为“ $n_h(1-p_h)\geqslant$ ”，给出了 $n_h(1-p_h)$ 需要达到的最小值①。在下文讨论中，为了演示简便，不管 n_h 和 p_h 的要求，都假定样本比例 p_h 服从正态分布，这个假定不适用于实际问题研究。

表 3.5 用正态分布近似 p_h 分布的要求

n_h	p_h	$n_h p_h \geqslant$	$n_h(1-p_h)\geqslant$
30	0.15	15	15
50	0.40	20	20
80	0.30	24	24
200	0.20	40	40
600	0.10	60	60
1400	0.05	70	70
∞	极小	80	80

总体比例 P 在置信概率 $1-\alpha$ 下的双侧置信区间为

$$\left(p_{ST}-\left[Z_{\alpha/2}\sqrt{v(\hat{P}_{ST})}+\frac{1}{2n}\right],p_{ST}+\left[Z_{\alpha/2}\sqrt{v(\hat{P}_{ST})}+\frac{1}{2n}\right]\right) \tag{3.30}$$

其中 $Z_{\alpha/2}$ 为标准正态分布上侧概率 $\alpha/2$ 对应的分位数，$p_{ST}+[Z_{\alpha/2}\sqrt{v(\hat{P}_{ST})}+1/(2n)]$ 为置信上限，$p_{ST}-[Z_{\alpha/2}\sqrt{v(\hat{P}_{ST})}+1/(2n)]$ 为置信下限。$1/(2n)$ 是连续性的校正项。

C 类单元总数 A 在置信概率 $1-\alpha$ 下的置信区间为

$$\left(Np_{ST}-\left[Z_{\alpha/2}\sqrt{v(\hat{A}_{ST})}+\frac{N}{2n}\right],Np_{ST}+\left[Z_{\alpha/2}\sqrt{v(\hat{A}_{ST})}+\frac{N}{2n}\right]\right) \tag{3.31}$$

其中 $Np_{ST}+[Z_{\alpha/2}\sqrt{v(\hat{A}_{ST})}+N/(2n)]$ 为置信上限，$Np_{ST}-[Z_{\alpha/2}\sqrt{v(\hat{A}_{ST})}+N/(2n)]$ 为置信下限。

例 3.2 随着经济发展，越来越多家庭选择到饭店吃年夜饭，或选择到外地旅游方式度年假。为研究这种现象，某研究机构以某市 165 万居民户作为研究对象，将居民户按 6 个行政区分层，在每个行政区采用简单随机抽样抽取 300 户调查在家（或亲戚家）吃年夜饭看电视节目的居民户数（假设各层抽样比忽略不计）。6 个行政区的调查数据见表 3.6。试估计该市在家（或亲戚家）吃年夜饭看电视节目居民户的比例和总户数，给出相应估计量的方差估计及标准差估计。构造该市在家（或亲戚家）吃年夜饭看电视节目居民户的比例和总户数在置信水平 95%下的置信区间。

表 3.6 例 3.2 的调查数据

行政区 h	W_h	a_h	行政区 h	W_h	a_h
1	0.18	150	4	0.09	140
2	0.21	160	5	0.16	160
3	0.14	150	6	0.22	170

① Cochran W. G. Sampling techniques [M]. 3rd ed. New York: John Wiley and Sons, 1977. 中文版：张尧庭，吴辉. 抽样技术[M]. 北京：中国统计出版社，1985.

解:依据题意,利用表 3.6 的调查数据,可以计算表 3.7 的结果。

表 3.7　总体比例估计量的计算数据

行政区 h	W_h	a_h	p_h	$W_h p_h$	$N_h p_h$
1	0.18	150	0.50	0.0900	14.8500
2	0.21	160	0.53	0.1113	18.3645
3	0.14	150	0.50	0.0700	11.5500
4	0.09	140	0.47	0.0423	6.9795
5	0.16	160	0.53	0.0848	13.9920
6	0.22	170	0.57	0.1254	20.6910
总计	1.00	—	—	0.5238	86.4270

该市在家(或亲戚家)吃年夜饭看电视节目居民户的比例估计为

$$\hat{P}_{ST}=\sum_{h=1}^{L}W_h p_h$$
$$=0.0900+0.1113+0.0700+0.0423+0.0848+0.1254=0.5238$$

利用表 3.6 和表 3.7 的数据,可以计算表 3.8 的结果。由于某市的居民户数 N 为 165 万,每层的单元数为 $N_h=NW_h$,抽样比为 f_h。抽样比的计算结果在表 3.8 第 2 列给出。由表 3.8 第 2 列,显示每层的抽样比都小于 0.3%,将各层的抽样比忽略。

表 3.8　总体比例估计量方差估计的计算数据

h	f_h	W_h	p_h	$W_h^2 p_h(1-p_h)/(n_h-1)$
1	1.01×10^{-3}	0.18	0.50	2.7090×10^{-5}
2	8.66×10^{-4}	0.21	0.53	3.6740×10^{-5}
3	1.30×10^{-3}	0.14	0.50	1.6388×10^{-5}
4	2.02×10^{-3}	0.09	0.47	6.7482×10^{-5}
5	1.14×10^{-3}	0.16	0.53	2.1328×10^{-5}
6	8.26×10^{-4}	0.22	0.57	3.9675×10^{-5}
总计	—	1.00	—	1.4797×10^{-4}

该市在家(或亲戚家)吃年夜饭看电视节目居民户比例估计量 $\hat{P}_{ST}$ 的方差估计为

$$v(\hat{P}_{ST})=\sum_{h=1}^{L}\frac{W_h^2 p_h(1-p_h)}{n_h-1}$$
$$=2.7090\times10^{-5}+3.6740\times10^{-5}+1.6388\times10^{-5}+6.7482\times10^{-5}$$
$$+2.1328\times10^{-5}+3.9675\times10^{-5}=1.4797\times10^{-4}$$

$$\sqrt{v(\hat{P}_{ST})}=1.22\%$$

该市在家(或亲戚家)吃年夜饭看电视节目居民户的比例在置信概率 95%下双侧置信区间的置信下限为

$$p_{ST}-\left[Z_{\alpha/2}\sqrt{v(\hat{P}_{ST})}+\frac{1}{2n}\right]=0.5238-\left(1.96\times1.22\%+\frac{1}{2\times1800}\right)=49.96\%$$

置信上限为

$$p_{ST}+\left[Z_{\alpha/2}\sqrt{v(\hat{P}_{ST})}+\frac{1}{2n}\right]=0.5238+\left(1.96\times1.22\%+\frac{1}{2\times1800}\right)=54.80\%$$

该市在家(或亲戚家)吃年夜饭看电视节目居民户的比例估计为 92.4%,方差估计为 1.4797×10^{-4},标准差估计为 1.22%。该市在家(或亲戚家)吃年夜饭看电视节目居民户的比例在置信概率 95%下的置信区间为(49.96%,54.80%)。

该市在家(或亲戚家)吃年夜饭看电视节目居民户的总户数估计为

$$\begin{aligned}\hat{A}_{ST}&=N\hat{P}_{ST}\\&=1.65\times10^{6}\times0.5238=864270\end{aligned}$$

估计量 $\hat{A}_{ST}$ 的方差估计为

$$\begin{aligned}v(\hat{A}_{ST})&=N^{2}v(\hat{P}_{ST})\\&=(1.65\times10^{6})^{2}\times1.4797\times10^{-4}=4.0285\times10^{8}\end{aligned}$$

$$\sqrt{v(\hat{A}_{ST})}=20071$$

该市在家(或亲戚家)吃年夜饭看电视节目居民户总数在置信概率 95%下双侧置信区间的置信下限为

$$\begin{aligned}Np_{ST}-\left[Z_{\alpha/2}\sqrt{v(\hat{A}_{ST})}+\frac{N}{2n}\right]&=864270-\left(1.96\times20071+\frac{1650000}{2\times1800}\right)\\&=824472\end{aligned}$$

置信上限为

$$\begin{aligned}Np_{ST}+\left[Z_{\alpha/2}\sqrt{v(\hat{A}_{ST})}+\frac{N}{2n}\right]&=864270+\left(1.96\times20071+\frac{1650000}{2\times1800}\right)\\&=904068\end{aligned}$$

该市在家(或亲戚家)吃年夜饭看电视节目居民户的总数为 864270 户,方差估计为 4.0285×10^{8},标准差估计为 20071 户。该市在家(或亲戚家)吃年夜饭看电视节目居民户总数在置信概率 95%下的置信区间为(824472,904068)。

第三节 样本量确定

对于分层随机抽样,抽样调查设计方案应该权衡调查精度与总调查费用。当给定总调查费用的要求,选择满足费用要求且估计量方差最小的最大样本量;当给定估计量精度的要求,选择满足精度要求且调查费用最低的最小样本量。另外,在分层随机抽样中,样本量在各层中不同的分配方式也会对估计量的精度产生影响,样本量确定还需要考虑总样本量 n 在各层中的分配方式。

令分层随机抽样的总调查费用记为 C,假设 C 为 L 个层的样本量 $n_1,\cdots,n_L$ 的线性函数,即

$$C=c_0+\sum_{h=1}^{L}c_hn_h \tag{3.32}$$

其中 c_0 代表整个调查的管理费用，c_h 是第 h 层每个单元的调查费用。同一层单元的调查费用相同；不同层单元的调查费用并不一定相同。

第二章给出了估计量精度的四种描述方法，分别为方差和标准差、绝对误差范围和置信概率、相对误差范围和置信概率、变异系数。这四种估计量精度的描述方法可以相互代替。给定其中一种方法表示的估计量精度要求，可以将其等价表示为其他三种。为了下文叙述简便，本章用方差描述估计量精度，用估计量方差限度描述估计量精度要求。

一、样本量最优分配

在分层随机抽样中，总样本量的分配是指总样本量 n 如何划分为各层的样本量 $n_1,\cdots,n_L$。总样本量的分配方法很多，其中最优分配方法（简称，最优分配）满足下面 2 个条件，即当给定总调查费用的限度，各层样本量 $n_1,\cdots,n_L$ 的最优分配使估计量方差 $V(\hat{\bar{Y}}_{ST})$ 达到最小；当给定估计量方差的限度，各层样本量 $n_1,\cdots,n_L$ 的最优分配使总调查费用最低。

定理 3.7 采用分层随机抽样，式(3.32)为总调查费用函数。当各层样本量 $n_1,\cdots,n_L$ 满足条件

$$\frac{n_1}{W_1S_1/\sqrt{c_1}}=\frac{n_2}{W_2S_2/\sqrt{c_2}}=\cdots=\frac{n_L}{W_LS_L/\sqrt{c_L}} \tag{3.33}$$

则给定总调查费用的限度，估计量的方差 $V(\hat{\bar{Y}}_{ST})$ 达到最小值；给定估计量方差 $V(\hat{\bar{Y}}_{ST})$ 的限度，总调查费用达到最低。

证明:依据已知条件，分层随机抽样的总调查费用 $C=c_0+\sum_{h=1}^{L}c_hn_h$ 最低，等价于 $\sum_{h=1}^{L}c_hn_h$ 最小，其中常数 c_0 与各层样本量 $n_1,\cdots,n_L$ 取值无关。可以验证

$$V(\hat{\bar{Y}}_{ST})=\sum_{h=1}^{L}\frac{W_h^2S_h^2}{n_h}(1-f_h)=\sum_{h=1}^{L}\frac{W_h^2S_h^2}{n_h}-\sum_{h=1}^{L}\frac{W_h^2S_h^2}{N_h}$$

其中 $\sum_{h=1}^{L}(W_h^2S_h^2/N_h)$ 与各层样本量 $n_1,\cdots,n_L$ 取值无关。估计量方差 $V(\hat{\bar{Y}}_{ST})$ 最小，等价于 $\sum_{h=1}^{L}(W_h^2S_h^2/n_h)$ 最小。应用柯西—施瓦茨不等式，有

$$\left[\sum_{h=1}^{L}\left(\frac{W_hS_h}{\sqrt{n_h}}\right)^2\right]\left[\sum_{h=1}^{L}(\sqrt{c_hn_h})^2\right]\geqslant\left[\sum_{h=1}^{L}\left(\frac{W_hS_h}{\sqrt{n_h}}\right)(\sqrt{c_hn_h})\right]^2=\left(\sum_{h=1}^{L}W_hS_h\sqrt{c_h}\right)^2 \tag{3.34}$$

该不等式显示，$\sum_{h=1}^{L}c_hn_h$ 与 $\sum_{h=1}^{L}(W_h^2S_h^2/n_h)$ 乘积的下界与各层样本量 $n_1,\cdots,n_L$ 取值无关。也就是说，给定 $\sum_{h=1}^{L}c_hn_h$ 或总调查费用的限度，乘积达到下界 $\left(\sum_{h=1}^{L}W_hS_h\sqrt{c_h}\right)^2$ 的因数 $\sum_{h=1}^{L}(W_h^2S_h^2/n_h)$ 对应的估计量方差 $V(\hat{\bar{Y}}_{ST})$ 最小。给定 $\sum_{h=1}^{L}(W_h^2S_h^2/n_h)$ 或估计量方差的限度，乘积达到下界的因数 $\sum_{h=1}^{L}c_hn_h$ 对应的总调查费用 $C=c_0+\sum_{h=1}^{L}c_hn_h$ 最低。式(3.34)等号成立的条件为

$$\frac{\sqrt{c_1n_1}}{\frac{W_1S_1}{\sqrt{n_1}}}=\frac{\sqrt{c_2n_2}}{\frac{W_2S_2}{\sqrt{n_2}}}=\cdots=\frac{\sqrt{c_Ln_L}}{\frac{W_LS_L}{\sqrt{n_L}}}$$

等价于

$$\frac{n_1}{W_1S_1/\sqrt{c_1}}=\frac{n_2}{W_2S_2/\sqrt{c_2}}=\cdots=\frac{n_L}{W_LS_L/\sqrt{c_L}}$$

定理 3.7 成立。

在定理 3.7 的条件下,对于 $h=1,\cdots,L$,若样本量 n_h 与 $W_hS_h/\sqrt{c_h}$ 成比例,或者 n_h 与 $W_hS_h/\sqrt{c_h}$ 的比值为常数,则各层样本量 $n_1,\cdots,n_L$ 为最优分配。定理 3.7 给出了各层样本量最优分配的影响因素。

(1)各层的权数或单元数是样本量最优分配的影响因素。对于权数越大或单元越多的层,所分配的样本量越大;

(2)各层的方差或标准差是样本量最优分配的影响因素。对于方差或标准差越大的层,所分配的样本量越大;

(3)各层的单元调查费用是样本量最优分配的影响因素。对于单元调查费用越小的层,所分配的样本量越大。

推论 3.7 采用分层随机抽样,式(3.32)为总调查费用函数,给定总样本量 n ,则各层的最优样本量为

$$n_h=\frac{nW_hS_h/\sqrt{c_h}}{\sum_{k=1}^{L}W_kS_k/\sqrt{c_k}} \tag{3.35}$$

证明:根据已知条件和定理 3.7,样本量的最优分配满足条件式(3.33),即

$$\frac{n_1}{W_1S_1/\sqrt{c_1}}=\cdots=\frac{n_L}{W_LS_L/\sqrt{c_L}}=\frac{n_1+\cdots+n_L}{W_1S_1/\sqrt{c_1}+\cdots+W_LS_L/\sqrt{c_L}}$$

最后等号成立是根据等比性质。当 $n_1+\cdots+n_L=n$ 给定,则

$$\begin{cases} n_1=\dfrac{nW_1S_1/\sqrt{c_1}}{W_1S_1/\sqrt{c_1}+\cdots+W_LS_L/\sqrt{c_L}} \\ \vdots \\ n_L=\dfrac{nW_LS_L/\sqrt{c_L}}{W_1S_1/\sqrt{c_1}+\cdots+W_LS_L/\sqrt{c_L}} \end{cases}$$

推论 3.7 成立。

例 3.3 某市有甲、乙两个地区,现要调查该市居民的家庭收入。已知甲地区有 20000 户家庭,家庭年收入标准差估计 2500;乙地区有 50000 户家庭,家庭年收入标准差估计 2000,并且甲乙两地的每户家庭平均调查费用之比为 2∶3。抽取的总样本量为 500,试问甲乙两地的样本量如何分配。

解:依据题意,甲乙两地分别看作第 1 层和第 2 层,层数 $L=2$,甲乙两地的每户家庭平均调查费用分别设定为 $2c$ 和 $3c$,总样本量 $n=500$。经过计算可以得到表 3.9 的数据,取 $c=1$ 为了演示简单。

表 3.9 例 3.3 的计算数据

h	N_h	W_h	S_h	c_h	W_hS_h	$W_hS_h/\sqrt{c_h}$
1	20000	0.2857	2500	2	714.25	505.05
2	50000	0.7143	2000	3	1428.60	824.80
合计	70000	1.0000	—	—	2142.85	1329.85

根据推论 3.7 和表 3.9 第 7 列数据，甲地的最优样本量为

$$n_1=\frac{nW_1S_1/\sqrt{c_1}}{W_1S_1/\sqrt{c_1}+W_2S_2/\sqrt{c_2}}$$

$$=\frac{500\times505.05}{505.05+824.80}=189.89$$

$$n_2=\frac{nW_2S_2/\sqrt{c_2}}{W_1S_1/\sqrt{c_1}+W_2S_2/\sqrt{c_2}}$$

$$=\frac{500\times824.80}{505.05+824.80}=310.11$$

对于小数的取舍，会出现两种情况。

情况一：选取甲地样本量 $n_1=189$ 和乙地样本量 $n_2=311$。相应的总调查费用和估计量方差为

$$C^{(1)}=c_0+\sum_{h=1}^{L}c_hn_h$$

$$=c_0+2c\times189+3c\times311=c_0+1311c$$

$$V(\hat{\bar{Y}}_{ST}^{(1)})=\sum_{h=1}^{L}\frac{W_h^2S_h^2}{n_h}(1-f_h)$$

$$=\frac{0.2857^2\times2500^2}{189}\times\left(1-\frac{189}{20000}\right)+\frac{0.7143^2\times2000^2}{311}\times\left(1-\frac{311}{50000}\right)=9195.27$$

情况二：选取甲地样本量 $n_1=190$ 和乙地样本量 $n_2=310$。相应的总调查费用和估计量方差为

$$C^{(2)}=c_0+\sum_{h=1}^{L}c_hn_h$$

$$=c_0+2c\times190+3c\times310=c_0+1310c$$

$$V(\hat{\bar{Y}}_{ST}^{(2)})=\sum_{h=1}^{L}\frac{W_h^2S_h^2}{n_h}(1-f_h)$$

$$=\frac{0.2857^2\times2500^2}{190}\times\left(1-\frac{190}{20000}\right)+\frac{0.7143^2\times2000^2}{310}\times\left(1-\frac{310}{50000}\right)=9202.23$$

两种情况进行对比，可以得出 $C^{(1)}>C^{(2)}$，$V(\hat{\bar{Y}}_{ST}^{(1)})<V(\hat{\bar{Y}}_{ST}^{(2)})$，第一种情况的总调查费用高，估计量的方差小。从两者之中选择，在估计量方差最小的要求下，情况一是最好的选择，即 $n_1=189$ 和 $n_2=311$。在调查费用最小的要求下，情况二是最好的选择，即 $n_1=190$ 和 $n_2=310$。

推论 3.8 采用分层随机抽样，式(3.32)为总调查费用函数，给定总样本量 n。如果各

层单元的调查费用相等,即 $c_1=\cdots=c_L=c$,则各层的最优样本量为

$$n_h=\frac{nW_hS_h}{\sum_{k=1}^{L}W_kS_k} \tag{3.36}$$

其中 $h=1,\cdots,L$ 。在这种条件下,总样本量 n 的最优分配方法称为内曼最优分配。

例 3.3(续 1) 在例 3.3 给定的条件下,如果甲乙两地的每户家庭调查费用都相等,试问甲乙两地的样本量如何分配才能最优。

解:根据推论 3.8 的内曼最优分配公式和表 3.9 第 6 列数据,可得

$$n_1=\frac{nW_1S_1}{\sum_{h=1}^{L}W_hS_h}=500\times\frac{714.25}{2142.85}=166.66$$

$$n_2=\frac{nW_2S_2}{\sum_{h=1}^{L}W_hS_h}=500\times\frac{1428.6}{2142.85}=333.34$$

如果选取甲地样本量 $n_1=167$ 和乙地样本量 $n_2=333$,相应的总调查费用和估计量方差为

$$C^{(1)}=c_0+\sum_{h=1}^{L}c_hn_h=c_0+c\times167+c\times333=c_0+500c$$

$$V(\hat{\bar{Y}}_{ST}^{(1)})=\sum_{h=1}^{L}\frac{W_h^2S_h^2}{n_h}(1-f_h)=\frac{0.2857^2\times2500^2}{167}\times\left(1-\frac{167}{20000}\right)+\frac{0.7143^2\times2000^2}{333}\times\left(1-\frac{333}{50000}\right)=9117.31$$

如果选取甲地样本量 $n_1=166$ 和乙地样本量 $n_2=334$,相应的总调查费用和估计量方差为

$$C^{(2)}=c_0+\sum_{h=1}^{L}c_hn_h=c_0+c\times166+c\times334=c_0+500c$$

$$V(\hat{\bar{Y}}_{ST}^{(2)})=\sum_{h=1}^{L}\frac{W_h^2S_h^2}{n_h}(1-f_h)=\frac{0.2857^2\times2500^2}{166}\times\left(1-\frac{166}{20000}\right)+\frac{0.7143^2\times2000^2}{334}\times\left(1-\frac{334}{50000}\right)=9117.36$$

对于上述两种可能选择,可以得出 $C^{(1)}=C^{(2)}$,$V(\hat{\bar{Y}}_{ST}^{(1)})<V(\hat{\bar{Y}}_{ST}^{(2)})$,两种选择的总调查费用相同,前者选择的估计量方差小。因此,甲地的最优样本量为 167 户家庭,乙地的最优样本量为 333 户家庭。

当甲乙两地的每户家庭调查费用不等,为了使估计量方差最小,例 3.3 采用样本量最优分配方式,甲地的最优样本量为 189 户家庭,乙地的最优样本量为 311 户家庭,估计量的方差为 9195.27。当甲乙两地的每户家庭调查费用相等,例 3.3(续 1)采用内曼最优分配方式,

甲地的最优样本量为 167 户家庭,乙地的最优样本量为 333 户家庭,估计量的方差为 9117.31,方差更小。对于分层随机抽样,各层的每个单元调查费用是否相等,会影响样本量的最优分配。

在实际应用中,分层随机抽样的样本量有时按比例分配,即各层的样本量 n_h 与单元总数 N_h 成比例。这种总样本量的分配方式称为样本量按比例分配。此时,

$$\frac{n_1}{N_1}=\cdots=\frac{n_L}{N_L}=\frac{n_1+\cdots+n_L}{N_1+\cdots+N_L}=\frac{n}{N}$$

或者等价地写为 $f_1=\cdots=f_L=f$ 。样本量按比例分配等价于各层抽样比相等。每个单元被抽中的概率相等,都等于抽样比 f 。从而,对于 $h=1,\cdots,L$,第 h 层样本量为

$$n_h=\frac{nN_h}{N}=nW_h \tag{3.37}$$

例 3.3(续 2) 在例 3.3 的条件下,甲乙两地区的每户家庭调查费用都相等。若甲乙两地的样本量 n_h 与各地的家庭户数 N_h 成比例,试计算甲乙两地的样本量。

解:依据题意,采用样本量按比例分配的分层随机抽样,有

$$n_1=nW_1=500\times 0.2857=142.85$$

$$n_2=nW_2=500\times 0.7143=357.15$$

如果选取甲地样本量 $n_1=143$ 和乙地样本量 $n_2=357$,相应的总调查费用和估计量方差分别为

$$C^{(1)}=c_0+\sum_{h=1}^{L}c_h n_h$$

$$=c_0+c\times 143+c\times 357=c_0+500c$$

$$V(\hat{\bar{Y}}_{ST}^{(1)})=\sum_{h=1}^{L}\frac{W_h^2S_h^2}{n_h}(1-f_h)$$

$$=\frac{0.2857^2\times 2500^2}{143}\times\left(1-\frac{143}{20000}\right)+\frac{0.7143^2\times 2000^2}{357}\times\left(1-\frac{357}{50000}\right)=9217.98$$

如果选取甲地样本量 $n_1=142$ 和乙地样本量 $n_2=358$,相应的总调查费用和估计量方差分别为

$$C^{(2)}=c_0+\sum_{h=1}^{L}c_h n_h$$

$$=c_0+c\times 142+c\times 358=c_0+500c$$

$$V(\hat{\bar{Y}}_{ST}^{(2)})=\sum_{h=1}^{L}\frac{W_h^2S_h^2}{n_h}(1-f_h)$$

$$=\frac{0.2857^2\times 2500^2}{142}\times\left(1-\frac{142}{20000}\right)+\frac{0.7143^2\times 2000^2}{358}\times\left(1-\frac{358}{50000}\right)=9227.13$$

对于上述两种可能选择,可以得出 $C^{(1)}=C^{(2)}$,$V(\hat{\bar{Y}}_{ST}^{(1)})<V(\hat{\bar{Y}}_{ST}^{(2)})$,两种样本量选取的总调查费用相同,前者估计量的方差小。从而,甲乙两地的样本量分别为 143 户和 357 户。

甲乙两地的每户家庭调查费用都相等,但是例 3.3(续 1)与例 3.3(续 2)给出的各层样本量不同。例 3.3(续 1)采用样本量内曼最优分配的公式,甲地样本量为 167 户家庭,乙地样本量为 333 户家庭,估计量的方差为 9117.31。例 3.3(续 2)采用样本量按比例分配的公

式，甲地样本量为143户家庭，乙地样本量为357户家庭，估计量的方差为9217.98，方差更大。对于分层随机抽样，样本量分配方式对各层样本量的影响大。

二、为估计总体均值而进行分层随机抽样的样本量确定

为估计总体总值而进行分层随机抽样，给定估计量 $\hat{Y}_{ST}$ 的方差界限为 $V_{\hat{Y}_{ST}}$，即估计量 $\hat{Y}_{ST}$ 的方差 $V(\hat{Y}_{ST})$ 不能大于 $V_{\hat{Y}_{ST}}$，有 $V(\hat{Y}_{ST}) \leqslant V_{\hat{Y}_{ST}}$。由 $V(\hat{\bar{Y}}_{ST}) = V(\hat{Y}_{ST})/N^2$，有 $V(\hat{Y}_{ST})/N^2 \leqslant V_{\hat{Y}_{ST}}/N^2$，等价于 $V(\hat{\bar{Y}}_{ST}) \leqslant V_{\hat{Y}_{ST}}/N^2$。也就是说，给定估计量 $\hat{Y}_{ST}$ 的方差界限为 $V_{\hat{Y}_{ST}}$，等价于给定估计量 $\hat{\bar{Y}}_{ST}$ 的方差界限为 $V_{\hat{Y}_{ST}}/N^2$。本节主要讨论为估计总体均值而进行分层随机抽样的情况。

1. 给定估计量 $\hat{\bar{Y}}_{ST}$ 方差的界限为 $V_{\hat{\bar{Y}}_{ST}}$。估计量 $\hat{\bar{Y}}_{ST}$ 的方差不能大于 $V_{\hat{\bar{Y}}_{ST}}$，有 $V(\bar{Y}_{ST}) \leqslant V_{\hat{\bar{Y}}_{ST}}$。假定事前已确定总样本量分配到各层的比例分别为 $\lambda_1, \lambda_2, \cdots, \lambda_L$，则各层样本量分别为 $n_1 = n\lambda_1, n_2 = n\lambda_2, \cdots, n_L = n\lambda_L$。估计量 $\hat{\bar{Y}}_{ST}$ 的方差为

$$V(\hat{\bar{Y}}_{ST}) = \sum_{h=1}^{L} \frac{W_h^2 S_h^2}{n_h} - \sum_{h=1}^{L} \frac{W_h^2 S_h^2}{N_h} = \frac{1}{n}\sum_{h=1}^{L} \frac{W_h^2 S_h^2}{\lambda_h} - \frac{1}{N}\sum_{h=1}^{L} W_h S_h^2$$

得

$$\frac{1}{n}\sum_{h=1}^{L} \frac{W_h^2 S_h^2}{\lambda_h} - \frac{1}{N}\sum_{h=1}^{L} W_h S_h^2 \leqslant V_{\hat{\bar{Y}}_{ST}}$$

从而，

$$n \geqslant \frac{\sum_{h=1}^{L} \frac{W_h^2 S_h^2}{\lambda_h}}{V_{\hat{\bar{Y}}_{ST}} + \frac{1}{N}\sum_{h=1}^{L} W_h S_h^2}$$

当各层的单元总数 $N_1, N_2, \cdots, N_L$ 很大，抽样比忽略不计，

$$n_0 \geqslant \frac{1}{V_{\hat{\bar{Y}}_{ST}}}\sum_{h=1}^{L} \frac{W_h^2 S_h^2}{\lambda_h} \tag{3.38}$$

此时，满足精度要求的最小样本量 n_0 为不小于 $\sum_{h=1}^{L}(W_h^2 S_h^2/\lambda_h)/V_{\hat{\bar{Y}}_{ST}}$ 的最小整数。当各层抽样比不可以忽略，则取

$$n \geqslant \frac{n_0}{1 + \frac{1}{NV_{\hat{\bar{Y}}_{ST}}}\sum_{h=1}^{L} W_h S_h^2} \tag{3.39}$$

当给定估计量 $\hat{\bar{Y}}_{ST}$ 的方差界限 $V_{\hat{\bar{Y}}_{ST}}$，并给定各层样本量与总样本量的比例分别为 $\lambda_1, \lambda_2, \cdots, \lambda_L$，则满足精度要求的最小样本量 n 为不小于 $n_0/[1 + \sum_{h=1}^{L} W_h S_h^2/(NV_{\hat{\bar{Y}}_{ST}})]$ 的最小

整数。

若分层随机抽样的样本量按比例分配，将 $\lambda_1=W_1,\lambda_2=W_2,\cdots,\lambda_L=W_L$ 分别代入式(3.38)，有

$$n_0 \geqslant \frac{1}{V_{\hat{\bar{Y}}_{ST}}}\sum_{h=1}^{L}W_hS_h^2 \tag{3.40}$$

当给定估计量 $\hat{\bar{Y}}_{ST}$ 的方差界限 $V_{\hat{\bar{Y}}_{ST}}$，各层样本量按比例分配，如果各层的单元总数 N_1，$N_2,\cdots,N_L$ 很大，各层抽样比忽略不计，则满足精度要求的最小样本量 n_0 为不小于 $\sum_{h=1}^{L}W_hS_h^2/V_{\hat{\bar{Y}}_{ST}}$ 的最小整数。如果各层抽样比不能忽略，则满足精度要求的最小样本量 n 为不小于 $n_0/[1+\sum_{h=1}^{L}W_hS_h^2/(NV_{\hat{\bar{Y}}_{ST}})]$ 的最小整数。

例 3.4 某地区拥有 5000 个民营企业，包括中型民营企业 1250 个，小型民营企业 3750 个。根据以往的调查资料，全地区民营企业每年资产增加值(单位:万元)的方差为 70，其中中型民营企业每年资产增加值的方差为 64，小型民营企业每年资产增加值的方差为 36。现在要调查本年度全地区民营企业资产增加总值，要求在置信概率 95%下绝对误差范围的限度为 $d_{\hat{Y}_{ST}}=2192$ 万元。若采用分层随机抽样，样本量按比例分配，试计算需要抽取的民营企业总数和各层分别抽取的民营企业数。

解:根据题意，某地区的民营企业作为总体，按照民营企业规模被分为两层，第 1 层为中型民营企业，第 2 层为小型民营企业。经过计算，可以得到表 3.10 的结果。

表 3.10 例 3.4 的计算数据

h	N_h	W_h	S_h^2	$W_hS_h^2$
1	1250	0.25	64	16.00
2	3750	0.75	36	27.00
合计	5000	1.00	—	43.00

标准正态分布上概率 0.025 相对应的分位数 $Z_{0.025}=1.96$。给定总体总值估计量在置信概率 95%下绝对误差范围的限度为 $d_{\hat{Y}_{ST}}=2192$ 万元，等价于给定总体均值估计量方差的限度 $V_{\hat{\bar{Y}}_{ST}}$ 为

$$V_{\hat{\bar{Y}}_{ST}}=\frac{d_{\hat{Y}_{ST}}^2}{N^2Z_{\alpha/2}^2}$$

$$=\frac{2192^2}{5000^2\times1.96^2}=0.05003\approx0.05$$

分层随机抽样的样本量按比例分配，由式(3.40)，

$$\frac{1}{V_{\hat{\bar{Y}}_{ST}}}\sum_{h=1}^{L}W_hS_h^2=\frac{16.00+27.00}{0.05}=860$$

即满足精度要求的最小样本量 $n_0=860$。由于抽样比为 $f=860/5000=17.2\%$，不可忽略不

计,将 $n_0=860$ 代入式(3.39),有

$$n=\frac{n_0}{1+\frac{1}{NV_{\hat{\bar{Y}}_{ST}}}\sum_{h=1}^{L}W_hS_h^2}=\frac{860}{1+\frac{43.00}{5000\times 005}}=733.79\approx 734$$

$$n_1=nW_1=734\times 0.25=183.5$$

$$n_2=nW_2=734\times 0.75=550.5$$

如果抽取中型民营企业的个数 $n_1=183$ 和小型民营企业的个数 $n_2=551$,相应估计量的方差为

$$V(\hat{\bar{Y}}_{ST}^{(1)})=\sum_{h=1}^{L}\frac{W_h^2S_h^2}{n_h}(1-f_h)$$

$$=\frac{0.25^2\times 64}{183}\times\left(1-\frac{183}{1250}\right)+\frac{0.75^2\times 36}{551}\times\left(1-\frac{551}{3750}\right)=0.050009$$

如果抽取中型民营企业的个数 $n_1=184$ 和小型民营企业的个数 $n_2=550$,相应估计量的方差为

$$V(\hat{\bar{Y}}_{ST}^{(2)})=\sum_{h=1}^{L}\frac{W_h^2S_h^2}{n_h}(1-f_h)$$

$$=\frac{0.25^2\times 64}{184}\times\left(1-\frac{184}{1250}\right)+\frac{0.752\times 36}{550}\times\left(1-\frac{550}{3750}\right)=0.049957$$

由于 $V(\hat{\bar{Y}}_{ST}^{(2)})<0.05<V(\hat{\bar{Y}}_{ST}^{(1)})$,舍弃样本量 $n_1=183$ 和 $n_2=551$ 的选择。采用分层随机抽样,需要抽取至少 734 个民营企业,其中中型民营企业 184 个和小型民营企业 $n_2=550$ 个。

2. 给定估计量 $\hat{\bar{Y}}_{ST}$ 的方差界限 $V_{\hat{\bar{Y}}_{ST}}$,并要求总调查费用最低。选择式(3.32)为总调查费用函数。根据推论 3.7,给定总样本量 n,为使总调查费用最低,则各层的最优样本量与总样本量之比为 $(W_hS_h/\sqrt{c_h})/(\sum_{k=1}^{L}W_kS_k/\sqrt{c_k})$。令

$$\lambda_h=\frac{W_hS_h/\sqrt{c_h}}{\sum_{k=1}^{L}W_kS_k/\sqrt{c_k}}$$

将其分别代入式(3.38),得到

$$n_0\geqslant\frac{1}{V_{\hat{\bar{Y}}_{ST}}}\left(\sum_{h=1}^{L}W_hS_h\sqrt{c_h}\right)\left(\sum_{h=1}^{L}\frac{W_hS_h}{\sqrt{c_h}}\right)\tag{3.41}$$

当给定估计量 $\hat{\bar{Y}}_{ST}$ 的方差界限 $V_{\hat{\bar{Y}}_{ST}}$,并要求总调查费用最低,如果各层的单元总数 N_1,N_2,…,N_L 很大,各层抽样比忽略不计,则满足精度要求的最小样本量 n_0 为不小于 $(\sum_{h=1}^{L}W_hS_h\sqrt{c_h})(\sum_{h=1}^{L}W_hS_h/\sqrt{c_k})/V_{\hat{\bar{Y}}_{ST}}$ 的最小整数。如果各层抽样比不能忽略不计,则满足精度要求的最小样本量 n 为不小于 $n_0/[1+\sum_{h=1}^{L}(W_hS_h^2)/(NV_{\hat{\bar{Y}}_{ST}})]$ 的最小整数。

当各层的单元调查费用相等,即 $c_1=c_2=\cdots=c_L$,将其代入式(3.41),得

$$n_0 \geqslant \frac{1}{V_{\hat{\bar{Y}}_{ST}}} \left(\sum_{h=1}^{L} W_h S_h \right)^2 \tag{3.42}$$

对于 $c_1 = c_2 = \cdots = c_L$，当给定估计量 $\hat{\bar{Y}}_{ST}$ 的方差界限 $V_{\hat{\bar{Y}}_{ST}}$，并要求总调查费用最低，如果各层的单元总数 $N_1, N_2, \cdots, N_L$ 很大，各层抽样比忽略不计，则满足精度要求的最小样本量 n_0 为不小于 $(\sum_{h=1}^{L} W_h S_h)^2 / V_{\hat{\bar{Y}}_{ST}}$ 的最小整数。如果各层抽样比不能忽略不计，则满足精度要求的最小样本量 n 为不小于 $n_0 / [1 + \sum_{h=1}^{L} W_h S_h^2 / (N V_{\hat{\bar{Y}}_{ST}})]$ 的最小整数。

例 3.4(续 1)　对于例 3.4 的本年度全地区民营企业资产增加值调查，每个中型民营企业的调查费用为 16 元，每个小型民营企业的调查费用为 4 元。为了使总调查费用最少，求所需要抽取的民营企业总数和各层的民营企业数。

解：根据题意，$c_1 = 16$，$c_2 = 4$。给定总体总值估计量在置信概率 95%下绝对误差范围的限度为 $d_{\hat{Y}_{ST}} = 2192$，等价于给定总体均值估计量的方差限度 $V_{\hat{\bar{Y}}_{ST}} = 0.05$。利用例 3.4 的数据，经过计算，可以得到表 3.11 的结果。

表 3.11　例 3.4(续 1)的计算数据

h	W_h	S_h^2	$W_h S_h^2$	S_h	$\sqrt{c_h}$	$W_h S_h \sqrt{c_h}$	$W_h S_h / \sqrt{c_h}$
1	0.25	64	16.00	8	4	8.00	0.50
2	0.75	36	27.00	6	2	9.00	2.25
合计	1.00	—	43.00	—	—	17.00	2.75

采用样本量最优分配的分层随机抽样，由式(3.41)，

$$\frac{1}{V_{\hat{\bar{Y}}_{ST}}} \left(\sum_{h=1}^{L} W_h S_h \sqrt{c_h} \right) \left(\sum_{h=1}^{L} \frac{W_h S_h}{\sqrt{c_h}} \right) = \frac{17.00 \times 2.75}{0.05} = 935$$

即满足精度要求的最小样本量 $n_0 = 935$。由于抽样比为 $f = 935/5000 = 18.7\%$，不可忽略不计。将 $n_0 = 935$ 代入式(3.39)，

$$n = \frac{n_0}{1 + \frac{1}{N V_{\hat{\bar{Y}}_{ST}}} \sum_{h=1}^{L} W_h S_h^2} = \frac{935}{1 + \frac{43.00}{5000 \times 0.05}} = 797.78 \approx 798$$

$$n_1 = \frac{n W_1 S_1 / \sqrt{c_1}}{\sum_{h=1}^{L} W_h S_h / \sqrt{c_h}} = \frac{798 \times 0.50}{2.75} = 145.09$$

$$n_2 = \frac{n W_2 S_2 / \sqrt{c_2}}{\sum_{h=1}^{L} W_h S_h / \sqrt{c_h}} = \frac{798 \times 2.25}{2.75} = 652.91$$

如果抽取中型民营企业的个数 $n_1 = 145$ 和小型民营企业的个数 $n_2 = 653$。相应的总调查费用和估计量的方差分别为

$$C^{(1)} = c_0 + \sum_{h=1}^{L} c_h n_h$$

$$=c_0+16\times 145+4\times 653=c_0+4932$$

$$V(\hat{\bar{Y}}_{ST}^{(1)})=\sum_{h=1}^{L}\frac{W_h^2S_h^2}{n_h}(1-f_h)$$

$$=\frac{0.25^2\times 64}{145}\times\left(1-\frac{145}{1250}\right)+\frac{0.75^2\times 36}{653}\times\left(1-\frac{653}{3750}\right)=0.049997$$

如果抽取中型民营企业的个数 $n_1=146$ 和小型民营企业的个数 $n_2=652$。相应的总调查费用和估计量的方差分别为

$$C^{(2)}=c_0+\sum_{h=1}^{L}c_hn_h$$

$$=c_0+16\times 146+4\times 652=c_0+4944$$

$$V(\hat{\bar{Y}}_{ST}^{(2)})=\sum_{h=1}^{L}\frac{W_h^2S_h^2}{n_h}(1-f_h)$$

$$=\frac{0.25^2\times 64}{146}\times\left(1-\frac{146}{1250}\right)+\frac{0.75^2\times 36}{652}\times\left(1-\frac{652}{3750}\right)=0.049856$$

由于 $V(\hat{\bar{Y}}_{ST}^{(2)})<V(\hat{\bar{Y}}_{ST}^{(1)})<0.05$，样本量选择的两种方法都满足要求，即估计量方差小于 0.05。也就是说，总体总值估计量在置信概率 95%下绝对误差范围不超过 $d_{\hat{Y}_{ST}}=2192$ 万元。由于 $C^{(1)}<C^{(2)}$，需要抽取 798 个民营企业，中型民营企业的个数为 145 和小型民营企业的个数为 653。

例 3.4(续 2) 对于例 3.4 的本年度全地区民营企业资产增加总值的调查，中型民营企业的调查费用和小型民营企业的调查费用相同。为了使总调查费用最少，求所需要抽取的民营企业总数和各层民营企业数。

解：根据题意，$c_1=c_2=c$。给定总体总值估计量在置信概率 95%下绝对误差范围的限度为 $d_{\hat{Y}_{ST}}=2192$，等价于给定总体均值估计量方差的限度 $V_{\hat{\bar{Y}}_{ST}}=0.05$。利用例 3.4 的数据，经过计算，可以得到表 3.12 的结果。

表 3.12 例 3.4(续 2)的计算数据

h	W_h	S_h^2	$W_hS_h^2$	S_h	W_hS_h
1	0.25	64	16.00	8	2.00
2	0.75	36	27.00	6	4.50
合计	1.00	—	43.00	—	6.50

由分层随机抽样的样本量最优分配公式(3.42)，有

$$\frac{1}{V_{\hat{\bar{Y}}_{ST}}}\left(\sum_{h=1}^{L}W_hS_h\right)^2=\frac{(2.00+4.50)^2}{0.05}=845$$

即满足精度要求的最小样本量 $n_0=845$。由于抽样比 845/5000=16.9%，不可以忽略不计。将 $n_0=845$ 代入式(3.39)，得

$$n=\frac{n_0}{1+\frac{1}{NV_{\hat{\bar{Y}}_{ST}}}\sum_{h=1}^{L}W_hS_h^2}=\frac{845}{1+\frac{43.00}{5000\times 0.05}}=720.99\approx 721$$

$$n_1=\frac{nW_1S_1}{\sum\limits_{h=1}^{L}W_hS_h}=\frac{721\times 2.00}{6.50}=221.85$$

$$n_2=\frac{nW_2S_2}{\sum\limits_{h=1}^{L}W_hS_h}=\frac{721\times 4.50}{6.50}=499.15$$

如果抽取中型民营企业的个数 $n_1=221$ 和小型民营企业的个数 $n_2=500$，总调查费用和估计量的方差分别为

$$C^{(1)}=c_0+\sum_{h=1}^{L}c_hn_h$$
$$=c_0+c\times 221+c\times 500=c_0+721c$$

$$V(\hat{\bar{Y}}_{ST}^{(1)})=\sum_{h=1}^{L}\frac{W_h^2S_h^2}{n_h}(1-f_h)$$
$$=\frac{0.25^2\times 64}{221}\times\left(1-\frac{221}{1250}\right)+\frac{0.75^2\times 36}{500}\times\left(1-\frac{500}{3750}\right)=0.0499996$$

如果抽取中型民营企业的个数 $n_1=222$ 和小型民营企业的个数 $n_2=499$，相应的总调查费用和估计量的方差分别为

$$C^{(2)}=c_0+\sum_{h=1}^{L}c_hn_h$$
$$=c_0+c\times 222+c\times 499=c_0+721c$$

$$V(\hat{\bar{Y}}_{ST}^{(2)})=\sum_{h=1}^{L}\frac{W_h^2S_h^2}{n_h}(1-f_h)$$
$$=\frac{0.25^2\times 64}{222}\times\left(1-\frac{222}{1250}\right)+\frac{0.75^2\times 36}{499}\times\left(1-\frac{499}{3750}\right)=0.0499992$$

由于 $C^{(1)}=C^{(2)}$，$V(\hat{\bar{Y}}_{ST}^{(2)})<V(\hat{\bar{Y}}_{ST}^{(1)})<0.05$，样本量的两种选择都满足精度要求，即估计量方差都小于 0.05，也就是总体总值估计量在置信概率 95%下绝对误差范围不超过 $d_{\hat{Y}_{ST}}=$ 2192 万元。相比较，后者的方差更小，是更好的选择。因此，采用分层随机抽样，需要抽取 721 个民营企业，中型民营企业的个数为 $n_1=222$ 和小型民营企业的个数 $n_2=499$。

当不考虑各层单元的调查费用，或者说，各层单元的调查费用相等，对于例 3.4 的分层随机抽样，若样本量按比例分配，满足精度要求的最小样本量为 734；若样本量最优分配，满足精度要求的最小样本量为 721，后者更小。当各层单元的调查费用不等，若样本量最优分配，满足精度要求的最小样本量为 798，样本量更大。这反映了各层单元的调查费用结构对总样本量的影响。

3. 给定总调查费用的限度 $C_{\hat{Y}_{ST}}$。选择式(3.32)为总调查费用函数。总调查费用 $C\leqslant C_{\hat{Y}_{ST}}$。若事前已确定总样本量分配到各层的比例分别为 $\lambda_1,\lambda_2,\cdots,\lambda_L$，则各层样本量分别为 $n_1=n\lambda_1,n_2=n\lambda_2,\cdots,n_L=n\lambda_L$。总调查费用为

$$C=c_0+\sum_{h=1}^{L}c_hn_h=c_0+n\sum_{h=1}^{L}c_h\lambda_h$$

将其代入 $C \leqslant C_{\hat{\bar{Y}}}$ 中,得

$$c_0 + n\sum_{h=1}^{L} c_h\lambda_h \leqslant C_{\hat{\bar{Y}}_{ST}}$$

$$n \leqslant \frac{C_{\hat{\bar{Y}}_{ST}} - c_0}{\sum_{h=1}^{L} c_h\lambda_h} \tag{3.43}$$

当总调查费用 C 的限度为 $C_{\hat{\bar{Y}}_{ST}}$,如果 $\lambda_1,\lambda_2,\cdots,\lambda_L$ 分别为各层样本量与总样本量的比例,则总样本量 n 为不大于 $(C_{\hat{\bar{Y}}_{ST}} - c_0)/\sum_{h=1}^{L} c_h\lambda_h$ 的最大整数。

如果分层随机抽样的样本量按比例分配,令 $\lambda_1 = W_1,\lambda_2 = W_2,\cdots,\lambda_L = W_L$,代入式(3.43),则

$$n \leqslant \frac{C_{\hat{\bar{Y}}_{ST}} - c_0}{\sum_{h=1}^{L} c_h W_h} \tag{3.44}$$

当总调查费用 C 的限度为 $C_{\hat{\bar{Y}}_{ST}}$,如果各层的样本量按比例分配,则总样本量 n 为不大于 $(C_{\hat{\bar{Y}}_{ST}} - c_0)/\sum_{h=1}^{L} c_h W_h$ 的最大整数。

如果给定总调查费用的限度 $C_{\hat{\bar{Y}}_{ST}}$,使估计量 $\hat{\bar{Y}}_{ST}$ 的方差 $V(\hat{\bar{Y}}_{ST})$ 最小。依据推论 3.7,各层的最优样本量与总样本量之比为 $\lambda_h = (W_h S_h/\sqrt{c_h})/(\sum_{k=1}^{L} W_k S_k/\sqrt{c_k})$。代入式(3.43),得到

$$n \leqslant \frac{(C_{\hat{\bar{Y}}_{ST}} - c_0)\sum_{h=1}^{L} W_h S_h/\sqrt{c_h}}{\sum_{h=1}^{L} W_h S_h\sqrt{c_h}} \tag{3.45}$$

给定总调查费用的限度 $C_{\hat{\bar{Y}}_{ST}}$,要求估计量方差 $V(\hat{\bar{Y}}_{ST})$ 最小,则总样本量 n 为不大于 $[(C_{\hat{\bar{Y}}_{ST}} - c_0)\sum_{h=1}^{L} W_h S_h/\sqrt{c_h}]/(\sum_{h=1}^{L} W_h S_h\sqrt{c_h})$ 的最大整数。

例 3.5 某大学二年级学生共计 9828 人,其中本市学生 4612 人,外地学生 5216 人。根据以往的调查资料,每个本市学生每月生活费支出(单位:元)的标准差为 120,每个外地学生每月生活费支出的标准差为 150。现要调查该大学的每个二年级学生平均每月生活费支出,总调查费用不超过 1000 元。每个本市学生的调查费用为 8 元,每个外地学生的调查费用为 10 元,调查管理费用为 150 元。若采用分层随机抽样,且样本量按比例分配,试计算需要抽取的学生总数。为了使估计量的方差最小,试重新计算需要抽取的学生总数。

解:根据题意,该大学的二年级学生作为总体。按照生源地,所有二年级学生被分为两层,第 1 层为本地学生,第 2 层为外地学生。$C_{\hat{\bar{Y}}_{ST}} = 1000$, $c_0 = 150$。经过计算,可以得到表 3.13 的结果。

表 3.13　例 3.4 的计算数据

h	N_h	W_h	c_h	$W_h c_h$	$\sqrt{c_h}$	S_h	$W_h S_h \sqrt{c_h}$	$W_h S_h / \sqrt{c_h}$
1	4612	0.4692	8	3.7536	2.83	120	159.34	19.90
2	5216	0.5308	10	5.3080	3.16	150	251.60	25.20
合计	9828	1.0000	—	9.0616	—	—	410.94	45.10

由分层随机抽样的总样本量按比例分配式(3.44),有

$$n = \frac{C_{\hat{\bar{Y}}_{ST}} - c_0}{\sum_{h=1}^{L} c_h W_h} = \frac{1000 - 150}{3.7536 + 5.3080} = 93.80$$

$$n_1 = nW_1 = 93 \times 0.4692 = 43.64$$

$$n_2 = nW_2 = 93 \times 0.5308 = 49.36$$

如果抽取本地学生人数 $n_1 = 43$ 和外地学生人数 $n_2 = 50$,相应的总调查费用和估计量方差为

$$C^{(1)} = c_0 + \sum_{h=1}^{L} c_h n_h = 150 + 8 \times 43 + 10 \times 50 = 994$$

$$V(\hat{\bar{Y}}_{ST}^{(1)}) = \sum_{h=1}^{L} \frac{W_h^2 S_h^2}{n_h}(1 - f_h)$$

$$= \frac{0.4692^2 \times 120^2}{43} \times \left(1 - \frac{43}{4612}\right) + \frac{0.5308^2 \times 150^2}{50} \times \left(1 - \frac{50}{5216}\right) = 198.61$$

如果抽取本地学生人数 $n_1 = 44$ 和外地学生人数 $n_2 = 49$,相应的总调查费用和估计量方差为

$$C^{(2)} = c_0 + \sum_{h=1}^{L} c_h n_h = 150 + 8 \times 44 + 10 \times 49 = 992$$

$$V(\hat{\bar{Y}}_{ST}^{(2)}) = \sum_{h=1}^{L} \frac{W_h^2 S_h^2}{n_h}(1 - f_h)$$

$$= \frac{0.4692^2 \times 120^2}{44} \times \left(1 - \frac{44}{4612}\right) + \frac{0.5308^2 \times 150^2}{49} \times \left(1 - \frac{49}{5216}\right) = 199.52$$

由于 $C^{(2)} < C^{(1)} < 1000$, $V(\hat{\bar{Y}}_{ST}^{(1)}) < V(\hat{\bar{Y}}_{ST}^{(2)})$,故选择 $n_1 = 43$ 和 $n_2 = 50$。从而,采用分层随机抽样,并且样本量按比例分配,需要抽取的学生人数为 93,其中本地学生人数为 43,外地学生人数为 50。

如果分层随机抽样的样本量最优分配,由式(3.45),有

$$n = \frac{(C_{\hat{\bar{Y}}_{ST}} - c_0) \sum_{h=1}^{L} W_h S_h / \sqrt{c_h}}{\sum_{h=1}^{L} W_h S_h \sqrt{c_h}} = \frac{(1000 - 150) \times 45.10}{410.94} = 93.30$$

$$n_1 = \frac{nW_1 S_1 / \sqrt{c_1}}{\sum_{k=1}^{L} W_k S_k / \sqrt{c_k}} = \frac{93 \times 19.90}{45.10} = 41.04$$

$$n_2 = \frac{nW_2 S_2 / \sqrt{c_2}}{\sum_{k=1}^{L} W_k S_k / \sqrt{c_k}} = \frac{93 \times 25.20}{45.10} = 51.96$$

如果抽取本地学生人数 $n_1=41$ 和外地学生人数 $n_2=52$，相应的总调查费用和估计量方差为

$$C^{(1)}=c_0+\sum_{h=1}^{L}c_hn_h=150+8\times41+10\times52=998$$

$$V(\hat{\bar{Y}}_{ST}^{(1)})=\sum_{h=1}^{L}\frac{W_h^2S_h^2}{n_h}(1-f_h)$$
$$=\frac{0.4692^2\times120^2}{41}\times\left(1-\frac{41}{4612}\right)+\frac{0.5308^2\times150^2}{52}\times\left(1-\frac{52}{5216}\right)=197.33$$

如果抽取本地学生人数 $n_1=42$ 和外地学生人数 $n_2=51$，相应的总调查费用和估计量方差为

$$C^{(2)}=c_0+\sum_{h=1}^{L}c_hn_h$$
$$=150+8\times42+10\times51=996$$

$$V(\hat{\bar{Y}}_{ST}^{(2)})=\sum_{h=1}^{L}\frac{W_h^2S_h^2}{n_h}(1-f_h)$$
$$=\frac{0.4692^2\times120^2}{42}\times\left(1-\frac{42}{4612}\right)+\frac{0.5308^2\times150^2}{51}\times\left(1-\frac{51}{5216}\right)=197.88$$

由于 $C^{(2)}<C^{(1)}<1000$，$V(\hat{\bar{Y}}_{ST}^{(1)})<V(\hat{\bar{Y}}_{ST}^{(2)})$，故选择 $n_1=41$ 和 $n_2=52$。从而，采用分层随机抽样，且样本量最优分配，需要抽取的学生人数为 93，其中本地学生人数为 41，外地学生人数为 52。

注：如果抽取本地学生人数 $n_1=40$ 和外地学生人数 $n_2=53$，相应的总调查费用和估计量方差为

$$C^{(3)}=c_0+\sum_{h=1}^{L}c_hn_h$$
$$=150+8\times40+10\times53=1000$$

$$V(\hat{\bar{Y}}_{ST}^{(3)})=\sum_{h=1}^{L}\frac{W_h^2S_h^2}{n_h}(1-f_h)$$
$$=\frac{0.4692^2\times120^2}{40}\times\left(1-\frac{40}{4612}\right)+\frac{0.5308^2\times150^2}{53}\times\left(1-\frac{53}{5216}\right)=196.96$$

由于 $C^{(1)}<C^{(3)}\leqslant1000$，$V(\hat{\bar{Y}}_{ST}^{(3)})<V(\hat{\bar{Y}}_{ST}^{(1)})$，故当 $n_1=40$ 和 $n_2=53$，估计量方差更小，优于当 $n_1=41$ 和 $n_2=52$ 的情况。采用式(3.45)，并没有得到这个结果，请思考为什么？

三、为估计总体比例而进行分层随机抽样的样本量确定

把 N 个总体单元分为两类，分别为 C 类和 C' 类，相应的单元数分别记为 A 和 A' 。总体比例 $P=A/N$ ，代表 C 类单元总数与总体单元总数之比。对于 $h=1,\cdots,L$ 和 $i=1,\cdots,N_h$ ，设定总体单元 y_{hi} 的标志值为

$$y_{hi}=\begin{cases}1, y_{hi}\in C\\0, y_{hi}\notin C\end{cases}$$

表 3.4 给出了第 h 层 C 类单元数 A_h 等于第 h 层总值 Y_h ，第 h 层比例 P_h 等于第 h 层均值 $\bar{Y}_h$ ，C 类单元数 A 等于总体总值 Y ，总体比例 P 等于总体均值 $\bar{Y}$ 。第 h 层方差 S_h^2 为

$$S_h^2=\frac{N_hP_h-N_hP_h^2}{N_h-1}=\frac{N_hP_h(1-P_h)}{N_h-1}$$

于是，为估计总体均值而进行分层随机抽样的样本量确定方法可以用于解决为估计总体比例而进行分层随机抽样的样本量确定问题。如果给出 C 类单元总数估计量的方差限度，则先确定总体比例估计量的方差限度，再确定样本量。

例 3.6 食品行业协会采用分层随机抽样调查食品行业中的盈利食品公司所占比例。食品行业现有 19720 家食品企业，其中 14390 家新企业和 5330 家老企业。每个新企业的调查费用为 40 元，每个老企业的调查费用为 60 元，调查管理费用为 3500 元。以往的资料显示，新食品企业的盈利比例约为 75%，老食品企业的盈利比例约为 55%。当总调查费用不超过 20000 元，若使估计量的方差最小，问需要抽取多少家企业？当总体比例估计量方差的限度为 0.05%，若选择样本量按比例分配，问需要抽取多少家企业？

解：根据题意，总体为食品行业的所有企业，被分为两层，第 1 层为新食品企业，第 2 层为老食品企业。总调查费用的限度 $C_{\hat{P}}=20000$，$c_0=3500$。每层的单元数很大，估计量标准差近似为 $S_h=\sqrt{P_h(1-P_h)}$。经过计算，可以得到表 3.14 的结果。

表 3.14 例 3.6 的计算数据

h	N_h	W_h	c_h	$\sqrt{c_h}$	P_h	S_h	$W_hS_h\sqrt{c_h}$	$W_hS_h/\sqrt{c_h}$
1	14390	0.7297	40	6.32	0.75	0.4330	1.9969	0.0500
2	5330	0.2703	60	7.75	0.55	0.4975	1.0422	0.0174
合计	19720	1.0000	—	—	—	—	3.0391	0.0674

由分层随机抽样的样本量最优分配式(3.45)，有

$$n=\frac{(C_{\hat{P}}-c_0)\sum_{h=1}^{L}W_hS_h/\sqrt{c_h}}{\sum_{h=1}^{L}W_hS_h\sqrt{c_h}}=\frac{(20000-3500)\times 0.0674}{3.0391}=365.93$$

$$n_1=\frac{nW_1S_1/\sqrt{c_1}}{\sum_{h=1}^{L}W_hS_h/\sqrt{c_h}}=\frac{365\times 0.0500}{0.0674}=270.77$$

$$n_2=\frac{nW_2S_2/\sqrt{c_2}}{\sum_{h=1}^{L}W_hS_h/\sqrt{c_h}}=\frac{365\times 0.0174}{0.0674}=94.23$$

如果抽取新食品企业数 $n_1=271$ 和老食品企业数 $n_2=94$，相应的总调查费用和估计量方差为

$$C^{(1)}=c_0+\sum_{h=1}^{L}c_hn_h=3500+40\times 271+60\times 94=19980$$

$$\begin{aligned}V(\hat{P}_1)&=\sum_{h=1}^{L}\frac{W_h^2S_h^2}{n_h}(1-f_h)\\&=\frac{0.7297^2\times 0.1875^2}{271}\times\left(1-\frac{271}{14390}\right)+\frac{0.2703^2\times 0.2475^2}{94}\times\left(1-\frac{94}{5330}\right)\end{aligned}$$

$=0.0005504$

如果抽取新食品企业数 $n_1=270$ 和老食品企业数 $n_2=95$，相应的总调查费用和估计量方差为

$$C^{(2)}=c_0+\sum_{h=1}^{L}c_hn_h=3500+40\times270+60\times95=20000$$

$$V(\hat{P}_2)=\sum_{h=1}^{L}\frac{W_h^2S_h^2}{n_h}(1-f_h)$$

$$=\frac{0.7297^2\times0.1875^2}{270}\times\left(1-\frac{270}{14390}\right)+\frac{0.2703^2\times0.2475^2}{95}\times\left(1-\frac{95}{5330}\right)$$

$$=0.0005498$$

由于 $C^{(1)}<C^{(2)}\leqslant20000$，$V(\hat{P}_2)<V(\hat{P}_1)$，故选择 $n_1=270$ 和 $n_2=95$。采用分层随机抽样，当总调查费用不超过 20000 元，若使估计量的方差最小，需要抽取的企业总数为 365，其中新企业总数为 270，老企业总数为 95。

给定总体比例估计量方差的限度为 0.05%，计算表 3.15 的数据。

表 3.15　例 3.6 的计算数据(续)

h	N_h	W_h	P_h	S_h^2	$W_hS_h^2$
1	14390	0.7297	0.75	0.1875	0.1368
2	5330	0.2703	0.55	0.2475	0.0669
合计	19720	1.0000	—	—	0.2037

若分层随机抽样的样本量按比例分配，由式(3.40)，有

$$\frac{1}{V_{\hat{P}}}\sum_{h=1}^{L}W_hS_h^2=\frac{0.2037}{0.0005}=407.4$$

即满足精度要求的最小样本量 $n_0=408$。由于抽样比为 $f=408/19720=2.1\%$，可以忽略不计，即 $n=408$。

$$n_1=nW_1=408\times0.7297=297.72$$

$$n_2=nW_2=408\times0.2703=110.28$$

如果抽取新食品企业数 $n_1=297$ 和老食品企业数 $n_2=111$，相应的总调查费用和估计量方差分别为

$$C^{(1)}=c_0+\sum_{h=1}^{L}c_hn_h=3500+40\times297+60\times111=22040$$

$$V(\hat{P}_1)=\sum_{h=1}^{L}\frac{W_h^2S_h^2}{n_h}(1-f_h)$$

$$=\frac{0.7297^2\times0.1875}{297}\times\left(1-\frac{297}{14390}\right)+\frac{0.2703^2\times0.2475}{111}\times\left(1-\frac{111}{5330}\right)$$

$$=0.0004887$$

如果抽取新食品企业数 $n_1=298$ 和老食品企业数 $n_2=110$，相应的总调查费用和估计量方差分别为

$$C^{(2)}=c_0+\sum_{h=1}^{L}c_h n_h=3500+40\times 298+60\times 110=22020$$

$$\begin{aligned}V(\hat{P}_2)&=\sum_{h=1}^{L}\frac{W_h^2S_h^2}{n_h}(1-f_h)\\&=\frac{0.7297^2\times 0.1875}{298}\times\left(1-\frac{298}{14390}\right)+\frac{0.2703^2\times 0.2475}{110}\times\left(1-\frac{110}{5330}\right)\\&=0.0004891\end{aligned}$$

从而，$V(\hat{P}_1)<V(\hat{P}_2)<0.05$，$C^{(2)}<C^{(1)}$，样本量的两种选择都满足精度要求，后者的总调查费用低，相对更优。采用样本量按比例分配的分层随机抽样，需要抽取 408 个食品企业，其中新企业的个数为 298，老企业的个数 110。

四、总体指标的事前估计

在分层随机抽样的最优样本量计算公式中，出现了各层方差 S_h^2、各层标准差 S_h，或各层比例 P_h。这些总体指标在抽样调查之前往往未知，不知道这些总体指标的数值，不能计算所需要的样本量。计算样本量需要给出这些总体指标的事前估计。为了使事前估计尽可能准确，应利用更多有参考价值的数据和结论。

在实际工作中，对于每年度都进行的抽样调查，采用以前的调查结果对总体指标进行事前估计，或者结合当前抽样调查内容变化进行相应调整。对于大型社会调查或者对调查方案的适用性存在疑问时，往往组织试点调查。若试点调查采用分层随机抽样，可以直接采用试点调查的结果对总体指标进行事前估计。试点调查没有采用分层随机抽样，而是选择方便抽样，抽取一组单元，以尽快得出结果。此时，样本量的计算要充分考虑到总体指标的事前估计可能出现的系统偏差。有时，所研究领域的专业人士对估计量方差的判断也具有参考价值，也能够给出较准确的估计量方差或者方差大小的数量级。当没有任何关于各层比例的历史数据时，为估计总体比例而进行的分层随机抽样可以保守估计各层方差 S_h^2 为 0.25，因为 $S_h^2\approx P_h(1-P_h)\leqslant 0.25$。

总体指标的事前估计很重要。如果总体指标的事前估计不准确，存在一定的偏差，也可以在后续的抽样调查过程中进行修正。在获取分层随机抽样的样本之后，验证基于总体指标的事前估计得出的样本量是否满足事前总调查费用或估计量精度的要求。利用所得到的估计值代替总体指标真值，在同样的总调查费用或估计量精度要求下，重新计算所需要的样本量。当已抽取样本的样本量小于新计算的样本量时，需要追加相差数量的样本单元，使得最终的样本量满足总调查费用和估计量精度的要求。

第四节　分层随机抽样的效果分析

在实际的抽样调查中，采用分层随机抽样往往可以得到较高精确度的估计。如果总体单元的标志值差异大，分层随机抽样将总体划分为若干个层，层内单元标志值的差异相对小，层间单元标志值的差异相对大。这样，利用每层的样本，每层估计量具有相对高的精度。将每层的估计量加总，总体估计量的精度相对高。对此，有下面定理。

定理 3.8　若分层随机抽样的各层样本量 N_h 很大，$1/N_h$ 相对于 1 很小，抽样比可以忽

略不计,当总样本量相同时,有

$$V_{OP} \leqslant V_{PR} \leqslant V_{SI} \tag{3.46}$$

其中 V_{OP} 为采用样本量最优分配分层随机抽样的总体均值估计量方差,V_{PR} 为采用样本量按比例分配分层随机抽样的总体均值估计量方差,V_{SI} 为采用简单随机抽样的总体均值估计量方差。

证明:记总样本量为 n ,总体方差为 S^2。对于第 $h=1,\cdots,L$ 层,单元总数、样本量、权数和方差分别记为 n_h, N_h, W_h, S_h^2 。分别采用简单随机抽样、样本量按比例分配的分层随机抽样、样本量最优分配的分层随机抽样,总体均值估计量的方差分别为

$$V_{SI}=\frac{S^2}{n}(1-f)=\frac{S^2}{n}-\frac{S^2}{N}$$

$$V_{PR}=\frac{\sum_{h=1}^{L} W_h S_h^2}{n}(1-f)=\frac{\sum_{h=1}^{L} W_h S_h^2}{n}-\frac{\sum_{h=1}^{L} W_h S_h^2}{N}$$

$$V_{OP}=\sum_{h=1}^{L} \frac{W_h^2 S_h^2}{n_h}(1-f_h)=\sum_{h=1}^{L} \frac{W_h^2 S_h^2}{n_h}-\sum_{h=1}^{L} \frac{W_h^2 S_h^2}{N_h}=\frac{\left(\sum_{h=1}^{L} W_h S_h\right)^2}{n}-\frac{\sum_{h=1}^{L} W_h S_h^2}{N}$$

对总体方差进行分解,有

$$\begin{aligned}(N-1)S^2&=\sum_{h=1}^{L}\sum_{i=1}^{N_h}(y_{hi}-\bar{Y})^2=\sum_{h=1}^{L}\sum_{i=1}^{N_h}(y_{hi}-\bar{Y}_h+\bar{Y}_h-\bar{Y})^2\\&=\sum_{h=1}^{L}\sum_{i=1}^{N_h}(y_{hi}-\bar{Y}_h)^2+\sum_{h=1}^{L}\sum_{i=1}^{N_h}(\bar{Y}_h-\bar{Y})^2=\sum_{h=1}^{L}(N_h-1)S_h^2+\sum_{h=1}^{L}N_h(\bar{Y}_h-\bar{Y})^2\end{aligned}$$

若 $1/N_h$ 可以忽略不计,则 $1/N$ 也可以忽略不计。此时,

$$\begin{aligned}S^2&=S^2\left(\frac{N-1}{N}\right)=\sum_{h=1}^{L}S_h^2\left(\frac{N_h-1}{N}\right)+\sum_{h=1}^{L}\left(\frac{N_h}{N}\right)(\bar{Y}_h-\bar{Y})^2\\&=\sum_{h=1}^{L}W_hS_h^2+\sum_{h=1}^{L}W_h(\bar{Y}_h-\bar{Y})^2\end{aligned}$$

代入简单随机抽样的总体均值估计量的方差公式,有

$$\begin{aligned}V_{SI}&=\frac{\sum_{h=1}^{L} W_h S_h^2}{n}(1-f)+\frac{\sum_{h=1}^{L} W_h(\bar{Y}_h-\bar{Y})^2}{n}(1-f)\\&=V_{PR}+\frac{\sum_{h=1}^{L} W_h(\bar{Y}_h-\bar{Y})^2}{n}(1-f)\end{aligned}$$

从而,$V_{SI}\geqslant V_{PR}$ 。

$$\begin{aligned}V_{PR}-V_{OP}&=\frac{1}{n}\left[\sum_{h=1}^{L}W_hS_h^2-\left(\sum_{h=1}^{L}W_hS_h\right)^2\right]\\&=\frac{1}{n}\left\{\sum_{h=1}^{L}W_hS_h^2-2\sum_{h=1}^{L}W_h\left[S_h\left(\sum_{k=1}^{L}W_kS_k\right)\right]+\sum_{h=1}^{L}W_h\left(\sum_{k=1}^{L}W_kS_k\right)^2\right\}\\&=\frac{1}{n}\sum_{h=1}^{L}W_h\left(S_h-\sum_{k=1}^{L}W_kS_k\right)^2\end{aligned}$$

于是,$V_{PR}\geqslant V_{OP}$ 。又 $V_{SI}\geqslant V_{PR}$,有 $V_{OP}\leqslant V_{PR}\leqslant V_{SI}$ 。定理 3.8 成立。

定理 3.8 考虑的是总体均值估计量。对于总体总值估计量,总体比例估计量和 C 类单元总数估计量,定理 3.8 的结论也成立。

根据定理 3.8 的证明过程，有 $V_{SI}-V_{PR}=(1-n/N)\sum_{h=1}^{L}W_h(\bar{Y}_h-\bar{Y})^2/n$ 。如果各层的均值相等，都等于总体均值，也就是 $\bar{Y}_1=\cdots=\bar{Y}_L=\bar{Y}$ ，则 $V_{SI}=V_{PR}$ ，采用简单随机抽样的总体均值估计量方差等于采用样本量按比例分配分层随机抽样的总体均值估计量方差。实际上，对总体进行分层，各层均值往往并不相等，样本量按比例分配的分层随机抽样会优于简单随机抽样，即 $V_{SI}>V_{PR}$ 。随着各层均值与总体均值的差异增大，样本量按比例分配的分层随机抽样的优势更明显。在理论上也存在反例，可以构造样本量按比例分配的分层随机抽样，使估计量方差大于简单随机抽样的简单估计量方差。

由定理 3.8 的证明过程，$V_{PR}-V_{OP}=\sum_{h=1}^{L}W_h\left(S_h-\sum_{k=1}^{L}W_kS_k\right)^2/n$ 。如果各层的标准差（方差）都相等，即 $S_1=\cdots=S_L=\sum_{h=1}^{L}W_hS_h$ ，则 $V_{OP}=V_{PR}$ ，采用样本量最优分配的分层随机抽样的总体均值估计量方差等于采用样本量按比例分配的分层随机抽样的总体均值估计量方差。实际上，对总体进行分层，各层标准差往往不相等，样本量最优分配的分层随机抽样优于样本量按比例分配的分层随机抽样，即 $V_{OP}<V_{PR}$ 。随着各层标准差的差异增大，样本量最优分配的分层随机抽样的优势更明显。

第五节 抽样后分层的估计量

假设总体包含 N 个基本单元，被划分为 L 个层，单元数分别为 $N_1,\cdots,N_L$ ，权数分别为 $W_1,\cdots,W_L$ 。在抽取样本之前，只编制了总体的抽样框。由于某种原因，并未编制各层的抽样框，不能实施分层随机抽样，而是采用简单随机抽样。样本量为 n ，将抽取的 n 个样本单元划分到 L 个层中，各层的样本单元数分别为 $n_1,\cdots,n_L$ ，$w_h=n_h/n$，各层的样本均值分别为 $\bar{y}_1,\cdots,\bar{y}_L$ ，标志值记为 y_{hi} ，$h=1,\cdots,L$ ，$i=1,\cdots,n_h$ 。利用所抽取的样本，估计总体均值，可能选择的估计量有三种，分别为

$$\hat{\bar{Y}}^{(1)}=\bar{y}=\frac{1}{n}\sum_{h=1}^{L}\sum_{i=1}^{n_h}y_{hi}$$

$$\hat{\bar{Y}}^{(2)}=\sum_{h=1}^{L}w_h\bar{y}_h$$

$$\hat{\bar{Y}}^{(3)}=\sum_{h=1}^{L}W_h\bar{y}_h$$

估计量 $\hat{\bar{Y}}^{(1)}$ 为样本均值，是所有样本单元的标志值之和除以样本单元个数。由于采用简单随机抽样，$\hat{\bar{Y}}^{(1)}$ 为简单随机抽样的简单估计量。该估计量没有利用总体的层权数 $W_1,\cdots,W_L$ 和各层的样本均值 $\bar{y}_1,\cdots,\bar{y}_L$ 。

估计量 $\hat{\bar{Y}}^{(2)}$ 是各层样本均值的加权平均。$\hat{\bar{Y}}^{(2)}$ 利用各层的样本均值 $\bar{y}_1,\cdots,\bar{y}_L$ ，但是没有利用总体的层权数 $W_1,\cdots,W_L$ 。可以验证

$$\hat{\bar{Y}}^{(2)}=\sum_{h=1}^{L}w_h\bar{y}_h=\sum_{h=1}^{L}\frac{n_h}{n}\left(\frac{1}{n_h}\sum_{i=1}^{n_h}y_{hi}\right)=\frac{1}{n}\sum_{h=1}^{L}\sum_{i=1}^{n_h}y_{hi}=\hat{\bar{Y}}^{(1)}$$

估计量 $\hat{\bar{Y}}^{(2)}$ 和估计量 $\hat{\bar{Y}}^{(1)}$ 相同，都为简单随机抽样的简单估计量。

估计量 $\hat{\bar{Y}}^{(3)}$ 是各层样本均值的加权平均。$\hat{\bar{Y}}^{(3)}$ 利用各层的样本均值 $\bar{y}_1,\cdots,\bar{y}_L$，也利用总体的层权数 $W_1,\cdots,W_L$。估计量 $\hat{\bar{Y}}^{(3)}$ 的函数形式与分层随机抽样的总体均值估计量的函数形式相同，但估计量 $\hat{\bar{Y}}^{(3)}$ 的样本为简单随机样本。本节将估计量 $\hat{\bar{Y}}^{(3)}$ 称为抽样后分层估计量。

抽样后分层(Poststratified Sampling)是指抽取样本之前，已知总体某种分层的各层单元数 N_h 或者各层权数 W_h，但并未采用此种分层随机抽样，而是采用简单随机抽样或其他抽样方法抽取样本，抽取完样本之后，再按照该种分层方法对样本单元进行分层。利用抽样后分层的样本和已知的层权数，构造分层随机抽样的简单估计量，被称为抽样后分层估计量。总体均值的抽样后分层估计量为

$$\hat{\bar{Y}}_{PST}=\sum_{h=1}^{L}W_h\bar{y}_h \tag{3.47}$$

定理 3.9 若总样本量 n 很大，使得各层的样本量 $n_1,\cdots,n_L$ 都大于 0，则总体均值的抽样后分层估计量的方差为

$$E[V(\hat{\bar{Y}}_{PST})]\approx\frac{\sum_{h=1}^{L}W_hS_h^2}{n}(1-f)+\frac{\sum_{h=1}^{L}(1-W_h)S_h^2}{n^2} \tag{3.48}$$

证明：对于抽样后分层的样本，各层的样本量是随机的。当各层样本量分别为 $n_1,\cdots,n_L$ 都大于 0，估计量 $\hat{\bar{Y}}_{PST}$ 的方差为

$$V(\hat{\bar{Y}}_{PST})=\sum_{h=1}^{L}\frac{W_h^2S_h^2}{n_h}(1-f_h)=\sum_{h=1}^{L}\frac{W_h^2S_h^2}{n_h}-\frac{\sum_{h=1}^{L}W_hS_h^2}{N}$$

对 $n_1,\cdots,n_L$ 的各种可能取值求平均，

$$E[V(\hat{\bar{Y}}_{PST})]=\sum_{h=1}^{L}W_h^2S_h^2E\left(\frac{1}{n_h}\right)-\frac{\sum_{h=1}^{L}W_hS_h^2}{N}$$

其中 n_h 服从超几何分布，当所有的 n_h 大于 0，有

$$E\left(\frac{1}{n_h}\right)=\frac{1}{nW_h}+\frac{1-W_h}{n^2W_h^2}+o\left(\frac{1}{n^4}\right)$$

其中 $o(1/n^4)$ 表示等号两边的差值与 $1/n^4$ 相比，随着 n 增大，趋近于 0 的速度更快。于是，

$$\begin{aligned}E[V(\hat{\bar{Y}}_{PST})]&\approx\sum_{h=1}^{L}W_h^2S_h^2\left(\frac{1}{nW_h}+\frac{1-W_h}{n^2W_h^2}\right)-\frac{\sum_{h=1}^{L}W_hS_h^2}{N}\\&=\sum_{h=1}^{L}\frac{W_hS_h^2}{n}+\sum_{h=1}^{L}\frac{(1-W_h)S_h^2}{n^2}-\frac{\sum_{h=1}^{L}W_hS_h^2}{N}\\&=\frac{\sum_{h=1}^{L}W_hS_h^2}{n}(1-f)+\frac{\sum_{h=1}^{L}(1-W_h)S_h^2}{n^2}\end{aligned}$$

定理 3.9 成立。

推论 3.9 若总样本量 n 很大，使得各层的样本量 $n_1,\cdots,n_L$ 都大于 0，则总体均值的抽样后分层估计量的方差估计为

$$ev(\hat{\bar{Y}}_{PST})=\frac{\sum_{h=1}^{L}W_h s_h^2}{n}(1-f)+\frac{\sum_{h=1}^{L}(1-W_h)s_h^2}{n^2} \tag{3.49}$$

其中 s_h^2 为抽样后分层的第 h 层样本方差。

若采用样本量按比例分配的分层随机抽样，总样本量为 n，总体均值估计量的方差为

$$V(\hat{\bar{Y}}_{ST})=\frac{\sum_{h=1}^{L}W_h S_h^2}{n}(1-f)$$

于是，

$$E[V(\hat{\bar{Y}}_{PST})]=V(\hat{\bar{Y}}_{ST})+\frac{\sum_{h=1}^{L}(1-W_h)S_h^2}{n^2}$$

上式显示，对于总体均值的抽样后分层估计量方差，第一项为样本量按比例分配的分层随机抽样的总体均值估计量方差，第二项为样本量未按比例分配所引起的分层随机抽样的总体均值估计量方差增量。后者随着样本量 n 的增大而减小。

假设 $W_1,\cdots,W_L$ 是各层权数的真值，若层权数 $W_1,\cdots,W_L$ 是通过其他途径估计的，误差可以忽略不计。再假设样本量 n 足够大，各层样本量 $n_1,\cdots,n_L$ 都足够大。则总体均值的抽样后分层估计量方差和样本量按比例分配的分层随机抽样的总体均值估计量方差近似相等。根据定理 3.8 的证明过程，有

$$V_{SI}=V_{PR}+\frac{\sum_{h=1}^{L}W_h(\bar{Y}_h-\bar{Y})^2}{n}(1-f)$$

如果各层均值不相等，样本量按比例分配的分层随机抽样优于简单随机抽样。各层均值与总体均值的差异越大，样本量按比例分配的分层随机抽样的优势越明显。对于抽样后分层样本，如果层内单元标志值的差异小，而层间单元标志值的差异大，层均值差异也大，则总体均值的抽样后分层估计量方差小于简单随机抽样的总体均值估计量方差。

例 3.7 某市为了调查当月全市的汽车总运量，对全市载货汽车进行简单随机抽样。全市共有 19730 辆载货汽车，抽取容量为 178 辆的简单随机样本。单车运量（单位：吨）与车核定标识吨位之间存在线性关系。为提高总运量的估计精度，采用抽样后分层估计量，相关数据在表 3.16 中给出。试计算当月全市汽车总运量的抽样后分层估计量及其方差估计。

表 3.16 某市当月载货汽车运量调查的抽样后分层数据

h	标识吨位	N_h	W_h	n_h	$\bar{y}_h$	s_h^2
1	[0.0,2.0)	5297	0.2685	45	102.2	7976
2	[2.0,4.5)	4157	0.2107	37	235.5	28787
3	[4.5,7.0)	6861	0.3477	69	315.4	45450
4	[7.0,12.0)	2855	0.1447	23	480.7	84518
5	[12.0,+∞)	560	0.0284	4	803.8	116425
合计	—	19730	1.0000	178	—	—

解：根据题意和表 3.16 的调查数据，总体的单元数 $N=19730$，划分为 5 层，$L=5$，样

本量 $n=178$，经过计算可以得到表 3.17 的数据。

表 3.17 例 3.7 的计算数据

h	W_h	$\bar{y}_h$	s_h^2	$W_h\bar{y}_h$	$W_h s_h^2$	$(1-W_h)s_h^2$
1	0.2685	102.2	7976	27.4407	2141.5560	5834.4440
2	0.2107	235.5	28787	49.6199	6065.4209	22721.5791
3	0.3477	315.4	45450	109.6646	15802.9650	29647.0350
4	0.1447	480.7	84518	69.5573	12229.7546	72288.2454
5	0.0284	803.8	116425	22.8279	3306.4700	113118.5300
合计	1.0000	—	—	279.1104	39546.1665	243609.8335

当月全市汽车总运量的抽样后分层估计为

$$\hat{Y}_{PST}=N\hat{\bar{Y}}_{PST}=N\sum_{h=1}^{L}W_h\bar{y}_h$$

$$=19730\times 279.1104=5506848.19$$

当月全市汽车总运量的抽样后分层估计量的方差估计为

$$ev(\hat{Y}_{PST})=N^2 ev(\hat{\bar{Y}}_{PST})=N^2\left[\frac{\sum_{h=1}^{L}W_h s_h^2}{n}(1-f)+\frac{\sum_{h=1}^{L}(1-W_h)s_h^2}{n^2}\right]$$

$$=19730^2\times\left[\frac{39546.1665}{178}\times\left(1-\frac{178}{19730}\right)+\frac{243609.8335}{178^2}\right]=88697325453.01$$

$$\sqrt{ev(\hat{\bar{Y}}_{PST})}=297820.96$$

当月全市汽车总运量的抽样后分层估计为 5506848.19 吨，标准差估计为 297820.96 吨。

第六节 模拟案例

第二章第五节采用简单随机抽样调查中国规模以上工业企业的利润。为了演示分层随机抽样与简单随机抽样的差异，本节继续研究中国规模以上工业企业的利润调查，介绍分层随机抽样的样本抽取和估计过程。总体为 2011 年中国 345 个市的规模以上工业企业的资产总额和利润总额，数据来源于《中国区域经济统计年鉴(2012)》，见附录 A。中国地区之间经济发展程度存在较大差异。工业是地区经济增长的主要支撑，规模以上工业企业是工业的重要组成部分，在地区经济发展中占据重要地位。各地区每个市单元规模以上工业企业的利润也会存在较大差异，更适合采用分层随机抽样。

采用分层随机抽样，分层原则是使层内市单元标志值的差异尽可能小，层间市单元标志值的差异尽可能大。这里，将中国 31 个省(区、市)按照区域划分为 5 个地区，直辖市、东部地区、西部地区、中部地区、东北地区。直辖市不同于省会城市和地级市，将中国 4 个直辖市划分为一类。相应地，把中国 345 个市单元划分为 5 层，分别为直辖市层、东部地区层、中部地区层、西部地区层、东北部地区层。直辖市层包括北京市、天津市、上海市、重庆市；东部地区层包括河北省、江苏省、浙江省、福建省、山东省、广东省、海南省；中部地区层包括山西省、内蒙古自治区、安徽省、江西省、河南省、湖北省、湖南省；西部地区层包括广西壮族自治区、四川省、贵州省、云南省、西藏自治区、陕西省、甘肃省、青海省、宁夏回族自治区、新疆维吾尔自治区；东北部地区层包括辽宁省、吉林省、黑龙江省。各层市单元数见表 3.18。表 3.18 的第 1 列给出层序号，依次为 1 至 5，第 2 列给出层名称，第 3 列给出各层的市单元数，第 4 列给出各层市单元数占中国市单元总数的百分比。表 3.18 显示，各层的市单元数并不一样，西部地区层的市单元数最多，为 121；中部地区层的市单元数次之，为 99；东部地区层的市单元数为 84；东北部地区层的市单元数为 37；直辖市层的单元数为 4。

表 3.18　各层的市单元数分布

层号	名称	市单元数	百分比	样本单元数	抽样比
1	直辖市	4	1.16	2	0.5000
2	东部地区	84	24.35	11	0.1310
3	中部地区	99	28.70	11	0.1111
4	西部地区	121	35.07	14	0.1157
5	东北地区	37	10.72	9	0.2432
总计	—	345	100.00	47	—

本节设定的目标是调查中国 345 个市单元的规模以上工业企业的总利润。调查采用分层随机抽样，估计量的精度要求是在置信概率 95%下每个市单元规模以上工业企业平均利润额估计量的绝对误差限度为 50 亿元，确定需要抽取的市单元总数和各层单元数。利用分层随机样本，估计中国 345 个市单元的规模以上工业企业的利润总额、每个市单元的规模以上工业企业的平均利润额。为了对比，将所抽取的分层随机样本当作简单随机样本，重新估计中国 345 个市单元的规模以上工业企业的平均利润额，分析抽样后分层估计量的优良性。另外，估计规模以上工业企业利润额为 100 亿元及以上的市单元总数及所占比例，给出其标准差估计以及在置信概率 95%下的置信区间。

假设在调查设计阶段，对总体了解较少，并不知道总体方差和各层方差，只知道总体共分为 5 层，$L=5$，单元总数为 $N=345$，各层单元数分别为 $N_1=4$，$N_2=84$，$N_3=99$，$N_4=121$，$N_5=37$。为估计每个市单元规模以上工业企业利润额的总体方差和各层方差，对总体进行预抽样，试抽取容量为 $n_{(1)}=40$ 的样本，抽样比为 40/345=11.6%。各层权数已知，但各层方差未知，采取样本量按比例分配，第 1 层样本量为 $40\times1.16\%=0.464$，小于 1，确定第 1 层样本量 $n_{(1)1}=2$，下标中(1)代表预抽样。其余 38 个单元按照比例分配给各层。于是，

$$n_{(1)2}=(n_{(1)}-n_{(1)1})W_2=\frac{38\times24.35}{100-1.16}=9.36$$

$$n_{(1)3}=(n_{(1)}-n_{(1)1})W_3=\frac{38\times28.70}{100-1.16}=11.03$$

$$n_{(1)4}=(n_{(1)}-n_{(1)1})W_4=\frac{38\times35.07}{100-1.16}=13.48$$

$$n_{(1)5}=(n_{(1)}-n_{(1)1})W_5=\frac{38\times10.72}{100-1.16}=4.12$$

预抽样的各层样本量分别为 $n_{(1)1}=2$，$n_{(1)2}=9$，$n_{(1)3}=11$，$n_{(1)4}=14$，$n_{(1)5}=4$，即在直辖市层中抽取 2 个市单元，东部地区层抽取 9 个市单元，中部地区层抽取 11 个市单元，西部地区层

抽取 14 个市单元，东北地区层抽取 4 个市单元。

分别建立 5 个层的抽样框，在每层中的单元编号与第二章第五节的编号一致。利用 R 软件产生随机数，抽取各层的样本，汇总为分层随机样本，抽取的结果见表 3.20。在表 3.20 中，预抽样的样本包括直辖市层的 2 个市单元，东部地区层的前 9 个市单元，中部地区层的 11 个市单元，西部地区层的 14 个市单元，东北地区层的前 4 个市单元。利用预抽样的样本数据，经过计算得到表 3.19。

表 3.19　预抽样样本的计算数据

h	W_h	s_h	s_h^2	$W_h s_h$	$W_h s_h^2$
1	0.0116	795.0143	632047.7312	9.2222	7331.7537
2	0.2435	261.6500	68460.7424	63.7118	16670.1908
3	0.2870	60.9787	3718.4040	17.5009	1067.1819
4	0.3507	49.1235	2413.1140	17.2276	846.2791
5	0.1072	501.7651	251768.2454	53.7892	26989.5559
合计	1.0000	—	—	161.4517	52904.9614

估计量的精度要求是在置信概率 95%下每个市单元规模以上工业企业平均利润额估计量的绝对误差限度为 50 亿元，相当于估计量方差的界限为

$$V_{\hat{\bar{Y}}_{ST}} = \frac{d^2_{\hat{\bar{Y}}ST}}{Z^2_{0.05/2}} = \frac{50^2}{1.96^2} = 650.7705$$

约定各层每个单元的调查费用都相等，采用内曼最优分配，各层方差用预抽样的各层样本方差代替，代入式(3.42)得

$$\frac{1}{V_{\hat{\bar{Y}}_{ST}}}\left(\sum_{h=1}^{L} W_h S_h\right)^2 = \frac{161.4517^2}{650.7705} = 40.056$$

即样本量 $n_{(2)0}=41$ 个，下标中(2)代表第 2 次抽取的样本。于是，抽样比 $n_{(2)0}/N = 41/345 = 11.9\%$，不能忽略不计，将 $n_{(2)0}=41$ 代入式(3.39)，有

$$\frac{n_{(2)0}}{1+\frac{1}{NV_{\hat{\bar{Y}}_{ST}}}\sum_{h=1}^{L} W_h S_h^2} = \frac{41}{1+\frac{52904.9614}{345 \times 650.7705}} = 33.18$$

于是，总样本量 $n_{(2)}$ 为 34。采用内曼最优分配，各层样本量分别为

$$n_{(2)1} = \frac{n_{(2)} W_1 S_1}{\sum_{h=1}^{L} W_h S_h} = \frac{34 \times 9.2222}{161.4517} = 1.94$$

$$n_{(2)2} = \frac{n_{(2)} W_2 S_2}{\sum_{h=1}^{L} W_h S_h} = \frac{34 \times 63.7118}{161.4517} = 13.42$$

$$n_{(2)3} = \frac{n_{(2)} W_3 S_3}{\sum_{h=1}^{L} W_h S_h} = \frac{34 \times 17.5009}{161.4517} = 3.69$$

$$n_{(2)4}=\frac{n_{(2)}W_4S_4}{\sum_{h=1}^{L}W_hS_h}=\frac{34\times17.2276}{161.4517}=3.63$$

$$n_{(2)5}=\frac{n_{(2)}W_5S_5}{\sum_{h=1}^{L}W_hS_h}=\frac{34\times53.7892}{161.4517}=11.33$$

上述的各层样本量与预抽样的各层样本量 $n_{(1)1}=2$，$n_{(1)2}=9$，$n_{(1)3}=11$，$n_{(1)4}=14$，$n_{(1)5}=4$ 并不一致。第 1,3,4 层的样本量 $n_{(2)1}=1.94$，$n_{(2)3}=3.69$，$n_{(2)4}=3.63$ 都分别小于样本量 $n_{(1)1}=2$，$n_{(1)3}=11$，$n_{(1)4}=14$。选定第 2 次抽样的第 1 层样本量 $n_{(2)1}=2$，第 3 层样本量 $n_{(2)3}=11$，第 4 层样本量 $n_{(2)4}=14$。其他层的样本量采用内曼最优分配，各层方差用预抽样的样本方差代替。为了满足估计量方差的界限 $V_{\hat{\bar{Y}}_{ST}}=650.7705$，则

$$\begin{aligned}V(\hat{\bar{Y}}_{ST})&=\sum_{h=1}^{L}\frac{W_h^2S_h^2}{n_h}-\sum_{h=1}^{L}\frac{W_h^2S_h^2}{N_h}\\&=\frac{1}{n_{(2)2,5}}\Big(\sum_{h=2,5}W_hS_h\Big)^2+\frac{W_1^2S_1^2}{n_{(2)1}}+\frac{W_3^2S_3^2}{n_{(2)3}}+\frac{W_4^2S_4^2}{n_{(2)4}}-\frac{1}{N}\sum_{h=1}^{L}W_hS_h^2\\&=\frac{(63.7118+53.7892)^2}{n_{(2)2,5}}+\frac{0.0116^2\times632047.7312}{2}\\&\quad+\frac{0.2870^2\times3718.4040}{11}+\frac{0.3507^2\times2413.1140}{14}-\frac{52904.9614}{345}\\&=\frac{13806.4850}{n_{(2)2,5}}-61.7805\end{aligned}$$

其中 $n_{(2)2,5}$ 代表第 2 层和第 5 层的样本量之和。代入不等式 $V(\hat{\bar{Y}}_{ST})\leqslant V_{\hat{\bar{Y}}_{ST}}$，得

$$\frac{13806.4850}{n_{(2)2,5}}-61.7805\leqslant650.7705$$

$$n_{(2)2,5}\geqslant19.38$$

取 $n_{(2)2,5}=20$，第 2 层和第 5 层样本量之和为 20。第 2 层和第 5 层样本量分别为

$$n_{(2)2}=\frac{n_{(2)2,5}W_2S_2}{W_2S_2+W_5S_5}=\frac{20\times63.7118}{63.7118+53.7892}=10.84$$

$$n_{(2)5}=\frac{n_{(2)2,5}W_5S_5}{W_2S_2+W_5S_5}=\frac{20\times53.7892}{63.7118+53.7892}=9.16$$

取 $n_{(2)2}=11$，$n_{(2)5}=9$，用预抽样的各层样本方差代替层方差真值，则均值估计量的方差为

$$\begin{aligned}V(\hat{\bar{Y}}_{ST}^{(1)})&=\sum_{h=1}^{L}\frac{W_h^2S_h^2}{n_{(2)h}}\Big(1-\frac{n_{(2)h}}{N_h}\Big)\\&=\frac{0.0116^2\times632047.7312}{2}\times\Big(1-\frac{2}{4}\Big)+\frac{0.2435^2\times68460.7424}{11}\times\Big(1-\frac{11}{84}\Big)\\&\quad+\frac{0.2870^2\times3718.4040}{11}\times\Big(1-\frac{11}{99}\Big)+\frac{0.3507^2\times2413.1140}{14}\times\Big(1-\frac{14}{121}\Big)\\&\quad+\frac{0.1072^2\times251768.24544}{9}\times\Big(1-\frac{9}{37}\Big)\\&=628.7311\end{aligned}$$

取 $n_{(2)2}=10$，$n_{(2)5}=10$，用预抽样的各层样本方差代替层方差真值，则均值估计量的方差为

$$V(\hat{\bar{Y}}_{ST}^{(2)})=\sum_{h=1}^{L}\frac{W_h^2S_h^2}{n_{(2)h}}\left(1-\frac{n_{(2)h}}{N_h}\right)$$
$$=\frac{0.0116^2\times 632047.7312}{2}\times\left(1-\frac{2}{4}\right)+\frac{0.2435^2\times 68460.7424}{10}\times\left(1-\frac{10}{84}\right)$$
$$+\frac{0.2870^2\times 3718.4040}{11}\times\left(1-\frac{11}{99}\right)+\frac{0.3507^2\times 2413.1140}{14}\times\left(1-\frac{14}{121}\right)$$
$$+\frac{0.1072^2\times 251768.24544}{10}\times\left(1-\frac{10}{37}\right)$$
$$=633.4853$$

两个估计量的方差都小于 650.7705，满足估计量方差的界限要求。相比较而言，第一种样本量的选择下，估计量方差更小。各层样本量分别为 $n_{(2)1}=2$，$n_{(2)2}=11$，$n_{(2)3}=11$，$n_{(2)4}=14$，$n_{(2)5}=9$。从而，第 2 层需要追加 2 个市单元，第 5 层需要追加 5 个市单元，其他层不再需要追加市单元。追加的样本数据见表 3.20 中的第 2 层和第 5 层的后部分。根据表 3.20 中的数据，经过计算，可以得到表 3.21。

表 3.20 分层随机抽样的样本

层数	号码	编码	市单元	利润额	>100
直辖市	1	1	北京市	1129.50	1
	2	3	上海市	2253.82	1
东部地区	1	7	秦皇岛市	51.75	0
	2	9	邢台市	144.68	1
	3	12	承德市	124.44	1
	4	76	南京市	594.40	1
	5	91	温州市	210.74	1
	6	95	金华市	107.89	1
	7	120	泉州市	804.41	1
	8	216	阳江市	98.61	0
	9	217	清远市	145.11	1
	10	97	舟山市	32.62	0
	11	123	龙岩市	147.91	1
中部地区	1	18	阳泉市	43.72	0
	2	21	朔州市	176.94	1
	3	29	乌海市	53.46	0
	4	24	忻州市	69.44	0
	5	108	黄山市	23.77	0
	6	112	六安市	97.09	0
	7	133	宜春市	150.67	1

续表

层数	号码	编码	市单元	利润额	>100
中部地区	8	173	十堰市	201.91	1
	9	176	鄂州市	23.29	0
	10	199	怀化市	68.47	0
	11	193	岳阳市	104.88	1
西部地区	1	226	梧州市	53.32	0
	2	229	钦州市	−34.75	0
	3	233	贺州市	10.43	0
	4	241	攀枝花市	74.58	0
	5	263	安顺市	11.30	0
	6	268	黔南布依族苗族自治州	18.52	0
	7	272	保山市	15.43	0
	8	282	德宏傣族景颇族自治州	15.81	0
	9	313	陇南市	9.80	0
	10	316	西宁市	39.13	0
	11	317	海东市	10.76	0
	12	328	乌鲁木齐市	174.91	1
	13	336	克孜勒苏柯尔克孜自治州	0.50	0
	14	337	喀什地区	4.39	0
东北地区	1	44	丹东市	66.08	0
	2	51	朝阳市	79.13	0
	3	64	鸡西市	15.27	0
	4	67	大庆市	1055.51	1
	5	43	本溪市	66.21	0
	6	55	四平市	47.15	0
	7	65	鹤岗市	9.69	0
	8	70	七台河市	22.40	0
	9	72	黑河市	4.85	0

表 3.21　追加样本后的计算数据

h	N_h	W_h	n_h	s_h^2	$W_h^2 s_h^2 (1-f_h)/n_h$
1	4	0.0116	2	632047.7312	21.2621
2	84	0.2435	11	59796.5294	280.1075
3	99	0.2870	11	3718.4040	24.7500
4	121	0.3507	14	2413.1140	18.7465
5	37	0.1072	9	115596.5296	111.6987
合计	345	1.0000	47	—	456.5648

将追加样本后的各层样本方差作为层方差真值，均值估计量的方差为

$$V(\hat{\bar{Y}}_{ST})=\sum_{h=1}^{L}\frac{W_h^2S_h^2}{n_h}(1-f_h)=456.5648$$

均值估计量的方差小于 650.7705，满足估计量方差的界限要求。表 3.20 的样本作为最终样本，用于对总体进行估计。

注：这里为了演示的简单，直接将预抽样的样本方差代替真实方差，计算样本量。在理论上，这种做法并不严谨，需要对所得到的样本量进行修正。具体细节请参考 Cochran (1977)①。

表 3.20 中各层的市单元数量见表 3.18 的第 5 列，第 6 列给出各层的抽样比。表 3.20 显示，样本不包含河南省、海南省、西藏自治区、陕西省、山东省的市单元。样本包含 2 个直辖市层的北京市、上海市。东北部地区层的市单元抽样比较高，达到 24%，东部地区层、中部地区层和西部地区层的市单元抽样比都在 12%左右。各层抽样比并不相等。对于样本中市单元编号，连续编号出现 5 次，分别为(43,44)，(64,65)，(216,217)，(316,317)，(336,337)。这些连续编号反映了样本中市单元在总体中散布是“随机”的，并不是“均匀”的。

一、中国 345 个市单元规模以上工业企业的利润总额和每个市单元规模以上工业企业的平均利润额。根据上面的讨论，总体分为 5 层，$L=5$，单元总数为 $N=345$，各层单元数分别为 $N_1=4$，$N_2=84$，$N_3=99$，$N_4=121$，$N_5=37$。样本量 $n=47$ 个市单元，各层的样本量分别为 $n_1=2$，$n_2=11$，$n_3=11$，$n_4=14$，$n_5=9$。各层的样本观测数据见表 3.20。利用表 3.20 的数据，可以得到表 3.22 的计算数据。

表 3.22　利用表 3.20 的计算数据

h	N_h	W_h	n_h	$\bar{y}_h$	$W_h\bar{y}_h$	s_h^2	$\frac{W_h^2s_h^2}{n_h}(1-f_h)$
1	4	0.0116	2	1691.6600	19.6233	632047.7312	21.2621
2	84	0.2435	11	223.8691	54.5121	59796.5294	280.1075
3	99	0.2870	11	92.1491	26.4468	3718.4040	24.7500
4	121	0.3507	14	28.8664	10.1234	2413.1140	18.7465
5	37	0.1072	9	151.8100	16.2740	115596.5296	111.6987
合计	345	1.0000	47	—	126.9796	—	456.5648

每个市单元规模以上工业企业的平均利润额的估计为

$$\begin{aligned}\hat{\bar{Y}}_{ST}&=\sum_{h=1}^{L}W_h\hat{\bar{Y}}_h=\sum_{h=1}^{L}W_h\bar{y}_h\\&=19.6233+54.5121+26.4468+10.1234+16.2740\\&=126.9796\end{aligned}$$

每个市单元规模以上工业企业的平均利润额估计量的方差估计为

① Cochran W. G. Sampling techniques [M]. 3rd ed. New York: John Wiley and Sons, 1977. 中文版：张尧庭，吴辉. 抽样技术[M]. 北京：中国统计出版社，1985.

$$v(\hat{\bar{Y}}_{ST})=\sum_{h=1}^{L}\frac{W_h^2 s_h^2}{n_h}(1-f_h)$$
$$=21.2621+280.1075+24.7500+18.7465+111.6987$$
$$=456.5648$$

估计量的标准差估计为$\sqrt{v(\hat{\bar{Y}}_{ST})}=21.3674$。每个市单元规模以上工业企业的平均利润额在置信概率95%下双侧置信区间的置信下限为

$$\bar{y}_{ST}-Z_{\alpha/2}\sqrt{v(\hat{\bar{Y}}_{ST})}=126.9796-1.96\times 21.3674=85.0995$$

置信上限为

$$\bar{y}_{ST}+Z_{\alpha/2}\sqrt{v(\hat{\bar{Y}}_{ST})}=126.9796+1.96\times 21.3674=168.8597$$

每个市单元规模以上工业企业的平均利润额估计为126.9796亿元，估计量的方差估计为456.5648，标准差估计为21.3674亿元。每个市单元规模以上工业企业的平均利润额在置信概率95%下双侧置信区间为(85.0995，168.8597)。

中国市单元规模以上工业企业的利润总额估计为

$$\hat{Y}_{ST}=N\hat{\bar{Y}}_{ST}$$
$$=345\times 126.9796=43807.9620$$

中国市单元规模以上工业企业的利润总额估计量的方差估计为

$$v(\hat{Y}_{ST})=N^2 v(\hat{\bar{Y}}_{ST})$$
$$=345^2\times 456.5648=54342625.3200$$

估计量的标准差估计为$\sqrt{v(\hat{Y}_{ST})}=7371.7451$。中国市单元规模以上工业企业的利润总额在置信概率95%下双侧置信区间的置信下限为

$$N\bar{y}_{ST}-Z_{\alpha/2}\sqrt{v(\hat{Y}_{ST})}=43807.9620-1.96\times 7371.7451=29359.3416$$

置信上限为

$$N\bar{y}_{ST}+Z_{\alpha/2}\sqrt{v(\hat{Y}_{ST})}=43807.9620+1.96\times 7371.7451=58256.5823$$

中国市单元规模以上工业企业的利润总额的估计值为43807.9620亿元，估计量的方差估计为54342625.3200，标准差估计为7371.7451亿元。中国市单元规模以上工业企业的利润总额在置信概率95%下双侧置信区间为(29359.3416,58256.5823)。

二、规模以上工业企业利润额为100亿元及以上的市单元总数及市单元比例。根据上面的讨论可知，总体分为5层，$L=5$，市单元总数为$N=345$，各层单元数分别为$N_1=4$，$N_2=84$，$N_3=99$，$N_4=121$，$N_5=37$。市单元样本量$n=47$，各层样本量分别为$n_1=2$，$n_2=11$，$n_3=11$，$n_4=14$，$n_5=9$。各层的样本观测数据见表3.20。利用表3.20的数据，可以得到表3.23的计算数据。

表 3.23　利用表 3.20 的计算数据

h	W_h	n_h	a_h	p_h	$W_h p_h$	$\frac{W_h^2 p_h(1-p_h)}{n_h-1}$
1	0.0116	2	2	1.0000	0.0116	0.0000
2	0.2435	11	8	0.7273	0.1771	0.0012
3	0.2870	11	4	0.3636	0.1044	0.0019
4	0.3507	14	1	0.0714	0.0250	0.0006
5	0.1072	9	1	0.1111	0.0119	0.0001
合计	1.0000	47	—	—	0.3300	0.0038

规模以上工业企业利润额为 100 亿元及以上的市单元所占比例的估计为

$$\hat{P}_{ST}=\sum_{h=1}^{L}W_h p_h$$
$$=0.0116+0.1771+0.1044+0.0250+0.0119=0.3300$$

规模以上工业企业利润额为 100 亿元及以上的市单元所占比例估计量的方差估计为

$$v(\hat{P}_{ST})=\sum_{h=1}^{L}\frac{W_h^2 p_h(1-p_h)}{n_h-1}$$
$$=0.0000+0.0012+0.0019+0.0006+0.0001=0.0038$$

估计量的标准差估计为$\sqrt{v(\hat{P})}=6.1\%$。规模以上工业企业利润额为 100 亿元及以上的市单元所占比例在置信概率 95%下双侧置信区间的置信下限为

$$p_{ST}-\left[Z_{\alpha/2}\sqrt{v(\hat{P}_{ST})}+\frac{1}{2n}\right]=0.3300-\left(1.96\times0.061+\frac{1}{2\times47}\right)=0.1998$$

置信上限为

$$p_{ST}+\left[Z_{\alpha/2}\sqrt{v(\hat{P}_{ST})}+\frac{1}{2n}\right]=0.3300+\left(1.96\times0.061+\frac{1}{2\times47}\right)=0.4602$$

规模以上工业企业利润额为 100 亿元及以上的市单元所占比例的估计值为 33%，估计量的方差估计为 0.0038，标准差估计为 6.1%。规模以上工业企业利润额为 100 亿元及以上的市单元所占比例在置信概率 95%下双侧置信区间为(19.98%，46.02%)。

规模以上工业企业利润额为 100 亿元及以上的市单元总数的估计为

$$\hat{A}_{ST}=N\hat{P}_{ST}=345\times0.3300=113.85\approx114$$

规模以上工业企业利润额为 100 亿元及以上的市单元总数估计量的方差估计为

$$v(\hat{A}_{ST})=N^2 v(\hat{P}_{st})=345^2\times0.0038=452.295$$

估计量的标准差估计为$\sqrt{v(\hat{A}_{ST})}=21.2672\approx22$。规模以上工业企业利润额为 100 亿元及以上的市单元总数在置信概率 95%下双侧置信区间的置信下限为

$$Np_{ST}-\left[Z_{\alpha/2}\sqrt{v(\hat{A}_{ST})}+\frac{N}{2n}\right]=114-\left(1.96\times22+\frac{345}{2\times47}\right)=67.21\approx67$$

置信上限为

$$Np_{ST}+\left[Z_{\alpha/2}\sqrt{v(\hat{A}_{ST})}+\frac{N}{2n}\right]=114+\left(1.96\times 22+\frac{345}{2\times 47}\right)=160.79\approx 161$$

规模以上工业企业利润额为 100 亿元及以上的市单元总数的估计值为 114 个市单元，估计量的方差估计为 452.295，标准差估计为 22 个市单元。规模以上工业企业利润额为 100 亿元及以上的市单元总数在置信概率 95%下双侧置信区间为(67,161)。

注:这里为了演示方便，直接用样本比例 p_1,p_4,p_5 计算估计量、方差估计和置信区间。在实际中，应对样本比例 p_1,p_4,p_5 进行适当的修正。

三、为了对比，将表 3.20 中分层随机抽样的样本当作简单随机样本，重新估计每个市单元规模以上工业企业的平均利润额、规模以上工业企业利润额为 100 亿元及以上市单元的比例，给出估计量的观测值和标准差估计，以及在置信概率 95%下的置信区间。已知总体的单元数 $N=345$ 个，样本量 $n=47$ 个，样本标志值记为 $y_1,\cdots,y_{47}$，见表 3.20。利用表 3.20 的数据，经过计算，得到样本均值 $\bar{y}=183.6157$，样本方差 $s^2=157085.9431$。每个市单元规模以上工业企业的平均利润额的估计为

$$\hat{\bar{Y}}=\bar{y}=\frac{1}{n}\sum_{i=1}^{n}y_i=183.6157$$

每个市单元规模以上工业企业的平均利润额估计量的方差估计为

$$v(\hat{\bar{Y}})=\frac{s^2}{n}(1-f)$$

$$=\frac{157085.9431}{47}\times\left(1-\frac{47}{345}\right)=2886.9325$$

估计量的标准差估计为 $\sqrt{v(\hat{\bar{Y}})}=53.7302$。每个市单元规模以上工业企业的平均利润额在置信概率 95%下双侧置信区间的置信下限为

$$\bar{y}-Z_{\alpha/2}\sqrt{v(\hat{\bar{Y}})}=183.6157-1.96\times 53.7302=78.3045$$

置信上限为

$$\bar{y}+Z_{\alpha/2}\sqrt{v(\hat{\bar{Y}})}=183.6157+1.96\times 53.7302=288.9269$$

每个市单元规模以上工业企业的平均利润额的估计值为 183.6157 亿元，估计量的方差估计为 2886.9325，标准差估计为 53.7302 亿元，每个市单元规模以上工业企业的平均利润额在置信概率 95%下双侧置信区间为(78.3045,288.9269)。

已知总体单元总数 $N=345$ 个市单元，样本量 $n=47$ 个市单元，在表 3.20 中规模以上工业企业的利润额为 100 亿元及以上的市单元总数 $a=16$ 个，样本比例 $p=a/n=0.3404$。规模以上工业企业利润额为 100 亿元及以上的市单元比例的估计为

$$\hat{P}=p=0.3404$$

规模以上工业企业利润额为 100 亿元及以上市单元比例的估计量的方差估计为

$$v(\hat{P})=\frac{p(1-p)(1-f)}{n-1}$$

$$=\frac{0.3404\times(1-0.3404)\times(1-47/345)}{47-1}=0.0042$$

估计量的标准差估计为 $\sqrt{v(\hat{P})}=0.0648$。规模以上工业企业利润额为 100 亿元及以上的

市单元比例在置信概率 95%下双侧置信区间的置信下限为

$$p-\left(Z_{\alpha/2}\sqrt{v(\hat{P})}+\frac{1}{2n}\right)=0.3404-\left(1.96\times0.0648+\frac{1}{2\times47}\right)=0.2028$$

置信上限为

$$p+\left(Z_{\alpha/2}\sqrt{v(\hat{P})}+\frac{1}{2n}\right)=0.3404+\left(1.96\times0.0648+\frac{1}{2\times47}\right)=0.4780$$

规模以上工业企业利润额为 100 亿元及以上的市单元比例的估计值为 34.04%，估计量的方差估计为 0.0042，标准差估计为 0.0648，规模以上工业企业利润额为 100 亿元及以上的市单元比例在置信概率 95%下双侧置信区间为(20.28%，47.80%)。

注：将表 3.20 中分层随机样本当作简单随机样本，每个市单元规模以上工业企业平均利润额的估计量的观测值、方差估计和置信区间都发生了变化。基于分层随机样本的估计值为 126.9796 亿元，基于简单随机样本的估计值为 183.6157 亿元，两者相差很大。第二章第五节中基于简单随机样本的估计值为 185.31 亿元，样本量更大，为 80。相比较而言，似乎估计值 183.6157 亿元与真值更接近。这只是猜测，因为两个简单随机样本的估计值更接近。这里，分层随机抽样的估计值 126.9796 亿元可能会更接近于真值，因为分层随机抽样用到总体的更多真实数据。在调查实践中，若遇到这种情况，不要轻易下结论，应当搜集更多数据，再进一步判断。采用分层随机抽样的估计量的标准差估计为 21.3674 亿元，而采用简单随机抽样的估计量的标准差估计为 53.7302 亿元，前者更小，不到后者的 40%。在置信概率 95%下，采用分层随机抽样的双侧置信区间为(85.0995，168.8597)，采用简单随机抽样的双侧置信区间为(78.84181，288.3896)。两个置信区间的可信度相同，但前者的长度也不到后者的 40%。相比较，采用分层随机抽样，估计量的标准差估计更小，置信区间更短。

小　结

1. 分层随机抽样的定义。在抽取样本时，先将总体按照某标志值划分成若干互不相交的层，然后在每层中独立地进行抽样，获取每层的样本，将各层样本组合成总样本，这样的抽样过程称为分层抽样。采用简单随机抽样从每层中抽取样本的分层抽样称为分层随机抽样，总样本称为分层随机样本。

2. 分层随机抽样的优点。采用分层随机抽样，将总体划分为若干层，每层互不相交，且能合并为整体总体。层划分的原则为，层内单元标志值的差异尽可能小，层间单元标志值的差异尽可能大。这样，利用容量较小的样本，往往会获得每层标志值的较好估计，每层标志估计量加总，得到精确度高的总体标志估计。从而，采用分层随机抽样比采用简单随机抽样的估计量精确度更高。

3. 分层随机抽样的总体均值和总体总值的估计量及其统计性质。表 3.24 归纳了总体均值和总体总值的估计量、估计量的方差及方差估计。

表 3.24 总体均值和总体总值的估计量

	总体均值	总体总值
估计量	$\hat{\bar{Y}}_{ST}=\sum_{h=1}^{L}W_h\bar{y}_h$	$\hat{Y}_{ST}=N\sum_{h=1}^{L}W_h\bar{y}_h$
方差	$V(\hat{\bar{Y}}_{ST})=\sum_{h=1}^{L}\frac{W_h^2S_h^2}{n_h}(1-f_h)$	$V(\hat{Y}_{ST})=\sum_{h=1}^{L}\frac{N_h^2S_h^2}{n_h}(1-f_h)$
方差估计	$v(\hat{\bar{Y}}_{ST})=\sum_{h=1}^{L}\frac{W_h^2s_h^2}{n_h}(1-f_h)$	$v(\hat{Y}_{ST})=\sum_{h=1}^{L}\frac{N_h^2s_h^2}{n_h}(1-f_h)$

4. 分层随机抽样的总体比例和 C 类单元总数的估计量及其统计性质。表 3.25 归纳了总体比例和 C 类单元总数的估计量、估计量的方差及方差估计。

表 3.25 总体比例和 C 类单元总数的估计量

	总体比例	C 类单元总数
估计量	$\hat{P}_{ST}=\sum_{h=1}^{L}W_hp_h$	$\hat{A}_{ST}=N\sum_{h=1}^{L}W_hp_h$
方差	$V(\hat{P}_{ST})=\sum_{h=1}^{L}\frac{W_h^2P_h(1-P_h)}{n_h}(1-f_h)$	$V(\hat{A}_{ST})=\sum_{h=1}^{L}\frac{N_h^2P_h(1-P_h)}{n_h}(1-f_h)$
方差估计	$v(\hat{P}_{ST})=\sum_{h=1}^{L}\frac{W_h^2p_h(1-p_h)}{n_h-1}(1-f_h)$	$v(\hat{A}_{ST})=\sum_{h=1}^{L}\frac{N_h^2p_h(1-p_h)}{n_h-1}(1-f_h)$

5. 对于分层随机抽样，给定总样本量 n，各层样本量最优分配公式见表 3.26。

表 3.26 样本量的分配公式

	第 h 层样本量	备注
最优分配	$n_h=\frac{nW_hS_h/\sqrt{c_h}}{\sum_{k=1}^{L}W_kS_k/\sqrt{c_k}}$	总调查费用给定，估计量方差为最小；估计量方差的限度给定，总调查费用为最低
内曼最优分配	$n_h=\frac{nW_hS_h}{\sum_{k=1}^{L}W_kS_k}$	各层的每个单元调查费用相等
按比例分配	$n_h=nW_h$	每层的样本量 n_h 都与 N_h 成比例

根据样本量最优分配公式，样本量分配原则为

- 对于权数越大或单元越多的层，分配的样本量越大；
- 对于方差或标准差越大的层，分配的样本量越大；
- 对于单元调查费用越小的层，分配的样本量越大。

6. 为估计总体均值而进行分层随机抽样的总样本量计算公式见表 3.27。

表 3.27 为估计总体均值而进行分层随机抽样的总样本量计算公式

	给定方差界限为 $V_{\hat{\bar{Y}}_{ST}}$	给定总调查费用的限度 $C_{\hat{\bar{Y}}_{ST}}$
最优分配	$n_0 \geqslant \frac{1}{V_{\hat{\bar{Y}}_{ST}}}\left(\sum_{h=1}^{L} W_h S_h \sqrt{c_h}\right)\left(\sum_{h=1}^{L} \frac{W_h S_h}{\sqrt{c_h}}\right)$	$n \leqslant \frac{(C_{\hat{\bar{Y}}_{ST}} - c_0)\sum_{h=1}^{L} W_h S_h / \sqrt{c_h}}{\sum_{h=1}^{L} W_h S_h \sqrt{c_h}}$
内曼最优分配	$n_0 \geqslant \frac{1}{V_{\hat{\bar{Y}}_{ST}}}\left(\sum_{h=1}^{L} W_h S_h\right)^2$	
按比例分配	$n_0 \geqslant \frac{1}{V_{\hat{\bar{Y}}_{ST}}}\sum_{h=1}^{L} W_h S_h^2$	$n \leqslant \frac{C_{\hat{\bar{Y}}_{ST}} - c_0}{\sum_{h=1}^{L} c_h W_h}$
抽样比不可以忽略不计	$n \geqslant \frac{n_0}{1 + \frac{1}{NV_{\hat{\bar{Y}}_{ST}}}\sum_{h=1}^{L} W_h S_h^2}$	

为估计总体比例而进行分层随机抽样的总样本量计算公式，是将为估计总体均值而进行分层随机抽样的总样本量计算公式中的各层方差替换为 $S_h^2 = N_h P_h(1-P_h)/(N_h-1)$ 即可。

7. 分层随机抽样的效果分析。若分层随机抽样的各层样本量 N_h 很大，$1/N_h$ 相对于 1 很小，抽样比可以忽略不计，当总样本量相同时，有 $V_{OP} \leqslant V_{PR} \leqslant V_{SI}$，其中 V_{OP} 为采用分层随机抽样且样本量最优分配的总体均值估计量的方差，V_{PR} 为采用分层随机抽样且总样本量按比例分配的总体均值估计量的方差，V_{SI} 为采用简单随机抽样的总体均值估计量的方差。

8. 抽样后分层。抽样后分层是指抽取样本之前，已知总体某种分层的各层单元数 N_h 或者层权数 W_h，但并未采用此种分层的分层随机抽样，而是采用简单随机抽样或其他概率抽样方法，抽取样本之后，再对样本单元按照该种分层方法进行分层。利用抽样后分层的样本和已知的各层权数，建立分层随机抽样的估计量，被称为抽样后分层估计量。总体均值的抽样后分层估计量为 $\hat{\bar{Y}}_{PST} = \sum_{h=1}^{L} W_h \bar{y}_h$，方差为

$$E[V(\hat{\bar{Y}}_{PST})] \approx \frac{\sum_{h=1}^{L} W_h S_h^2}{n}(1-f) + \frac{\sum_{h=1}^{L}(1-W_h)S_h^2}{n^2}$$

如果层内单元标志值的差异小，而层间单元标志值的差异大，层间均值差异也大，则总体均值的抽样后分层估计量方差小于简单随机抽样的总体均值估计量方差。

习 题

1. 将简单随机样本按照类别划分为 6 个层，采用每层实际容量构造分层随机抽样的估计量，称为抽样后分层估计量。若采用抽样后分层估计量，试判断以下说法的对错。

(1)抽样后分层估计量比简单随机抽样的简单估计量的精度高；

(2)抽样后分层估计量比样本量按比例分配分层抽样的估计量精度高；

(3)抽样后分层估计量比样本量最优分配分层抽样的估计量精度高；

(4)在抽样时不能得到分层变量；

(5)抽样后分层估计量与样本量按比例分配分层抽样的估计量方差接近。

2. 学生的综合素质与家长文化程度有关。为了调查学生的综合素质，欲对总体按家长文化程度进行分层，但每个学生家长的文化程度未知，各层学生人数未知。一份过去的调查资料给出了该地区学生家长文化程度的分类及其所占比例。问应该如何抽样？

3. 某市有两个区，甲区有 N_1 个单元，乙区有 N_2 个单元，$N_1+N_2=N$ 。采用简单随机抽样方式从甲区中抽取样本，均值估计量为 $\hat{\bar{Y}}_1$，方差为 $v(\hat{\bar{Y}}_1)$ ，从乙区中抽取样本，均值估计量为 $\hat{\bar{Y}}_2$，方差为 $v(\hat{\bar{Y}}_2)$ 。请写出该市均值 $\bar{Y}$ 的估计量及其方差估计 $v(\hat{\bar{Y}})$ 的表达式。

4. 在某工业系统所属企业中，中型 100 个、小型 400 个。采用简单随机抽样，以企业为单元，分别从两类企业中抽取 3 个企业和 5 个企业，记录 1990 年的工业总产值(单位：千元)。3 个中型企业分别为 12300，11500，9800；5 个小型企业分别为 3200，5600，2300，4200，3600。试估计工业系统 1990 年的工业总产值。

5. 某厂有三个生产车间，现分别从每个车间中抽取 10%的工人，分别为 60，50，40，征询工人对该厂某项议案的意见，反对人数所占比例分别为 10%，20%，30%，试估计全厂工人反对该项议案的人数所占比例。

6. 为了调查某市职工的人均月奖金(单位：元)，按职工所在企业的类型将职工分成 4 层，从各层中以人为单元分别按各层人数比例来抽取简单随机样本，调查结果见表 3.28。试估计该市职工的人均月奖金，并给出标准差估计。

表 3.28 某市职工的人均月奖金调查数据

名称	总人数	样本量	样本均值	样本标准差
全民企业	12000	288	255	14
集体企业	8000	192	354	23
合资企业	1000	24	485	44
机关事业单位	4000	96	142	5
合计	25000	600	—	—

7. 总体分为三层，有关数据见表 3.29。为了从各层抽取简单随机样本，试分别按下列要求计算所需要的总样本量和各层样本量(抽样比忽略不计)。

(1)总体均值估计量的方差的限度为 0.1，并且总调查费用最省；

(2)各层估计量方差的限度都是 0.1。

表 3.29 第 7 题的数据

层	单元数比例	标准差	调查费用
1	0.4	2	3
2	0.3	3	2
3	0.3	4	1

8. 某企业欲估计职员的离职意愿，聘请专业公司进行调研。公司职员按高级职称、中

级职称和初级职称分为 3 层，已知层权分别为 0.2，0.3，0.5，预先猜测各层比例为 0.1，0.2，0.4。如果采用按比例分配样本量的分层随机抽样，要求估计量的方差等于样本量为 100 的简单随机样本的估计量方差，问样本量应为多少？(不考虑有限总体校正系数)

9. 某企业有工人 132 人、技术人员 92 人、管理人员 27 人。现欲采用抽样调查估计去年平均每人请假天数，拟采用分层随机抽样。若已知每个工人请假天数的方差为 36，技术人员的方差为 25，管理人员的方差为 9，设样本量 $n=50$，选用内曼最优分配样本量，计算各层的样本量。

10. 为了调查很大总体中具有某种特征单元所占比例，将总体划分为三层。三层的单元数占总体单元总数的比例分别为 $W_1=0.5$，$W_2=0.3$，$W_3=0.2$，具有某种特征单元所占比例的预估计分别为 $p_1=0.52$，$p_2=0.4$，$p_3=0.6$。若选择样本量按比例分配，试计算分层随机抽样的样本量，使得分层随机抽样的均值估计量与样本量 $n=600$ 的简单随机抽样的均值估计量的精度相同。

11. 某工厂生产的机器销售给全国 219 家用户。现在欲调查用户对该厂机器的满意度评分，把全部用户划分为本地区、本省外地区以及外省地区，相关数据见表 3.30。其中 C_h 为在第 h 层中调查一个用户的平均费用。

表 3.30　某工厂生产的机器销售数据

本地区	本省外地区	外省地区
$N_1=112$	$N_2=68$	$N_3=39$
$S_1^2=2.25$	$S_2^2=3.24$	$S_3^2=3.24$
$c_1=9$	$c_2=25$	$c_3=36$

要求评分均值估计量的方差限度为 0.1，并且总调查费用最省，其中总调查费用为样本量的线性函数，$c_0=0$。试计算总样本量、各层样本量以及最低费用。

12. 某县有 4 个乡，共有农户 10 万户。分别用简单随机抽样从每个乡中以户为单元抽取样本，估计全县的平均每户收入。调查经费预算 3000 元，试计算全县以及各乡需要抽取多少农户使估计量的方差最小。(已知：调查所需的固定费用为 800 元，各乡农户数之比分别为 40%，30%，20%，10%，调查各乡农户所需要的平均费用分别为 9 元、16 元、4 元、4 元，各乡农户年收入的方差估计分别为 640000，230400，250000，810000)

13. 已知总体的数据如表 3.31。拟估计总体均值，要求估计量的方差不超过 0.1。若进行分层随机抽样，分别采用样本量内曼最优分配和样本量按比例分配，计算总样本量和各层样本量。

表 3.31　总体各层的单元数和标准差

层号	各层总体单元数	各层标准差
1	250	10
2	750	8
合计	1000	—

14. 总体包括两层，各层的权数 W_h 和标准差 S_h 见表 3.32。现分别从两层中抽取简单随机样本，试按下列要求计算所需的总样本量和各层样本量 n_1，n_2，其中比值 n_1/N_1 和

n_2/N_2 忽略不计。(1)总体均值估计量的标准误是 0.1，总样本量 $n=n_1+n_2$ 最小，假设各层每个单元的调查费用相同。(2)总体均值估计量的标准误是 0.1，总调查费用最省，第 1 层每个单元的调查费用为 16，第 2 层每个单元调查费用为 4。(3)每层均值估计量的标准误为 0.1。(4)如果总样本量 $n=100$，分别选用样本量等额分配、样本量按比例分配、样本量内曼最优分配，计算总体均值估计量的方差。

表 3.32　总体各层的权数和标准差

层	W_h	S_h
1	0.8	2
2	0.2	4

15. 某公司进行财务审计，对原始凭证进行审核。公司出纳 A 登记的原始凭证占 70%，出纳 B 登记的原始凭证占 30%，审计人员从原始凭证中随机抽出 100 份，其中出纳 A、B 登记的原始凭证数分别为 43 份和 57 份，发现错误的凭证数分别为 1 份和 2 份。(1)用简单随机抽样的简单估计量公式估计登记原始凭证的差错率及其标准差。(2)用抽样后分层的估计量公式估计登记原始凭证的差错率及其标准差。有限总体校正系数 $1-f\approx 1$。

16. 总体包括两层，总体方差为 64，抽样精度要求估计量的方差不超过 0.1，且抽样比可以忽略不计，各层数据见表 3.33。

表 3.33　总体各层的权数和标准差

层	各层权数	各层标准差
1	0.8	4
2	0.2	16
合计	1.0	—

若采用分层随机抽样，各层样本量数按 0.8 和 0.2 比例分配，或者样本量内曼最优分配，试比较这两种方法与采用简单随机抽样的差别，试通过具体计算来说明。

17. 表 3.34 给出的是某县所有农场按规模大小分层以及各层每个农场种植谷物的平均面积(单位：英亩)。现欲抽出包含 100 个农场的样本，分别选用样本量按比例分配和样本量最优分配，试计算每层的样本量。并与简单随机抽样的简单估计量进行比较。

表 3.34　某县所有农场的数据

农场规模	农场数	种植面积	标准差
0 ~ 40	394	5.4	8.3
41 ~ 80	461	16.3	13.3
81 ~ 120	391	24.3	15.1
121 ~ 160	334	34.5	19.8
161 ~ 200	169	42.1	24.5
201 ~ 240	113	50.1	26.0
241 ~	148	63.8	35.2

18. 某开发区对区内居民消费冷冻食品情况进行电话调查。按区号分层,样本量按比例分配,各层抽样比忽略不计,居民购买冷冻食品支出(单位:元)的调查数据见表3.35。试估计该开发区每户居民户购买冷冻食品的平均支出,并给出在置信概率95%下的置信区间。

表3.35 居民购买冷冻食品支出数据

区号	层权	样本量	样本平均	样本标准差
1	8.2	16	89	105
2	6.5	13	56	74
3	13.7	27	102	186
4	5.6	11	76	97
5	11.8	24	97	106
6	11.6	23	79	89
7	17.0	34	83	112
8	9.8	20	52	73
9	8.8	18	36	44
10	7.0	14	52	65

19. 为调查在某高血压高发病地区中青少年与成年人的高血压患病率,将14岁及以上的人划分为4个年龄组,进行分层随机抽样,调查结果见表3.36。试估计总体高血压患病率,并给出相应的标准差估计。

表3.36 青少年与成年人的患病率数据

年龄组	层权	样本量	患病率
14～25岁	0.281	400	0.083
26～40岁	0.322	650	0.174
41～60岁	0.213	600	0.310
61岁及以上	0.184	350	0.464

第四章　比率估计量和回归估计量

在简单随机抽样中，样本均值作为总体均值的简单估计量，具有很多优良性质，如无偏性、一致性等。在实际调查中，除了我们关心的标志外，往往还有其他标志。我们关心的调查标志也称为目标变量，能够提高目标变量估计精度的其他标志称为辅助变量(Auxiliary Variable)。利用辅助变量，有时会显著提高目标变量估计的精度。本章将介绍总体比率的估计，以及两种利用辅助变量提高估计精度的方法，分别称为比率估计量和回归估计量。比率估计量和回归估计量的方差往往小于简单估计量方差，回归估计量的方差通常也小于比率估计量方差。比率估计量和回归估计量可用于简单随机抽样，也可用于分层随机抽样。通常，构造这两个估计量都要求辅助变量的总值或均值已知。如果辅助变量的总值和均值都未知，则可以进行二重抽样，先获得辅助变量的总体总值估计值，再对目标变量估计。

本章包含六节内容，第一节介绍总体比率的含义以及总体比率的估计；第二节介绍简单随机抽样的比率估计量；第三节介绍分层随机抽样的比率估计量；第四节介绍简单随机抽样的回归估计量；第五节介绍分层随机抽样的回归估计量；第六节给出比率估计量和回归估计量的模拟案例。

本章的符号说明

Y	项目 y 的总体总值 $Y=\sum_{i=1}^{N} y_i$
$\bar{Y}$	项目 y 的总体均值 $\bar{Y}=Y/N$
S_y^2	项目 y 的总体方差 $S_y^2=\sum_{i=1}^{N}(y_i-\bar{Y})^2/(N-1)$
$\bar{X}$	项目 x 的总体均值 $\bar{X}=X/N$
X	项目 x 的总体总值 $X=\sum_{i=1}^{N} x_i$
S_x^2	项目 x 的总体方差 $S_x^2=\sum_{i=1}^{N}(x_i-\bar{X})^2/(N-1)$
R	总体比率 $R=Y/X=\bar{Y}/\bar{X}$
S_{xy}	总体协方差 $S_{xy}=\sum_{i=1}^{N}(x_i-\bar{X})(y_i-\bar{Y})/(N-1)$
ρ_{xy}	总体相关系数 $\rho_{xy}=S_{xy}/(S_xS_y)$
y	项目 y 的样本总值 $y=\sum_{i=1}^{n} y_i$
$\bar{y}$	项目 y 的样本均值 $\bar{y}=y/n$
$\bar{y}_{ST}$	项目 y 的分层样本均值 $\bar{y}_{ST}=\sum_{h=1}^{L} W_h\bar{y}_h$
$\bar{y}_h$	项目 y 的第 h 层样本均值 $\bar{y}_h=\sum_{i=1}^{n_h} y_i/n_h$
s_y^2	项目 y 的样本方差 $s_y^2=\sum_{i=1}^{n}(y_i-\bar{y})^2/(n-1)$
$C(\bar{y})$	项目 y 的样本均值 $\bar{x}$ 的变异系数 $C(\bar{y})=\sqrt{V(\bar{y})}/E(\bar{y})$

x	项目 $\mathcal{X}$ 的样本总值 $x=\sum_{i=1}^{n}x_i$
$\bar{x}$	项目 $\mathcal{X}$ 的样本均值 $\bar{x}=x/n$
$\bar{x}_{ST}$	项目 $\mathcal{X}$ 的分层样本均值 $\bar{x}_{ST}=\sum_{h=1}^{L}W_h\bar{x}_h$
$\bar{x}_h$	项目 $\mathcal{X}$ 的第 h 层样本均值 $\bar{x}_h=\sum_{i=1}^{n_h}x_i/n_h$
s_x^2	项目 $\mathcal{X}$ 的样本方差 $s_x^2=\sum_{i=1}^{n}(x_i-\bar{x})^2/(n-1)$
s_{xy}	样本协方差 $s_{xy}=\sum_{i=1}^{n}(x_i-\bar{x})(y_i-\bar{y})/(n-1)$
$\hat{\rho}_{xy}$	样本相关系数 $\hat{\rho}_{xy}=s_{xy}/(s_xs_y)$
$C(\bar{x})$	项目 $\mathcal{X}$ 的样本均值 $\bar{x}$ 的变异系数 $C(\bar{x})=\sqrt{V(\bar{x})}/E(\bar{x})$

第一节 总体比率的估计

总体比率是两个总体总值之比。通常，这两个指标是相互关联的。下面给出总体比率的三个例子。

例 4.1 若要计算某年度全市工业企业资金利润率，可用该年度全市工业企业产品销售利润额除以该年度全市工业企业流动资金额。即用 R_1 代表该年度全市工业企业资金利润率，用 Y_1 代表该年度全市工业企业产品销售利润额，用 X_1 代表该年度全市工业企业流动资金额。全市工业企业的总数记为 N_1，该年度第 i 个工业企业的产品销售利润额记为 $y_{1,i}$，该年度第 i 个工业企业的流动资金额记为 $x_{1,i}$。于是，$Y_1=\sum_{i=1}^{N_1}y_{1,i}$，$X_1=\sum_{i=1}^{N_1}x_{1,i}$。该年度全市工业企业资金利润率 R_1 为

$$R_1=\frac{Y_1}{X_1}=\frac{\sum_{i=1}^{N_1}y_{1,i}}{\sum_{i=1}^{N_1}x_{1,i}}$$

例 4.2 若要计算某年度某市居民购买耐用消费品支出占全部生活支出的比率，可用该年度全市居民购买耐用消费品的支出总额除以该年度全市居民生活费支出总额。用 R_2 代表该年度全市居民购买耐用消费品支出占全部生活支出的比率，用 Y_2 代表该年度全市居民购买耐用消费品的支出总额，用 X_2 代表该年度全市居民生活费支出总额。全市居民的总数记为 N_2，该年度第 i 户居民购买耐用消费品的支出额记为 $y_{2,i}$，该年度第 i 户居民生活费支出总额记为 $x_{2,i}$。于是 $Y_2=\sum_{i=1}^{N_2}y_{2,i}$，$X_2=\sum_{i=1}^{N_2}x_{2,i}$。该年度全市居民购买耐用消费品支出占全部生活支出的比率 R_2 为

$$R_2=\frac{Y_2}{X_2}=\frac{\sum_{i=1}^{N_2}y_{2,i}}{\sum_{i=1}^{N_2}x_{2,i}}$$

例 4.3 若研究 200 个大城市的 2018 年总人口与 2013 年总人口相比的发展速度，则将 200 个大城市的 2018 年人口总数除以 2013 年人口总数。用 R_3 代表 200 个大城市的 2018 年总人口与 2013 年总人口相比的发展速度，用 Y_3 代表 200 个大城市的 2018 年人口总数，用 X_3 代表 200 个大城市的 2013 年人口总数。这里，$N_3=200$，第 i 个大城市的 2018 年人口数记为 $y_{3,i}$，第 i 个大城市的 2013 年人口数记为 $x_{3,i}$。于是 $Y_3=\sum_{i=1}^{N_3}y_{3,i}$，$X_3=$

$\sum_{i=1}^{N_3} x_{3,i}$ 。200 个大城市的 2018 年总人口与 2013 年总人口相比的发展速度 R_3 为

$$R_3 = \frac{Y_3}{X_3} = \frac{\sum_{i=1}^{N_3} y_{3,i}}{\sum_{i=1}^{N_3} x_{3,i}}$$

在上述 3 个例子中,某年度全市工业企业资金利润率 R_1、某年度全市居民购买耐用消费品支出占全部生活支出的比率 R_2、200 个大城市的 2018 年总人口与 2013 年总人口相比的发展速度 R_3 都是总体比率。为了计算总体比率,对每个单元都同时观察两个标志,记为 $(y_1, x_1), \cdots, (y_N, x_N)$,总体比率为两个总体总值 $Y = \sum_{i=1}^{N} y_i$ 和 $X = \sum_{i=1}^{N} x_i$ 之比。

相对比,总体比例是在总体中属于 C 类的单元总数与总体单元总数之比。例如,全国城市人口中男性人口比重记为 R,全国的城市总数记为 N ,全国城市人口中男性人口数记为 Y ,全国城市人口数记为 X ,第 i 个城市人口中男性人口数记为 y_i ,第 i 个城市人口数记为 x_i ,于是 $Y = \sum_{i=1}^{N} y_i$, $X = \sum_{i=1}^{N} x_i$ 。在实际调查中,只调查每个城市人口中男性人口数,基本单元观察值分别为 $y_1, \cdots, y_N$,全国城市人口中男性人口比重 R 为

$$R = \frac{Y}{X} = \frac{\sum_{i=1}^{N} y_i}{X}$$

此时,全国城市人口中男性人口比重 R 为总体比例。若调查每个城市的男性人口数和城市人口总数,基本单元观察值分别为 $(y_1, x_1), \cdots, (y_N, x_N)$,则全国城市人口中男性人口比重 R 为

$$R = \frac{Y}{X} = \frac{\sum_{i=1}^{N} y_i}{\sum_{i=1}^{N} x_i}$$

此时,全国城市人口中男性人口比重 R 为总体比率。

一、利用简单随机样本估计总体比率

假设总体的单元总数记为 N , N 个单元标志值依次记为 $(y_1, x_1), \cdots, (y_N, x_N)$,并且 $Y = \sum_{i=1}^{N} y_i$, $X = \sum_{i=1}^{N} x_i$,总体比率 $R = Y/X$ 的估计量记为 $\hat{R}$ 。样本量记为 n , n 个样本单元的标志值依次记为 $(y_1, x_1), \cdots, (y_n, x_n)$,并且 $y = \sum_{i=1}^{n} y_i$, $x = \sum_{i=1}^{n} x_i$ 。样本比率记为 r , $r = y/x$ 。总体比率 R 的估计量 $\hat{R}$ 为

$$\hat{R} = \frac{y}{x} = r \tag{4.1}$$

估计量 $\hat{R}$ 是总体比率 R 的有偏估计量,即 $E(\hat{R}) \neq R$ 。定理 4.1 指出,在大样本情况下,估计量 $\hat{R}$ 的偏差可以忽略。

定理 4.1 采用简单随机抽样,若样本量 n 足够大,在近似的意义下,估计量 $\hat{R}$ 是总体比率 R 的无偏估计量。

证明:对于简单随机抽样,样本均值 $\bar{x}$ 是总体均值 $\bar{X}$ 的无偏估计。当样本量 n 足够大,样本均值 $\bar{x}$ 与总体均值 $\bar{X}$ 非常接近,即 $\bar{x} \approx \bar{X}$,有 $\bar{y}/\bar{x} \approx \bar{y}/\bar{X}$ 。于是,

$$E(\hat{R})=E(r)=E\left(\frac{y}{x}\right)=E\left(\frac{\bar{y}}{\bar{x}}\right)\approx E\left(\frac{\bar{y}}{\bar{X}}\right)=\frac{E(\bar{y})}{\bar{X}}=\frac{\bar{Y}}{\bar{X}}=R$$

即,在近似的意义下,估计量 $\hat{R}$ 是总体比率 R 的无偏估计量。

在定理 4.1 的证明过程中,由于 $\bar{y}$,$\bar{x}$ 不相互独立,很难计算 $E(\bar{y}/\bar{x})$ 的值,在样本量 n 足够大的情况下,用总体均值 $\bar{X}$ 代替样本均值 $\bar{x}$ 。

定理 4.2 采用简单随机抽样,若样本量 n 足够大,在近似的意义下,总体比率估计量 $\hat{R}$ 的方差为

$$V(\hat{R})=\frac{1-f}{n\bar{X}^2}\left[\frac{1}{N-1}\sum_{i=1}^{N}(y_i-Rx_i)^2\right] \tag{4.2}$$

证明:对于简单随机抽样,当样本量 n 足够大,样本均值 $\bar{x}$ 与总体均值 $\bar{X}$ 非常接近,即 $\bar{x}\approx\bar{X}$。此时,

$$\hat{R}-R=\frac{y}{x}-R=\frac{\bar{y}}{\bar{x}}-R=\frac{\bar{y}-R\bar{x}}{\bar{x}}\approx\frac{\bar{y}-R\bar{x}}{\bar{X}}$$

令 $d_i=y_i-Rx_i, i=1,\cdots,N$,d_i 的总体均值为

$$\bar{D}=\frac{1}{N}\sum_{i=1}^{N}d_i=\frac{1}{N}\sum_{i=1}^{N}(y_i-Rx_i)=\bar{Y}-R\bar{X}=0$$

d_i 的样本均值

$$\bar{d}=\frac{1}{n}\sum_{i=1}^{n}d_i=\frac{1}{n}\sum_{i=1}^{n}(y_i-Rx_i)=\bar{y}-R\bar{x}$$

可以验证,$E(\bar{d})=E(\bar{y}-R\bar{x})=\bar{Y}-R\bar{X}=\bar{D}=0$。当样本量 n 足够大

$$V(\hat{R})=E[\hat{R}-E(\hat{R})]^2\approx E(\hat{R}-R)^2=E\left(\frac{\bar{y}-R\bar{x}}{\bar{x}}\right)^2\approx\frac{E(\bar{y}-R\bar{x})^2}{\bar{X}^2}=\frac{V(\bar{d})}{\bar{X}^2}$$

$$=\frac{1}{\bar{X}^2}\frac{1-f}{n}\left[\frac{1}{N-1}\sum_{i=1}^{N}(d_i-0)^2\right]=\frac{1-f}{n\bar{X}^2}\left[\frac{1}{N-1}\sum_{i=1}^{N}(y_i-Rx_i)^2\right]$$

定理 4.2 成立。

定义 Y,X 之间的总体相关系数为

$$\rho_{XY}=\frac{S_{XY}}{S_XS_Y} \tag{4.3}$$

其中,

$$S_{XY}=\frac{\sum_{i=1}^{N}(y_i-\bar{Y})(x_i-\bar{X})}{N-1}$$

$$S_Y=\sqrt{\frac{\sum_{i=1}^{N}(y_i-\bar{Y})^2}{N-1}}$$

$$S_X=\sqrt{\frac{\sum_{i=1}^{N}(x_i-\bar{X})^2}{N-1}}$$

进而,可以得到 $V(\hat{R})$ 的另一种表达式。由于

$$\frac{1}{N-1}\sum_{i=1}^{N}(y_i-Rx_i)^2=\frac{1}{N-1}\sum_{i=1}^{N}[(y_i-\bar{Y})-R(x_i-\bar{X})]^2$$
$$=\frac{1}{N-1}\Big[\sum_{i=1}^{N}(y_i-\bar{Y})^2+R^2\sum_{i=1}^{N}(x_i-\bar{X})^2-2R\sum_{i=1}^{N}(y_i-\bar{Y})(x_i-\bar{X})\Big]$$
$$=S_Y^2+R^2S_X^2-2RS_YS_X\rho_{XY}$$
$$=\bar{Y}^2\left(\frac{S_Y^2}{\bar{Y}^2}+\frac{R^2S_X^2}{\bar{Y}^2}-\frac{2RS_YS_X\rho_{XY}}{\bar{Y}^2}\right)$$
$$=\bar{Y}^2[C^2(y_i)+C^2(x_i)-2\rho_{XY}C(y_i)C(x_i)]$$

其中 $C(y_i)=S_Y/\bar{Y}$ 和 $C(x_i)=S_X/\bar{X}$ 分别是 y_i 的变异系数和 x_i 的变异系数。于是，对于样本量 n 足够大的简单随机样本，在近似的意义下总体比率估计量 $\hat{R}$ 的方差为

$$V(\hat{R})=\frac{1-f}{n\bar{X}^2}(S_Y^2+R^2S_X^2-2RS_YS_X\rho_{XY})$$
$$=\frac{(1-f)R^2}{n}[C(y_i)^2+C(x_i)^2-2\rho_{XY}C(y_i)C(x_i)] \tag{4.4}$$

总体比率估计量 $\hat{R}$ 的方差也可以写为

$$V(\hat{R})=\frac{\bar{Y}^2}{\bar{X}^2}\left[\frac{(1-f)S_Y^2}{n\bar{Y}^2}+\frac{(1-f)S_X^2}{n\bar{X}^2}-\frac{(1-f)2S_YS_X\rho_{XY}}{n\bar{X}\bar{Y}}\right]$$
$$=R^2[C^2(\bar{y})+C^2(\bar{x})-2\rho_{XY}C(\bar{y})C(\bar{x})] \tag{4.5}$$

其中 $C(\bar{x})=\sqrt{(1-f)S_X^2/n}/\bar{X}$ 和 $C(\bar{y})=\sqrt{(1-f)S_Y^2/n}/\bar{Y}$ 分别是样本均值 $\bar{x}$ 和 $\bar{y}$ 的变异系数。

式(4.4)显示，估计量 $\hat{R}$ 的方差是由总体比率 R 、y_i 和 x_i 的变异系数 $C(y_i)$ 和 $C(x_i)$ 、总体相关系数 ρ_{XY} 共同决定。式(4.5)显示，总体比率估计量 $\hat{R}$ 的方差是由总体比率 R 、样本均值 $\bar{x}$ 和 $\bar{y}$ 的变异系数 $C(\bar{x})$ 和 $C(\bar{y})$ 、总体相关系数 ρ_{XY} 共同决定。基于定理 4.2，给定样本 $(y_1,x_1),\cdots,(y_n,x_n)$ ，如果总体总值 X 或总体均值 $\bar{X}$ 已知，估计量 $\hat{R}$ 的方差估计如下。

定理 4.3 采用简单随机抽样，若样本量 n 足够大，在近似的意义下总体比率估计量 $\hat{R}$ 的方差估计为

$$v(\hat{R})=\frac{1-f}{n\bar{X}^2}\left[\frac{1}{n-1}\sum_{i=1}^{n}(y_i-rx_i)^2\right] \tag{4.6}$$

估计量 $v(\hat{R})$ 是无偏估计量。

用 $\sum_{i=1}^{n}(y_i-rx_i)^2/(n-1)$ 作为 $\sum_{i=1}^{N}(y_i-Rx_i)^2/(N-1)$ 的估计量，有 $1/n$ 阶的偏差。在定理 4.3 中，简单随机抽样的样本量 n 足够大，这个偏差很小，在近似的意义下，估计量 $v(\hat{R})$ 是 $V(\hat{R})$ 的无偏估计量。

对于式(4.6)中估计量 $\hat{R}$ 的方差估计 $v(\hat{R})$ ，当总体均值 $\bar{X}$ 未知时，总体均值 $\bar{X}$ 用样本

均值 $\bar{x}$ 代替，总体比率估计量 $\hat{R}$ 的方差估计为

$$v(\hat{R})=\frac{1-f}{n\bar{x}^2}\left[\frac{1}{n-1}\sum_{i=1}^{n}(y_i-rx_i)^2\right] \tag{4.7}$$

可以将式(4.6)中估计量 $\hat{R}$ 的方差估计 $v(\hat{R})$ 写成

$$\begin{aligned}v(\hat{R})&=\frac{1-f}{n\bar{X}^2}\left[\frac{1}{n-1}\sum_{i=1}^{n}(y_i-\bar{y}-rx_i+r\bar{x})^2\right]\\&=\frac{1-f}{n\bar{X}^2}\left[\frac{1}{n-1}\sum_{i=1}^{n}(y_i-\bar{y})^2+\frac{r^2}{n-1}\sum_{i=1}^{n}(x_i-\bar{x})^2-\frac{2r}{n-1}\sum_{i=1}^{n}(x_i-\bar{x})(y_i-\bar{y})\right]\\&=\frac{1-f}{n\bar{X}^2}(s_y^2+r^2s_x^2-2r\rho_{xy}s_ys_x)\end{aligned}$$

其中，

$$s_y^2=\frac{1}{n-1}\sum_{i=1}^{n}(y_i-\bar{y})^2$$

$$s_x^2=\frac{1}{n-1}\sum_{i=1}^{n}(x_i-\bar{x})^2$$

$$s_{xy}=\frac{1}{n-1}\sum_{i=1}^{n}(x_i-\bar{x})(y_i-\bar{y})$$

$$\rho_{xy}=\frac{s_{xy}}{s_ys_x}$$

分别为样本方差 s_y^2 和 s_x^2 、样本协方差 s_{xy} 、样本相关系数 ρ_{xy} 。

总体比率估计量 $\hat{R}$ 的精确分布很难获得。当总体单元的数量非常大，样本量也很大，估计量 $\hat{R}$ 的偏差可以忽略。在实际调查工作中，样本量 n 很大，样本均值 $\bar{y}$ 和 $\bar{x}$ 的变异系数 $C(\bar{y})$ 和 $C(\bar{x})$ 往往小于10%。样本均值 $\bar{y}$ 和 $\bar{x}$ 的变异系数 $C(\bar{y})$ 和 $C(\bar{x})$ 分别为

$$C(\bar{y})=\frac{\sqrt{V(\bar{y})}}{E(\bar{y})}=\frac{S_Y}{E(\bar{y})}\sqrt{\frac{1-f}{n}}$$

$$C(\bar{x})=\frac{\sqrt{V(\bar{x})}}{E(\bar{x})}=\frac{S_X}{E(\bar{x})}\sqrt{\frac{1-f}{n}}$$

总体比率 R 在置信概率 $1-\alpha$ 下的双侧置信区间为

$$\left(r-Z_{\alpha/2}\sqrt{v(\hat{R})},r+Z_{\alpha/2}\sqrt{v(\hat{R})}\right) \tag{4.8}$$

其中 $Z_{\alpha/2}$ 为标准正态分布上概率 $\alpha/2$ 相对应的分位数，$r+Z_{\alpha/2}\sqrt{v(\hat{R})}$ 为置信上限，$r-Z_{\alpha/2}\sqrt{v(\hat{R})}$ 为置信下限。在下文的讨论中，为了演示简单，不管样本量 n 的大小，都采用上述置信区间。这不适用于实际问题。

例 4.4 某地区有 $N=500$ 家乡镇企业，报告期全地区每个企业的平均产品销售收入 $\bar{X}=100$ 万元。采用简单随机抽样方法抽取企业 $n=30$ 家，调查报告期每个企业的产品销售利润 y_i 和产品销售收入 x_i ，调查数据见表 4.1。试估计全地区乡镇企业的产品销售利润率，给出方差估计和置信区间。

表 4.1 报告期企业的产品销售利润 y_i 和销售收入 x_i 单元:万元

i	y_i	x_i	i	y_i	x_i	i	y_i	x_i
1	30	150	11	24	160	21	17	100
2	36	180	12	35	140	22	14	70
3	27	90	13	26	130	23	9	60
4	7	50	14	18	90	24	12	80
5	36	200	15	46	200	25	18	100
6	24	80	16	12	80	26	18	90
7	15	100	17	21	150	27	11	110
8	24	150	18	36	150	28	26	130
9	34	120	19	34	200	29	15	150
10	33	110	20	22	110	30	35	140

解:由题意可知,$N=500$,$n=30$,$\bar{X}=100$,$Z_{0.025}=1.96$。经过计算,乡镇企业产品销售利润的样本总值 $y=\sum_{i=1}^{n}y_i=715$,乡镇企业产品销售收入的样本总值 $x=\sum_{i=1}^{n}x_i=3670$,$\sum_{i=1}^{n}x_i^2=498700$,$\sum_{i=1}^{n}x_iy_i=96700$,$\sum_{i=1}^{n}y_i^2=19935$。全地区乡镇企业的产品销售利润率 $R=\bar{Y}/\bar{X}$ 的估计为

$$\hat{R}=r=\frac{y}{x}$$

$$=\frac{715}{3650}=0.1948$$

全地区乡镇企业的产品销售利润率估计量 $\hat{R}$ 的方差估计为

$$v(\hat{R})=\frac{1-f}{n\bar{X}^2}\left[\frac{1}{n-1}\sum_{i=1}^{n}(y_i-rx_i)^2\right]=\frac{1-f}{n\bar{X}^2}\left[\frac{1}{n-1}\left(\sum_{i=1}^{n}y_i^2+r^2\sum_{i=1}^{n}x_i^2-2r\sum_{i=1}^{n}x_iy_i\right)\right]$$

$$=\frac{1-30/500}{30\times 100^2}\times\left(\frac{19935+0.1948^2\times 498700-2\times 0.1948\times 96700}{30-1}\right)=0.0001280$$

估计量 $\hat{R}$ 的标准差估计 $\sqrt{v(\hat{R})}=1.13\%$。在置信概率 95%下,全地区乡镇企业的产品销售利润率的双侧置信区间的置信下限为

$$r-Z_{\alpha/2}\sqrt{v(\hat{R})}=0.1948-1.96\times 0.0113=17.27\%$$

置信上限为

$$r+Z_{\alpha/2}\sqrt{v(\hat{R})}=0.1948+1.96\times 0.0113=21.69\%$$

全地区乡镇企业的产品销售利润率的估计值为 0.1948,方差估计为 0.0001280,标准差估计为 1.13%,全地区乡镇企业的产品销售利润率在置信概率 95%下的双侧置信区间为(17.27%,21.69%)。

对于总体比率的估计,估计量 $\hat{R}$ 的期望与真值 R 之差不等于 0,估计量 $\hat{R}$ 是有偏估计

量,有阶为 $1/n$ 的偏差①。当样本量 n 很大时,有 $\bar{x}-\bar{X}\approx 0$,并且

$$\hat{R}-R=\frac{\bar{y}}{\bar{x}}-R=\frac{\bar{y}-R\bar{x}}{\bar{x}}$$

其中,

$$\frac{1}{\bar{x}}=\frac{1}{\bar{X}+(\bar{x}-\bar{X})}=\frac{1}{\bar{X}[1+(\bar{x}-\bar{X})/\bar{X}]}\approx\frac{1}{\bar{X}}\left(1-\frac{\bar{x}-\bar{X}}{\bar{X}}\right)$$

最后约等号成立是由于选择了泰勒级数展开的主要项。于是,

$$\begin{aligned}E(\hat{R})-R&=E\left(\frac{\bar{y}-R\bar{x}}{\bar{X}}\right)\left(1-\frac{\bar{x}-\bar{X}}{\bar{X}}\right)=-E\left(\frac{\bar{y}-R\bar{x}}{\bar{X}}\right)\left(\frac{\bar{x}-\bar{X}}{\bar{X}}\right)\\&=-\frac{1}{\bar{X}^2}E[(\bar{y}-\bar{Y}-R\bar{x}+R\bar{X})(\bar{x}-\bar{X})]\\&=-\frac{1}{\bar{X}^2}[E(\bar{y}-\bar{Y})(\bar{x}-\bar{X})-RE(\bar{x}-\bar{X})^2]=-\frac{1}{\bar{X}^2}[Cov(\bar{y},\bar{x})-RV(\bar{x})]\\&=-\frac{1}{\bar{X}^2}\left[\frac{(1-f)\rho_{XY}S_XS_Y}{n}-\frac{(1-f)RS_X^2}{n}\right]=-\frac{1-f}{n\bar{X}^2}(\rho_{XY}S_XS_Y-RS_X^2)\end{aligned}$$

从而,估计量 $\hat{R}$ 有阶为 $1/n$ 的偏差。由于

$$\sqrt{V(\hat{R})}=\sqrt{\frac{1-f}{n\bar{X}^2}(S_Y^2+R^2S_X^2-2R\rho_{XY}S_XS_Y)}$$

相对偏差为

$$\begin{aligned}\frac{|E(\hat{R})-R|}{\sqrt{V(\hat{R})}}&=\frac{\frac{1-f}{n\bar{X}^2}|\rho_{XY}S_XS_Y-RS_X^2|}{\sqrt{\frac{1-f}{n\bar{X}^2}(S_Y^2+R^2S_X^2-2R\rho_{XY}S_XS_Y)}}\\&=\sqrt{\frac{(1-f)S_X^2}{n\bar{X}^2}}\frac{|RS_X-\rho_{XY}S_Y|}{\sqrt{S_Y^2+R^2S_X^2-2R\rho_{XY}S_XS_Y}}\\&=\frac{|C(\bar{x})||RS_X-\rho_{XY}S_Y|}{\sqrt{(RS_X-\rho_{XY}S_Y)^2+(1-\rho_{XY}^2)S_Y^2}}\leqslant|C(\bar{x})|\end{aligned}$$

当样本量 n 很大时,若 $|E(\hat{R})-R|/\sqrt{V(\hat{R})}<|C(\bar{x})|<0.1$,估计量 $\hat{R}$ 的偏差可以忽略不计。若变异系数 $|C(\bar{x})|$ 小于 0.2,估计量 $\hat{R}$ 的偏差往往并不重要。若变异系数 $|C(\bar{x})|$ 较大,估计量 $\hat{R}$ 的偏差不能被忽略,应当特别关注。

二、利用分层随机样本估计总体比率

假设总体的单元总数为 N,被划分为 L 个层,层序号用 h 表示,$h=1,\cdots,L$。每层的

① Cochran W. G. Sampling techniques [M]. 3rd ed. New York: John Wiley and Sons, 1977. 中文版:张尧庭,吴辉. 抽样技术[M]. 北京:中国统计出版社, 1985.

单元总数依次为 $N_1, N_2, \cdots, N_L$，即 $N = N_1 + N_2 + \cdots + N_L$，$W_h = N_h / N$ 为第 h 层的权数。层内的单元序号用 i 表示，(y_{hi}, x_{hi}) 表示第 h 层第 i 个单元的标志值，总体总值为 $Y = \sum_{h=1}^{L} \sum_{i=1}^{N_h} y_{hi}$，$X = \sum_{h=1}^{L} \sum_{i=1}^{N_h} x_{hi}$，总体均值为 $\bar{Y} = Y/N$，$\bar{X} = X/N$，第 h 层均值为 $\bar{Y}_h = \sum_{i=1}^{N_h} y_{hi} / N_h$，$\bar{X}_h = \sum_{i=1}^{N_h} x_{hi} / N_h$。样本量记为 n，各层样本量依次记为 $n_1, n_2, \cdots, n_L$，层内的样本单元序号用 i 表示，(y_{hi}, x_{hi}) 表示第 h 层样本的第 i 个单元标志值。第 h 层的样本均值 $\bar{y}_h = \sum_{i=1}^{n_h} y_{hi} / n_h$，$\bar{x}_h = \sum_{i=1}^{n_h} x_{hi} / n_h$，分层样本均值记为 $\bar{y}_{ST} = \sum_{h=1}^{L} W_h \bar{y}_h$，$\bar{x}_{ST} = \sum_{h=1}^{L} W_h \bar{x}_h$。

为估计总体比率，分别用分层随机样本估计总值 Y 和总值 X，估计量之比为总体比率的估计量。总体总值 Y 的估计量为 $\hat{Y}_{ST} = N\bar{y}_{ST}$，总体总值 X 的估计量为 $\hat{X}_{ST} = N\bar{x}_{ST}$，样本比率 $r_{ST} = \bar{y}_{ST} / \bar{x}_{ST}$。总体比率估计量为

$$\hat{R}_{ST} = \frac{\hat{Y}_{ST}}{\hat{X}_{ST}} = \frac{N\bar{y}_{ST}}{N\bar{x}_{ST}} = r_{ST} \tag{4.9}$$

定理 4.4 对于分层随机抽样，若样本量 n 和各层样本量 $n_1, n_2, \cdots, n_L$ 足够大，在近似的意义下，估计量 $\hat{R}_{ST}$ 是无偏估计量。

证明：对于分层随机抽样，若样本量 n 和各层样本量 $n_1, n_2, \cdots, n_L$ 足够大，有 $\bar{x}_{ST} \approx \bar{X}$。从而，

$$E(\hat{R}_{ST}) = E\left(\frac{\hat{Y}_{ST}}{\hat{X}_{ST}}\right) = E\left(\frac{\bar{y}_{ST}}{\bar{x}_{ST}}\right) \approx E\left(\frac{\bar{y}_{ST}}{\bar{X}_{ST}}\right) = \frac{E(\bar{y}_{ST})}{\bar{X}} = \frac{\bar{Y}}{\bar{X}} = R$$

在近似的意义下，估计量 $\hat{R}_{ST}$ 是无偏估计量。

定理 4.5 对于分层随机抽样，若样本量 n 和各层样本量 $n_1, n_2, \cdots, n_L$ 足够大，在近似的意义下，估计量 $\hat{R}_{ST}$ 的方差为

$$V(\hat{R}_{ST}) = \sum_{h=1}^{L} \frac{W_h^2 (1 - f_h)}{\bar{X}^2 n_h} (S_{Yh}^2 + R^2 S_{Xh}^2 - 2RS_{XYh}) \tag{4.10}$$

其中 $S_{Yh}^2 = \sum_{i=1}^{N_h} (y_{hi} - \bar{Y}_h)^2 / (N_h - 1)$ 和 $S_{Xh}^2 = \sum_{i=1}^{N_h} (x_{hi} - \bar{X}_h)^2 / (N_h - 1)$ 为第 h 层方差，$S_{XYh} = \sum_{i=1}^{N_h} (y_{hi} - \bar{Y}_h)(x_{hi} - \bar{X}_h) / (N_h - 1)$ 为第 h 层协方差。

证明：设 $u_{hi} = y_{hi} - Rx_{hi}$，令

$\bar{u}_h = \sum_{i=1}^{n_h} u_{hi} / n_h = \sum_{i=1}^{n_h} (y_{hi} - Rx_{hi}) / n_h = \bar{y}_h - R\bar{x}_h$

$\bar{u}_{ST} = \sum_{h=1}^{L} W_h \bar{u}_h = \sum_{h=1}^{L} W_h (\bar{y}_h - R\bar{x}_h) = \bar{y}_{ST} - R\bar{x}_{ST}$

$\bar{U}_h = E(\bar{u}_h) = E(\bar{y}_h - R\bar{x}_h) = \bar{Y}_h - R\bar{X}_h$

$\bar{U} = E(\bar{u}_{ST}) = E(\bar{y}_{ST} - R\bar{x}_{ST}) = \bar{Y} - R\bar{X} = 0$

对于分层随机抽样，若样本量 n 和各层样本量 $n_1, n_2, \cdots, n_L$ 足够大，有 $E(\hat{R}_{ST}) \approx R$，$\bar{x}_{ST} \approx \bar{X}$。于是，

$$V(\hat{R}_{ST})=V\left(\frac{\hat{Y}_{ST}}{\hat{X}_{ST}}\right)=V\left(\frac{\bar{y}_{ST}}{\bar{x}_{ST}}\right)\approx E\left(\frac{\bar{y}_{ST}}{\bar{x}_{ST}}-R\right)^2=E\left(\frac{\bar{y}_{ST}-R\bar{x}_{ST}}{\bar{x}_{ST}}\right)^2$$

$$\approx E\left(\frac{\bar{y}_{ST}-R\bar{x}_{ST}}{\bar{X}}\right)^2=\frac{E(\bar{u}_{ST})^2}{\bar{X}^2}=\frac{V(\bar{u}_{ST})^2}{\bar{X}^2}=\frac{\sum_{h=1}^{L}W_h^2V(\bar{u}_h)}{\bar{X}^2}$$

$$=\sum_{h=1}^{L}\frac{W_h^2(1-f_h)}{\bar{X}^2n_h}\left[\frac{1}{N_h-1}\sum_{i=1}^{N_h}(u_{hi}-\bar{U}_h)^2\right]$$

$$=\sum_{h=1}^{L}\frac{W_h^2(1-f_h)}{\bar{X}^2n_h}\left\{\frac{1}{N_h-1}\sum_{i=1}^{N_h}[(y_{hi}-\bar{Y}_h)-R(x_{hi}-\bar{X}_h)]^2\right\}$$

$$=\sum_{h=1}^{L}\frac{W_h^2(1-f_h)}{\bar{X}^2n_h}(S_{Yh}^2+R^2S_{Xh}^2-2RS_{XYh})$$

定理得证。

定理 4.6 对于分层随机抽样，估计量 $\hat{R}_{ST}$ 的方差估计为

$$v(\hat{R}_{ST})=\sum_{h=1}^{L}\frac{W_h^2(1-f_h)}{\bar{X}^2n_h}(s_{yh}^2+r^2s_{xh}^2-2rs_{xyh}) \tag{4.11}$$

若样本量 n 和各层样本量 $n_1,n_2,\cdots,n_L$ 足够大，在近似的意义下，估计量 $v(\hat{R}_{ST})$ 是 $V(\hat{R}_{ST})$ 的无偏估计。其中 $s_{xyh}=\sum_{i=1}^{n_h}(y_{hi}-\bar{y}_h)(x_{hi}-\bar{x}_h)/(n_h-1)$ 为第 h 层的样本协方差，$s_{yh}^2=\sum_{i=1}^{n_h}(y_{hi}-\bar{y}_h)^2/(n_h-1)$ 和 $s_{xh}^2=\sum_{i=1}^{n_h}(x_{hi}-\bar{x}_h)^2/(n_h-1)$ 为第 h 层的样本方差。

对于分层随机抽样，若样本量 n 和各层样本量 $n_1,n_2,\cdots,n_L$ 足够大，有

$$E[v(\hat{R}_{ST})]=E\left[\sum_{h=1}^{L}\frac{W_h^2(1-f_h)}{\bar{X}^2n_h}(s_{yh}^2+r^2s_{xh}^2-2rs_{xyh})\right]$$

$$\approx E\left[\sum_{h=1}^{L}\frac{W_h^2(1-f_h)}{\bar{X}^2n_h}(s_{yh}^2+R^2s_{xh}^2-2Rs_{xyh})\right]$$

$$=\sum_{h=1}^{L}\frac{W_h^2(1-f_h)}{\bar{X}^2n_h}(S_{Yh}^2+R^2S_{Xh}^2-2RS_{XYh})=V(\hat{R}_{ST})$$

即在近似的意义下，估计量 $v(\hat{R}_{ST})$ 是 $V(\hat{R}_{ST})$ 的无偏估计量。

在实际工作中，若样本量 n 和各层样本量 $n_1,n_2,\cdots,n_L$ 足够大，并且样本均值 $\bar{x}_{ST}$ 的变异系数 $C(\bar{x}_{ST})$ 小于 10%，总体比率 R 在置信概率 $1-\alpha$ 下的置信区间，请读者自己推导。

例 4.5 某地区欲调查某农作物的产量。由于该农作物在不同的海拔高度产量有差异，故将本地区划分为山区和平原，山区有 180 个村子，平原有 120 个村子，分别进行调查。根据经验，该农作物的当年产量和去年产量有显著的相关性。已知去年山区的 180 个村子总产量是 21200 百公斤，平原的 120 个村子总产量是 24500 百公斤。现采用简单随机抽样，分别在山区和平原进行抽样调查，得到两年的产量资料，见表 4.2。试估计本地区该农作物的今年总产量与去年总产量之比，并给出估计量的方差估计和标准差估计。

表 4.2 本地区某农作物产量的调查数据

单位:百公斤

序号	今年产量	去年产量	序号	今年产量	去年产量
1	150	137	1	210	204
2	200	189	2	160	143
3	125	119	3	75	82
4	60	63	4	280	256
5	110	103	5	300	275
6	100	107	6	190	198
7	180	159			
8	75	63			
9	90	87			

解:由题意可知,把本地区的山区和平原看作总体的 2 个层,$L=2$,去年产量的总体总值 $X=X_1+X_2=45700$,总体均值 $\bar{X}=X/N=45700/300=152.33$。采用分层随机抽样抽取样本。利用表 4.2 的数据,经过计算,可以得到表 4.3。

表 4.3 估计总体比率的计算数据

h	W_h	$\bar{y}_h$	$W_h\bar{y}_h$	$\bar{x}_h$	$W_h\bar{x}_h$	s_{yh}^2	s_{xh}^2	s_{xyh}
1	0.60	121.11	72.67	114.11	68.47	2242.36	1788.11	1978.61
2	0.40	202.50	81.00	193.00	77.20	6757.50	5132.00	5835.00
总计	1.00	—	153.67	—	145.67	—	—	—

本地区某农作物的今年总产量与去年总产量之比的估计为

$$\hat{R}_{ST}=\frac{\hat{Y}_{ST}}{\hat{X}_{ST}}=\frac{\bar{y}_{ST}}{\bar{x}_{ST}}$$

$$=\frac{153.67}{145.67}\approx 1.05$$

经过计算,$W_1^2(1-f_1)/n_1=0.0380$,$W_2^2(1-f_2)/n_2=0.0253$。总体比率估计量 $\hat{R}_{ST}$ 的方差估计为

$$\begin{aligned}v(\hat{R}_{ST})&=\sum_{h=1}^{L}\frac{W_h^2(1-f_h)}{\bar{X}^2 n_h}(s_{yh}^2+r^2 s_{xh}^2-2rs_{xyh})\\&=0.0380\times(2242.36+1.05^2\times1788.11-2\times1.05\times1978.61)/152.33^2\\&\quad+0.0253\times(6757.50+1.05^2\times5132.00-2\times1.05\times5835.00)/152.33^2\\&=0.0001+0.0002=0.0003\end{aligned}$$

$$\sqrt{v(\hat{R}_{ST})}=0.0173$$

本地区该农作物的今年总产量与去年总产量之比的估计值为 1.05,估计量的方差估计为 0.0003,标准差估计为 0.0173。

第二节　简单随机抽样的比率估计量

假设总体的单元总数记为 N ，N 个单元的标志值依次记为 $(y_1,x_1),\cdots,(y_N,x_N)$ ，总体比率 R 为总体总值 $Y=\sum_{i=1}^{N}y_i$ 与总体总值 $X=\sum_{i=1}^{N}x_i$ 之比，总体总值 $Y=\sum_{i=1}^{N}y_i$ 可以用总体比率 R 和总体总值 $X=\sum_{i=1}^{N}x_i$ 表示，即

$$Y=\left(\frac{Y}{X}\right)X=RX$$

总体均值 $\bar{Y}=\sum_{i=1}^{N}y_i/N$ 可以用总体比率 R 和总体均值 $\bar{X}=\sum_{i=1}^{N}x_i/N$ 表示，即

$$\bar{Y}=\left(\frac{\bar{Y}}{\bar{X}}\right)\bar{X}=\left(\frac{Y}{X}\right)\bar{X}=R\bar{X}$$

若总体比率 R 已知，分别利用等式 $Y=RX$ 和 $\bar{Y}=R\bar{X}$ ，可以得到目标变量的总体总值 Y 和总体均值 $\bar{Y}$ 。本节介绍总体总值 Y 的比率估计量和总体均值 $\bar{Y}$ 的比率估计量。比率估计量也简称为比估计量(Ratio Estimator)。

一、总体总值和总体均值的比率估计量

样本量记为 n ，n 个单元的标志值依次记为 $(y_1,x_1),\cdots,(y_n,x_n)$ ，$y=\sum_{i=1}^{n}y_i$ ，$x=\sum_{i=1}^{n}x_i$ ，样本比率记为 r ，$r=y/x$ 。为了区别于简单估计量，总体总值 Y 的比率估计量记为 $\hat{Y}_R$ ，总体均值 $\bar{Y}$ 的比率估计量记为 $\hat{\bar{Y}}_R$ 。由于 $Y=RX$ 和 $\bar{Y}=R\bar{X}$ ，总体比率估计量为 $\hat{R}=y/x$ 。总体总值 Y 的比率估计量 $\hat{Y}_R$ 为

$$\hat{Y}_R=\hat{R}X=rX \tag{4.12}$$

总体均值 $\bar{Y}$ 的比率估计量为

$$\hat{\bar{Y}}_R=\hat{R}\bar{X}=r\bar{X} \tag{4.13}$$

在总体总值和总体均值的比率估计量中，Y 为目标变量，X 为辅助变量。总体总值和总体均值的比率估计量要求辅助变量 X 已知。当辅助变量的总体总值或总体均值未知，需要先设法获知总体总值或总体均值，或者其替代值，再对目标变量进行估计。

定理 4.7　采用简单随机抽样，若样本量 n 足够大，在近似的意义下，总体总值 Y 的比率估计量 $\hat{Y}_R$ 和总体均值 $\bar{Y}$ 的比率估计量 $\hat{\bar{Y}}_R$ 都是无偏估计量。

证明：根据定理 4.1，采用简单随机抽样，若样本量 n 足够大，在近似的意义下，估计量 $\hat{R}$ 是比率 R 的无偏估计量，即 $E(\hat{R})=R$ 。若样本量 n 足够大，有

$$E(\hat{Y}_R)=E(\hat{R}X)=XE(\hat{R})\approx RX=Y$$

在近似的意义下，估计量 $\hat{Y}_R$ 是总体总值 Y 的无偏估计量。同理，若样本量 n 足够大，有

$$E(\hat{\bar{Y}}_R)=E(\hat{R}\bar{X})=\bar{X}E(\hat{R})\approx R\bar{X}=\bar{Y}$$

在近似的意义下，估计量 $\hat{\bar{Y}}_R$ 是总体均值 $\bar{Y}$ 的无偏估计量。

对于总体均值的比率估计量 $\hat{\bar{Y}}_R$ 和总体总值的比率估计量 $\hat{Y}_R$，总体均值 $\bar{X}$ 必须是已知的，否则不能采用比率估计量。如果用样本均值 $\bar{x}$ 代替比率估计量的总体均值 $\bar{X}$，估计量已不再是比率估计量。

二、总体总值和总体均值的比率估计量的方差

若简单随机样本的样本量 n 足够大，在近似的意义下，总体总值 Y 的比率估计量 $\hat{Y}_R$、总体均值 $\bar{Y}$ 的比率估计量 $\hat{\bar{Y}}_R$ 都是无偏估计量。

定理 4.8　采用简单随机抽样，若样本量 n 足够大，在近似的意义下，总体总值 Y 的比率估计量 $\hat{Y}_R$ 的方差为

$$V(\hat{Y}_R)=\frac{N^2(1-f)}{n}\left[\frac{1}{N-1}\sum_{i=1}^{N}(y_i-Rx_i)^2\right] \tag{4.14}$$

总体均值 $\bar{Y}$ 的比率估计量 $\hat{\bar{Y}}_R$ 的方差为

$$V(\hat{\bar{Y}}_R)=\frac{1-f}{n}\left[\frac{1}{N-1}\sum_{i=1}^{N}(y_i-Rx_i)^2\right] \tag{4.15}$$

证明：根据定理 4.2，采用简单随机抽样，若样本量 n 足够大，在近似的意义下，

$$V(\hat{R})=\frac{1-f}{n\bar{X}^2}\left[\frac{1}{N-1}\sum_{i=1}^{N}(y_i-Rx_i)^2\right]$$

若样本量 n 足够大，在近似的意义下，总体总值 Y 的比率估计量 $\hat{Y}_R$ 的方差为

$$\begin{aligned}V(\hat{Y}_R)&=V(N\bar{X}\hat{R})=N^2\bar{X}^2V(\hat{R})\\&=\frac{N^2\bar{X}^2}{\bar{X}^2}\frac{1-f}{n}\left[\frac{1}{N-1}\sum_{i=1}^{N}(y_i-Rx_i)^2\right]\\&=\frac{N^2(1-f)}{n}\left[\frac{1}{N-1}\sum_{i=1}^{N}(y_i-Rx_i)^2\right]\end{aligned}$$

若样本量 n 足够大，在近似的意义下，总体均值 $\bar{Y}$ 的比率估计量 $\hat{\bar{Y}}_R$ 的方差为

$$V(\hat{\bar{Y}}_R)=V(\bar{X}\hat{R})=\bar{X}^2V(\hat{R})=\frac{1-f}{n}\left[\frac{1}{N-1}\sum_{i=1}^{N}(y_i-Rx_i)^2\right]$$

定理 4.8 成立。

记 ρ_{XY} 为 Y，X 之间的总体相关系数，$C(y_i)$ 和 $C(x_i)$ 分别是 y_i 的变异系数和 x_i 的变异系数。根据式(4.4)和(4.5)，估计量 $\hat{Y}_R$ 的方差可表示为

$$V(\hat{Y}_R)=\frac{(1-f)X^2R^2}{n}[C(y_i)^2+C(x_i)^2-2\rho_{XY}C(y_i)C(x_i)] \tag{4.16}$$

估计量 $\hat{\bar{Y}}_R$ 的方差可表示为

$$V(\hat{\bar{Y}}_R)=\frac{(1-f)\bar{X}^2R^2}{n}[C(y_i)^2+C(x_i)^2-2\rho_{XY}C(y_i)C(x_i)] \tag{4.17}$$

记 $C(\bar{x})$ 和 $C(\bar{y})$ 分别为样本均值 $\bar{x}$ 和样本均值 $\bar{y}$ 的变异系数，总体总值 Y 的比率估计量 $\hat{Y}_R$ 的方差可表示为

$$V(\hat{Y}_R) = X^2R^2[C^2(\bar{y}) + C^2(\bar{x}) - 2\rho_{XY}C(\bar{y})C(\bar{x})] \tag{4.18}$$

总体均值 $\bar{Y}$ 的比率估计量 $\hat{\bar{Y}}_R$ 的方差可表示为

$$V(\hat{\bar{Y}}_R) = \bar{X}^2R^2[C^2(\bar{y}) + C^2(\bar{x}) - 2\rho_{XY}C(\bar{y})C(\bar{x})] \tag{4.19}$$

式(4.16)和(4.17)显示，总体总值 Y 的比率估计量 $\hat{Y}_R$ 的方差和总体均值 $\bar{Y}$ 的比率估计量 $\hat{\bar{Y}}_R$ 的方差由总体比率 R 、y_i 和 x_i 的变异系数 $C(y_i)$ 和 $C(x_i)$ 、总体相关系数 ρ_{XY} 共同决定。式(4.18)和(4.19)显示，总体总值 Y 的比率估计量 $\hat{Y}_R$ 的方差和总体均值 $\bar{Y}$ 的比率估计量 $\hat{\bar{Y}}_R$ 的方差由总体比率 R 、样本均值 $\bar{x}$ 和 $\bar{y}$ 的变异系数 $C(\bar{x})$ 和 $C(\bar{y})$ 、总体相关系数 ρ_{XY} 共同决定。

三、总体总值和总体均值的比率估计量的方差估计

基于定理 4.8，给定样本 $(y_1, x_1), \cdots, (y_n, x_n)$，如果总体总值 X 或总体均值 $\bar{X}$ 已知，可以得到总体总值和总体均值的比率估计量的方差估计。

定理 4.9 采用简单随机抽样，若样本量 n 足够大，总体总值 Y 的比率估计量 $\hat{Y}_R$ 的方差估计为

$$v(\hat{Y}_R) = \frac{N^2(1-f)}{n}\left[\frac{1}{n-1}\sum_{i=1}^{n}(y_i - rx_i)^2\right] \tag{4.20}$$

总体均值 $\bar{Y}$ 的比率估计量 $\hat{\bar{Y}}_R$ 的方差估计为

$$v(\hat{\bar{Y}}_R) = \frac{1-f}{n}\left[\frac{1}{n-1}\sum_{i=1}^{n}(y_i - rx_i)^2\right] \tag{4.21}$$

对于样本量 n 足够大的简单随机样本，在近似的意义下，估计量 $v(\hat{Y}_R)$ 、$v(\hat{\bar{Y}}_R)$ 都是无偏估计量。可以将式(4.20)和式(4.21)的方差估计写成

$$v(\hat{Y}_R) = v(X\hat{R}) = \frac{N^2(1-f)}{n}(s_y^2 + r^2s_x^2 - 2r\rho_{xy}s_ys_x)$$

$$v(\hat{\bar{Y}}_R) = v(\bar{X}\hat{R}) = \frac{1-f}{n}(s_y^2 + r^2s_x^2 - 2r\rho_{xy}s_ys_x)$$

其中，

$$s_y^2 = \frac{1}{n-1}\sum_{i=1}^{n}(y_i - \bar{y})^2$$

$$s_x^2 = \frac{1}{n-1}\sum_{i=1}^{n}(x_i - \bar{x})^2$$

$$s_{xy} = \frac{1}{n-1}\sum_{i=1}^{n}(x_i - \bar{x})(y_i - \bar{y})$$

$$\rho_{xy} = \frac{s_{xy}}{s_ys_x}$$

分别为样本方差 s_y^2 和 s_x^2、样本协方差 s_{xy}、样本相关系数 ρ_{xy} 。

四、总体总值和总体均值的置信区间

当总体单元数量非常大且样本量也很大，估计量 $\hat{R}$，$\hat{Y}_R$，$\hat{\bar{Y}}_R$ 的偏差可以忽略。在实际调查工作中，样本量 n 至少为 50，样本均值 $\bar{y}$ 和 $\bar{x}$ 的变异系数 $C(\bar{y})$ 和 $C(\bar{x})$ 都小于 10%。其中样本均值 $\bar{y}$ 和 $\bar{x}$ 的变异系数 $C(\bar{y})$ 和 $C(\bar{x})$ 分别为

$$C(\bar{y})=\frac{\sqrt{V(\bar{y})}}{E(\bar{y})}=\frac{S_Y}{E(\bar{y})}\sqrt{\frac{1-f}{n}}$$

$$C(\bar{x})=\frac{\sqrt{V(\bar{x})}}{E(\bar{x})}=\frac{S_X}{E(\bar{x})}\sqrt{\frac{1-f}{n}}$$

此时，总体总值 Y 在置信概率 $1-\alpha$ 下的双侧置信区间为

$$\left(\hat{R}X-Z_{\alpha/2}\sqrt{v(\hat{Y}_R)},\hat{R}X+Z_{\alpha/2}\sqrt{v(\hat{Y}_R)}\right) \tag{4.22}$$

其中 $Z_{\alpha/2}$ 为标准正态分布上概率 $\alpha/2$ 相对应的分位数，$\hat{R}X+Z_{\alpha/2}\sqrt{v(\hat{Y}_R)}$ 为置信上限，$\hat{R}X-Z_{\alpha/2}\sqrt{v(\hat{Y}_R)}$ 为置信下限。总体均值 $\bar{Y}$ 在置信概率 $1-\alpha$ 下的双侧置信区间为

$$\left(r\bar{X}-Z_{\alpha/2}\sqrt{v(\hat{\bar{Y}}_R)},r\bar{X}+Z_{\alpha/2}\sqrt{v(\hat{\bar{Y}}_R)}\right) \tag{4.23}$$

其中 $\hat{R}\bar{X}+Z_{\alpha/2}\sqrt{v(\hat{\bar{Y}}_R)}$ 为置信上限，$\hat{R}\bar{X}-Z_{\alpha/2}\sqrt{v(\hat{\bar{Y}}_R)}$ 为置信下限。在下文的讨论中，为了演示，不管样本量 n 的大小，都采用上述置信区间。这不适用于实际问题。

例 4.4（续 1） 利用例 4.4 的调查数据，试估计全地区乡镇企业产品销售利润总额和每个乡镇企业的平均产品销售利润额，估计其方差和标准差，并给出在置信概率 95%下的置信区间。

解：由题意可知，$N=500$，$n=30$，$\bar{X}=100$，$\hat{R}=y/x=r=0.1948$，$Z_{0.025}=1.96$。经过计算，$\sum_{i=1}^{n}x_i^2=498700$，$\sum_{i=1}^{n}x_iy_i=96700$，$\sum_{i=1}^{n}y_i^2=19935$。全地区乡镇企业的产品销售利润总额 Y 的比率估计为

$$\begin{aligned}\hat{Y}_R&=\hat{R}X=\hat{R}N\bar{X}\\&=0.1948\times(100\times500)=9740\end{aligned}$$

估计量 $\hat{Y}_R$ 的方差估计为

$$\begin{aligned}v(\hat{Y}_R)&=\frac{N^2(1-f)}{n}\left[\frac{1}{n-1}\sum_{i=1}^{n}(y_i-rx_i)^2\right]\\&=\frac{N^2(1-f)}{n(n-1)}\left(\sum_{i=1}^{n}y_i^2+r^2\sum_{i=1}^{n}x_i^2-2r\sum_{i=1}^{n}x_iy_i\right)\\&=\frac{500^2}{30}\times\left(1-\frac{30}{50}\right)\times\left(\frac{19935+0.1948^2\times498700-2\times0.1948\times96700}{30-1}\right)\\&=320000\end{aligned}$$

比率估计量 $\hat{Y}_R$ 的标准差估计 $\sqrt{v(\hat{Y}_R)}=565.69$ 万元。在置信概率 95%下，全地区乡镇企业产品销售利润总额 Y 的双侧置信区间的置信下限为

$$\hat{R}X-Z_{\alpha/2}\sqrt{v(\hat{Y}_R)}=9740-1.96\times565.69=8631.25$$

置信上限为

$$\hat{R}X + Z_{\alpha/2}\sqrt{v(\hat{Y}_R)} = 9740 + 1.96 \times 565.69 = 10848.75$$

全地区乡镇企业产品销售利润总额 Y 在置信概率 95% 下的置信区间为（8631.25，10848.75）。

每个乡镇企业的平均产品销售利润额 $\bar{Y}$ 的比率估计为

$$\hat{\bar{Y}}_R = \hat{R}\bar{X}$$
$$= 0.1948 \times 100 = 19.48$$

比率估计量 $\hat{\bar{Y}}_R$ 的方差估计为

$$v(\hat{\bar{Y}}_R) = \frac{1-f}{n(n-1)}\left(\sum_{i=1}^{n} y_i^2 + r^2\sum_{i=1}^{n} x_i^2 - 2r\sum_{i=1}^{n} x_i y_i\right)$$
$$= \frac{1}{30} \times \left(1 - \frac{30}{50}\right) \times \left(\frac{19935 + 0.1948^2 \times 498700 - 2 \times 0.1948 \times 96700}{30-1}\right) = 1.28$$

比率估计量 $\hat{\bar{Y}}_R$ 的标准差估计 $\sqrt{v(\hat{\bar{Y}}_R)} = 1.13$ 万元。在置信概率 95%下，每个乡镇企业的平均产品销售利润额 $\bar{Y}$ 的置信区间的置信下限为

$$\hat{R}\bar{X} - Z_{\alpha/2}\sqrt{v(\hat{\bar{Y}}_R)} = 19.48 - 1.96 \times 1.13 = 17.27$$

置信上限为

$$\hat{R}\bar{X} + Z_{\alpha/2}\sqrt{v(\hat{\bar{Y}}_R)} = 19.48 + 1.96 \times 1.13 = 21.69$$

每个乡镇企业的平均产品销售利润额 $\bar{Y}$ 在置信概率 95%下的置信区间为（17.27，21.69）。从而，全地区乡镇企业的产品销售利润总额的比率估计值为 9740 万元，方差估计为 320000，标准差估计为 565.69 万元，在置信概率 95%下的置信区间为（8631.25，10848.75）。每个乡镇企业的平均产品销售利润额的比率估计值为 19.48 万元，方差估计为 1.28，标准差估计为 1.13 万元，在置信概率 95%下的置信区间为（17.27，21.69）。

五、简单随机样本下比率估计量 $\hat{Y}_R$ 和简单估计量 $\hat{Y}$ 的比较

关于比率估计量 $\hat{Y}_R$ 和简单估计量 $\hat{Y}$ 的优良性比较，有下面的定理。

定理 4.10 对于简单随机抽样，若样本量 n 足够大，$|\rho_{XY}| > |C(x_i)/[2C(y_i)]|$，$R > 0$，则比率估计量 $\hat{Y}_R$ 的方差 $V(\hat{Y}_R)$ 小于简单估计量 $\hat{Y}$ 的方差 $V(\hat{Y})$，即 $V(\hat{Y}_R) < V(\hat{Y})$。其中 $\rho_{XY} = S_{XY}/(S_Y S_X)$ 为 y_i 和 x_i 之间的相关系数。

证明：对于简单随机抽样，若样本量 n 足够大，比率估计量 $\hat{Y}_R$ 和简单估计量 $\hat{Y}$ 的方差分别为

$$V(\hat{Y}_R) = \frac{N^2(1-f)}{n}(S_Y^2 + R^2 S_X^2 - 2R\rho_{XY}S_X S_Y)$$

$$V(\hat{Y}) = \frac{N^2(1-f)S_Y^2}{n}$$

若要求 $V(\hat{Y}_R)/V(\hat{Y}) < 1$，等价于 $S_Y^2 + R^2 S_X^2 - 2R\rho_{XY}S_X S_Y < S_Y^2$，也等价于 $R^2 S_X^2 <$

$2R\rho_{XY}S_XS_Y$ 。由于

$$\frac{R^2S_X^2}{2RS_XS_Y}=\frac{RS_X}{2S_Y}=\frac{S_X/\bar{X}}{2S_Y/\bar{Y}}=\frac{C(x_i)}{2C(y_i)}$$

所以，若 $|\rho_{XY}|>|C(x_i)/[2C(y_i)]|$ ，有 $V(\hat{Y}_R)<V(\hat{Y})$ 。定理得证。

根据定理 4.10，可以得到如下两个结论。

1. 应当选择的辅助变量 X 的变异系数 $C(x_i)$ 尽可能小，并且辅助变量 X 与目标变量 Y 之间的相关系数 ρ_{XY} 尽量大，从而使不等式 $|\rho_{XY}|>|C(x_i)/[2C(y_i)]|$ 成立，即比率估计量 $\hat{Y}_R$ 的方差 $V(\hat{Y}_R)$ 小于简单估计量 $\hat{Y}$ 的方差 $V(\hat{Y})$ 。

2. 应该选择的辅助变量 X 与目标变量 Y 的相关系数 ρ_{XY} 大，而辅助变量 X 与目标变量 Y 的变异系数近似相等，使得 $|\rho_{XY}|>1/2$，$|C(x_i)/[2C(y_i)]|\approx 1/2$，从而使不等式 $|\rho_{XY}|>|C(x_i)/[2C(y_i)]|$ 成立，即比率估计量 $\hat{Y}_R$ 的方差 $V(\hat{Y}_R)$ 小于简单估计量 $\hat{Y}$ 的方差 $V(\hat{Y})$ 。

第三节 分层随机抽样的比率估计量

对于分层随机抽样，总体总值的比率估计量有两种。一种是先分别得到每层总值的比率估计量，再将各层总值的估计量之和作为总体总值的比率估计量，这种估计量称为分别比率估计量，或分别比估计量(Separate Ratio Estimator)。另一种是先分别计算目标变量和辅助变量的总体均值或总体总值的估计量，所构造的总体总值估计量称为联合比率估计量，或联合比估计量(Combined Ratio Estimator)。

假设总体的单元总数为 N ，被划分为 L 个层，层序号用 h 表示，$h=1,\cdots,L$ 。每层的单元总数依次为 $N_1,N_2,\cdots,N_L$ ，即 $N=N_1+N_2+\cdots+N_L$ ，$W_h=N_h/N$ 为第 h 层权数。层内单元序号用 i 表示，(y_{hi},x_{hi}) 表示第 h 层第 i 个单元标志值，总体总值为 $Y=\sum_{h=1}^{L}\sum_{i=1}^{N_h}y_{hi}$ ，$X=\sum_{h=1}^{L}\sum_{i=1}^{N_h}x_{hi}$ ，总体均值为 $\bar{Y}=Y/N$ ，$\bar{X}=X/N$ ，第 h 层均值为 $\bar{Y}_h=\sum_{i=1}^{N_h}y_{hi}/N_h$ ，$\bar{X}_h=\sum_{i=1}^{N_h}x_{hi}/N_h$ 。总样本量记为 n ，各层样本量依次记为 $n_1,n_2,\cdots,n_L$ ，层内样本单元序号用 i 表示，(y_{hi},x_{hi}) 表示第 h 层样本的第 i 个单元标志值。第 h 层的样本总值 $y_h=\sum_{i=1}^{n_h}y_{hi}$ ，$x_h=\sum_{i=1}^{n_h}x_{hi}$ ，样本均值 $\bar{y}_h=\sum_{i=1}^{n_h}y_{hi}/n_h$ ，$\bar{x}_h=\sum_{i=1}^{n_h}x_{hi}/n_h$，第 h 层样本比率 $r_h=y_h/x_h$ 。

一、总体总值或总体均值的分别比率估计

第 h 层比率 R_h 的估计量 $\hat{R}_h=r_h=y_h/x_h$ ，第 h 层总值 Y_h 的比率估计量为 $\hat{Y}_{Rh}=\hat{R}_hX_h=r_hX_h$ ，第 h 层均值 $\bar{Y}_h$ 的比率估计量为 $\hat{\bar{Y}}_{Rh}=\hat{R}_h\bar{X}_h=r_h\bar{X}_h$ 。总体均值 $\bar{Y}$ 的分别比率估计量为

$$\hat{\bar{Y}}_{RS}=\sum_{h=1}^{L}W_h\hat{\bar{Y}}_{Rh}=\sum_{h=1}^{L}W_h\hat{R}_h\bar{X}_h \tag{4.24}$$

总体总值 Y 的分别比率估计量为

$$\hat{Y}_{RS}=\sum_{h=1}^{L}\hat{Y}_{Rh}=\sum_{h=1}^{L}\hat{R}_hX_h \tag{4.25}$$

采用分别比率估计量 $\hat{Y}_{RS}$ 和 $\hat{\bar{Y}}_{RS}$,必须知道每层辅助变量的总体总值 $X_1,\cdots,X_L$ 或者每层均值 $\bar{X}_1,\cdots,\bar{X}_L$ 。

定理 4.11 对于分层随机抽样,若各层的样本量 $n_1,\cdots,n_L$ 都足够大,在近似的意义下,总体总值 Y 的分别比率估计量 $\hat{Y}_{RS}$ 和总体均值 $\bar{Y}$ 的分别比率估计量 $\hat{\bar{Y}}_{RS}$ 是无偏的,即 $E(\hat{\bar{Y}}_{RS})=\bar{Y}$, $E(\hat{Y}_{RS})=Y$ 。

证明:根据定理 4.7,若第 h 层的样本量 n_h 足够大,在近似的意义下,第 h 层均值的比率估计量 $\hat{\bar{Y}}_{Rh}=\hat{R}_h\bar{X}_h$ 是第 h 层均值 $\bar{Y}_h$ 的无偏估计,即 $E(\hat{\bar{Y}}_{Rh})=\bar{Y}_h$ 。于是,若各层的样本量 $n_1,\cdots,n_L$ 都足够大,有

$$E(\hat{\bar{Y}}_{RS})=E\Big(\sum_{h=1}^{L}W_h\hat{\bar{Y}}_{Rh}\Big)=\sum_{h=1}^{L}W_hE(\hat{\bar{Y}}_{Rh})=\sum_{h=1}^{L}W_h\bar{Y}_h=\bar{Y}$$

$$E(\hat{Y}_{RS})=E\Big(\sum_{h=1}^{L}\hat{Y}_{Rh}\Big)=\sum_{h=1}^{L}E(\hat{Y}_{Rh})=\sum_{h=1}^{L}Y_h=Y$$

定理得证。

定理 4.11 显示,对于分层随机抽样,分别比率估计量 $\hat{Y}_{RS}$ 和 $\hat{\bar{Y}}_{RS}$ 都是有偏估计量。在实际应用中,要求各层样本量都足够大,偏差可以忽略不计,在近似的意义下,分别比率估计量 $\hat{Y}_{RS}$ 和 $\hat{\bar{Y}}_{RS}$ 是无偏估计量。

定理 4.12 对于分层随机抽样,若各层的样本量 $n_1,\cdots,n_L$ 都足够大,在近似的意义下,总体均值 $\bar{Y}$ 的分别比率估计量 $\hat{\bar{Y}}_{RS}$ 的方差为

$$V(\hat{\bar{Y}}_{RS})=\sum_{h=1}^{L}\frac{W_h^2(1-f_h)}{n_h}\left[\frac{1}{N_h-1}\sum_{i=1}^{N_h}(y_{hi}-R_hx_{hi})^2\right] \tag{4.26}$$

总体总值 Y 的分别比率估计量 $\hat{Y}_{RS}$ 的方差为

$$V(\hat{Y}_{RS})=\sum_{h=1}^{L}\frac{N_h^2(1-f_h)}{n_h}\left[\frac{1}{N_h-1}\sum_{i=1}^{N_h}(y_{hi}-R_hx_{hi})^2\right] \tag{4.27}$$

证明:对于分层随机抽样,若各层的样本量 $n_1,\cdots,n_L$ 足够大,有 $E(\hat{\bar{Y}}_{RS})=\bar{Y}$, $E(\hat{\bar{Y}}_{Rh})=\bar{Y}_h$ 。利用定理 4.8,有

$$V(\hat{\bar{Y}}_{Rh})=\frac{1-f_h}{n_h}\left[\frac{1}{N_h-1}\sum_{i=1}^{N_h}(y_{hi}-R_hx_{hi})^2\right]$$

于是,总体均值 $\bar{Y}$ 的分别比率估计量 $\hat{\bar{Y}}_{RS}$ 的方差为

$$V(\hat{\bar{Y}}_{RS})=V\Big(\sum_{h=1}^{L}W_h\hat{\bar{Y}}_{Rh}\Big)=\sum_{h=1}^{L}W_h^2V(\hat{\bar{Y}}_{Rh})=\sum_{h=1}^{L}\frac{W_h^2(1-f_h)}{n_h}\left[\frac{1}{N_h-1}\sum_{i=1}^{N_h}(y_{hi}-R_hx_{hi})^2\right]$$

同理,总体总值 Y 的分别比率估计量 $\hat{Y}_{RS}$ 的方差为

$$V(\hat{Y}_{RS})=V\Big(\sum_{h=1}^{L}\hat{Y}_{Rh}\Big)=\sum_{h=1}^{L}V(\hat{Y}_{Rh})=\sum_{h=1}^{L}\frac{N_h^2(1-f_h)}{n_h}\left[\frac{1}{N_h-1}\sum_{i=1}^{N_h}(y_{hi}-R_hx_{hi})^2\right]$$

定理得证。

给定样本 $(y_1,x_1),\cdots,(y_n,x_n)$，下面定理给出分别比率估计量的方差估计。

定理 4.13 对于分层随机抽样，若各层的样本量 $n_1,\cdots,n_L$ 都足够大，总体均值 $\bar{Y}$ 的分别比率估计量 $\hat{\bar{Y}}_{RS}$ 的方差估计为

$$v(\hat{\bar{Y}}_{RS})=\sum_{h=1}^{L}\frac{W_h^2(1-f_h)}{n_h}\left[\frac{1}{n_h-1}\sum_{i=1}^{n_h}(y_{hi}-r_hx_{hi})^2\right] \tag{4.28}$$

总体总值 Y 的分别比率估计量 $\hat{Y}_{RS}$ 的方差估计为

$$v(\hat{Y}_{RS})=\sum_{h=1}^{L}\frac{N_h^2(1-f_h)}{n_h}\left[\frac{1}{n_h-1}\sum_{i=1}^{n_h}(y_{hi}-r_hx_{hi})^2\right] \tag{4.29}$$

在近似的意义下，估计量 $v(\hat{\bar{Y}}_{RS})$ 和 $v(\hat{Y}_{RS})$ 都是无偏估计量。

对于分层随机抽样，若第 h 层的样本量 n_h 足够大，有

$$E\left\{\frac{1-f_h}{n_h}\left[\frac{1}{n_h-1}\sum_{i=1}^{n_h}(y_{hi}-r_hx_{hi})^2\right]\right\}=\frac{1-f_h}{n_h}\left[\frac{1}{N_h-1}\sum_{i=1}^{N_h}(y_{hi}-R_hx_{hi})^2\right]$$

若各层的样本量 $n_1,\cdots,n_L$ 都足够大

$$\begin{aligned}E[v(\hat{\bar{Y}}_{RS})]&=\sum_{h=1}^{L}W_h^2E\left\{\frac{1-f_h}{n_h}\left[\frac{1}{n_h-1}\sum_{i=1}^{n_h}(y_{hi}-r_hx_{hi})^2\right]\right\}\\&=\sum_{h=1}^{L}\frac{W_h^2(1-f_h)}{n_h}\left[\frac{1}{N_h-1}\sum_{i=1}^{N_h}(y_{hi}-R_hx_{hi})^2\right]=V(\hat{\bar{Y}}_{RS})\end{aligned}$$

即若各层的样本量 $n_1,\cdots,n_L$ 都足够大，在近似的意义下，估计量 $v(\hat{\bar{Y}}_{RS})$ 是 $V(\hat{\bar{Y}}_{RS})$ 的无偏估计量。同理，若各层的样本量 $n_1,\cdots,n_L$ 都足够大，在近似的意义下，估计量 $v(\hat{Y}_{RS})$ 是 $V(\hat{Y}_{RS})$ 的无偏估计量。

例 4.5(续 1) 利用例 4.5 的调查数据，试采用分别比率估计量估计今年本地区该农作物总产量和平均每个村子某农作物产量，并给出估计量的方差估计和标准差估计。

解: 由题意可知，把本地区的山区和平原看作总体的 2 个层，$L=2$，采用分层随机抽样抽取样本。利用表 4.2 的数据，经过计算，可以得到表 4.4 和表 4.5。

表 4.4 今年本地区该农作物总产量估计的计算数据

h	N_h	W_h	y_h	x_h	r_h	X_h	$r_h X_h$
1	180	0.60	1090	1027	1.06	21200	22472
2	120	0.40	1215	1158	1.05	24500	25725
总计	300	1.00	2305	2185	—	45700	48197

表 4.5 分别比率估计量 $\hat{Y}_{RS}$ 方差估计的计算数据

h	N_h	n_h	f_h	$N_h^2(1-f_h)/n_h$	r_h	s_{yh}^2	s_{xh}^2	s_{yxh}
1	180	9	0.05	3420	1.06	2242.36	1788.11	1978.61
2	120	6	0.05	2280	1.05	6757.50	5132.00	5835.00

由表 4.4,今年本地区该农作物总产量 Y 的分别比率估计为

$$\hat{Y}_{RS}=\sum_{h=1}^{L}\hat{Y}_{Rh}=\sum_{h=1}^{L}\hat{R}_h X_h$$
$$=22472+25725=48197$$

由表 4.5,今年本地区该农作物总产量 Y 的分别比率估计量 $\hat{Y}_{RS}$ 的方差估计为

$$v(\hat{Y}_{RS})=\sum_{h=1}^{L}\frac{N_h^2(1-f_h)}{n_h}\left[\frac{1}{n_h-1}\sum_{i=1}^{n_h}(y_{hi}-\hat{R}_h x_{hi})^2\right]$$
$$=\sum_{h=1}^{L}\frac{N_h^2(1-f_h)}{n_h}(s_{yh}^2+\hat{R}_h^2 s_{xh}^2-2\hat{R}_h s_{yxh})$$
$$=3420\times(2242.36+1.06^2\times1788.11-2\times1.06\times1978.61)$$
$$+2280\times(6757.50+1.05^2\times5132.00-2\times1.05\times5835.00)$$
$$=194349.01+369428.40=563777.41$$

分别比率估计量 $\hat{Y}_{RS}$ 的标准差估计为 $\sqrt{v(\hat{Y}_{RS})}=750.85$。平均每个村子该农作物产量 $\bar{Y}$ 的分别比率估计为

$$\hat{\bar{Y}}_{RS}=\sum_{h=1}^{L}W_h\hat{\bar{Y}}_{Rh}=\frac{1}{N}\sum_{h=1}^{L}\hat{Y}_{Rh}=\frac{\hat{Y}_{RS}}{N}$$
$$=\frac{48197}{300}=160.65$$

平均每个村子该农作物产量 $\bar{Y}$ 的分别比率估计量 $\hat{\bar{Y}}_{RS}$ 的方差估计为

$$v(\hat{\bar{Y}}_{RS})=\sum_{h=1}^{L}\frac{W_h^2(1-f_h)}{n_h}\left[\frac{1}{n_h-1}\sum_{i=1}^{n_h}(y_{hi}-r_h x_{hi})^2\right]=\frac{1}{N^2}v(\hat{Y}_{RS})$$
$$=\frac{563777.41}{300^2}=6.26$$

分别比率估计量 $\hat{\bar{Y}}_{RS}$ 的标准差估计为 $\sqrt{v(\hat{\bar{Y}}_{RS})}=2.50$。即今年本地区该农作物的总产量的分别比率估计量的观察值为 48197 百公斤,估计量的方差估计为 563777.41,标准差估计为 750.85 百公斤。平均每个村子该农作物产量的分别比率估计量的观察值为 160.65 百公斤,估计量的方差估计为 6.26,标准差估计为 2.50 百公斤。

在实际调查工作中,各层的样本量 $n_1,\cdots,n_L$ 至少为 50,并且样本均值 $\bar{x}_1,\cdots,\bar{x}_L$ 的变异系数 $C(\bar{x}_1),\cdots,C(\bar{x}_L)$ 小于 10%,采用比率估计量 $\hat{\bar{Y}}_{RS}$ 和 $\hat{Y}_{RS}$,构造总体均值 $\bar{Y}$ 和总体总值 Y 在置信概率 $1-\alpha$ 下置信区间,请读者自己推导。

二、总体总值或总体均值的联合比率估计量

分别比率估计量必须知道每层的辅助变量总值 $X_1,\cdots,X_L$ 或者均值 $\bar{X}_1,\cdots,\bar{X}_L$。如果这个条件不满足,分别比率估计量就不适用了。此时,若辅助变量的总体总值 X 或总体均值 $\bar{X}$ 已知,可以采用总体总值或总体均值的联合比率估计量。

总体总值或总体均值的联合比率估计量假设各层比率都相等。对于分层随机抽样,总

体总值 Y 的估计量为 $\hat{Y}_{ST}=\sum_{h=1}^{L}\hat{Y}_h=\sum_{h=1}^{L}N_h\bar{y}_h$，总体总值 X 的估计量为 $\hat{X}_{ST}=\sum_{h=1}^{L}N_h\bar{x}_h$，总体比率的估计量 $\hat{R}_{ST}=\hat{Y}_{ST}/\hat{X}_{ST}$。总体均值 $\bar{Y}$ 的联合比率估计量 $\hat{\bar{Y}}_{RC}$ 为

$$\hat{\bar{Y}}_{RC}=\hat{R}_{ST}\bar{X}=\left(\frac{\hat{Y}_{ST}}{\hat{X}_{ST}}\right)\bar{X} \tag{4.30}$$

总体总值 Y 的联合比率估计量 $\hat{Y}_{RC}$ 为，

$$\hat{Y}_{RC}=\hat{R}_{ST}X=\left(\frac{\hat{Y}_{ST}}{\hat{X}_{ST}}\right)X \tag{4.31}$$

从式(4.30)和式(4.31)可以看出，联合比率估计量 $\hat{\bar{Y}}_{RC}$ 和 $\hat{Y}_{RC}$ 要知道辅助变量的总值 X 或均值 $\bar{X}$，并不要求知道每层的总值 $X_1,\cdots,X_L$ 或均值 $\bar{X}_1,\cdots,\bar{X}_L$。

定理 4.14 对于分层随机抽样，若样本量 n 足够大，在近似的意义下，总体总值 Y 的联合比率估计量 $\hat{Y}_{RC}$ 和总体均值 $\bar{Y}$ 的联合比率估计量 $\hat{\bar{Y}}_{RC}$ 是无偏估计量。即 $E(\hat{\bar{Y}}_{RC})=\bar{Y}$，$E(\hat{Y}_{RC})=Y$。

根据定理 4.4，对于分层随机抽样，若样本量 n 足够大，在近似的意义下，估计量 $\hat{R}_{ST}$ 是总体比率 R 的无偏估计量，即 $E(\hat{R}_{ST})=R$。从而，

$$E(\hat{\bar{Y}}_{RC})=E(\hat{R}_{ST}\bar{X})=R\bar{X}=\bar{Y}$$

即总体均值的联合比率估计量 $\hat{\bar{Y}}_{RC}$ 是无偏估计量。同理，若样本量 n 足够大，在近似的意义下，总体总值的联合比率估计量 $\hat{Y}_{RC}$ 也是无偏估计量。

定理 4.15 对于分层随机抽样，若样本量 n 足够大，在近似的意义下，总体均值 $\bar{Y}$ 的联合比率估计量 $\hat{\bar{Y}}_{RC}$ 的方差为

$$V(\hat{\bar{Y}}_{RC})=\sum_{h=1}^{L}\frac{W_h^2(1-f_h)}{n_h}(S_{Yh}^2+R^2S_{Xh}^2-2RS_{XYh}) \tag{4.32}$$

总体总值 Y 的联合比率估计量 $\hat{Y}_{RC}$ 的方差为

$$V(\hat{Y}_{RC})=\sum_{h=1}^{L}\frac{N_h^2(1-f_h)}{n_h}(S_{Yh}^2+R^2S_{Xh}^2-2RS_{XYh}) \tag{4.33}$$

其中 $S_{Yh}^2=\sum_{i=1}^{N_h}(y_{hi}-\bar{Y}_h)^2/(N_h-1)$ 和 $S_{Xh}^2=\sum_{i=1}^{N_h}(x_{hi}-\bar{X}_h)^2/(N_h-1)$ 为第 h 层的总体方差，$S_{XYh}=\sum_{i=1}^{N_h}(y_{hi}-\bar{Y}_h)(x_{hi}-\bar{X}_h)/(N_h-1)$ 为第 h 层的协方差。

证明：根据定理 4.5，对于分层随机抽样，若样本量 n 足够大，在近似的意义下，估计量 $\hat{R}_{ST}$ 的方差为

$$V(\hat{R}_{ST})=\sum_{h=1}^{L}\frac{W_h^2(1-f_h)}{\bar{X}^2n_h}(S_{Yh}^2+R^2S_{Xh}^2-2RS_{XYh})$$

从而，总体均值 $\bar{Y}$ 的联合比率估计量 $\hat{\bar{Y}}_{RC}$ 的方差为

$$V(\hat{\bar{Y}}_{RC})=V(\hat{R}_{ST}\bar{X})=\bar{X}^2V(\hat{R}_{ST})=\sum_{h=1}^{L}\frac{W_h^2(1-f_h)}{n_h}(S_{Yh}^2+R^2S_{Xh}^2-2RS_{XYh})$$

总体总值 Y 的联合比率估计量 $\hat{Y}_{RC}$ 的方差为

$$V(\hat{Y}_{RC}) = V(\hat{R}_{ST}X) = X^2V(\hat{R}_{ST}) = \sum_{h=1}^{L}\frac{N_h^2(1-f_h)}{n_h}(S_{Yh}^2 + R^2S_{Xh}^2 - 2RS_{XYh})$$

定理得证。

定理 4.16 对于分层随机抽样，若样本量 n 足够大，在近似的意义下，总体总值 Y 的联合比率估计量 $\hat{Y}_{RC}$ 的方差估计为

$$v(\hat{Y}_{RC}) = \sum_{h=1}^{L}\frac{N_h^2(1-f_h)}{n_h}(s_{yh}^2 + r^2s_{xh}^2 - 2rs_{xyh}) \tag{4.34}$$

总体均值 $\bar{Y}$ 的联合比率估计量 $\hat{\bar{Y}}_{RC}$ 的方差估计为

$$v(\hat{\bar{Y}}_{RC}) = \sum_{h=1}^{L}\frac{W_h^2(1-f_h)}{n_h}(s_{yh}^2 + r^2s_{xh}^2 - 2rs_{xyh}) \tag{4.35}$$

其中 $s_{yh}^2 = \sum_{i=1}^{n_h}(y_{hi} - \bar{y}_h)^2/(n_h - 1)$ 和 $s_{xh}^2 = \sum_{i=1}^{n_h}(x_{hi} - \bar{x}_h)^2/(n_h - 1)$ 为第 h 层的样本方差，$s_{xyh} = \sum_{i=1}^{n_h}(y_{hi} - \bar{y}_h)(x_{hi} - \bar{x}_h)/(n_h - 1)$ 为第 h 层的样本协方差。

对于分层随机抽样，若样本量 n 足够大，由定理 4.6 可以得到估计量 $v(\hat{R}_{ST})$ 是 $V(\hat{R}_{ST})$ 的无偏估计量。从而，若样本量 n 足够大，在近似的意义下，联合比率估计量 $v(\hat{\bar{Y}}_{RC})$ 和 $v(\hat{Y}_{RC})$ 分别是 $V(\hat{\bar{Y}}_{RC})$ 和 $V(\hat{Y}_{RC})$ 的无偏估计量。

例 4.5(续 2) 利用例 4.5 的调查数据，试采用联合比率估计量估计今年本地区该农作物的总产量和平均每个村子该农作物产量，并给出估计量的方差估计和标准差估计。

解：由题意可知，把本地区的山区和平原看作总体的 2 个层，$L=2$，X 的总体总值 $X = X_1 + X_2 = 45700$，X 的总体均值 $\bar{X} = X/N = 45700/300 = 152.33$。利用表 4.2 的分层随机样本数据，经过计算，可以得到表 4.6。

表 4.6 今年本地区该农作物总产量估计的计算数据

h	N_h	W_h	$\bar{y}_h$	$\bar{x}_h$	$W_h\bar{y}_h$	$W_h\bar{x}_h$
1	180	0.60	121.11	114.11	72.67	68.47
2	120	0.40	202.50	193.00	81.00	77.20
总计	300	1.00	—	—	153.67	145.67

由表 4.6，总体比率的联合估计为

$$\hat{R}_{ST} = \frac{\bar{y}_{ST}}{\bar{x}_{ST}} = \frac{153.67}{145.67} \approx 1.05$$

今年本地区该农作物总产量 Y 的联合比率估计为

$$\hat{Y}_{RC} = \hat{R}_{ST}X = 1.05 \times 45700 = 47985$$

为了计算联合比率估计量的方差估计，利用表 4.2 的数据，经过计算，可以得到表 4.7。

表 4.7 联合比率估计量 $\hat{Y}_{RS}$ 方差估计的计算数据

h	W_h	n_h	f_h	$W_h^2(1-f_h)/n_h$	s_{yh}^2	s_{xh}^2	s_{yxh}
1	0.60	9	0.05	0.0380	2242.36	1788.11	1978.61
2	0.40	6	0.05	0.0253	6757.50	5132.00	5835.00

联合比率估计量 $\hat{Y}_{RC}$ 的方差估计为

$$
\begin{aligned}
v(\hat{Y}_{RC}) &= \sum_{h=1}^{L}\frac{N_h^2(1-f_h)}{n_h}(s_{yh}^2+r^2s_{xh}^2-2rs_{xyh}) \\
&= 300^2\times 0.0380\times(2242.36+1.05^2\times 1788.11-2\times 1.05\times 1978.61) \\
&\quad +300^2\times 0.0253\times(6757.50+1.05^2\times 5132.00-2\times 1.05\times 5835.00) \\
&=626547.00
\end{aligned}
$$

联合比率估计量 $\hat{Y}_{RC}$ 的标准差估计为 $\sqrt{v(\hat{Y}_{RC})}=791.55$。平均每个村子该农作物产量 $\bar{Y}$ 的联合比率估计为

$$
\begin{aligned}
\hat{\bar{Y}}_{RC} &= \hat{R}_{ST}\bar{X} \\
&=1.05\times 152.33=159.95
\end{aligned}
$$

平均每个村子该农作物产量 $\bar{Y}$ 的联合比率估计量 $\hat{\bar{Y}}_{RC}$ 的方差估计为

$$
\begin{aligned}
v(\hat{\bar{Y}}_{RC}) &= \sum_{h=1}^{L}\frac{W_h^2(1-f_h)}{n_h}(s_{yh}^2+r^2s_{xh}^2-2rs_{xyh}) \\
&=0.0380\times(2242.36+1.05^2\times 1788.11-2\times 1.05\times 1978.61) \\
&\quad +0.0253\times(6757.50+1.05^2\times 5132.00-2\times 1.05\times 5835.00) \\
&=6.96
\end{aligned}
$$

联合比率估计量 $\hat{\bar{Y}}_{RC}$ 的标准差估计为 $\sqrt{v(\hat{\bar{Y}}_{RC})}=2.64$。从而，今年本地区该农作物总产量的联合比率估计量的观察值为 47985 百公斤，估计量的方差估计为 626547.00，标准差估计为 791.55 百公斤。平均每个村子该农作物产量的联合比率估计量的观察值为 159.95 百公斤，估计量的方差估计为 6.96，标准差估计为 2.64 百公斤。

在实际调查工作中，若样本量 n 足够大，并且样本均值 $\bar{x}_{ST}$ 的变异系数 $C(\bar{x}_{ST})$ 小于 10%，采用比率估计量 $\hat{\bar{Y}}_{RC}$ 和 $\hat{Y}_{RC}$，总体均值 $\bar{Y}$ 和总体总值 Y 在置信概率 $1-\alpha$ 下的置信区间，请读者自己推导。

三、分别比率估计量和联合比率估计量的比较

这里，只比较总体总值的分别比率估计量 $\hat{Y}_{RS}$ 和联合比率估计量 $\hat{Y}_{RC}$ 的偏差和方差。结论可以推广到总体均值的分别比率估计量 $\hat{\bar{Y}}_{RS}$ 和联合比率估计量 $\hat{\bar{Y}}_{RC}$ 的比较。

分别比率估计量 $\hat{Y}_{RS}$ 要求各层样本量 $n_1,\cdots,n_L$ 足够大。而当某些层的 n_h 比较小并且层数 L 比较大时，分别比率估计量 $\hat{Y}_{RS}$ 的偏差往往不可忽略。联合比率估计量 $\hat{Y}_{RC}$ 要求总样本量 n 足够大。若分层随机抽样的各层样本量 $n_1,\cdots,n_L$ 足够大，总样本量 n 也足够大，

分别比率估计量 $\hat{Y}_{RS}$ 和联合比率估计量 $\hat{Y}_{RC}$ 都可以选用。

相对于估计量的标准误来说，联合比率估计量 $\hat{Y}_{RC}$ 要求总样本量 n 足够大，$\bar{x}_{ST}$ 的变异系数 $C(\bar{x}_{ST})<0.1$，偏差 $|E(\hat{Y}_{RC})-Y|$ 相对于标准差 $\sqrt{V(\hat{Y}_{RC})}$ 是可以忽略的。对于分别比率估计量 $\hat{Y}_{RS}$，各层的样本均值 $\bar{x}_1,\cdots,\bar{x}_L$ 的变异系数 $C(\bar{x}_1),\cdots,C(\bar{x}_L)$ 都有小于 0.1，偏差 $|E(\hat{Y}_{RS})-Y|$ 相对于标准差 $\sqrt{V(\hat{Y}_{RS})}$ 是可以忽略的。假设每层的样本均值 $\bar{x}_1,\cdots,\bar{x}_L$ 的变异系数 $C(\bar{x}_1),\cdots,C(\bar{x}_L)$ 相等，即 $C(\bar{x}_1)=\cdots=C(\bar{x}_L)$，则分别比率估计量 $\hat{Y}_{RS}$ 的偏差 $|E(\hat{Y}_{RS})-Y|$ 为第 h 层总值的比率估计量 $\hat{Y}_{Rh}$ 的偏差 $|E(\hat{Y}_{Rh})-Y_h|$ 的 L 倍，分别比率估计量 $\hat{Y}_{RS}$ 的标准误 $\sqrt{V(\hat{Y}_{RS})}$ 约为第 h 层比率估计量 $\hat{Y}_{Rh}$ 的标准误 $\sqrt{V(\hat{Y}_{Rh})}$ 的 $\sqrt{L}$ 倍，于是

$$|E(\hat{Y}_{RS})-Y|/\sqrt{V(\hat{Y}_{RS})}<\sqrt{L}[|E(\hat{Y}_{Rh})-Y|/\sqrt{V(\hat{Y}_{Rh})}]<\sqrt{L}C(\bar{x}_h)$$

例如，设总体包含 50 层，第 h 层的样本均值 $\bar{x}_h$ 的变异系数 $C(\bar{x}_h)$ 为 0.1，第 h 层总值的比率估计量 $\hat{Y}_{Rh}$ 的偏差占其标准误的倍数小于 0.1。分别比率估计量 $\hat{Y}_{RS}$ 的偏差占标准误的倍数也小于 0.7 倍。实际上，分别比率估计量 $\hat{Y}_{RS}$ 的偏差总是比上界 $C(\bar{x}_h)/\sqrt{LV(\hat{Y}_{RS})}$ 小很多。但是，若 $\sqrt{L}C(\bar{x}_h)$ 较大，如大于 0.3，分别比率估计量 $\hat{Y}_{RS}$ 的偏差可能会很大。此时，联合比率估计量 $\hat{Y}_{RC}$ 比分别比率估计量 $\hat{Y}_{RS}$ 的偏差小。

为了比较分别比率估计量 $\hat{Y}_{RS}$ 和联合比率估计量 $\hat{Y}_{RC}$ 的方差，由式(4.27)和式(4.33)可得两个方差之差为

$$\begin{aligned}V(\hat{Y}_{RC})-V(\hat{Y}_{RS})&=\sum_{h=1}^{L}\frac{N_h^2(1-f_h)}{n_h}[(R^2-R_h^2)S_{Xh}^2-2(R-R_h)S_{XYh}]\\&=\sum_{h=1}^{L}\frac{N_h^2(1-f_h)}{n_h}[(R-R_h)^2S_{Xh}^2-2(R-R_h)(S_{XYh}-R_hS_{Xh}^2)]\end{aligned}$$

对于上式的 $(R-R_h)(S_{XYh}-R_hS_{Xh}^2)$，若第 h 层每个单元的 y_{hi} 和 x_{hi} 成正比，由最小二乘估计可知，第 h 层比率 $R_h=Y_h/X_h$ 也是回归系数 $R_h=S_{XYh}/S_{Xh}^2$，有 $2(R-R_h)(S_{XYh}-R_hS_{Xh}^2)=0$。于是，

$$V(\hat{Y}_{RC})-V(\hat{Y}_{RS})=\sum_{h=1}^{L}\frac{N_h^2(1-f_h)}{n_h}(R-R_h)^2S_{Xh}^2\geqslant 0$$

当各层的比率 $R_1=\cdots=R_L$，则 $V(\hat{Y}_{RC})=V(\hat{Y}_{RS})$。否则，$V(\hat{Y}_{RC})>V(\hat{Y}_{RS})$，即分别比率估计量的方差更小。更一般地，$y_{hi}$ 和 x_{hi} 严格成正比的情形不多见，更可能的情况是近似成正比。当 $\rho>C(X_h)/[2C(Y_h)]$，比率估计量 $\hat{Y}_{Rh}$ 的方差小于简单估计量 $\hat{Y}_h$ 的方差。此时，$(R-R_h)(S_{XYh}-R_hS_{Xh}^2)$ 的值往往很小。如果各层比率 $R_1,\cdots,R_L$ 不相同，不等式 $V(\hat{Y}_{RC})>V(\hat{Y}_{RS})$ 也往往成立。如果各层的样本量 $n_1,\cdots,n_L$ 都足够大，各层的比率 $R_1,\cdots,R_L$ 差异也比较大，分别比率估计量 $\hat{Y}_{RS}$ 的方差会显著小于联合比率估计量 $\hat{Y}_{RC}$ 的方差。

到目前为止，有些辅助变量可以作为分层随机抽样的分层标志，能够提高估计量的精度；有些辅助变量用于构造比率估计量，也可以提高估计量的精度。如果变量既用作分层随

机抽样的分层标志又用于构造比率估计量，估计量的精度不会得到更进一步的明显改进。如何识别一个辅助变量用作分层随机抽样的分层标志，还是用于构造比率估计量，以更有效改善估计量的精度？指导性的原则是，若辅助变量用作分层随机抽样的分层标志更容易，而用于构造比率估计量较困难，例如地理位置信息，则将其用作分层随机抽样的分层标志。对于多目标抽样，某些目标变量与辅助变量 X 成正比，另一些目标变量与辅助变量 Z 成正比，用辅助变量 X 和 Z 构造比率估计量更好。

第四节　简单随机抽样的回归估计量

为了构造比率估计量，选择的辅助变量 X 往往与目标变量 Y 近似成比例。在有些情况下，辅助变量 X 并不与目标变量 Y 近似成比例，但是两者之间存在明显的线性关系。此时，可以用辅助变量 $\bar{X}$ 和 $\bar{x}$ 之间的差值调整 $\bar{y}$ 对 $\bar{Y}$ 的估计，构造目标变量 Y 的回归估计量。

总体的单元总数记为 N，N 个单元的标志值依次记为 $(y_1, x_1), \cdots, (y_N, x_N)$，并且 $Y = \sum_{i=1}^{N} y_i$，$X = \sum_{i=1}^{N} x_i$。样本的单元总数记为 n，n 个单元的标志值依次记为 $(y_1, x_1), \cdots, (y_n, x_n)$，并且 $y = \sum_{i=1}^{n} y_i$，$x = \sum_{i=1}^{n} x_i$，总体总值 Y 的回归估计量记为 $\hat{Y}_{LR}$，总体均值 $\bar{Y}$ 的回归估计量记为 $\hat{\bar{Y}}_{LR}$。

一、总体均值和总体总值的回归估计量

辅助变量的总体总值 X 或总体均值 $\bar{X}$ 已知。采用简单随机抽样，总体均值 $\bar{Y}$ 的回归估计量 $\hat{\bar{Y}}_{LR}$ 为

$$\hat{\bar{Y}}_{LR} = \bar{y} + b(\bar{X} - \bar{x}) \tag{4.36}$$

总体总值 Y 的回归估计量 $\hat{Y}_{LR}$ 为

$$\hat{Y}_{LR} = N\hat{\bar{Y}}_{LR} = N\bar{y} + Nb(\bar{X} - \bar{x}) \tag{4.37}$$

当辅助变量的总体总值或总体均值未知，需要先设法获得总体总值或总体均值，或者其替代值，再运用回归估计量。

对于总体均值的回归估计量 $\hat{\bar{Y}}_{LR}$，若 $b=0$，则 $\hat{\bar{Y}}_{LR} = \bar{y}$，估计量 $\hat{\bar{Y}}_{LR}$ 为简单估计量。若 $b = y/x$，则 $\hat{\bar{Y}}_{LR} = (y/x)\bar{X} = \hat{\bar{Y}}_R$，估计量 $\hat{\bar{Y}}_{LR}$ 为比率估计量。简单估计量和比率估计量都是回归估计量的特例。

对于回归估计量，按照系数 b 是否已知分为两种情况，一种是系数 b 已知，不需要用样本数据进行估计；另一种是系数 b 未知，需要用样本数据进行估计。

（一）系数 b 已知的回归估计量

在有些情况下，可以事先确定系数 b 的值。例如，在周期性调查中，系数 b 的样本估计值都很接近 b_0，系数 b 就可以用数值 b_0 代替。

定理 4.17　采用简单随机抽样，若系数 $b=b_0$ 已知，回归估计量 $\hat{\bar{Y}}_{LR}$ 是总体均值 $\bar{Y}$ 的无偏估计量，估计量 $\hat{\bar{Y}}_{LR}$ 的方差为

$$V(\hat{\bar{Y}}_{LR})=\frac{1-f}{n}\frac{1}{N-1}\sum_{i=1}^{N}[y_i-\bar{Y}-b(x_i-\bar{X})]^2 \tag{4.38}$$

估计量 $\hat{\bar{Y}}_{LR}$ 的方差估计为

$$v(\hat{\bar{Y}}_{LR})=\frac{1-f}{n}\frac{1}{n-1}\sum_{i=1}^{n}[y_i-\bar{y}-b(x_i-\bar{x})]^2 \tag{4.39}$$

回归估计量 $\hat{Y}_{LR}$ 是总体总值 Y 的无偏估计量。估计量 $\hat{Y}_{LR}$ 的方差为

$$V(\hat{Y}_{LR})=\frac{N^2(1-f)}{n}\frac{1}{N-1}\sum_{i=1}^{N}[y_i-\bar{Y}-b(x_i-\bar{X})]^2 \tag{4.40}$$

估计量 $\hat{Y}_{LR}$ 的方差估计为

$$v(\hat{Y}_{LR})=\frac{N^2(1-f)}{n}\frac{1}{n-1}\sum_{i=1}^{n}[y_i-\bar{y}-b(x_i-\bar{x})]^2 \tag{4.41}$$

定理的细节参见 Cochran (1977)①,这里省略。令 $B=S_{XY}/S_X^2$ 。可以验证,当 $b_0=B$ 时,估计量 $\hat{\bar{Y}}_{LR}$ 的方差 $V(\hat{\bar{Y}}_{LR})$ 为最小值,最小值等于

$$V_{\min}(\hat{\bar{Y}}_{LR})=\frac{1-f}{n}S_Y^2(1-\rho_{XY}^2) \tag{4.42}$$

其中 ρ_{XY} 是 Y 与 X 之间的总体相关系数。

例 4.4 (续 2) 由历年的调查经验显示产品销售利润与销售收入之间具有线性关系,且已知回归系数 $b=0.19$ 。试采用回归估计量估计全地区乡镇企业的产品销售利润总额和每个乡镇企业的平均产品销售利润额,分别给出估计量的方差估计和标准差估计。

解:由题意知,$N=500$,$n=30$,$\bar{X}=100$ 万元,产品销售利润的样本均值 $\bar{y}=\sum_{i=1}^{n}y_i/n=23.83$,回归系数 $b=0.19$,产品销售收入的样本均值 $\bar{x}=\sum_{i=1}^{n}x_i/n=122.33$。$\sum_{i=1}^{n}(y_i-\bar{y})^2/(n-1)=99.80$,$\sum_{i=1}^{n}(y_i-\bar{y})(x_i-\bar{x})/(n-1)=318.33$,$\sum_{i=1}^{n}(x_i-\bar{x})^2/(n-1)=1715.06$。全地区每个乡镇企业的平均产品销售利润额的回归估计为

$$\begin{aligned}\hat{\bar{Y}}_{LR}&=\bar{y}+b(\bar{X}-\bar{x})\\&=23.83+0.19\times(100-122.33)=19.40\end{aligned}$$

估计量 $\hat{\bar{Y}}_{LR}$ 的方差估计为

$$\begin{aligned}v(\hat{\bar{Y}}_{LR})&=\frac{1-f}{n}\frac{1}{n-1}\sum_{i=1}^{n}[y_i-\bar{y}-b_0(x_i-\bar{x})]^2\\&=\frac{1-30/500}{30}\times(99.80-2\times0.19\times318.33+0.19^2\times1715.06)=1.2767\end{aligned}$$

估计量 $\hat{\bar{Y}}_{LR}$ 的标准差估计为$\sqrt{v(\hat{\bar{Y}}_{LR})}=1.13$。全地区乡镇企业的产品销售利润总额的回归估计为

① Cochran W. G. Sampling techniques [M]. 3rd ed. New York: John Wiley and Sons, 1977. 中文版:张尧庭,吴辉. 抽样技术[M]. 北京:中国统计出版社,1985.

$$\hat{Y}_{LR}=N[\bar{y}+b(\bar{X}-\bar{x})]=N\hat{\bar{Y}}_{LR}$$
$$=500\times 19.40=9700$$

估计量 $\hat{Y}_{LR}$ 的方差估计为

$$v(\hat{Y}_{LR})=\frac{N^2(1-f)}{n}\frac{1}{n-1}\sum_{i=1}^{n}[y_i-\bar{y}-b_0(x_i-\bar{x})]^2=N^2v(\hat{\bar{Y}}_{LR})$$
$$=500^2\times 1.2767=319175$$

估计量 $\hat{Y}_{LR}$ 的标准差估计为 $\sqrt{v(\hat{Y}_{LR})}=564.96$。采用回归估计量，平均每个乡镇企业的产品销售利润额的估计值为 19.40 万元，方差估计为 1.2767，标准差估计为 1.13 万元。全地区乡镇企业产品销售利润总额的估计值为 9700 万元，方差估计为 319175，标准差估计为 564.96 万元。

（二）系数 b 由样本估计的回归估计量

在有些情况下，系数 b 是未知的，需要利用样本估计。利用最小二乘估计方法，有

$$\hat{b}=\frac{\sum_{i=1}^{n}(y_i-\bar{y})(x_i-\bar{x})}{\sum_{i=1}^{n}(x_i-\bar{x})^2} \tag{4.43}$$

估计量 $\hat{b}$ 是 $B=S_{YX}/S_X^2$ 的最小二乘估计。当样本量足够大时，差值 $\hat{b}-B$ 的阶数为 $O(1/\sqrt{n})$。

定理 4.18　采用简单随机抽样，若系数 b 未知，回归估计量 $\hat{\bar{Y}}_{LR}$ 是总体均值 $\bar{Y}$ 的有偏估计量。若样本量 n 足够大，在近似的意义下，回归估计量 $\hat{\bar{Y}}_{LR}$ 是总体均值 $\bar{Y}$ 的无偏估计量。估计量 $\hat{\bar{Y}}_{LR}$ 的方差为

$$V(\hat{\bar{Y}}_{LR})=\frac{1-f}{n}S_Y^2(1-\rho_{XY}^2) \tag{4.44}$$

其中 $\rho_{XY}=S_{XY}/(S_YS_X)$ 是 Y 与 X 的总体相关系数。估计量 $\hat{\bar{Y}}_{LR}$ 的方差估计为

$$v(\hat{\bar{Y}}_{LR})=\frac{1-f}{n}\frac{1}{n-2}\sum_{i=1}^{n}[y_i-\bar{y}-\hat{b}(x_i-\bar{x})]^2 \tag{4.45}$$

方差估计 $v(\hat{\bar{Y}}_{LR})$ 是方差 $V(\hat{\bar{Y}}_{LR})$ 的有偏估计量。回归估计量 $\hat{Y}_{LR}$ 是总体总值 Y 的有偏估计量，若样本量 n 足够大，在近似的意义下，回归估计量 $\hat{Y}_{LR}$ 是总体总值 Y 的无偏估计量。估计量 $\hat{Y}_{LR}$ 的方差为

$$V(\hat{Y}_{LR})=\frac{N^2(1-f)}{n}S_Y^2(1-\rho_{XY}^2) \tag{4.46}$$

估计量 $\hat{Y}_{LR}$ 的方差估计为

$$v(\hat{Y}_{LR})=\frac{N^2(1-f)}{n}\frac{1}{n-2}\sum_{i=1}^{n}[y_i-\bar{y}-\hat{b}(x_i-\bar{x})]^2 \tag{4.47}$$

例 4.4（续 3）　由历年的调查经验显示产品销售利润与销售收入之间具有线性回归关系。若回归系数 b 未知，试采用回归估计量估计全地区乡镇企业的产品销售利润总额和平均每个乡镇企业的产品销售利润额，分别给出估计量的方差估计和标准差估计。

解:由题意知,$N=500$,$n=30$,$\bar{X}=100$ 万元,产品销售利润的样本均值 $\bar{y}=\sum_{i=1}^{n}y_i/n=23.83$,产品销售收入的样本均值 $\bar{x}=\sum_{i=1}^{n}x_i/n=122.33$。$\sum_{i=1}^{n}(y_i-\bar{y})^2/(n-2)=103.36$,$\sum_{i=1}^{n}(y_i-\bar{y})(x_i-\bar{x})/(n-2)=329.70$,$\sum_{i=1}^{n}(x_i-\bar{x})^2/(n-2)=1776.31$。回归系数的估计为

$$\hat{b}=\frac{\sum_{i=1}^{n}(y_i-\bar{y})(x_i-\bar{x})}{\sum_{i=1}^{n}(x_i-\bar{x})^2}$$
$$=0.1856$$

全地区平均每个乡镇企业的产品销售利润额的回归估计为

$$\hat{\bar{Y}}_{LR}=\bar{y}+\hat{b}(\bar{X}-\bar{x})$$
$$=23.83+0.1856\times(100-122.33)=19.50$$

估计量 $\hat{\bar{Y}}_{LR}$ 的方差估计为

$$v(\hat{\bar{Y}}_{LR})=\frac{1-f}{n}\frac{1}{n-2}\sum_{i=1}^{n}[y_i-\bar{y}-\hat{b}(x_i-\bar{x})]^2$$
$$=\frac{1-f}{n}\left[\frac{1}{n-2}\sum_{i=1}^{n}(y_i-\bar{y})^2-\frac{2\hat{b}}{n-2}\sum_{i=1}^{n}(y_i-\bar{y})(x_i-\bar{x})+\frac{\hat{b}^2}{n-2}\sum_{i=1}^{n}(y_i-\bar{y})^2\right]$$
$$=\frac{1-30/500}{30}\times(103.36-2\times0.1856\times329.70+0.1856^2\times1776.31)=1.3212$$

估计量 $\hat{\bar{Y}}_{LR}$ 的标准差估计为 $\sqrt{v(\hat{\bar{Y}}_{LR})}=1.15$。全地区乡镇企业的产品销售利润总额的回归估计为

$$\hat{Y}_{LR}=N[\bar{y}+\hat{b}(\bar{X}-\bar{x})]=N\hat{\bar{Y}}_{LR}$$
$$=500\times19.50=9750$$

估计量 $\hat{Y}_{LR}$ 的方差估计为

$$v(\hat{Y}_{LR})=\frac{N^2(1-f)}{n}\frac{1}{n-2}\sum_{i=1}^{n}[y_i-\bar{y}-\hat{b}(x_i-\bar{x})]^2=N^2v(\hat{\bar{Y}}_{LR})$$
$$=500^2\times1.3212=330300$$

估计量 $\hat{Y}_{LR}$ 的标准差估计为 $\sqrt{v(\hat{Y}_{LR})}=574.72$。当回归系数未知,平均每个乡镇企业的产品销售利润额的回归估计值为 19.50 万元,方差估计为 1.3212,标准差估计为 1.15 万元。全地区乡镇企业产品销售利润总额的回归估计值为 9750 万元,方差估计为 330300,标准差估计为 574.72 万元。

二、回归估计量、比率估计量和简单估计量的比较

关于总体均值的简单估计量 $\hat{\bar{Y}}$、比率估计量 $\hat{\bar{Y}}_R$ 和回归估计量 $\hat{\bar{Y}}_{LR}$ 的比较,要求样本量 n 充分大,偏差可以忽略不计。此时,三个估计量的方差为

$$V(\hat{\bar{Y}}_{LR})=\frac{1-f}{n}S_Y^2(1-\rho_{XY}^2)$$

$$V(\hat{\bar{Y}}_R)=\frac{1-f}{n}(S_Y^2+R^2S_X^2-2R\rho_{XY}S_XS_Y)$$

$$V(\hat{\bar{Y}})=\frac{(1-f)S_Y^2}{n}$$

显然，有 $V(\hat{\bar{Y}}_{LR})\leqslant V(\hat{\bar{Y}})$，当且仅当 $\rho_{XY}=0$ 时等号成立。若 $\rho_{XY}\neq 0$，线性回归估计量的方差总是小于简单估计量的方差。另外，

$$V(\hat{\bar{Y}}_R)-V(\hat{\bar{Y}}_{LR})=\frac{1-f}{n}(R^2S_X^2-2R\rho_{XY}S_XS_Y+\rho_{XY}^2S_y^2)=\frac{1-f}{n}(RS_X-\rho_{XY}S_y)^2\geqslant 0$$

当且仅当 $R=\rho_{XY}S_Y/S_X=S_{XY}/S_X^2=B$ 时，$V(\hat{\bar{Y}}_{LR})=V(\hat{\bar{Y}}_R)$。此时，$Y$ 与 X 的回归直线通过原点。在其他条件下，回归估计量 $\hat{\bar{Y}}_{LR}$ 总是优于比率估计量 $\hat{\bar{Y}}_R$。

例 4.4(续 4)　在例 4.4 中，若将所得到的样本方差和样本协方差作为总体方差和协方差，试比较平均每个乡镇企业的产品销售利润额的比率估计量和回归估计量的估计结果。

解：在例 4.4 中，如果将所得到的样本方差和样本协方差作为总体方差和总体协方差，平均每个乡镇企业的产品销售利润额的估计值和方差总结在表 4.8 中。

表 4.8　平均利润额的三种估计量

估计量	估计值	方差
简单估计量	$\hat{\bar{Y}}=23.83$	3.1271
比率估计量	$\hat{\bar{Y}}_R=19.48$	1.2802
回归系数 b 未知的回归估计量	$\hat{\bar{Y}}_{LR}=19.50$	1.3212
回归系数 $b=0.19$ 的回归估计量	$\hat{\bar{Y}}_{LR}=19.40$	1.2767
回归系数 $b=0.25$ 的回归估计量	$\hat{\bar{Y}}_{LR}=18.00$	1.4985
回归系数 $b=0.38$ 的回归估计量	$\hat{\bar{Y}}_{LR}=14.96$	3.3063

表 4.8 显示，简单估计量的方差最大，为 3.1271。比率估计量的方差小，为 1.2802。当回归系数 b 未知，回归估计量的方差为 1.3212。这里比率估计量的方差和回归估计量的方差中，X 和 Y 的方差及其协方差的计算公式不同。回归系数 b 未知的回归估计量和比率估计量的方差都小于简单估计量的方差。当回归系数 $b=0.19$ 已知，回归估计量的方差为 1.2767。在本例中，回归系数 b 已知的回归估计量方差小于比率估计量的方差。当回归系数 b 与其最优值的差异大，回归估计量的方差也可能大于比率估计量的方差。当回归系数 $b=0.25$，回归估计量的方差为 1.4985，大于比率估计量的方差。当回归系数 $b=0.38$，回归估计量的方差为 3.3063，比简单估计量的方差还大。

第五节　分层随机抽样的回归估计量

对于分层随机抽样，总体总值的回归估计量有两种。一种是先分别得到每层总值的回归估计量，再将各层的估计量加总，作为总体总值的回归估计量，这种估计量称为分别回归估计量(Separate Regression Estimator)。另一种是先分别得到目标变量和辅助变量的总体

均值或总体总值的分层估计量，再构造总体总值的回归估计量，这种估计量称为联合回归估计量(Combined Regression Estimator)。

假设总体的单元总数为 N，被划分为 L 个层，层序号用 h 表示，$h=1,\cdots,L$。每层的单元总数依次为 $N_1,N_2,\cdots,N_L$，即 $N=N_1+N_2+\cdots+N_L$，$W_h=N_h/N$ 为第 h 层的权数，层内的单元序号用 i 表示，(y_{hi},x_{hi}) 表示第 h 层第 i 个单元的标志值。对于总体，总体总值为 $Y=\sum_{h=1}^{L}\sum_{i=1}^{N_h}y_{hi}$，$X=\sum_{h=1}^{L}\sum_{i=1}^{N_h}x_{hi}$，总体均值 $\bar{Y}=Y/N=\sum_{h=1}^{L}\sum_{i=1}^{N_h}y_{hi}/N$，$\bar{X}=X/N=\sum_{h=1}^{L}\sum_{i=1}^{N_h}x_{hi}/N$，第 h 层均值 $\bar{Y}_h=\sum_{i=1}^{N_h}y_{hi}/N_h$，$\bar{X}_h=\sum_{i=1}^{N_h}x_{hi}/N_h$，第 h 层方差为 $S_{Yh}^2=\sum_{i=1}^{N_h}(y_{hi}-\bar{Y}_h)^2/(N_h-1)$，$S_{Xh}^2=\sum_{i=1}^{N_h}(x_{hi}-\bar{X}_h)^2/(N_h-1)$，协方差为 $S_{YXh}^2=\sum_{i=1}^{N_h}(y_{hi}-\bar{Y}_h)(x_{hi}-\bar{X}_h)/(N_h-1)$。

对于样本，样本量记为 n，各层样本量依次记为 $n_1,n_2,\cdots,n_L$，层内的样本单元序号用 i 表示，(y_{hi},x_{hi}) 表示第 h 层样本的第 i 个单元标志值。第 h 层样本均值分别记为 $\bar{y}_h=\sum_{i=1}^{n_h}y_{hi}/n_h$，$\bar{x}_h=\sum_{i=1}^{n_h}x_{hi}/n_h$，分层样本均值分别记为 $\bar{y}_{ST}=\sum_{h=1}^{L}W_h\bar{y}_h$，$\bar{x}_{ST}=\sum_{h=1}^{L}W_h\bar{x}_h$，第 h 层样本方差为 $s_{yh}^2=\sum_{i=1}^{n_h}(y_{hi}-\bar{y}_h)^2/(n_h-1)$，$s_{xh}^2=\sum_{i=1}^{n_h}(x_{hi}-\bar{x}_h)^2/(n_h-1)$，样本协方差为 $s_{yxh}^2=\sum_{i=1}^{n_h}(y_{hi}-\bar{y}_h)(x_{hi}-\bar{x}_h)/(n_h-1)$。

一、分别回归估计

为了区别，分层随机抽样的总体总值 Y 的分别回归估计量记为 $\hat{Y}_{LRS}$，总体均值 $\bar{Y}$ 的分别回归估计量记为 $\hat{\bar{Y}}_{LRS}$。假设辅助变量的总体总值 $X_h(h=1,\cdots,L)$ 或总体均值 $\bar{X}_h(h=1,\cdots,L)$ 已知。对于分层随机样本，分别回归估计量需要计算每层的回归估计量，再将各层的估计值进行加权平均。第 h 层均值 $\bar{Y}_h$ 的回归估计量为

$$\hat{\bar{Y}}_{LRh}=\bar{y}_h+b_h(\bar{X}_h-\bar{x}_h) \tag{4.48}$$

其中 b_h 为第 h 层回归估计量的回归系数。总体均值 $\bar{Y}$ 的分别回归估计量为

$$\hat{\bar{Y}}_{LRS}=\sum_{h=1}^{L}W_h\hat{\bar{Y}}_{LRh}=\sum_{h=1}^{L}W_h[\bar{y}_h+b_h(\bar{X}_h-\bar{x}_h)] \tag{4.49}$$

总体总值 Y 的分别回归估计量为

$$\hat{Y}_{LRS}=N\hat{\bar{Y}}_{LRS}=\sum_{h=1}^{L}N_h\hat{\bar{Y}}_{LRh}=\sum_{h=1}^{L}N_h[\bar{y}_h+b_h(\bar{X}_h-\bar{x}_h)] \tag{4.50}$$

当辅助变量的总体总值 $X_h(h=1,\cdots,L)$ 或总体均值 $\bar{X}_h(h=1,\cdots,L)$ 未知，需要先设法获得 $X_h(h=1,\cdots,L)$ 或 $\bar{X}_h(h=1,\cdots,L)$，或者其替代值，再对目标变量进行估计。

在总体均值的分别回归估计量 $\hat{\bar{Y}}_{LRS}$ 中，若 $b_1=\cdots=b_L=0$，则 $\hat{\bar{Y}}_{LRS}=\bar{y}_{ST}=\hat{\bar{Y}}_{ST}$，分层随机抽样的分别回归估计量成为分层随机抽样的简单估计量。若 $b_1=\bar{y}_1/\bar{x}_1$，…，$b_L=\bar{y}_L/\bar{x}_L$，则 $\hat{\bar{Y}}_{LRS}=\hat{\bar{Y}}_{LR}$，分层随机抽样的分别回归估计量变为分层随机抽样的分别比率估计量。对于分别回归估计量，按照系数 $b_h(h=1,\cdots,L)$ 是否已知分为两种情况，一种是回归系数 $b_h(h=1,\cdots,L)$ 已知，不需要用样本数据进行估计；另一种是回归系数 $b_h(h=1,$

$\cdots,L$)未知,需要用样本数据进行估计。

(一)各层回归系数 $b_h(h=1,\cdots,L)$ 已知的分别回归估计量

在有些情况下,可以事先确定各层回归系数 $b_h(h=1,\cdots,L)$ 的值。此时,有下面的定理成立。

定理 4.19 采用分层随机抽样,对于 $h=1,\cdots,L$,各层回归系数 $b_h=b_{h0}$ 已知,分别回归估计量 $\hat{\bar{Y}}_{LRS}$ 是总体均值 $\bar{Y}$ 的无偏估计量,分别回归估计量 $\hat{\bar{Y}}_{LRS}$ 的方差为

$$V(\hat{\bar{Y}}_{LRS})=\sum_{h=1}^{L}\frac{W_h^2(1-f_h)}{n_h}(S_{Yh}^2-2b_hS_{YXh}+b_h^2S_{Xh}^2) \tag{4.51}$$

分别回归估计量 $\hat{\bar{Y}}_{LRS}$ 的方差估计为

$$v(\hat{\bar{Y}}_{LRS})=\sum_{h=1}^{L}\frac{W_h^2(1-f_h)}{n_h}(s_{yh}^2-2b_hs_{yxh}+b_h^2s_{xh}^2) \tag{4.52}$$

总体总值的分别回归估计量 $\hat{Y}_{LRS}$ 是总体总值 Y 的无偏估计量,分别回归估计量 $\hat{Y}_{LRS}$ 的方差为

$$V(\hat{Y}_{LRS})=N^2V(\hat{\bar{Y}}_{LRS})=\sum_{h=1}^{L}\frac{N_h^2(1-f_h)}{n_h}(S_{Yh}^2-2b_hS_{YXh}+b_h^2S_{Xh}^2) \tag{4.53}$$

分别回归估计量 $\hat{Y}_{LRS}$ 的方差估计为

$$v(\hat{Y}_{LRS})=N^2v(\hat{\bar{Y}}_{LRS})=\sum_{h=1}^{L}\frac{N_h^2(1-f_h)}{n_h}(s_{yh}^2-2b_hs_{yxh}+b_h^2s_{xh}^2) \tag{4.54}$$

定理的细节参见 Cochran (1977)①,这里省略。对于 $h=1,\cdots,L$,令 $B_h=S_{YXh}/S_{Xh}^2$。可以验证,当 $b_h=B_h$, $h=1,\cdots,L$ 时,估计量 $\hat{\bar{Y}}_{LRS}$ 的方差 $V(\hat{\bar{Y}}_{LRS})$ 为最小值,等于

$$V_{\min}(\hat{\bar{Y}}_{LRS})=\sum_{h=1}^{L}\frac{W_h^2(1-f_h)}{n_h}\left(S_{Yh}^2-\frac{S_{YXh}^2}{S_{Xh}^2}\right) \tag{4.55}$$

例 4.5(续 3) 在例 4.5 中,根据历年的调查经验推断,农作物的今年产量与去年产量具有显著的线性关系,其回归系数约为 $b_1=1.08$,$b_2=1.06$。试采用分别回归估计量估计今年本地区该农作物总产量和平均每个村子该农作物产量,并给出估计量的方差估计和标准差估计。

解:由题意可知,把本地区的山区和平原看作总体的 2 个层,$L=2$。利用表 4.2 的数据,经过计算,可以得到表 4.9 的数据。

表 4.9 回归系数已知时分别回归估计量的计算数据

h	W_h	n_h	$\bar{y}_h$	$\bar{x}_h$	$\bar{X}_h$	b_h	s_{yh}^2	s_{xh}^2	s_{yxh}
1	0.60	9	121.11	114.11	117.78	1.08	2242.36	1788.11	1978.61
2	0.40	6	202.50	193.00	204.17	1.06	6757.50	5132.00	5835.00

今年本地区平均每个村子该农作物产量的分别回归估计为

$$\hat{\bar{Y}}_{LRS}=\sum_{h=1}^{L}W_h\hat{\bar{Y}}_{LRh}=\sum_{h=1}^{L}W_h[\bar{y}_h+b_h(\bar{X}_h-\bar{x}_h)]$$

① Cochran W. G. Sampling techniques [M]. 3rd ed. New York: John Wiley and Sons, 1977. 中文版:张尧庭,吴辉. 抽样技术[M]. 北京:中国统计出版社,1985.

$$=0.60\times[121.11+1.08\times(117.78-114.11)]$$
$$+0.40\times[202.50+1.06\times(204.17-193.00)]=160.78$$

平均每个村子该农作物产量 $\bar{Y}$ 的分别回归估计量 $\hat{\bar{Y}}_{LRS}$ 的方差估计为

$$v(\hat{\bar{Y}}_{LRS})=\sum_{h=1}^{L}\frac{W_h^2(1-f_h)}{n_h}(s_{yh}^2-2b_h s_{yxh}+b_h^2 s_{xh}^2)$$
$$=\frac{0.6^2\times(1-9/180)}{9}\times(2242.36-2\times1.08\times1978.61+1.08^2\times1788.11)$$
$$+\frac{0.4^2\times(1-6/120)}{6}\times(6757.50-2\times1.06\times5835.00+1.06^2\times5132.00)$$
$$=5.95$$

分别回归估计量 $\hat{\bar{Y}}_{LRS}$ 的标准差估计为 $\sqrt{v(\hat{\bar{Y}}_{LRS})}=2.43$。今年本地区该农作物总产量的分别回归估计为

$$\hat{Y}_{LRS}=N\hat{\bar{Y}}_{LRS}=\sum_{h=1}^{L}N_h[\bar{y}_h+b_h(\bar{X}_h-\bar{x}_h)]$$
$$=300\times160.78=48234$$

今年本地区该农作物总产量 Y 的分别回归估计量 $\hat{Y}_{LRS}$ 的方差估计为

$$v(\hat{Y}_{LRS})=N^2v(\hat{\bar{Y}}_{LRS})=\sum_{h=1}^{L}\frac{N_h^2(1-f_h)}{n_h}(s_{yh}^2-2b_h s_{yxh}+b_h^2 s_{xh}^2)$$
$$=300^2\times5.95=535500$$

分别回归估计量 $\hat{Y}_{LRS}$ 的标准差估计为 $\sqrt{v(\hat{\bar{Y}}_{RS})}=731.78$。本地区平均每个村子该农作物产量的分别回归估计量的观察值为 160.78 百公斤，方差估计为 5.95，标准差估计为 2.43 百公斤。本地区该农作物总产量的分别回归估计量的观察值为 48234 百公斤，方差估计为 535500，标准差估计为 731.78 百公斤。

（二）各层回归系数 $b_h(h=1,\cdots,L)$ 由样本估计的分别回归估计量

在各层回归系数 $b_h(h=1,\cdots,L)$ 未知的情况下，需要利用样本进行估计。假设每层的样本量 $n_h(h=1,\cdots,L)$ 都比较大。针对每层，利用线性回归模型的最小二乘估计方法，有

$$\hat{b}_h=\frac{\sum_{i=1}^{n_h}(y_{hi}-\bar{y}_h)(x_{hi}-\bar{x}_h)}{\sum_{i=1}^{n_h}(x_{hi}-\bar{x}_h)^2} \tag{4.56}$$

回归系数估计量 $\hat{b}_h$ 是 $B_h=S_{YXh}^2/S_{Xh}^2$ 的最小二乘估计。当样本量足够大时，两者的差值 $\hat{b}_h-B_h$ 的阶数为 $O(1/\sqrt{n_h})$。

定理 4.20 采用分层随机抽样，若各层回归系数 $b_h(h=1,\cdots,L)$ 由样本估计，分别回归估计量 $\hat{\bar{Y}}_{LRS}$ 是总体均值 $\bar{Y}$ 的有偏估计量。若各层样本量足够大，在近似意义下，分别回归估计量 $\hat{\bar{Y}}_{LRS}$ 是总体均值 $\bar{Y}$ 的无偏估计量。分别估计量 $\hat{\bar{Y}}_{LRS}$ 的方差为

$$V(\hat{\bar{Y}}_{LRS})=\sum_{h=1}^{L}\frac{W_h^2(1-f_h)}{n_h}\left(S_{Yh}^2-\frac{S_{YXh}^2}{S_{Xh}^2}\right) \tag{4.57}$$

分别回归估计量 $\hat{\bar{Y}}_{LRS}$ 的方差估计为

$$v(\hat{\bar{Y}}_{LRS})=\sum_{h=1}^{L}\frac{W_h^2(1-f_h)}{n_h}\frac{1}{n_h-2}\Big[\sum_{i=1}^{n_h}(y_{hi}-\bar{y}_h)^2-\hat{b}_h^2\sum_{i=1}^{n_h}(x_{hi}-\bar{x}_h)^2\Big] \tag{4.58}$$

若各层样本量足够大，在近似意义下，方差估计 $v(\hat{\bar{Y}}_{LRS})$ 是方差 $V(\hat{\bar{Y}}_{LRS})$ 的无偏估计量。若各层样本量足够大，在近似意义下，分别回归估计量 $\hat{Y}_{LRS}$ 是总体总值 Y 的无偏估计量。估计量 $\hat{Y}_{LRS}$ 的方差为

$$V(\hat{Y}_{LRS})=N^2V(\hat{\bar{Y}}_{LRS})=\sum_{h=1}^{L}\frac{N_h^2(1-f_h)}{n_h}\left(S_{Yh}^2-\frac{S_{YXh}^2}{S_{Xh}^2}\right) \tag{4.59}$$

估计量 $\hat{Y}_{LRS}$ 的方差估计为

$$v(\hat{Y}_{LRS})=\sum_{h=1}^{L}\frac{N_h^2(1-f_h)}{n_h}\frac{1}{n_h-2}\Big[\sum_{i=1}^{n_h}(y_{hi}-\bar{y}_h)^2-\hat{b}_h^2\sum_{i=1}^{n_h}(x_{hi}-\bar{x}_h)^2\Big] \tag{4.60}$$

若各层样本量足够大，在近似意义下，方差估计 $v(\hat{Y}_{LRS})$ 是方差 $V(\hat{Y}_{LRS})$ 的无偏估计量。

定理的细节参见 Cochran (1977)①，这里省略。

例 4.5(续 4)　在例 4.5 中，根据经验推断，农作物的今年产量与去年产量具有显著的线性关系，但回归系数未知。试采用分别回归估计量估计今年本地区该农作物总产量和平均每个村子该农作物产量，并给出估计量的方差估计和标准差估计。

解：由题意可知，把本地区的山区和平原看作总体的 2 个层，$L=2$。利用表 4.2 的数据，经过计算，可以得到表 4.10。

表 4.10　回归系数未知时分别回归估计量的计算数据

h	W_h	n_h	$\bar{y}_h$	$\bar{x}_h$	$\bar{X}_h$	s_{yh}^2	s_{xh}^2	s_{yxh}
1	0.60	9	121.11	114.11	117.78	2242.36	1788.11	1978.61
2	0.40	6	202.50	193.00	204.17	6757.50	5132.00	5835.00

第 1 层回归系数的最小二乘估计为

$$\hat{b}_1=\frac{\sum_{i=1}^{n_1}(y_{1i}-\bar{y}_1)(x_{1i}-\bar{x}_1)/(n_1-1)}{\sum_{i=1}^{n_1}(x_{1i}-\bar{x}_1)^2/(n_1-1)}=\frac{s_{yx1}}{s_{x1}^2}$$

$$=\frac{1978.61}{1788.11}=1.11$$

第 2 层回归系数的最小二乘估计为

$$\hat{b}_2=\frac{s_{yx2}}{s_{x2}^2}$$

$$=\frac{5835.00}{5132.00}=1.14$$

今年本地区平均每个村子该农作物产量的分别回归估计为

① Cochran W. G. Sampling techniques [M]. 3rd ed. New York: John Wiley and Sons, 1977. 中文版：张尧庭，吴辉. 抽样技术[M]. 北京：中国统计出版社，1985.

$$\hat{\bar{Y}}_{LRS}=\sum_{h=1}^{L}W_h\hat{\bar{Y}}_{LRh}=\sum_{h=1}^{L}W_h[\bar{y}_h+\hat{b}_h(\bar{X}_h-\bar{x}_h)]$$
$$=0.60\times[121.11+1.11\times(117.78-114.11)]$$
$$+0.40\times[202.50+1.14\times(204.17-193.00)]=161.20$$

分别回归估计量 $\hat{\bar{Y}}_{LRS}$ 的方差估计为

$$v(\hat{\bar{Y}}_{LRS})=\sum_{h=1}^{L}\frac{W_h^2(1-f_h)}{n_h}\frac{n_h-1}{n_h-2}(s_{yh}^2-2\hat{b}_hs_{yxh}+\hat{b}_h^2s_{xh}^2)$$
$$=\frac{0.6^2\times(1-9/180)}{9}\times\frac{8}{7}\times(2242.36-2\times1.11\times1978.61+1.11^2\times1788.11)$$
$$+\frac{0.4^2\times(1-6/120)}{6}\times\frac{5}{4}\times(6757.50-2\times1.14\times5835.00+1.14^2\times5132.00)$$
$$=6.20$$

分别回归估计量 $\hat{\bar{Y}}_{LRS}$ 的标准差估计为$\sqrt{v(\hat{\bar{Y}}_{LRS})}=2.49$。今年本地区该农作物总产量的分别回归估计为

$$\hat{Y}_{LRS}=N\hat{\bar{Y}}_{LRS}=\sum_{h=1}^{L}N_h[\bar{y}_h+\hat{b}_h(\bar{X}_h-\bar{x}_h)]$$
$$=300\times161.20=48360$$

分别回归估计量 $\hat{Y}_{LRS}$ 的方差估计为

$$v(\hat{Y}_{LRS})=N^2v(\hat{\bar{Y}}_{LRS})=\sum_{h=1}^{L}\frac{N_h^2(1-f_h)}{n_h}\frac{n_h-1}{n_h-2}(s_{yh}^2-2\hat{b}_hs_{yxh}+\hat{b}_h^2s_{xh}^2)$$
$$=300^2\times5.14=558000$$

分别回归估计量 $\hat{Y}_{LRS}$ 的标准差估计为$\sqrt{v(\hat{\bar{Y}}_{RS})}=746.99$。从而，本地区平均每个村子该农作物产量的分别回归估计量的观察值为 161.20 百公斤，方差估计为 6.20，标准差估计为 2.49 百公斤。今年本地区该农作物总产量的分别回归估计量的观察值为 48360 百公斤，方差估计为 558000，标准差估计为 746.99 百公斤。

二、联合回归估计量

分层随机抽样的总体总值 Y 的联合回归估计量记为 $\hat{Y}_{LRC}$，总体均值 $\bar{Y}$ 的联合回归估计量记为 $\hat{\bar{Y}}_{LRC}$。假设辅助变量的总体总值 X 或总体均值 $\bar{X}$ 已知，总样本量 n 足够大时，对于分层随机样本，联合回归估计量需要计算分层随机样本均值 $\bar{y}_{ST}=\sum_{h=1}^{L}W_h\bar{y}_h$，$\bar{x}_{ST}=\sum_{h=1}^{L}W_h\bar{x}_h$。总体均值 $\bar{Y}$ 的联合回归估计量为

$$\hat{\bar{Y}}_{LRC}=\bar{y}_{ST}+b(\bar{X}-\bar{x}_{ST})\tag{4.61}$$

总体总值 Y 的联合回归估计量为

$$\hat{Y}_{LRC}=N\hat{\bar{Y}}_{LRC}=N\bar{y}_{ST}+b(X-N\bar{x}_{ST})\tag{4.62}$$

当辅助变量的总体总值 X 或总体均值 $\bar{X}$ 未知，需要先设法获得 $\bar{X}$ 或 X，或者其替代值，再对目标变量进行估计。

在总体均值的联合回归估计量 $\hat{\bar{Y}}_{LRC}$ 中,若 $b=0$,则 $\hat{\bar{Y}}_{LRC}=\bar{y}_{ST}=\hat{\bar{Y}}_{ST}$,分层随机抽样的联合回归估计量变为分层随机抽样的简单估计量。若 $b=\bar{y}_{ST}/\bar{x}_{ST}$,则 $\hat{\bar{Y}}_{LRC}=\hat{\bar{Y}}_{RC}$,分层随机抽样的联合回归估计量变为分层随机抽样的联合比率估计量。对于联合回归估计量,按照回归系数 b 是否已知分为两种情况,一种是回归系数 b 已知,不需要用样本数据进行估计;另一种是回归系数 b 未知,需要用样本数据进行估计。

(一)回归系数 b 已知的联合回归估计量

有些情况下,可以事先确定回归系数 b 的值。此时,有下面的定理成立。

定理 4.21 采用分层随机抽样,若回归系数 $b=b_0$ 已知,总体均值的联合回归估计量 $\hat{\bar{Y}}_{LRC}$ 是总体均值 $\bar{Y}$ 的无偏估计量。联合回归估计量 $\hat{\bar{Y}}_{LRC}$ 的方差为

$$V(\hat{\bar{Y}}_{LRC})=\sum_{h=1}^{L}\frac{W_h^2(1-f_h)}{n_h}(S_{Yh}^2-2bS_{YXh}+b^2S_{Xh}^2) \tag{4.63}$$

联合回归估计量 $\hat{\bar{Y}}_{LRC}$ 的方差估计为

$$v(\hat{\bar{Y}}_{LRS})=\sum_{h=1}^{L}\frac{W_h^2(1-f_h)}{n_h}(s_{yh}^2-2bs_{yxh}+b^2s_{xh}^2) \tag{4.64}$$

总体总值的联合回归估计量 $\hat{Y}_{LRC}$ 是总体总值 Y 的无偏估计量,联合回归估计量 $\hat{Y}_{LRC}$ 的方差为

$$V(\hat{Y}_{LRC})=N^2V(\hat{\bar{Y}}_{LRC})=\sum_{h=1}^{L}\frac{N_h^2(1-f_h)}{n_h}(S_{Yh}^2-2bS_{YXh}+b^2S_{Xh}^2) \tag{4.65}$$

联合回归估计量 $\hat{Y}_{LRC}$ 的方差估计为

$$v(\hat{Y}_{LRC})=N^2v(\hat{\bar{Y}}_{LRC})=\sum_{h=1}^{L}\frac{N_h^2(1-f_h)}{n_h}(s_{yh}^2-2bs_{yxh}+b^2s_{xh}^2) \tag{4.66}$$

定理的细节参见 Cochran (1977)①,这里省略。

例 4.5(续 5) 在例 4.5 中,根据经验推断,农作物的今年产量与去年产量具有显著的线性关系,总体回归系数约为 $b=1.06$。试采用联合回归估计量估计今年本地区该农作物总产量和平均每个村子该农作物产量,并给出估计量的方差估计和标准差估计。

解:由题意可知,把本地区的山区和平原看作总体的 2 个层,$L=2$。利用表 4.2 的数据,经过计算,可以得到表 4.11。

表 4.11 回归系数已知时联合回归估计量的计算数据

h	W_h	n_h	$\bar{y}_h$	$\bar{x}_h$	$\bar{X}_h$	s_{yh}^2	s_{xh}^2	s_{yxh}
1	0.60	9	121.11	114.11	117.78	2242.36	1788.11	1978.61
2	0.40	6	202.50	193.00	204.17	6757.50	5132.00	5835.00

今年本地区平均每个村子该农作物产量的联合回归估计为

$$\begin{aligned}\hat{\bar{Y}}_{LRC}&=\bar{y}_{ST}+\hat{b}(\bar{X}-\bar{x}_{ST})\\&=153.67+1.06\times(152.33-145.67)\end{aligned}$$

① Cochran W. G. Sampling techniques [M]. 3rd ed. New York: John Wiley and Sons, 1977. 中文版:张尧庭,吴辉. 抽样技术[M]. 北京:中国统计出版社,1985.

$=160.73$

联合回归估计量 $\hat{\bar{Y}}_{LRC}$ 的方差估计为

$$v(\hat{\bar{Y}}_{LRC})=\sum_{h=1}^{L}\frac{W_h^2(1-f_h)}{n_h}(s_{yh}^2-2bs_{yxh}+b^2s_{xh}^2)$$
$$=\frac{0.6^2\times(1-9/180)}{9}\times(2242.36-2\times1.06\times1978.61+1.06^2\times1788.11)$$
$$+\frac{0.4^2\times(1-6/120)}{6}\times(6757.50-2\times1.06\times5835.00+1.08^2\times5132.00)$$
$$=6.05$$

联合回归估计量 $\hat{\bar{Y}}_{LRC}$ 的标准差估计为 $\sqrt{v(\hat{\bar{Y}}_{LRC})}=2.46$。今年本地区该农作物总产量的联合回归估计为

$$\hat{Y}_{LRC}=N\hat{\bar{Y}}_{LRC}=N\bar{y}_{ST}+\hat{b}(X-N\bar{x}_{ST})$$
$$=300\times160.73=48219$$

联合回归估计量 $\hat{Y}_{LRC}$ 的方差估计为

$$v(\hat{Y}_{LRC})=N^2v(\hat{\bar{Y}}_{LRC})=\sum_{h=1}^{L}\frac{N_h^2(1-f_h)}{n_h}(s_{yh}^2-2bs_{yxh}+b^2s_{xh}^2)$$
$$=300^2\times6.05=544500$$

联合回归估计量 $\hat{Y}_{LRC}$ 的标准差估计为 $\sqrt{v(\hat{Y}_{LRC})}=737.90$。从而,本地区平均每个村子该农作物产量的联合回归估计量的观察值为 160.74 百公斤,方差估计为 6.05,标准差估计为 2.46 百公斤。今年本地区该农作物总产量的联合回归估计量的观察值为 48219 百公斤,方差估计为 544500,标准差估计为 737.90 百公斤。

(二)回归系数 b 由样本估计的联合回归估计量

在有些情况下,回归系数 b 不能事先确定,用分层随机样本进行估计。此时,回归系数 b 的最小二乘估计量为

$$\hat{b}=\frac{\sum_{h=1}^{L}\frac{W_h^2(1-f_h)}{n_h(n_h-1)}\sum_{i=1}^{n_h}(y_{hi}-\bar{y}_h)(x_{hi}-\bar{x}_h)}{\sum_{h=1}^{L}\frac{W_h^2(1-f_h)}{n_h(n_h-1)}\sum_{h=1}^{L}(x_{hi}-\bar{x}_h)^2} \qquad (4.67)$$

总体均值的联合回归估计量为:

$$\hat{\bar{Y}}_{LRC}=\bar{y}_{ST}+\hat{b}(\bar{X}-\bar{x}_{ST})$$

总体总值的联合回归估计量为

$$\hat{Y}_{LRC}=N\hat{\bar{Y}}_{LRC}=N\bar{y}_{ST}+\hat{b}(X-N\bar{x}_{ST})$$

定理 4.22 采用分层随机抽样,若回归系数 b 未知。若样本量足够大,在近似意义下,联合回归估计量 $\hat{\bar{Y}}_{LRC}$ 是总体均值 $\bar{Y}$ 的无偏估计量。估计量 $\hat{\bar{Y}}_{LRC}$ 的方差为

$$V(\hat{\bar{Y}}_{LRC})=\sum_{h=1}^{L}\frac{W_h^2S_{Yh}^2(1-f_h)}{n_h}-\frac{\left[\sum_{h=1}^{L}\frac{W_h^2S_{YXh}(1-f_h)}{n_h}\right]^2}{\sum_{h=1}^{L}\frac{W_h^2S_{Xh}^2(1-f_h)}{n_h}} \qquad (4.68)$$

估计量 $\hat{\bar{Y}}_{LRC}$ 的方差估计为

$$v(\hat{\bar{Y}}_{LRC})=\sum_{h=1}^{L}\frac{W_h^2(1-f_h)}{n_h(n_h-1)}[(y_{hi}-\bar{y}_h)-\hat{b}(x_{hi}-\bar{x}_h)]^2 \tag{4.69}$$

若样本量足够大,在近似意义下,方差估计 $v(\hat{\bar{Y}}_{LRC})$ 是方差 $V(\hat{\bar{Y}}_{LRC})$ 的无偏估计量。若样本量足够大,在近似意义下,总体总值的联合回归估计量 $\hat{Y}_{LRC}$ 是总体总值 Y 的无偏估计量。联合回归估计量 $\hat{Y}_{LRC}$ 的方差为

$$V(\hat{Y}_{LRC})=\sum_{h=1}^{L}\frac{N_h^2S_{Yh}^2(1-f_h)}{n_h}-\frac{\left[\sum_{h=1}^{L}\frac{N_h^2S_{YXh}(1-f_h)}{n_h}\right]^2}{\sum_{h=1}^{L}\frac{N_h^2S_{Xh}^2(1-f_h)}{n_h}} \tag{4.70}$$

联合回归估计量 $\hat{Y}_{LRC}$ 的方差估计为

$$v(\hat{Y}_{LRC})=\sum_{h=1}^{L}\frac{N_h^2(1-f_h)}{n_h(n_h-1)}[(y_{hi}-\bar{y}_h)-\hat{b}(x_{hi}-\bar{x}_h)]^2 \tag{4.71}$$

若样本量足够大,在近似意义下,方差估计 $v(\hat{Y}_{LRC})$ 是方差 $V(\hat{Y}_{LRC})$ 的无偏估计量。

定理的细节参见 Cochran (1977)①,这里省略。

例 4.5(续 6) 在例 4.5 中,根据经验推断,农作物的今年产量与去年产量具有显著的线性关系,且总体回归系数未知。试采用联合回归估计量估计今年本地区该农作物总产量和平均每个村子该农作物产量,并给出估计量的方差估计和标准差估计。

解:由题意可知,把本地区的山区和平原看作总体的 2 个层,$L=2$。利用表 4.2 的数据,经过计算,可以得到表 4.12。

表 4.12 回归系数 b 未知时联合回归估计量的计算数据

h	W_h	n_h	$\bar{y}_h$	$\bar{x}_h$	$\bar{X}_h$	s_{yh}^2	s_{xh}^2	s_{yxh}
1	0.60	9	121.11	114.11	117.78	2242.36	1788.11	1978.61
2	0.40	6	202.50	193.00	204.17	6757.50	5132.00	5835.00

总体回归系数的最小二乘估计为

$$\hat{b}=\frac{\sum_{h=1}^{L}\frac{W_h^2(1-f_h)}{n_h(n_h-1)}\sum_{i=1}^{n_h}(y_{hi}-\bar{y}_h)(x_{hi}-\bar{x}_h)}{\sum_{h=1}^{L}\frac{W_h^2(1-f_h)}{n_h(n_h-1)}\sum_{h=1}^{L}(x_{hi}-\bar{x}_h)^2}=\frac{\sum_{h=1}^{L}\frac{W_h^2s_{yxh}(1-f_h)}{n_h}}{\sum_{h=1}^{L}\frac{W_h^2s_{xh}^2(1-f_h)}{n_h}}$$

$$=\frac{\frac{0.60^2\times1978.61\times(1-9/180)}{9}+\frac{0.40^2\times5825.00\times(1-6/120)}{6}}{\frac{0.60^2\times1788.11\times(1-9/180)}{9}+\frac{0.40^2\times5132.00\times(1-6/120)}{6}}=1.13$$

今年本地区平均每个村子该农作物产量的联合回归估计为

① Cochran W. G. Sampling techniques [M]. 3rd ed. New York: John Wiley and Sons, 1977. 中文版:张尧庭,吴辉. 抽样技术[M]. 北京:中国统计出版社, 1985.

$$\hat{\bar{Y}}_{LRC}=\bar{y}_{ST}+\hat{b}(\bar{X}-\bar{x}_{ST})$$
$$=153.67+1.13\times(152.33-145.67)$$
$$=161.20$$

联合回归估计量 $\hat{\bar{Y}}_{LRC}$ 的方差估计为

$$v(\hat{\bar{Y}}_{LRC})=\sum_{h=1}^{L}\frac{W_h^2(1-f_h)}{n_h}(s_{yh}^2-2\hat{b}s_{yxh}+\hat{b}^2s_{xh}^2)$$
$$=\frac{0.6^2\times(1-9/180)}{9}\times(2242.36-2\times1.13\times1978.61+1.13^2\times1788.11)$$
$$+\frac{0.4^2\times(1-6/120)}{6}\times(6757.50-2\times1.13\times5835.00+1.13^2\times5132.00)$$
$$=5.18$$

联合回归估计量 $\hat{\bar{Y}}_{LRC}$ 的标准差估计为$\sqrt{v(\hat{\bar{Y}}_{LRC})}=2.28$。今年本地区该农作物总产量的联合回归估计为

$$\hat{Y}_{LRC}=N\hat{\bar{Y}}_{LRC}=N\bar{y}_{ST}+\hat{b}(X-N\bar{x}_{ST})$$
$$=300\times161.20=48360$$

今年本地区该农作物总产量 Y 的联合回归估计量 $\hat{Y}_{LRC}$ 的方差估计为

$$v(\hat{Y}_{LRC})=N^2v(\hat{\bar{Y}}_{LRC})=\sum_{h=1}^{L}\frac{N_h^2(1-f_h)}{n_h}(s_{yh}^2-2\hat{b}s_{yxh}+\hat{b}^2s_{xh}^2)$$
$$=300^2\times5.18=466200$$

联合回归估计量 $\hat{Y}_{LRC}$ 的标准差估计为$\sqrt{v(\hat{Y}_{LRC})}=682.78$。从而，本地区平均每个村子该农作物产量的联合回归估计量的观察值为 161.20 百公斤，方差估计为 5.18，标准差估计为 2.28 百公斤。今年本地区该农作物总产量的联合回归估计量的观察值为 48360 百公斤，方差估计为 466200，标准差估计为 682.78 百公斤。

在例 4.5 中，如果样本方差和样本协方差作为实际的方差和协方差，则平均每个乡镇企业产品销售利润额的分别回归估计值和联合回归估计值，及它们的标准差总结在表 4.13 中。

表 4.13　例 4.5 的估计结果比较

估计量	估计值	标准差
分别比率估计量	$\hat{\bar{Y}}_{RS}=160.65$	2.50
联合比率估计量	$\hat{\bar{Y}}_{RC}=159.95$	2.64
分别回归估计量	$\hat{\bar{Y}}_{LRS}=160.74$	2.49
联合回归估计量	$\hat{\bar{Y}}_{LRC}=161.20$	2.28
$b_1=1.08,b_2=1.06$ 的分别回归估计量	$\hat{\bar{Y}}_{LRS}=160.78$	2.43
$b=1.06$ 的联合回归估计量	$\hat{\bar{Y}}_{LRS}=160.74$	2.46

表 4.13 显示，几个估计量的估计值都比较接近。联合比率估计量的标准差为 2.64，联合回归估计量的标准差为 2.28，联合比率估计量的标准差大于联合回归估计量的标准差。当回归系数未知，分别比率估计量的标准差为 2.50，分别回归估计量的标准差为 2.49，分别

比率估计量的标准差大于分别回归估计量的标准差。联合比率估计量的标准差大于分别比率估计量的标准差。当回归系数 $b=1.06$ 已知，联合回归估计量的标准差为 2.46，当回归系数 $b_1=1.08, b_2=1.06$ 已知，分别回归估计量的标准差为 2.43。在回归系数已知情况下，联合回归估计量和分别回归估计量的标准差都小于分别比率估计量和联合比率估计量的标准差。若回归系数与其最优值的差异大，回归估计量的标准差并一定总是小于比率估计量的标准差。对于分别回归估计量和联合回归估计量，当回归系数已知并都取最优值，分别回归估计量的标准差小于联合回归估计的标准差。若回归系数与其最优值的差异大，两个估计量标准差的差异可能大。在实际问题中，采用分层随机抽样，分别回归估计量和联合回归估计量的优良性评价并没有严格区分标准。若某些层样本量不足够大，分别回归估计量的偏差可能大，采用联合回归估计量可能更好。若各层的回归系数差异大，联合回归估计量的标准差也会大。如果各层的回归系数相差小，联合回归估计量可能更好。若各层的回归系数差异大，并且各层样本量也足够大，分别回归估计量更好。

第六节　模拟案例

在第二章第五节和第三章第六节中分别对中国规模以上工业企业的利润总额进行模拟调查，采用的是简单随机抽样和分层随机抽样。考虑到工业企业的利润总额与资产总额存在相关关系，本节选用资产总额作为辅助变量，介绍简单随机抽样和分层随机抽样的比率估计量和回归估计量。

本节的数据为 2011 年中国 345 个城市的规模以上工业企业的资产总额和利润总额，数据来源于《中国区域经济统计年鉴(2012)》，见附录 A。设定的目标是调查中国 345 个城市规模以上工业企业的利润总额。调查采用的简单随机抽样和分层随机抽样。样本分别为第二章中的简单随机样本数据(见表 2.7)和第三章中的分层随机样本数据(见表 3.20)。已知中国规模以上工业企业的资产总额 $X=656692.77$ 亿元。本节的要求是根据所抽取的样本，应用比率估计量和回归估计量分别估计中国 345 个市级单元规模以上工业企业的利润总额、平均每个市级单元规模以上工业企业的利润额，给出相应的方差估计和标准差估计。

一、第二章的简单随机样本

在第二章第五节中给出了简单随机样本见表 4.14 所示。除第 4 列以外其他各列数据同表 2.7，第 4 列数据是入样市级单元的资产额。根据表 4.14 的调查数据，估计中国 345 个市级单元规模以上工业企业利润总额和平均每个市级单元规模以上工业企业的利润额。

表 4.14　2011 年中国 80 个市级单元的资产额和利润额　　单位：亿元

号码	市级单元	利润额 y_i	资产额 x_i
1	运城市	99.08	1538.40
2	乌兰察布市	64.37	797.52
3	沈阳市	712.58	2576.78
4	葫芦岛市	−18.75	347.53

续表

号码	市级单元	利润额 y_i	资产额 x_i
5	长春市	645.21	4980.87
6	延边朝鲜族自治州	44.97	612.86
7	齐齐哈尔市	60.75	1124.25
8	鸡西市	15.27	443.84
9	大兴安岭地区	3.60	43.76
10	常州市	468.43	6243.25
11	扬州市	517.25	3238.81
12	泰州市	438.02	3446.99
13	宁波市	631.66	10030.93
14	鹰潭市	95.37	1092.88
15	青岛市	645.78	6996.25
16	泰安市	358.79	2844.46
17	临沂市	378.38	2768.96
18	周口市	292.18	1117.23
19	怀化市	68.47	557.97
20	广州市	958.53	11830.60
21	云浮市	35.67	431.61
22	防城港市	67.32	514.07
23	百色市	34.06	920.76
24	成都市	501.64	920.76
25	自贡市	86.54	786.14
26	广元市	25.01	301.21
27	阿坝藏族羌族自治州	14.90	389.67
28	黔东南苗族侗族自治州	8.78	302.90
29	曲靖市	71.78	1584.40
30	丽江市	10.65	238.83
31	普洱市	15.67	471.67
32	昌都市	−0.73	34.09
33	阿里地区	−0.16	5.65
34	汉中市	19.95	611.82
35	金昌市	42.17	1014.53
36	陇南市	9.80	168.74
37	西宁市	39.13	1755.73
38	海南藏族自治州	2.23	32.68

续表

号码	市级单元	利润额 y_i	资产额 x_i
39	阿克苏地区	27.53	441.80
40	克孜勒苏柯尔克孜自治州	0.50	31.98
41	唐山市	579.33	8427.32
42	吕梁市	194.57	2841.68
43	哈尔滨市	103.26	2819.51
44	农垦总局	11.37	541.95
45	无锡市	1149.48	12493.99
46	淮安市	150.21	1333.63
47	盐城市	269.17	2475.32
48	镇江市	301.58	3831.93
49	衢州市	123.23	1153.57
50	丽水市	119.93	1007.80
51	萍乡市	121.95	424.24
52	九江市	109.70	1036.41
53	新余市	83.23	1159.94
54	枣庄市	231.07	1674.18
55	东营市	1004.80	4903.80
56	聊城市	350.42	2896.72
57	三门峡市	251.69	1585.46
58	驻马店市	117.19	941.55
59	十堰市	201.91	2547.00
60	株洲市	125.09	1449.40
61	珠海市	165.62	3221.13
62	江门市	311.15	2519.34
63	清远市	145.11	1129.00
64	柳州市	122.83	2094.10
65	梧州市	53.32	506.23
66	河池市	20.72	736.61
67	泸州市	135.05	706.87
68	德阳市	154.79	2103.38
69	遂宁市	84.81	460.07
70	宜宾市	209.36	1552.22
71	玉溪市	105.07	1126.68
72	临沧市	31.99	487.47

续表

号码	市级单元	利润额 y_i	资产额 x_i
73	楚雄彝族自治州	23.90	398.28
74	大理白族自治州	50.53	596.56
75	拉萨市	7.47	238.35
76	山南市	2.61	37.56
77	酒泉市	14.87	872.31
78	石嘴山市	40.32	910.59
79	哈密市	17.47	310.31
80	昌吉回族自治州	36.24	687.77
总计	—	14824.79	149833.41

由第二章第五节计算结果知，平均每个市级单元规模以上工业企业利润额的样本均值 $\bar{y}=185.31$ 亿元，样本方差 $s_y^2=60870.89$。可以计算，平均每个市级单元规模以上工业企业资产额的样本均值 $\bar{x}=1872.92$ 亿元，样本方差 $s_x^2=6189201.76$，样本协方差 $s_{yx}^2=535575.74$，总体总值 $X=656692.77$，总体均值 $\bar{X}=1903.46$ 亿元。

（一）简单随机抽样的比率估计量

估计中国 345 个市级单元规模以上工业企业的利润总额和平均每个市级单元规模以上工业企业利润额。采用简单随机抽样，市级单元规模以上工业企业利润额与资产额之比 R 的估计为

$$\hat{R}=\frac{y}{x}=\frac{\bar{y}}{\bar{x}}$$

$$=\frac{185.31}{1872.92}=0.10$$

估计量 $\hat{R}$ 的方差估计为

$$v(\hat{R})=\frac{1-f}{n\bar{X}^2}(s_y^2+\hat{R}^2s_x^2-2\hat{R}s_{yx})$$

$$=\frac{1-80/345}{80\times1903.46^2}\times(60870.89+0.10^2\times6189201.76-2\times0.10\times535575.74)$$

$$=4.1467\times10^{-5}$$

采用简单随机抽样，平均每个市级单元规模以上工业企业利润额的比率估计为

$$\hat{\bar{Y}}_R=\hat{R}\bar{X}$$

$$=0.10\times1903.46=190.35$$

平均每个市级单元的规模以上工业企业利润额的比率估计量的方差估计为

$$v(\hat{\bar{Y}}_R)=\bar{X}^2v(\hat{R})=\frac{1-f}{n}(s_y^2+\hat{R}^2s_x^2-2\hat{R}s_{yx})$$

$$=1903.46^2\times4.1467\times10^{-5}=150.24$$

比率估计量的标准差估计为 $\sqrt{v(\hat{\bar{Y}}_R)}=12.26$。每个市级单元规模以上工业企业的平均利

润额在置信概率 95%下双侧置信区间的置信下限为

$$r\bar{X} - Z_{\alpha/2}\sqrt{v(\hat{\bar{Y}}_R)} = 190.35 - 1.96 \times 12.26 = 166.32$$

置信上限为

$$r\bar{X} + Z_{\alpha/2}\sqrt{v(\hat{\bar{Y}}_R)} = 190.35 + 1.96 \times 12.26 = 214.38$$

中国市级单元规模以上工业企业的利润总额的比率估计为

$$\hat{Y}_R = \hat{R}X$$
$$= 0.10 \times 656692.77 = 65669.28$$

中国市级单元规模以上工业企业利润总额的比率估计量的方差估计为

$$v(\hat{Y}_R) = X^2 v(\hat{R}) = \frac{N^2(1-f)}{n}(s_y^2 + r^2 s_x^2 - 2rs_{yx})$$
$$= 656692.77^2 \times 4.1467 \times 10^{-5} = 17882316.00$$

比率估计量的标准差估计为 $\sqrt{v(\hat{Y}_R)} = 4228.75$。中国市级单元规模以上工业企业的利润总额在置信概率 95%下双侧置信区间的置信下限为

$$rX - Z_{\alpha/2}\sqrt{v(\hat{Y}_R)} = 65669.28 - 1.96 \times 4228.75 = 57381.08$$

置信上限为

$$rX + Z_{\alpha/2}\sqrt{v(\hat{Y}_R)} = 65669.28 + 1.96 \times 4228.75 = 73957.48$$

平均每个市级单元规模以上工业企业利润额的比率估计量的观察值为 190.35 亿元，方差估计为 150.24，标准差估计为 12.26 亿元，在置信概率 95%下的双侧置信区间为(166.32，214.38)。中国市级单元规模以上工业企业的利润总额的比率估计量的观察值为 65669.28 亿元，方差估计为 17882316.00，标准差估计为 4228.75 亿元，在置信概率 95%下的双侧置信区间为(57381.08，73957.48)。

(二)简单随机抽样的回归估计量

依据经济理论和经验，工业企业利润额与资产额之间存在显著的线性关系，其中斜率 b 未知。这里，采用回归估计量，估计中国市级单元规模以上工业企业的利润总额以及平均每个市级单元规模以上工业企业的利润额。

利用最小二乘法，回归系数的最小二乘估计为

$$\hat{b} = \frac{s_{yx}}{s_x^2}$$
$$= \frac{535575.74}{6189201.76} = 0.0865$$

平均每个市级单元规模以上工业企业的利润额的回归估计为

$$\hat{\bar{Y}}_{LR} = \bar{y} + \hat{b}(\bar{X} - \bar{x})$$
$$= 185.31 + 0.08653 \times (1903.46 - 1872.92) = 187.95$$

回归估计量 $\hat{\bar{Y}}_{LR}$ 的方差估计为

$$v(\hat{\bar{Y}}_{LR}) = \frac{1-f}{n}\frac{n-1}{n-2}(s_y^2 + \hat{b}^2 s_x^2 - 2\hat{b}s_{yx})$$

$$=\left(1-\frac{80}{345}\right)\times\frac{79}{78}\times\frac{60870.93+0.0865^2\times6189201.76-2\times0.0865\times535575.74}{80}$$
$$=141.2537$$

回归估计量 $\hat{\bar{Y}}_{LR}$ 的标准差估计为 $\sqrt{v(\hat{\bar{Y}}_{LR})}=11.89$。平均每个市级单元规模以上工业企业的利润额在置信概率 95% 下双侧置信区间的置信下限为

$$\hat{\bar{Y}}_{LR}-Z_{\alpha/2}\sqrt{v(\hat{\bar{Y}}_{LR})}=187.95-1.96\times11.89=164.65$$

置信上限为

$$\hat{\bar{Y}}_{LR}+Z_{\alpha/2}\sqrt{v(\hat{\bar{Y}}_{LR})}=187.95+1.96\times11.89=211.25$$

中国市级单元规模以上工业企业的利润总额的回归估计为

$$\hat{Y}_{LR}=N\hat{\bar{Y}}_{LR}=N\bar{y}+\hat{b}(X-N\bar{x})$$
$$=345\times187.95=64842.75$$

中国市级单元规模以上工业企业利润总额的回归估计量的方差估计为

$$v(\hat{Y}_{LR})=N^2v(\hat{\bar{Y}}_{LR})$$
$$=345^2\times64842.75=16812721.6425$$

回归估计量的标准差估计为 $\sqrt{v(\hat{Y}_{LR})}=4100.33$。中国市级单元规模以上工业企业的利润总额在置信概率 95% 下双侧置信区间的置信下限为

$$\hat{Y}_{LR}-Z_{\alpha/2}\sqrt{v(\hat{Y}_{LR})}=64842.75-1.96\times4100.33=56806.25$$

置信上限为

$$\hat{Y}_{LR}+Z_{\alpha/2}\sqrt{v(\hat{Y}_{LR})}=64842.75+1.96\times4100.33=72879.25$$

平均每个市级单元规模以上工业企业利润额的回归估计量的观察值为 187.95 亿元，方差估计为 141.2537，标准差估计为 11.89 亿元，在置信概率 95% 下的双侧置信区间为(164.65，211.25)。中国市级单元规模以上工业企业的利润总额的回归估计量的观察值为 64842.75 亿元，方差估计为 16812721.6425，标准差估计为 4100.33 亿元，在置信概率 95% 下的双侧置信区间为(56806.25，72879.25)。

对于中国市级单元规模以上工业企业的利润总额和平均每个市级单元规模以上工业企业利润额，将第二章第五节的简单估计量和本节的比率估计量和回归估计量的结果汇总在表 4.15 中。从表 4.15 可以看出，对于平均每个市级单元规模以上工业企业利润额的估计，简单估计值为 185.31 亿元，标准差估计为 24.18 亿元。对于中国市级单元规模以上工业企业利润总额的估计，简单估计值为 63931.95 亿元，标准差估计为 8340.51 亿元。与比率估计量和回归估计量相比，简单估计量的标准差估计大于比率估计量和回归估计量的标准差估计，其中回归估计量的标准差估计最小。将样本方差和样本协方差分别作为总体方差和总体协方差，则回归估计量和比率估计量的方差都小于简单估计量的方差，回归估计量的方差也小于比率估计量的方差。

表 4.15 模拟案例的简单估计量、比率估计量和回归估计量的比较

指标	估计量	估计值	标准差
平均利润额	简单估计量	185.31	24.18
	比率估计量	190.35	12.26
	回归估计量	187.95	11.89
利润总额	简单估计量	63931.95	8340.51
	比率估计量	65669.28	4228.75
	回归估计量	64842.75	4100.33

可以验证，目标变量和辅助变量之间的相关系数为 0.87，目标变量和辅助变量的变异系数几乎相等，接近于 1.33。由于 $\rho_{yx}=0.87\geqslant C(x)/[2C(y)]=0.5$，并且样本量 $n=80$，满足定理 4.10 的条件，比率估计量的方差小于简单估计量的方差。这里，$\rho_{yx}=0.87\neq 0$，回归估计量的方差小于简单估计量的方差。若总体比率和回归系数相等，回归估计量与比率估计量的方差相同。这里，$R=0.10\neq b=0.0865$，回归估计量的方差最小。

二、第三章的分层随机样本

第三章第六节采用分层随机抽样的简单估计量，对中国市级单元规模以上工业企业的利润总额和每个市级单元规模以上工业企业的平均利润额进行估计。本节利用第三章第六节的分层随机样本，分别采用分层比率估计量和分层回归估计量对中国市级单元规模以上工业企业的利润总额和每个市级单元规模以上工业企业的平均利润额进行估计。

中国市级单元共分为 5 层，$L=5$，市级单元总数 $N=345$，各层单元数分别为 $N_1=4$，$N_2=84$，$N_3=99$，$N_4=121$，$N_5=37$。样本量 $n=47$，各层的样本量分别为 $n_1=2$，$n_2=11$，$n_3=11$，$n_4=14$，$n_5=9$。各层的样本标志值见表 3.20。根据表 3.20 给出的分层随机样本调查数据，增加资产额数据列，得到表 4.16。直辖市层的市级单元规模以上工业企业的资产额 $X_1=81486.14$ 亿元，东部地区层的市级单元规模以上工业企业的资产额 $X_2=305286.01$ 亿元，中部地区层的市级单元规模以上工业企业的资产额 $X_3=136925.48$ 亿元，西部地区层的市级单元规模以上工业企业的资产额 $X_4=96720.9$ 亿元，东北地区层的市级单元规模以上工业企业的资产额 $X_5=36274.24$ 亿元。

表 4.16 分层随机抽样调查数据

层数	号码	市级单元	利润额	资产额
直辖市	1	北京市	1129.50	25321.75
	2	上海市	2253.82	29454.30
东部地区	1	金华市	107.89	3438.39
	2	泉州市	804.41	4889.37
	3	清远市	145.11	1129.00
	4	承德市	124.44	1547.40
	5	温州市	210.74	4411.91

续表

层数	号码	市级单元	利润额	资产额
东部地区	6	秦皇岛市	51.75	1513.32
	7	南京市	594.40	7841.71
	8	阳江市	98.61	535.37
	9	邢台市	144.68	2053.24
	10	舟山市	32.62	1322.93
	11	龙岩市	147.91	1252.98
中部地区	1	六安市	97.09	697.94
	2	宜春市	150.67	848.75
	3	岳阳市	104.88	1593.57
	4	忻州市	69.44	1015.82
	5	黄山市	23.77	214.86
	6	阳泉市	43.72	1548.28
	7	乌海市	53.46	930.10
	8	怀化市	68.47	557.97
	9	朔州市	176.94	1471.71
	10	鄂州市	23.29	482.94
	11	十堰市	201.91	2547.00
西部地区	1	黔南布依族苗族自治州	18.52	429.93
	2	德宏傣族景颇族自治州	15.81	227.50
	3	克孜勒苏柯尔克孜自治州	0.50	31.98
	4	贺州市	10.43	180.31
	5	安顺市	11.30	377.30
	6	梧州市	53.32	506.23
	7	攀枝花市	74.58	2206.33
	8	喀什地区	4.39	101.25
	9	钦州市	−34.75	669.78
	10	西宁市	39.13	1755.73
	11	陇南市	9.80	168.74
	12	保山市	15.43	269.68
	13	海东市	10.76	165.09
	14	乌鲁木齐市	174.91	2807.97

续表

层数	号码	市级单元	利润额	资产额
东北地区	1	丹东市	66.08	168.85
	2	大庆市	1055.51	3830.52
	3	朝阳市	79.13	292.61
	4	鸡西市	15.27	443.84
	5	四平市	47.15	658.86
	6	七台河市	22.40	452.41
	7	黑河市	4.85	135.73
	8	本溪市	66.21	634.26
	9	鹤岗市	9.69	236.94

(一)分层随机抽样的分别比率估计量

利用表 4.16 的数据，经过计算，可以得到表 4.17 的计算结果，其中标题为“ r_h ”的列给出各层的样本比率，其中 $s_{gh}^2 = s_{yh}^2 + r_h^2 s_{xh}^2 - 2r_h s_{yxh}$ 。

表 4.17　利用表 4.16 计算均值的数据

h	W_h	X_h	$\bar{y}_h$	$\bar{x}_h$	r_h	$r_h X_h$	$(1-f_h)s_{gh}^2/n_h$
1	0.0116	81486.14	1691.66	27388.03	0.0618	5035.84	94379.5727
2	0.2435	305286.01	223.87	2721.42	0.0823	25125.04	1876.3793
3	0.2870	136925.48	92.15	1082.63	0.0851	11652.36	168.8813
4	0.3507	96720.90	28.87	706.99	0.0408	3946.21	48.4504
5	0.1072	36274.24	151.81	761.56	0.1993	7229.46	1149.3946
合计	1.0000	656692.80	—	—	—	52988.91	417795.1741

每个市级单元规模以上工业企业的平均利润额的分别比率估计为

$$\hat{\bar{Y}}_{RS} = \frac{\hat{Y}_{RS}}{N} = \frac{52988.91}{345} = 153.59$$

每个市级单元规模以上工业企业的平均利润额的分别比率估计量 $\hat{\bar{Y}}_{RS}$ 的方差估计为

$$\begin{aligned} v(\hat{\bar{Y}}_{RS}) &= \sum_{h=1}^{L} \frac{W_h^2(1-f_h)}{n_h}(s_{yh}^2 + r_h^2 s_{xh}^2 - 2r_h s_{yxh}) \\ &= 0.0116^2 \times 94379.5727 + 0.2435^2 \times 1876.3793 + 0.2870^2 \times 168.8813 \\ &\quad + 0.3507^2 \times 48.4504 + 0.1072^2 \times 1149.3946 = 157.0326 \end{aligned}$$

分别比率估计量 $\hat{\bar{Y}}_{RS}$ 的标准差估计为 $\sqrt{v(\hat{\bar{Y}}_{RS})} = 12.53$。中国市级单元规模以上工业企业的利润总额的分别比率估计为

$$\hat{Y}_{RS}=\sum_{h=1}^{L}\hat{Y}_{Rh}=\sum_{h=1}^{L}r_hX_h$$
$$=5035.84+25125.04+11652.36+3946.21+7229.46=52988.91$$

中国市级单元规模以上工业企业的利润总额的分别比率估计 $\hat{Y}_{RS}$ 的方差估计为

$$v(\hat{Y}_{RS})=N^2v(\hat{\bar{Y}}_{RS})$$
$$=345^2\times157.0326=18690805.215$$

分别比率估计量 $\hat{Y}_{RS}$ 的标准差估计为 $\sqrt{v(\hat{Y}_{RS})}=4323.29$。平均每个市级单元规模以上工业企业利润额的分别比率估计量的观察值为 153.59 亿元，估计量的方差估计为 157.0326，标准差估计为 12.53 亿元。中国市级单元规模以上工业企业利润总额的分别比率估计量的观察值为 52988.91 亿元，估计量的方差估计为 18690805.2150，标准差估计为 4323.29 亿元。

(二)分层随机抽样的联合比率估计量

利用表 4.16 的分层随机抽样数据，可以得到 $\bar{y}_{ST}=\sum_{h=1}^{L}W_h\bar{y}_h=126.98$，$\bar{x}_{ST}=\sum_{h=1}^{L}W_h\bar{x}_h=1620.66$。于是，总体比率 R 的估计为

$$\hat{R}_{ST}=r_{ST}=\frac{\bar{y}_{ST}}{\bar{x}_{ST}}$$
$$=\frac{126.98}{1620.66}=0.0784$$

中国市级单元规模以上工业企业利润总额的联合比率估计为

$$\hat{Y}_{RC}=\hat{R}_{ST}X$$
$$=0.0784\times656692.80=51484.71$$

为了计算联合比率估计量的方差估计，利用表 4.16 的数据，经过计算，可以得到表 4.18，其中 $s'^2_{gh}=s^2_{yh}+r^2_{ST}s^2_{xh}-2r_{ST}s_{yxh}$。

表 4.18 利用表 4.16 计算方差的数据

h	n_h	s^2_{yh}	s^2_{xh}	s_{yxh}	$(1-f_h)s'^2_{gh}/n_h$
1	2	632047.7312	8538984.7512	2323154.3080	80065.6294
2	11	59796.5294	4900017.8763	420628.4124	1892.9633
3	11	3718.4040	439198.8561	28256.0511	160.5994
4	14	2413.1140	776431.5787	36011.4858	97.2030
5	9	115596.5296	1359987.0453	391235.0612	5264.5141
合计	47	813572.3082	16014620.1076	3199285.3185	87480.9092

市级单元规模以上工业企业利润总额的联合比率估计量 $\hat{Y}_{RC}$ 的方差估计为

$$v(\hat{Y}_{RC})=\sum_{h=1}^{L}\frac{N_h^2(1-f_h)}{n_h}(s^2_{yh}+r^2_{ST}s^2_{xh}-2r_{ST}s_{yxh})$$
$$=4^2\times80065.6294+84^2\times1892.9633+99^2\times160.5994$$
$$+121^2\times97.2030+37^2\times5264.5141=24839815.2525$$

联合比率估计量 $\hat{Y}_{RC}$ 的标准差估计为 $\sqrt{v(\hat{Y}_{RC})}=4983.96$。每个市级单元规模以上工业企

业平均利润额的联合比率估计为

$$\hat{\bar{Y}}_{RC}=\hat{R}_{ST}\bar{X}=\hat{Y}_{RC}/N$$
$$=51484.71/345=149.23$$

每个市级单元规模以上工业企业平均利润额的联合比率估计量 $\hat{\bar{Y}}_{RC}$ 的方差估计为

$$v(\hat{\bar{Y}}_{RC})=\sum_{h=1}^{L}\frac{W_h^2(1-f_h)}{n_h}(s_{yh}^2+r_{ST}^2s_{xh}^2-2r_{ST}s_{yxh})$$
$$=0.0116^2\times 80065.6294+0.2435^2\times 1892.9633+0.2870^2\times 160.5994$$
$$+0.3507^2\times 97.2030+0.1072^2\times 5264.5141=208.6941$$

联合比率估计量 $\hat{\bar{Y}}_{RC}$ 标准差估计为$\sqrt{v(\hat{\bar{Y}}_{RC})}=14.45$。中国市级单元的规模以上工业企业的利润总额的联合比率估计量的观察值为 51484.71 亿元，联合比率估计量的方差估计为 24839815.2525，标准差估计为 4983.96 亿元。每个市级单元规模以上工业企业平均利润额的联合比率估计量的观察值为 149.23 亿元，联合比率估计量的方差估计 208.6941，标准差估计为 14.45 亿元。

（三）分层随机抽样的联合回归估计量

利用表 4.16 的数据，总体回归系数的最小二乘估计为

$$\hat{b}=\frac{\sum_{h=1}^{L}\frac{W_h^2(1-f_h)}{n_h(n_h-1)}\sum_{i=1}^{n_h}(y_{hi}-\bar{y}_h)(x_{hi}-\bar{x}_h)}{\sum_{h=1}^{L}\frac{W_h^2(1-f_h)}{n_h(n_h-1)}\sum_{h=1}^{L}(x_{hi}-\bar{x}_h)^2}=\frac{\sum_{h=1}^{L}\frac{W_h^2s_{yxh}(1-f_h)}{n_h}}{\sum_{h=1}^{L}\frac{W_h^2s_{xh}^2(1-f_h)}{n_h}}$$
$$=\frac{31218.1763}{381490.3697}=0.0818$$

每个市级单元规模以上工业企业平均利润额的联合回归估计为

$$\hat{\bar{Y}}_{LRC}=\bar{y}_{ST}+\hat{b}(\bar{X}-\bar{x}_{ST})$$
$$=126.98+0.0818\times(1903.65-1620.66)=150.13$$

每个市级单元规模以上工业企业平均利润额的联合回归估计量 $\hat{\bar{Y}}_{LRC}$ 的方差估计为

$$v(\hat{\bar{Y}}_{LRC})=\sum_{h=1}^{L}\frac{W_h^2(1-f_h)}{n_h}(s_{yh}^2-2\hat{b}s_{yxh}+\hat{b}^2s_{xh}^2)$$
$$=10.3987+111.3418+13.5418+13.3381+58.6440=207.2644$$

联合回归估计量 $\hat{\bar{Y}}_{LRC}$ 的标准差估计为$\sqrt{v(\hat{\bar{Y}}_{LRC})}=14.40$ 亿元。中国市级单元规模以上工业企业的利润总额的联合回归估计为

$$\hat{Y}_{LRC}=N\hat{\bar{Y}}_{LRC}$$
$$=150.13\times 345=51794.85$$

中国市级单元规模以上工业企业利润总额的联合回归估计量 $\hat{Y}_{LRC}$ 的方差估计为

$$v(\hat{Y}_{LRC})=N^2v(\hat{\bar{Y}}_{LRC})$$
$$=345^2\times 207.2644=24669645.2100$$

联合回归估计量 $\hat{Y}_{LRC}$ 的标准差估计为 $\sqrt{v(\hat{Y}_{LRC})}=4966.85$ 亿元。每个市级单元规模以上工业企业的平均利润额的联合回归估计量的观察值为 150.13 亿元，联合回归估计量的方差估计为 207.2644，标准差估计为 14.40 亿元。中国市级单元的规模以上工业企业的利润总额的联合回归估计量的观察值为 51794.85 亿元，联合回归估计量的方差估计为 24669645.2100，标准差估计为 4966.85 亿元。

利用分层随机样本，对中国市级单元规模以上工业企业的利润总额和每个市级单元规模以上工业企业平均利润额的估计，将第三章第六节的简单估计量和本节的分层比率估计量和分层回归估计量的结果汇总在表 4.19 中。从表 4.19 中可以看出，利用分层随机样本对每个市级单元规模以上工业企业平均利润额的估计，简单估计量的标准差估计最大，分别比率估计量的标准差估计最小，联合比率估计量的标准差估计大于联合回归估计量的标准差估计。将样本方差和样本协方差分别作为总体方差和总体协方差，联合回归估计量和联合比率估计量的标准差小于简单估计量的标准差，分别比率估计量的标准差小于简单估计量的标准差，联合回归估计量的标准差小于联合比率估计量的标准差。在本例中，每层的样本量都比较小，分别比率估计量的偏差可能会大。

表 4.19　分层随机样本的四种估计量比较

指标	估计量	估计值	标准差
平均利润额	简单估计量	126.98	21.37
	分别比率估计量	153.59	12.53
	联合比率估计量	149.23	14.45
	联合回归估计量	150.13	14.40
利润总额	简单估计量	43807.96	7371.75
	分别比率估计量	52988.91	4323.29
	联合比率估计量	51484.71	4983.96
	联合回归估计量	51794.85	4966.85

小　结

本章讨论简单随机抽样的比率估计量和回归估计量以及分层随机抽样的比率估计量和回归估计量的性质。利用可用的辅助变量，构造比率估计量或回归估计量，提高估计精度。本章的知识要点如下。

1. 采用比率估计量和回归估计量估计总体均值 $\bar{Y}$ 和总体总值 Y，要求辅助变量 X 的总体均值 $\bar{X}$ 或总体总值 X 必须已知。采用分别比率估计量和分别回归估计量估计总体均值 $\bar{Y}$ 和总体总值 Y，辅助变量 X 的层均值 $\bar{X}_h$ 或层总值 X_h 必须已知。采用联合比率估计量和联合回归估计量估计总体均值 $\bar{Y}$ 和总体总值 Y，辅助变量 X 的总体均值 $\bar{X}$ 必须已知。

2. 无论是简单随机样本还是分层随机样本，总体均值和总体总值的比率估计量是有偏的，但在样本量足够大的情况下，偏差可以忽略。当回归系数 b 或 b_h 已知，总体均值和总体总值的回归估计量是无偏的。若回归系数 b 或 b_h 未知，总体均值和总体总值的回归估计量是有偏的，但在样本量足够大的情况下，偏差可以忽略。

3. 对于简单随机样本，如果 X 与 Y 的相关系数 $\rho_{YX} > C(x)/[2C(y)]$ 且样本量足够大，则比率估计量 $\hat{Y}_R$ 的方差小于简单估计量 $\hat{Y}$ 的方差，即 $V(\hat{Y}_R) < V(\hat{Y})$。也就是说，选择变异系数尽量小且与目标变量的相关系数尽量大的辅助变量，则比率估计量优于简单估计量。除非 $\rho_{YX}=0$，回归估计量的方差等于简单估计量的方差。否则，回归估计量的方差总是小于简单估计量的方差。当总体比率 $R=B$，回归估计量与比率估计量的方差相等。否则，回归估计量的方差小于比率估计量的方差。

4. 对于简单随机样本，在样本量足够大的情况下，表 4.20 归纳了总体均值和总体总值的比率估计量及其方差和方差估计。

表 4.20 简单随机抽样的比率估计量

估计量	方差和方差估计
$\hat{R}=r=\frac{y}{x}$	$V(\hat{R})=\frac{1-f}{n\bar{X}^2}\left[\frac{1}{N-1}\sum_{i=1}^{N}(y_i-Rx_i)^2\right]$ $v(\hat{R})=\frac{1-f}{n\bar{X}^2}\left[\frac{1}{n-1}\sum_{i=1}^{n}(y_i-rx_i)^2\right]$
$\hat{\bar{Y}}_R=r\bar{X}$	$V(\hat{\bar{Y}}_R)=\frac{1-f}{n}\left[\frac{1}{N-1}\sum_{i=1}^{N}(y_i-Rx_i)^2\right]$ $v(\hat{\bar{Y}}_R)=\frac{1-f}{n}\left[\frac{1}{n-1}\sum_{i=1}^{n}(y_i-rx_i)^2\right]$
$\hat{Y}_R=rX$	$V(\hat{Y}_R)=\frac{N^2(1-f)}{n}\left[\frac{1}{N-1}\sum_{i=1}^{N}(y_i-Rx_i)^2\right]$ $v(\hat{Y}_R)=\frac{N^2(1-f)}{n}\left[\frac{1}{n-1}\sum_{i=1}^{n}(y_i-rx_i)^2\right]$

5. 对于简单随机样本，当回归系数 b 已知，在样本量足够大的情况下，表 4.21 归纳了总体均值和总体总值的回归估计量及其方差和方差估计。

表 4.21 简单随机抽样的回归估计量(b 已知)

估计量	方差和方差估计
$\hat{\bar{Y}}_{LR}=\bar{y}+b(\bar{X}-\bar{x})$	$V(\hat{\bar{Y}}_{LR})=\frac{1-f}{n}\frac{1}{N-1}\sum_{i=1}^{N}[y_i-\bar{Y}-b(x_i-\bar{X})]^2$ $v(\hat{\bar{Y}}_{LR})=\frac{1-f}{n}\frac{1}{n-1}\sum_{i=1}^{n}[y_i-\bar{y}-b(x_i-\bar{x})]^2$
$\hat{Y}_{LR}=N\hat{\bar{Y}}_{LR}=N\bar{y}+Nb(\bar{X}-\bar{x})$	$V(\hat{Y}_{LR})=\frac{N^2(1-f)}{n}\frac{1}{N-1}\sum_{i=1}^{N}[y_i-\bar{Y}-b(x_i-\bar{X})]^2$ $v(\hat{Y}_{LR})=\frac{N^2(1-f)}{n}\frac{1}{n-1}\sum_{i=1}^{n}[y_i-\bar{y}-b(x_i-\bar{x})]^2$

当回归系数 b 未知，回归系数的最小二乘估计量为

$$\hat{b}=\frac{\sum_{i=1}^{n}(y_i-\bar{y})(x_i-\bar{x})}{\sum_{i=1}^{n}(x_i-\bar{x})^2}$$

在样本量足够大的情况下，表 4.22 归纳了总体均值和总体总值的回归估计量及其方差和方差估计。

表 4.22　简单随机抽样的回归估计量（b 未知）

估计量	方差和方差估计
$\hat{\bar{Y}}_{LR}=\bar{y}+\hat{b}(\bar{X}-\bar{x})$	$V(\hat{\bar{Y}}_{LR})=\frac{1-f}{n}S_y^2(1-\rho_{XY}^2)$ $v(\hat{\bar{Y}}_{LR})=\frac{1-f}{n}\frac{1}{n-2}\sum_{i=1}^{n}[y_i-\bar{y}-\hat{b}(x_i-\bar{x})]^2$
$\hat{Y}_{LR}=N[\bar{y}+\hat{b}(\bar{X}-\bar{x})]=N\hat{\bar{Y}}_{LR}$	$V(\hat{Y}_{LR})=\frac{N^2(1-f)}{n}S_y^2(1-\rho_{XY}^2)$ $v(\hat{Y}_{LR})=\frac{N^2(1-f)}{n}\frac{1}{n-2}\sum_{i=1}^{n}[y_i-\bar{y}-\hat{b}(x_i-\bar{x})]^2$

6. 对于分层随机样本，若各层样本量 $n_1,\cdots,n_L$ 足够大，且总样本量 n 也足够大，可以选择的估计量有简单估计量、分别比率估计量、联合比率估计量、分别回归估计量和联合回归估计量。此时，分别回归估计量的方差往往小于分别比率估计量和简单估计量的方差，分别比率估计量的方差往往小于简单估计量的方差。联合回归估计量的方差往往小于联合比率估计量和简单估计量的方差。联合比率估计量的方差往往小于简单估计量的方差。分别比率估计量的方差往往小于联合比率估计量的方差。当各层比率都相等，都等于总体比率，即 $R_1=\cdots=R_L=R$，分别比率估计量的方差等于联合比率估计量的方差。分别回归估计量的方差往往不大于联合回归估计量的方差。当各层回归系数都相等，都等于总体回归系数，即 $b_1=\cdots=b_L=b$，分别回归估计量的方差等于联合回归估计量的方差。如果某些层的样本量不够大，分别比率估计量和分别回归估计量的偏差可能比较大，联合比率估计量和联合回归估计量会好。

7. 对于分层随机样本，若各层样本量 $n_1,\cdots,n_L$ 足够大且总样本量 n 也足够大，表 4.23 归纳了总体均值和总体总值的分别比率估计量及其方差和方差估计，其中 $r_h=\bar{y}_h/\bar{x}_h$ 为第 h 层样本比率。

表 4.23　分层随机样本的分别比率估计量

估计量	方差和方差估计
$\hat{\bar{Y}}_{RS}=\sum_{h=1}^{L}W_h r_h\bar{X}_h$	$V(\hat{\bar{Y}}_{RS})=\sum_{h=1}^{L}\frac{W_h^2(1-f_h)}{n_h}\left[\frac{1}{N_h-1}\sum_{i=1}^{N_h}(y_{hi}-R_h x_{hi})^2\right]$ $v(\hat{\bar{Y}}_{RS})=\sum_{h=1}^{L}\frac{W_h^2(1-f_h)}{n_h}\left[\frac{1}{n_h-1}\sum_{i=1}^{n_h}(y_{hi}-r_h x_{hi})^2\right]$
$\hat{Y}_{RS}=\sum_{h=1}^{L}r_h X_h=N\hat{\bar{Y}}_{RS}$	$V(\hat{Y}_{RS})=\sum_{h=1}^{L}\frac{N_h^2(1-f_h)}{n_h}\left[\frac{1}{N_h-1}\sum_{i=1}^{N_h}(y_{hi}-R_h x_{hi})^2\right]$ $v(\hat{Y}_{RS})=\sum_{h=1}^{L}\frac{N_h^2(1-f_h)}{n_h}\left[\frac{1}{n_h-1}\sum_{i=1}^{n_h}(y_{hi}-r_h x_{hi})^2\right]$

若各层样本量 $n_1,\cdots,n_L$ 足够大且总样本量 n 也足够大，表 4.24 归纳了总体均值和总体总值的联合比率估计量及其方差和方差估计。

表 4.24　分层随机样本下的联合比率估计量

估计量	方差和方差估计
$\hat{R}_{ST}=r_{ST}=\dfrac{\bar{y}_{ST}}{\bar{x}_{ST}}$	$V(\hat{R}_{ST})=\sum_{h=1}^{L}\dfrac{W_h^2(1-f_h)}{\bar{X}^2n_h}(S_{Yh}^2+R^2S_{Xh}^2-2RS_{XYh})$ $v(\hat{R}_{ST})=\sum_{h=1}^{L}\dfrac{W_h^2(1-f_h)}{\bar{X}^2n_h}(s_{yh}^2+r^2s_{xh}^2-2rs_{xyh})$
$\hat{\bar{Y}}_{RC}=\hat{R}_{ST}\bar{X}=r_{ST}\bar{X}$	$V(\hat{\bar{Y}}_{RC})=\sum_{h=1}^{L}\dfrac{W_h^2(1-f_h)}{n_h}(S_{Yh}^2+R^2S_{Xh}^2-2RS_{XYh})$ $v(\hat{\bar{Y}}_{RC})=\sum_{h=1}^{L}\dfrac{W_h^2(1-f_h)}{n_h}(s_{yh}^2+r^2s_{xh}^2-2rs_{xyh})$
$\hat{Y}_{RC}=N\hat{\bar{Y}}_{RC}=\hat{R}_{ST}X$	$V(\hat{Y}_{RC})=\sum_{h=1}^{L}\dfrac{N_h^2(1-f_h)}{n_h}(S_{Yh}^2+R^2S_{Xh}^2-2RS_{XYh})$ $v(\hat{Y}_{RC})=\sum_{h=1}^{L}\dfrac{N_h^2(1-f_h)}{n_h}(s_{yh}^2+r^2s_{xh}^2-2rs_{xyh})$

表中 $S_{Yh}^2=\sum_{i=1}^{N_h}(y_{hi}-\bar{Y}_h)^2/(N_h-1)$ 和 $S_{Xh}^2=\sum_{i=1}^{N_h}(x_{hi}-\bar{X}_h)^2/(N_h-1)$ 为第 h 层的总体方差，$S_{XYh}=\sum_{i=1}^{N_h}(y_{hi}-\bar{Y}_h)(x_{hi}-\bar{X}_h)/(N_h-1)$ 为第 h 层的总体协方差，$s_{yh}^2=\sum_{i=1}^{n_h}(y_{hi}-\bar{y}_h)^2/(n_h-1)$ 和 $s_{xh}^2=\sum_{i=1}^{n_h}(x_{hi}-\bar{y}_h)^2/(n_h-1)$ 为第 h 层的样本方差，$s_{xyh}=\sum_{i=1}^{n_h}(y_{hi}-\bar{y}_h)(x_{hi}-\bar{x}_h)/(n_h-1)$ 为第 h 层的样本协方差。

8. 对于分层随机样本，表 4.25 归纳了总体均值和总体总值的分别回归估计量及其方差和方差估计。

表 4.25　分层随机样本的分别回归估计量（回归系数 $b_1,\cdots,b_L$ 已知）

估计量	方差和方差估计
$\hat{\bar{Y}}_{LRS}=\sum_{h=1}^{L}W_h[\bar{y}_h+b_h(\bar{X}_h-\bar{x}_h)]$	$V(\hat{\bar{Y}}_{LRS})=\sum_{h=1}^{L}\dfrac{W_h^2(1-f_h)}{n_h}(S_{Yh}^2-2b_hS_{YXh}+b_h^2S_{Xh}^2)$ $v(\hat{\bar{Y}}_{LRS})=\sum_{h=1}^{L}\dfrac{W_h^2(1-f_h)}{n_h}(s_{yh}^2-2b_hs_{yxh}+b_h^2s_{xh}^2)$
$\hat{Y}_{LRS}=N\hat{\bar{Y}}_{LRS}$	$V(\hat{Y}_{LRS})=\sum_{h=1}^{L}\dfrac{N_h^2(1-f_h)}{n_h}(S_{Yh}^2-2b_hS_{YXh}+b_h^2S_{Xh}^2)$ $v(\hat{Y}_{LRS})=\sum_{h=1}^{L}\dfrac{N_h^2(1-f_h)}{n_h}(s_{yh}^2-2b_hs_{yxh}+b_h^2s_{xh}^2)$

表 4.26 归纳了总体均值和总体总值的联合回归估计量及其方差和方差估计。

表 4.26　分层随机样本的联合回归估计量(回归系数 $b=b_0$ 已知)

估计量	方差和方差估计
$\hat{\bar{Y}}_{LRC} = \bar{y}_{ST} + b(\bar{X} - \bar{x}_{ST})$	$V(\hat{\bar{Y}}_{LRC}) = \sum_{h=1}^{L} \frac{W_h^2(1-f_h)}{n_h}(S_{Yh}^2 - 2bS_{YXh} + b^2 S_{Xh}^2)$ $v(\hat{\bar{Y}}_{LRS}) = \sum_{h=1}^{L} \frac{W_h^2(1-f_h)}{n_h}(s_{yh}^2 - 2bs_{yxh} + b^2 s_{xh}^2)$
$\hat{Y}_{LRC} = N\hat{\bar{Y}}_{LRC}$	$V(\hat{Y}_{LRC}) = \sum_{h=1}^{L} \frac{N_h^2(1-f_h)}{n_h}(S_{Yh}^2 - 2bS_{YXh} + b^2 S_{Xh}^2)$ $v(\hat{Y}_{LRC}) = \sum_{h=1}^{L} \frac{N_h^2(1-f_h)}{n_h}(s_{yh}^2 - 2bs_{yxh} + b^2 s_{xh}^2)$

当各层回归系数 $b_h(h=1,\cdots,L)$ 未知，回归系数的最小二乘估计量为

$$\hat{b}_h = \frac{\sum_{i=1}^{n_h}(y_{hi} - \bar{y}_h)(x_{hi} - \bar{x}_h)}{\sum_{i=1}^{n_h}(x_{hi} - \bar{x}_h)^2}$$

若各层样本量 $n_1,\cdots,n_L$ 足够大且总样本量 n 也足够大，表 4.27 归纳了总体均值和总体总值的分别回归估计量及其方差和方差估计。

表 4.27　分层随机样本的分别回归估计量(回归系数 $b_1,\cdots,b_L$ 未知)

估计量	方差和方差估计
$\hat{\bar{Y}}_{LRS} = \sum_{h=1}^{L} W_h[\bar{y}_h + \hat{b}_h(\bar{X}_h - \bar{x}_h)]$	$V(\hat{\bar{Y}}_{LRS}) = \sum_{h=1}^{L} \frac{W_h^2(1-f_h)}{n_h}\left(S_{Yh}^2 - \frac{S_{YXh}^2}{S_{Xh}^2}\right)$ $v(\hat{\bar{Y}}_{LRS}) = \sum_{h=1}^{L} \frac{W_h^2(1-f_h)}{n_h} \frac{1}{n_h - 2}\left[\sum_{i=1}^{n_h}(y_{hi} - \bar{y}_h)^2 - \hat{b}_h^2 \sum_{i=1}^{n_h}(x_{hi} - \bar{x}_h)^2\right]$
$\hat{Y}_{LRS} = N\hat{\bar{Y}}_{LRS}$	$V(\hat{\bar{Y}}_{LRS}) = \sum_{h=1}^{L} \frac{N_h^2(1-f_h)}{n_h}\left(S_{Yh}^2 - \frac{S_{YXh}^2}{S_{Xh}^2}\right)$ $v(\hat{\bar{Y}}_{LRS}) = \sum_{h=1}^{L} \frac{N_h^2(1-f_h)}{n_h} \frac{1}{n_h - 2}\left[\sum_{i=1}^{n_h}(y_{hi} - \bar{y}_h)^2 - \hat{b}_h^2 \sum_{i=1}^{n_h}(x_{hi} - \bar{x}_h)^2\right]$

当总体回归系数 b 未知，回归系数的最小二乘估计量为

$$\hat{b} = \frac{\sum_{h=1}^{L} \frac{W_h^2(1-f_h)}{n_h(n_h-1)} \sum_{i=1}^{n_h}(y_{hi} - \bar{y}_h)(x_{hi} - \bar{x}_h)}{\sum_{h=1}^{L} \frac{W_h^2(1-f_h)}{n_h(n_h-1)} \sum_{i=1}^{L}(x_{hi} - \bar{x}_h)^2}$$

若各层样本量 $n_1,\cdots,n_L$ 足够大且总样本量 n 也足够大，表 4.28 归纳了总体均值和总体总值的联合回归估计量及其方差和方差估计。

表 4.28 分层随机抽样的联合回归估计量(回归系数 b 未知)

估计量	方差和方差估计
$\hat{\bar{Y}}_{LRC}=\bar{y}_{ST}+\hat{b}(\bar{X}-\bar{x}_{ST})$	$V(\hat{\bar{Y}}_{LRC})=\sum_{h=1}^{L}\frac{W_h^2S_{Yh}^2(1-f_h)}{n_h}-\frac{\left[\sum_{h=1}^{L}\frac{W_h^2S_{YXh}(1-f_h)}{n_h}\right]^2}{\sum_{h=1}^{L}\frac{W_h^2S_{Xh}^2(1-f_h)}{n_h}}$ $v(\hat{\bar{Y}}_{LRC})=\sum_{h=1}^{L}\frac{W_h^2(1-f_h)}{n_h(n_h-1)}[(y_{hi}-\bar{y}_h)-\hat{b}(x_{hi}-\bar{x}_h)]^2$
$\hat{Y}_{LRC}=N\hat{\bar{Y}}_{LRC}$	$V(\hat{\bar{Y}}_{LRC})=\sum_{h=1}^{L}\frac{N_h^2S_{Yh}^2(1-f_h)}{n_h}-\frac{\left[\sum_{h=1}^{L}\frac{W_h^2S_{YXh}(1-f_h)}{n_h}\right]^2}{\sum_{h=1}^{L}\frac{W_h^2S_{Xh}^2(1-f_h)}{n_h}}$ $v(\hat{\bar{Y}}_{LRC})=\sum_{h=1}^{L}\frac{N_h^2(1-f_h)}{n_h(n_h-1)}[(y_{hi}-\bar{y}_h)-\hat{b}(x_{hi}-\bar{x}_h)]^2$

习 题

1. 欲对我国1387家大型企业自主创新活动中新产品的销售收入进行调查。已知去年新产品销售总收入为16764亿元。现抽取30家企业，调查每家企业今年和去年的新产品销售收入，得到今年新产品销售收入的平均值 $\bar{y}=15.82$ 亿元，去年新产品销售收入的平均值 $\bar{x}=11.49$ 亿元。试用比率估计方法估计今年我国大型企业新产品销售总收入。(已知 $s_y=1.2$，$s_x=1.1$，$\rho_{xy}=0.9$)

表 4.29 某地区 30 户家庭支出的调查数据　　单位:元

编号	增值业务	电信支出	编号	增值支出	电信支出
1	80	180	16	58	168
2	100	260	17	90	200
3	160	300	18	110	180
4	350	500	19	175	290
5	100	210	20	50	150
6	30	100	21	140	240
7	30	120	22	90	220
8	50	160	23	70	160
9	110	200	24	125	235
10	70	280	25	80	190
11	200	350	26	110	240
12	150	240	27	120	230
13	140	210	28	150	200
14	300	450	29	60	140
15	60	100	30	110	220

2. 欲调查某地区 2000 户家庭每月的电信增值业务支出情况,现采用简单随机抽样,调查了 30 户,调查每户家庭的电信业务支出和增值业务支出,数据见表 4.29。若本地区每户家庭的平均电信业务支出为 362.8 元,试给出每户家庭平均增值业务支出的比率估计和回归估计,并比较两者精度。

3. 某单位欲估计今年第一季度职工的医疗费支出,但这一费用要等到合同医院送来账单才能知道。因此从 1000 个工人中随机抽取了 100 人进行调查,这 100 人的总支出为 1750 元。若已知去年同期这 100 个工人的医疗费用总支出是 1200 元,全单位去年第一季度医疗费用总支出为 12500 元。若这 100 人的去年一季度的平均医药支出的方差为 4.95。试用比率估计法估计该单位第一季度平均每人医药费用支出的置信概率 95% 的置信区间。(这 100 人的今年一季度的平均医药支出的方差为 5.65,与去年一季度的平均医药支出的协方差为 4.23)

4. 某养牛场共有 1000 头牛,上月末对每头牛都称重一次并做了记录,并计算出平均重量为 240 公斤,本月末随机抽取 30 头称重结果如表 4.30。

表 4.30 养牛场 30 头牛称重数据 单位:公斤

序号	上次	本次	序号	上次	本次
1	186	229	16	171	211
2	221	257	17	304	349
3	201	281	18	240	316
4	217	263	19	228	340
5	202	237	20	296	365
6	256	323	21	234	323
7	248	273	22	294	381
8	229	280	23	240	307
9	205	223	24	314	389
10	138	185	25	266	325
11	209	232	26	222	295
12	249	265	27	213	248
13	239	319	28	236	332
14	214	272	29	276	307
15	226	269	30	334	415

(1) 估计该养牛场所饲养的牛较上月末增重的比率及其标准差;

(2) 估计现在牛的平均重量及其标准差;

(3) 将比率估计方法与均值估计法进行比较,哪一种方法效率高?分析其原因。

5. 假设有一个 $N=6$ 的人为总体,辅助变量总量 $X=30$ 已知,Y 为调查指标,有关数据如表 4.31。用简单随机抽样抽取 $n=4$ 的样本,试根据其全部可能样本数据及根据样本回归系数计算总体均值 $\bar{Y}$ 的回归估计，并讨论该估计量的方差和偏差。

表 4.31　人为总体数据

t	1	2	3	4	5	6
X_t	4	6	7	9	10	10
Y_t	12	18	19	22	26	28

6. 某地区为了解本年度居民旅游支出情况，现将该地区居民分为城镇居民和乡村居民进行抽样调查。已知该地区城镇居民人数为 260 万人，本年度平均每人可支配收入为 3.5 万元；乡村居民为 180 万人，本年度平均每人可支配收入为 2 万元。现对城镇居民和乡村居民按照简单随机抽样的方式分别抽取 50 人进行本年度旅游支出情况调查，调查结果如表 4.32。试根据调查数据给出该地区本年度居民旅游总支出额 95%的置信区间。

表 4.32　旅游支出情况调查数据　　单位：万元

层	样本量	可支配收入	$\sum_{j=1}^{50} x_{hj}^2$	旅游支出	$\sum_{j=1}^{50} y_{hj}^2$	$\sum_{j=1}^{50} x_{hj}y_{hj}$
城镇	50	202	1923	16	37	234
乡村	50	89	1200	3	6	32

7. 某地区为了解某种果树的种植株数，由于当地该果树与其他作物混合种植不便估计种植面积，因此考虑通过该种水果的产量进行全地区果树种植株数的估计。根据果树种植情况，将该地区的 360 个种植果树的村子分为产区和非产区两层，在每一层里随机抽取一些村子调查果树株数和果实产量，数据如表 4.33。

表 4.33　某地区果树种植情况和产量数据

	n_h	实测果树（株）	s_{yh}^2	实际产量（万公斤）	s_{xh}^2	s_{yxh}
产　区	50	12225	100483	225	35	1865
非产区	40	2400	1552	39	0.49	27

已知 210 个村子属于产区，150 个村子属于非产区。今年产区的果实总产量为 900 万公斤，非产区果实总产量为 140 万公斤。试用分别比率估计量和联合比率估计量对该地区果树种植总株数进行估计。

8. 调查某地区牧民畜牧牲畜数目，将该地区分为 4 层，从每层中抽取 5 户牧民作为样本调查数据如表 4.34。试用分别比率估计量和联合比率估计量对牲畜总数和平均每户牲畜数量进行估计。

表 4.34 畜牧面积与牲畜数量分层数据

总体			样本					
序号	户数	总面积	样本量	牲畜头数	方差	畜牧面积	方差	协方差
1	20	190	5	55	66	40	38	46
2	20	280	5	80	57	80	76	62
3	20	730	5	125	489	170	874	649
4	20	800	5	160	223	190	219	214
合计	80	2000	20	420	—	480	—	—

9. 已知某市国有企业和非国有企业2013年年底专业技术人员总数，欲通过抽样调查估计2014年年底全市专业技术人员总数 Y。分别在国有企业和非国有企业中以简单随机抽样的方式抽取，国有企业中抽取10个单位，非国有企业中抽取14个单位。已知该市国有企业共135个，2013年年底专业技术人员为75650人；非国有企业1228个，2013年年底专业技术人员315612人，调查数据如表4.35所示，y_i 表示2014年年底人数，x_i 表示2013年年底人数。试用比率估计法对2014年年底全市专业人员总数进行估计，并给出标准差估计。

表 4.35 专业技术人员调查数据 单位：人

国有企业			非国有企业		
序号	x_i	y_i	序号	x_i	y_i
1	215	224	1	87	94
2	1082	1110	2	123	132
3	675	714	3	59	62
4	382	393	4	14	17
5	180	189	5	657	702
6	632	677	6	83	88
7	56	61	7	208	227
8	812	828	8	42	45
9	98	101	9	38	42
10	217	228	10	148	165
			11	390	429
			12	97	104
			13	103	107
			14	284	290

10. 某企业集团共有甲、乙两个企业，它们拥有相同类型的机器，分别为600台和800台。为了解平均每台机器一年中修理天数，年底分别从两个企业中随机抽取10台机器的工作记录，如表4.36所示，x_i 和 y_i 分别表示上年度和本年度修理天数。已知上年度甲、乙两个企业机器修理天数分别为4000天和5000天。试用比率估计量对该集团平均每台机器一

年修理天数进行估计，并给出方差估计。

表 4.36 两个企业机器修理天数 单位：天

企业甲			企业乙		
序号	x_i	y_i	序号	x_i	y_i
1	5	6	1	3	4
2	7	8	2	6	8
3	0	1	3	1	0
4	6	5	4	10	17
5	6	6	5	12	11
6	11	12	6	8	6
7	14	15	7	9	9
8	15	17	8	7	10
9	12	11	9	0	2
10	8	6	10	4	5

11. 根据习题7的调查数据，如果凭借果农的经验指导，果树株数（单位：株）和果实产量（单位：万公斤）之间存在较强的线性关系。对于产区和非产区来说，经验的回归系数分别为53和55，组合回归系数为53.5。试用分别回归估计量和联合回归估计对该地区果树种植总株数进行估计。

12. 根据习题10的数据，应用回归估计量对平均每台机器一年维修天数进行估计，并计算因维修而损失的机器工作总天数。

第五章　等距抽样

在第二章的简单随机抽样和第三章的分层随机抽样中，每个样本单元都是随机抽取的。在本章介绍的抽样方法中，先将总体的全部单元按照一定顺序排列，采用简单随机抽样抽取第一个样本单元(或称为随机起点)，再顺序抽取其余的样本单元，这类抽样方法被称为等距抽样(Systematic Sampling)。等距抽样又称为机械抽样、系统抽样。等距抽样有时不能给出估计量的方差估计。

本章内容共分为四节，第一节介绍等距抽样的定义，第二节和第三节介绍等距抽样的估计量和统计性质，第四节给出了模拟案例。

本章的符号说明

N	总体单元总数
n	样本容量
y_{ij}	单元标志值
Y	项目 $\boldsymbol{y}$ 的总体总值，$Y=\sum_{i=1}^{k}\sum_{j=1}^{n}y_{ij}$
$\bar{Y}$	项目 $\boldsymbol{y}$ 的总体均值，$\bar{Y}=Y/N$
A	总体的 C 类单元数
P	总体比例，$P=A/N$
S^2	总体方差，$S^2=\sum_{i=1}^{k}\sum_{j=1}^{n}(y_{ij}-\bar{Y})^2/(N-1)$
a	样本的 C 类单元数
p	样本比例，$p=a/n$
$\bar{y}_{i0}$	项目 $\boldsymbol{y}$ 的样本均值，$\bar{y}_{i0}=\sum_{j=1}^{n}y_{ij}/n$
s^2	样本方差，$s^2=\sum_{j=1}^{n}(y_{ij}-\bar{y}_{i0})^2/(n-1)$
S_{WSY}^2	等距样本内方差，$S_{WSY}^2=\sum_{i=1}^{k}\sum_{j=1}^{n}(y_{ij}-\bar{y}_{i0})^2/(n-1)/k$
ρ_{WSY}	等距样本内成对单元之间的相关系数
S_{WST}^2	层内方差，$S_{WST}^2=\sum_{j=1}^{n}\sum_{i=1}^{k}(y_{ij}-\bar{y}_{0j})^2/(k-1)/n$
ρ_{WST}	层内相关系数

第一节　概述

假设总体有 N 个单元，按某顺序排列，依次给 N 个单元指定号码 1 到 N 。为了随机抽取容量 n 的样本，先从前 k 个单元中随机抽取 1 个单元，以后每隔 k 个单元抽取 1 个单元，直到抽取 n 个单元为止。这样的抽样过程称作 k 等距抽样。其中固定间隔 k 称为抽样间隔。当 N 不是 n 的整数倍，从总体中抽取等距样本，样本含量不一定相等。

例 5.1 令总体的单元数 $N=14$,抽样间隔 $k=4$。如果随机起点 $i=1$ 或 2 时,抽取的样本分别为 y_1, y_5, y_9, y_{13} 或者 y_2, y_6, y_{10}, y_{14},样本量 $n=4$。如果随机起点 $i=3$ 或 4 时,抽取的 y_3, y_7, y_{11} 作为样本,或者 y_4, y_8, y_{12} 作为样本,样本量 $n=3$。表 5.1 的行给出了所有可能等距样本。

表 5.1 等距抽样的可能样本($N=14, k=4$)

样本	1	2	3	4
1	y_1	y_5	y_9	y_{13}
2	y_2	y_6	y_{10}	y_{14}
3	y_3	y_7	y_{11}	
4	y_4	y_8	y_{12}	

为了保证所有可能样本的样本量相等,拉希里(Lahili)于 1952 年提出了圆形等距抽样。对于 $N \neq nk$ 的情形,将总体的 N 个单元按某顺序排列,依次给 N 个单元指定号码 1 到 N,将这些号码看成首尾相连的环,看成是圆形排列。抽取容量 n 的随机样本,从 1 到 N 中抽取随机起点 i,沿着圆形每隔 k 个单元抽取 1 个单元,直到抽取 n 个单元为止。这种等距抽样称为圆形等距抽样。圆形等距抽样不会产生容量不等的样本。

例 5.1(续) 令总体的单元数 $N=14$,抽样间隔 $k=4$,样本量 $n=4$。如果随机起点 $i=3$ 或 4,抽取 y_3, y_7, y_{11}, y_1 作为样本,或者抽取 y_4, y_8, y_{12}, y_2 作为样本。如果随机起点为 9,抽取 y_9, y_{13}, y_3, y_7 作为样本。表 5.2 的行给出了所有可能圆形等距样本。容易验证,每个单元被抽中的概率都相等。

表 5.2 圆形等距抽样的可能样本($N=14, k=4$)

样本	1	2	3	4
1	y_1	y_5	y_9	y_{13}
2	y_2	y_6	y_{10}	y_{14}
3	y_3	y_7	y_{11}	y_1
4	y_4	y_8	y_{12}	y_2
5	y_5	y_9	y_{13}	y_3
6	y_6	y_{10}	y_{14}	y_4
7	y_7	y_{11}	y_1	y_5
8	y_8	y_{12}	y_2	y_6
9	y_9	y_{13}	y_3	y_7
10	y_{10}	y_{14}	y_4	y_8
11	y_{11}	y_1	y_5	y_9
12	y_{12}	y_2	y_6	y_{10}
13	y_{13}	y_3	y_7	y_{11}
14	y_{14}	y_4	y_8	y_{12}

由于 N 不一定是 n 的整数倍，通常取 k 为最接近 N/n 的整数，可能是 $[N/n]$ ，也可能是 $[N/n]+1$。这不会给实际应用带来更多困扰，但会使理论研究遇到很大不便。本节约定 N 是 n 的整数倍，即 $n=N/k$ 或者 $N=nk$ 。

令总体有 $N=nk$ 个单元，抽取容量 n 的随机样本，先按某顺序排列，依次给 N 个单元指定号码 1 到 N ，从前 k 个单元中随机抽取 1 个单元，以后每隔 k 个单元抽取 1 个单元，直到抽满 n 个单元为止。这种等距抽样称为直线等距抽样。

从等距抽样的实施过程可以看出，只要随机起点给定，样本就确定了。这和其他抽样方法明显不同。对于 $N=nk$ 的情况，直线等距抽样是等概率抽样，每个单元的入样概率都相等。等距抽样的单元主要有两种表示方法。一种是将总体的 N 个单元按顺序依次排列成 k 行 n 列，见表 5.3。

表 5.3　等距抽样的单元表示法一

	1	2	…	j	…	n	行平均
1	y_1	y_{k+1}	…	$y_{(j-1)k+1}$	…	$y_{(n-1)k+1}$	$\bar{y}_{10}$
2	y_2	y_{k+2}	…	$y_{(j-1)k+2}$	…	$y_{(n-1)k+2}$	$\bar{y}_{20}$
⋮	⋮	⋮	⋮	⋮	⋮	⋮	⋮
i	y_i	y_{k+i}	…	$y_{(j-1)k+i}$	…	$y_{(n-1)k+i}$	$\bar{y}_{i0}$
⋮	⋮	⋮	⋮	⋮	⋮	⋮	⋮
k	y_k	y_{2k}	…	y_{jk}	…	y_{nk}	$\bar{y}_{k0}$
列平均	$\bar{y}_{01}$	$\bar{y}_{02}$	…	$\bar{y}_{0j}$	…	$\bar{y}_{0n}$	$\bar{Y}$

表 5.3 的 $\bar{y}_{0j}=\sum_{i=1}^{k}y_{(j-1)k+i}/k$ ，$\bar{y}_{i0}=\sum_{j=1}^{n}y_{(j-1)k+i}/n$ 。为了抽取容量 n 的等距样本，抽样间隔 $k=N/n$ ，在编号 1 到 k 中随机抽取 1 个编号，记为 i ，所抽取的单元依次为 y_i，y_{k+i}，…，$y_{(j-1)k+i}$，…，$y_{(n-1)k+i}$ 。表 5.3 的 k 行给出了所有可能样本。

表 5.4　等距抽样的单元表示法二

	1	2	…	j	…	n	行平均
1	y_{11}	y_{12}	…	y_{1j}	…	y_{1n}	$\bar{y}_{10}$
2	y_{21}	y_{22}	…	y_{2j}	…	y_{2n}	$\bar{y}_{20}$
⋮	⋮	⋮	⋮	⋮	⋮	⋮	⋮
i	y_{i1}	y_{i2}	…	y_{ij}	…	y_{in}	$\bar{y}_{i0}$
⋮	⋮	⋮	⋮	⋮	⋮	⋮	⋮
k	y_{k1}	y_{k2}	…	y_{kj}	…	y_{kn}	$\bar{y}_{k0}$
列平均	$\bar{y}_{01}$	$\bar{y}_{02}$	…	$\bar{y}_{0j}$	…	$\bar{y}_{0n}$	$\bar{Y}$

另一种表示法是将第 i 行第 j 列的单元 $y_{(j-1)k+i}$ 记成 y_{ij} ，总体的 N 个单元按群顺序或层顺序依次排列，见表 5.4。为了抽取容量 n 的等距样本，在编号 1 到 k 中随机抽取 1 个编

号,记为 i ,则 $y_{i1}, y_{i2}, \cdots, y_{ij}, \cdots, y_{in}$ 为所抽取的样本。表 5.4 的 k 行给出了所有可能样本。

把每行看作一个群,总体包含 k 个群,等距抽样可以看作从 k 个群中随机抽取一个群的整群抽样。把每一列看作一个层,总体包含 n 个层,等距抽样可以看作从每层相同位置抽取一个单元的分层抽样。下文中,有时会使用整群抽样或分层抽样的符号。

等距抽样的实际应用非常广泛,不局限于离散型总体的抽样,还能用于连续型总体的抽样。为了对连续生产流水线产品进行质量控制,从连续生产流水线上在相同时间间隔内抽取样品进行质量检验。为了对农作物的病虫害检查,在田地的间隔相等的地块上进行病虫害检查。为了估计小麦产量,在田地的间隔相等的地块上进行小麦亩产量调查。与简单随机抽样相比,等距抽样有两个主要优点。

1. 抽样过程实施方便,不需要对所有抽样单元进行随机抽样,不一定需要完整的抽样框。简单随机抽样往往需要对总体的单元进行编号,再利用随机数抽取样本。规模超大总体的编号是相当烦琐的工作,实际操作很不方便。等距抽样需要确定全部单元的排列顺序,通常是按照自然顺序排列,确定随机起点,按照事先确定的规则,就可以得到样本。

2. 等距样本比简单随机样本和分层随机样本的"均匀性"更好。事实上,等距抽样先将总体按照事先确定的规则分成了若干层,确定随机起点后,就从每层的同样位置抽取 1 个单元。分层随机抽样从每层中抽取单元的位置是随机的,并不一定相同。等距样本在总体中的散布更"均匀"。但在特殊情况下,如总体具有某周期性或规律性,等距样本位置的"均匀性"可能很差。

第二节 等距抽样的简单估计量

总体单元排列表如表 5.4 所示,总体均值 $\bar{Y}=\sum_{i=1}^{k}\sum_{j=1}^{n} y_{ij}/N$ 。

一、等距抽样的简单估计量

如果采用等距抽样抽取的样本为第 i 个群,总体均值的简单估计量为

$$\hat{\bar{Y}}_{SY}=\sum_{j=1}^{n} y_{ij}/n=\bar{y}_{i0} \tag{5.1}$$

总体总值 $Y=\sum_{i=1}^{k}\sum_{j=1}^{n} y_{ij}$ 的估计量为 $\hat{Y}_{SY}=N\hat{\bar{Y}}_{SY}=N\bar{y}_{i0}$。如果等距样本的每个单元标志值为 (y_{ij}, x_{ij}),总体比率的估计量为

$$\hat{R}_{SY}=\frac{\sum_{j=1}^{n} y_{ij}}{\sum_{j=1}^{n} x_{ij}} \tag{5.2}$$

若总体的第 i 群第 j 个单元 y_{ij} 具有所考虑的特征,即 y_{ij} 属于 C 类,否则 y_{ij} 不属于 C 类。重新定义标志值

$$y_{ij}=\begin{cases}1, y_{ij}\in C\\0, y_{ij}\notin C\end{cases}$$

总体具有该特征的单元总数为 $A=\sum_{i=1}^{k}\sum_{j=1}^{n} y_{ij}=Y$,总体比例为 $P=A/N=Y/N$ 。如

果等距抽样抽取的样本为第 i 群，$a_i=\sum_{j=1}^{n}y_{ij}$，总体比例 P 的简单估计量为

$$\hat{P}_{SY}=a_i/n=\sum_{j=1}^{n}y_{ij}/n=\bar{y}_{i0} \tag{5.3}$$

总体总值估计量、总体比例估计量和总体比率估计量都与总体均值的简单估计量之间存在函数关系，可以借助于总体均值的简单估计量来构造。本章主要关注总体均值的简单估计量及其统计性质。

定理 5.1　对于 $N=nk$，等距样本的简单估计量 $\hat{\bar{Y}}_{SY}$ 是总体均值 $\bar{Y}$ 的无偏估计量，即 $E(\hat{\bar{Y}}_{SY})=\bar{Y}$。

$$E(\hat{\bar{Y}}_{SY})=E\left(\frac{\sum_{j=1}^{n}y_{ij}}{n}\right)=\sum_{i=1}^{k}\left(\frac{\sum_{j=1}^{n}y_{ij}}{n}\frac{1}{k}\right)=\frac{\sum_{i=1}^{k}\sum_{j=1}^{n}y_{ij}}{nk}=\bar{Y}$$

定理 5.1 成立。

二、等距抽样简单估计量的方差

定理 5.2　对于 $N=nk$，等距样本的简单估计量 $\hat{\bar{Y}}_{SY}$ 的方差为

$$V(\hat{\bar{Y}}_{SY})=\frac{1}{k}\sum_{i=1}^{k}(\bar{y}_{i0}-\bar{Y})^2=\frac{(N-1)S^2}{N}-\frac{k(n-1)S_{WSY}^2}{N}$$

其中 $S^2=\sum_{i=1}^{k}\sum_{j=1}^{n}(y_{ij}-\bar{Y})^2/(N-1)$ 和 $S_{WSY}^2=\sum_{i=1}^{k}\sum_{j=1}^{n}(y_{ij}-\bar{y}_{i0})^2/(n-1)/k$ 分别为总体方差和等距样本内方差。

证明:离差平方和可以分解为样本内平方和与样本间平方和，有

$$\begin{aligned}(N-1)S^2&=\sum_{i=1}^{k}\sum_{j=1}^{n}(y_{ij}-\bar{Y})^2=\sum_{i=1}^{k}\sum_{j=1}^{n}(y_{ij}-\bar{y}_{i0})^2+\sum_{i=1}^{k}\sum_{j=1}^{n}(\bar{y}_{i0}-\bar{Y})^2\\&=\sum_{i=1}^{k}\sum_{j=1}^{n}(y_{ij}-\bar{y}_{i0})^2+n\sum_{i=1}^{k}(\bar{y}_{i0}-\bar{Y})^2\end{aligned}$$

由样本均值的方差定义，有

$$n\sum_{i=1}^{k}(\bar{y}_{i0}-\bar{Y})^2=NV(\hat{\bar{Y}}_{SY})$$

并且

$$\sum_{i=1}^{k}\sum_{j=1}^{n}(y_{ij}-\bar{y}_{i0})^2=(n-1)kS_{WSY}^2$$

于是，

$$(N-1)S^2=k(n-1)S_{WSY}^2+NV(\hat{\bar{Y}}_{SY})$$

即

$$V(\hat{\bar{Y}}_{SY})=\frac{(N-1)S^2}{N}-\frac{k(n-1)S_{WSY}^2}{N}$$

定理成立。

推论 5.1　对于 $N=nk$，当 $S_{WSY}^2=S^2$ 时，等距抽样的简单估计量 $\hat{\bar{Y}}_{SY}$ 的方差等于简单随机抽样的简单估计量的方差。

样本量固定为 n，简单随机抽样的简单估计量的方差和等距抽样的简单估计量 $\hat{\bar{Y}}_{SY}$ 的

方差分别为

$$V(\hat{\bar{Y}})=\frac{(1-f)S^2}{n}$$

$$V(\hat{\bar{Y}}_{SY})=\frac{(N-1)S^2}{N}-\frac{k(n-1)S_{WSY}^2}{N}$$

于是，若 $S_{WSY}^2=S^2$，有

$$V(\hat{\bar{Y}}_{SY})=\frac{[(N-1)-(nk-k)]S^2}{N}=\frac{(k-1)S^2}{N}=V(\hat{\bar{Y}})$$

即等距抽样的简单估计量方差等于简单随机抽样的简单估计量方差。若 $S_{WSY}^2<S^2$，有

$$V(\hat{\bar{Y}}_{SY})>\frac{[(N-1)-(nk-k)]S^2}{N}=V(\hat{\bar{Y}})$$

则等距抽样的简单估计量方差大于简单随机抽样的简单估计量方差。若 $S_{WSY}^2>S^2$，有

$$V(\hat{\bar{Y}}_{SY})<\frac{[(N-1)-(nk-k)]S^2}{N}=V(\hat{\bar{Y}})$$

即等距抽样的简单估计量 $\hat{\bar{Y}}_{SY}$ 的方差小于简单随机抽样的简单估计量的方差。也就是说，当等距样本内方差大于总体方差时，等距抽样的简单估计量 $\hat{\bar{Y}}_{SY}$ 的方差小于简单随机抽样的简单估计量的方差。等距样本内单元差异大，等距样本内方差大。为了降低等距抽样的简单估计量 $\hat{\bar{Y}}_{SY}$ 的方差，总体单元的排列顺序应尽可能使等距样本内的单元差异大。

定理 5.3 对于 $N=nk$，等距样本的简单估计量 $\hat{\bar{Y}}_{SY}$ 的方差为

$$V(\hat{\bar{Y}}_{SY})=\frac{(N-1)S^2}{Nn}[1+(n-1)\rho_{WSY}]$$

其中 ρ_{WSY} 是等距样本内成对单元之间的相关系数，定义为

$$\rho_{WSY}=\frac{E_{u\neq j}(y_{ij}-\bar{Y})(y_{iu}-\bar{Y})}{E(y_{ij}-\bar{Y})^2}=\frac{\dfrac{\sum_{i=1}^{k}\sum_{j=1}^{n}\sum_{u>j}^{n}(y_{ij}-\bar{Y})(y_{iu}-\bar{Y})}{N(n-1)/2}}{\dfrac{\sum_{i=1}^{k}\sum_{j=1}^{n}(y_{ij}-\bar{Y})^2}{N}}$$

证明:由样本均值的方差定义

$$\begin{aligned}kn^2V(\hat{\bar{Y}}_{SY})&=n^2\sum_{i=1}^{k}(\bar{y}_{i0}-\bar{Y})^2=\sum_{i=1}^{k}(n\bar{y}_{i0}-n\bar{Y})^2=\sum_{i=1}^{k}\left[\sum_{j=1}^{n}(y_{ij}-\bar{Y})\right]^2\\&=\sum_{i=1}^{k}\sum_{j=1}^{n}(y_{ij}-\bar{Y})^2+2\sum_{i=1}^{k}\sum_{j=1}^{n}\sum_{u>j}^{n}(y_{ij}-\bar{Y})(y_{iu}-\bar{Y})\\&=(N-1)S^2+(n-1)(N-1)S^2\rho_{WSY}\end{aligned}$$

于是，

$$V(\hat{\bar{Y}}_{SY})=\frac{(N-1)S^2}{Nn}[1+(n-1)\rho_{WSY}]$$

定理成立。

定理 5.3 显示，等距样本内成对单元之间的相关系数增加，简单估计量的方差 $V(\hat{\bar{Y}}_{SY})$ 也随之变大。即使相关系数增加很小的数值，由于乘数 $n-1$ 的作用，也可能使方差 $V(\hat{\bar{Y}}_{SY})$

增加较大数值。

定理 5.2 和定理 5.3 是用总体方差 S^2 表示简单估计量 $\hat{\bar{Y}}_{SY}$ 的方差 $V(\hat{\bar{Y}}_{SY})$。定理 5.2 将等距样本看作是群单元，群单元间方差表示简单估计量 $\hat{\bar{Y}}_{SY}$ 的方差 $V(\hat{\bar{Y}}_{SY})$。类似地，可以用分层随机抽样的估计量方差来表示简单估计量 $\hat{\bar{Y}}_{SY}$ 的方差 $V(\hat{\bar{Y}}_{SY})$。这里，总体划分为 n 层，分别对应于第 1 组 k 个单元，第 2 组 k 个单元，…，第 n 组 k 个单元。定理 5.4 给出简单估计量 $\hat{\bar{Y}}_{SY}$ 的方差 $V(\hat{\bar{Y}}_{SY})$ 的第三种表示。

定理 5.4 对于 $N=nk$，等距样本的简单估计量 $\hat{\bar{Y}}_{SY}$ 的方差为

$$V(\hat{\bar{Y}}_{SY})=\frac{(1-f)S_{WST}^2}{n}[1+(n-1)\rho_{WST}]$$

其中 $f=n/N$，$S_{WST}^2=\sum_{j=1}^{n}\sum_{i=1}^{k}(y_{ij}-\bar{y}_{0j})^2/(k-1)/n$ 是层内方差，ρ_{WST} 是层内相关系数，定义为

$$\rho_{WST}=\frac{E_{u\neq j}(y_{ij}-\bar{y}_{0j})(y_{iu}-\bar{y}_{0u})}{E(y_{ij}-\bar{y}_{0j})^2}=\frac{2\sum_{i=1}^{k}\sum_{j=1}^{n}\sum_{u>j}^{n}(y_{ij}-\bar{y}_{0j})(y_{iu}-\bar{y}_{0u})}{n(n-1)(k-1)S_{WST}^2}$$

证明：等距抽样可以看作是分层随机抽样，每层的样本量都是 1。由样本均值的方差定义有

$$\begin{aligned}kn^2V(\hat{\bar{Y}}_{SY})&=n^2\sum_{i=1}^{k}(\bar{y}_{i0}-\bar{Y})^2=\sum_{i=1}^{k}\Big(\sum_{j=1}^{n}y_{ij}-\sum_{j=1}^{n}\bar{y}_{0j}\Big)^2=\sum_{i=1}^{k}\Big[\sum_{j=1}^{n}(y_{ij}-\bar{y}_{0j})\Big]^2\\&=\sum_{i=1}^{k}\sum_{j=1}^{n}(y_{ij}-\bar{y}_{0j})^2+2\sum_{i=1}^{k}\sum_{j=1}^{n}\sum_{u>j}^{n}(y_{ij}-\bar{y}_{0j})(y_{iu}-\bar{y}_{0u})\\&=n(k-1)S_{WST}^2+n(n-1)(k-1)S_{WST}^2\rho_{WST}\end{aligned}$$

于是

$$V(\hat{\bar{Y}}_{SY})=\frac{(1-f)S_{WST}^2}{n}[1+(n-1)\rho_{WST}]$$

推论 5.2 当 $\rho_{WST}=0$ 时，等距抽样的简单估计量与每层样本容量为 1 的分层随机抽样的简单估计量具有相同方差。

每层样本量为 1 的分层随机抽样与等距抽样的简单估计量方差分别为

$$V(\hat{\bar{Y}}_{ST})=\frac{(1-f)S_{WST}^2}{n}$$

$$V(\hat{\bar{Y}}_{SY})=\frac{(1-f)S_{WST}^2}{n}[1+(n-1)\rho_{WST}]$$

于是，若 $\rho_{WST}=0$，有 $V(\hat{\bar{Y}}_{ST})=V(\hat{\bar{Y}}_{SY})$，等距抽样的简单估计量与每层样本容量为 1 的分层随机抽样的简单估计量具有相同方差。若 $\rho_{WST}>0$，有 $V(\hat{\bar{Y}}_{SY})>V(\hat{\bar{Y}}_{ST})$，等距抽样的简单估计量 $\hat{\bar{Y}}_{SY}$ 的方差大于每层样本容量为 1 的分层随机抽样的简单估计量的方差。若 $\rho_{WST}<0$，有 $V(\hat{\bar{Y}}_{SY})<V(\hat{\bar{Y}}_{ST})$，等距抽样的简单估计量 $\hat{\bar{Y}}_{SY}$ 的方差小于每层样本量为 1 的分层随机抽样的简单估计量的方差。也就是说，当层内相关系数为负数时，等距抽样的简单估计量

$\hat{\bar{Y}}_{SY}$ 的方差小于分层随机抽样的简单估计量 $\hat{\bar{Y}}_{SY}$ 的方差。为了降低等距抽样的简单估计量方差，总体单元的排列顺序应尽可能使层内相关系数小。

三、等距抽样简单估计量的方差估计

简单随机抽样和分层随机抽样并不绝对优于等距抽样。若等距抽样看作容量 $n=1$ 的简单随机样本，利用容量为 1 的简单随机样本不能给出总体方差的无偏估计量，很难估计简单估计量的方差。在某几种特殊总体的情况下，可以给出简单估计量方差的估计或近似估计。相对于简单随机抽样和分层随机抽样，等距样本依赖于总体单元排列顺序。若总体单元排列顺序已知，有时可以给出简单估计量的方差估计。下面只考虑总体单元完全按照随机顺序排列的情况。有关方差估计的更多内容，请参见 Cochran(1977)①。

如果总体单元是完全按照随机顺序排列，等距样本相当于简单随机样本，此时，等距样本的简单估计量 $\hat{\bar{Y}}_{SY}$ 的方差估计为

$$v(\hat{\bar{Y}}_{SY})=\frac{(1-f)s^2}{n}$$

其中 $s^2=\sum_{j=1}^{n}(\bar{y}_{ij}-\bar{y}_{i0})^2/(n-1)$。$\sqrt{v(\hat{\bar{Y}}_{SY})}$ 为等距样本的简单估计量 $\hat{\bar{Y}}_{SY}$ 的标准差估计量。估计量 $v(\hat{\bar{Y}}_{SY})$ 是等距样本简单估计量的方差 $V(\hat{\bar{Y}}_{SY})$ 的无偏估计量。给定总体单元的排列，等距抽样的方差估计量 $v(\hat{\bar{Y}}_{SY})$ 很不稳定，可能大于也可能小于简单估计量方差 $V(\hat{\bar{Y}}_{SY})$。在平均的意义上，即在所有可能排列的情况下，方差估计量 $v(\hat{\bar{Y}}_{SY})$ 的平均值等于简单估计量方差 $V(\hat{\bar{Y}}_{SY})$。

例 5.2　为了检查某 300 页书稿的错字，每间隔 10 页抽取 1 页，检查该页的错字数，平均每页字数为 1000 字。采用等距抽样共抽取了 30 页，30 页的错字数检查结果依次为

2	7	9	6	5	10	10	6	0	3
8	2	5	7	1	0	5	2	9	11
7	4	6	3	9	1	1	8	4	10

试估计本书稿中平均每页错字数。如果每页的错字数是随机的，试给出本书稿平均每页错字数估计量的方差估计和标准差估计。

解：根据题意，单元总数 $N=300$，样本量 $n=30$，样本总值 $\sum_{j=1}^{n}y_{ij}=161$，样本均值 $\bar{y}_{i0}=5.37$，样本方差 $s^2=\sum_{j=1}^{n}(y_{ij}-\bar{y}_{i0})^2/(n-1)=11.14$。本书稿中平均每页错字数 $\bar{Y}$ 的估计为

$$\hat{\bar{Y}}_{SY}=\frac{\sum_{j=1}^{n}y_{ij}}{n}$$

① Cochran W. G. Sampling techniques [M]. 3rd ed. New York: John Wiley and Sons, 1977. 中文版：张尧庭，吴辉. 抽样技术[M]. 北京：中国统计出版社，1985.

$$=\frac{161}{30}=5.37$$

平均每页错字数估计量的方差估计为

$$v(\hat{\bar{Y}}_{SY})=\frac{(1-f)s^2}{n}$$
$$=\frac{(1-30/300)\times 11.14}{30}=0.3342$$

平均每页错字数估计量的标准差估计为$\sqrt{v(\hat{\bar{Y}}_{SY})}=0.58$。在本书稿中平均每页错字数的估计值为5.37,方差估计为0.3342,标准差估计为0.58。

第三节 特殊总体情形下的等距抽样改进

总体单元呈线性趋势排列是在实际应用中经常遇到的情况。此时,等距抽样的样本内方差比简单随机抽样简单估计量的方差小。等距抽样的简单估计量的观测值也依赖于随机起点。随机起点的数值偏大或偏小,估计量就会显著高估或低估总体均值。为了避免出现这种情况,对于单元呈线性趋势排列的总体,等距抽样的过程和估计量需要适当改进,以提高估计精度。下面主要介绍特殊总体的等距抽样的过程和估计量的改进方法。

一、有线性趋势总体的中位数抽样

为了抵消随机起点对估计结果的影响,麦多(Madow)于1953年提出,从每层的中心位置或中心附近抽取单元,即起点选择为

$$r=\begin{cases}(k+1)/2, & k \text{ 为奇数}\\ k/2 \text{ 或 } 1+k/2, & k \text{ 为偶数}\end{cases}$$

入样的单元编号依次为$r,r+k,r+2k,\cdots$。这种等距抽样称为中位数等距抽样,或中位数抽样。通常,中位数抽样在一次性调查中效果较好,对于连续性调查往往会加剧样本老化。

例5.3 欲调查某工厂排放物对河道的污染情况,调查范围从工厂排放物的河道入口到流经市区之后的共计30公里区域,样本量$n=10$。某工厂排放物对河道的污染程度呈现线性趋势,试给出等距抽样的过程。

解:将从工厂排放物的河道入口到流经市区之后的共计30公里区域划分为30个等长度的河段,每个河段的长度为1公里,作为一个单元。并从工厂排放物的河道入口开始,依次将1到30指定为30个河段的编号。由于某工厂排放物对河道的污染程度呈现线性趋势,采用中位数抽样,样本量$n=10$,则抽样间隔$k=3$公里,抽样起点设为$r=2$。入样的单元编号依次为2,5,8,11,14,17,20,23,26,29。即分别在工厂排放物的河道入口下游的2,5,8,11,14,17,20,23,26,29公里处抽取河水样本,进行污染程度的检测。

二、有线性趋势总体的对称等距抽样

为了抵消线性趋势对估计结果的影响,赛蒂(Sethi)于1965年提出了对称等距抽样。对称等距抽样的过程如下。

当样本量n为偶数时,将总体划分为$n/2$个层,每层单元数为$2k$。从每层中随机抽取

与端点等距的 2 个单元进入样本。设随机起点为随机数 r，则 $n/2$ 对样本单元的入样号码为

$r+2jk, 2(j+1)k-r+1$，其中 $j=0,1,\cdots,n/2-1$

当样本量 n 为奇数时，对称等距抽样将总体划分为 $(n-1)/2+1$ 个层，其中 $(n-1)/2$ 个层包含 $2k$ 个单元，抽取 2 个对称单元，1 个层只包含 k 个单元，只抽取 1 个单元。通常，将含 k 个单元的层设定在总体的中间，单元编号从 $(n-1)k/2+1$ 到 $(n+1)k/2$，从这个层中抽取随机起点编号或者中点位置的单元进入样本。从每层选出的 2 个对称单元，能显著抵消线性趋势的影响。即使各层线性的斜率不同，对称等距抽样也能很好地消除其影响。

例 5.3(续 1) 针对例 5.3 的调查问题，若采用对称等距抽样，试给出可能的样本单元编号。

解：在例 5.3 中，样本量 $n=10$，是偶数，抽样间隔 $k=3$ 公里，抽样起点为 $r=1$。将总体划分为 5 个层，每层有 6 个单元。采用对称等距抽样，第 1 层的入样单元编号为 1,6，第 2 层的入样单元编号为 7,12，第 3 层的入样单元编号为 13,18，第 4 层的入样单元编号为 19,24，第 5 层的入样单元编号为 25,30。即分别在工厂排放物的河道入口下游的 1,6,7,12,13,18,19,24,25,30 公里处抽取河水样本，进行污染程度的检测。

1968 年辛(Singh)等改进了对称等距抽样，从总体两端按等距离进行抽样。设随机起点为随机数 r，$n/2$ 对样本单元的入样号码为

$r+jk, N-jk-r+1$，其中 $j=0,1,\cdots,n/2-1$

例 5.3(续 2) 针对例 5.3 的调查问题，若采用辛(Singh)的对称等距抽样，试给出可能的样本单元编号。

解：在例 5.3 中，样本量 $n=10$，是偶数，抽样间隔 $k=3$ 公里，抽样起点为 $r=1$。将总体划分为 5 个层，每层有 6 个单元。采用辛(Singh)的对称等距抽样，第一组入样单元的编号为 1,30，第二组入样单元的编号为 4,27，第三组入样单元的编号为 7,24，第四组入样单元的编号为 10,21，第五组入样单元的编号为 13,18。即分别在工厂排放物的河道入口下游的 1,4,7,10,13,18,21,24,27,30 公里处抽取河水样本，进行污染程度的检测。

三、有线性趋势总体的不等权估计量

耶茨(Yates)于 1948 年提出将等距抽样的简单估计量的权数进行修正。等距抽样的简单估计量是样本标志值的等权平均数。不等权估计量为标志值的不等权平均数，权数分别设定为，第 1 个标志值的权数为 $1/n+(2i-k-1)/[2k(n-1)]$，第 n 个标志值的权数为 $1/n-(2i-k-1)/[2k(n-1)]$，其余标志值的权数为 $1/n$，其中 i 是等距抽样的随机起点。于是，单元呈线性趋势排列的不等权估计量为

$$\hat{\bar{Y}}_Y=y_{i1}\left[\frac{1}{n}+\frac{2i-k-1}{2k(n-1)}\right]+y_{i2}\left(\frac{1}{n}\right)+\cdots+y_{i(n-1)}\left(\frac{1}{n}\right)+y_{in}\left[\frac{1}{n}-\frac{2i-k-1}{2k(n-1)}\right]$$

不等权估计量的期望等于总体均值。在单元呈线性趋势排列的情况下，不等权估计量具有较好精度，更接近于每层抽 1 个单元的分层随机抽样。估计量 $\hat{\bar{Y}}_Y$ 的方差估计为

$$v(\hat{\bar{Y}}_Y)=\frac{(1-f)n'}{n^2}\frac{1}{6(n-2)}\sum_{j=1}^{n-2}(y_{ij}-2y_{i(j+1)}+y_{i(j+2)})^2$$

其中 n'/n^2 是权数的平方和，

$$\frac{n'}{n^2}=\left[\frac{1}{n}+\frac{2i-k-1}{2k(n-1)}\right]^2+\frac{1}{n^2}+\cdots+\frac{1}{n^2}+\left[\frac{1}{n}-\frac{2i-k-1}{2k(n-1)}\right]^2$$

如果 n 较大，可以用 $1/n$ 近似。方差估计量 $v(\hat{\bar{Y}}_Y)$ 是估计量 $\hat{\bar{Y}}_Y$ 的方差 $V(\hat{\bar{Y}}_Y)$ 的有偏估计。

在实际应用中经常遇到的另一种情况是总体单元按照周期性趋势排列。令 T 为周期长度。此时，如果等距抽样的抽样间隔 k 等于周期长度 T，或者是周期长度 T 的整数倍，等距抽样的简单估计量的观测值主要取决于随机起点，估计量就会显著高估或低估总体均值。为了避免出现这种情况，等距抽样的抽样间隔 k 选择为半周期长度 $T/2$ 的奇数倍或者其他数值，以抵消周期性影响，提高估计精度。

例 5.4 为了调查每天 24 小时内的某城市中心路口的汽车流量，将每一天作为一个单元。从调查第一天开始，依次将编号指定给每一天。依据日常的生活经验，每天市中心某路口的汽车流量在每周内呈现周期性趋势，从周一至周五，城市中心路口的汽车流量往往会很大，而周六和周日，城市中心路口的汽车流量往往相对较小，周期长度为 $T=7$。选择抽样间隔 $k=T=7$，等距样本只包含若干周同一天的观测数据。若随机起点为 $r=1$，则等距样本只包含若干周的周一数据。类似地，若 $r=2,3,4,5$，则等距样本只包含若干周的周二、周三、周四或者周五数据。在这些时间内，汽车流量的标志值会偏高，导致高估总体均值。若随机起点为 $r=6,7$，则等距样本只包含若干周的周六或者周日数据，汽车流量的标志值会偏低，导致低估总体均值。选择抽样间隔 $k=6$，会使等距样本包含若干周的周一至周日数据，简单估计量的精度会更好。

第四节 模拟案例

本节考虑调查某地区规模以下服务业企业的营业收入，介绍等距抽样的样本抽取和估计过程。总体为 2018 年度某地区 367 个村级单元(居(村)委会)下辖的 12779 个调查小区的规模以下服务业企业的营业收入。村级单元编码来自某市规模以下服务业调查数据，为了保护数据隐私，各村级单元的服务业企业营业收入数据以模拟数据代替，详细数据见附录 B。该地区各村级单元之间经济发展程度存在差异。服务业是该地区经济增长的重要支撑，规模以下服务业企业是服务业的重要组成部分，在该地区经济发展中占据重要地位。

本节设定的目标是估计该地区的 12779 个调查小区的规模以下服务业企业的营业收入总额、每个调查小区的规模以下服务业企业的平均营业收入额，给出相应的估计值和方差估计以及标准差估计。

表 5.5 某地区各调查小区的数据 单位：万元

编号	村级单元编码	调查小区编码	营业收入额
1	120101001005	1	708
2	120101001005	2	658
3	120101001005	3	706
4	120101001005	4	519
5	120101001005	5	259

续表

编号	村级单元编码	调查小区编码	营业收入额
⋮	⋮	⋮	⋮
12775	120225114214	9	394
12776	120225114214	10	332
12777	120225114214	11	695
12778	120225114214	12	251
12779	120225114214	13	452
总计	—	—	5100770

一、等距样本的抽取

某地区的12779个调查小区的规模以下服务业企业营业收入额在附录D中按区域排序，并不是按利润额大小排序，将其考虑成随机顺序排序。若采用简单随机抽样，抽样单元为每个调查小区，设定估计量的精度要求为在置信概率为95%下每个调查小区规模以下服务业企业平均营业收入额估计量的绝对误差限度为10万元，最终确定的样本量为抽取1575个调查小区。采用等距抽样为了达到精度要求，根据总体的单元总数 $N=12779$，样本量 $n=1575$，计算可得抽样间隔 $k=[12779/1575]=8$。

首先，从1到8中采用简单随机抽样抽取1个随机数，作为随机起点 r。抽取的随机起点 $r=3$。从单元编号3开始，每隔8个编号抽取1个单元编号，相应的单元进入样本。调查数据如表5.6所示，其中第1列“XH”给出了抽取的样本序号，共1575个，第2列“BH”给出了抽取的样本单元编号，第3列为“CJDY”是村级单元的代码，第4列名称为“XQBH”，是村级单元包含的调查小区编号，第5列名称为“YYSR”，是村级单元中每个调查小区的营业收入总额。与简单随机抽样相比，等距样本的市单元编号具有更好的“均匀性”。

表5.6　等距抽样的规模以下服务业企业营业收入额　　单元：万元

XH	BH	CJDY	XQBH	YYSR
1	3	120101001005	3	706
2	11	120101001005	11	613
3	19	120101001006	5	735
4	27	120101001006	13	219
5	35	120101001012	8	389
⋮	⋮	⋮	⋮	⋮
1571	12563	120225001021	5	606
1572	12571	120225001021	13	655
1573	12579	120225001023	1	359
1574	12587	120225001023	9	344
1575	12595	120225001025	3	40

二、某地区调查小区规模以下服务业企业营业收入额的总体总值和总体均值的估计

利用表 5.6 的数据，计算的样本方差 $s^2 = \sum_{j=1}^{n}(y_{ij} - \bar{y}_{i0})^2/(n-1) = 40750.5$，样本均值 $\bar{y} = 396.54$。采用等距抽样，每个调查小区规模以下服务业企业平均营业收入额的估计为

$$\hat{\bar{Y}}_{SY} = \frac{\sum_{j=1}^{n} y_{ij}}{n}$$

$$= \frac{624558}{1575} = 396.54$$

每个调查小区规模以下服务业企业平均营业收入额的简单估计量 $\hat{\bar{Y}}_{SY}$ 的方差估计为：

$$v(\hat{\bar{Y}}_{SY}) = \frac{(1-f)s^2}{n}$$

$$= \frac{(1 - 1575/15779) \times 40750.5}{1575} = 22.6845$$

估计量 $\hat{\bar{Y}}_{SY}$ 的标准差估计 $\sqrt{v(\hat{\bar{Y}}_{SY})} = 4.76$。每个调查小区规模以下服务业企业平均营业收入额的估计为 396.54 万元，方差估计为 22.6845，标准差估计为 4.76 万元。

某地区 12779 个调查小区规模以下服务业企业营业收入总额的估计为

$$\hat{Y}_{SY} = N\hat{\bar{Y}}_{SY}$$

$$= 15779 \times 396.54 = 5067385$$

估计量 $\hat{Y}_{SY}$ 的方差估计为

$$v(\hat{Y}_{SY}) = N^2 v(\hat{\bar{Y}}_{SY})$$

$$= 15779^2 \times 22.6845 = 3704443297$$

估计量 $\hat{\bar{Y}}_{SY}$ 的标准差估计 $\sqrt{v(\hat{Y}_{SY})} = 60864.14$。某地区 12779 个调查小区规模以下服务业企业营业收入总额的估计为 5067385 万元，估计量的方差估计为 3704443297，标准差估计为 60864.14 万元。

小　结

本章介绍了等距抽样的基础知识。若总体的全部单元排列顺序确定，可以先随机抽取 1 个随机起点，再按照事前的规则进行等距抽样，得到等距样本。本章的知识要点如下。

1. 等距抽样。先确定全部单元的排列顺序，采用简单随机抽样抽取 1 个小于抽样间隔的数作为随机起点。从随机起点开始，每隔抽样间隔就抽取 1 个编号，对应的单元进入样本，所获得的样本称为等距样本。

2. 等距抽样的性质。等距抽样不一定需要完整的抽样框，抽样过程比简单随机抽样更容易实施，单元在总体中的散布更“均匀”。等距抽样的一种解释是，将总体划分为若干层，随机起点确定后，抽取每层的随机起点位置的单元。等距抽样的另一种解释是，将总体划分为若干群，随机起点确定后，随机起点位置的群即为等距样本。

3. 等距抽样的总体均值和总体总值估计量及其统计性质。表5.7分别给出了总体均值和总体总值的估计量及其方差和方差估计，其中方差估计适用于总体单元是完全按照随机顺序排列的情况。

表5.7 总体均值和总体均值的简单估计量

	总体均值	总体总值
估计量	$\hat{\bar{Y}}_{SY}=\sum_{j=1}^{n} y_{ij}/n=\bar{y}_{i0}$	$\hat{Y}_{SY}=N\hat{\bar{Y}}_{SY}$
方差	$V(\hat{\bar{Y}}_{SY})=\dfrac{(N-1)S^2}{N}-\dfrac{k(n-1)S_{WSY}^2}{N}$ $V(\hat{\bar{Y}}_{SY})=\dfrac{(N-1)S^2}{Nn}[1+(n-1)\rho_{WSY}]$ $V(\hat{\bar{Y}}_{SY})=\dfrac{(1-f)S_{WST}^2}{n}[1+(n-1)\rho_{WST}]$	$V(\hat{Y}_{SY})=N^2V(\hat{\bar{Y}}_{SY})$
方差估计	$v(\hat{\bar{Y}}_{SY})=\dfrac{(1-f)s^2}{n}$	$v(\hat{Y}_{SY})=N^2v(\hat{\bar{Y}}_{SY})$

习 题

1. 某班有50名学生，学生编号分别为1,2,…,50，若样本量为8，随机起点为编号6，试用圆形等距抽样方法列出样本单元编号。

2. 某班级有48名学生，编号分别为1,2,…,48，若样本量为7，随机起点为编号4，试用赛蒂对称等距抽样和辛对称等距抽样方法列出样本单元编号。

3. 表5.8是1900年以来美国的每隔5年离婚率数据。试利用该数据估计1900—1980年的平均离婚率。对于该数据，试比较系统抽样和简单随机抽样？

表5.8 1900年以来美国的离婚率 单位：%

年份	离婚率	年份	离婚率	年份	离婚率
1900	0.7	1930	1.6	1960	2.2
1905	0.8	1935	1.7	1965	2.5
1910	0.9	1940	2.0	1970	3.5
1915	1.0	1945	3.5	1975	4.8
1920	1.6	1950	2.6	1980	5.2
1925	1.5	1955	2.3		

4. 某本书共有400页，欲每隔15页抽1页作为样本，估计该书中的总字数。试问从1—15中抽取1个随机起点，采用直线等距抽样，有多少个可能样本？样本量分别是多少？若从1—400中抽取1个随机数除以15，将余数作为随机起点（余数为0代表15），然后每隔15页抽取1页，这种抽样方法与第一种抽样方法是否有区别？若采用圆形等距抽样，有多少个可能样本？上述三种抽取方法的样本均值作为总体均值的估计量，试说明估计量的无偏性。

第六章　单级整群抽样

在第二章的简单随机抽样和第三章的分层随机抽样中，抽样框内的抽样单元都是总体的基本单元，抽样单元和总体单元一致，也就是说，这两章介绍的抽样方法都是个体抽样。在本章即将介绍的抽样方法中，抽样单元是群单元，每个抽样单元包含若干个基本单元，这类抽样方法被称为整群抽样。单级整群抽样先利用概率抽样方式抽取群单元，再调查抽取的群单元中的全部基本单元，可以避免基本单元数量过大导致的个体抽样框难以编制问题，有利于调查的顺利完成。

本章内容共分为五节，第一节介绍单级整群抽样的定义、优良性和实施过程。当群规模相等时，第二节介绍的单级整群抽样利用简单随机抽样方式抽取群单元，并给出总体均值、总体总值、总体比例和 C 类单元总数的估计。当群规模不相等时，第三节介绍的是不放回等概率单级整群抽样，给出了简单估计量和比率估计量；第四节介绍的是有放回不等概率单级整群抽样；第五节对三种估计量进行比较。第六节给出了模拟案例。

本章的符号说明

N	总体的群单元总数
M_i	第 i 个群的基本单元数
M	总体的基本单元总数，$M=M_1+M_2+\cdots+M_N=\sum_{i=1}^{N}M_i$
Y_i	第 i 个群总值，$Y_i=\sum\limits_{j=1}^{M_i}y_{ij}$
$\bar{Y}_i$	第 i 个群均值，$\bar{Y}_i=Y_i/M_i$
Y	项目 $\boldsymbol{y}$ 的总体总值，$Y=\sum_{i=1}^{N}Y_i$
$\bar{Y}$	群均值，$\bar{Y}=\sum_{i=1}^{N}Y_i/N$
$\bar{\bar{Y}}$	个体均值，$\bar{\bar{Y}}=\left(\sum_{i=1}^{N}Y_i\right)/M$
S^2	总体方差，$S^2=\sum_{i=1}^{N}\sum_{j=1}^{M_i}(y_{ij}-\bar{\bar{Y}})^2/(M-1)$
S_W^2	群内方差，$S_W^2=\sum_{i=1}^{N}\sum_{j=1}^{M_i}(y_{ij}-\bar{Y}_i)^2/(M-N)$
S_i^2	第 i 个群方差 $S_i^2=\sum_{j=1}^{M_i}(y_{ij}-\bar{Y}_i)^2/(M_i-1)$
S_b^2	群间方差，$S_b^2=\sum_{i=1}^{N}M_i(\bar{Y}_i-\bar{\bar{Y}})^2/(N-1)$
$\hat{Y}$	总体总值估计量
$\hat{\bar{Y}}$	总体均值估计量
y_i	第 i 个群样本总值 $y_i=\sum\limits_{j=1}^{M_i}y_{ij}$
$\bar{y}_i$	第 i 个群样本均值，$\bar{y}_i=y_i/M_i$

$\bar{\bar{y}}$　　样本均值，$\bar{\bar{y}} = \sum_{i=1}^{n}\sum_{j=1}^{M_i} y_{ij} / \sum_{i=1}^{n} M_i$

s^2　　样本总方差，$s^2 = \sum_{i=1}^{n}\sum_{j=1}^{M_i}(y_{ij} - \bar{\bar{y}})^2 / (\sum_{i=1}^{n} M_i - 1)$

$s_b^{\ 2}$　　样本群间方差，$s_b^{\ 2} = \sum_{i=1}^{n}\sum_{j=1}^{M_i}(\bar{y}_i - \bar{\bar{y}})^2 / (n-1)$

s_w^2　　样本群内方差，$s_w^2 = \dfrac{1}{\sum_{i=1}^{n} M_i - n}\sum_{i=1}^{n}\sum_{j=1}^{M_i}(y_{ij} - \bar{y}_i)^2$

m_i　　第 i 个群的样本单元数

$E(\hat{\theta})$　　估计量 $\hat{\theta}$ 的期望

$V(\hat{\theta})$　　估计量 $\hat{\theta}$ 的方差

第一节　概述

单级整群抽样是常用的概率抽样方法。在有些情况下，单级整群抽样更便于实施。

一、单级整群抽样的定义

总体是由作为数据值载体的最小一级单元组成的集合体，这样的单元称作总体基本单元，也可以称作总体单元。在第二章的简单随机抽样和第三章的分层随机抽样中，抽样框内的抽样单元都是基本单元，相应的抽样方法被称为个体抽样。

抽样框内的抽样单元可以是总体单元，也可以是包含若干总体单元的群单元。通常，基本单元之间会存在某种关系，全部的基本单元被划分为若干群单元。如果抽样单元是群单元，相应的概率抽样被称为整群抽样。单级整群抽样是对所抽取的群单元中的全部基本单元都进行观察，其实施过程主要分为两步。

第一步，建立总体的群单元抽样框，采用概率抽样方式从抽样框中抽取事先确定数量的群单元。依据实际问题，抽样方法可以选择不放回等概率抽样或者有放回不等概率抽样。

第二步，调查被抽取的群单元中的全部基本单元。所有被抽取的基本单元合到一起，作为单级整群抽样的样本，简称为单级整群样本。

单级整群抽样可以采用简单随机抽样方式抽取群单元，也可以采用分层随机抽样方式抽取群单元。例如，为了调查中国居民的受教育程度，每个居民是总体单元，每个城市是群单元，可以采用单级整群抽样或者以城市为抽样单元进行简单随机抽样，或者按省（区、市）对城市分层，采用分层随机抽样方式抽取若干城市。

二、单级整群抽样的优点

单级整群抽样的抽样框中的抽样单元是群单元，而不是基本单元。这为抽样调查过程带来如下优点。

1. 群单元的抽样框编制比基本单元的抽样框编制容易。在一项大型抽样调查中，总体包含的基本单元数量可能会非常大，使得基本单元的抽样框编制需要花费大量的人力和费用。并且，这样的抽样框编制过程也往往会出现非常大的困难，甚至在当时的条件下，抽样框的编制可能无法完成。采用单级整群抽样，编制群单元的抽样框可解决上述难点。在中国的人口和经济调查中，获取最新的中国全部居民名单或中国全部企业单元名单往往困难，编制这类名单的费用很大。然而，按照行政区划，可以把中国人口总体或中国企业总体划分为市县级的群单元，避免编制个体抽样框的困难。

2.对于相同数量的基本单元，单级整群抽样的调查费用往往低于个体抽样的调查费用。对于同一群单元，基本单元之间往往存在某种关系——或者基本单元的地理位置接近，或者基本单元属于同一组织、机构等。单级整群样本的基本单元往往相对集中，在基本单元之间的路程往往较短，会节省调查时间和降低调查费用。例如，在中国住户调查中，采用个体抽样抽取的基本单元可能会散布在全国各地，而采用以城市为群单元的单级整群抽样抽取的基本单元主要集中在若干城市中，后者需要的调查时间往往会更短，现场调查费用也会更低。

在实际调查中，规模不同的群单元之间的选择原则是，给定调查费用条件下，选择估计量精度最高的群单元；或者给定估计量精度条件下，选择调查费用小的群单元。依据这个原则，单级整群抽样往往是比个体抽样更好的选择。

综上所述，单级整群抽样的抽样框编制相对容易，抽取的基本单元往往相对集中，有利于节省调查费用，缩短调查时间。但单级整群抽样也有不足。如果在同一群单元中的基本单元标志值存在较强的相关性，那么单级整群抽样的调查效率就会较低。例如，同一家庭的成员往往具有相似的生活习惯。调查家庭成员的生活习惯，以家庭为群单元的单级整群抽样的估计量精度会低于下一章介绍的两级抽样。

第二节　群规模相等的单级整群抽样

记总体的群单元总数为 N ，群单元的规模分别记为 $M_1, M_2, \cdots, M_N$ 。群单元的规模可以是群单元标志值，也可以是与群单元标志值相关的其他标志，如群单元包含的基本单元数量。当群规模相等时，记 $M_1 = \cdots = M_N = M_0$，总体中的全部群单元的总规模记为 $M = \sum_{i=1}^{N} M_i = NM_0$。记样本中的群单元总数为 n ，群单元的规模分别记为 $M_1, M_2, \cdots, M_n$ ，其中 $M_1 = \cdots = M_n = M_0$。本节讨论的单级整群抽样是先采用简单随机抽样方式抽取群单元，再调查每个入样群单元中的全部基本单元标志值，其中的群规模是指群单元包含的基本单元数量。

一、总体均值和总体总值的估计

记 y_i 为第 i 个群单元的标志值，y_{ij} 为第 i 个群单元中第 j 个基本单元的标志值。于是，总体总值为

$$Y = \sum_{i=1}^{N} \sum_{j=1}^{M_i} y_{ij} = \sum_{i=1}^{N} Y_i$$

基本单元标志值的平均值称为总体均值，用 $\bar{\bar{Y}}$ 表示，表达式为

$$\bar{\bar{Y}} = \frac{Y}{M} = \frac{1}{M} \sum_{i=1}^{N} \sum_{j=1}^{M_i} y_{ij} = \frac{1}{M} \sum_{i=1}^{N} Y_i$$

第 i 个群单元中全部基本单元标志值的平均值称为第 i 个群均值，用 $\bar{Y}_i$ 表示，表达式为

$$\bar{Y}_i = \frac{1}{M_i}\sum_{j=1}^{M_i} y_{ij} = \frac{Y_i}{M_i}$$

全部群单元标志值的平均值称为群均值，用 $\bar{Y}$ 表示，表达式为

$$\bar{Y} = \frac{Y}{N} = \frac{1}{N}\sum_{i=1}^{N} Y_i$$

（一）总体均值估计量和总体总值估计量

样本的第 i 个群单元的标志值记为 y_i，第 i 个群单元中第 j 个基本单元的标志值记为 y_{ij}。于是，样本总值为

$$y = \sum_{i=1}^{n}\sum_{j=1}^{M_i} y_{ij} = \sum_{i=1}^{n} y_i$$

样本中的基本单元标志值的平均值称为样本均值，用 $\bar{\bar{y}}$ 表示，表达式为

$$\bar{\bar{y}} = \frac{y}{\sum_{i=1}^{n} M_i} = \frac{1}{\sum_{i=1}^{n} M_i}\sum_{i=1}^{n}\sum_{j=1}^{M_i} y_{ij} = \frac{1}{\sum_{i=1}^{n} M_i}\sum_{i=1}^{n} y_i$$

样本的第 i 个群单元中全部基本单元标志值的平均值称为第 i 个群样本均值，用 $\bar{y}_i$ 表示，表达式为

$$\bar{y}_i = \frac{1}{M_i}\sum_{j=1}^{M_i} y_{ij} = \frac{y_i}{M_i}$$

样本中的全部群单元标志值的平均值称为样本群均值，用 $\bar{y}$ 表示，表达式为

$$\bar{y} = \frac{y}{n} = \frac{1}{n}\sum_{i=1}^{n} y_i$$

可以验证，$y_i = Y_i$ 和 $\bar{y}_i = \bar{Y}_i$。

本节的单级整群抽样是采用简单随机抽样方式抽取群单元。简单随机抽样的样本均值是总体均值的无偏估计量。类似地，单级整群抽样的样本均值也用于估计总体均值。总体均值 $\bar{\bar{Y}}$ 的估计量 $\hat{\bar{\bar{Y}}}$ 为

$$\hat{\bar{\bar{Y}}} = \bar{\bar{y}} = \frac{y}{nM_0} = \frac{1}{nM_0}\sum_{i=1}^{n} y_i = \frac{1}{nM_0}\sum_{i=1}^{n}\sum_{j=1}^{M_i} y_{ij} \tag{6.1}$$

总体总值 Y 的估计量 $\hat{Y}$ 为

$$\hat{Y} = M\hat{\bar{\bar{Y}}} = \frac{Ny}{n} = \frac{N}{n}\sum_{i=1}^{n} y_i = \frac{N}{n}\sum_{i=1}^{n}\sum_{j=1}^{M_i} y_{ij} \tag{6.2}$$

定理 6.1　对于单级整群抽样的总体均值估计量 $\hat{\bar{\bar{Y}}}$ 是总体均值 $\bar{\bar{Y}}$ 的无偏估计，即 $E(\hat{\bar{\bar{Y}}}) = \bar{\bar{Y}}$。

证明：单级整群抽样是以群单元为抽样单元的简单随机抽样。样本中的群单元标志值分别为 $y_1,\cdots,y_n$，均值为 $\bar{y} = \sum_{i=1}^{n} y_i/n$。总体中的群单元标志值分别为 $Y_1,\cdots,Y_N$，均值为 $\bar{Y} = \sum_{i=1}^{N} Y_i/N$，其中 $Y_i = y_i$，$i=1,\cdots,N$。简单随机样本的均值 $\bar{y}$ 是均值 $\bar{Y}$ 的无偏估计量，有 $E(\bar{y}) = \bar{Y}$。于是，

$$E(\hat{\bar{\bar{Y}}})=E(\bar{\bar{y}})=E\left(\frac{\bar{y}}{M_0}\right)=\frac{E(\bar{y})}{M_0}=\frac{\bar{Y}}{M_0}=\bar{\bar{Y}}$$

即单级整群抽样的总体均值估计量 $\hat{\bar{\bar{Y}}}$ 是总体均值 $\bar{\bar{Y}}$ 的无偏估计。

推论 6.1 单级整群抽样的总体总值估计量 $\hat{Y}$ 是总体总值 Y 的无偏估计，即 $E(\hat{Y})=Y$ 。

推论 6.1 的证明可以根据定理 6.1 直接得到，此处略去证明过程。

(二)总体均值估计量和总体总值估计量的方差

单级整群抽样的总体方差 $S^2=\sum_{i=1}^{N}\sum_{j=1}^{M_i}(y_{ij}-\bar{\bar{Y}})^2/(M-1)$ 。第 i 个群单元方差 $S_i^2=\sum_{j=1}^{M_i}(y_{ij}-\bar{Y}_i)^2/(M_i-1)$，描述第 i 个群单元内的基本单元标志值的变异性。所有群单元方差的平均值称为总体群内方差，用 S_W^2 表示，$S_W^2=\sum_{i=1}^{N}S_i^2/N=\sum_{i=1}^{N}\sum_{j=1}^{M_i}(y_{ij}-\bar{Y}_i)^2/(M-N)$ 。总体群间方差 $S_b^2=M_0\sum_{i=1}^{N}(\bar{Y}_i-\bar{\bar{Y}})^2/(N-1)$，描述群单元之间基本单元标志值的变异性。

定理 6.2 单级整群抽样的总体均值估计量 $\hat{\bar{\bar{Y}}}$ 的方差为

$$V(\hat{\bar{\bar{Y}}})=\frac{S_b^2}{nM_0}\left(1-\frac{n}{N}\right)=\frac{(1-f)S_b^2}{nM_0} \tag{6.3}$$

其中 $f=n/N$ 为单级整群抽样的抽样比。

证明: 单级整群抽样是以群单元为抽样单元的简单随机抽样。样本中的群单元标志值分别为 $y_1,\cdots,y_n$，均值为 $\bar{y}=\sum_{i=1}^{n}y_i/n$ 。由简单随机样本的性质可知，均值 $\bar{y}$ 的方差为

$$V(\bar{y})=V\left(\frac{1}{n}\sum_{i=1}^{n}y_i\right)=\frac{1-f}{n}\left[\frac{1}{N-1}\sum_{i=1}^{N}(y_i-\bar{Y})^2\right]$$
$$=\frac{1-f}{n}\left[\frac{M_0^2}{N-1}\sum_{i=1}^{N}(\bar{y}_i-\bar{\bar{Y}})^2\right]=\frac{M_0S_b^2}{n}(1-f)$$

于是，单级整群抽样的总体均值估计量 $\hat{\bar{\bar{Y}}}$ 的方差为

$$V(\hat{\bar{\bar{Y}}})=V\left(\frac{1}{nM_0}\sum_{i=1}^{n}y_i\right)=\frac{1}{M_0^2}V\left(\frac{1}{n}\sum_{i=1}^{n}y_i\right)=\frac{M_0S_b^2}{nM_0^2}(1-f)=\frac{(1-f)S_b^2}{nM_0}$$

定理 6.2 成立。

定理 6.2 显示单级整群抽样的总体均值估计量 $\hat{\bar{\bar{Y}}}$ 的方差主要是群单元均值之间的变异性。

推论 6.2 单级整群抽样的总体总值估计量 $\hat{Y}$ 的方差为

$$V(\hat{Y})=V(NM_0\hat{\bar{\bar{Y}}})=N^2M_0^2V(\hat{\bar{\bar{Y}}})=\frac{N^2M_0S_b^2}{n}(1-f) \tag{6.4}$$

单级整群抽样的总体均值估计量 $\hat{\bar{\bar{Y}}}$ 的方差 $V(\hat{\bar{\bar{Y}}})=(1-f)S_b^2/(nM_0)$ 与总体群间方差 S_b^2 有关。而总体群间方差 S_b^2 可以用总体方差 S^2 与总体群内方差 S_W^2 表示。为了用总体方差 S^2 与总体群内方差 S_W^2 表示总体均值估计量 $\hat{\bar{\bar{Y}}}$ 的方差 $V(\hat{\bar{\bar{Y}}})$，引入总体群内相关系数。总体群内相关系数描述群内基本单元标志值之间的相关性，用 ρ 表示，

$$\rho=\frac{\sum_{i=1}^{N}\sum_{k=1}^{M_i}\sum_{j<k}(y_{ij}-\bar{\bar{Y}})(y_{ik}-\bar{\bar{Y}})\bigg/\left[\frac{NM_0(M_0-1)}{2}\right]}{\sum_{i=1}^{N}\sum_{j=1}^{M_i}(y_{ij}-\bar{\bar{Y}})^2/NM_0} \tag{6.5}$$

$\sum_{i=1}^{N}\sum_{j=1}^{M_i}(y_{ij}-\bar{\bar{Y}})^2=(NM_0-1)S^2$ 代入上式，经过计算可以得到

$$\rho=\frac{2\sum_{i=1}^{N}\sum_{k=1}^{M_i}\sum_{j<k}(y_{ij}-\bar{\bar{Y}})(y_{ik}-\bar{\bar{Y}})}{(M_0-1)(NM_0-1)S^2} \tag{6.6}$$

总体群间方差 S_b^2 进行变换

$$\begin{aligned}S_b^2&=\frac{1}{M_0(N-1)}\sum_{i=1}^{N}(Y_i-\bar{Y})^2=\frac{1}{M_0(N-1)}\sum_{i=1}^{N}\left[\sum_{j=1}^{M_i}(y_{ij}-\bar{\bar{Y}})\right]^2\\&=\frac{1}{M_0(N-1)}\sum_{i=1}^{N}\left[\sum_{j=1}^{M_i}(y_{ij}-\bar{\bar{Y}})^2+2\sum_{j=1}^{M_i}\sum_{k<j}(y_{ij}-\bar{\bar{Y}})(y_{ik}-\bar{\bar{Y}})\right]\\&=\frac{(NM_0-1)S^2+(M_0-1)(NM_0-1)S^2\rho}{M_0(N-1)}=\frac{(NM_0-1)S^2}{M_0(N-1)}[1+(M_0-1)\rho]\end{aligned}$$

将上式代入总体均值估计量 $\hat{\bar{\bar{Y}}}$ 的方差公式 $V(\hat{\bar{\bar{Y}}})$ 中，则

$$V(\hat{\bar{\bar{Y}}})=\frac{(1-f)S_b^2}{nM_0}=\frac{(1-f)S^2}{nM_0}\frac{NM_0-1}{M_0(N-1)}[1+(M_0-1)\rho]$$

于是，有如下的推论 6.3。

推论 6.3 单级整群抽样的总体均值估计量 $\hat{\bar{\bar{Y}}}$ 的方差为

$$V(\hat{\bar{\bar{Y}}})=\frac{(1-f)S_b^2}{nM_0}=\frac{(1-f)S^2}{nM_0}\frac{NM_0-1}{M_0(N-1)}[1+(M_0-1)\rho] \tag{6.7}$$

式(6.7)显示，如果总体群内相关系数为正，群单元内基本单元标志值之间存在正相关性，则与总体群内相关系数为 0 的情况相比，会使总体均值估计量的方差扩大 $(M_0-1)\rho$ 倍。如果总体群内相关系数为负，群单元内基本单元标志值之间存在负相关性，则与总体群内相关系数为 0 的情况相比，会使总体均值估计量的方差缩小 $(M_0-1)\rho$ 倍。

在实际调查中，总体的群单元数 N 往往很大，NM_0-1 与 NM_0-M_0 比较接近，两者的比值接近于 1。此时，式(6.7)近似为

$$V(\hat{\bar{\bar{Y}}})=\frac{(1-f)S^2}{nM_0}[1+(M_0-1)\rho]$$

上式中 nM_0 是单级整群样本中的基本单元的数量。在实际调查中，

$$\sum_{i=1}^{N}(Y_i-\bar{Y})^2=(NM_0-1)S^2[1+(M_0-1)\rho]>0$$

S^2 和 NM_0-1 都是正数，因而 $1+(M_0-1)\rho$ 是正数，不小于 0。当 $\sum_{i=1}^{N}(Y_i-\bar{Y})^2=0$，可以验证 $S^2=0$，这种情况在实际调查中很少发生。

（三）总体均值估计量和总体总值估计量的方差估计

单级整群抽样的样本方差 $s^2=\sum_{i=1}^{n}\sum_{j=1}^{M_i}(y_{ij}-\bar{\bar{y}})^2/(nM_0-1)$，第 i 个群单元的样本方差 $s_i^2=\sum_{j=1}^{M_i}(y_{ij}-\bar{y}_i)^2/(M_i-1)$，$s_b^2=\sum_{i=1}^{n}M_i(\bar{y}_i-\bar{\bar{y}})^2/(n-1)$ 为样本群间方差。

由于 $\bar{y}_i = \bar{Y}_i$，可以验证 $s_i^2 = S_i^2$。总体群内相关系数的估计量为

$$\hat{\rho} = \frac{2\sum_{i=1}^{n}\sum_{k=1}^{M_i}\sum_{j<k}(y_{ij} - \bar{\bar{y}})(y_{ik} - \bar{\bar{y}})}{(M_0 - 1)(nM_0 - 1)s^2} \tag{6.8}$$

也将其称为样本群内相关系数。

定理 6.3 单级整群抽样的总体均值估计量 $\hat{\bar{\bar{Y}}}$ 的方差估计

$$v(\hat{\bar{\bar{Y}}}) = \frac{s_b^2}{nM_0}\left(1 - \frac{n}{N}\right) = \frac{(1-f)s_b^2}{nM_0} \tag{6.9}$$

是方差 $V(\hat{\bar{\bar{Y}}})$ 的无偏估计量。

证明：单级整群抽样是以群单元为抽样单元的简单随机抽样，记样本中的群单元标志值分别为 $y_1,\cdots,y_n$，总体中的群单元标志值分别为 $Y_1 = y_1,\cdots,Y_N = y_N$。由简单随机样本的性质可知，均值 $\bar{y} = \sum_{i=1}^{n} y_i/n$ 是 $\bar{Y} = \sum_{i=1}^{N} Y_i/N$ 的无偏估计，并且方差 $\sum_{i=1}^{n}(y_i - \bar{y})^2/(n-1)$ 是 $\sum_{i=1}^{N}(y_i - \bar{Y})^2/(N-1)$ 的无偏估计。于是，

$$E(s_b^2) = E\left[\frac{1}{M_0(n-1)}\sum_{i=1}^{n}(y_i - \bar{y})^2\right] = \frac{1}{M_0(N-1)}\sum_{i=1}^{N}(y_i - \bar{Y})^2 = S_b^2$$

$$E[v(\hat{\bar{\bar{Y}}})] = E\left[\frac{(1-f)s_b^2}{nM_0}\right] = \frac{1-f}{nM_0}E(s_b^2) = \frac{(1-f)S_b^2}{nM_0} = V(\hat{\bar{\bar{Y}}})$$

定理 6.3 成立。

推论 6.4 单级整群抽样的总体总值估计量 $\hat{Y}$ 的方差估计

$$v(\hat{Y}) = N^2M_0^2 v(\hat{\bar{\bar{Y}}}) = \frac{N^2M_0 s_b^2}{n}\left(1 - \frac{n}{N}\right) = \frac{N^2M_0 s_b^2(1-f)}{n} \tag{6.10}$$

是方差 $V(\hat{Y})$ 的无偏估计量，即 $E[v(\hat{Y})] = V(\hat{Y})$。

推论 6.4 的证明可以根据定理 6.3 直接得到，这里忽略该定理的证明。

推论 6.5 单级整群抽样的总体均值估计量 $\hat{\bar{\bar{Y}}}$ 的方差估计

$$v(\hat{\bar{\bar{Y}}}) = \frac{(1-f)s^2}{nM_0}\,\frac{nM_0 - 1}{M_0(n-1)}[1 + (M_0 - 1)\hat{\rho}] \tag{6.11}$$

是方差 $V(\hat{\bar{\bar{Y}}})$ 的无偏估计量。

证明：根据定理 6.3，有 $E(s_b^2) = S_b^2$。由于

$$\begin{aligned}
s_b^2 &= \frac{1}{M_0(n-1)}\sum_{i=1}^{n}(y_i - \bar{y})^2 = \frac{1}{M_0(n-1)}\sum_{i=1}^{n}\left[\sum_{j=1}^{M_i}(y_{ij} - \bar{\bar{y}})\right]^2 \\
&= \frac{1}{M_0(n-1)}\sum_{i=1}^{n}\left[\sum_{j=1}^{M_i}(y_{ij} - \bar{\bar{y}})^2 + 2\sum_{j=1}^{M_i}\sum_{k<j}(y_{ij} - \bar{\bar{y}})(y_{ik} - \bar{\bar{y}})\right] \\
&= \frac{(nM_0 - 1)s^2 + (M_0 - 1)(nM_0 - 1)s^2\hat{\rho}}{M_0(n-1)} = \frac{(nM_0 - 1)s^2}{M_0(n-1)}[1 + (M_0 - 1)\hat{\rho}]
\end{aligned}$$

代入式(6.9)，可得 $E[v(\hat{\bar{\bar{Y}}})] = V(\hat{\bar{\bar{Y}}})$。推论 6.5 成立。

推论 6.5 中的方差估计 $v(\hat{\bar{\bar{Y}}})$ 与定理 6.3 中的方差估计 $v(\hat{\bar{\bar{Y}}})$ 相同，只是数学表达形式

不一样。更直观地解释，推论 6.5 中的方差估计 $v(\hat{\bar{\bar{Y}}})$ 与式(6.7)的方差 $V(\hat{\bar{\bar{Y}}})$ 表达式是相对应的。

（四）总体均值和总体总值的置信区间

当 $n \geqslant 50$，总体均值 $\bar{\bar{Y}}$ 在置信概率 $1-\alpha$ 下的双侧置信区间为

$$\left(\bar{\bar{y}} - Z_{\alpha/2}\sqrt{v(\hat{\bar{\bar{Y}}})}, \bar{\bar{y}} + Z_{\alpha/2}\sqrt{v(\hat{\bar{\bar{Y}}})}\right) \tag{6.12}$$

其中 $Z_{\alpha/2}$ 为标准正态分布上概率 $\alpha/2$ 相对应的分位数，$\bar{\bar{y}} + Z_{\alpha/2}\sqrt{v(\hat{\bar{\bar{Y}}})}$ 为置信上限，$\bar{\bar{y}} - Z_{\alpha/2}\sqrt{v(\hat{\bar{\bar{Y}}})}$ 为置信下限。在置信概率 $1-\alpha$ 下总体总值 Y 的双侧置信区间为

$$\left(M\bar{\bar{y}} - Z_{\alpha/2}\sqrt{v(\hat{Y})}, M\bar{\bar{y}} + Z_{\alpha/2}\sqrt{v(\hat{Y})}\right) \tag{6.13}$$

其中 $M\bar{\bar{y}} + Z_{\alpha/2}\sqrt{v(\hat{Y})}$ 为置信上限，$M\bar{\bar{y}} - Z_{\alpha/2}\sqrt{v(\hat{Y})}$ 为置信下限。在下文中，为了简单，不管 n 的大小，都采用这个置信区间，这个假定不适用于实际问题。

例 6.1 设某跨国公司在海外 200 个地区设立分公司，每个海外地区设立 6 家分公司，采用简单随机抽样抽取 8 个地区，调查 8 个地区内所有分公司的年利润（单位：万美元），数据见表 6.1。利用表 6.1 的调查数据，试估计该跨国公司在海外 200 个地区分公司的平均利润和利润总额，给出方差估计和标准差估计，以及在置信概率 95%下的置信区间。

表 6.1 某跨国公司在海外 8 个地区的分公司年利润 单位：万美元

地区＼分公司	1	2	3	4	5	6	y_i	$\bar{y}_i$
1	1035	1074	1124	994	1087	1064	6378	1063
2	1046	1125	1182	157	1141	1097	6648	1108
3	1045	1152	1086	983	1223	997	6486	1081
4	1153	1078	1039	1006	1212	1076	6564	1094
5	1216	1094	1096	1035	1004	1053	6498	1083
6	964	1136	1185	1021	183	1007	6396	1066
7	1113	1093	1005	1088	997	1034	6330	1055
8	1047	1097	1136	989	1073	1102	6444	1074
合计	—	—	—	—	—	—	51744	8624

解：由题意可知，$Z_{0.025}=1.96$，总体的群单元总数 $N=200$，抽取的群单元数 $n=8$，抽样比 $f=8/200=0.04$，群内基本单元数量 $M_1=\cdots=M_8=M_0=6$。根据表 6.1 的调查数据，经过计算，可以得到样本总值 y 为 51744 万美元。该跨国公司在海外 200 个地区分公司的平均利润 $\bar{\bar{Y}}$ 的估计为

$$\begin{aligned}\hat{\bar{\bar{Y}}} = \bar{\bar{y}} &= \frac{1}{nM_0}\sum_{i=1}^{n}\sum_{j=1}^{M_i} y_{ij} = \frac{1}{nM_0}\sum_{i=1}^{n} y_i = \frac{y}{nM_0} \\ &= \frac{6378+6648+6486+6564+6498+6396+6330+6444}{8\times 6} \\ &= \frac{51744}{48} = 1078\end{aligned}$$

样本群间方差为

$$s_b^2=\frac{1}{M_0(n-1)}\sum_{i=1}^{n}(y_i-\bar{y})^2=\frac{1}{M_0(n-1)}\left(\sum_{i=1}^{n}y_i^2-n\bar{y}^2\right)$$

$$=\frac{6378^2+6648^2+6486^2+6564^2+6498^2+6396^2+6330^2+6444^2-8\times6468^2}{6\times(8-1)}$$

$$=1803.43$$

该跨国公司在海外200个地区分公司的平均利润估计量 $\hat{\bar{\bar{Y}}}$ 的方差估计为

$$v(\hat{\bar{\bar{Y}}})=\frac{(1-f)s_b^2}{nM_0}$$

$$=\frac{(1-0.04)\times1803.43}{8\times6}=36.07$$

估计量 $\hat{\bar{\bar{Y}}}$ 的标准差估计 $\sqrt{v(\hat{\bar{\bar{Y}}})}=6.01$。该跨国公司在海外200个地区分公司的平均利润在置信概率95%下双侧置信区间的置信下限为

$$\bar{\bar{y}}-Z_{\alpha/2}\sqrt{v(\hat{\bar{\bar{Y}}})}=1078-1.96\times6.01=1066.22$$

置信上限为

$$\bar{\bar{y}}+Z_{\alpha/2}\sqrt{v(\hat{\bar{\bar{Y}}})}=1078+1.96\times6.01=1089.78$$

该跨国公司在海外200个地区分公司的平均利润在置信概率95%下的双侧置信区间为(1066.22,1089.78)。该跨国公司在海外200个地区分公司的利润总额 Y 的估计为

$$\hat{Y}=M\hat{\bar{\bar{Y}}}=NM_0\hat{\bar{\bar{Y}}}$$

$$=200\times6\times1078=1293600$$

该跨国公司在海外200个地区分公司的利润总额估计量 $\hat{Y}$ 的方差估计为

$$v(\hat{Y})=N^2M_0^2v(\hat{\bar{\bar{Y}}})$$

$$=200^2\times6^2\times36.07=51940800$$

估计量 $\hat{Y}$ 的标准差估计 $\sqrt{v(\hat{Y})}=7207.00$。该跨国公司在海外200个地区分公司的利润总额在置信概率95%下双侧置信区间的置信下限为

$$M\bar{\bar{y}}-Z_{\alpha/2}\sqrt{v(\hat{Y})}=1293600-1.96\times7207=1279474.28$$

置信上限为

$$M\bar{\bar{y}}-Z_{\alpha/2}\sqrt{v(\hat{Y})}=1293600-1.96\times7207=1307725.72$$

该跨国公司在海外200个地区分公司的利润总额在置信概率95%下的双侧置信区间为(1279474.28,1307725.72)。从而,该跨国公司在海外200个地区分公司的平均利润 $\bar{\bar{Y}}$ 的估计值为1078万美元,方差估计为36.07,标准差估计为6.01万美元,在置信概率95%下的双侧置信区间为(1066.22,1089.78)。全部分公司利润总额的估计值为1293600万美元,方差估计为51940800,标准差估计为7207.00万美元,在置信概率95%下的双侧置信区间为(1279474.28,1307725.72)。

(五)总体群内相关系数 ρ 及其估计

为了直观理解总体群内相关系数 ρ,将总离差平方和分解为群单元内离差平方和与群

单元间离差平方和。

$$\sum_{i=1}^{N}\sum_{j=1}^{M_i}(y_{ij}-\bar{\bar{Y}})^2=\sum_{i=1}^{N}\sum_{j=1}^{M_i}(y_{ij}-\bar{Y}_i)^2+\sum_{i=1}^{N}M_0(\bar{Y}_i-\bar{\bar{Y}})^2$$
$$=\sum_{i=1}^{N}\sum_{j=1}^{M_i}(y_{ij}-\bar{Y}_i)^2+\frac{1}{M_0}\sum_{i=1}^{N}(Y_i-\bar{Y})^2$$

总离差平方和用总体方差 S^2 表示,即

$$\sum_{i=1}^{N}\sum_{j=1}^{M_i}(y_{ij}-\bar{\bar{Y}})^2=(NM_0-1)S^2$$

群单元内离差平方和用总体群内方差 S_W^2 表示,即

$$\sum_{i=1}^{N}\sum_{j=1}^{M}(y_{ij}-\bar{Y}_i)^2=N(M_0-1)S_W^2$$

群单元间离差平方和用总体方差 S^2 和总体群内相关系数 ρ 表示,即

$$\frac{1}{M_0}\sum_{i=1}^{N}(Y_i-\bar{Y})^2=\frac{(NM_0-1)S^2}{M_0}[1+(M_0-1)\rho]$$

于是,可以得到

$$(NM_0-1)S^2=N(M_0-1)S_W^2+\frac{(NM_0-1)S^2}{M_0}[1+(M_0-1)\rho]$$

$$S_W^2=\frac{(NM_0-1)S^2}{N(M_0-1)}\left(1-\frac{1}{M_0}-\frac{M_0-1}{M_0}\rho\right)=\frac{(NM_0-1)(1-\rho)S^2}{NM_0}$$

当 N 很大或者 M_0 很大,NM_0 与 NM_0-1 很接近,有 $(NM_0-1)/(NM_0)\approx 1$。此时,

$$S_W^2\approx(1-\rho)S^2$$

$$\rho\approx 1-\frac{S_W^2}{S^2} \tag{6.14}$$

$$\rho\approx\frac{S^2-S_W^2}{S^2} \tag{6.14-1}$$

S_W^2/S^2 是总体群内方差 S_W^2 占总体方差 S^2 的比例,群单元内相关系数 ρ 的解释是单位 1 与总体群内方差 S_W^2 占总体方差 S^2 之比的差值。群内相关系数 ρ 为总体群内方差 S_W^2 与总体方差 S^2 之差值 $S^2-S_W^2$ 与总体方差 S^2 之比,是总体群内方差 S_W^2 与总体方差 S^2 的相对差值。注意,总体群内方差 S_W^2 与总体群间方差之和不等于总体方差 S^2,群内相关系数 ρ 值可能是负数。

当 N 很大或者 M_0 很大,式(6.14)显示,群内相关系数 ρ 描述群单元内的基本单元标志值近似程度。群内相关系数 ρ 越接近于1,比值 S_W^2/S^2 越接近于0,总体群内方差 S_W^2 相对于总体方差 S^2 就越小,群单元内的基本单元标志值近似程度越高。

另一方面,由总体群间方差 S_b^2 的定义,有

$$\sum_{i=1}^{N}(Y_i-\bar{Y})^2=(N-1)M_0S_b^2$$

在式(6.7)的推导过程中,得到下面等式

$$\sum_{i=1}^{N}(Y_i-\bar{Y})^2=(NM_0-1)S^2[1+(M_0-1)\rho]$$

从而，

$$(N-1)M_0S_b^2=(NM_0-1)S^2[1+(M_0-1)\rho]$$

$$\rho=\frac{(N-1)M_0S_b^2-(NM_0-1)S^2}{(NM_0-1)(M_0-1)S^2}$$

当 N 很大时，$(N-1)M_0$ 与 NM_0-1 很接近，两者比值 $(N-1)M_0/(NM_0-1)$ 近似为 1。上式可以简化为

$$\rho\approx\frac{S_b^2-S^2}{(M_0-1)S^2} \tag{6.15}$$

根据式(6.15)，可以构造群内相关系数 ρ 的另一个估计量

$$\hat{\rho}=\frac{s_b^2-s^2}{(M_0-1)s^2} \tag{6.16}$$

其中 $s_b^2=\sum_{i=1}^{n}(y_i-\bar{y})^2/[(n-1)M_0]$，$s^2=\sum_{i=1}^{n}\sum_{j=1}^{M_i}(y_{ij}-\bar{\bar{y}})^2/(nM_0-1)$。$s^2$ 是总体方差 S^2 的估计量，s_b^2 是总体群间方差 S_b^2 的无偏估计量。

例 6.1(续 1) 根据例 6.1 的调查数据，试估计该跨国公司在海外 200 个地区分公司利润额的群内相关系数。

解：由题意可知，总体的群单元总数 $N=200$，N 比较大，抽取的群单元数 $n=8$，群内基本单元数量 $M_1=\cdots=M_8=M_0=6$，样本群间方差 $s_b^2=1803.43$。经过计算，该跨国公司在海外 200 个地区分公司利润额的样本方差为

$$s^2=\frac{1}{nM_0-1}\sum_{i=1}^{n}\sum_{j=1}^{M_i}(y_{ij}-\bar{\bar{y}})^2$$

$$=\frac{195946}{8\times6-1}=4169.06$$

群内相关系数的估计为

$$\hat{\rho}=\frac{s_b^2-s^2}{(M_0-1)s^2}$$

$$=\frac{1803.43-4169.06}{(6-1)\times4169.06}=-0.11$$

该跨国公司在海外 200 个地区的分公司利润额的群内相关系数的估计值为－0.11。

（六）设计效应

为了比较复杂抽样方案的优良性，Kish(1965)①提出设计效应(Design effect)。设计效应定义为复杂抽样方案的估计量的方差与基本单元数相同的简单估计量的方差之比。复杂抽样方案包括分层抽样、单级整群抽样、下一章的两级抽样。设计效应主要用于评估复杂抽样方案的优良性，也可用于计算复杂抽样方案的样本量。

为了估计总体均值 $\bar{Y}$，采用简单随机抽样，抽取基本单元数量为 n 的简单随机样本，总体均值的简单估计量 $\hat{\bar{Y}}_{SI}$ 的方差记为 $V(\hat{\bar{Y}}_{SI})$。采用复杂抽样方案 A，抽取基本单元数量为 n 的样本，总体均值的估计量 $\hat{\bar{Y}}_A$ 的方差记为 $V(\hat{\bar{Y}}_A)$。复杂抽样方案 A 的设计效应为

① Kish L. Survey Sampling [M]. New York: Johns Wiley & Sons, 1965.

$$Deff(\hat{\bar{Y}}_A)=\frac{V(\hat{\bar{Y}}_A)}{V(\hat{\bar{Y}}_{SI})}$$

如果样本中的基本单元数相同，复杂抽样方案A的估计量 $\hat{\bar{Y}}_A$ 的方差 $V(\hat{\bar{Y}}_A)$ 小于简单估计量 $\hat{\bar{Y}}_{SI}$ 的方差 $V(\hat{\bar{Y}}_{SI})$，则设计效应 $Deff(\hat{\bar{Y}}_A)$ 小于1，说明复杂抽样方案A的估计量 $\hat{\bar{Y}}_A$ 的精度高于简单估计量 $\hat{\bar{Y}}_{SI}$ 的精度。反之，若复杂抽样方案A的估计量 $\hat{\bar{Y}}_A$ 的方差 $V(\hat{\bar{Y}}_A)$ 大于简单估计量 $\hat{\bar{Y}}_{SI}$ 的方差 $V(\hat{\bar{Y}}_{SI})$，则设计效应 $Deff(\hat{\bar{Y}}_A)$ 大于1，说明复杂抽样方案A的估计量 $\hat{\bar{Y}}_A$ 的精度低于简单估计量 $\hat{\bar{Y}}_{SI}$ 的精度。采用设计效应评估复杂抽样方案的优良性，复杂抽样方案的设计效应越小越优良。

对于群规模相等的单级整群抽样，总体的群单元总数记为 N，抽取的群单元数为 n，每个群单元中的基本单元数 $M_1=\cdots=M_N=M_0$。由推论6.3的式(6.7)，单级整群抽样的总体均值估计量 $\hat{\bar{\bar{Y}}}$ 的方差为

$$V(\hat{\bar{\bar{Y}}})=\frac{(1-f)S^2}{nM_0}\frac{NM_0-1}{M_0(N-1)}[1+(M_0-1)\rho]\approx\frac{(1-f)S^2}{nM_0}[1+(M_0-1)\rho]$$

n 个群单元中的基本单元个数为 nM_0。利用容量为 nM_0 的简单随机样本，总体均值的简单估计量 $\hat{\bar{Y}}_{SI}$ 的方差为

$$V(\hat{\bar{Y}}_{SI})=\frac{(1-f)S^2}{nM_0}$$

单级整群抽样的设计效应为

$$Deff(\hat{\bar{\bar{Y}}})=\frac{V(\hat{\bar{\bar{Y}}})}{V(\hat{\bar{Y}}_{SI})}=\frac{NM_0-1}{M_0(N-1)}[1+(M_0-1)\rho]\approx1+(M_0-1)\rho$$

单级整群抽样的设计效应是总体群内相关系数的函数。

若 $\rho>0$，$1+(M_0-1)\rho>1$，设计效应大于1，基本单元数相同的单级整群抽样的估计量的方差大于简单随机抽样的简单估计量的方差。

若 $\rho<0$，$1+(M_0-1)\rho<1$，设计效应小于1，基本单元数相同的单级整群抽样的估计量的方差小于简单随机抽样的简单估计量的方差。

若 $\rho=0$，$1+(M_0-1)\rho=1$，设计效应等于1，基本单元数相同的单级整群抽样的估计量的方差等于简单随机抽样的简单估计量的方差。

对于给定的估计量精度要求，可以利用设计效应估算复杂抽样方案A的样本量。记复杂抽样方案A的设计效应为 $Deff(\hat{\bar{Y}}_A)$，给定估计量的方差限度记为 $V_{\hat{\bar{Y}}_A}$。利用第二章简单随机抽样的样本量确定方法，可以得到满足估计量方差限度为 $V_{\hat{\bar{Y}}_A}$ 的简单随机抽样的样本量，记为 n^*。令

$$\frac{V(\hat{\bar{Y}}_A)}{n_A}=\frac{V(\hat{\bar{Y}}_{SI})}{n^*}$$

则 $n_A = Deff(\hat{\bar{Y}}_A)n^*$ 即为满足估计量方差限度为 $V_{\hat{\bar{Y}}_A}$ 的复杂抽样方案 A 的样本量。上式等式成立是由于估计量的方差往往与样本量成比例，或者近似成比例，并且近似程度很高。这个结论适用于很多概率抽样。

给定估计量的方差限度为 $V_{\hat{\bar{Y}}}$，利用设计效应估算单级整群抽样的样本量。先利用第二章简单随机抽样的样本量确定方法，得到满足估计量方差限度为 $V_{\hat{\bar{Y}}}$ 的简单随机抽样的样本量，记为 n^*。若抽样比 f 忽略不计，n^* 为不小于 $S^2/V_{\hat{\bar{Y}}}$ 的最小整数。若抽样比 f 不能忽略不计，n^* 为不小于 $S^2/V_{\hat{\bar{Y}}}/[1+S^2/V_{\hat{\bar{Y}}}/(NM_0)]$ 的最小整数，其中 NM_0 为总体的基本单元总数。于是，满足估计量方差限度 $V_{\hat{\bar{Y}}}$ 的单级整群抽样需要抽取的基本单元数为 $Deff(\hat{\bar{\bar{Y}}})n^*$，群单元数 n 为 $Deff(\hat{\bar{\bar{Y}}})n^*/M_0$。

例 6.1(续 2) 对于该跨国公司在海外 200 个地区分公司单级整群抽样，利用例 6.1 的调查数据，试估算单级整群抽样的设计效应，并在给定估计量的方差界限为 25 的条件下，计算单级整群抽样的样本量。

解：由题意可知，总体的群单元总数 $N=200$，N 很大，$1/N$ 可以忽略，抽取的群单元数 $n=8$，群内基本单元数量 $M_1=\cdots=M_8=M_0=6$，该跨国公司在海外 200 个地区分公司的利润额的群内相关系数估计为 -0.11。如果用该估计值代替总体的群内相关系数，单级整群抽样的设计效应为

$$
\begin{aligned}
Deff(\hat{\bar{\bar{Y}}}) &\approx 1+(M_0-1)\rho \\
&= 1+(6-1)\times(-0.11)=0.45
\end{aligned}
$$

该跨国公司在海外 200 个地区分公司的单级整群抽样的设计效应为 0.45。该设计效应意味着，单级整群抽样的估计量精度高于简单随机抽样的简单估计量精度。

为了演示，给定单级整群抽样的估计量的方差限度 $V_{\hat{\bar{Y}}}=25$，该跨国公司在海外 200 个地区分公司利润额的样本方差 $s^2=4169.06$，代替总体方差 S^2，则在估计量方差限度 $V_{\hat{\bar{Y}}}=25$ 的条件下，简单随机抽样的样本量至少为

$$
\frac{S^2/V_{\hat{\bar{Y}}}}{1+\dfrac{S^2/V_{\hat{\bar{Y}}}}{NM_0}}=\frac{4169.06/25}{1+\dfrac{4169.06/25}{200\times 6}}=146.42
$$

n^* 取为 147。

$$
\frac{Deff(\hat{\bar{\bar{Y}}})n^*}{M_0}=\frac{0.45\times 147}{6}=11.03
$$

在估计量的方差限度 $V_{\hat{\bar{Y}}}=25$ 的条件下，单级整群抽样需要抽取的群单元个数至少为 12。即采用单级整群抽样需要抽取该跨国公司在海外 200 个地区中的 12 个地区进行调查，得到的估计量方差小于给定的方差限度 25。

二、总体比例和 C 类单元总数的估计

总体的 N 个群单元包含相同数量的基本单元，$M_1=\cdots=M_N=M_0$。总体中的 C 类单元总数记为 A，C' 类单元总数记为 A'，C 类单元总数与总体单元总数之比为总体比例，用

P 表示，$P=A/M$ 。第 i 个群单元中的 C 类单元数记为 A_i 个，第 i 个群的 C 类单元比例记为 P_i ，$P_i=A_i/M_i$ 。设第 i 个群单元中第 j 个基本单元的标志值 y_{ij} 为

$$y_{ij}=\begin{cases}1, y_{ij}\in C\\0, y_{ij}\notin C\end{cases} \tag{6.17}$$

总体比例、C 类单元总数、总体方差的表达式见表 6.2。其中总体的第 i 个群单元内方差为

$$S_i^2=\frac{\sum_{j=1}^{M_i}(y_{ij}-\bar{Y}_i)^2}{M_i-1}=\frac{\sum_{j=1}^{M_i}y_{ij}^2-M_i\bar{Y}_i^2}{M_i-1}=\frac{\sum_{j=1}^{M_i}y_{ij}-M_i\bar{Y}_i^2}{M_i-1}=\frac{M_iP_i(1-P_i)}{M_i-1}$$

群单元间方差为

$$S_b^2=\frac{M_0\sum_{i=1}^{N}(\bar{Y}_i-\bar{\bar{Y}})^2}{N-1}=\frac{M_0\sum_{i=1}^{N}(P_i-P)^2}{N-1}$$

群单元内方差为

$$S_W^2=\frac{\sum_{i=1}^{N}\sum_{j=1}^{M_i}(y_{ij}-\bar{Y}_i)^2}{M-N}=\frac{\sum_{i=1}^{N}\left(\sum_{j=1}^{M_i}y_{ij}^2-M_i\bar{Y}_i^2\right)}{M-N}=\frac{\sum_{i=1}^{N}M_iP_i(1-P_i)}{M-N}$$

总体方差 S^2 为

$$S^2=\frac{1}{M-1}\sum_{i=1}^{N}\sum_{j=1}^{M_i}(y_{ij}-\bar{\bar{Y}})^2=\frac{1}{M-1}\left(\sum_{i=1}^{N}\sum_{j=1}^{M_i}y_{ij}^2-M\bar{\bar{Y}}^2\right)$$

$$=\frac{1}{M-1}\left(\sum_{i=1}^{N}\sum_{j=1}^{M_i}y_{ij}-M\bar{\bar{Y}}^2\right)=\frac{M}{M-1}(P-P^2)=\frac{MP(1-P)}{M-1}$$

表 6.2　总体的 C 类单元总数、总体比例和总体方差

总体	表达式
C 类单元总数	$A=\sum_{i=1}^{N}\sum_{j=1}^{M_i}y_{ij}=Y$
总体比例	$P=\sum_{i=1}^{N}\sum_{j=1}^{M_i}y_{ij}/M=\bar{\bar{Y}}$
第 i 个群单元中的 C 类单元数	$A_i=\sum_{j=1}^{M_i}y_{ij}=Y_i$
第 i 个群单元的比例	$P_i=\sum_{j=1}^{M_i}y_{ij}/M_i=\bar{Y}_i$
平均每群单元中的 C 类单元数	$\bar{P}=\sum_{i=1}^{N}\sum_{j=1}^{M_i}y_{ij}/N=\bar{Y}$
总体方差	$S^2=MP(1-P)/(M-1)$
群单元间方差	$S_b^2=M_0\sum_{i=1}^{N}(P_i-P)^2/(N-1)$
群单元内方差	$S_W^2=\sum_{i=1}^{N}M_iP_i(1-P_i)/(M-N)$
第 i 个群单元内方差	$S_i^2=M_iP_i(1-P_i)/(M_i-1)$

采用简单随机抽样从总体中抽出 n 个群单元作为样本。样本的 C 类单元数记为 a ，样本比例记为 p ，$p=a/(nM_0)$ 。第 i 个群单元中的 C 类单元数记为 a_i 个，群单元比例记为 p_i ，$p_i=a_i/M_i$ 。设定样本中第 i 个群单元中第 j 个基本单元的标志值 y_{ij} 为

$$y_{ij}=\begin{cases}1, y_{ij}\in C\\0, y_{ij}\notin C\end{cases} \tag{6.18}$$

样本比例、第 i 个群单元的样本比例和样本方差的表达式见表 6.3。其中第 i 个群单元方差 s_i^2 为

$$s_i^2=\frac{\sum_{j=1}^{M_i}(y_{ij}-\bar{y}_i)^2}{M_i-1}=\frac{\sum_{j=1}^{M_i}y_{ij}^2-M_i\bar{y}_i^2}{M_i-1}=\frac{\sum_{j=1}^{M_i}y_{ij}-M_i\bar{y}_i^2}{M_i-1}=\frac{M_ip_i(1-p_i)}{M_i-1}$$

群单元间方差 s_b^2 为

$$s_b^2=\frac{M_0\sum_{i=1}^{n}(\bar{y}_i-\bar{\bar{y}})^2}{n-1}=\frac{M_0\sum_{i=1}^{n}(p_i-p)^2}{n-1}$$

表 6.3　样本的 C 类单元数、样本比例和样本方差

样本	表达式
样本 C 类单元数	$a=\sum_{i=1}^{n}\sum_{j=1}^{M_i}y_{ij}=y$
样本比例	$p=\sum_{i=1}^{n}\sum_{j=1}^{M_i}y_{ij}/(nM_0)=\bar{\bar{y}}$
第 i 个群单元中的 C 类单元数	$a_i=\sum_{j=1}^{M_i}y_{ij}=y_i$
第 i 个群单元的比例	$p_i=\sum_{j=1}^{M_i}y_{ij}/M_i=\bar{y}_i$
平均每群单元中的 C 类单元数	$\bar{p}=\sum_{i=1}^{n}\sum_{j=1}^{M_i}y_{ij}/n=\bar{y}$
样本方差	$s^2=nM_0p(1-p)/(nM_0-1)$
样本群单元间方差	$s_b^2=M_0\sum_{i=1}^{n}(p_i-p)^2/(n-1)$
样本群单元内方差	$s_W^2=M_0\sum_{i=1}^{n}p_i(1-p_i)/[n(M_0-1)]$
样本第 i 个群单元内方差	$s_i^2=M_ip_i(1-p_i)/(M_i-1)$

群单元内方差 s_W^2 为

$$s_W^2=\frac{\sum_{i=1}^{n}\sum_{j=1}^{M_i}(y_{ij}-\bar{y}_i)^2}{n(M_0-1)}=\frac{\sum_{i=1}^{n}\left(\sum_{j=1}^{M_i}y_{ij}^2-M_i\bar{y}_i^2\right)}{n(M_0-1)}=\frac{M_0\sum_{i=1}^{n}p_i(1-p_i)}{n(M_0-1)}$$

样本方差 s^2 为

$$s^2=\frac{1}{nM_0-1}\sum_{i=1}^{n}\sum_{j=1}^{M_i}(y_{ij}-\bar{\bar{y}})^2=\frac{1}{nM_0-1}\left(\sum_{i=1}^{n}\sum_{j=1}^{M_i}y_{ij}^2-nM_0\bar{\bar{y}}^2\right)=\frac{nM_0p(1-p)}{nM_0-1}$$

可以验证,样本的第 i 个群单元的 C 类单元数 a_i 等于总体的第 i 个群单元的 C 类单元数 A_i,样本的第 i 个群单元的比例 p_i 等于总体的第 i 个群单元的比例 P_i,样本的第 i 个群单元方差 s_i^2 等于总体的第 i 个群单元方差 S_i^2 。

(一)总体比例和 C 类单元总数的估计量

对于单级整群抽样,总体比例 P 的估计量 $\hat{P}$ 为

$$\hat{P}=p=\frac{1}{nM_0}\sum_{i=1}^{n}a_i \tag{6.19}$$

C 类单元总数 A 的估计量 $\hat{A}$ 为

$$\hat{A}=M\hat{P}=Mp=\frac{N}{n}\sum_{i=1}^{n}a_i \tag{6.20}$$

定理 6.4　对于单级整群抽样，估计量 $\hat{P}$ 是总体比例 P 的无偏估计量，即 $E(\hat{P})=P$。

推论 6.6　对于单级整群抽样，估计量 $\hat{A}$ 是 C 类单元总数 A 的无偏估计量，即 $E(\hat{A})=A$。

定理 6.4 和推论 6.6 的证明可以直接根据定理 6.1 和推论 6.1 得到。

(二)总体比例估计量和 C 类单元总数估计量的方差

利用定理 6.2，可以得到总体比例估计量 $\hat{P}$ 的方差。

定理 6.5　对于单级整群抽样，总体比例估计量 $\hat{P}$ 的方差为

$$V(\hat{P})=\frac{1-f}{n(N-1)}\sum_{i=1}^{N}(P_i-P)^2 \tag{6.21}$$

其中 $f=n/N$ 为单级整群抽样的抽样比。

证明:根据定理 6.2 中总体均值估计量的方差公式，有

$$V(\hat{P})=\frac{(1-f)S_b^2}{nM_0}=\frac{1-f}{nM_0}\frac{M_0\sum_{i=1}^{N}(P_i-P)^2}{N-1}=\frac{(1-f)\sum_{i=1}^{N}(P_i-P)^2}{n(N-1)}$$

定理 6.5 得证。

推论 6.7　对于单级整群抽样，C 类单元总数 A 的估计量 $\hat{A}$ 的方差为

$$V(\hat{A})=\frac{N^2M_0^2(1-f)}{n(N-1)}\sum_{i=1}^{N}(P_i-P)^2 \tag{6.22}$$

(三)总体比例估计量和 C 类单元总数估计量的方差估计

定理 6.6　对于单级整群抽样，总体比例估计量 $\hat{P}$ 的方差 $V(\hat{P})$ 的无偏估计量为

$$v(\hat{P})=\frac{(1-f)s_b^2}{nM_0}=\frac{1-f}{nM_0}\frac{M_0\sum_{i=1}^{n}(p_i-p)^2}{n-1}=\frac{1-f}{n(n-1)}\sum_{i=1}^{n}(p_i-p)^2 \tag{6.23}$$

推论 6.8　对于单级整群抽样，C 类单元总数估计量 $\hat{A}$ 的方差 $V(\hat{A})$ 的无偏估计量为

$$v(\hat{A})=\frac{N^2M_0^2(1-f)}{n(n-1)}\sum_{i=1}^{n}(p_i-p)^2 \tag{6.24}$$

定理 6.6 可以利用定理 6.3 得到。

(四)总体比例和 C 类单元总数的置信区间

类似于简单随机抽样，当总体的群单元数量 N 非常大，样本的群单元数量 n 也很大，总体比例 P 在置信概率 $1-\alpha$ 下的双侧置信区间为

$$\left(p-\left[Z_{\alpha/2}\sqrt{v(\hat{P})}+\frac{1}{2nM_0}\right],p+\left[Z_{\alpha/2}\sqrt{v(\hat{P})}+\frac{1}{2nM_0}\right]\right) \tag{6.25}$$

其中 $p+[Z_{\alpha/2}\sqrt{v(\hat{P})}+1/(2nM_0)]$ 为置信上限，$p-[Z_{\alpha/2}\sqrt{v(\hat{P})}+1/(2nM_0)]$ 为置信下限，$Z_{\alpha/2}$ 为标准正态分布上概率 $\alpha/2$ 相对应的分位数。

C 类单元总数 A 在置信概率 $1-\alpha$ 下的双侧置信区间为

$$\left(Mp-\left[Z_{\alpha/2}\sqrt{v(\hat{A})}+\frac{N}{2n}\right],Mp+\left[Z_{\alpha/2}\sqrt{v(\hat{A})}+\frac{N}{2n}\right]\right) \tag{6.26}$$

其中 $Mp+[Z_{\alpha/2}\sqrt{v(\hat{A})}+N/(2n)]$ 为置信上限，$Mp-[Z_{\alpha/2}\sqrt{v(\hat{A})}+N/(2n)]$ 为置信下限。在下文中，为了简单，不考虑 n 和 P 的大小，都采用上述置信区间，这个假定不适用于实

际问题中。

例 6.2 根据例 6.1 的调查结果，试估计跨国公司在海外 200 个地区分公司中年利润超过 1100 万美元的分公司所占比例和分公司总数，给出方差估计和标准差估计，及其在置信概率 95%下的置信区间。

解：由题意可知，$Z_{0.025}=1.96$，总体的群单元总数 $N=200$，抽取的群单元数 $n=8$，群内基本单元数 $M_1=\cdots=M_8=M_0=6$。由例 6.1 的调查结果，经过计算得到表 6.4。根据表 6.4 的数据，样本中年利润超过 1100 万美元的分公司总数为 14 家，所占比例为 0.29。

表 6.4 跨国公司在海外 8 个地区分公司的调查数据 单位：万美元

地区	1	2	3	4	5	6	a_i	p_i
1	1035	1074	1124	994	1087	1064	1	1/6
2	1046	1125	1182	1057	1141	1097	3	1/2
3	1045	1152	1086	983	1223	997	2	1/3
4	1153	1078	1039	1006	1212	1076	2	1/3
5	1216	1094	1096	1035	1004	1053	1	1/6
6	964	1136	1185	1021	1083	1007	2	1/3
7	1113	1093	1005	1088	997	1034	1	1/6
8	1047	1097	1136	989	1073	1102	2	1/3
合计	—	—	—	—	—	—	14	7/3

该跨国公司在海外 200 个地区中年利润超过 1100 万的分公司所占比例 P 的估计为

$$\hat{P}=p=\frac{1}{n}\sum_{i=1}^{n}p_i$$

$$=\frac{1}{8}\times\left(\frac{1}{6}+\frac{1}{2}+\cdots+\frac{1}{3}\right)=0.29$$

估计量 $\hat{P}$ 的方差估计为

$$v(\hat{P})=\frac{1-f}{n(n-1)}\sum_{i=1}^{n}(p_i-p)^2=\frac{1-f}{n(n-1)}\left(\sum_{i=1}^{n}p_i^2-np^2\right)$$

$$=\frac{1-8/200}{8\times(8-1)}\times\left(\frac{1}{6^2}+\frac{1}{2^2}+\frac{1}{3^2}+\frac{1}{3^2}+\frac{1}{6^2}+\frac{1}{3^2}+\frac{1}{6^2}+\frac{1}{3^2}-8\times 0.29^2\right)$$

$$=0.0018$$

估计量 $\hat{P}$ 的标准差估计为 $\sqrt{v(\hat{P})}=0.04$。在海外 200 个地区中年利润超过 1100 万美元的分公司所占比例在置信概率 95%下双侧置信区间的置信下限为

$$p-\left[Z_{\alpha/2}\sqrt{v(\hat{P})}+\frac{1}{2nM_0}\right]=0.29-\left(1.96\times 0.04+\frac{1}{2\times 8\times 6}\right)=0.20$$

置信上限为

$$p+\left[Z_{\alpha/2}\sqrt{v(\hat{P})}+\frac{1}{2nM_0}\right]=0.29+\left(1.96\times 0.04+\frac{1}{2\times 8\times 6}\right)=0.38$$

该跨国公司在海外 200 个地区中年利润超过 1100 万的分公司总数 A 的估计为

$$\hat{A}=M\hat{P}=NM_0\hat{P}$$

$$=M\hat{P}=200\times 6\times 0.29=348$$

估计量 $\hat{A}$ 的方差估计为

$$v(\hat{A})=N^2M_0^2v(\hat{P})$$
$$=200^2\times 6^2\times 0.0018=2592$$

估计量 $\hat{P}$ 的标准差估计为 $\sqrt{v(\hat{A})}=50.91\approx 51$。该跨国公司在海外 200 个地区中年利润超过 1100 万美元的分公司总数在置信概率 95%下的双侧置信区间的置信下限为

$$Mp-\left[Z_{\alpha/2}\sqrt{v(\hat{A})}+\frac{N}{2n}\right]=200\times 6\times 0.29-\left(1.96\times 51+\frac{200}{2\times 8}\right)=235.54\approx 235$$

置信上限为

$$Mp+\left[Z_{\alpha/2}\sqrt{v(\hat{A})}+\frac{N}{2n}\right]=200\times 6\times 0.29+\left(1.96\times 51+\frac{200}{2\times 8}\right)=460.46\approx 461$$

该跨国公司在海外 200 个地区中年利润超过 1100 万美元的分公司所占比例的估计值为 0.29,方差估计为 0.0018,标准差估计为 0.04,在置信概率 95%下的双侧置信区间为(0.20,0.38)。该跨国公司在海外 200 个地区中年利润超过 1100 万美元的分公司总数的估计值为 348 家,方差估计为 2592,标准差估计为 51 家,在置信概率 95%下的双侧置信区间为(235,461)。

第三节 群规模不等的不放回等概率单级整群抽样

本节的群规模是群单元包含的基本单元数量。记总体的群单元总数为 N,群规模分别记为 $M_1,M_2,\cdots,M_N$,总体中全部群单元的总规模记为 $M=\sum_{i=1}^{N}M_i$。记样本中的群单元总数为 n,群单元的规模分别记为 $M_1,M_2,\cdots,M_n$。当群规模不等时,本节讨论的单级整群抽样是先采用简单随机抽样方式抽取群单元,再调查每个入样群单元中的全部基本单元标志值。

一、总体均值和总体总值的简单估计量

记 y_i 为第 i 个群单元的标志值,y_{ij} 为第 i 个群单元中第 j 个基本单元的标志值。于是,总体总值为 $Y=\sum_{i=1}^{N}\sum_{j=1}^{M_i}y_{ij}=\sum_{i=1}^{N}Y_i$,总体均值为 $\bar{\bar{Y}}=Y/M$,第 i 个群均值为 $\bar{Y}_i=Y_i/M_i$,总体群均值为 $\bar{Y}=Y/N=\sum_{i=1}^{N}Y_i/N$。

(一)总体总值和总体均值的估计量

记样本中的第 i 个群单元的标志值为 y_i,第 i 个群单元中第 j 个基本单元的标志值记为 y_{ij},样本总值为 $y=\sum_{i=1}^{n}\sum_{j=1}^{M_i}y_{ij}=\sum_{i=1}^{n}y_i$,样本均值为 $\bar{\bar{y}}=y/\sum_{i=1}^{n}M_i$,第 i 个群样本均值为 $\bar{y}_i=y_i/M_i$,样本群均值为 $\bar{y}=y/n$。其中 $y_i=Y_i$,$\bar{y}_i=\bar{Y}_i$。

本节的不放回等概率单级整群抽样是采用简单随机抽样方式抽取群单元。简单随机抽样的样本均值是总体均值的无偏估计量。总体总值 Y 的估计量 $\hat{Y}$ 为

$$\hat{Y}=N\bar{y}=\frac{N}{n}\sum_{i=1}^{n}\sum_{j=1}^{M_i}y_{ij}=\frac{N}{n}\sum_{i=1}^{n}y_i \tag{6.27}$$

总体均值 $\bar{\bar{Y}}$ 的估计量 $\hat{\bar{\bar{Y}}}$ 为

$$\hat{\bar{\bar{Y}}}=\frac{\hat{Y}}{M}=\frac{N\sum_{i=1}^{n}\sum_{j=1}^{M_i}y_{ij}}{nM}=\frac{N\sum_{i=1}^{n}y_i}{n\sum_{i=1}^{N}M_i} \tag{6.28}$$

定理 6.7 采用不放回等概率单级整群抽样，估计量 $\hat{\bar{\bar{Y}}}$ 是 $\bar{\bar{Y}}$ 的无偏估计量，即 $E(\hat{\bar{\bar{Y}}})=\bar{\bar{Y}}$。

证明：不放回等概率单级整群抽样是以群为抽样单元的简单随机抽样，按照群单元计算的总体均值 $\bar{Y}=\sum_{i=1}^{N}Y_i/N$，按照群单元计算的样本均值 $\bar{y}=\sum_{i=1}^{n}y_i/n$。由简单随机抽样的性质可知，$E(\bar{y})=\bar{Y}$。于是，

$$E(\hat{\bar{\bar{Y}}})=E\left(\frac{N\sum_{i=1}^{n}y_i}{n\sum_{i=1}^{N}M_i}\right)=\frac{NE(\bar{y})}{M}=\frac{N\bar{Y}}{M}=\frac{Y}{M}=\bar{\bar{Y}}$$

定理 6.7 成立。

推论 6.9 采用不放回等概率单级整群抽样，估计量 $\hat{Y}$ 是总体总值 Y 的无偏估计量，即 $E(\hat{Y})=Y$。

(二)总体均值估计量和总体总值估计量的方差

利用简单随机抽样的性质，直接得到单级整群抽样的简单估计量的方差。

定理 6.8 采用不放回等概率单级整群抽样，总体总值估计量 $\hat{Y}$ 的方差为

$$V(\hat{Y})=\frac{N^2(1-f)}{n}\left[\frac{1}{N-1}\sum_{i=1}^{N}(y_i-\bar{Y})^2\right] \tag{6.29}$$

其中 $f=n/N$。

证明：单级整群抽样是以群单元为抽样单元的简单随机抽样。由简单随机样本的性质可知，样本均值 $\bar{y}$ 的方差为

$$V(\bar{y})=V\left(\frac{1-f}{n}\sum_{i=1}^{n}y_i\right)=\frac{1-f}{n}\left[\frac{1}{N-1}\sum_{i=1}^{N}(y_i-\bar{Y})^2\right]$$

于是，单级整群抽样的总体总值估计量 $\hat{Y}$ 的方差为

$$V(\hat{Y})=V(N\bar{y})=N^2V(\bar{y})=\frac{N^2(1-f)}{n}\left[\frac{1}{N-1}\sum_{i=1}^{N}(y_i-\bar{Y})^2\right]$$

定理 6.8 成立。

推论 6.10 采用不放回等概率单级整群抽样，总体均值估计量 $\hat{\bar{\bar{Y}}}$ 的方差为

$$V(\hat{\bar{\bar{Y}}})=\frac{V(\hat{Y})}{M^2}=\frac{N^2(1-f)}{M^2n}\left[\frac{1}{N-1}\sum_{i=1}^{N}(y_i-\bar{Y})^2\right] \tag{6.30}$$

对于不放回等概率单级整群抽样，总体总值估计量 $\hat{Y}$ 的方差 $V(\hat{Y})$ 大小主要取决于 $\sum_{i=1}^{N}(y_i-\bar{Y})^2/(N-1)$。当群单元总值 $Y_1,\cdots,Y_N$ 差异较小时，总体方差 $V(\hat{Y})$ 也会小。第 i 个群单元总值 $y_i=M_i\bar{Y}_i$ 与基本单元数 M_i 和群均值 $\bar{Y}_i$ 有关。当各 $\bar{Y}_1,\cdots,\bar{Y}_N$ 差异较小而 $M_1,\cdots,M_N$ 差异大时，总体方差 $V(\hat{Y})$ 也会比较大。

(三)总体均值估计量和总体总值估计量的方差估计

对于不放回等概率单级整群抽样，$\sum_{i=1}^{n}(y_i-\bar{y})^2/(n-1)$ 是 $\sum_{i=1}^{N}(y_i-\bar{Y})^2/(N-1)$

的无偏估计量。

定理 6.9　采用不放回等概率单级整群抽样，总体总值估计量 $\hat{Y}$ 的方差 $V(\hat{Y})$ 的无偏估计量为

$$v(\hat{Y})=\frac{N^2(1-f)}{n}\left[\frac{1}{n-1}\sum_{i=1}^{n}(y_i-\bar{y})^2\right] \tag{6.31}$$

推论 6.11　采用不放回等概率单级整群抽样，总体均值估计量 $\hat{\bar{\bar{Y}}}$ 的方差 $V(\hat{\bar{\bar{Y}}})$ 的无偏估计量为

$$v(\hat{\bar{\bar{Y}}})=\frac{N^2(1-f)}{M^2 n}\left[\frac{1}{n-1}\sum_{i=1}^{n}(y_i-\bar{y})^2\right] \tag{6.32}$$

例 6.3　某带锯厂对用户的修理费用每季度结算一次。该带锯厂的用户总计 96 家，每家用户拥有带锯的数量不等，带锯总数为 672。采取简单随机抽样方法抽取 20 家用户为样本，调查数据见表 6.5。试估计该带锯厂每季度的总修理费用和每个带锯的平均维修费用，给出方差估计和标准差估计。

表 6.5　带锯厂 20 个用户的修理费用　　单位:万元

序号	带锯数	修理费用	序号	带锯数	修理费用
1	3	50	11	8	140
2	7	110	12	6	130
3	11	230	13	3	70
4	9	140	14	2	50
5	2	60	15	1	10
6	12	280	16	4	60
7	14	240	17	12	280
8	3	45	18	6	150
9	5	60	19	5	110
10	9	230	20	8	120

解:由题意可知，总体的群单元总数 $N=96$，基本单元数 $M=672$，抽取的群单元数 $n=20$，每个群内基本单元数不等。根据表 6.5 的调查数据，经过计算，可以得到样本总值 y 为 2565，$\sum_{i=1}^{n}(y_i-\bar{y})^2/(n-1)=6908.62$。该带锯厂每季度结算的总修理费用 Y 的估计为

$$\hat{Y}=\frac{N}{n}\sum_{i=1}^{n}y_i=\frac{Ny}{n}$$
$$=\frac{96\times 2565}{20}=12312$$

估计量 $\hat{Y}$ 的方差估计为

$$v(\hat{Y})=\frac{N^2(1-f)}{n}\left[\frac{1}{n-1}\sum_{i=1}^{n}(y_i-\bar{y})^2\right]$$
$$=\frac{96^2\times 6908.62}{20}\times\left(1-\frac{20}{96}\right)=2520264.58$$

估计量 $\hat{Y}$ 的标准差估计为 $\sqrt{v(\hat{Y})}=1587.53$。每个带锯的平均维修费用 $\bar{\bar{Y}}$ 的估计为

$$\hat{\bar{\bar{Y}}}=\frac{\hat{Y}}{M}=\frac{12312}{672}=18.32$$

估计量 $\hat{\bar{\bar{Y}}}$ 的方差估计为

$$v(\hat{\bar{\bar{Y}}})=\frac{N^2(1-f)}{M^2 n}\left[\frac{1}{n-1}\sum_{i=1}^{n}(y_i-\bar{y})^2\right]=\frac{1}{M^2}v(\hat{Y})=\frac{2520264.58}{672^2}=5.58$$

估计量 $\hat{\bar{\bar{Y}}}$ 的标准差估计为 $\sqrt{v(\hat{\bar{\bar{Y}}})}=2.36$。从而,该带锯厂每季度结算的总修理费用的估计值为 12312 万元,方差估计为 2520264.58,标准差估计为 1587.53 万元。每个带锯的平均维修费用的估计值为 18.32 万元,方差估计为 5.58,标准差估计为 2.36 万元。

当总体的群单元数量 N 非常大,样本的群单元数量 n 也很大,对于群规模不等的不放回等概率单级整群抽样,总体均值和总体总值的置信区间构造与群规模相等的不放回等概率单级整群抽样的情形相同。

二、总体均值和总体总值的比率估计量

对于群规模不等的不放回等概率单级整群抽样,样本中的第 i 个群单元有两个标志值,群总值 y_i 和群规模 M_i 。样本中 n 个群单元的规模 $M_1,\cdots,M_n$ 并不相等。为了估计总体总值 Y 和总体均值 $\bar{\bar{Y}}$,可以用群单元的规模 $M_1,\cdots,M_n$ 作为辅助变量,构造总体总值 Y 和总体均值 $\bar{\bar{Y}}$ 的比率估计量。此时,总体比率为

$$R=\frac{\sum_{i=1}^{N}Y_i}{\sum_{i=1}^{N}M_i}=\frac{Y}{M}=\bar{\bar{Y}} \tag{6.33}$$

并且总体总值为 $Y=M\bar{\bar{Y}}=MR$ 。

(一)总体均值和总体总值的比率估计量

记样本中的第 i 个群单元的标志值为 y_i ,第 i 个群单元中第 j 个基本单元的标志值记为 y_{ij} ,样本总值为 $y=\sum_{i=1}^{n}\sum_{j=1}^{M_i}y_{ij}=\sum_{i=1}^{n}y_i$,样本均值为 $\bar{\bar{y}}=y/\sum_{i=1}^{n}M_i$,第 i 个群样本均值为 $\bar{y}_i=y_i/M_i$,样本群均值为 $\bar{y}=y/n$ 。其中 $y_i=Y_i,\bar{y}_i=\bar{Y}_i$ 。总体均值 $\bar{\bar{Y}}$ 的比率估计量 $\hat{\bar{\bar{Y}}}_R$ 为:

$$\hat{\bar{\bar{Y}}}_R=\hat{R}=\frac{\sum_{i=1}^{n}y_i}{\sum_{i=1}^{n}M_i}=\bar{\bar{y}} \tag{6.34}$$

总体总值 Y 的比率估计量 $\hat{Y}_R$ 为

$$\hat{Y}_R=M\hat{R}=M\hat{\bar{\bar{Y}}}_R=M\bar{\bar{y}}=\frac{M\sum_{i=1}^{n}y_i}{\sum_{i=1}^{n}M_i} \tag{6.35}$$

由第四章的总体比率估计量的性质可知,总体均值的比率估计量 $\hat{\bar{\bar{Y}}}_R$ 和总体总值的比率

估计量 $\hat{Y}_R$ 都是有偏的。当样本中的群单元数 n 足够大，两个估计量是渐进无偏的，偏差可以忽略。

定理 6.10 采用群规模不等的不放回等概率单级整群抽样，若群单元数 n 足够大，在近似意义下，总体均值的比率估计量 $\hat{\bar{\bar{Y}}}_R$ 是无偏的。

推论 6.12 采用群规模不等的不放回等概率单级整群抽样，若群单元数 n 足够大，在近似意义下，总体总值的比率估计量 $\hat{Y}_R$ 是无偏的。

（二）总体均值比率估计量和总体总值比率估计量的方差

对于不放回等概率单级整群抽样，总体比率 $R=\bar{\bar{Y}}$，$M=\sum_{i=1}^{N}M_i$，并且 $\sum_{i=1}^{N}(y_i-RM_i)^2/(N-1)=\sum_{i=1}^{N}(y_i-M_i\bar{\bar{Y}})^2/(N-1)$。根据第四章简单随机抽样的比率估计量的方差公式，可得

定理 6.11 采用不放回等概率单级整群抽样，若群单元数 n 足够大，在近似意义下，总体均值的比率估计量 $\hat{\bar{\bar{Y}}}_R$ 的方差为

$$V(\hat{\bar{\bar{Y}}}_R)=\frac{N^2(1-f)}{M^2n}\left[\frac{1}{N-1}\sum_{i=1}^{N}(y_i-M_i\bar{\bar{Y}})^2\right] \tag{6.36}$$

推论 6.13 采用不放回等概率单级整群抽样，若群单元数 n 足够大，在近似意义下，总体总值的比率估计量 $\hat{Y}_R$ 的方差为

$$V(\hat{Y}_R)=M^2V(\hat{\bar{\bar{Y}}}_R)=\frac{N^2(1-f)}{n}\left[\frac{1}{N-1}\sum_{i=1}^{N}(y_i-M_i\bar{\bar{Y}})^2\right] \tag{6.37}$$

等式(6.37)显示，对于不放回等概率单级整群抽样，总体总值的比率估计量 $\hat{Y}_R$ 的方差 $V(\hat{Y}_R)$ 大小取决于方差 $\sum_{i=1}^{N}(y_i-M_i\bar{\bar{Y}})^2/(N-1)$。由于第 i 个群的总值 $y_i=M_i\bar{Y}_i$，有 $\sum_{i=1}^{N}(y_i-M_i\bar{\bar{Y}})^2/(N-1)=\sum_{i=1}^{N}M_i^2(\bar{Y}_i-\bar{\bar{Y}})^2/(N-1)$。当各群均值 $\bar{Y}_i$ 差异小时，总体方差 $V(\hat{Y}_R)$ 会比较小。

（三）总体均值比率估计量和总体总值比率估计量的方差估计

对于不放回等概率单级整群抽样，总体比率估计量 $\hat{R}=\bar{\bar{y}}$，并且 $\sum_{i=1}^{n}(y_i-\hat{R}M_i)^2/(n-1)=\sum_{i=1}^{n}(y_i-M_i\bar{\bar{y}})^2/(n-1)$。根据第四章简单随机抽样的比率估计量的方差估计公式，可得定理 6.12。

定理 6.12 采用不放回等概率单级整群抽样，若群单元数 n 足够大，在近似意义下，总体均值的比率估计量 $\hat{\bar{\bar{Y}}}_R$ 的方差估计

$$v(\hat{\bar{\bar{Y}}}_R)=\frac{N^2(1-f)}{M^2n}\left[\frac{1}{n-1}\sum_{i=1}^{n}(y_i-M_i\bar{\bar{y}})^2\right] \tag{6.38}$$

是估计量 $\hat{\bar{\bar{Y}}}_R$ 方差的无偏估计。

推论 6.14 采用不放回等概率单级整群抽样，若群单元数 n 足够大，在近似意义下，总体总值的比率估计量 $\hat{Y}_R$ 的方差估计

$$v(\hat{Y}_R)=M^2v(\hat{\bar{\bar{Y}}}_R)=\frac{N^2(1-f)}{n}\left[\frac{1}{n-1}\sum_{i=1}^{n}(y_i-M_i\bar{\bar{y}})^2\right] \tag{6.39}$$

是估计量 $\hat{Y}_R$ 方差的无偏估计。

例 6.4 某运输公司共有 48 个车队，有载货汽车 186 辆。采用简单随机抽样抽取 7 个车队，对抽取车队的所有载货车辆的季度运量进行调查，调查数据见表 6.6。试构造比率估计量，估计该运输公司的季度总运量和每辆载货车的平均季度运量，给出方差估计和标准差估计。

表 6.6 某运输公司车队样本中的车辆数及季度运量

编号	车辆数	运量(吨)
1	5	14000
2	8	21236
3	5	13650
4	4	11568
5	6	15216
6	9	23049
7	3	7443

解: 由题意可知，总体的群单元总数 $N=48$，抽取的群单元数 $n=7$，$M=186$，每个群包含的基本单元数不等。根据表 6.6 的调查数据，经过计算，可以得到样本总值 $y=106162$ 吨，$\sum_{i=1}^{7} M_i=40$ 辆。每辆载货车的平均季度运量的样本均值 $\bar{\bar{y}}=2654.05$ 吨。根据调查数据，可以计算 $\sum_{i=1}^{n}(y_i-M_i\bar{\bar{y}})^2/(n-1)=509201.57$。该运输公司的平均每辆载货车季度运量的比率估计为

$$\hat{\bar{\bar{Y}}}_R=\frac{\sum_{i=1}^{n} y_i}{\sum_{i=1}^{n} M_i}=\frac{106162}{40}=2654.05$$

比率估计量 $\hat{\bar{\bar{Y}}}_R$ 的方差估计为

$$v(\hat{\bar{\bar{Y}}}_R)=\frac{N^2(1-f)}{M^2 n}\left[\frac{1}{n-1}\sum_{i=1}^{n}(y_i-M_i\bar{\bar{y}})^2\right]=\frac{48^2\times 509201.57}{186^2\times 7}\times\left(1-\frac{7}{48}\right)=4138.00$$

标准差估计为 $\sqrt{v(\hat{\bar{\bar{Y}}}_R)}=64.33$。该运输公司的平均每辆载货车季度运量的比率估计值是 2654.05 吨，方差估计为 4138.00，标准差估计为 64.33 吨。该运输公司的季度总运量的比率估计为

$$\hat{Y}_R=\frac{M\sum_{i=1}^{n} y_i}{\sum_{i=1}^{n} M_i}=\frac{186\times 106162}{40}=493653.30$$

该运输公司的季度总运量比率估计量的方差估计为

$$v(\hat{Y}_R)=M^2 v(\hat{\bar{\bar{Y}}}_R)$$
$$=186^2\times 4138.00=143158248$$

标准差估计 $\sqrt{v(\hat{Y}_R)}=11964.88$。该运输公司的季度总运量的比率估计为 493653.30 吨，方差估计为 143158248，标准差估计为 11964.88 吨。

对于群规模不等的不放回等概率单级整群抽样，当总体的群单元数量 N 非常大，并且样本的群单元数量 n 也很大，总体均值 $\bar{\bar{Y}}$ 在置信概率 $1-\alpha$ 下的双侧置信区间为

$$\left(\bar{\bar{y}}-Z_{\alpha/2}\sqrt{v(\hat{\bar{\bar{Y}}}_R)},\bar{\bar{y}}+Z_{\alpha/2}\sqrt{v(\hat{\bar{\bar{Y}}}_R)}\right) \tag{6.40}$$

其中 $Z_{\alpha/2}$ 为标准正态分布上概率 $\alpha/2$ 相对应的分位数，$\bar{\bar{y}}+Z_{\alpha/2}\sqrt{v(\hat{\bar{\bar{Y}}}_R)}$ 为置信上限，$\bar{\bar{y}}-Z_{\alpha/2}\sqrt{v(\hat{\bar{\bar{Y}}}_R)}$ 为置信下限。当总体的群单元数量 N 非常大，并且样本的群单元数量 n 也很大，总体总值 Y 在置信概率 $1-\alpha$ 下的双侧置信区间为

$$\left(M\bar{\bar{y}}-Z_{\alpha/2}\sqrt{v(\hat{Y}_R)},M\bar{\bar{y}}+Z_{\alpha/2}\sqrt{v(\hat{Y}_R)}\right) \tag{6.41}$$

其中 $M\bar{\bar{y}}+Z_{\alpha/2}\sqrt{v(\hat{Y}_R)}$ 为置信上限，$M\bar{\bar{y}}-Z_{\alpha/2}\sqrt{v(\hat{Y}_R)}$ 为置信下限。

三、总体比例和 C 类单元总数的简单估计量

总体中的 C 类单元总数记为 A，C' 类的单元总数为 A'，C 类单元总数与总体单元总数之比为总体比例，用 P 表示，$P=A/M$，$M=\sum_{i=1}^{N}M_i$ 为基本单元总数。第 i 个群单元中的基本单元数 M_i，C 类单元数记为 A_i，C 类单元比例记为 P_i，$P_i=A_i/M_i$。设第 i 个群单元中的第 j 个基本单元的标志值 y_{ij} 为

$$y_{ij}=\begin{cases}1, y_{ij}\in C\\0, y_{ij}\notin C\end{cases} \tag{6.42}$$

于是，第 i 个群总值为 $Y_i=\sum_{j=1}^{M_i}y_{ij}=A_i$，第 i 个群均值为 $\bar{Y}_i=A_i/M_i=P_i$，总体总值 $Y=\sum_{i=1}^{N}\sum_{j=1}^{M_i}y_{ij}=\sum_{i=1}^{N}A_i=A$，总体均值 $\bar{\bar{Y}}=A/M=P$，相应的方差表达式见表 6.7。

总体的第 i 个群单元内方差

$$S_i^2=\frac{\sum_{j=1}^{M_i}(y_{ij}-\bar{Y}_i)^2}{M_i-1}=\frac{\sum_{j=1}^{M_i}y_{ij}^2-M_i\bar{Y}_i^2}{M_i-1}=\frac{\sum_{j=1}^{M_i}y_{ij}-M_iP_i^2}{M_i-1}=\frac{M_iP_i(1-P_i)}{M_i-1}$$

总体的群单元间方差

$$S_b^2=\frac{\sum_{i=1}^{N}\sum_{j=1}^{M_i}(\bar{Y}_i-\bar{\bar{Y}})^2}{N-1}=\frac{\sum_{i=1}^{N}\sum_{j=1}^{M_i}(P_i-P)^2}{N-1}$$

总体的群单元内方差

$$S_W^2=\frac{\sum_{i=1}^{N}\sum_{j=1}^{M_i}(y_{ij}-\bar{Y}_i)^2}{\sum_{i=1}^{N}(M_i-1)}=\frac{\sum_{i=1}^{N}\left(\sum_{j=1}^{M_i}y_{ij}^2-M_i\bar{Y}_i^2\right)}{\sum_{i=1}^{N}(M_i-1)}=\frac{\sum_{i=1}^{N}M_iP_i(1-P_i)}{\sum_{i=1}^{N}(M_i-1)}$$

表 6.7　总体的 C 类单元总数、总体比例和总体方差

总体	表达式
C 类单元总数	$A=\sum_{i=1}^{N}\sum_{j=1}^{M_i}y_{ij}=Y$
总体比例	$P=\sum_{i=1}^{N}\sum_{j=1}^{M_i}y_{ij}/M=\bar{\bar{Y}}$
总体的第 i 个群的 C 类单元数	$A_i=\sum_{j=1}^{M_i}y_{ij}=Y_i$
总体的第 i 个群比例	$P_i=\sum_{j=1}^{M_i}y_{ij}/M_i=\bar{Y}_i$
总体的平均每群的 C 类单元数	$\bar{A}=\sum_{i=1}^{N}\sum_{j=1}^{M_i}y_{ij}/N=\bar{Y}$
总体方差	$S^2=\dfrac{MP(1-P)}{M-1}$
总体群间方差	$S_b^2=\sum_{i=1}^{N}\sum_{j=1}^{M_i}(P_i-P)^2/(N-1)$
总体群内方差	$S_W^2=\sum_{i=1}^{N}M_iP_i(1-P_i)/\sum_{i=1}^{N}(M_i-1)$
总体的第 i 个群方差	$S_i^2=M_iP_i(1-P_i)/(M_i-1)$

总体方差为

$$S^2=\frac{\sum_{i=1}^{N}\sum_{j=1}^{M_i}(y_{ij}-\bar{\bar{Y}})^2}{\sum_{i=1}^{N}M_i-1}=\frac{\sum_{i=1}^{N}\sum_{j=1}^{M_i}y_{ij}^2-\bar{\bar{Y}}^2\sum_{i=1}^{N}M_i}{\sum_{i=1}^{N}M_i-1}=\frac{MP(1-P)}{M-1}$$

采用等概率不放回单级整群抽样从总体中抽出 n 个群单元作为样本。样本的 C 类单元数记为 a，样本比例记为 p，$p=a/\sum_{i=1}^{n}M_i$。第 i 个群单元中的 C 类单元数记为 a_i 个，群单元比例记为 p_i，$p_i=a_i/M_i$。设定样本第 i 个群单元中的第 j 个基本单元的标志值 y_{ij} 为

$$y_{ij}=\begin{cases}1, y_{ij}\in C\\0, y_{ij}\notin C\end{cases}\tag{6.43}$$

样本比例、第 i 个群单元的样本比例和样本方差的表达式见表 6.8。第 i 个群单元方差 s_i^2 为

$$s_i^2=\frac{\sum_{j=1}^{M_i}(y_{ij}-\bar{y}_i)^2}{M_i-1}=\frac{\sum_{j=1}^{M_i}y_{ij}^2-M_i\bar{y}_i^2}{M_i-1}=\frac{\sum_{j=1}^{M_i}y_{ij}-M_i\bar{y}_i^2}{M_i-1}=\frac{M_ip_i(1-p_i)}{M_i-1}$$

群单元间方差 s_b^2 为

$$s_b^2=\frac{\sum_{i=1}^{n}\sum_{j=1}^{M_i}(\bar{y}_i-\bar{\bar{y}})^2}{n-1}=\frac{\sum_{i=1}^{n}M_i(p_i-p)^2}{n-1}$$

群单元内方差 s_W^2 为

$$s_W^2=\frac{\sum_{i=1}^{n}\sum_{j=1}^{M_i}(y_{ij}-\bar{y}_i)^2}{\sum_{i=1}^{n}(M_i-1)}=\frac{\sum_{i=1}^{n}\left(\sum_{j=1}^{M_i}y_{ij}^2-M_i\bar{y}_i^2\right)}{\sum_{i=1}^{n}(M_i-1)}=\frac{\sum_{i=1}^{n}M_ip_i(1-p_i)}{\sum_{i=1}^{n}(M_i-1)}$$

样本方差 s^2 为

$$s^2=\frac{\sum_{i=1}^{n}\sum_{j=1}^{M_i}(y_{ij}-\bar{\bar{y}})^2}{\sum_{i=1}^{n}M_i-1}=\frac{\sum_{i=1}^{n}\sum_{j=1}^{M_i}y_{ij}^2-\bar{\bar{y}}^2\sum_{i=1}^{n}M_i}{\sum_{i=1}^{n}M_i-1}=\frac{p(1-p)\sum_{i=1}^{n}M_i}{\sum_{i=1}^{n}M_i-1}$$

可以验证，样本第 i 个群单元的 C 类单元数 a_i 等于总体的第 i 个群单元的 C 类单元数 A_i，样本的第 i 个群单元的比例 p_i 等于总体的第 i 个群单元的比例 P_i，样本的第 i 个群单元方差 s_i^2 等于总体的第 i 个群单元方差 S_i^2。

表 6.8　样本的 C 类单元数、样本比例和样本方差

样本	表达式
C 类样本单元数	$a=\sum_{i=1}^{n}\sum_{j=1}^{M_i}y_{ij}=y$
样本比例	$p=\sum_{i=1}^{n}\sum_{j=1}^{M_i}y_{ij}/\sum_{i=1}^{n}M_i=\bar{\bar{y}}$
样本的第 i 个群的 C 类单元数	$a_i=\sum_{j=1}^{M_i}y_{ij}=y_i$
样本的第 i 个群的比例	$p_i=\sum_{j=1}^{M_i}y_{ij}/M_i=\bar{y}_i$
样本的平均每群的 C 类单元数	$\bar{a}=\sum_{i=1}^{n}\sum_{j=1}^{M_i}y_{ij}/n=\bar{y}$
样本方差	$s^2=p(1-p)\sum_{i=1}^{n}M_i/(\sum_{i=1}^{n}M_i-1)$
样本群间方差	$s_b^2=\sum_{i=1}^{n}M_i(p_i-p)^2/(n-1)$
样本群内方差	$s_W^2=\sum_{i=1}^{n}M_ip_i(1-p_i)/\sum_{i=1}^{n}(M_i-1)$
样本的第 i 个群内方差	$s_i^2=M_ip_i(1-p_i)/(M_i-1)$

不放回等概率单级整群抽样是采用简单随机抽样方式抽取群单元。简单随机抽样的样本均值是总体均值的无偏估计量。C 类单元总数 A 的简单估计量 $\hat{A}$ 为

$$\hat{A}=N\bar{p}=\frac{N}{n}\sum_{i=1}^{n}a_i=\frac{Na}{n} \tag{6.44}$$

根据简单随机抽样的性质，估计量 $\hat{A}$ 是 C 类单元总数 A 的无偏估计量，即 $E(\hat{A})=A$。总体比例 P 的简单估计量 $\hat{P}$ 为

$$\hat{P}=\frac{N\sum_{i=1}^{n}a_i}{n\sum_{i=1}^{N}M_i}=\frac{Na}{Mn} \tag{6.45}$$

对于不放回等概率单级整群抽样，估计量 $\hat{P}$ 是总体比例 P 的无偏估计量，即 $E(\hat{P})=P$。C 类单元总数 A 的估计量 $\hat{A}$ 的方差为

$$V(\hat{A})=\frac{N^2(1-f)}{n}\left[\frac{\sum_{i=1}^{N}(A_i-\bar{A})^2}{N-1}\right] \tag{6.46}$$

其中 $f=n/N$ 为单级整群抽样的抽样比。总体比例估计量 $\hat{P}$ 的方差为

$$V(\hat{P})=V\left(\frac{\hat{A}}{M}\right)=\frac{N^2(1-f)}{M^2n}\left[\frac{\sum_{i=1}^{N}(A_i-\bar{A})^2}{N-1}\right] \tag{6.47}$$

对于不放回等概率单级整群抽样，C 类单元总数估计量 $\hat{A}$ 的方差估计为

$$v(\hat{A})=\frac{N^2(1-f)}{n}\left[\frac{\sum_{i=1}^{n}(a_i-\bar{a})^2}{n-1}\right] \tag{6.48}$$

根据简单随机抽样的性质，方差估计 $v(\hat{A})$ 是方差 $V(\hat{A})$ 的无偏估计量。总体比例估计量 $\hat{P}$ 的方差估计为

$$v(\hat{P})=\frac{N^2(1-f)}{M^2 n}\left[\frac{\sum_{i=1}^{n}(a_i-\bar{a})^2}{n-1}\right] \tag{6.49}$$

根据简单随机抽样的性质，总体比例估计量 $\hat{P}$ 的方差估计 $v(\hat{P})$ 是方差 $V(\hat{P})$ 的无偏估计量。

例 6.5 某大学有 15872 名学生，学生宿舍 2450 个。采用简单随机抽样抽取 20 个宿舍，调查每名学生的月生活费支出，调查数据见表 6.9。根据调查数据，试估计全校学生中月生活费支出在 1000 元及以上人数和所占比例。

表 6.9 大学生月生活费支出的调查数据

宿舍号	M_i	a_i	宿舍号	M_i	a_i
1	7	3	11	7	4
2	6	2	12	6	2
3	7	3	13	7	3
4	5	2	14	5	2
5	7	3	15	6	2
6	6	1	16	6	3
7	7	2	17	6	1
8	6	3	18	7	3
9	7	2	19	5	2
10	7	2	20	6	3

解：根据资料可知，学生总数 $M=15872$，宿舍总数 $N=2450$。将宿舍作为群单元，采用不放回等概率单级整群抽样抽取样本。样本中的宿舍数 $n=20$，学生总数 $\sum_{i=1}^{n}M_i=126$，月支出超过 1000 元的学生数是 $a=\sum_{i=1}^{n}a_i=48$，$\sum_{i=1}^{n}(a_i-\bar{a})^2/(n-1)=0.5684$。全校学生中月支出超过 1000 元的学生总数 A 的估计为

$$\hat{A}=\frac{N}{n}\sum_{i=1}^{n}a_i=\frac{Na}{n}$$
$$=\frac{2450\times 48}{20}=5880$$

估计量 $\hat{A}$ 的方差估计为

$$v(\hat{A})=\frac{N^2(1-f)}{n}\left[\frac{\sum_{i=1}^{n}(a_i-\bar{a})^2}{n-1}\right]$$
$$=\frac{2450^2\times(1-20/2450)\times 0.5684}{20}=169198.47$$

标准差估计 $\sqrt{v(\hat{A})}=411$。全校学生中月支出超过 1000 元的学生总数估计值为 5880 人，

方差估计为 169198.47，标准差估计为 411 人。全校学生中月支出超过 1000 元的学生所占比例 P 的估计为

$$\hat{P}=\frac{\hat{A}}{M}=\frac{5880}{15872}=37.05\%$$

估计量 $\hat{P}$ 的方差估计为

$$v(\hat{P})=\frac{v(\hat{A})}{M^2}=\frac{169198.47}{15872^2}=0.000672$$

标准差估计 $\sqrt{v(\hat{A})}=2.59\%$。全校学生中月支出超过 1000 元的学生所占比例估计值为 37.05%，方差估计为 0.000672，标准差估计为 2.59%。

四、总体比例和 C 类单元总数的比率估计量

对于群规模不等的不放回等概率单级整群抽样，第 i 个群单元的 C 类单元总数记为 A_i，规模记为 M_i。为了估计总体比例 P 和 C 类单元总数 A，选用群单元的规模 $M_1,\cdots,M_n$ 作为辅助变量，构造总体比例 P 和 C 类单元总数 A 的比率估计量。总体比率为

$$R=\frac{\sum_{i=1}^{N}A_i}{\sum_{i=1}^{N}M_i}=\frac{A}{M}=P \tag{6.50}$$

并且 C 类单元总数 $A=MP=MR$。记样本第 i 个群单元的 C 类单元总数为 a_i，样本总值为 $a=\sum_{i=1}^{n}a_i$。注意 $a_i=A_i$。总体比例 P 的比率估计量 $\hat{P}_R$ 为

$$\hat{P}_R=\frac{\sum_{i=1}^{n}a_i}{\sum_{i=1}^{n}M_i}=\frac{a}{\sum_{i=1}^{n}M_i}=p \tag{6.51}$$

C 类单元总数 A 的比率估计量 $\hat{A}_R$ 为

$$\hat{A}_R=M\hat{P}_R=\frac{M\sum_{i=1}^{n}a_i}{\sum_{i=1}^{n}M_i} \tag{6.52}$$

由第四章的总体比率估计量的性质可知，总体比例的比率估计量 $\hat{P}_R$ 和 C 类单元总数的比率估计量 $\hat{A}_R$ 都是有偏估计量。当样本的群单元数 n 足够大，在近似意义下，两个估计量都是无偏估计量。根据总体均值的比率估计量 $\hat{\bar{Y}}_R$ 的渐近方差公式(6.36)，当样本的群单元数 n 足够大，在近似意义下，总体比例的比率估计量 $\hat{P}_R$ 的方差为

$$V(\hat{P}_R)=\frac{N^2(1-f)}{M^2n}\left[\frac{1}{N-1}\sum_{i=1}^{N}M_i^2(P_i-P)^2\right] \tag{6.53}$$

C 类单元总数的比率估计量 $\hat{A}_R$ 的方差为

$$V(\hat{A}_R)=M^2V(\hat{P}_R)=\frac{N^2(1-f)}{n}\left[\frac{1}{N-1}\sum_{i=1}^{N}M_i^2(P_i-P)^2\right] \tag{6.54}$$

等式(6.54)显示,对于不放回等概率单级整群抽样,C 类单元总数的比率估计量 $\hat{A}_R$ 的方差 $V(\hat{A}_R)$ 大小主要取决于 $\sum_{i=1}^{N}M_i^2(P_i-P)^2/(N-1)$。当各群比例 P_i 差异小时,总体方差 $V(\hat{A}_R)$ 会比较小。

对于群规模不等的不放回等概率单级整群抽样,总体比例的比率估计量 $\hat{P}_R$ 的方差估计为

$$v(\hat{P}_R)=\frac{N^2(1-f)}{M^2n}\left[\frac{1}{n-1}\sum_{i=1}^{n}M_i^2(p_i-p)^2\right] \tag{6.55}$$

当样本中的群单元数 n 足够大,在近似意义下,总体总值的比率估计量 $\hat{P}_R$ 的方差估计 $v(\hat{P}_R)$ 是估计量 $\hat{P}_R$ 方差的无偏估计,$E[v(\hat{P}_R)]=V(\hat{P}_R)$。$C$ 类单元总数的比率估计量 $\hat{A}_R$ 的方差估计为

$$v(\hat{A}_R)=M^2v(\hat{P}_R)=\frac{N^2(1-f)}{n}\left[\frac{1}{n-1}\sum_{i=1}^{n}M_i^2(p_i-p)\right] \tag{6.56}$$

当样本的群单元数 n 足够大,在近似意义下,C 类单元总数的比率估计量 $\hat{A}_R$ 的方差估计 $v(\hat{A}_R)$ 是估计量 $\hat{A}_R$ 方差的无偏估计,$E[v(\hat{A}_R)]=V(\hat{A}_R)$。

例 6.5(续 1) 利用例 6.5 的调查数据,试构造比率估计量,估计全校学生中月生活费支出在 1000 元及以上人数和所占比例,给出方差估计和标准差估计。

解:根据调查数据可知,学生总数 $M=15872$,宿舍总数 $N=2450$。将宿舍作为群单元,采用不放回等概率单级整群抽样抽取样本。样本中的宿舍数 $n=20$,学生总数 $\sum_{i=1}^{n}M_i=126$,月支出超过 1000 元的学生数是 $a=\sum_{i=1}^{n}a_i=48$,$\sum_{i=1}^{n}M_i^2(p_i-p)^2=8.78$。全校学生中月支出超过 1000 元的学生所占比例 P 的比率估计为

$$\hat{P}_R=\frac{a}{\sum_{i=1}^{n}M_i}=\frac{48}{126}=38.10\%$$

估计量 $\hat{P}$ 的方差估计为

$$v(\hat{P}_R)=\frac{N^2(1-f)}{M^2n}\left[\frac{1}{n-1}\sum_{i=1}^{n}M_i^2(p_i-p)^2\right]=\frac{2450^2}{15872^2\times 20}\times\left(1-\frac{20}{2450}\right)\times\left(\frac{8.78}{20-1}\right)=0.000546$$

标准差估计 $\sqrt{v(\hat{P}_R)}=2.34\%$。全校学生中月支出超过 1000 元的学生所占比例的比率估计值为 38.10%,方差估计为 0.000546,标准差估计为 2.34%。全校学生中月支出超过 1000 元的学生总数 A 的比率估计为

$$\hat{A}_R=M\hat{P}_R=15872\times 38.10\%=6047$$

估计量 $\hat{A}_R$ 的方差估计为

$$v(\hat{A}_R)=\frac{N^2(1-f)}{n}\left[\frac{1}{n-1}\sum_{i=1}^{n}M_i^2(p_i-p)\right]$$

$$=\frac{2450^2}{20}\times\left(1-\frac{20}{2450}\right)\times\left(\frac{8.78}{20-1}\right)=137557.18$$

标准差估计 $\sqrt{v(\hat{A})}=371$。全校学生中月支出超过 1000 元的学生总数的估计值为 6047 人，方差估计为 137557.18，标准差估计为 371 人。

第四节 群规模不等的有放回不等概率单级整群抽样

当群规模不等时，也可以采用有放回的不等概率抽样从抽样框中抽取事前确定数量的群单元，再调查被抽取的群单元中的全部基本单元，并将所有的基本单元合到一起，作为单级整群样本。不等概率抽样应保证每个群单元被抽取的概率等于事前指定的概率值。通常，每个群单元被抽取的概率与其规模 M_i 成比例。

在进行不等概率抽样之前，制定群单元的抽样框，将每个群单元与其号码一一对应。利用不等概率抽样抽取抽样框中的一组号码，保证抽样框中的每个号码被抽取概率等于事前指定的概率值，被抽取号码对应的群单元组成单级整群样本。通常，不等概率抽样也采用随机数表。

例 6.6 对于例 6.5 的大学生的生活费支出情况调查，为了演示，假定抽样框只包含表 6.9 中的前 10 个样本单元。有放回不等概率的抽样过程如下。

第一步：按照抽样框中群单元的排列顺序，依次计算群规模的累计数，见表 6.10 的第三列。第三列第 i 个群单元的累计数为第 $i-1$ 个群单元的累计数与第 i 个群单元的规模之和。例如，第 1 个群单元的累计数为第 1 个群单元的规模，即累计数为 7。第 2 个群单元的累计数为第 1 个群单元的累计数与第 2 个群单元的规模之和，即累计数为 13(＝7＋6)。第 3 个群单元的累计数为第 2 个群单元的累计数与第 3 个群单元的规模之和，即累计数为 20(＝13＋7)。依次计算，得到表 6.10 第三列的累计数。

第二步：按照抽样框中群单元的排列顺序，依次计算群单元的取值范围，见表 6.10 的第四列。第四列的取值范围是随机数所对应的取值范围。第 i 个群单元的取值范围的下界为第 $i-1$ 个群单元的累计数加 1，上界为第 i 个群单元的累计数。例如，第 1 个群单元的取值范围的下界为 1，第 1 个群单元的累计数为 7，上界为 7，取值范围为 1～7。第 2 个群单元的取值范围的下界为第 1 个群单元的累计数加 1，下界为 8(＝7＋1)，上界为第 2 个群单元的累计数为 13，取值范围为 8～13。第 3 个群单元的取值范围的下界为第 2 个群单元的累计数加 1，下界为 14(＝13＋1)，上界为第 3 个群单元的累计数为 20，取值范围为 14～20。依次计算，得到表 6.10 第四列的取值范围。

第三步：利用随机数表，产生 1～65 之间的随机数。所抽取的随机数属于第四列的某个取值范围，相应的群单元则被选中。例如，随机数为 35，位于取值范围 33～38，则第 6 个宿舍被选中。再产生 1～65 之间的随机数，随机数所属于的取值范围对应的群单元则被选中。重复这个过程，直到选中的群单元的数量满足事前的要求为止。1～65 之间的随机数产生方法还可以选择第二章介绍的抽签法、掷随机数骰子法、统计软件等。

全部选中的群单元构成了有放回不等概率单级整群抽样的样本。其中,每个群被选中的概率与群规模成比例。有放回概率抽样允许同一群被多次选中。

表 6.10 有放回的不等概率抽样

宿舍号	M_i	累计数	取值范围
1	7	7	1～7
2	6	13	8～13
3	7	20	14～20
4	5	25	21～25
5	7	32	26～32
6	6	38	33～38
7	7	45	39～45
8	6	51	46～51
9	7	58	52～58
10	7	65	59～65

记总体的群单元总数为 N ,群单元的规模分别记为 $M_1, M_2, \cdots, M_N$,总体中的全部群单元的总规模记为 $M = \sum_{i=1}^{N} M_i$ 。记样本中的群单元总数为 n ,群单元的规模分别记为 M_1, $M_2, \cdots, M_n$ 。群单元的规模可以是群单元包含的基本单元数量,也可以是其他标志,如农作物产量、人均年收入、总成绩等。本节主要介绍群单元的规模为群单元包含的基本单元数量。群规模不等的有放回不等概率单级整群抽样也简称为 PPS 抽样。对于其他的群规模描述,估计方法类似。第 i 个群单元被抽取的概率为 $z_i = M_i/M$,有 $0 \leqslant z_i \leqslant 1$, $\sum_{i=1}^{N} z_i = 1$。

一、总体总值和总体均值的估计

对于群规模不等的有放回不等概率单级整群抽样,记样本第 i 个群单元的标志值为 y_i ,第 i 个群单元第 j 个基本单元的标志值记为 y_{ij} ,样本总值为 $y = \sum_{i=1}^{n} \sum_{j=1}^{M_i} y_{ij} = \sum_{i=1}^{n} y_i$,样本均值为 $\bar{\bar{y}} = y / \sum_{i=1}^{n} M_i$。 可以验证,$y_i = Y_i$ 和 $\bar{y}_i = \bar{Y}_i$ 。

(一)总体总值和总体均值的估计量

总体总值 Y 的估计量 $\hat{Y}_{PPS}$ 为

$$\hat{Y}_{PPS} = \frac{1}{n} \sum_{i=1}^{n} \frac{y_i}{z_i} = \frac{M}{n} \sum_{i=1}^{n} \frac{y_i}{M_i} \tag{6.57}$$

总体均值 $\bar{\bar{Y}}$ 的估计量 $\hat{\bar{\bar{Y}}}_{PPS}$ 为

$$\hat{\bar{\bar{Y}}}_{PPS} = \frac{\hat{Y}_{PPS}}{M} = \frac{1}{n} \sum_{i=1}^{n} \frac{y_i}{M_i} \tag{6.58}$$

定理 6.13 采用有放回不等概率单级整群抽样,群单元被抽取的概率与群规模成比例,总体总值 Y 的估计量 $\hat{Y}_{PPS}$ 是无偏的,即 $E(\hat{Y}_{PPS}) = Y$ 。

证明:设 T_i 是第 i 个基本单元被抽取的次数,取值为 $0,1,2,\cdots,n-1$ 或 n 。于是,总体总值 Y 的估计量 $\hat{Y}_{PPS}$ 可以表示为

$$\hat{Y}_{PPS}=\frac{1}{n}\sum_{i=1}^{n}\frac{y_i}{z_i}=\frac{1}{n}\sum_{i=1}^{N}T_i\left(\frac{y_i}{z_i}\right)$$

由于采用有放回不等概率抽样,$T_1,\cdots,T_N$ 是 N 个随机变量,联合分布是 N 项分布,其分布率为

$$P(T_1=t_1,T_2=t_2,\cdots,T_N=t_N)=\frac{n!}{t_1!\ t_2!\ \cdots t_N!}z_1^{\ t_1}z_2^{\ t_2}\cdots z_N^{\ t_N}$$

其中 $t_i\geqslant 0,i=1,\cdots,N$,$\sum_{i=1}^{N}t_i=n$ 。可以验证 $E(T_i)=nz_i$,$V(T_i)=nz_i(1-z_i)$,$Cov(T_i,T_j)=-nz_iz_j$ 。从而,

$$E(\hat{Y}_{PPS})=\frac{1}{n}\sum_{i=1}^{N}E(T_i)\left(\frac{y_i}{z_i}\right)=\frac{1}{n}\sum_{i=1}^{N}nz_i\left(\frac{y_i}{z_i}\right)=\sum_{i=1}^{N}y_i=Y$$

定理 6.13 成立。

推论 6.15 采用有放回不等概率单级整群抽样,群单元被抽取的概率与群规模成比例,总体均值 $\bar{\bar{Y}}$ 的估计量 $\hat{\bar{\bar{Y}}}_{PPS}$ 是无偏的,即 $E(\hat{\bar{\bar{Y}}}_{PPS})=\bar{\bar{Y}}$ 。

(二)总体总值估计量和总体均值估计量的方差

定理 6.14 采用有放回不等概率的单级整群抽样,群单元被抽取的概率与群规模成比例,总体总值估计量 $\hat{Y}_{PPS}$ 的方差为

$$V(\hat{Y}_{PPS})=\frac{1}{n}\sum_{i=1}^{N}z_i\left(\frac{Y_i}{z_i}-Y\right)^2=\frac{M}{n}\sum_{i=1}^{N}M_i(\bar{Y}_i-\bar{\bar{Y}})^2 \tag{6.59}$$

证明:沿用定理 6.13 的证明中的符号,总体总值估计量 $\hat{Y}_{PPS}$ 表示为

$$\hat{Y}_{PPS}=\frac{1}{n}\sum_{i=1}^{n}\frac{y_i}{z_i}=\frac{1}{n}\sum_{i=1}^{N}T_i\left(\frac{y_i}{z_i}\right)$$

其中 T_i 是第 i 个基本单元被抽取的次数,$T_1,\cdots,T_N$ 的联合分布是 N 项分布,$E(T_i)=nz_i$,$V(T_i)=nz_i(1-z_i)$,$Cov(T_i,T_j)=-nz_iz_j$ 。从而,

$$\begin{aligned}V(\hat{Y}_{PPS})&=V\left(\frac{1}{n}\sum_{i=1}^{N}\frac{T_iy_i}{z_i}\right)=\frac{1}{n^2}V\left(\sum_{i=1}^{N}\frac{T_iy_i}{z_i}\right)\\&=\frac{1}{n^2}\left[\sum_{i=1}^{N}\frac{y_i^2}{z_i^2}V(T_i)+\sum_{i=1}^{N}\sum_{j\neq i}\left(\frac{y_iy_j}{z_iz_j}\right)Cov(T_i,T_j)\right]\\&=\frac{1}{n^2}\left[\sum_{i=1}^{N}\frac{y_i^2}{z_i^2}nz_i(1-z_i)+\sum_{i=1}^{N}\sum_{j\neq i}\left(\frac{y_iy_j}{z_iz_j}\right)(-nz_iz_j)\right]\\&=\frac{1}{n}\left[\sum_{i=1}^{N}\frac{y_i^2}{z_i}-(\sum_{i=1}^{N}y_i^2+\sum_{i=1}^{N}\sum_{j\neq i}y_iy_j)\right]\\&=\frac{1}{n}\left[\sum_{i=1}^{N}z_i\frac{y_i^2}{z_i^2}-\sum_{i=1}^{N}2z_iY\left(\frac{y_i}{z_i}\right)+(\sum_{i=1}^{N}z_i)Y^2\right]\\&=\frac{1}{n}\sum_{i=1}^{N}z_i\left(\frac{y_i}{z_i}-Y\right)^2\end{aligned}$$

将第 i 个群单元被抽取的概率 $z_i=M_i/M$ 代入上式,得

$$\frac{1}{n}\sum_{i=1}^{N}\frac{M_i}{M}\left(\frac{y_i}{M_i/M}-Y\right)^2=\frac{M}{n}\sum_{i=1}^{N}M_i\left(\frac{y_i}{M_i}-\frac{Y}{M}\right)^2=\frac{M}{n}\sum_{i=1}^{N}M_i(\bar{Y}_i-\bar{\bar{Y}})^2$$

定理 6.14 成立。

推论 6.16 采用有放回不等概率单级整群抽样，群单元被抽取的概率与群规模成比例，总体均值估计量 $\hat{\bar{\bar{Y}}}_{PPS}$ 的方差为

$$V(\hat{\bar{\bar{Y}}}_{PPS})=\frac{1}{nM^2}\sum_{i=1}^{N}z_i\left(\frac{Y_i}{z_i}-Y\right)^2=\frac{1}{n}\sum_{i=1}^{N}\frac{M_i}{M}(\bar{Y}_i-\bar{\bar{Y}})^2 \tag{6.60}$$

等式(6.60)显示，对于有放回不等概率单级整群抽样，总体总值估计量 $\hat{Y}_{PPS}$ 的方差 $V(\hat{Y}_{PPS})$ 大小主要取决于方差 $\sum_{i=1}^{N}M_i(\bar{Y}_i-\bar{\bar{Y}})^2$。若各群均值 $\bar{Y}_i$ 差异小，各群均值 $\bar{Y}_i,\cdots,\bar{Y}_N$ 分别与总体均值 $\bar{\bar{Y}}$ 差异小，总体方差 $V(\hat{Y}_{PPS})$ 也小。

(三)总体总值估计量和总体均值估计量的方差估计

定理 6.15 采用有放回不等概率单级整群抽样，群单元被抽取的概率与群规模成比例，总体总值估计量 $\hat{Y}_{PPS}$ 的方差的无偏估计量为

$$v(\hat{Y}_{PPS})=\frac{1}{n(n-1)}\sum_{i=1}^{n}\left(\frac{y_i}{z_i}-\hat{Y}_{PPS}\right)^2=\frac{M^2}{n(n-1)}\sum_{i=1}^{n}\left(\frac{y_i}{M_i}-\frac{\hat{Y}_{PPS}}{M}\right)^2 \tag{6.61}$$

证明：由于 $\sum_{i=1}^{n}(y_i/z_i-Y)=n(\hat{Y}_{PPS}-Y)$，可以验证

$$\sum_{i=1}^{n}\left(\frac{y_i}{z_i}-\hat{Y}_{PPS}\right)^2=\sum_{i=1}^{n}\left[\left(\frac{y_i}{z_i}-Y\right)-(\hat{Y}_{PPS}-Y)\right]^2=\sum_{i=1}^{n}\left(\frac{y_i}{z_i}-Y\right)^2-n(\hat{Y}_{PPS}-Y)^2$$

另外，

$$E\left[\sum_{i=1}^{n}\left(\frac{y_i}{z_i}-Y\right)^2\right]=\sum_{i=1}^{n}E\left(\frac{y_i}{z_i}-Y\right)^2=nE\left(\frac{y_i}{z_i}-Y\right)^2=n^2V(\hat{Y}_{PPS})$$

于是

$$E[v(\hat{Y}_{PPS})]=\frac{1}{n(n-1)}\left[\sum_{i=1}^{n}E\left(\frac{y_i}{z_i}-Y\right)^2-nE(\hat{Y}_{PPS}-Y)^2\right]=\frac{V(\hat{Y}_{PPS})(n^2-n)}{n(n-1)}=V(\hat{Y}_{PPS})$$

定理 6.15 成立。

推论 6.17 采用有放回不等概率单级整群抽样，群单元被抽取的概率与群规模成比例，总体均值估计量 $\hat{\bar{\bar{Y}}}_{PPS}$ 的方差的无偏估计量为

$$v(\hat{\bar{\bar{Y}}}_{PPS})=\frac{1}{n(n-1)M^2}\sum_{i=1}^{n}\left(\frac{y_i}{z_i}-\hat{Y}_{PPS}\right)^2=\frac{1}{n(n-1)}\sum_{i=1}^{n}\left(\frac{y_i}{M_i}-\hat{\bar{\bar{Y}}}_{PPS}\right)^2 \tag{6.62}$$

例 6.4(续) 若例 6.4 中表 6.6 的数据是采用与每个车队车辆拥有量成比例的概率进行有放回不等概率抽样，试估计该运输公司的季度总运量和每辆载货车的平均季度运量，给出方差估计和标准差估计。

解：由题意可知，总体的群单元总数 $N=48$，抽取的群单元数 $n=7$，$M=186$，每个群内基本单元数不等。根据表 6.6 的调查数据，可以得到表 6.11。

表 6.11 例 6.4(续)的计算数据

i	M_i	z_i	y_i	y_i/z_i	$(y_i/z_i-\hat{Y}_{PPS})^2$
1	5	0.0269	14000	520446.10	615989213.9569
2	8	0.0430	21236	493860.47	3120522.2500
3	5	0.0269	13650	507434.94	139428155.5209
4	4	0.0215	11568	538046.51	1799417373.8116
5	6	0.0323	15216	471083.59	602377501.8244
6	9	0.0484	23049	476219.01	376668911.3616
7	3	0.0161	7443	462298.14	1110810909.1689
合计	—	—	—	3469388.76	4647812587.8943

根据表 6.11,该运输公司的季度总运量的估计为

$$\hat{Y}_{PPS}=\frac{1}{n}\sum_{i=1}^{n}\frac{y_i}{z_i}=\frac{1}{7}\sum_{i=1}^{7}\frac{y_i}{z_i}=\frac{3469388.76}{7}=495626.97$$

方差估计为

$$v(\hat{Y}_{PPS})=\frac{1}{n(n-1)}\sum_{i=1}^{n}\left(\frac{y_i}{z_i}-\hat{Y}_{PPS}\right)^2=\frac{4647812587.8943}{7\times(7-1)}=110662204.4737$$

标准差估计为$\sqrt{v(\hat{Y}_{PPS})}=10519.61$。该运输公司的季度总运量的估计值为 495626.97 吨,方差估计为 110662204.4737,标准差估计为 10519.61 吨。该运输公司的每辆载货车的平均季度运量的估计为

$$\hat{\bar{Y}}_{PPS}=\frac{1}{Mn}\sum_{i=1}^{n}\frac{y_i}{z_i}=\frac{1}{7\times186}\sum_{i=1}^{7}\frac{y_i}{z_i}=\frac{3469388.76}{7\times186}=2664.66$$

方差估计为

$$v(\hat{\bar{Y}}_{PPS})=\frac{1}{n(n-1)M^2}\sum_{i=1}^{n}\left(\frac{y_i}{z_i}-\hat{Y}_{PPS}\right)^2=\frac{110662204.4737}{186^2}=3198.6994$$

标准差估计为$\sqrt{v(\hat{\bar{Y}}_{PPS})}=56.56$。每辆载货车的平均季度运量的估计值为 2664.66 吨,方差估计为 3198.6994,标准差估计为 56.56 吨。

二、总体比例和 C 类单元总数的估计

总体的 C 类单元总数记为 A,C' 类单元总数记为 A',C 类单元总数与总体单元总数之比为总体比例,用 P 表示,$P=A/M$ 。第 i 个群单元中的 C 类单元数记为 A_i 个,C 类单元

比例记为 P_i ，$P_i = A_i / M_i$ 。设第 i 个群单元中的第 j 个基本单元的标志值 y_{ij} 为

$$y_{ij} = \begin{cases} 1, y_{ij} \in C \\ 0, y_{ij} \notin C \end{cases} \tag{6.63}$$

于是，第 i 个群总值为 $Y_i = \sum_{j=1}^{M_i} y_{ij} = A_i$ ，第 i 个群均值为 $\bar{Y}_i = A_i / M_i = P_i$ ，总体总值为 $Y = \sum_{i=1}^{N} \sum_{j=1}^{M_i} y_{ij} = \sum_{i=1}^{N} A_i = A$ ，总体均值为 $\bar{\bar{Y}} = A / \sum_{i=1}^{N} M_i = P$ 。

采用有放回不等概率单级整群抽样，群单元被抽取的概率与群规模成比例，从总体中抽取 n 个群单元作为样本。样本的 C 类单元数记为 a ，样本比例记为 p ，$p = a / \sum_{i=1}^{n} M_i$ 。第 i 个群单元中的 C 类单元数记为 a_i 个，群单元比例记为 p_i ，$p_i = a_i / M_i$ 。利用(6.63)式的变换，可以得到样本的 C 类单元数 $a = \sum_{i=1}^{n} \sum_{j=1}^{M_i} y_{ij} = y$ ，第 i 个群单元中的 C 类单元数 $a_i = \sum_{j=1}^{M_i} y_{ij} = y_i$ ，样本比例 $p = \sum_{i=1}^{n} \sum_{j=1}^{M_i} y_{ij} / \sum_{i=1}^{n} M_i = \bar{\bar{y}}$ ，第 i 个群单元的比例 $p_i = \sum_{j=1}^{M_i} y_{ij} / M_i = \bar{y}_i$

采用有放回不等概率单级整群抽样，群单元被抽取的概率与群规模成比例，C 类单元总数 A 的估计量 $\hat{A}_{PPS}$ 为

$$\hat{A}_{PPS} = \frac{1}{n} \sum_{i=1}^{n} \frac{a_i}{z_i} = \frac{M}{n} \sum_{i=1}^{n} \frac{a_i}{M_i} = \frac{M}{n} \sum_{i=1}^{n} p_i \tag{6.64}$$

总体比例 P 的估计量 $\hat{P}_{PPS}$ 为

$$\hat{P}_{PPS} = \frac{\hat{A}_{PPS}}{M} = \frac{1}{n} \sum_{i=1}^{n} \frac{a_i}{M_i} = \frac{1}{n} \sum_{i=1}^{n} p_i \tag{6.65}$$

根据定理 6.13 和推论 6.15，估计量 $\hat{A}_{PPS}$ 是 C 类单元总数 A 的无偏估计量，$E(\hat{A}_{PPS}) = A$ 。估计量 $\hat{P}_{PPS}$ 是总体比例 P 的无偏估计量，$E(\hat{P}_{PPS}) = P$ 。根据定理 6.14 和推论 6.16，可以得到 C 类单元总数 A 的估计量 $\hat{A}_{PPS}$ 的方差为

$$V(\hat{A}_{PPS}) = \frac{1}{n} \sum_{i=1}^{N} z_i \left(\frac{a_i}{z_i} - A \right)^2 = \frac{M}{n} \sum_{i=1}^{N} M_i (P_i - P)^2 \tag{6.66}$$

总体比例 P 的估计量 $\hat{P}_{PPS}$ 的方差

$$V(\hat{P}_{PPS}) = \frac{1}{nM^2} \sum_{i=1}^{N} z_i \left(\frac{A_i}{z_i} - A \right)^2 = \frac{1}{nM} \sum_{i=1}^{N} M_i (P_i - P)^2 \tag{6.67}$$

根据定理 6.15 和推论 6.17，可以得到估计量 $\hat{A}_{PPS}$ 的方差的无偏估计量为

$$v(\hat{A}_{PPS}) = \frac{1}{n(n-1)} \sum_{i=1}^{n} \left(\frac{a_i}{z_i} - \hat{A}_{PPS} \right)^2 = \frac{M^2}{n(n-1)} \sum_{i=1}^{n} \left(\frac{a_i}{M_i} - \frac{\hat{A}_{PPS}}{M} \right)^2 \tag{6.68}$$

估计量 $\hat{P}_{PPS}$ 的方差的无偏估计量为

$$v(\hat{P}_{PPS}) = \frac{1}{n(n-1)M^2} \sum_{i=1}^{n} \left(\frac{a_i}{z_i} - \hat{A}_{PPS} \right)^2 = \frac{1}{n(n-1)} \sum_{i=1}^{n} \left(\frac{a_i}{M_i} - \hat{P}_{PPS} \right)^2 \tag{6.69}$$

例 6.5(续 2) 若例 6.5 中表 6.9 的数据是采用与每个宿舍学生数成比例的概率进行有放回不等概率抽样，试估计全校学生中月生活费支出在 1000 元及以上人数和所占比例，给出方差估计和标准差估计。

解:根据资料可知,学生总数 $M=15872$,宿舍总数 $N=2450$。将每个宿舍作为群,样本抽取是采用与每个宿舍学生数成比例的概率进行有放回不等概率抽样。根据表 6.9 的调查数据,可以计算下面的表格。

表 6.12　例 6.5(续 2)的计算数据

i	M_i	a_i	z_i	a_i/z_i	i	M_i	a_i	z_i	a_i/z_i
1	7	3	0.000441	6802.72	11	7	4	0.000441	9070.29
2	6	2	0.000378	5291.01	12	6	2	0.000378	5291.01
3	7	3	0.000441	6802.72	13	7	3	0.000441	6802.72
4	5	2	0.000315	6349.21	14	5	2	0.000315	6349.21
5	7	3	0.000441	6802.72	15	6	2	0.000378	5291.01
6	6	1	0.000378	2645.50	16	6	3	0.000378	7936.51
7	7	2	0.000441	4535.15	17	6	1	0.000378	2645.51
8	6	3	0.000378	7936.51	18	7	3	0.000441	6802.72
9	7	2	0.000441	4535.15	19	5	2	0.000315	6349.21
10	7	2	0.000441	4535.15	20	6	3	0.000378	7936.51
合计	—	—	—	56235.84	合计	—	—	—	64474.70

于是,全校学生中月支出超过 1000 元的学生总数的估计为

$$\hat{A}_{PPS}=\frac{1}{n}\sum_{i=1}^{n}\frac{a_i}{z_i}$$
$$=\frac{1}{20}\sum_{i=1}^{20}\frac{a_i}{z_i}=6035.53\approx 6036$$

估计量 $\hat{A}_{PPS}$ 的方差估计为

$$v(\hat{A}_{PPS})=\frac{1}{n(n-1)}\sum_{i=1}^{n}\left(\frac{a_i}{z_i}-\hat{A}_{PPS}\right)^2$$
$$=\frac{54689925.0466}{20\times(20-1)}=143920.8554$$

标准差估计 $\sqrt{v(\hat{A}_{PPS})}=379.37\approx 379$。全校学生中月支出超过 1000 元的学生总数的估计值为 6036 人,估计量的方差估计为 143920.8554,标准差估计为 379 人。全校学生中月支出超过 1000 元的学生所占比例的估计为

$$\hat{P}_{PPS}=\frac{\hat{A}_{PPS}}{M}$$
$$=\frac{6036}{15872}=0.3803$$

估计量 $\hat{P}_{PPS}$ 的方差估计为

$$v(\hat{P}_{PPS})=\frac{1}{M^2}v(\hat{A}_{PPS})$$
$$=\frac{143920.8554}{15872^2}=0.0005713$$

标准差估计 $\sqrt{v(\hat{P}_{PPS})}=0.0239$。全校学生中月支出超过1000元的学生所占比例的估计值为38.03%，估计量的方差估计为0.0005713，标准差估计为2.39%。

第五节 群规模不等情形下的三种估计量比较

对于群规模不等的情形，本章给出了两种抽样方法，分别是不放回等概率单级整群抽样和有放回不等概率单级整群抽样，相应地给出了三种估计量。三种估计量分别为采用不放回等概率单级整群抽样，构造了总体总值 Y 的简单估计量 $\hat{Y}=N\sum_{i=1}^{n}y_i/n$，估计量 $\hat{Y}$ 的方差为

$$V(\hat{Y})=\frac{N^2(1-f)}{n}\left[\frac{1}{N-1}\sum_{i=1}^{N}(y_i-\bar{Y})^2\right]$$

采用不放回等概率单级整群抽样，构造了总体总值 Y 的比率估计量为 $\hat{Y}_R=M\sum_{i=1}^{n}y_i/\sum_{i=1}^{n}M_i$，估计量 $\hat{Y}_R$ 的方差为

$$V(\hat{Y}_R)=\frac{N^2(1-f)}{n}\left[\frac{1}{N-1}\sum_{i=1}^{N}(y_i-M_i\bar{\bar{Y}})^2\right]$$

采用有放回不等概率单级整群抽样，群单元被抽取的概率与群规模成比例，第 i 个群单元被抽取的概率为 $z_i=M_i/M$，$0\leqslant z_i\leqslant 1$，$\sum_{i=1}^{N}z_i=1$，构造了总体总值 Y 的估计量 $\hat{Y}_{PPS}$ 为 $\hat{Y}_{PPS}=M\sum_{i=1}^{n}(y_i/M_i)/n$，估计量 $\hat{Y}_{PPS}$ 的方差

$$V(\hat{Y}_{PPS})=\frac{M}{n}\sum_{i=1}^{N}M_i(\bar{Y}_i-\bar{\bar{Y}})^2$$

为了简单，假定总体群单元数 N 很大，使得 $N-1\approx N$，抽样比 $f=n/N$ 忽略不计。样本中的群单元数 n 很大，使得比率估计量 $\hat{Y}_R$ 的偏差忽略不计。于是，

$$\begin{aligned}V(\hat{Y})&=\frac{N^2}{n}\left[\frac{1}{N-1}\sum_{i=1}^{N}(y_i-\bar{Y})^2\right]\\&=\frac{1}{n}\left[\frac{1}{N-1}\sum_{i=1}^{N}(NY_i-N\bar{Y})^2\right]=\frac{1}{n}\sum_{i=1}^{N}\frac{(NY_i-Y)^2}{N-1}\end{aligned}$$

$$\begin{aligned}V(\hat{Y}_R)&=\frac{N^2}{n}\left[\frac{1}{N-1}\sum_{i=1}^{N}(y_i-M_i\bar{\bar{Y}})^2\right]\\&=\frac{1}{n}\left[\frac{1}{N-1}\sum_{i=1}^{N}\frac{N^2M_i^2}{M^2}\left(\frac{My_i}{M_i}-Y\right)^2\right]\approx\frac{1}{n}\sum_{i=1}^{N}\frac{NM_i^2}{M^2}(M\bar{Y}_i-Y)^2\end{aligned}$$

$$V(\hat{Y}_{PPS})=\frac{1}{n}\sum_{i=1}^{N}\frac{M_i}{M}(M\bar{Y}_i-Y)^2$$

上述三个估计量的方差大小主要取决于方差公式中的求和号部分。方差 $V(\hat{Y})$ 的大小主要取决于 $NY_1,\cdots,NY_N$ 的离散程度，方差 $V(\hat{Y}_R)$ 的大小主要取决于 $M\bar{Y}_1,\cdots,M\bar{Y}_N$ 的离散程度，方差 $V(\hat{Y}_{PPS})$ 的大小也主要取决于 $M\bar{Y}_1,\cdots,M\bar{Y}_N$ 的离散程度。

情况一：Y_i 与 M_i 无关，即第 i 个群的总值 Y_i 与群内的单元个数 M_i 无关。群总值 Y_1，

$\cdots, Y_N$ 的离散程度小，$NY_1, \cdots, NY_N$ 的离散程度也小。若群内的基本单元的标志值差异大，基本单元的数量 $M_1, \cdots, M_N$ 的离散程度相对大。群内的每个基本单元的平均值 $\bar{Y}_1$，$\cdots, \bar{Y}_N$ 的离散程度大，$M\bar{Y}_1, \cdots, M\bar{Y}_N$ 的离散程度大。此时，方差 $V(\hat{Y})$ 往往会小于方差 $V(\hat{Y}_R)$ 和 $V(\hat{Y}_{PPS})$，应采用不放回等概率单级整群抽样，选用简单估计量更好。

例 6.7　某农户在庭院中种了 10 棵苹果树，每棵苹果树结的苹果个数并不相同，每棵苹果树的苹果重量和苹果个数见表 6.13。将 10 棵苹果树作为总体。为了估计 10 棵苹果树的苹果总重量，比较简单随机抽样抽取群单元的简单估计量和比率估计量、概率与苹果个数成比例的有放回不等概率抽样的估计量的方差。这里，为了演示简单，抽样比 $f=n/N$ 忽略不计，比率估计量的偏差忽略不计。

表 6.13　每棵树的苹果重量和苹果个数

树号	苹果个数	总重量(斤)	树号	苹果个数	总重量(斤)
1	310	103	6	280	103
2	250	102	7	290	105
3	200	105	8	270	104
4	240	101	9	220	103
5	300	102	10	210	102

解：由题意可知，总体的群单元总数 $N=10$，$M=2570$。不失一般性，抽取的群单元数记为 n。每个群内基本单元数不等。根据表 6.13 的数据，经过计算，可以得到表 6.14 的数据。

表 6.14　例 6.7 的计算数据

i	M_i	Y_i	$(NY_i-Y)^2$	$M_i(M\bar{Y}_i-Y)^2/M$	$NM_i^2(M\bar{Y}_i-Y)^2/M^2$
1	310	103	0	3741	4512
2	250	102	100	34	33
3	200	105	400	7932	6172
4	240	101	400	248	232
5	300	102	100	2848	3325
6	280	103	0	780	850
7	290	105	400	1117	1260
8	270	104	100	169	177
9	220	103	0	2569	2199
10	210	102	100	3893	3181
合计	2570	1030	1600	23331	21941

采用简单随机抽样抽取群单元，简单估计量的方差为

$$V(\hat{Y}) = \frac{1}{n}\sum_{i=1}^{N}\frac{(NY_i - Y)^2}{N-1} = \frac{1600}{9n} = \frac{178}{n}$$

采用简单随机抽样抽取群单元,比率估计量的方差为

$$V(\hat{Y}_R) = \frac{1}{n}\sum_{i=1}^{N}\frac{NM_i^2}{M^2}(M\bar{Y}_i - Y)^2 = \frac{21941}{n}$$

采用有放回不等概率单级整群抽样,群单元被抽取的概率与群规模成比例,估计量的方差为

$$V(\hat{Y}_{PPS}) = \frac{1}{n}\sum_{i=1}^{N}\frac{M_i}{M}(M\bar{Y}_i - Y)^2 = \frac{23331}{n}$$

在例 6.7 中,每棵苹果树的苹果重量约为 100 公斤。将每棵树作为群单元,第 i 棵树的苹果重量 Y_i 与苹果个数 M_i 无关。由于苹果大小差异,每棵树的苹果个数 $M_1,\cdots,M_N$ 的离散程度相对大。每棵树的苹果重量 $Y_1,\cdots,Y_N$ 的离散程度小,每棵树的每个苹果平均重量 $\bar{Y}_1,\cdots,\bar{Y}_N$ 的离散程度大。从而,$NY_1,\cdots,NY_N$ 的离散程度也小,而 $M\bar{Y}_1,\cdots,M\bar{Y}_N$ 的离散程度大。方差 $V(\hat{Y})$ 往往会小于方差 $V(\hat{Y}_R)$ 和 $V(\hat{Y}_{PPS})$ 。因此,采用不放回等概率单级整群抽样,简单估计量的方差更小。

情况二:Y_i 与 M_i 相关,但 $\bar{Y}_i$ 与 M_i 无关,即第 i 个群的基本单元的平均值 $\bar{Y}_i$ 与基本单元数 M_i 无关,但是每个群总值 Y_i 与基本单元数 M_i 是相关的。群总值 Y_i 的变异程度受群均值 $\bar{Y}_i$ 和基本单元数 M_i 的影响。若基本单元数 $M_1,\cdots,M_N$ 的离散程度大,则 $NY_1,\cdots,NY_N$ 的离散程度也大,而 $M\bar{Y}_1,\cdots,M\bar{Y}_N$ 的离散程度小。方差 $V(\hat{Y}_R)$ 和 $V(\hat{Y}_{PPS})$ 往往会小于方差 $V(\hat{Y})$ 。此时,应采用有放回不等概率单级整群抽样,群单元被抽取的概率与群规模成比例,选用估计量 $\hat{Y}_{PPS}$;也可以采用不放回等概率单级整群抽样,选用比率估计量。

例 6.8 某商店把一堆苹果装箱销售,共计装入了 10 个纸箱,每个纸箱的苹果个数和重量并不相同,重量和个数见表 6.15。将 10 箱苹果作为总体。为了估计 10 箱苹果总重量,比较简单随机抽样抽取群单元的简单估计量和比率估计量、概率与苹果个数成比例的有放回不等概率抽样的估计量的方差。为了便于演示,抽样比 $f=n/N$ 忽略不计,比率估计量的偏差忽略不计。

表 6.15 每箱苹果的重量和个数

箱号	苹果个数	重量(斤)	箱号	苹果个数	重量(斤)
1	11	5.4	6	21	10.6
2	12	5.8	7	22	10.9
3	10	5.1	8	32	15.7
4	14	5.2	9	32	15.8
5	20	10.1	10	31	15.4

解:由题意可知,总体的群单元总数 $N=10$,$M=205$。不失一般性,抽取的群单元数记为 n 。每个群内基本单元数不等。根据表 6.15 的数据,经过计算,可以得到表 6.16 的数据。

表 6.16　例 6.8 的计算数据

i	M_i	Y_i	$(NY_i-Y)^2$	$M_i(M\bar{Y}_i-Y)^2/M$	$NM_i^2(M\bar{Y}_i-Y)^2/M^2$
1	11	5.4	2116	0.01	0.02
2	12	5.8	1764	0.03	0.05
3	10	5.1	2401	0.49	1.01
4	14	5.2	2304	26.55	38.87
5	20	10.1	1	1.18	1.21
6	21	10.6	36	1.27	1.24
7	22	10.9	81	0.28	0.26
8	32	15.7	3249	0.08	0.05
9	32	15.8	3364	0.36	0.23
10	31	15.4	2916	0.77	0.51
合计	205	100.0	18232	31.02	43.45

采用简单随机抽样抽取群单元，简单估计量的方差为

$$V(\hat{Y})=\frac{1}{n}\sum_{i=1}^{N}\frac{(NY_i-Y)^2}{N-1}=\frac{18232}{9n}=\frac{2025.78}{n}$$

采用简单随机抽样抽取群单元，比率估计量的方差为

$$V(\hat{Y}_R)=\frac{1}{n}\sum_{i=1}^{N}\frac{NM_i^2}{M^2}(M\bar{Y}_i-Y)^2=\frac{43.45}{n}$$

采用有放回不等概率单级整群抽样，群单元被抽取的概率与群规模成比例，估计量的方差为

$$V(\hat{Y}_{PPS})=\frac{1}{n}\sum_{i=1}^{N}\frac{M_i}{M}(M\bar{Y}_i-Y)^2=\frac{31.02}{n}$$

为了估计 10 箱苹果的总重量，以每箱为群单元，各箱的每个苹果平均重量的差异小。第 i 箱中每个苹果平均重量 $\bar{Y}_i$ 与苹果数 M_i 无关，但每箱苹果总重量 Y_i 与苹果数 M_i 是相关的。各箱的苹果总重量 Y_i 的变异程度和苹果数 M_i 有关。若苹果数 $M_1,\cdots,M_N$ 的离散程度大，则 $NY_1,\cdots,NY_N$ 的离散程度也大，而 $M\bar{Y}_1,\cdots,M\bar{Y}_N$ 的离散程度小。此时，方差 $V(\hat{Y}_R)$ 和 $V(\hat{Y}_{PPS})$ 往往小于方差 $V(\hat{Y})$ 。

第六节　模拟案例

第五章研究某地区规模以下服务业企业的营业收入，采用的是等距抽样。本节继续研究该地区规模以下服务业企业的营业收入，介绍单级整群抽样的样本抽取和估计过程。总体为 2018 年度某地区 367 个村级单元(居(村)委会)的规模以下服务业企业的营业收入，见附录 B。该地区共有 12779 个调查小区，各村级单元包含的调查小区个数不等。将村级单元看作为 367 个群单元，12779 个调查小区作为基本单元，每个群单元内的基本单元个数并不相等。以村级单元为抽样单元的单级整群抽样，可以选用不放回的等概率单级整群抽样，也可以选用有放回不等概率单级整群抽样。其中不等概率抽样的每个群单元被抽取概率与村级单元中的调查小区个数成比例(见表 6.17)。

表 6.17 该地区各村级单元的数据

编号	村级单元编码	调查小区个数
1	120101001005	14
2	120101001006	13
3	120101001012	10
4	120101002014	33
5	120101003003	12
⋮	⋮	⋮
363	120225100242	10
364	120225100246	16
365	120225100249	10
366	120225106701	70
367	120225114214	13
总计	—	12799

本节设定的目标是调查 367 个村级单元的规模以下服务业企业营业收入情况。采用单级整群抽样，抽样单元为村级单元，367 个村级单元共包含了 12779 个调查小区，平均每个村级单元包含约 35(=12779/367)个调查小区。为了使样本中的调查小区数接近 35，需要确定每个村级单元抽取的调查小区个数。若采用简单随机抽样，抽样单元为每个调查小区，设定估计量的精度要求为在置信概率 95%下每个调查小区规模以下服务业企业平均营业收入额估计量的方差界限为 50，最终确定的样本量为 787 个调查小区。根据国内外有关抽样调查的经验，整群抽样的设计效应约为 2。据此，为了满足估计量精度要求并在成本可行和便于计算的条件下，确定抽取 1575 个调查小区，约 45 个村级单元(平均每个村级单元大约包含 35 个调查小区，因此村级单元个数约等于 1575/35=45)。对于不放回等概率的单级整群抽样，尝试抽取 45 个村级单元。若不放回等概率的单级整群抽样的估计量精度达不到预期要求，再追加样本。本节直接采用不放回等概率的单级整群抽样，抽取 45 个村级单元，所抽取的 45 个村级单元编号分别为 120101003019，120101005004，…，120225001018，120225106701，每个村级单元包含的调查小区个数分别为 18，14，…，17，70。45 个村级单元的数据见表 6.18。

表 6.18 抽取的村级单位数据

序号	群单元	基本单元的营业收入额(万元)				
7	120101003019	440	249	…	161	639
14	120101005004	612	442	…	191	714
23	120102003018	135	202	…	654	739
26	120102004010	597	552	…	97	644
32	120102006004	145	503	…	487	449

续表

序号	群单元	基本单元的营业收入额(万元)				
43	120102009018	459	440	…	366	349
63	120103009033	458	540	…	648	114
69	120103011007	594	296	…	299	394
72	120103012405	498	411	…	255	300
76	120103013702	291	207	…	749	604
78	120104001015	433	100	…	103	194
81	120104002030	192	366	…	138	36
90	120104005014	710	204	…	490	562
91	120104005015	609	412	…	493	409
109	120104008019	712	400	…	193	248
118	120104009016	593	509	…	408	589
135	120105004027	707	352	…	549	140
137	120105004030	652	46	…	410	639
141	120105005014	196	575	…	284	744
143	120105005016	161	567	…	98	404
153	120105007006	443	419	…	697	761
166	120105010003	716	352	…	539	257
179	120106004008	692	688	…	661	417
195	120110005201	93	209	…	133	236
197	120110005851	340	600	…	200	608
211	120111100006	505	657	…	697	352
217	120111100204	342	639	…	235	270
224	120111103703	398	399	…	653	600
229	120111105203	600	696	…	347	107
244	120112108004	346	196	…	601	141
254	120113004020	639	745	…	742	187
256	120113004022	742	401	…	305	468
263	120113100025	51	504	…	765	606
290	120114115210	641	304	…	48	739
299	120115001015	589	541	…	136	695
306	120115002705	136	159	…	617	695
309	120115007201	535	562	…	646	647
328	120116406400	185	685	…	754	488

续表

序号	群单元	基本单元的营业收入额(万元)				
330	120221100208	624	453	…	325	548
332	120221100222	499	503	…	190	247
334	120221100703	180	147	…	519	712
348	120223108201	437	409	…	697	352
351	120223108206	497	56	…	601	141
356	120225001018	520	479	…	540	160
366	120225106701	508	274	…	710	58

根据抽取的样本,试分别用简单估计量和比率估计量估计该地区 12779 个调查小区的规模以下服务业企业的营业收入总额、每个基本单元的规模以下服务业企业的平均营业收入额。为了对比,将所抽取的样本调查小区当作采用有放回不等概率的单级整群抽样所获取的,村级单元被抽取的概率与其所包含的基本单元数成比例,重新估计该地区 12779 个调查小区的规模以下服务业企业的营业收入总额和平均营业收入额。另外,估计规模以下服务业企业的营业收入额为 580 万元及以上的调查小区总数所占比例,并给出相应的方差估计和标准差估计。在实际应用中,不能将不放回等概率单级整群抽样的样本当作有放回不等概率单级整群抽样的样本,这里只是为了演示。

一、不放回等概率单级整群抽样的简单估计量

该地区的村级单元总数 $N=367$,抽取的村级单元数 $n=45$, $M=12779$,每个村级单元中调查小区个数不等。根据表 6.18 的数据,经过计算,可以得到表 6.19。

表 6.19 模拟案例的计算数据(1)

序号	i	M_i	y_i	s_i^2	a_i	p_i
7	120101003019	18	7606	43778.14	6	0.3333
14	120101005004	14	6998	45482.44	7	0.5000
23	120102003018	30	13456	44969.15	11	0.3667
26	120102004010	37	15762	37991.94	11	0.2973
32	120102006004	31	12109	41711.11	7	0.2258
43	120102009018	18	9089	28907.94	7	0.3889
63	120103009033	24	8731	42323.74	5	0.2083
69	120103011007	29	10250	31795.04	5	0.1724
72	120103012405	49	18404	37496.45	9	0.1837
76	120103013702	13	5393	45131.47	3	0.2308
78	120104001015	31	11300	32709.32	2	0.0645
81	120104002030	20	7755	59168.20	6	0.3000

续表

序号	i	M_i	y_i	s_i^2	a_i	p_i
90	120104005014	38	15987	47586.00	12	0.3158
91	120104005015	21	9122	30115.15	4	0.1905
109	120104008019	29	9862	37497.35	7	0.2414
118	120104009016	30	12194	40558.19	8	0.2667
135	120105004027	30	11864	26419.49	4	0.1481
137	120105004030	22	8724	38310.90	6	0.2727
141	120105005014	48	18007	39520.25	6	0.1250
143	120105005016	32	12603	48593.90	10	0.2857
153	120105007006	33	13603	42330.75	7	0.2333
166	120105010003	39	13926	34888.75	8	0.1905
179	120106004008	136	58081	43604.55	42	0.3088
195	120110005201	44	15975	37494.86	10	0.2273
197	120110005851	91	33320	42434.00	21	0.2308
211	120111100006	23	9459	45610.47	7	0.3043
217	120111100204	35	14537	48426.17	13	0.3714
224	120111103703	38	15717	54462.35	13	0.3421
229	120111105203	58	25031	41827.13	16	0.2759
244	120112108004	30	12805	38413.11	12	0.4000
254	120113004020	18	6445	40658.06	3	0.1667
256	120113004022	18	6820	42535.52	5	0.2778
263	120113100025	38	14833	52242.01	10	0.2632
290	120114115210	29	13242	49523.82	11	0.3793
299	120115001015	23	12418	38076.72	12	0.5217
306	120115002705	36	12670	51905.54	8	0.2222
309	120115007201	19	8563	36010.67	7	0.3684
328	120116406400	76	30109	39178.09	18	0.2368
330	120221100208	16	7612	35444.07	6	0.3750
332	120221100222	24	9822	58229.41	9	0.3750
334	120221100703	18	7357	41007.74	5	0.2778
348	120223108201	25	12206	46750.02	10	0.4000
351	120223108206	41	18464	45353.88	13	0.3171
356	120225001018	17	8337	28831.13	5	0.2941
366	120225106701	70	29276	41926.44	21	0.3000
合计	—	1559	635844	—	428	—

1. 该地区 12779 个调查小区的规模以下服务业企业的营业收入总额和平均每个调查小区的规模以下服务业企业的营业收入额的估计。利用表 6.19 的数据，可以得到样本总值 y 为 635844，样本方差 $s^2=\sum_{i=1}^{n}(y_i-\bar{y})^2/(n-1)$ 为 83330882。该地区调查小区的规模以下服务业企业营业收入总额 Y 的估计为

$$\hat{Y}=\frac{N}{n}\sum_{i=1}^{n}y_i$$

$$=\frac{367\times 635844}{45}=5185661$$

估计量 $\hat{Y}$ 的方差估计为

$$v(\hat{Y})=\frac{N^2(1-f)}{n}\left[\frac{1}{n-1}\sum_{i=1}^{n}(y_i-\bar{y})^2\right]$$

$$=\frac{367^2\times 83330882}{45}\times\left(1-\frac{45}{367}\right)=218834303632$$

估计量 $\hat{Y}$ 的标准差估计 $\sqrt{v(\hat{Y})}=467797.3$ 万元。平均每个调查小区的规模以下服务业企业的营业收入额 $\bar{\bar{Y}}$ 的估计为

$$\hat{\bar{\bar{Y}}}=\frac{\hat{Y}}{M}$$

$$=\frac{5185661}{12779}=405.7955$$

估计量 $\hat{\bar{\bar{Y}}}$ 的方差估计为

$$v(\hat{\bar{\bar{Y}}})=\frac{N^2(1-f)}{M^2 n}\left[\frac{1}{n-1}\sum_{i=1}^{n}(y_i-\bar{y})^2\right]=\frac{1}{M^2}v(\hat{Y})$$

$$=\frac{218834303632}{12779^2}=1340.052$$

估计量 $\hat{\bar{\bar{Y}}}$ 的标准差估计为 $\sqrt{v(\hat{\bar{\bar{Y}}})}=36.6067$ 万元。于是，该地区 12779 个调查小区的规模以下服务业企业营业收入总额的估计值为 5185661 万元，方差估计为 218834303632，标准差估计为 467797.3 万元。平均每个调查小区的规模以下服务业企业营业收入额的估计值为 405.7955 万元，方差估计为 405.7955，标准差估计为 36.6067 万元。

2. 规模以下服务业企业营业收入额为 580 万元及以上的调查小区总数及其比例的估计。根据表 6.19 的数据，可以得到规模以下服务业企业的营业收入额为 580 万元及以上的样本调查小区总数 a 为 428，样本方差 $s^2=\sum_{i=1}^{n}(a_i-a/n)^2/(n-1)$ 为 43.4828。规模以下服务业企业的营业收入额为 580 万元及以上的调查小区总数 A 的估计为

$$\hat{A}=Na/n$$

$$=367\times 428/45=3491$$

估计量 $\hat{A}$ 的方差估计为

$$v(\hat{A})=\frac{N^2(1-f)}{n}\left[\frac{1}{n-1}\sum_{i=1}^{n}\left(a_i-\frac{a}{n}\right)^2\right]$$

$$=\frac{367^2\times 43.4828}{45}\times\left(1-\frac{45}{367}\right)=114189.8$$

估计量 $\hat{A}$ 的标准差估计 $\sqrt{v(\hat{A})}=337.9198\approx 338$ 万元。规模以下服务业企业的营业收入额为 580 万元及以上的调查小区所占比例 P 的估计为

$$\hat{P}=Na/Mn=\hat{A}/M=3563.978/12779=27\%$$

估计量 $\hat{P}$ 的方差估计为

$$v(\hat{P})=\frac{N^2(1-f)}{M^2n}\left[\frac{1}{n-1}\sum_{i=1}^{n}\left(a_i-\frac{a}{n}\right)^2\right]=\frac{1}{M^2}v(\hat{A})$$

$$=\frac{114189.8}{12779^2}=0.0007$$

估计量 $\hat{P}$ 的标准差估计为 $\sqrt{v(\hat{P})}=3\%$。于是,该地区规模以下服务业企业的营业收入额为 580 万元及以上的调查小区总数的估计值为 3491 个,估计量的方差估计为 114189.8,标准差估计为 338 个。规模以下服务业企业的营业收入额为 580 万元及以上的调查小区所占比例的估计值为 27%,估计量的方差估计为 0.0007,标准差估计为 3%。

二、不放回等概率的单级整群抽样的比率估计量

该地区的村级单元总数 $N=367$,基本单元总数 $M=12779$,抽取的群单元数 $n=45$,每个村级单元内企业数不等,以每个村级单元包含的调查小区数 M_i 作为辅助变量,构造比率估计量。根据表 6.18 的数据,经过计算,可以得到表 6.20。

表 6.20 模拟案例的计算数据(2)

序号	i	M_i	y_i	$(y_i-M_i\bar{\bar{y}})^2$	a_i	$(a_i-M_ip)^2$
7	120101003019	18	7606	70030.34	6	1.12
14	120101005004	14	6998	1659066.28	7	9.96
23	120102003018	30	13456	1489345.47	11	7.64
26	120102004010	37	15762	450792.95	11	0.71
32	120102006004	31	12109	285654.25	7	2.28
43	120102009018	18	9089	3054219.20	7	4.24
63	120103009033	24	8731	1118285.22	5	2.52
69	120103011007	29	10250	2489322.89	5	8.77
72	120103012405	49	18404	2499035.72	9	19.82
76	120103013702	13	5393	8263.03	3	0.32
78	120104001015	31	11300	1804901.77	2	42.39
81	120104002030	20	7755	161664.34	6	0.26
90	120104005014	38	15987	238688.34	12	2.46
91	120104005015	21	9122	310328.32	4	3.12
109	120104008019	29	9862	3864207.74	7	0.92

续表

序号	i	M_i	y_i	$(y_i-M_i\bar{\bar{y}})^2$	a_i	$(a_i-M_ip)^2$
118	120104009016	30	12194	1731.61	8	0.06
135	120105004027	30	11864	156065.54	4	11.64
137	120105004030	22	8724	40087.03	6	0.00
141	120105005014	48	18007	4222943.27	6	51.52
143	120105005016	32	12603	151228.69	10	0.15
153	120105007006	33	13603	205764.37	7	1.53
166	120105010003	39	13926	1912295.14	8	12.46
179	120106004008	136	58081	6827192.44	42	21.75
195	120110005201	44	15975	3883126.84	10	4.32
197	120110005851	91	33320	14399683.34	21	15.86
211	120111100006	23	9459	6140.87	7	0.47
217	120111100204	35	14537	68706.19	13	11.50
224	120111103703	38	15717	47767.34	13	6.59
229	120111105203	58	25031	1891951.72	16	0.01
244	120112108004	30	12805	324202.04	12	14.17
254	120113004020	18	6445	803474.77	3	3.77
256	120113004022	18	6820	271824.12	5	0.00
263	120113100025	38	14833	442813.84	10	0.19
290	120114115210	29	13242	2000078.12	11	9.23
299	120115001015	23	12418	9225578.21	12	32.33
306	120115002705	36	12670	4051102.53	8	3.55
309	120115007201	19	8563	662235.78	7	3.18
328	120116406400	76	30109	788340.10	18	8.21
330	120221100208	16	7612	1180134.51	6	2.58
332	120221100222	24	9822	1122.92	9	5.81
334	120221100703	18	7357	244.37	5	0.00
348	120223108201	25	12206	4038718.00	10	9.84
351	120223108206	41	18464	3034550.59	13	3.04
356	120225001018	17	8337	1969773.54	5	0.11
366	120225106701	70	29276	527420.66	21	3.18
合计	—	1559	635844	82640104.37	428	343.60

1. 该地区 367 个村级单元的规模以下服务业企业的营业收入总额和平均每个调查小区的规模以下服务业企业的营业收入额的估计。利用表 6.20 的数据，可以得到样本总值

$y=\sum_{i=1}^{n}y_i$ 为 635844，样本中调查小区总数 $\sum_{i=1}^{n}M_i$ 为 1559，$\sum_{i=1}^{n}(y_i-M_i\bar{\bar{y}})^2$ 为 82640104。以每个村级单元包含的调查小区总数 M_i 作为辅助变量，平均每个调查小区的规模以下服务业企业营业收入额 $\bar{\bar{Y}}$ 的比率估计为

$$\hat{\bar{\bar{Y}}}_R=\hat{R}=\frac{\sum_{i=1}^{n}y_i}{\sum_{i=1}^{n}M_i}$$

$$=\frac{635844}{1559}=407.8538$$

比率估计量 $\hat{\bar{\bar{Y}}}_R$ 的方差估计为

$$v(\hat{\bar{\bar{Y}}}_R)=\frac{N^2(1-f)}{M^2n}\left[\frac{1}{n-1}\sum_{i=1}^{n}(y_i-M_i\bar{\bar{y}})^2\right]$$

$$=\frac{367^2\times 82640104}{12779^2\times 45\times(45-1)}\times\left(1-\frac{45}{367}\right)=48345.25$$

比率估计量 $\hat{\bar{\bar{Y}}}_R$ 的标准差估计 $\sqrt{v(\hat{\bar{\bar{Y}}}_R)}=219.8755$。该地区调查小区的规模以下服务业企业的营业收入总额 Y 的估计为

$$\hat{Y}_R=M\hat{\bar{\bar{Y}}}_R=12779\times 407.8538=5211964$$

估计量 $\hat{Y}_R$ 的方差估计为

$$v(\hat{Y}_R)=\frac{N^2(1-f)}{n}\left[\frac{1}{n-1}\sum_{i=1}^{n}(y_i-M_i\bar{\bar{y}})^2\right]=M^2v(\hat{\bar{\bar{Y}}}_R)$$

$$=12779^2\times 48345.25=7894916000000$$

估计量 $\hat{Y}_R$ 的标准差估计 $\sqrt{v(\hat{Y}_R)}=2809789$。于是，采用比率估计量，该地区 12779 个调查小区的规模以下服务业的营业收入总额的估计值为 5211964 万元，方差估计为 7894916000000，标准差估计为 2809789 万元。平均每个调查小区的规模以下服务业企业的营业收入额的估计值为 407.8538 万元，方差估计为 48345.25，标准差估计为 219.8755 万元。

2. 规模以下服务业企业的营业收入额为 580 万元及以上的调查小区总数及其比例的比率估计量。根据表 6.20 的数据，可以得到规模以下服务业企业的营业收入额为 580 万元及以上的样本调查小区总数 a 为 428，样本中调查小区总数 $\sum_{i=1}^{n}M_i$ 为 1559，$p=a/\sum_{i=1}^{n}M_i$ 为 27%。$\sum_{i=1}^{n}(a_i-M_ip)^2/(n-1)$ 为 343.597。以每个村级单元包含的调查小区个数 M_i 作为辅助变量，规模以下服务业企业的营业收入额为 580 万元及以上的调查小区所占比例 P 的比率估计为

$$\hat{P}_R=\frac{a}{\sum_{i=1}^{n}M_i}$$

$$=\frac{428}{1559}=27\%$$

比率估计量 $\hat{P}_R$ 的方差估计为

$$v(\hat{P}_R)=\frac{N^2(1-f)}{M^2 n}\left[\frac{1}{n-1}\sum_{i=1}^{n}(a_i-M_i p)^2\right]$$
$$=\frac{367^2\times 343.597}{12779^2\times 45\times(45-1)}\times\left(1-\frac{45}{367}\right)=0.0001$$

比率估计量 $\hat{P}_R$ 的标准差估计为 $\sqrt{v(\hat{P}_R)}=1\%$。规模以下服务业企业的营业收入额为 580 万元及以上的调查小区总数 A 的比率估计为

$$\hat{A}_R=M\hat{P}_R=12779\times 27\%=3508.282\approx 3508$$

比率估计量 $\hat{A}_R$ 的方差估计为

$$v(\hat{A}_R)=\frac{N^2(1-f)}{n}\left[\frac{1}{n-1}\sum_{i=1}^{n}(a_i-M_i p)^2\right]=M^2 v(\hat{P}_R)$$
$$=12779^2\times 0.0001=20507.19$$

比率估计量 $\hat{A}_R$ 的标准差估计为 $\sqrt{v(\hat{A}_R)}=143.2033\approx 143$。于是,采用比率估计量,该地区规模以下服务业企业的营业收入额为 580 万元及以上的调查小区总数的估计值为 3508 个,估计量的方差估计为 20507.19,标准差估计为 143 个。规模以下服务业企业的营业收入额为 580 万元及以上的调查小区所占比例的估计值为 27%,估计量的方差估计为 0.0001,标准差估计为 1%。

三、有放回不等概率的单级整群抽样的估计量

为了对比,将表 6.18 的数据当作采用有放回不等概率单级整群抽样所获取的,村级单元被抽取的概率与村级单元内调查小区数成比例。下面,估计该地区 12779 个村级单元的规模以下服务业企业的营业收入总额和平均营业收入额,并估计规模以下服务业企业的营业收入额为 580 万元及以上的调查小区总数与所占比例,给出相应的估计值和标准差估计。该地区的村级单元总数 $N=367$,调查小区总数 $M=12779$,抽取的村级单元数 $n=45$。

1. 该地区 12779 个调查小区的规模以下服务业企业的营业收入总额和平均每个调查小区的规模以下服务业企业的营业收入额的估计。利用表 6.18 的数据,经过计算,可以得到表 6.21。

表 6.21　模拟案例的计算数据(3)

序号	i	M_i	z_i	y_i	y_i/z_i	$(y_i/z_i-\hat{Y}_{PPS})^2$
7	120101003019	18	0.0014	7606	5399837.44	13086731236.46
14	120101005004	14	0.0011	6998	6387674.43	1214920311013.99
23	120102003018	30	0.0023	13456	5731807.47	199243743384.62
26	120102004010	37	0.0029	15762	5443854.00	25094934384.52
32	120102006004	31	0.0024	12109	4991642.29	86317207364.90
43	120102009018	18	0.0014	9089	6452685.06	1362460570166.52
63	120103009033	24	0.0019	8731	4648893.71	405191426593.87
69	120103011007	29	0.0023	10250	4516715.52	590937626458.86

续表

序号	i	M_i	z_i	y_i	y_i/z_i	$(y_i/z_i-\hat{Y}_{PPS})^2$
72	120103012405	49	0.0038	18404	4799688.08	235955113279.94
76	120103013702	13	0.0010	5393	5301319.00	252136525.40
78	120104001015	31	0.0024	11300	4658151.61	393490962180.17
81	120104002030	20	0.0016	7755	4955057.25	109152888741.11
90	120104005014	38	0.0030	15987	5376259.82	8248203961.75
91	120104005015	21	0.0016	9122	5550954.19	70497683084.21
109	120104008019	29	0.0023	9862	4345741.31	883033989254.95
118	120104009016	30	0.0023	12194	5194237.53	8317925051.81
135	120105004027	30	0.0021	11864	5024986.78	67835981276.85
137	120105004030	22	0.0017	8724	5328262.14	1833718870.28
141	120105005014	48	0.0038	18007	4664867.46	385110518477.78
143	120105005016	32	0.0027	12603	5069976.97	46424399664.57
153	120105007006	33	0.0023	13603	5018739.27	71129383877.61
166	120105010003	39	0.0033	13926	4791212.21	244261294518.82
179	120106004008	136	0.0106	58081	5457478.67	29597237412.89
195	120110005201	44	0.0034	15975	4639648.30	417047174379.78
197	120110005851	91	0.0071	33320	4679080.00	367672683133.34
211	120111100006	23	0.0018	9459	5255502.65	896256324.96
217	120111100204	35	0.0027	14537	5307666.37	494003026.66
224	120111103703	38	0.0030	15717	5285461.66	460.76
229	120111105203	58	0.0045	25031	5515019.81	52706800897.71
244	120112108004	30	0.0023	12805	5454503.17	28582289210.46
254	120113004020	18	0.0014	6445	4575591.94	503884535366.70
256	120113004022	18	0.0014	6820	4841821.11	196797889434.29
263	120113100025	38	0.0030	14833	4988181.76	88362573856.46
290	120114115210	29	0.0023	13242	5835155.79	302187241470.02
299	120115001015	23	0.0018	12418	6899548.78	2605346540437.20
306	120115002705	36	0.0028	12670	4497498.06	620852811282.65
309	120115007201	19	0.0015	8563	5759293.53	224536981902.14
328	120116406400	76	0.0059	30109	5062669.88	49626611458.98
330	120221100208	16	0.0013	7612	6079609.25	630704491779.50
332	120221100222	24	0.0019	9822	5229805.75	3095191200.06
334	120221100703	18	0.0014	7357	5223061.28	3891129010.64

续表

序号	i	M_i	z_i	y_i	y_i/z_i	$(y_i/z_i-\hat{Y}_{PPS})^2$
348	120223108201	25	0.0020	12206	6239218.96	909693937200.58
351	120223108206	41	0.0032	18464	5754913.56	220405243642.25
356	120225001018	17	0.0013	8337	6266971.94	963404573522.77
366	120225106701	70	0.0055	29276	5344542.91	3493131714.22
合计	—	1559	—	635844	237844808.70	14646076077494

利用表 6.21 的数据,可以得到样本中调查小区总数 $\sum_{i=1}^{n}M_i=1559$,$\sum_{i=1}^{n}y_i/z_i=237844808.7$,$\sum_{i=1}^{n}(y_i/z_i-\hat{Y}_{PPS})^2=14646076077494$。采用概率与每个村级单元的调查小区个数 M_i 成比例的有放回不等概率抽样,该地区调查小区的规模以下服务业企业的营业收入总额 Y 的估计为

$$\hat{Y}_{PPS}=\frac{1}{n}\sum_{i=1}^{n}\frac{y_i}{z_i}=\frac{237844808.7}{45}=5285440$$

估计量 $\hat{Y}_{PPS}$ 的方差估计为

$$v(\hat{Y}_{PPS})=\frac{1}{n(n-1)}\sum_{i=1}^{n}\left(\frac{y_i}{z_i}-\hat{Y}_{PPS}\right)^2=\frac{14646076077494}{45\times(45-1)}=7397008120$$

估计量 $\hat{Y}_{PPS}$ 的标准差估计为 $\sqrt{v(\hat{Y}_{PPS})}=86005.86$ 万元。每个调查小区的规模以下服务业企业平均营业收入额 $\bar{\bar{Y}}$ 的估计为

$$\hat{\bar{\bar{Y}}}_{PPS}=\frac{1}{Mn}\sum_{i=1}^{n}\frac{y_i}{z_i}=\frac{\hat{Y}_{PPS}}{M}=\frac{5285440}{12779}=413.6036$$

估计量 $\hat{\bar{\bar{Y}}}_{PPS}$ 的方差估计为

$$v(\hat{\bar{\bar{Y}}}_{PPS})=\frac{1}{n(n-1)M^2}\sum_{i=1}^{n}\left(\frac{y_i}{z_i}-\hat{Y}_{PPS}\right)^2=\frac{v(\hat{Y}_{PPS})}{M^2}=\frac{7397008120}{12779^2}=45.2963$$

估计量 $\hat{\bar{\bar{Y}}}_{PPS}$ 的标准差估计 $\sqrt{v(\hat{\bar{\bar{Y}}}_{PPS})}=6.74567$ 万元。于是,采用概率与每个村级单元的调查小区总数 M_i 成比例的有放回不等概率抽样,该地区 12779 个调查小区的规模以下服务业企业的营业收入总额的估计值为 5285440 万元,方差估计为 7397008120,标准差估计为 86005.86 万元。每个调查小区的规模以下服务业企业的平均营业收入额的估计值为 413.6036 万元,方差估计为 45.2963,标准差估计为 6.73023 万元。

2. 规模以下服务业企业的营业收入额为580万元及以上的调查小区总数及其比例的估计。根据表6.18的数据，经过计算，可以得到表6.22。

表6.22 模拟案例的计算数据(4)

序号	i	M_i	z_i	a_i	a_i/z_i	$(a_i/z_i-\hat{P}_{PPS})^2$
7	120101003019	18	0.0014	6	4259.67	398473.094
14	120101005004	14	0.0011	7	6389.50	7623566.002
23	120102003018	30	0.0023	11	4685.63	1117701.271
26	120102004010	37	0.0029	11	3799.16	29153.08605
32	120102006004	31	0.0024	7	2885.58	551809.4365
43	120102009018	18	0.0014	7	4969.61	1798795.168
63	120103009033	24	0.0019	5	2662.29	933402.8242
69	120103011007	29	0.0023	5	2203.28	2031034.144
72	120103012405	49	0.0038	9	2347.16	1641617.319
76	120103013702	13	0.0010	3	2949.00	461610.7401
78	120104001015	31	0.0024	2	824.45	7862235.43
81	120104002030	20	0.0016	6	3833.70	42140.11898
90	120104005014	38	0.0030	12	4035.47	165693.1789
91	120104005015	21	0.0016	4	2434.10	1426410.237
109	120104008019	29	0.0023	7	3084.59	295754.5572
118	120104009016	30	0.0023	8	3407.73	48702.3462
135	120105004027	30	0.0021	4	1893.19	3011037.829
137	120105004030	22	0.0017	6	3485.18	20517.00886
141	120105005014	48	0.0038	6	1597.38	4125141.412
143	120105005016	32	0.0027	10	3651.14	516.3548678
153	120105007006	33	0.0023	7	2981.77	418159.7756
166	120105010003	39	0.0033	8	2434.10	1426410.237
179	120106004008	136	0.0106	42	3946.46	101147.1952
195	120110005201	44	0.0034	10	2904.32	524322.5945
197	120110005851	91	0.0071	21	2949.00	461610.7401
211	120111100006	23	0.0018	7	3889.26	68038.26494
217	120111100204	35	0.0027	13	4746.49	1250072.252
224	120111103703	38	0.0030	13	4371.76	552559.9216
229	120111105203	58	0.0045	16	3525.24	10645.70684
244	120112108004	30	0.0023	12	5111.60	2199824.651
254	120113004020	18	0.0014	3	2129.83	2245760.241

续表

序号	i	M_i	z_i	a_i	a_i/z_i	$(a_i/z_i-\hat{P}_{PPS})^2$
256	120113004022	18	0.0014	5	3549.72	6193.247995
263	120113100025	38	0.0030	10	3362.89	70503.35419
290	120114115210	29	0.0023	11	4847.21	1485442.928
299	120115001015	23	0.0018	12	6667.30	9234821.641
306	120115002705	36	0.0028	8	2839.78	621955.6304
309	120115007201	19	0.0015	7	4708.05	1165607.884
328	120116406400	76	0.0059	18	3026.61	362180.2722
330	120221100208	16	0.0013	6	4792.13	1354210.691
332	120221100222	24	0.0019	9	4792.13	1354210.691
334	120221100703	18	0.0014	5	3549.72	6193.247995
348	120223108201	25	0.0020	10	5111.60	2199824.651
351	120223108206	41	0.0032	13	4051.88	179317.2154
356	120225001018	17	0.0013	5	3758.53	16928.61152
366	120225106701	70	0.0055	21	3833.70	42140.11898
合计	—	1559	—	428	163278.90	60943393.32

利用表 6.22 的数据，可以得到 $\sum_{i=1}^{n} a_i/z_i$ 为 163278.9，$\sum_{i=1}^{n}(a_i/z_i-\hat{A}_{PPS})^2$ 为 60943393.32。采用有放回不等概率抽样，概率与每个村级单元的调查小区个数 M_i 成比例，规模以下服务业企业的营业收入额为 580 万元及以上的调查小区总数 A 的估计为

$$\hat{A}_{PPS}=\frac{1}{n}\sum_{i=1}^{n}\frac{a_i}{z_i}$$

$$=\frac{163278.9}{45}=3628.419\approx 3628$$

估计量 $\hat{A}_{PPS}$ 的方差估计为

$$v(\hat{A}_{PPS})=\frac{1}{n(n-1)}\sum_{i=1}^{n}\left(\frac{a_i}{z_i}-\hat{A}_{PPS}\right)^2$$

$$=\frac{60943393.32}{45\times(45-1)}=30779.49$$

估计量 $\hat{A}_{PPS}$ 的标准差估计为 $\sqrt{v(\hat{A}_{PPS})}=175.4408\approx 175$ 万元。规模以下服务业企业的营业收入额为 580 万元及以上的调查小区所占比例 P 的估计为

$$\hat{P}_{PPS}=\frac{1}{Mn}\sum_{i=1}^{n}\frac{a_i}{z_i}=\frac{\hat{A}_{PPS}}{M}$$

$$=\frac{3628}{12779}=28\%$$

估计量 $\hat{P}_{PPS}$ 的方差估计为

$$v(\hat{P}_{PPS})=\frac{1}{n(n-1)M^2}\sum_{i=1}^{n}\left(\frac{a_i}{z_i}-\hat{A}_{PPS}\right)^2=\frac{v(\hat{A}_{PPS})}{M^2}$$

$$=\frac{30779.49}{12779^2}=0.0002$$

估计量 $\hat{P}_{PPS}$ 的标准差估计为 $\sqrt{v(\hat{P}_{PPS})}=1\%$。于是，采用概率与每个村级单元的调查小区总数 M_i 成比例的有放回不等概率抽样，该地区规模以下服务业企业的营业收入额为 580 万元及以上的调查小区总数的估计值为 3633 个，估计量的方差估计为 30779.49，标准差估计为 175 个。规模以下服务业企业的营业收入额为 580 万元及以上的调查小区所占比例的估计值为 28%，估计量的方差估计为 0.0002，标准差估计为 1%。

注：将上面三个分析结果总结在表 6.23 中。表 6.23 上半部分给出了该地区 12779 个调查小区的规模以下服务业企业的营业收入总额和规模以下服务业企业的营业收入额为 580 万元及以上的调查小区总数的估计，表 6.23 下半部分给出了平均每个调查小区的规模以下服务业企业的营业收入额和规模以下服务业企业的营业收入额为 580 万元及以上的调查小区所占比例的估计，分别给出了估计量、估计值和标准差估计。表 6.23 下半部分的估计结果可以用表 6.23 上半部分的估计结果除以该地区调查小区总数 12779 得到。

表 6.23 模拟案例的估计结果比较

估计量	$\hat{Y}$	$\hat{Y}_R$	$\hat{Y}_{PPS}$	$\hat{A}$	$\hat{A}_R$	$\hat{A}_{PPS}$
估计值	5185661	5211964	5285440	3491	3508	3633
标准差	467797.3	2809789	86005.86	338	143	175
估计量	$\hat{\bar{\bar{Y}}}$	$\hat{\bar{\bar{Y}}}_R$	$\hat{\bar{\bar{Y}}}_{PPS}$	$\hat{P}$	$\hat{P}_R$	$\hat{P}_{PPS}$
估计值	405.80	407.85	413.60	27%	27%	28%
标准差	36.61	219.88	6.75	3%	1%	1%

相比较而言，对于该地区 12779 个调查小区的规模以下服务业企业的营业收入总额的估计，不放回等概率单级整群抽样的比率估计量 $\hat{Y}_R$ 的标准差估计 2809789 大于其他两个估计量的标准差估计，有放回不等概率单级整群抽样估计量 $\hat{Y}_{PPS}$ 的标准差估计 86005.86 小于其他两个估计量的标准差估计，不放回等概率单级整群抽样简单估计量 $\hat{Y}$ 的标准差估计 467797.3 介于其他两个估计量的标准差估计之间。如果标准差估计值作为估计量优良性评价标准，有放回不等概率估计量 $\hat{Y}_{PPS}$ 的标准差小，估计结果优于其他两个估计量。相比较而言，有放回不等概率估计量 $\hat{Y}_{PPS}$ 的估计值 5285440 万元更合理。对于规模以下服务业企业的营业收入额为 580 万元及以上的基本单元总数估计，不放回等概率单级整群抽样的简单估计量 $\hat{A}$ 的标准差估计 338 大于其他两个估计量的标准差估计，比率估计量 $\hat{A}_R$ 的标准差估计 143 小于其他两个估计量的标准差估计，有放回不等概率单级整群抽样的估计量 $\hat{A}_{PPS}$ 的标准差估计 175 介于其他两个估计量的标准差估计之间。如果标准差估计值作为估计量优良性评价标准，比率估计量 $\hat{A}_R$ 的标准差小，估计结果优于其他两个估计量。与简单估计量 $\hat{A}$ 相比，估计量 $\hat{A}_{PPS}$ 与比率估计量 $\hat{A}_R$ 的标准差估计更接近。相比较而言，比率估计量 $\hat{A}_R$ 的观察值 3508 更合理。如果标准

差估计值作为估计量优良性评价标准,结论会受到样本随机性的影响。如果再进行一次随机模拟抽取新的样本,分析结论可能会不一致。结论可信度的更合理判断标准是将估计结果与该地区 12779 个调查小区的规模以下服务业企业的营业收入总额的总体均值进行对比。在实际的调查工作中,总体均值等往往未知,这种比较很难进行。

小　结

本章介绍了单级整群抽样的基础知识。单级整群抽样的抽样框构造相对简单,样本基本单元的地理散布往往相对集中,节省调查费用。单级整群抽样包括群规模相等和群规模不等两种情况。在群规模相等的情况下,可以采用不放回等概率单级整群抽样。在群规模不等的情况下,可以采用不放回等概率单级整群抽样,也可以采用按概率与群规模成比例的有放回不等概率单级整群抽样。本章的知识要点如下。

1. 由总体基本单元组成的群体,成为群单元。以群单元为抽样单元的抽样称为整群抽样。如果对所抽取的群单元中全部基本单元都进行调查,这类抽样称为单级整群抽样。

2. 单级整群抽样的样本单元的地理散布往往相对集中,可以节省调查的差旅费用。

3. 群规模相等,即 $M_1 = M_2 = \cdots = M_N = M_0$,往往采用不放回等概率单级整群抽样,总体均值和总体比例的简单估计量如表 6.24。

表 6.24　不放回等概率单级整群抽样的简单估计量及方差和方差估计

	总体均值	总体比例
估计量	$\hat{\bar{\bar{Y}}} = \dfrac{1}{nM_0}\sum_{i=1}^{n} y_i$	$\hat{P} = \dfrac{1}{nM_0}\sum_{i=1}^{n} a_i$
方差	$V(\hat{\bar{\bar{Y}}}) = \dfrac{(1-f)S_b^2}{nM_0}$	$V(\hat{P}) = \dfrac{1-f}{n(N-1)}\sum_{i=1}^{N}(P_i - P)^2$
方差估计	$v(\hat{\bar{\bar{Y}}}) = \dfrac{(1-f)s_b^2}{nM_0}$	$v(\hat{P}) = \dfrac{1-f}{n(n-1)}\sum_{i=1}^{n}(p_i - p)^2$

4. 总体群内相关系数 ρ 描述群内基本单元标志值之间的相关性,

$$\rho = \frac{2\sum_{i=1}^{N}\sum_{k=1}^{M_i}\sum_{j<k}(y_{ij} - \bar{\bar{Y}})(y_{ik} - \bar{\bar{Y}})}{(M_0 - 1)(NM_0 - 1)S^2}$$

群内相关系数的估计为 $\hat{\rho} = (s_b^2 - s^2)/[(M_0 - 1)s^2]$。

5. 为了估计总体均值 $\bar{Y}$,抽样方案 A 的设计效应 $Deff(\hat{\bar{Y}}_A) = V(\hat{\bar{Y}}_A)/V(\hat{\bar{Y}}_{SI})$,其中 $V(\hat{\bar{Y}}_{SI})$ 为相同容量情况下简单随机样本的简单估计量 $\hat{\bar{Y}}_{SI}$ 的方差。当群规模相等时,单级整群抽样的设计效应为 $1 + (M_0 - 1)\rho$。

6. 给定估计量精度限制,先计算满足估计量精度要求的简单随机抽样的样本量 n^*,$n_A = Deff(\hat{\bar{Y}}_A)n^*$ 即为满足估计量精度要求的复杂抽样方案 A 的基本单元数量。满足估计量精度要求的单级整群抽样需要抽取的基本单元数为 $Deff(\hat{\bar{\bar{Y}}})n^*$,则群单元数 n 为

$Deff(\hat{\bar{\bar{Y}}})n^*/M_0$。

7. 当群规模不相等，采用不放回等概率单级整群抽样，构造简单估计量和比率估计量，采用有放回不等概率单级整群抽样，构造 PPS 估计量。总体总值的估计见表 6.25，C 类单元总数的估计量见表 6.26。

表 6.25 总体总值估计量及其方差和方差估计

		总体总值
简单估计量	估计量	$\hat{Y}=\frac{N}{n}\sum_{i=1}^{n}y_i$
	方差	$V(\hat{Y})=\frac{N^2(1-f)}{n}\left[\frac{1}{N-1}\sum_{i=1}^{N}(y_i-\bar{Y})^2\right]$
	方差估计	$v(\hat{Y})=\frac{N^2(1-f)}{n}\left[\frac{1}{n-1}\sum_{i=1}^{n}(y_i-\bar{y})^2\right]$
比率估计量	估计量	$\hat{Y}_R=\frac{M\sum_{i=1}^{n}y_i}{\sum_{i=1}^{n}M_i}$
	方差	$V(\hat{Y}_R)=\frac{N^2(1-f)}{n}\left[\frac{1}{N-1}\sum_{i=1}^{N}(y_i-M_i\bar{\bar{Y}})^2\right]$
	方差估计	$v(\hat{Y}_R)=\frac{N^2(1-f)}{n}\left[\frac{1}{n-1}\sum_{i=1}^{n}(y_i-M_i\bar{\bar{y}})^2\right]$
PPS估计量	估计量	$\hat{Y}_{PPS}=\frac{M}{n}\sum_{i=1}^{n}\frac{y_i}{M_i}$
	方差	$V(\hat{Y}_{PPS})=\frac{M}{n}\sum_{i=1}^{N}M_i(\bar{Y}_i-\bar{\bar{Y}})^2$
	方差估计	$v(\hat{Y}_{PPS})=\frac{M^2}{n(n-1)}\sum_{i=1}^{n}\left(\frac{y_i}{M_i}-\frac{\hat{Y}_{PPS}}{M}\right)^2$

表 6.26 C 类单元总数的估计量及其方差和方差估计

		C 类单元总数
简单估计量	估计量	$\hat{A}=\frac{N}{n}\sum_{i=1}^{n}a_i$
	方差	$V(\hat{A})=\frac{N^2(1-f)}{n}\left[\frac{\sum_{i=1}^{N}(A_i-\bar{A})^2}{N-1}\right]$
	方差估计	$v(\hat{A})=\frac{N^2(1-f)}{n}\left[\frac{\sum_{i=1}^{n}(a_i-\bar{a})^2}{n-1}\right]$

续表

		C 类单元总数
比率估计量	估计量	$\hat{A}_R = \dfrac{M\sum_{i=1}^{n} a_i}{\sum_{i=1}^{n} M_i}$
	方差	$V(\hat{A}_R) = \dfrac{N^2(1-f)}{n}\left[\dfrac{1}{N-1}\sum_{i=1}^{N} M_i^2 (P_i - P)^2\right]$
	方差估计	$v(\hat{A}_R) = \dfrac{N^2(1-f)}{n}\left[\dfrac{1}{n-1}\sum_{i=1}^{n} M_i^2 (p_i - p)^2\right]$
PPS 估计量	估计量	$\hat{A}_{PPS} = \dfrac{M}{n}\sum_{i=1}^{n}\dfrac{a_i}{M_i}$
	方差	$V(\hat{A}_{PPS}) = \dfrac{M}{n}\sum_{i=1}^{N} M_i (P_i - P)^2$
	方差估计	$v(\hat{A}_{PPS}) = \dfrac{M^2}{n(n-1)}\sum_{i=1}^{n}\left(\dfrac{a_i}{M_i} - \dfrac{\hat{A}_{PPS}}{M_0}\right)^2$

习　题

1. 什么是单级整群抽样，整群抽样的主要步骤？单级整群抽样和简单随机抽样、分层抽样的区别？单级整群抽样估计量的精度通常不如简单随机个体抽样，为什么有时还要采用单级整群抽样方案？

2. 试对单级整群抽样与简单随机个体抽样的设计效应进行比较，然后回答，当接到一项调查任务时，你首先会考虑采取个体抽样还是采用整群抽样？在什么情况下你会考虑采用整群抽样？

3. 学生宿舍每室 8 人，现从全校共 100 个男生宿舍中用简单随机抽样方法抽取出 5 个宿舍，调查每个宿舍每个人的生活费月支出额（单位：元），数据见表 6.27。试根据这个样本估计全校男生平均每人生活费月支出额。

表 6.27　五个宿舍生活费月支出额的数据　　单位：元

宿舍号	每人的生活费月支出额							
1	800	1000	920	630	750	720	610	820
2	700	680	940	1100	580	680	740	880
3	600	600	710	890	910	900	580	740
4	860	830	840	980	760	660	590	640
5	690	780	870	960	580	850	910	870

4. 从某地区 1000 个居委会共计 50 万户居民中，采用简单随机抽样，抽取 30 个居民委员会。对所抽取的居委会的全体居民进行调查，调查每户一个月消费牛奶的数量。各居委会全体居民一个月消费牛奶总数量和居委会的居民户数见表 6.28。分别用简单估计量和比

率估计量(以居委会的居民户数为分母)估计该地区居民一个月消费牛奶的总量。

表 6.28 牛奶消费量和居民户数的调查数据

序号	牛奶消费量(公斤)	户数	序号	牛奶消费量(公斤)	户数
1	1010	100	16	9290	940
2	1785	180	17	8970	890
3	5896	600	18	4420	430
4	5020	500	19	3520	360
5	3800	400	20	1895	190
6	6800	720	21	7940	780
7	3870	380	22	2380	890
8	1190	110	23	4894	490
9	7890	800	24	3848	390
10	1320	120	25	8806	870
11	5510	540	26	9548	960
12	1980	210	27	7510	740
13	3300	320	28	2946	300
14	6540	640	29	2308	210
15	1020	98	30	1450	150

5. 某地有 200 个农贸市场,从业者共计 16000 户。现用简单随机抽样方法抽取 10 个农贸市场,调查每个农贸市场的从业者户数和四月份营业额,数据见表 6.29。(1)试分别用简单估计量和比率估计量估计该地区农贸市场四月份营业总额。(样本不够大而产生的偏差可忽略不计)。(2)如果表 6.29 的调查是采用有放回不等概率单级整群抽样,重新估计该地区农贸市场四月份营业总额。

表 6.29 从业者户数和四月份营业额的调查数据

序号	从业者户数	营业额(万元)	序号	从业者户数	营业额(万元)
1	20	18	6	70	78
2	50	52	7	60	49
3	80	69	8	50	58
4	100	110	9	120	130
5	40	42	10	200	250

6. 某公司有员工 5000 人,有员工宿舍 260 个。用简单随机抽样方法抽出 5 个宿舍,调查每人的每月伙食费支出,数据见表 6.30。根据调查数据已经得到全公司所有员工中每月伙食费支出为 1000 元及以上人数所占比例的点估计为 12/33=36.36%,试计算这个估计量的标准差估计。

表 6.30 公司员工每月伙食费支出数据

序号	全室员工数	月支出 1000 元及以上人数
1	7	3
2	6	2
3	7	3
4	5	1
5	8	3
合计	33	12

7. 某地有养鸡户 500 户，以简单随机抽样方式从中抽取 5 户，调查每个养鸡户的养鸡数和良种鸡数，数据见表 6.31。试估计全地区养鸡户的养鸡总数。如果知道全地区养鸡户养鸡总数为 250000 只，试用简单估计量和比率估计量估计该地饲养的良种鸡所占比例。

表 6.31 养鸡户的养鸡数和良种鸡数

序号	养鸡只数	良种鸡只数
1	300	300
2	50	0
3	300	40
4	700	400
5	150	150

8. 调查某居民小区居民的电话拥有情况。以每个楼层为群单元进行单级整群抽样，每个楼层都有 8 个住户。采用简单随机抽样，从全部 510 个楼层中抽取 12 个楼层，表 6.32 是 12 个楼层中装有电话的住户数 a_i 及占该楼层居民户比例 p_i 的数据。试估计该小区居民的电话拥有率。

表 6.32 楼层装有电话的住户数

i	a_i	p_i	i	a_i	p_i
1	4	0.500	7	5	0.625
2	3	0.375	8	2	0.250
3	5	0.625	9	6	0.750
4	6	0.750	10	4	0.500
5	3	0.375	11	3	0.375
6	4	0.500	12	5	0.625

9. 某大学为了估计全校学生对本市 A、B 两个爱心儿童村的捐款总数，从全校 120 个班级中随机抽取 10 个班级进行调查，每个班级的人数都为 40 人，每个班级捐款数据见表 6.33。试估计该校学生平均捐款数和捐款总数，给出该校学生捐款总数估计值的方差估计和在置信概率 95%下的置信区间。

表 6.33　班级捐款数据　　单位:元

班级	1	2	3	4	5	6	7	8	9	10
捐款数	221	192	198	260	230	201	257	193	205	243

10. 设某商贸集团下辖 25 个超市,共有销售人员 976 人。采用概率与每个超市人员数成比例的有放回不等概率抽样,抽取 10 个超市,调查每个超市的销售人员数、季度销售额(单位:万元),调查数据见表 6.34。其中有一个超市被抽取两次,编号为 3 和 10。试估计商贸集团的季度销售总额。

表 6.34　超市的季度销售额

超市编号	销售人员数(人)	超市销售额总和(万元)	平均每人销售额(万元)
1	13	17888	1376
2	32	35264	1102
3	11	12331	1121
4	32	41312	1291
5	32	43264	1352
6	36	39780	1105
7	38	46702	1229
8	30	30120	1004
9	20	20280	1014
10	11	12331	1121

第七章 两级抽样

第六章介绍单级整群抽样，先利用概率抽样方式抽取群单元，再调查所抽取群中的全部单元。单级整群抽样的单元往往比较集中，有利调查的顺利完成。但在有些情况下，群内的单元数很大，调查群内的全部单元会花费较多费用和时间。另外，若群中的单元标志值具有较强相似性，则没有必要调查群内的全部单元，可以采用简单随机抽样从每个群中抽取一定数量的单元作为样本，对群单元标志进行估计。先采用概率抽样方法从总体中抽取一定数量的群，再从所抽取的群中抽取若干基本单元，抽取的全部基本单元组合为总样本，整个抽样过程称为两级抽样。

本章主要介绍两级抽样，抽取群单元的方法包括等概率抽样与不等概率抽样。本章包含六节内容，第一节介绍两级抽样的基本概念；第二节介绍群规模相等的两级抽样的估计量；第三、四节给出群规模不等的两级抽样的估计量；第五节讨论两级抽样的估计量比较；第六节介绍两级抽样的模拟案例。

本章的符号说明

N	总体的群数
M_i	第 i 个群的单元数
M	总体的单元数，$M=\sum_{i=1}^{N}M_i$
y_{ij}	第 i 个群第 j 个单元的标志值
Y_i	第 i 个群的总值，$Y_i=\sum_{j=1}^{M_i}y_{ij}$
$\bar{Y}_i$	第 i 个群的均值，$\bar{Y}_i=Y_i/M_i$
$\bar{Y}$	总体的群均值，$\bar{Y}=\sum_{i=1}^{N}Y_i/N$
$\bar{\bar{Y}}$	总体均值，$\bar{\bar{Y}}=\sum_{i=1}^{N}Y_i/M$
S_{2i}^2	第 i 个群的方差，$S_{2i}^2=\sum_{i=1}^{M_i}(y_{ij}-\bar{Y}_i)^2/(M_i-1)$
S_b^2	总体群间方差，$S_b^2=\sum_{i=1}^{N}(\bar{Y}_i-\bar{\bar{Y}})^2/(N-1)$
S_W^2	总体群内方差，$S_W^2=\sum_{i=1}^{N}\sum_{j=1}^{M_i}(y_{ij}-\bar{Y}_i)^2/\sum_{i=1}^{N}(M_i-1)$
P_i	第 i 个群的比例，$P_i=A_i/M_i$，第 i 个群 C 类单元数为 A_i
P	总体比例，$P=\sum_{i=1}^{N}A_i/M$
n	样本的群个数
m	样本的单元数，$m=\sum_{i=1}^{n}m_i$
m_i	第 i 个群的样本单元数
y_i	第 i 个群的样本总值，$y_i=\sum_{j=1}^{m_i}y_{ij}$

$\bar{y}_i$　　第 i 个群的样本均值，$\bar{y}_i = y_i / m_i$

$\bar{y}$　　样本的群均值，$\bar{y} = \sum_{i=1}^{n} y_i / n$

$\bar{\bar{y}}$　　样本均值，$\bar{\bar{y}} = \sum_{i=1}^{n} y_i / m$

s_{2i}^2　　第 i 个群的样本方差，$s_{2i}^2 = \sum_{i=1}^{m_i} (y_{ij} - \bar{y}_i)^2 / (m_i - 1)$

p_i　　第 i 个群的样本比例，$p_i = a_i / m_i$，第 i 个群 C 类单元数为 a_i

p　　样本比例，$p = \sum_{i=1}^{n} a_i / m$

第一节　概述

两级抽样，也称为两阶段抽样，是常用的一种概率抽样方法。在有些情况下，两级抽样便于实施，估计量也具有优良的统计性质。

一、两级抽样的定义

对于两级抽样，群单元称为初级抽样单元或一级抽样单元。每个初级抽样单元可以由基本单元组成，也可以由群单元组成，称为次级抽样单元或二级抽样单元。采用概率抽样方法抽取初级抽样单元，再采用概率抽样方法抽取次级抽样单元，相应的抽样过程称为两级抽样。如果再继续对次级抽样单元进行概率抽样，则整个抽样过程称为三级抽样。以此类推。两级抽样的实施过程主要分为两步。

第一步，建立总体的一级抽样单元抽样框，简称为一级抽样框。采用概率抽样方式从一级抽样框中抽取事先确定数量的一级抽样单元。一级抽样单元的抽取可以选择不放回等概率抽样或者有放回不等概率抽样。抽取一级抽样单元的抽样过程也称为第一级抽样。

第二步，将抽取的一级抽样单元分别作为总体，建立二级抽样单元抽样框，简称为二级抽样框。采用概率抽样方式分别从二级抽样框中抽取事先确定数量的二级抽样单元。可以选择不放回等概率抽样或者有放回不等概率抽样抽取二级抽样单元，进行调查。抽取二级抽样单元的抽样过程称为第二级抽样。将所有抽取的二级抽样单元合到一起，作为两级抽样的样本。

对于两级抽样，一级抽样单元的抽取可以采用简单随机抽样或分层随机抽样等概率抽样方法；二级抽样单元的抽取也可以采用简单随机抽样或分层随机抽样。例如，为了调查某地区的经济发展情况，将该地区每个居（村）委会作为一级抽样单元，每个调查小区作为二级抽样单元。采用简单随机抽样，从总体中抽取若干居（村）委会；再采用简单随机抽样，从抽取的居（村）委会中抽取若干调查小区，将抽取的所有调查小区作为两级抽样的样本。在这个例子中，也可以将该地区的居（村）委会划分为城镇和农村两部分，采用分层随机抽样抽取居（村）委会，再分别抽取调查小区作为两级抽样的样本。

二、两级抽样的优点

两级抽样的一级抽样单元是群单元，再从一级抽样单元中抽取二级抽样单元，这样的抽样过程有如下优点。

1. 对于相同数量的基本单元，两级抽样的调查费用往往低于个体抽样的调查费用。两级抽样保持了单级整群抽样的基本单元地理位置相对集中的特点，调查实施方便，每个基本单元的平均调查时间少，平均调查费用低。

2. 单级整群抽样需要对群单元中的全部单元进行调查，而两级抽样是在满足估计量的精度限制的条件下，再采用概率抽样方式从群单元中抽取若干单元进行调查，两级抽样抽取的基本单元数量相对更小，调查成本相对更低，调查时间也相对更少。特别地，如果群单元内的基本单元标志值的差异小，两级抽样的设计效应更好。

3. 两级抽样减小了构造抽样框的工作量。第一级抽样需要总体的群抽样框。第二级抽样的抽样框都是被抽取的群单元的，并不需要其他群单元的抽样框。在有些应用中，这会为实际调查工作带来很大方便。在大型的抽样调查中，基本单元数量可能会非常大，基本单元抽样框的编制需要大量的人力和费用，抽样框编制过程也往往会遇到很多困难，甚至在当时的条件下，抽样框的编制可能无法完成。类似于单级整群抽样，采用两级抽样会减小基本单元抽样框的编制困难。

鉴于上述优点，两级抽样主要应用于如下场合。

1. 基本单元具有明确的行政隶属关系或易于群单元划分。

2. 用于“散料”抽样，即从连续松散的、不易区分的个体或抽样单元的总体中进行抽样。例如，对一列火车满载的袋装水泥质量进行抽样调查，随机地抽取一袋水泥，再随机从袋中抽取水泥样品。为了检测大型仓库中的粮食含水量，随机地选择一间库房，再随机选择从该库房的若干高度，抽取粮食样本。

第二节　群规模相等的两级抽样

记群单元总数为 N，群单元的规模分别记为 $M_1, M_2, \cdots, M_N$。本节群单元的规模是群单元包含的基本单元总数。当群单元规模相等时，记 $M_1 = \cdots = M_N = M_0$，总体的规模记为 $M = \sum_{i=1}^{N} M_i = NM_0$。记样本的群单元总数为 n，分别包含的基本单元总数记为 $m_1, m_2, \cdots, m_n$。其中 $m_1, m_2, \cdots, m_n$ 可以相等，也可以不相等，本节假设 $m_1 = m_2 = \cdots = m_n = m_0$。本节讨论的两级抽样是先采用简单随机抽样，从 N 个群单元抽出 n 个群单元，再从入样的 n 个群单元中分别抽取 $m_1, m_2, \cdots, m_n$ 个基本单元。在第二级抽样中，从抽取的群单元中抽取基本单元是独立进行的。特别地，当 $N = n$ 时，两级抽样抽取全部群单元，这样的两级抽样等价于分层随机抽样。当 $m_1 = M_1, m_2 = M_2, \cdots, m_n = M_n$ 时，这样的两级抽样等价于单级整群抽样。

记 Y_i 为第 i 个群单元的标志值，y_{ij} 为第 i 个群单元第 j 个基本单元的标志值。于是，总体总值为

$$Y = \sum_{i=1}^{N} \sum_{j=1}^{M_i} y_{ij} = \sum_{i=1}^{N} Y_i$$

基本单元标志值的平均值称为总体均值，用 $\bar{\bar{Y}}$ 表示，表达式为

$$\bar{\bar{Y}} = \frac{Y}{M} = \frac{1}{M} \sum_{i=1}^{N} \sum_{j=1}^{M_i} y_{ij} = \frac{1}{M} \sum_{i=1}^{N} Y_i$$

第 i 个群单元中全部基本单元标志值的平均值称为第 i 个群均值，用 $\bar{Y}_i$ 表示，表达式为

$$\bar{Y}_i = \frac{1}{M_i}\sum_{j=1}^{M_i} y_{ij} = \frac{Y_i}{M_i}$$

全部群单元标志值的平均值称为群均值，用 $\bar{Y}$ 表示，表达式为

$$\bar{Y} = \frac{Y}{N} = \frac{1}{N}\sum_{i=1}^{N} Y_i = \frac{1}{N}\sum_{i=1}^{N}\sum_{j=1}^{M_i} y_{ij} = \frac{1}{N}\sum_{i=1}^{N} M_i \bar{Y}_i$$

一、总体均值和总体总值的估计

（一）总体均值和总体总值的估计量

记样本中第 i 个群单元的标志值记为 y_i，第 i 个群单元中第 j 个基本单元的标志值记为 y_{ij} 。于是，样本总值为

$$y = \sum_{i=1}^{n}\sum_{j=1}^{m_i} y_{ij} = \sum_{i=1}^{n} y_i$$

样本中基本单元标志值的平均值称为样本均值，用 $\bar{\bar{y}}$ 表示，表达式为

$$\bar{\bar{y}} = \frac{y}{nm_0} = \frac{1}{nm_0}\sum_{i=1}^{n}\sum_{j=1}^{m_i} y_{ij} = \frac{1}{nm_0}\sum_{i=1}^{n} y_i$$

样本的第 i 个群单元中基本单元标志值的平均值称为第 i 个群样本均值，用 $\bar{y}_i$ 表示，表达式为

$$\bar{y}_i = \frac{1}{m_i}\sum_{j=1}^{m_i} y_{ij} = \frac{y_i}{m_i}$$

本节的两级抽样是采用简单随机抽样方式抽取群单元，再用简单随机抽样方式抽取群内的基本单元。简单随机抽样的样本均值是总体均值的无偏估计量。类似地，第二级抽样为简单随机抽样的样本均值是群均值的无偏估计量，第一级抽样为简单随机抽样的样本均值是总体均值的无偏估计量。对于两级抽样，第一级抽样从 N 个群单元中不放回等概率抽取了 n 个单元，n 个群单元标志值分别记为 $Y_1,\cdots,Y_n$，总体总值 Y 的简单估计量可以表示为 $\hat{Y} = N(Y_1 + \cdots + Y_n)/n$ 。由于 $Y_1,\cdots,Y_n$ 都未知，需要利用样本进行估计。为了估计 $Y_1,\cdots,Y_n$，分别独立地从入样的群单元中抽取 $m_1, m_2,\cdots,m_n$ 个基本单元，标志值分别为 $y_{11},\cdots,y_{1m_1},\cdots,y_{n1},\cdots,y_{nm_n}$，群单元 $Y_1,\cdots,Y_n$ 的估计量分别为 $\hat{Y}_1 = M_1(y_{11}+\cdots+y_{1m_1})/m_1 = M_1\bar{y}_1,\cdots,\hat{Y}_n = M_n(y_{n1}+\cdots+y_{nm_n})/m_n = M_n\bar{y}_n$ 。从而，

$$\frac{N(\hat{Y}_1+\cdots+\hat{Y}_n)}{n} = \frac{(M_1\bar{y}_1+\cdots+M_n\bar{y}_n)N}{n}$$

$$= \frac{\left[\dfrac{M_1(y_{11}+\cdots+y_{1m_1})}{m_1}+\cdots+\dfrac{M_n(y_{n1}+\cdots+y_{nm_n})}{m_n}\right]N}{n}$$

总体总值 Y 的估计量 $\hat{Y}$ 为

$$\hat{Y} = \frac{N}{n}\sum_{i=1}^{n}\hat{Y}_i = \frac{N}{n}\sum_{i=1}^{n} M_i\bar{y}_i = \frac{NM_0}{nm_0}\sum_{i=1}^{n}\sum_{i=1}^{m_i} y_{ij} = M\bar{\bar{y}}$$

总体均值 $\bar{\bar{Y}}$ 的估计量 $\hat{\bar{\bar{Y}}}$ 为

$$\hat{\bar{\bar{Y}}}=\frac{\hat{Y}}{M}=\frac{1}{nm_0}\sum_{i=1}^{n}\sum_{j=1}^{m_i}y_{ij}=\bar{\bar{y}}$$

定理 7.1 对于两级抽样，若两个阶段的抽样都是简单随机抽样，总体总值估计量 $\hat{Y}$ 是总体总值 Y 的无偏估计，$E(\hat{Y})=Y$ 。

证明： 两级抽样是采用简单随机抽样方式抽取群单元，再用简单随机抽样方式抽取群内的基本单元。总体总值 Y 的估计方法是先利用基本单元标志值估计群单元值，再根据群单元值估计总体总值 Y 。为了计算总体总值 Y 的估计量 $\hat{Y}$ 的数学期望，先计算群单元标志值 $Y_1,\cdots,Y_n$ 的估计量 $\hat{Y}_1,\cdots,\hat{Y}_n$ 的数学期望，

$$\begin{cases}E_2(\hat{Y}_1)=E_2\left[\dfrac{M_1(y_{11}+\cdots+y_{1m_1})}{m_1}\right]=Y_1\\ \vdots\\ E_2(\hat{Y}_n)=E_2\left[\dfrac{M_n(y_{n1}+\cdots+y_{nm_n})}{m_n}\right]=Y_n\end{cases}$$

其中对于 $i=1,\cdots,n$ ，$E_2(\hat{Y}_i)$ 表示将第 i 个入样的群单元作为总体，用它的样本 $y_{i1},\cdots,y_{im_i}$ 估计第 i 个群总值 Y_i 的简单估计量的数学期望。

$$E_2(\hat{Y})=E_2\left[\frac{N(\hat{Y}_1+\cdots+\hat{Y}_n)}{n}\right]=\frac{N[E_2(\hat{Y}_1)+\cdots+E_2(\hat{Y}_n)]}{n}=\frac{N(Y_1+\cdots+Y_n)}{n}$$

总体总值 Y 的估计量 $\hat{Y}$ 的数学期望，

$$E_1\left[\frac{N(Y_1+\cdots+Y_n)}{n}\right]=N\bar{Y}=Y$$

其中 $E_1(\cdot)$ 表示利用 n 个群单元标志值估计总体总值 Y 。上述过程写为

$$E(\hat{Y})=E_1[E_2(\hat{Y})]=E_1\left[\frac{N(Y_1+\cdots+Y_n)}{n}\right]=Y \tag{7.1}$$

所以，估计量 $\hat{Y}$ 是总体总值 Y 的无偏估计。

推理 7.1 对于两级抽样，若两个阶段的抽样都是简单随机抽样，则总体均值估计量 $\hat{\bar{\bar{Y}}}$ 是总体均值 $\bar{\bar{Y}}$ 的无偏估计，即 $E(\hat{\bar{\bar{Y}}})=E(\bar{\bar{y}})=\bar{\bar{Y}}$ 。

推论 7.1 的证明可以根据定理 7.1 直接得到，这里省略推论 7.1 的证明过程。

（二）总体均值估计量和总体总值估计量的方差

两级抽样的总体方差 $S^2=\sum_{i=1}^{N}\sum_{j=1}^{M_i}(y_{ij}-\bar{\bar{Y}})^2/(NM_0-1)$ 。第 i 个群单元方差 $S_i^2=\sum_{j=1}^{M_i}(y_{ij}-\bar{Y}_i)^2/(M_i-1)$ ，描述第 i 个群单元内的基本单元标志值的变异性。所有群单元方差的平均值称为总体群内方差，用 S_W^2 表示，$S_W^2=\sum_{i=1}^{N}S_i^2/N=\sum_{i=1}^{N}\sum_{j=1}^{M_i}(y_{ij}-\bar{Y}_i)^2/[N(M_0-1)]$ 。总体群间方差 $S_b^2=M_0\sum_{i=1}^{N}(\bar{Y}_i-\bar{\bar{Y}})^2/(N-1)$ ，描述群单元之间基本单元标志值的变异性。

定理 7.2 对于两级抽样，若两个阶段的抽样都是简单随机抽样，则总体均值 $\bar{\bar{Y}}$ 的估计量 $\hat{\bar{\bar{Y}}}$ 的方差为

$$V(\bar{\bar{\hat{Y}}}) = \frac{(1-f_2)S_W^2}{m_0 n} + \frac{(1-f_1)S_b^2}{nM_0} \tag{7.2}$$

其中 $f_1 = n/N$ 为第一级抽样的抽样比，$f_2 = m_0/M_0$ 为第二级抽样的抽样比。

证明:两级抽样的总体均值 $\bar{\bar{Y}}$ 的估计方法是先利用基本单元标志值估计群单元值，再根据群单元值的平均对总体均值 $\bar{\bar{Y}}$ 进行估计。为了计算总体均值 $\bar{\bar{Y}}$ 的估计量 $\hat{\bar{\bar{Y}}}$ 的方差 $V(\hat{\bar{\bar{Y}}})$，有

$$\begin{aligned}
V(\hat{\bar{\bar{Y}}}) &= E(\hat{\bar{\bar{Y}}} - \bar{\bar{Y}})^2 = E(\hat{\bar{\bar{Y}}})^2 - 2\bar{\bar{Y}}E(\hat{\bar{\bar{Y}}}) + \bar{\bar{Y}}^2 \\
&= E_1E_2(\hat{\bar{\bar{Y}}})^2 - 2\bar{\bar{Y}}E_1E_2(\hat{\bar{\bar{Y}}}) + \bar{\bar{Y}}^2 \\
&= E_1E_2(\hat{\bar{\bar{Y}}})^2 - E_1[E_2(\hat{\bar{\bar{Y}}})]^2 + E_1[E_2(\hat{\bar{\bar{Y}}})]^2 - 2\bar{\bar{Y}}E_1E_2(\hat{\bar{\bar{Y}}}) + \bar{\bar{Y}}^2 \\
&= E_1\{E_2(\hat{\bar{\bar{Y}}})^2 - [E_2(\hat{\bar{\bar{Y}}})]^2\} + E_1[E_2(\hat{\bar{\bar{Y}}}) - \bar{\bar{Y}}]^2 \\
&= E_1[V_2(\hat{\bar{\bar{Y}}})] + V_1[E_2(\hat{\bar{\bar{Y}}})]
\end{aligned}$$

其中 $V_2(\hat{\bar{\bar{Y}}}) = E_2(\hat{\bar{\bar{Y}}})^2 - [E_2(\hat{\bar{\bar{Y}}})]^2$，表示群单元值 $\bar{Y}_1,\cdots,\bar{Y}_n$ 的估计量 $\hat{\bar{Y}}_1,\cdots,\hat{\bar{Y}}_n$ 的方差。由于群单元 $\bar{Y}_1,\cdots,\bar{Y}_n$ 是等概率抽取的，$V_2(\hat{\bar{\bar{Y}}})$ 是随机变量，$E_2(\hat{\bar{\bar{Y}}})$ 也是随机变量，其方差为 $V_1[E_2(\hat{\bar{\bar{Y}}})] = E_1[E_2(\hat{\bar{\bar{Y}}}) - \bar{\bar{Y}}]^2 = E_1\{E_2(\hat{\bar{\bar{Y}}}) - E_1[E_2(\hat{\bar{\bar{Y}}})]\}^2$。

$$\begin{aligned}
V(\hat{\bar{\bar{Y}}}) &= E_1\left[V_2\left(\frac{1}{n}\sum_{i=1}^n \bar{y}_i\right)\right] + V_1\left[E_2\left(\frac{1}{n}\sum_{i=1}^n \bar{y}_i\right)\right] \\
&= E_1\left[\frac{1}{n^2}\sum_{i=1}^n V_2(\bar{y}_i)\right] + V_1\left[\frac{1}{n}\sum_{i=1}^n E_2(\bar{y}_i)\right] \\
&= E_1\left[\frac{1}{n^2}\sum_{i=1}^n \frac{(1-f_2)S_{2i}^2}{m_0}\right] + V_1\left(\frac{1}{n}\sum_{i=1}^n \bar{Y}_i\right) \\
&= \frac{1}{n^2}\sum_{i=1}^n\left[\frac{(1-f_2)E_1(S_{2i}^2)}{m_0}\right] + \frac{(1-f_1)}{n}\left[\frac{1}{N-1}\sum_{i=1}^N(\bar{Y}_i - \bar{\bar{Y}})^2\right] \\
&= \frac{(1-f_2)}{m_0 n}\left(\frac{1}{N}\sum_{i=1}^N S_{2i}^2\right) + \frac{(1-f_1)}{n}\left[\frac{1}{N-1}\sum_{i=1}^N(\bar{Y}_i - \bar{\bar{Y}})^2\right] \\
&= \frac{(1-f_2)S_W^2}{m_0 n} + \frac{(1-f_1)S_b^2}{nM_0}
\end{aligned}$$

定理得证。

根据定理 7.2，两级抽样的总体均值估计量 $\hat{\bar{\bar{Y}}}$ 的方差 $V(\hat{\bar{\bar{Y}}})$ 包括两部分，分别为 $(1-f_2)S_W^2/(m_0 n)$ 和 $(1-f_1)S_b^2/(nM_0)$。其中，第一部分 $(1-f_2)S_W^2/(m_0 n)$ 主要由群内方差决定，描述群内的基本单元标志值的变异性；$(1-f_1)S_b^2/(nM_0)$ 主要是由群间方差决定，描述群单元值的变异性。从而，估计量 $\hat{\bar{\bar{Y}}}$ 的方差 $V(\hat{\bar{\bar{Y}}})$ 由群内方差和群间方差共同决定。特别地，当 $f_1 = 1$，相应的抽样方法为分层随机抽样，估计量 $\hat{\bar{\bar{Y}}}$ 的方差 $V(\hat{\bar{\bar{Y}}}) = (1-f_2)S_W^2/(m_0 n)$ 也是分层随机抽样的简单估计量的方差。当 $f_2 = 1$，相应的抽样方法为单级整群抽样，估计量 $\hat{\bar{\bar{Y}}}$ 的方差 $V(\hat{\bar{\bar{Y}}}) = (1-f_1)S_b^2/(nM_0)$ 也是单级整群抽样的简单估计量的方差。

推论 7.2　对于两级抽样,若两个阶段的抽样都是简单随机抽样,总体总值 Y 的估计量 $\hat{Y}$ 的方差为

$$V(\hat{Y})=V(M\hat{\bar{\bar{Y}}})=M^2V(\hat{\bar{\bar{Y}}})=\frac{(1-f_2)M^2S_W^2}{m_0n}+\frac{(1-f_1)M^2S_b^2}{nM_0} \tag{7.3}$$

(三)总体均值估计量和总体总值估计量的方差估计

两级抽样的样本方差 $s^2=\sum_{i=1}^{n}\sum_{j=1}^{m_i}(y_{ij}-\bar{\bar{y}})^2/(nm_0-1)$,第 i 个群的样本方差 $s_{2i}^2=\sum_{j=1}^{m_i}(y_{ij}-\bar{y}_i)^2/(m_i-1)$,$s_w^2=\sum_{i=1}^{n}\sum_{j=1}^{m_i}(y_{ij}-\bar{y}_i)^2/[n(m_i-1)]$ 为样本群内方差,$s_b^2=M_0\sum_{i=1}^{n}(\bar{y}_i-\bar{\bar{y}})^2/(n-1)$ 为样本群间方差。基于简单随机抽样的性质,有 $E_2(s_{2i}^2)=E_2(S_{2i}^2)=\sum_{j=1}^{M_i}(y_{ij}-\bar{Y}_i)^2/(M_i-1)$,第 i 个群的样本方差是第 i 个群方差的无偏估计量。从而,样本群内方差 s_w^2 的数学期望为

$$E(s_w^2)=E\left(\frac{1}{n}\sum_{i=1}^{n}s_{2i}^2\right)=E_1\left[\frac{1}{n}\sum_{i=1}^{n}E_2(s_{2i}^2)\right]=E_1\left(\frac{1}{n}\sum_{i=1}^{n}S_{2i}^2\right)$$

$$=\frac{1}{N}\sum_{i=1}^{N}S_{2i}^2=S_W^2 \tag{7.4}$$

样本群内方差 s_w^2 是总体群内方差的无偏估计。样本群间方差 s_b^2 的数学期望为

$$E(s_b^2)=E\left[\frac{M_0}{n-1}\sum_{i=1}^{n}(\bar{y}_i-\bar{\bar{y}})^2\right]=\frac{M_0}{n-1}E\left(\sum_{i=1}^{n}\bar{y}_i^2-n\bar{\bar{y}}^2\right)$$

$$=\frac{M_0}{n-1}E_1\left[\sum_{i=1}^{n}E_2(\bar{y}_i^2)-nE_2(\bar{\bar{y}}^2)\right]$$

其中,

$$E_2(\bar{y}_i^2)=V_2\left(\frac{1}{m_i}\sum_{j=1}^{m_i}y_{ij}\right)+\left[E_2\left(\frac{1}{m_0}\sum_{j=1}^{m_i}y_{ij}\right)\right]^2=\frac{(1-f_2)S_{2i}^2}{m_0}+\bar{Y}_i^2$$

$$E_2(\bar{\bar{y}}^2)=V_2\left(\frac{1}{n}\sum_{i=1}^{n}\bar{y}_i\right)+\left[E_2\left(\frac{1}{n}\sum_{i=1}^{n}\bar{y}_i\right)\right]^2$$

$$=\frac{1}{n^2}\sum_{i=1}^{n}V_2(\bar{y}_i)+\left(\frac{1}{n}\sum_{i=1}^{n}\bar{Y}_i\right)^2=\frac{1}{n^2}\sum_{i=1}^{n}\frac{(1-f_2)S_{2i}^2}{m_0}+\left(\frac{1}{n}\sum_{i=1}^{n}\bar{Y}_i\right)^2$$

从而,

$$\sum_{i=1}^{n}E_2(\bar{y}_i^2)-nE_2(\bar{\bar{y}}^2)=\sum_{i=1}^{n}\frac{(1-f_2)S_{2i}^2}{m_0}+\sum_{i=1}^{n}\bar{Y}_i^2$$

$$-\frac{1}{n}\sum_{i=1}^{n}\frac{(1-f_2)S_{2i}^2}{m_0}-n\left(\frac{1}{n}\sum_{i=1}^{n}\bar{Y}_i\right)^2$$

$$=\frac{n-1}{n}\sum_{i=1}^{n}\frac{(1-f_2)S_{2i}^2}{m_0}+\sum_{i=1}^{n}\left(\bar{Y}_i-\frac{1}{n}\sum_{i=1}^{n}\bar{Y}_i\right)^2$$

样本群间方差 s_b^2 的数学期望为

$$E(s_b^2)=\frac{M_0}{n-1}E_1\left[\frac{n-1}{n}\sum_{i=1}^{n}\frac{(1-f_2)S_{2i}^2}{m_0}+\sum_{i=1}^{n}\left(\bar{Y}_i-\frac{1}{n}\sum_{i=1}^{n}\bar{Y}_i\right)^2\right]$$

$$=\frac{(1-f_2)M_0}{m_0}E_1\left(\frac{1}{n}\sum_{i=1}^{n}S_{2i}^2\right)+M_0E_1\left[\frac{1}{n-1}\sum_{i=1}^{n}\left(\bar{Y}_i-\frac{1}{n}\sum_{i=1}^{n}\bar{Y}_i\right)^2\right]$$

$$=\frac{(1-f_2)M_0}{m_0}\frac{1}{N}\sum_{i=1}^{N}S_{2i}^2+\frac{M_0}{N-1}\sum_{i=1}^{N}(\bar{Y}_i-\bar{\bar{Y}})^2$$

$$=\frac{(1-f_2)M_0S_W^2}{m_0}+S_b^2$$

由于

$$E\left[s_b^2-\frac{(1-f_2)M_0s_w^2}{m_0}\right]=S_b^2+\frac{(1-f_2)M_0S_W^2}{m_0}-\frac{(1-f_2)M_0S_W^2}{m_0}=S_b^2$$

于是，总体群间方差 S_b^2 的无偏估计量为 $s_b^2-(1-f_2)M_0s_w^2/m_0$。依据上面的讨论，可以得到如下的定理。

定理 7.3 在两级抽样中，若两个阶段都是简单随机抽样，则总体均值 $\bar{\bar{Y}}$ 的估计量 $\hat{\bar{\bar{Y}}}$ 的方差估计为

$$v(\hat{\bar{\bar{Y}}})=\frac{(1-f_2)f_1s_w^2}{m_0n}+\frac{(1-f_1)s_b^2}{nM_0} \tag{7.5}$$

估计量 $\hat{\bar{\bar{Y}}}$ 的方差估计 $v(\hat{\bar{\bar{Y}}})$ 是方差 $V(\hat{\bar{\bar{Y}}})$ 的无偏估计量。

证明：根据前面的讨论可知，

$$E\left\{\frac{(1-f_2)s_w^2}{m_0n}+\frac{(1-f_1)}{nM_0}\left[s_b^2-\frac{(1-f_2)M_0s_w^2}{m_0}\right]\right\}=\frac{(1-f_2)S_W^2}{m_0n}+\frac{(1-f_1)S_b^2}{nM_0}=V(\hat{\bar{\bar{Y}}})$$

即

$$v(\hat{\bar{\bar{Y}}})=\frac{(1-f_2)s_w^2}{m_0n}+\frac{(1-f_1)}{nM_0}\left[s_b^2-\frac{(1-f_2)M_0s_w^2}{m_0}\right]=\frac{(1-f_2)f_1s_w^2}{m_0n}+\frac{(1-f_1)s_b^2}{nM_0}$$

是方差 $V(\hat{\bar{\bar{Y}}})$ 的无偏估计量。定理证毕。

推论 7.3 对于两级抽样，若两个阶段的抽样都是简单随机抽样，总体总值 Y 的估计量 $\hat{Y}$ 的方差估计为

$$v(\hat{Y})=v(M\hat{\bar{\bar{Y}}})=\frac{M^2(1-f_2)f_1s_w^2}{m_0n}+\frac{M^2(1-f_1)s_b^2}{nM_0} \tag{7.6}$$

推论 7.3 的证明可以根据定理 7.3 直接得到，这里忽略该定理的证明。

（四）总体均值和总体总值的置信区间

基于简单随机抽样，当总体的群单元数量 N 非常大，样本的群单元数 n 和第二级的样本量 $m_1,\cdots,m_n$ 都很大，总体均值 $\bar{\bar{Y}}$ 在置信概率 $1-\alpha$ 下的双侧置信区间为

$$\left(\bar{\bar{y}}-Z_{\alpha/2}\sqrt{v(\hat{\bar{\bar{Y}}})},\bar{\bar{y}}+Z_{\alpha/2}\sqrt{v(\hat{\bar{\bar{Y}}})}\right) \tag{7.7}$$

其中 $Z_{\alpha/2}$ 为标准正态分布上概率 $\alpha/2$ 相对应的分位数，$\bar{\bar{y}}+Z_{\alpha/2}\sqrt{v(\hat{\bar{\bar{Y}}})}$ 为置信上限，$\bar{\bar{y}}-Z_{\alpha/2}\sqrt{v(\hat{\bar{\bar{Y}}})}$ 为置信下限。总体总值 Y 在置信概率 $1-\alpha$ 下的双侧置信区间为

$$\left(M\bar{\bar{y}}-Z_{\alpha/2}\sqrt{v(\hat{Y})},M\bar{\bar{y}}+Z_{\alpha/2}\sqrt{v(\hat{Y})}\right) \tag{7.8}$$

其中 $M\bar{\bar{y}}+Z_{\alpha/2}\sqrt{v(\hat{Y})}$ 为置信上限，$M\bar{\bar{y}}-Z_{\alpha/2}\sqrt{v(\hat{Y})}$ 为置信下限。当 $m_1\geqslant 50,\cdots,m_n\geqslant 50$ 且 $n\geqslant 50$，可以采用上述置信区间。在下文中，为了计算简单，不考虑 n 和 $m_1,\cdots,m_n$ 的大小，都采用上述置信区间。这个假定不适于实际问题。

例 7.1 采用两级抽样调查某小区居民月交通费用，以楼层为初级单元，用简单随机抽样从 $N=510$ 个楼层抽取 $n=12$ 个楼层，再从每个被抽取的楼层中用简单随机抽样抽取 $m=4$ 户住户进行调查，其中每个楼层的住户为 $M=8$ 户。试估计该小区每户居民月交通费的平均值和该小区居民月交通费总额，给出方差估计和标准差估计。试分别给出该小区每户居民交通费平均值和该小区居民交通费总额在置信概率 95%下的置信区间。

表 7.1 某小区居民月交通费用的调查数据 单位：元

序号	交通费用				平均值	方差
1	240	162	185	197	196.00	1071.33
2	192	148	186	169	173.75	389.58
3	168	170	144	167	162.25	149.58
4	187	232	205	210	208.50	343.00
5	210	308	198	183	224.75	3202.25
6	256	280	334	216	271.50	2433.00
7	192	165	224	241	205.50	1141.67
8	187	212	253	189	210.25	940.92
9	208	307	258	210	245.75	2201.58
10	232	182	212	169	198.75	815.58
11	294	309	244	286	283.25	775.58
12	228	182	312	232	238.50	2915.67

解：由题意可知，总体的群单元总数 $N=510$，抽取的群单元数 $n=12$，群内基本单元数量 $M_1=\cdots=M_{510}=M_0=8$，样本量 $m_1=\cdots=m_{12}=m_0=4$，第一级抽样比 $f_1=n/N=12/510=0.024$，第二级抽样比 $f_2=m/M=4/8=0.5$，$Z_{0.025}=1.96$。表 7.1 的调查数据经过计算，可以得到

$$s_b^2=\frac{M_0\sum_{i=1}^{n}(\bar{y}_i-\bar{\bar{y}})^2}{n-1}=10605.31$$

$$s_w^2=\frac{\sum_{i=1}^{n}\sum_{j=1}^{m_i}(y_{ij}-\bar{y}_i)^2}{n(m_0-1)}=1364.98$$

该小区居民月交通费平均值 $\bar{\bar{Y}}$ 的估计为

$$\begin{aligned}\hat{\bar{\bar{Y}}}&=\frac{1}{n}\sum_{i=1}^{n}\left(\frac{1}{m_0}\sum_{j=1}^{m_i}y_{ij}\right)\\&=\frac{1}{12}\times(196.00+173.75+162.25+208.50+224.75+271.50\\&\quad+205.50+210.25+245.75+198.75+283.25+238.50)\\&=218.23\end{aligned}$$

估计量 $\hat{\bar{\bar{Y}}}$ 的方差估计

$$\begin{aligned}v(\hat{\bar{\bar{Y}}})&=\frac{(1-f_2)f_1s_w^2}{m_0n}+\frac{(1-f_1)s_b^2}{nM_0}\\&=\frac{(1-0.5)\times0.024\times1364.98}{4\times12}+\frac{(1-0.024)\times10605.31}{12\times8}=108.16\end{aligned}$$

估计量 $\hat{\bar{\bar{Y}}}$ 的标准差估计 $\sqrt{v(\hat{\bar{\bar{Y}}})}=10.4$。该小区每户居民交通费平均值在置信概率 95%下双侧置信区间的置信下限为

$$\bar{\bar{y}}-Z_{\alpha/2}\sqrt{v(\hat{\bar{\bar{Y}}})}=218.23-1.96\times10.40=197.85$$

置信上限为

$$\bar{\bar{y}}+Z_{\alpha/2}\sqrt{v(\hat{\bar{\bar{Y}}})}=218.23+1.96\times10.4=238.61$$

从而，该小区平均每户居民交通费的估计值为 218.23 元，方差估计为 108.16，标准差估计为 10.4 元，该小区每户居民交通费的平均值在置信概率 95%下的双侧置信区间为(197.85，238.61)。

该小区居民交通费总额 Y 的估计为

$$\begin{aligned}\hat{Y}&=M\hat{\bar{\bar{Y}}}=NM_0\hat{\bar{\bar{Y}}}\\&=510\times8\times218.23=890378.40\end{aligned}$$

估计量 $\hat{Y}$ 的方差估计为

$$\begin{aligned}v(\hat{Y})&=M^2v(\hat{\bar{\bar{Y}}})\\&=(510\times8)^2\times108.16=1800474624\end{aligned}$$

估计量 $\hat{Y}$ 的标准差估计 $\sqrt{v(\hat{Y})}=42432$。该小区全部居民交通费总额在置信概率 95%下双侧置信区间的置信下限为

$$M\bar{\bar{y}}-Z_{\alpha/2}\sqrt{v(\hat{Y})}=890378.40-1.96\times42432=807211.68$$

置信上限为

$$M\bar{\bar{y}}+Z_{\alpha/2}\sqrt{v(\hat{Y})}=890378.40+1.96\times42432=973545.12$$

该小区全部居民户交通费总额的估计值为 890378.40 元，方差估计为 180047474624，标准差估计为 42432 元，该小区全部居民交通费总额在置信概率 95%下的双侧置信区间为(807211.68，973545.12)。

二、总体比例和 C 类单元总数的估计

总体的 N 个群单元包含相同数量的基本单元，$M_1=\cdots=M_N=M_0$，基本单元总数为 $M=\sum_{i=1}^{N}M_i$。总体中的 C 类单元总数记为 A，C' 类单元总数为 A'，C 类单元总数与总体单元总数之比为总体比例，用 P 表示，$P=A/M$。第 i 个群单元中的 C 类单元数记为 A_i 个，第 i 个群的 C 类单元比例记为 P_i，$P_i=A_i/M_i$。设第 i 个群单元中的第 j 个基本单元的标志值 y_{ij} 为

$$y_{ij}=\begin{cases}1,y_{ij}\in C\\0,y_{ij}\notin C\end{cases}\tag{7.9}$$

总体比例、C 类单元总数、总体方差的表达式见表 7.2。

表 7.2　总体的 C 类单元总数、总体比例和总体方差

总体	表达式
C 类单位总数	$A=\sum_{i=1}^{N}\sum_{j=1}^{M_i}y_{ij}=Y$
总体比例	$P=\sum_{i=1}^{N}\sum_{j=1}^{M_i}y_{ij}/(NM_0)=\bar{\bar{Y}}$
第 i 个群单元中的 C 类单元数	$A_i=\sum_{j=1}^{M_i}y_{ij}=Y_i$
第 i 个群单元的比例	$P_i=\sum_{j=1}^{M_i}y_{ij}/M_i=\bar{Y}_i$
平均每群单元中的 C 类单位数	$\bar{P}=\sum_{i=1}^{N}\sum_{j=1}^{M_i}y_{ij}/N=\bar{Y}$
总体方差	$S^2=NM_0P(1-P)/(NM_0-1)$
群间方差	$S_b^2=M_0\sum_{i=1}^{N}(P_i-P)^2/(N-1)$
群内方差	$S_W^2=\sum_{i=1}^{N}M_iP_i(1-P_i)/[N(M_0-1)]$

表 7.2 中，总体的群间方差

$$S_b^2=\frac{M_0\sum_{i=1}^{N}(\bar{Y}_i-\bar{\bar{Y}})^2}{N-1}=\frac{M_0\sum_{i=1}^{N}(P_i-P)^2}{N-1}$$

总体的群内方差

$$S_W^2=\frac{\sum_{i=1}^{N}\sum_{j=1}^{M_i}(y_{ij}-\bar{Y}_i)^2}{N(M_0-1)}=\frac{\sum_{i=1}^{N}\left(\sum_{j=1}^{M_i}y_{ij}^2-M_i\bar{Y}_i^2\right)}{N(M_0-1)}=\frac{\sum_{i=1}^{N}M_iP_i(1-P_i)}{N(M_0-1)}$$

总体方差 S^2 为

$$S^2=\frac{1}{M-1}\sum_{i=1}^{N}\sum_{j=1}^{M_i}(y_{ij}-\bar{\bar{Y}})^2=\frac{1}{M-1}\left(\sum_{i=1}^{N}\sum_{j=1}^{M_i}y_{ij}^2-M\bar{\bar{Y}}^2\right)$$

$$=\frac{1}{M-1}\left(\sum_{i=1}^{N}\sum_{j=1}^{M_i}y_{ij}-M\bar{\bar{Y}}^2\right)=\frac{M}{M-1}(P-P^2)=\frac{MP(1-P)}{M-1}$$

采用简单随机抽样从总体中抽出 n 个群单元，再从入样的群单元中分别独立抽取 m_1，$\cdots$，m_n 个基本单元，C 类单元数分别记为 $a_1,\cdots,a_n$，其中 $m_1=\cdots=m_n$。样本的群单元比例记为 p_i，$p_i=a_i/m_i$，样本比例记为 p，$p=\sum_{i=1}^{n}a_i/(nm_0)$。设样本第 i 个群单元中第 j 个基本单元的标志值 y_{ij} 为

$$y_{ij}=\begin{cases}1, y_{ij}\in C\\0, y_{ij}\notin C\end{cases}\tag{7.10}$$

样本比例、第 i 个群单元的样本比例和样本方差的表达式见表 7.3。

表 7.3　样本的 C 类单元数、样本比例和样本方差

样本	表达式
样本的 C 类单元数	$a=\sum_{i=1}^{n}\sum_{j=1}^{m_i}y_{ij}=y$
样本比例	$p=\sum_{i=1}^{n}\sum_{j=1}^{m_i}y_{ij}/(nm_0)=\bar{\bar{y}}$
第 i 个群单元中的 C 类单元数	$a_i=\sum_{j=1}^{m_i}y_{ij}=y_i$

续表

样本	表达式
第 i 个群单元的比例	$p_i = \sum_{j=1}^{m_i} y_{ij}/m_i = \bar{y}_i$
平均每群单元中的 C 类单元数	$\bar{p} = \sum_{i=1}^{n}\sum_{j=1}^{m_i} y_{ij}/n = \bar{y}$
样本方差	$s^2 = nm_0 p(1-p)/(nm_0-1)$
样本群间方差	$s_b^2 = M_0\sum_{i=1}^{n}(p_i-p)^2/(n-1)$
样本群内方差	$s_w^2 = m_0\sum_{i=1}^{n}p_i(1-p_i)/[n(m_0-1)]$

其中样本群间方差 s_b^2 为

$$s_b^2 = \frac{M_0\sum_{i=1}^{n}(\bar{y}_i-\bar{\bar{y}})^2}{n-1} = \frac{M_0\sum_{i=1}^{n}(p_i-p)^2}{n-1}$$

样本群内方差 s_w^2 为

$$s_w^2 = \frac{\sum_{i=1}^{n}\sum_{j=1}^{m_i}(y_{ij}-\bar{y}_i)^2}{n(m_0-1)} = \frac{\sum_{i=1}^{n}\left(\sum_{j=1}^{m_i}y_{ij}^2-m_i\bar{y}_i^2\right)}{n(m_0-1)} = \frac{m_0\sum_{i=1}^{n}p_i(1-p_i)}{n(m_0-1)}$$

样本方差 s^2 为

$$s^2 = \frac{1}{nm_0-1}\sum_{i=1}^{n}\sum_{j=1}^{m_i}(y_{ij}-\bar{\bar{y}})^2 = \frac{1}{nm_0-1}\left(\sum_{i=1}^{n}\sum_{j=1}^{m_i}y_{ij}^2-nm_0\bar{\bar{y}}^2\right) = \frac{nm_0p(1-p)}{nm_0-1}$$

(一)总体比例和 C 类单元总数的估计量

对于两级抽样,总体比例 P 的估计量 $\hat{P}$ 为

$$\hat{P} = \frac{1}{n}\sum_{i=1}^{n}\frac{a_i}{m_i} = \frac{1}{n}\sum_{i=1}^{n}p_i = p \tag{7.11}$$

C 类单元总数 A 的估计量 $\hat{A}$ 为

$$\hat{A} = M\hat{P} = \frac{M}{n}\sum_{i=1}^{n}p_i \tag{7.12}$$

定理 7.4 在两级抽样中,两个阶段都是简单随机抽样,则估计量 $\hat{P}$ 是总体比例 P 的无偏估计量,即 $E(\hat{P})=P$ 。

证明:在两级抽样中,两个阶段都是简单随机抽样,样本均值是总体均值的无偏估计,有

$$E(\hat{P}) = E\left(\frac{1}{n}\sum_{i=1}^{n}p_i\right) = E_1\left[\frac{1}{n}\sum_{i=1}^{n}E_2(p_i)\right] = E_1\left(\frac{1}{n}\sum_{i=1}^{n}P_i\right) = P$$

即估计量 $\hat{P}$ 是总体比例 P 的无偏估计量,定理 7.4 成立。

推论 7.4 在两级抽样中,若两个阶段都是简单随机抽样,则估计量 $\hat{A}$ 是 C 类单元总数 A 的无偏估计量

(二)总体比例估计量和 C 类单元总数估计量的方差

利用定理 7.2,可以得到总体比例估计量 $\hat{P}$ 的方差。

定理 7.5 在两级抽样中,若两个阶段都是简单随机抽样,总体比例估计量 $\hat{P}$ 的方差为

$$V(\hat{P})=\frac{1-f_1}{n(N-1)}\sum_{i=1}^{N}(P_i-P)^2+\frac{(1-f_2)M_0}{m_0nN(M_0-1)}\sum_{i=1}^{N}P_i(1-P_i) \tag{7.13}$$

其中 $f_1=n/N$ 为第一级抽样的抽样比，$f_2=m_0/M_0$ 为第二级抽样的抽样比。

证明:由定理 7.2 的总体均值估计量的方差公式,有

$$V(\hat{\bar{\bar{Y}}})=\frac{(1-f_2)S_W^2}{m_0n}+\frac{(1-f_1)S_b^2}{nM_0}$$

其中,

$$S_W^2=\frac{1}{N(M_0-1)}\sum_{i=1}^{N}M_iP_i(1-P_i)$$

$$S_b^2=\frac{M_0}{N-1}\sum_{i=1}^{N}(P_i-P)^2$$

从而,

$$V(\hat{P})=\frac{1-f_1}{n(N-1)}\sum_{i=1}^{N}(P_i-P)^2+\frac{(1-f_2)M_0}{m_0nN(M_0-1)}\sum_{i=1}^{N}P_i(1-P_i)$$

定理证毕。

推论 7.5 在两级抽样中,若两个阶段都是简单随机抽样,C 类单元总数估计量 $\hat{A}$ 的方差为

$$V(\hat{A})=\frac{M^2(1-f_1)}{n(N-1)}\sum_{i=1}^{N}(P_i-P)^2+\frac{M_0M^2(1-f_2)}{m_0nN(M_0-1)}\sum_{i=1}^{N}P_i(1-P_i) \tag{7.14}$$

(三)总体比例估计量和 C 类单元总数估计量的方差估计

定理 7.6 在两级抽样中,若两个阶段都是简单随机抽样,总体比例估计量 $\hat{P}$ 的方差估计为

$$v(\hat{P})=\frac{1-f_1}{n(n-1)}\sum_{i=1}^{n}(p_i-p)^2+\frac{(1-f_2)f_1}{n^2(m_0-1)}\sum_{i=1}^{n}p_i(1-p_i) \tag{7.15}$$

方差估计 $v(\hat{P})$ 是方差 $V(\hat{P})$ 的无偏估计量。

证明:由定理 7.3 的总体均值估计量的方差估计公式,有

$$v(\hat{\bar{\bar{Y}}})=\frac{(1-f_2)f_1s_w^2}{m_0n}+\frac{(1-f_1)s_b^2}{nM_0}$$

其中,

$$s_w^2=\frac{m_0}{n(m_0-1)}\sum_{i=1}^{n}p_i(1-p_i)$$

$$s_b^2=\frac{M_0}{n-1}\sum_{i=1}^{n}(p_i-p)^2$$

从而,

$$v(\hat{P})=\frac{(1-f_2)f_1}{n^2(m_0-1)}\sum_{i=1}^{n}p_i(1-p_i)+\frac{1-f_1}{n(n-1)}\sum_{i=1}^{n}(p_i-p)^2$$

定理证毕。

推论 7.6 在两级抽样中,若两个阶段都是简单随机抽样,C 类单元总数估计量 $\hat{A}$ 的方差估计为

$$v(\hat{A})=\frac{M^2(1-f_1)}{n(n-1)}\sum_{i=1}^{n}(p_i-p)^2+\frac{M^2(1-f_2)f_1}{n^2(m_0-1)}\sum_{i=1}^{n}p_i(1-p_i) \tag{7.16}$$

方差估计 $v(\hat{A})$ 是方差 $V(\hat{A})$ 的无偏估计量。

（四）总体比例和 C 类单元总数的置信区间

当样本的群单元数 n 和第二级样本量 $m_1,\cdots,m_n$ 都很大，总体比例 P 在置信概率 $1-\alpha$ 下的双侧置信区间为

$$\left(p-\left[Z_{\alpha/2}\sqrt{v(\hat{P})}+\frac{1}{2nm_0}\right],p+\left[Z_{\alpha/2}\sqrt{v(\hat{P})}+\frac{1}{2nm_0}\right]\right) \tag{7.17}$$

其中 $p+[Z_{\alpha/2}\sqrt{v(\hat{P})}+1/(2nm_0)]$ 为置信上限，$p-[Z_{\alpha/2}\sqrt{v(\hat{P})}+1/(2nm_0)]$ 为置信下限，$Z_{\alpha/2}$ 为标准正态分布上概率 $\alpha/2$ 的分位数。C 类单元总数 A 在置信概率 $1-\alpha$ 下的双侧置信区间为

$$\left(Mp-\left[Z_{\alpha/2}\sqrt{v(\hat{A})}+\frac{M}{2nm_0}\right],Mp+\left[Z_{\alpha/2}\sqrt{v(\hat{A})}+\frac{M}{2nm_0}\right]\right) \tag{7.18}$$

其中 $Mp+[Z_{\alpha/2}\sqrt{v(\hat{A})}+M/(2nm_0)]$ 为置信上限，$Mp-[Z_{\alpha/2}\sqrt{v(\hat{A})}+M/(2nm_0)]$ 为置信下限。在下文中，为了演示简单，不考虑 n 和 $m_1,\cdots,m_n$ 的大小，都采用上述置信区间。这不适用于实际问题。

例 7.2　某大公司对所属分公司就一项人事变动方案进行抽样调查，采用两级抽样。先从全部 $N=1250$ 个分公司中采用简单随机抽样抽取 $n=350$ 个分公司，然后从抽取的每个分公司采用简单随机抽样抽取 8 个职工进行调查，每个分公司有职工人数都为 $M_0=250$。赞成此项方案的人数为 a_i 的分公司频数 k，赞成比例 p_i 列在表 7.4 中。试估计该公司赞成该项方案的总体比例和赞成方案的职工人数，给出方差估计、标准差估计以及在置信概率 95% 下的置信区间。

表 7.4　某公司人事变动方案的调查数据

a_i	0	1	2	3	4	5	6	7	8
k	3	4	15	34	64	131	67	24	8
p_i	0	0.125	0.25	0.375	0.5	0.625	0.75	0.875	1

解：总体的群单元总数 $N=1250$，抽取的群单元数 $n=350$，第一级抽样的抽样比 $f_1=0.28$，群内基本单元数量 $M_1=\cdots=M_{1250}=M_0=250$，抽取的职工数为 $m=8$，第二级抽样的抽样比 $f_2=0.032$。根据表 7.4 的数据 $\sum_{i=1}^{350}k_ip_i=210.125$，$\sum_{i=1}^{n}(p-p_i)^2=10.8656$，$\sum_{i=1}^{n}p_i(1-p)=73.1094$，样本群间方差 s_b^2 为

$$s_b^2=\frac{M_0\sum_{i=1}^{n}(p_i-p)^2}{n-1}=\frac{250\times 10.8656}{350-1}=7.7834$$

样本群内方差 s_w^2 为

$$s_w^2=\frac{m_0\sum_{i=1}^{n}p_i(1-p_i)}{n(m_0-1)}=\frac{8\times 73.1094}{350\times(8-1)}=0.2387$$

该公司全体职工赞成该项方案比例 P 的估计为

$$\hat{P}=\frac{1}{n}\sum_{i=1}^{n}p_i$$
$$=\frac{210.125}{350}=60\%$$

估计量 $\hat{P}$ 的方差估计为

$$v(\hat{P})=\frac{1-f_1}{n(n-1)}\sum_{i=1}^{n}(p_i-p)^2+\frac{(1-f_2)f_1}{n^2(m_0-1)}\sum_{i=1}^{n}p_i(1-p_i)$$
$$=\frac{(1-0.28)\times 7.7834}{350\times 250}+\frac{0.28\times(1-0.032)\times 0.2387}{350\times 8}=0.00008715$$

估计量 $\hat{P}$ 的标准差估计为 $\sqrt{v(\hat{P})}=0.93\%$。该公司全体职工赞成该方案比例 P 在置信概率 95%下双侧置信区间的置信下限为

$$p-\left[Z_{\alpha/2}\sqrt{v(\hat{P})}+\frac{1}{2nm_0}\right]=0.60-\left(1.96\times 0.0093+\frac{1}{2\times 350\times 8}\right)=58.14\%$$

置信上限为

$$p+\left[Z_{\alpha/2}\sqrt{v(\hat{P})}+\frac{1}{2nm_0}\right]=0.60+\left(1.96\times 0.0093+\frac{1}{2\times 350\times 8}\right)=61.86\%$$

从而,该公司全体职工赞成该项方案比例的估计值为 60%,方差估计为 0.000087,标准差估计为 0.93%。该公司赞成该项方案职工人数所占比例在置信概率 95%下的双侧置信区间为(58.14%,61.86%)。

该公司全体职工赞成该项方案的总人数 A 的估计为

$$\hat{A}=M\hat{P}$$
$$=1250\times 250\times 0.6=187500$$

估计量 $\hat{A}$ 的方差估计为

$$v(\hat{A})=v(M\hat{P})=M^2v(\hat{P})$$
$$=(1250\times 250)^2\times 0.00008715=8510742.1875$$

估计量 $\hat{A}$ 的标准差估计为 $\sqrt{v(\hat{A})}=2917$。该公司赞成该项方案的职工总数在置信概率 95%下双侧置信区间的置信下限为

$$Mp-\left[Z_{\alpha/2}\sqrt{v(\hat{A})}+\frac{M}{2nm_0}\right]=187500-\left(1.96\times 2917+\frac{312500}{2\times 350\times 8}\right)=181727$$

置信上限为

$$Mp+\left[Z_{\alpha/2}\sqrt{v(\hat{A})}+\frac{M}{2nm_0}\right]=187500+\left(1.96\times 2917+\frac{312500}{2\times 350\times 8}\right)=193273$$

从而,赞成此项方案的职工总数的估计值为 187500 人,方差估计为 8510742.1875,标准差估计为 2917 人。该公司赞成方案职工总数在置信概率 95%下的双侧置信区间为(181727,193273)。

第三节 群规模不等的两级抽样——不放回等概率抽取群单元

在实际调查中,群规模往往并不相等。记总体的群单元总数为 N,群规模分别记为

$M_1,M_2,\cdots,M_N$,全部群单元的总规模记为 $M=\sum_{i=1}^{N}M_i$ 。本节的群规模是指群单元中的基本单元总数。本节主要介绍群规模不等的不放回等概率抽取群单元的两级抽样,先采用不放回等概率抽样方式抽取群单元,再采用简单随机抽样方式从每个入样的群单元中抽取基本单元。

一、总体总值和总体均值的简单估计量

记 y_i 为第 i 个群单元的指标值,y_{ij} 为第 i 个群中第 j 个基本单元的指标值。于是,总体总值为 $Y=\sum_{i=1}^{N}\sum_{j=1}^{M_i}y_{ij}=\sum_{i=1}^{N}y_i$,总体均值为 $\bar{\bar{Y}}=Y/\sum_{i=1}^{N}M_i$,第 i 个群均值为 $\bar{Y}_i=y_i/M_i$,群均值为 $\bar{Y}=Y/N=\sum_{i=1}^{N}y_i/N$ 。记样本中的群总数为 n ,基本单元数分别记为 $m_1,m_2,\cdots,m_n$,第 i 个群单元的指标值为 y_i ,第 i 个群第 j 个基本单元的标志值记为 y_{ij},样本总值为 $y=\sum_{i=1}^{n}\sum_{j=1}^{m_i}y_{ij}=\sum_{i=1}^{n}y_i$,第 i 个群样本均值为 $\bar{y}_i=y_i/m_i$ 。

(一)总体总值和总体均值的简单估计量

采用不放回等概率抽样抽取群单元,再采用简单随机抽样方式抽取基本单元。总体总值 Y 的简单估计量 $\hat{Y}$ 为

$$\hat{Y}=\frac{N}{n}\sum_{i=1}^{n}\left(\frac{M_i}{m_i}\sum_{j=1}^{m_i}y_{ij}\right)=\frac{N}{n}\sum_{i=1}^{n}M_i\bar{y}_i \tag{7.19}$$

总体均值 $\bar{\bar{Y}}$ 的简单估计量 $\hat{\bar{\bar{Y}}}$ 为

$$\hat{\bar{\bar{Y}}}=\frac{N}{Mn}\sum_{i=1}^{n}\left(\frac{M_i}{m_i}\sum_{j=1}^{m_i}y_{ij}\right)=\frac{N}{Mn}\sum_{i=1}^{n}M_i\bar{y}_i \tag{7.20}$$

定理 7.7 采用不放回等概率抽样从总体中抽取群,采用简单随机抽样从每个入样群中抽取基本单元,估计量 $\hat{Y}$ 是总体均值 Y 的无偏估计量。

证明:采用不放回等概率抽样从总体中抽取群,采用简单随机抽样从每个入样群中抽取基本单元,有 $E_2(M_i\bar{y}_i)=M_iE_2(\bar{y}_i)=M_i\bar{Y}_i=Y_i$,$E_1\left(N\sum_{i=1}^{n}Y_i/n\right)=Y$ 。于是,

$$E(\hat{Y})=E\left(\frac{N}{n}\sum_{i=1}^{n}M_i\bar{y}_i\right)=E_1\left[\frac{N}{n}\sum_{i=1}^{n}E_2(M_i\bar{y}_i)\right]=E_1\left(\frac{N}{n}\sum_{i=1}^{n}Y_i\right)=Y$$

定理 7.7 成立。

推论 7.7 采用不放回等概率抽样从总体中抽取群,采用简单随机抽样从每个入样群中抽取基本单元,估计量 $\hat{\bar{\bar{Y}}}$ 是总体均值 $\bar{\bar{Y}}$ 的无偏估计量。

(二)总体均值估计量和总体总值估计量的方差

记总体方差 $S^2=\sum_{i=1}^{N}\sum_{j=1}^{M_i}(y_{ij}-\bar{\bar{Y}})^2/(M-1)$,总体群间方差 $S_b^2=\sum_{i=1}^{N}(Y_i-\bar{Y})^2/(N-1)$,第 i 个群内方差 $S_{2i}^2=\sum_{j=1}^{M_i}(y_{ij}-\bar{Y}_i)^2/(M_i-1)$,总体群内方差 $S_W^2=\sum_{i=1}^{N}M_i^2(1-f_{2i})S_{2i}^2/(Nm_i)$,$f_1=n/N$ 为第一级抽样的抽样比,$f_{2i}=m_i/M_i$ 为第 i 个群的抽样比。

定理 7.8 采用不放回等概率抽样从总体中抽取群,采用简单随机抽样从每个入样群中抽取基本单元,总体总值估计量 $\hat{Y}$ 的方差为

$$V(\hat{Y})=\frac{N^2S_W^2}{n}+\frac{N^2(1-f_1)S_b^2}{n} \tag{7.21}$$

证明:两级抽样的总体总值 Y 的估计方法是先利用基本单元的标志值估计群单元值,再根据群单元值的加权和对总体总值 Y 进行估计。为了计算总体总值估计量 $\hat{Y}$ 的方差 $V(\hat{Y})$,基于定理 7.2 中式(7.3)有

$$\begin{aligned}
V(\hat{Y})&=E_1[V_2(\hat{Y})]+V_1[E_2(\hat{Y})]=E_1\left[V_2\left(\frac{N}{n}\sum_{i=1}^{n}M_i\bar{y}_i\right)\right]+V_1\left[E_2\left(\frac{N}{n}\sum_{i=1}^{n}M_i\bar{y}_i\right)\right]\\
&=E_1\left[\frac{N^2}{n^2}\sum_{i=1}^{n}M_i^2V_2(\bar{y}_i)\right]+V_1\left[\frac{N}{n}\sum_{i=1}^{n}M_iE_2(\bar{y}_i)\right]\\
&=E_1\left[\frac{N^2}{n^2}\sum_{i=1}^{n}\frac{M_i^2(1-f_{2i})}{m_i}\frac{1}{M_i-1}\sum_{j=1}^{M_i}(y_{ij}-\bar{Y}_i)^2\right]+V_1\left(\frac{N}{n}\sum_{i=1}^{n}M_i\bar{Y}_i\right)\\
&=\frac{N}{n}\sum_{i=1}^{N}\frac{M_i^2(1-f_{2i})S_{2i}^2}{m_i}+\frac{N^2(1-f_1)}{n}\left[\frac{1}{N-1}\sum_{i=1}^{N}(Y_i-\bar{Y})^2\right]\\
&=\frac{N}{n}\sum_{i=1}^{N}\frac{M_i^2(1-f_{2i})S_{2i}^2}{m_i}+\frac{N^2(1-f_1)S_b^2}{n}=\frac{N^2S_W^2}{n}+\frac{N^2(1-f_1)S_b^2}{n}
\end{aligned}$$

定理得证。

根据定理 7.8,两级抽样的估计量 $\hat{Y}$ 的方差 $V(\hat{Y})$ 包括两部分,分别为 $N^2S_W^2/n$ 和 $N^2(1-f_1)S_b^2/n$。其中,第一部分 $N^2S_W^2/n=(N/n)\sum_{i=1}^{N}M_i^2(1-f_{2i})S_i^2/m_i$ 主要由群内方差 $S_1^2,\cdots,S_N^2$ 决定,描述群内的基本单元标志值的变异性;$N^2(1-f_1)S_b^2/n$ 主要是由群间方差 $\sum_{i=1}^{N}(Y_i-\bar{Y})^2/(N-1)$ 决定,描述群总值 $Y_1,\cdots,Y_N$ 的变异性。从而,估计量 $\hat{Y}$ 的方差 $V(\hat{Y})$ 由群内方差和群间方差共同决定。特别地,当 $f_1=1$,相应的抽样方法为分层随机抽样,估计量 $\hat{Y}$ 的方差 $V(\hat{Y})=N^2S_W^2/n$ 也是分层随机抽样的简单估计量的方差。当 $f_{21}=\cdots=f_{2n}=1$,相应的抽样方法为单级整群抽样,估计量 $\hat{Y}$ 的方差 $V(\hat{Y})=N^2(1-f_1)S_b^2/n$ 也是单级整群抽样的简单估计量的方差。

推论 7.8 采用不放回等概率抽样从总体中抽取群,采用简单随机抽样从每个入样群中抽取基本单元,总体均值 $\bar{\bar{Y}}$ 的估计量 $\hat{\bar{\bar{Y}}}$ 的方差为

$$V(\hat{\bar{\bar{Y}}})=V\left(\frac{\hat{Y}}{M}\right)=\frac{N^2S_W^2}{nM^2}+\frac{N^2(1-f_1)S_b^2}{M^2n} \tag{7.22}$$

(三)总体均值估计量和总体总值估计量的方差估计

两级抽样的第 i 个群的样本方差 $s_{2i}^2=\sum_{j=1}^{m_i}(y_{ij}-\bar{y}_i)^2/(m_i-1)$,$s_w^2=\sum_{i=1}^{n}M_i^2(1-f_{2i})s_{2i}^2/(nm_i)$ 为样本群内方差,$s_b^2=\sum_{i=1}^{n}(M_i\bar{y}_i-\hat{\bar{Y}})^2/(n-1)$ 为样本群间方差,$\hat{\bar{Y}}=\sum_{i=1}^{n}M_i\bar{y}_i/n$。基于简单随机抽样的性质,有 $E_2(s_{2i}^2)=S_{2i}^2=\sum_{j=1}^{M_i}(y_{ij}-\bar{Y}_i)^2/(M_i-1)$,第 i 个群的样本方差是第 i 个群方差的无偏估计量。从而,样本群内方差 s_w^2 的数学期望为

$$E(s_w^2)=E\left[\frac{1}{n}\sum_{i=1}^{n}\frac{M_i^2(1-f_{2i})s_{2i}^2}{m_i}\right]=E_1\left[\frac{1}{n}\sum_{i=1}^{n}\frac{M_i^2(1-f_{2i})E_2(s_{2i}^2)}{m_i}\right]$$

$$=E_1\left[\frac{1}{n}\sum_{i=1}^{n}\frac{M_i^2(1-f_{2i})S_{2i}^2}{m_i}\right]=\frac{1}{N}\sum_{i=1}^{N}\frac{M_i^2(1-f_{2i})S_{2i}^2}{m_i}=S_W^2$$

样本群内方差 s_w^2 是总体群内方差 S_W^2 的无偏估计。样本群间方差 s_b^2 的数学期望为

$$E(s_b^2)=E\left[\frac{1}{n-1}\sum_{i=1}^{n}(M_i\bar{y}_i-\hat{\bar{Y}})^2\right]=\frac{1}{n-1}E\left(\sum_{i=1}^{n}M_i^2\bar{y}_i^2-n\hat{\bar{Y}}^2\right)$$

$$=\frac{1}{n-1}E_1\left[\sum_{i=1}^{n}E_2(M_i^2\bar{y}_i^2)-nE_2(\hat{\bar{Y}}^2)\right]$$

其中，

$$E_2(M_i^2\bar{y}_i^2)=V_2(M_i\bar{y}_i)+[E_2(M_i\bar{y}_i)]^2=\frac{(1-f_{2i})M_i^2S_{2i}^2}{m_i}+Y_i^2$$

$$E_2(\hat{\bar{Y}}^2)=V_2\left(\frac{1}{n}\sum_{i=1}^{n}M_i\bar{y}_i\right)+\left[E_2\left(\frac{1}{n}\sum_{i=1}^{n}M_i\bar{y}_i\right)\right]^2=\frac{1}{n^2}\sum_{i=1}^{n}\frac{(1-f_{2i})M_i^2S_{2i}^2}{m_i}+\left(\frac{1}{n}\sum_{i=1}^{n}Y_i\right)^2$$

$$E(s_b^2)=E_1\left[\frac{1}{n}\sum_{i=1}^{n}\frac{(1-f_{2i})M_i^2S_{2i}^2}{m_i}\right]+E_1\left[\frac{1}{n-1}\sum_{i=1}^{n}\left(Y_i-\frac{1}{n}\sum_{i=1}^{n}Y_i\right)^2\right]$$

$$=\frac{1}{N}\sum_{i=1}^{N}\frac{(1-f_{2i})M_i^2S_{2i}^2}{m_i}+\frac{1}{N-1}\sum_{i=1}^{N}(Y_i-\bar{Y})^2=S_b^2+S_W^2$$

从而，

$$E\left[\frac{N^2s_w^2}{n}+\frac{N^2(1-f_1)(s_b^2-s_w^2)}{n}\right]=\frac{N^2S_W^2}{n}+\frac{N^2(1-f_1)S_b^2}{n}=V(\hat{Y})$$

定理 7.9 采用不放回等概率抽样从总体中抽取群，采用简单随机抽样从每个入样群中抽取基本单元，总体总值估计量 $\hat{Y}$ 的方差估计为

$$v(\hat{Y})=\frac{N^2(1-f_1)s_b^2}{n}+Ns_w^2$$

$$=\frac{N^2(1-f_1)}{n}\left[\frac{\sum_{i=1}^{n}(M_i\bar{y}_i-\hat{\bar{Y}})^2}{n-1}\right]+\frac{N}{n}\sum_{i=1}^{n}\frac{M_i^2(1-f_{2i})s_{2i}^2}{m_i} \tag{7.23}$$

方差估计 $v(\hat{Y})$ 为估计量 $\hat{Y}$ 的方差 $V(\hat{Y})$ 的无偏估计量。

推论 7.9 采用不放回等概率抽样从总体中抽取群，采用简单随机抽样从每个入样群中抽取基本单元，总体均值估计量 $\hat{\bar{\bar{Y}}}$ 的方差估计为

$$v(\hat{\bar{\bar{Y}}})=\frac{N^2(1-f_1)}{M^2n}\left[\frac{\sum_{i=1}^{n}(M_i\bar{y}_i-\hat{\bar{Y}})^2}{n-1}\right]+\frac{N}{M^2n}\sum_{i=1}^{n}\frac{M_i^2(1-f_{2i})s_{2i}^2}{m_i} \tag{7.24}$$

方差估计 $v(\hat{\bar{\bar{Y}}})$ 为估计量 $\hat{\bar{\bar{Y}}}$ 的方差 $V(\hat{\bar{\bar{Y}}})$ 的无偏估计量。

例 7.3 某服装联合企业有 90 个缝纫厂，共有缝纫机 4500 台。管理部门拟采用两级抽样调查机器发生故障而影响生产的情况。先采用简单随机抽样抽取 10 个工厂，再从每个入样的工厂中抽取 20%的机器进行调查，调查数据见表 7.5。根据调查数据，试估计由于机器故障而影响生产的总时间和影响每台机器生产的平均时间，给出方差估计和标准差估计。

表 7.5　机器故障的调查结果　　单位:小时

工厂序号	机器总数	样本数	$\bar{y}_i$	s_i^2
1	50	10	5.40	11.38
2	65	13	4.00	10.67
3	45	9	5.67	16.75
4	48	10	4.80	13.29
5	52	10	4.30	11.12
6	58	12	3.83	14.88
7	42	8	5.00	5.14
8	66	13	3.85	4.31
9	40	8	4.88	6.13
10	56	11	5.00	11.80

解:由题意可知,服装联合企业的工厂总数 $N=90$,抽取的工厂数 $n=10$,缝纫机总数 $M=4500$,每个工厂的缝纫机总数不等。根据表 7.5 的调查数据,经过计算,得到 $\sum_{i=1}^{n} M_i\bar{y}_i=2400.59$,$s_b^2=\sum_{i=1}^{n}(M_i\bar{y}_i-\hat{\bar{Y}})^2/(n-1)=768.3819$,$\hat{\bar{Y}}=\sum_{i=1}^{n}M_i\bar{y}_i/n=240.059$,$s_w^2=\sum_{i=1}^{n}M_i^2(1-f_{2i})s_{2i}^2/(nm_i)=2198.7508$。由于机器故障而影响生产的总时间 Y 的估计为

$$\hat{Y}=\frac{N}{n}\sum_{i=1}^{n}M_i\bar{y}_i$$
$$=\frac{90\times 2400.59}{10}=21605.31$$

估计量 $\hat{Y}$ 的方差估计

$$v(\hat{Y})=\frac{N^2(1-f_1)s_b^2}{n}+Ns_w^2$$
$$=\frac{(1-0.11)\times 90^2\times 768.3819}{10}+90\times 2198.7508=751814.0837$$

估计量 $\hat{Y}$ 的标准差估计 $\sqrt{v(\hat{Y})}=867.07$。从而,由于机器故障而影响生产的总时间的估计值为 21605.31 小时,方差估计为 751122.54,标准差估计为 866.67 小时。由于机器故障而影响每台机器生产的平均时间 $\bar{\bar{Y}}$ 的估计为

$$\hat{\bar{\bar{Y}}}=\frac{N}{Mn}\sum_{i=1}^{n}M_i\bar{y}_i=\frac{\hat{Y}}{M}$$
$$=\frac{21605.31}{4500}=4.80$$

估计量 $\hat{\bar{\bar{Y}}}$ 的方差估计

$$v(\hat{\bar{\bar{Y}}})=\frac{v(\hat{Y})}{M^2}$$
$$=\frac{751122.54}{4500^2}=0.0371$$

估计量 $\hat{Y}$ 的标准差估计 $\sqrt{v(\hat{\bar{\bar{Y}}})}=0.19$ 小时。从而，由于机器故障而影响每台机器生产的平均时间估计值为 4.80 小时，方差估计为 0.0371，标准差估计为 0.19 小时。

二、总体均值和总体总值的比率估计量

对于群规模不等的不放回等概率单级整群抽样，样本中第 i 个群有两个值，即第 i 个群总值的估计 $M_i\bar{y}_i$ 和单元总数 M_i 。为了估计总体总值 Y 和总体均值 $\bar{\bar{Y}}$ ，可以用 M_i 作为辅助变量，构造总体总值 Y 和总体均值 $\bar{\bar{Y}}$ 的比率估计量。记 $x_{ij}=1$，$X_i=M_i$ ，$X=M$ ，总体比率为

$$R=\frac{\sum_{i=1}^{N}\sum_{j=1}^{M_i}y_{ij}}{\sum_{i=1}^{N}\sum_{j=1}^{M_i}x_{ij}}=\frac{\sum_{i=1}^{N}Y_i}{\sum_{i=1}^{N}M_i}=\frac{Y}{M}=\bar{\bar{Y}}$$

并且总体总值为 $Y=RX=M\bar{\bar{Y}}$ 。

(一)总体均值和总体总值的比率估计量

记样本中第 i 个群第 j 个基本单元的标志值为 y_{ij} ，第 i 个群的样本均值为 $\bar{y}_i=y_i/m_i$ 。总体总值 Y 的比率估计量 $\hat{Y}_R$ 为

$$\hat{Y}_R=X\hat{R}=M\hat{R}=\frac{M\sum_{i=1}^{n}M_i\bar{y}_i}{\sum_{i=1}^{n}M_i} \tag{7.25}$$

总体均值 $\bar{\bar{Y}}$ 的比率估计量 $\hat{\bar{\bar{Y}}}_R$ 为：

$$\hat{\bar{\bar{Y}}}_R=\hat{R}=\frac{\sum_{i=1}^{n}M_i\bar{y}_i}{\sum_{i=1}^{n}M_i} \tag{7.26}$$

总体均值的比率估计量 $\hat{\bar{\bar{Y}}}_R$ 和总体总值的比率估计量 $\hat{Y}_R$ 都是有偏的。

定理 7.10　采用不放回等概率抽样从总体中抽取群，采用简单随机抽样从每个入样群中抽取基本单元，当样本中的群数 n 足够大，在近似意义下，总体总值 Y 的比率估计量 $\hat{Y}_R$ 是无偏的，$E(\hat{Y}_R)=Y$ 。

推论 7.10　采用不放回等概率抽样从总体中抽取群，采用简单随机抽样从每个入样群中抽取基本单元，当样本中的群数 n 足够大，在近似意义下，总体均值 $\bar{\bar{Y}}$ 的比率估计量 $\hat{\bar{\bar{Y}}}_R$ 是无偏的，$E(\hat{\bar{\bar{Y}}}_R)=\bar{\bar{Y}}$ 。

(二)总体总值比率估计量和总体均值比率估计量的方差

对于不放回等概率的单级整群抽样，总体比率 $R=\bar{\bar{Y}}$ ，并且 $\sum_{i=1}^{N}(y_i-RM_i)^2/(N-1)=\sum_{i=1}^{N}(y_i-M_i\bar{\bar{Y}})^2/(N-1)$ 。总体总值 Y 的比率估计量 $\hat{Y}_R$ 是有偏的，随着样本量增加偏差趋于零。当样本中的群数 n 足够大，在近似意义下，样本均值等于总体均值，$\sum_{i=1}^{n}M_i/n=M/N$ ，于是

$$\hat{Y}_R-Y=M\hat{R}-MR=\frac{M\sum_{i=1}^{n}M_i\bar{y}_i}{\sum_{i=1}^{n}M_i}-MR=\frac{M\left(\sum_{i=1}^{n}M_i\bar{y}_i-\sum_{i=1}^{n}M_iR\right)}{\sum_{i=1}^{n}M_i}$$

$$=\frac{M\sum_{i=1}^{n}M_i(\bar{y}_i-R)}{\sum_{i=1}^{n}M_i}=\frac{M\sum_{i=1}^{n}M_i(\bar{y}_i-\bar{\bar{Y}})}{\sum_{i=1}^{n}M_i}=\frac{N}{n}\sum_{i=1}^{n}M_i(\bar{y}_i-\bar{\bar{Y}})$$

定义 $z_{ij}=y_{ij}-Rx_{ij}=y_{ij}-\bar{\bar{Y}}$，有 $\bar{z}_i=\bar{y}_i-R\bar{x}_i=\bar{y}_i-\bar{\bar{Y}}$，$Z_i=Y_i-RX_i=Y_i-M_i\bar{\bar{Y}}$，$\bar{Z}_i=\bar{Y}_i-R\bar{X}_i=\bar{Y}_i-\bar{\bar{Y}}$，$Z=\sum_{i=1}^{N}(Y_i-RX_i)=\sum_{i=1}^{N}(Y_i-M_i\bar{\bar{Y}})=0$，$\bar{Z}=0$。

$$V(\hat{Y}_R)=E(\hat{Y}_R-Y)^2=E\left[\frac{N}{n}\sum_{i=1}^{n}M_i(\bar{y}_i-\bar{\bar{Y}})\right]^2=E\left(\frac{N}{n}\sum_{i=1}^{n}M_i\bar{z}_i\right)^2=V\left(\frac{N}{n}\sum_{i=1}^{n}M_i\bar{z}_i\right)$$

基于式(7.21)的简单估计量 $\hat{Y}$ 的方差公式 $V(\hat{Y})$，有

$$V(\hat{Y}_R)=\frac{N}{n}\sum_{i=1}^{N}\frac{M_i^2(1-f_{2i})}{m_i}\left[\frac{\sum_{j=1}^{M_i}(z_{ij}-\bar{Z}_i)^2}{M_i-1}\right]+\frac{N^2(1-f_1)}{n}\left[\frac{\sum_{i=1}^{N}(Z_i-\bar{Z})^2}{N-1}\right]$$

$$=\frac{N}{n}\sum_{i=1}^{N}\frac{M_i^2(1-f_{2i})}{m_i}\left[\frac{\sum_{j=1}^{M_i}(y_{ij}-\bar{Y}_i)^2}{M_i-1}\right]+\frac{N^2(1-f_1)}{n}\left[\frac{\sum_{i=1}^{N}(Y_i-M_i\bar{\bar{Y}})^2}{N-1}\right]$$

$$=\frac{N^2S_W^2}{n}+\frac{N^2(1-f_1)}{n}\left[\frac{\sum_{i=1}^{N}M_i^2(\bar{Y}_i-\bar{\bar{Y}})^2}{N-1}\right]$$

其中 $S_W^2=\sum_{i=1}^{N}M_i^2(1-f_{2i})S_{2i}^2(Nm_i)$。

定理 7.11 采用不放回等概率抽样从总体中抽取群，采用简单随机抽样从每个入样群中抽取基本单元，当样本中的群数 n 足够大，在近似的意义下，总体总值的比率估计量 $\hat{Y}_R$ 的方差为

$$V(\hat{Y}_R)=\frac{N^2S_W^2}{n}+\frac{N^2(1-f_1)}{n}\left[\frac{\sum_{i=1}^{N}M_i^2(\bar{Y}_i-\bar{\bar{Y}})^2}{N-1}\right]\tag{7.27}$$

推论 7.11 采用不放回等概率抽样从总体中抽取群，采用简单随机抽样从每个入样群中抽取基本单元，当样本中的群数 n 足够大，在近似的意义下，总体均值的比率估计量 $\hat{\bar{\bar{Y}}}_R$ 的方差为

$$V(\hat{\bar{\bar{Y}}}_R)=\frac{N^2S_W^2}{nM^2}+\frac{N^2(1-f_1)}{nM^2}\left[\frac{\sum_{i=1}^{N}M_i^2(\bar{Y}_i-\bar{\bar{Y}})^2}{N-1}\right]\tag{7.28}$$

式(7.27)显示，总体总值 Y 的比率估计量 $\hat{Y}_R$ 的近似方差 $V(\hat{Y}_R)$ 大小主要取决于方差 $S_W^2=\sum_{i=1}^{N}M_i^2(1-f_{2i})S_{2i}^2/(Nm_i)$ 和 $\sum_{i=1}^{N}M_i^2(\bar{Y}_i-\bar{Y})^2/(N-1)$。当各群均值 $\bar{Y}_i$ 差异小时，方差 $\sum_{i=1}^{N}M_i^2(\bar{Y}_i-\bar{Y})^2/(N-1)$ 小。当群内单元标志值的差异小时，总体群内方差 S_W^2 小。当各群均值 $\bar{Y}_i$ 差异小并且群内单元标志值的差异小时，总体方差 $V(\hat{Y}_R)$ 也小。

（三）总体总值比率估计量和总体均值比率估计量的方差估计

两级抽样的第 i 个群的样本方差 $s_{2i}^2=\sum_{j=1}^{m_i}(y_{ij}-\bar{y}_i)^2/(m_i-1)$，样本群内方差为 $s_w^2=\sum_{i=1}^{n}M_i^2(1-f_{2i})s_{2i}^2/(nm_i)$，$E(s_{2i}^2)=S_{2i}^2$，$E(s_w^2)=S_W^2$。

定理 7.12 采用不放回等概率抽样从总体中抽取群，采用简单随机抽样从每个入样群中抽取基本单元，当样本中的群数 n 足够大，在近似的意义下，总体总值 Y 的比率估计量 $\hat{Y}_R$

的方差估计为

$$v(\hat{Y}_R)=Ns_w^2+\frac{N^2(1-f_1)}{n}\left[\frac{\sum_{i=1}^{n}M_i^2(\bar{y}_i-\hat{\bar{\bar{Y}}}_R)^2}{n-1}\right]$$

$$=\frac{N}{n}\sum_{i=1}^{n}\frac{M_i^2(1-f_{2i})s_{2i}^2}{m_i}+\frac{N^2(1-f_1)}{n}\left[\frac{\sum_{i=1}^{n}M_i^2(\bar{y}_i-\hat{\bar{\bar{Y}}}_R)^2}{n-1}\right] \tag{7.29}$$

方差估计 $v(\hat{Y}_R)$ 是估计量 $\hat{Y}_R$ 的方差的无偏估计，$E[v(\hat{Y}_R)]=V(\hat{Y}_R)$。

推论 7.12 采用不放回等概率抽样从总体中抽取群，采用简单随机抽样从每个入样群中抽取基本单元，当样本中的群数 n 足够大，在近似的意义下，总体均值的比率估计量 $\hat{\bar{\bar{Y}}}_R$ 的方差估计为

$$v(\hat{\bar{\bar{Y}}}_R)=\frac{N}{M^2}\sum_{i=1}^{n}\frac{M_i^2(1-f_{2i})s_{2i}^2}{m_i}+\frac{N^2(1-f_1)}{M^2n}\left[\frac{\sum_{i=1}^{n}M_i^2(\bar{y}_i-\hat{\bar{\bar{Y}}}_R)^2}{n-1}\right] \tag{7.30}$$

方差估计 $v(\hat{\bar{\bar{Y}}}_R)$ 是估计量 $\hat{\bar{\bar{Y}}}_R$ 的方差的无偏估计，$E[v(\hat{\bar{\bar{Y}}}_R)]=V(\hat{\bar{\bar{Y}}}_R)$。

例 7.3(续 1) 利用例 7.3 的数据，试构造比率估计量，估计由于机器故障而影响生产的总时间和影响每台机器生产的平均时间，给出方差估计和标准差估计。

解：由题意可知，服装联合企业有工厂总数 $N=90$，抽取的工厂数 $n=10$，缝纫机总数 $M=4500$，每个工厂的缝纫机总数不等。根据表 7.5 的调查数据，经过计算，可以得到 $\sum_{i=1}^{n}M_i\bar{y}_i=2400.59$，$s_w^2=\sum_{i=1}^{n}M_i^2(1-f_{2i})s_i^2/(nm_i)=2198.7508$，$\sum_{i=1}^{n}M_i=522$，$\sum_{i=1}^{n}M_i^2(\bar{y}_i-\hat{\bar{\bar{Y}}}_R)^2/(n-1)=1236.5720$，$\hat{\bar{\bar{Y}}}_R=4.80$。由于机器故障而影响生产的总时间 Y 的比率估计为

$$\hat{Y}_R=M\hat{R}=\frac{M\sum_{i=1}^{n}M_i\bar{y}_i}{\sum_{i=1}^{n}M_i}$$

$$=\frac{4500\times2400.59}{522}=20694.74$$

比率估计量 $\hat{Y}_R$ 的方差估计为

$$v(\hat{Y}_R)=Ns_w^2+\frac{N^2(1-f_1)}{n}\left[\frac{\sum_{i=1}^{n}M_i^2(\bar{y}_i-\hat{\bar{\bar{Y}}}_R)^2}{n-1}\right]$$

$$=90\times2198.7508+\frac{(1-0.11)\times90^2\times1236.5720}{10}=1089332.3268$$

比率估计量 $\hat{Y}_R$ 的标准差估计 $\sqrt{v(\hat{Y}_R)}=1043.71$。从而，由于机器故障而影响生产的总时间的估计值为 20694.74 小时，方差估计为 1089332.3268，标准差估计为 1043.71 小时。由于机器故障而影响每台机器生产的平均时间 $\bar{\bar{Y}}$ 的比率估计为

$$\hat{\bar{\bar{Y}}}=\hat{R}=\frac{\sum_{i=1}^{n}M_i\bar{y}_i}{\sum_{i=1}^{n}M_i}$$

$$=\frac{21605.31}{4500}=4.60$$

估计量 $\hat{\hat{\bar{Y}}}_R$ 的方差估计

$$v(\hat{\hat{\bar{Y}}}_R)=\frac{v(\hat{Y}_R)}{M^2}$$

$$=\frac{1089332.3268}{4500^2}=0.0538$$

估计量 $\hat{\hat{\bar{Y}}}_R$ 的标准差估计 $\sqrt{v(\hat{\hat{\bar{Y}}}_R)}=0.23$。从而,由于机器故障而影响生产的总时间的比率估计值为 4.60 小时,方差估计为 0.0538,标准差估计为 0.23 小时。

三、总体比例和 C 类单元总数的简单估计量

总体中的 C 类单元总数记为 A,C' 类单元总数为 A',C 类单元总数与总体单元总数之比为总体比例,用 P 表示,$P=A/M$,$M=\sum_{i=1}^{N}M_i$ 为总体中的基本单元总数。第 i 个群单元中的基本单元数记为 M_i,C 类单元数记为 A_i 个,C 类单元比例记为 P_i,$P_i=A_i/M_i$。设第 i 个群单元中的第 j 个基本单元的标志值 y_{ij} 为

$$y_{ij}=\begin{cases}1, y_{ij}\in C\\0, y_{ij}\notin C\end{cases}$$

经过计算,可以得到表 7.6。

表 7.6 总体的 C 类单元总数、总体比例和总体方差

总体	表达式
总体的 C 类单元总数	$A=\sum_{i=1}^{N}\sum_{j=1}^{M_i}y_{ij}=Y$
总体比例	$P=A/M=\sum_{i=1}^{N}\sum_{j=1}^{M_i}y_{ij}/\sum_{i=1}^{N}M_i=\bar{\bar{Y}}$
总体的第 i 个群的 C 类单元数	$A_i=\sum_{j=1}^{M_i}y_{ij}=Y_i$
总体的第 i 个群比例	$P_i=A_i/M_i=\sum_{j=1}^{M_i}y_{ij}/M_i=\bar{Y}_i$
总体的平均每群的 C 类单元数	$\bar{A}=A/N=\sum_{i=1}^{N}\sum_{j=1}^{M_i}y_{ij}/N=\bar{Y}$
总体方差	$S^2=MP(1-P)/(M-1)$
总体群间方差	$S_b^2=\sum_{i=1}^{N}(A_i-\bar{A})^2/(N-1)$
总体的第 i 个群内方差	$S_{2i}^2=M_iP_i(1-P_i)/(M_i-1)$
总体群内方差	$S_W^2=\sum_{i=1}^{N}M_i^2(1-f_{2i})S_{2i}^2/(Nm_i)$

采用等概率不放回的两级抽样从总体中抽出 n 个群,再从所抽取的每个群中抽取 m_i 个基本单元,$m=m_1+\cdots+m_n$。样本的 C 类单元数记为 a,样本比例记为 p,$p=a/\sum_{i=1}^{n}m_i$。样本中第 i 个群的 C 类单元数记为 a_i 个,比例记为 p_i,$p_i=a_i/m_i$。设样本中第 i 个群第 j 个基本单元的标志值 y_{ij} 为

$$y_{ij}=\begin{cases}1, y_{ij}\in C\\0, y_{ij}\notin C\end{cases}$$

经过计算，可以得到表 7.7。

表 7.7　样本的 C 类单元数、样本比例和样本方差

样本	表达式
样本的 C 类单元数	$a=\sum_{i=1}^{n}\sum_{j=1}^{m}y_{ij}=y$
样本比例	$p=a/m=\sum_{i=1}^{n}\sum_{j=1}^{m_i}y_{ij}/m=\bar{\bar{y}}$
样本的第 i 个群的 C 类单元数	$a_i=\sum_{j=1}^{m_i}y_{ij}=y_i$
样本的第 i 个群比例	$p_i=a_i/m_i=\sum_{j=1}^{m_i}y_{ij}/m_i=\bar{y}_i$
样本的平均每群的 C 类单位数	$\bar{a}=a/n=\sum_{i=1}^{n}\sum_{j=1}^{m_i}y_{ij}/n=\bar{y}$
样本方差	$s^2=mp(1-p)/(m-1)$
样本群间方差	$s_b^2=\sum_{i=1}^{n}\left(M_ip_i-\sum_{k=1}^{n}M_kp_k/n\right)^2/(n-1)$
样本群内方差	$s_w^2=\sum_{i=1}^{n}M_i^2(1-f_{2i})s_{2i}^2/(nm_i)$
样本第 i 个群内方差	$s_{2i}^2=m_ip_i(1-p_i)/(m_i-1)$

两级抽样采用不放回等概率抽样从总体中抽取群，再从入样的群中独立抽取基本单元。C 类单元总数 A 的简单估计量 $\hat{A}$ 为

$$\hat{A}=\frac{N}{n}\sum_{i=1}^{n}M_ip_i=\frac{N}{n}\sum_{i=1}^{n}\frac{M_ia_i}{m_i} \tag{7.31}$$

估计量 $\hat{A}$ 是 C 类单元总数 A 的无偏估计量，即 $E(\hat{A})=A$。总体比例 P 的简单估计量 $\hat{P}$ 为

$$\hat{P}=\frac{\hat{A}}{M}=\frac{N}{nM}\sum_{i=1}^{n}\frac{M_ia_i}{m_i} \tag{7.32}$$

估计量 $\hat{P}$ 也是总体比例 P 的无偏估计量，即 $E(\hat{P})=P$。C 类单元总数 A 的估计量 $\hat{A}$ 的方差为

$$V(\hat{A})=\frac{N^2S_W^2}{n}+\frac{N^2(1-f_1)S_b^2}{n} \tag{7.33}$$

其中 $f_1=n/N$ 为第一级抽样比，$f_{2i}=m_i/M_i$ 为第 i 群的抽样比。总体群间方差 $S_b^2=\sum_{i=1}^{N}(A_i-\bar{A})^2/(N-1)$，第 i 个群内方差 $S_{2i}^2=M_iP_i(1-P_i)/(M_i-1)$，总体群内方差 $S_W^2=\sum_{i=1}^{N}[M_i^2(1-f_{2i})S_i^2/(Nm_i)]$。总体比例 P 的估计量 $\hat{P}$ 的方差为

$$V(\hat{P})=V\left(\frac{\hat{A}}{M}\right)=\frac{N^2S_W^2}{M^2n}+\frac{N^2(1-f_1)S_b^2}{M^2n} \tag{7.34}$$

采用不放回等概率抽样从总体中抽取群，再采用简单随机抽样从入样的每个群中独立抽取基本单元，C 类单元总数 A 的估计量 $\hat{A}$ 的方差估计为

$$v(\hat{A})=\frac{N^2(1-f_1)s_b^2}{n}+Ns_w^2 \tag{7.35}$$

样本群间方差 $s_b^2=\sum_{i=1}^{n}\left(M_ip_i-\sum_{k=1}^{n}M_kp_k/n\right)^2/(n-1)$，第 i 个群内方差 $s_{2i}^2=m_ip_i$

$(1-p_i)/(m_i-1)$，总体群内方差 $s_w^2=\sum_{i=1}^{n}M_i^2(1-f_{2i})s_{2i}^2/(nm_i)$。方差估计 $v(\hat{A})$ 是方差 $V(\hat{A})$ 的无偏估计量。总体比例 P 的估计量 $\hat{P}$ 的方差估计为

$$v(\hat{P})=v\left(\frac{\hat{A}}{M}\right)=\frac{N^2(1-f_1)s_b^2}{M^2n}+\frac{Ns_w^2}{M^2} \tag{7.36}$$

方差估计 $v(\hat{P})$ 是估计量 $\hat{P}$ 的方差 $V(\hat{P})$ 的无偏估计量。

例 7.4 为了估计某大学四年级 4681 名学生报考硕士研究生的意向，采用不放回等概率抽样从全校 129 个班级中抽取 20 个班级，再采用简单随机抽样从选中的班级中抽取学生，调查其报考硕士研究生的意向，调查数据见表 7.8。根据调查数据，试估计全校四年级有报考硕士研究生意向的学生数和所占比例，给出方差估计和标准差估计。

表 7.8　报考硕士研究生意向的调查数据

班级	M_i	m_i	a_i	班级	M_i	m_i	a_i
1	30	21	16	11	30	28	18
2	29	22	15	12	29	30	22
3	35	31	23	13	35	33	21
4	37	31	20	14	37	24	16
5	41	32	21	15	41	26	18
6	36	28	22	16	36	25	18
7	33	24	19	17	33	24	15
8	32	25	18	18	32	30	20
9	28	21	17	19	28	27	18
10	38	32	22	20	38	28	18

解：根据资料可知，该大学四年级学生总数 $M=4681$，班级总数 $N=129$。将班级作为群。样本的班级数 $n=20$，$\sum_{i=1}^{n}M_ip_i=472.47$。全校四年级有报考硕士研究生意向的学生总数 A 的估计为

$$\hat{A}=\frac{N}{n}\sum_{i=1}^{n}M_ip_i$$

$$=\frac{129\times472.47}{20}=3047.41\approx3047$$

第一级抽样比 $f_1=n/N=20/129=0.1550$，样本群间方差

$$s_b^2=\frac{\sum_{i=1}^{n}\left(M_ip_i-\sum_{k=1}^{n}M_kp_k/n\right)^2}{n-1}=8.5230$$

样本群内方差

$$s_w^2=\sum_{i=1}^{n}\frac{M_i^2(1-f_{2i})s_{2i}^2}{nm_i}=1.9870$$

估计量 $\hat{A}$ 的方差估计为

$$v(\hat{A})=\frac{N^2(1-f_1)s_b^2}{n}+Ns_w^2$$

$$= \frac{129^2 \times 8.5230 \times (1-0.1550)}{20} + 129 \times 1.9870 = 6248.6930$$

估计量 $\hat{A}$ 的标准差估计 $\sqrt{v(\hat{A})} = 79.04 \approx 79$。全校四年级有报考硕士研究生意向的学生总数的估计值为 3047 人，方差估计为 6248.6930，标准差估计 79 人。全校四年级有报考硕士研究生意向的学生所占比例 P 的估计为

$$\hat{P} = \frac{\hat{A}}{M}$$

$$= \frac{3047}{4681} = 65.10\%$$

估计量 $\hat{P}$ 的方差估计为

$$v(\hat{P}) = \frac{v(\hat{A})}{M^2}$$

$$= \frac{6248.6930}{4681^2} = 0.000285$$

估计量 $\hat{P}$ 的标准差估计 $\sqrt{v(\hat{P})} = 1.69\%$。全校四年级有报考硕士研究生意向的学生所占比例的估计值为 65.09%，方差估计为 0.000285，标准差估计为 1.69%。

四、总体比例和 C 类单元总数的比率估计量

采用不放回等概率抽样从总体中抽取群，再采用简单随机抽样从入样的每个群中独立抽取基本单元，第 i 个群单元的 C 类单元总数记为 A_i，群规模记为 M_i。为了估计总体比例 P 和 C 类单元总数 A，用群规模 $M_1, \cdots, M_n$ 作为辅助变量，构造总体比例 P 和 C 类单元总数 A 的比率估计量。总体比率为

$$R = \frac{\sum_{i=1}^{N} A_i}{\sum_{i=1}^{N} M_i} = \frac{A}{M} = P \tag{7.37}$$

并且 C 类单元总数 $A = MP = MR$。记样本的第 i 个群单元有 m_i 个单元，其中 C 类单元总数为 a_i，样本总值为 $a = \sum_{i=1}^{n} a_i$。总体比例 P 的比率估计量 $\hat{P}_R$ 为

$$\hat{P}_R = \frac{\sum_{i=1}^{n} M_i p_i}{\sum_{i=1}^{n} M_i} \tag{7.38}$$

C 类单元总数 A 的比率估计量 $\hat{A}_R$ 为

$$\hat{A}_R = M\hat{P}_R = \frac{M\sum_{i=1}^{n} M_i p_i}{\sum_{i=1}^{n} M_i} \tag{7.39}$$

总体比例 P 的比率估计量 $\hat{P}_R$ 和 C 类单元总数 A 的比率估计量 $\hat{A}_R$ 都是有偏的。当样本的群数 n 足够大，两个估计量的偏差可以忽略。当样本的群数 n 足够大，在近似意义下，总体比例 P 的比率估计量 $\hat{P}_R$ 和 C 类单元总数 A 的比率估计量 $\hat{A}_R$ 都是无偏的。根据总体均值的比率估计量 $\hat{\hat{Y}}_R$ 的方差公式(7.28)，当样本中的群数 n 足够大，在近似的意义下，总体比例

P 的比率估计量 $\hat{P}_R$ 的方差为

$$V(\hat{P}_R)=\frac{N^2S_W^2}{nM^2}+\frac{N^2(1-f_1)}{nM^2}\left[\frac{\sum_{i=1}^{N}M_i^2(P_i-P)^2}{N-1}\right] \tag{7.40}$$

当样本中的群数 n 足够大,在近似的意义下,C 类单元总数 A 的比率估计量 $\hat{A}_R$ 的方差为

$$V(\hat{A}_R)=M^2V(\hat{P}_R)=\frac{N^2S_W^2}{n}+\frac{N^2(1-f_1)}{n}\left[\frac{\sum_{i=1}^{N}M_i^2(P_i-P)^2}{N-1}\right] \tag{7.41}$$

采用不放回等概率抽样从总体中抽取群,再采用简单随机抽样从入样的每个群中独立抽取基本单元,总体比例 P 的比率估计量 $\hat{P}_R$ 的方差估计为

$$v(\hat{P}_R)=\frac{N^2s_w^2}{M^2n}+\frac{N^2(1-f_1)}{M^2n}\left[\frac{\sum_{i=1}^{n}M_i^2(p_i-p)^2}{n-1}\right] \tag{7.42}$$

当样本中的群数 n 足够大,在近似的意义下,方差估计 $v(\hat{P}_R)$ 是估计量 $\hat{P}_R$ 的方差 $V(\hat{P}_R)$ 的无偏估计,$E[v(\hat{P}_R)]=V(\hat{P}_R)$。$C$ 类单元总数 A 的比率估计量 $\hat{A}_R$ 的方差估计为

$$v(\hat{A}_R)=\frac{N^2s_w^2}{n}+\frac{N^2(1-f_1)}{n}\left[\frac{\sum_{i=1}^{n}M_i^2(p_i-p)^2}{n-1}\right] \tag{7.43}$$

当样本中的群数 n 足够大,在近似的意义下,方差估计 $v(\hat{A}_R)$ 是估计量 $\hat{A}_R$ 的方差 $V(\hat{A}_R)$ 的无偏估计,$E[v(\hat{A}_R)]=V(\hat{A}_R)$。

例 7.4(续 1) 利用例 7.4 的调查数据,试构造比率估计量,估计全校四年级有报考硕士研究生意向的学生数及其所占比例,给出方差估计和标准差估计。

解:根据资料可知,该大学四年级学生总数 $M=4681$,班级总数 $N=129$。将班级作为群。样本的班级数 $n=20$,$\sum_{i=1}^{n}M_i=678$,$\sum_{i=1}^{n}M_ip_i=472.47$。全校四年级有报考硕士研究生意向的学生所占比例 P 的比率估计为

$$\hat{P}_R=\frac{\sum_{i=1}^{n}M_ip_i}{\sum_{i=1}^{n}M_i}$$

$$=\frac{472.47}{542}=69.69\%$$

第一级抽样比 $f_1=n/N=20/129=0.1550$,样本群内方差

$$s_w^2=\sum_{i=1}^{n}\frac{M_i^2(1-f_{2i})s_{2i}^2}{nm_i}=1.9870$$

估计量 $\hat{P}_R$ 的方差估计为

$$v(\hat{P}_R)=\frac{Ns_w^2}{M^2}+\frac{N^2(1-f_1)}{M^2n}\left[\frac{\sum_{i=1}^{n}M_i^2(p_i-p)^2}{n-1}\right]$$

$$=\frac{129\times1.9870}{4681^2}+\frac{129^2\times(1-0.1550)\times3.4345}{4681^2\times20}=0.000122$$

估计量 $\hat{P}_R$ 的标准差估计 $\sqrt{v(\hat{P}_R)}=1.10\%$。全校四年级有报考硕士研究生意向的学生所

占比例的比率估计值为69.69％，方差估计为0.000122，标准差估计为1.10％。全校四年级有报考硕士研究生意向的学生总数 A 的比率估计为

$$\hat{A}_R = M\hat{P}_R$$
$$= 4681 \times 69.69\% = 3262.19 \approx 3262$$

估计量 $\hat{A}_R$ 的方差估计为

$$v(\hat{A}_R) = M^2 v(\hat{A}_R)$$
$$= 4681^2 \times 0.000122 = 2673.2348$$

估计量 $\hat{A}_R$ 的标准差估计 $\sqrt{v(\hat{A})} = 51.70 \approx 51$。全校四年级有报考硕士研究生意向的学生总数的估计值为3262人，方差估计为2673.2348，标准差估计为51人。

第四节 群规模不等的有放回不等概率抽群的两级抽样

当群规模不等时，也可以采用有放回的不等概率抽样从抽样框中抽取事前确定数量的群单元，再从被抽取的群单元中采用简单随机抽样抽取基本单元，将所抽取的基本单元合在一起，作为两级抽样的样本。不等概率抽样应保证每个群单元被抽取的概率等于事前指定的概率值。通常，每个群单元被抽取的概率与其规模成比例。群单元的规模可以是群单元包含的基本单元数量，也可以是其他标志。本文主要介绍PPS抽样，即以群单元包含的基本单元数量为群单元的规模，群规模不等的有放回不等概率抽群的两级抽样。

记总体的群单元总数为 N，群单元的规模分别记为 $M_1, M_2, \cdots, M_N$，总体中的全部群单元的总规模记为 $M = \sum_{i=1}^{N} M_i$。记样本中的群单元总数为 n，群单元的规模分别记为 $M_1, M_2, \cdots, M_n$。记第 i 个群单元被抽取的概率为 $z_i = M_i / M$，$0 \leqslant z_i \leqslant 1$，$\sum_{i=1}^{N} z_i = 1$。

一、总体总值和总体均值的估计量

对于有放回不等概率抽群，从被抽取的第 i 个群单元中，采用简单随机抽样抽取 m_i 个基本单元，标志值分别记为 $y_{i1}, \cdots, y_{i(m_i)}$。记样本中第 i 个群第 j 个基本单元的标志值记为 y_{ij}，第 i 个群的样本均值为 $\bar{y}_i = \sum_{j=1}^{m_i} y_{ij} / m_i$。

（一）总体总值和总体均值的无偏估计量

总体总值 Y 的无偏估计量 $\hat{Y}_{PPS}$ 为

$$\hat{Y}_{PPS} = \frac{1}{n} \sum_{i=1}^{n} \frac{\hat{Y}_i}{z_i} = \frac{1}{n} \sum_{i=1}^{n} \frac{M_i \bar{y}_i}{z_i} = \frac{M}{n} \sum_{i=1}^{n} \bar{y}_i \tag{7.44}$$

总体均值 $\bar{\bar{Y}}$ 的无偏估计量 $\hat{\bar{\bar{Y}}}_{PPS}$ 为

$$\hat{\bar{\bar{Y}}}_{PPS} = \frac{\hat{Y}_{PPS}}{M} = \frac{1}{Mn} \sum_{i=1}^{n} \frac{M_i \bar{y}_i}{z_i} = \frac{1}{n} \sum_{i=1}^{n} \bar{y}_i \tag{7.45}$$

定理7.13 对于有放回不等概率抽群的两级抽样，总体总值 Y 的估计量 $\hat{Y}_{PPS}$ 是无偏的，即 $E(\hat{Y}_{PPS}) = Y$。

证明:当群规模不等,采用有放回不等概率抽群,再从被抽取的第 i 个群中采用简单随机抽样抽取 m_i 个基本单元,则

$$E(\hat{Y}_{PPS})=E\left(\frac{1}{n}\sum_{i=1}^{n}\frac{\hat{Y}_i}{z_i}\right)=E_1E_2\left(\frac{1}{n}\sum_{i=1}^{n}\frac{\hat{Y}_i}{z_i}\right)=E_1\left[\frac{1}{n}\sum_{i=1}^{n}\frac{E_2(\hat{Y}_i)}{z_i}\right]=E_1\left(\frac{1}{n}\sum_{i=1}^{n}\frac{Y_i}{z_i}\right)=Y$$

定理 7.13 成立。

推论 7.13 对于有放回不等概率抽群的两级抽样,总体均值 $\bar{\bar{Y}}$ 的估计量 $\hat{\bar{\bar{Y}}}_{PPS}$ 也是无偏的,即 $E(\hat{\bar{\bar{Y}}}_{PPS})=\bar{\bar{Y}}$ 。

(二)总体总值估计量和总体均值估计量的方差

定理 7.14 对于有放回不等概率抽群的两级抽样,总体总值估计量 $\hat{Y}_{PPS}$ 的方差为

$$V(\hat{Y}_{PPS})=\frac{M}{n}\left[\sum_{i=1}^{N}M_i(\bar{Y}_i-\bar{\bar{Y}})^2+\sum_{i=1}^{N}\frac{M_i(1-f_{2i})S_{2i}^2}{m_i}\right] \tag{7.46}$$

证明:当群规模不等,有放回不等概率抽群,再分别从被抽取的第 i 个群中采用简单随机抽样独立抽取 m_i 个基本单元,总体总值估计量 $\hat{Y}_{PPS}$ 的方差为

$$\begin{aligned}V(\hat{Y}_{PPS})&=V\left(\frac{1}{n}\sum_{i=1}^{n}\frac{\hat{Y}_i}{z_i}\right)=V_1\left[E_2\left(\frac{1}{n}\sum_{i=1}^{n}\frac{\hat{Y}_i}{z_i}\right)\right]+E_1\left[V_2\left(\frac{1}{n}\sum_{i=1}^{n}\frac{\hat{Y}_i}{z_i}\right)\right]\\&=V_1\left[\frac{1}{n}\sum_{i=1}^{n}\frac{E_2(\hat{Y}_i)}{z_i}\right]+E_1\left[\frac{1}{n^2}\sum_{i=1}^{n}\frac{V_2(\hat{Y}_i)}{z_i^2}\right]\\&=V_1\left(\frac{1}{n}\sum_{i=1}^{n}\frac{Y_i}{z_i}\right)+E_1\left[\frac{1}{n^2}\sum_{i=1}^{n}\frac{1}{z_i^2}\frac{M_i^2(1-f_{2i})S_{2i}^2}{m_i}\right]\end{aligned} \tag{7.47}$$

其中 $f_{2i}=m_i/M_i$, $i=1,\cdots,n$,

$$V_2(\hat{Y}_i)=\frac{M_i^2S_{2i}^2(1-f_{2i})}{m_i}=\frac{M_i^2(1-f_{2i})}{m_i}\left[\frac{1}{M_i-1}\sum_{j=1}^{M_i}(y_{ij}-\bar{Y}_i)^2\right]$$

$$V_1\left(\frac{1}{n}\sum_{i=1}^{n}\frac{Y_i}{z_i}\right)=\frac{1}{n}\sum_{i=1}^{N}z_i\left(\frac{Y_i}{z_i}-Y\right)^2=\frac{M}{n}\sum_{i=1}^{N}M_i(\bar{Y}_i-\bar{\bar{Y}})^2$$

$$E_1\left[\frac{1}{n^2}\sum_{i=1}^{n}\frac{1}{z_i^2}\frac{M_i^2(1-f_{2i})S_{2i}^2}{m_i}\right]=\frac{1}{n}\sum_{i=1}^{N}\frac{M_i^2(1-f_{2i})S_{2i}^2}{z_im_i}=\frac{M}{n}\sum_{i=1}^{N}\frac{M_i(1-f_{2i})S_{2i}^2}{m_i}$$

于是,

$$V(\hat{Y}_{PPS})=\frac{M}{n}\sum_{i=1}^{N}M_i(\bar{Y}_i-\bar{\bar{Y}})^2+\frac{M}{n}\sum_{i=1}^{N}\frac{M_i(1-f_{2i})S_{2i}^2}{m_i}$$

定理得证。

推论 7.14 对于有放回不等概率抽群的两级抽样,总体均值估计量 $\hat{\bar{\bar{Y}}}_{PPS}$ 的方差为

$$V(\hat{\bar{\bar{Y}}}_{PPS})=\frac{1}{M^2}V(\hat{Y}_{PPS})=\frac{1}{nM}\left[\sum_{i=1}^{N}M_i(\bar{Y}_i-\bar{\bar{Y}})^2+\sum_{i=1}^{N}\frac{M_i(1-f_{2i})S_{2i}^2}{m_i}\right] \tag{7.48}$$

(三)总体总值估计量和总体均值估计量的方差估计

定理 7.15 对于有放回不等概率抽群的两级抽样,总体总值估计量 $\hat{Y}_{PPS}$ 的方差的无偏估计量为

$$v(\hat{Y}_{PPS})=\frac{1}{n(n-1)}\sum_{i=1}^{n}\left(\frac{\hat{Y}_i}{z_i}-\hat{Y}_{PPS}\right)^2=\frac{M^2}{n(n-1)}\sum_{i=1}^{n}(\bar{y}_i-\hat{\bar{\bar{Y}}}_{PPS})^2 \tag{7.49}$$

证明：

$$\sum_{i=1}^{n}\left(\frac{\hat{Y}_i}{z_i}-\hat{Y}_{PPS}\right)^2=\sum_{i=1}^{n}\left[\left(\frac{\hat{Y}_i}{z_i}-\frac{Y_i}{z_i}\right)-\left(\hat{Y}_{PPS}-\frac{1}{n}\sum_{k=1}^{n}\frac{Y_k}{z_k}\right)+\left(\frac{Y_i}{z_i}-\frac{1}{n}\sum_{k=1}^{n}\frac{Y_k}{z_k}\right)\right]^2$$

$$=\sum_{i=1}^{n}\left[\left(\frac{\hat{Y}_i}{z_i}-\frac{Y_i}{z_i}\right)-\left(\hat{Y}_{PPS}-\frac{1}{n}\sum_{k=1}^{n}\frac{Y_k}{z_k}\right)\right]^2+\sum_{i=1}^{n}\left(\frac{Y_i}{z_i}-\frac{1}{n}\sum_{k=1}^{n}\frac{Y_k}{z_k}\right)^2$$

$$+2\sum_{i=1}^{n}\left[\left(\frac{\hat{Y}_i}{z_i}-\frac{Y_i}{z_i}\right)-\left(\hat{Y}_{PPS}-\frac{1}{n}\sum_{k=1}^{n}\frac{Y_k}{z_k}\right)\right]\left(\frac{Y_i}{z_i}-\frac{1}{n}\sum_{k=1}^{n}\frac{Y_k}{z_k}\right)$$

可以验证，

$$E\left\{\sum_{i=1}^{n}\left[\left(\frac{\hat{Y}_i}{z_i}-\frac{Y_i}{z_i}\right)-\left(\hat{Y}_{PPS}-\frac{1}{n}\sum_{k=1}^{n}\frac{Y_k}{z_k}\right)\right]\left(\frac{Y_i}{z_i}-\frac{1}{n}\sum_{k=1}^{n}\frac{Y_k}{z_k}\right)\right\}=0$$

$$\sum_{i=1}^{n}\left[\left(\frac{\hat{Y}_i}{z_i}-\frac{Y_i}{z_i}\right)-\left(\hat{Y}_{PPS}-\frac{1}{n}\sum_{k=1}^{n}\frac{Y_k}{z_k}\right)\right]^2=\sum_{i=1}^{n}\left(\frac{\hat{Y}_i}{z_i}-\frac{Y_i}{z_i}\right)^2-n\left(\hat{Y}_{PPS}-\frac{1}{n}\sum_{k=1}^{n}\frac{Y_k}{z_k}\right)^2$$

$$E\left[\sum_{i=1}^{n}\left(\frac{\hat{Y}_i}{z_i}-\frac{Y_i}{z_i}\right)^2\right]=E_1\left[\sum_{i=1}^{n}\frac{E_2(\hat{Y}_i-Y_i)^2}{z_i^2}\right]=E_1\left[\sum_{i=1}^{n}\frac{V_2(\hat{Y}_i)^2}{z_i^2}\right]$$

$$E\left[n\left(\hat{Y}_{PPS}-\frac{1}{n}\sum_{k=1}^{n}\frac{Y_k}{z_k}\right)^2\right]=E_1E_2\left[\frac{1}{n}\left(\sum_{i=1}^{n}\frac{\hat{Y}_i-Y_i}{z_i}\right)^2\right]=E_1\left[\frac{1}{n}V_2\left(\sum_{i=1}^{n}\frac{\hat{Y}_i}{z_i}\right)\right]$$

$$=E_1\left[\frac{1}{n}\sum_{i=1}^{n}\frac{V_2(\hat{Y}_i)}{z_i^2}\right]$$

最后的等号成立是由于每个群内的基本单元都是独立抽取的。由定理 6.15,有

$$E\left[\sum_{i=1}^{n}\left(\frac{Y_i}{z_i}-\frac{1}{n}\sum_{k=1}^{n}\frac{Y_k}{z_k}\right)^2\right]=E_1\left[\sum_{i=1}^{n}\left(\frac{Y_i}{z_i}-\frac{1}{n}\sum_{k=1}^{n}\frac{Y_k}{z_k}\right)^2\right]=n(n-1)V_1\left(\frac{1}{n}\sum_{k=1}^{n}\frac{Y_k}{z_k}\right)$$

从而，

$$E[v(\hat{Y}_{PPS})]=\frac{1}{n(n-1)}E\left[\sum_{i=1}^{n}\left(\frac{\hat{Y}_i}{z_i}-\hat{Y}_{PPS}\right)^2\right]$$

$$=\frac{1}{n(n-1)}\left\{n(n-1)V_1\left(\frac{1}{n}\sum_{k=1}^{n}\frac{Y_k}{z_k}\right)+E_1\left[\sum_{i=1}^{n}\frac{V_2(\hat{Y}_i)^2}{z_i^2}\right]-E_1\left[\frac{1}{n}\sum_{i=1}^{n}\frac{V_2(\hat{Y}_i)}{z_i^2}\right]\right\}$$

$$=V_1\left(\frac{1}{n}\sum_{k=1}^{n}\frac{Y_k}{z_k}\right)+\frac{1}{n^2}E_1\left[\sum_{i=1}^{n}\frac{V_2(\hat{Y}_i)^2}{z_i^2}\right]=V(\hat{Y}_{PPS})$$

最后等号是依据等式(7.47)。定理 7.15 成立。

推论 7.15 对于有放回不等概率抽群的两级抽样，总体均值估计量 $\hat{\bar{\bar{Y}}}_{PPS}$ 的方差的无偏估计量为

$$v(\hat{\bar{\bar{Y}}}_{PPS})=\frac{v(\hat{Y}_{PPS})}{M^2}=\frac{1}{M^2n(n-1)}\sum_{i=1}^{n}\left(\frac{\hat{Y}_i}{z_i}-\hat{Y}_{PPS}\right)^2=\frac{1}{n(n-1)}\sum_{i=1}^{n}(\bar{y}_i-\hat{\bar{\bar{Y}}}_{PPS})^2 \tag{7.50}$$

例 7.3(续 2) 若例 7.3 中表 7.5 的数据是采用有放回不等概率抽群的两级抽样，概率

与每个工厂拥有机器数成比例,试估计由于机器故障而影响生产的总时间和影响每台机器生产的平均时间,给出方差估计和标准差估计。

解:由题意可知,服装联合企业的工厂总数 $N=90$,抽取的工厂数 $n=10$,缝纫机总数 $M=4500$,每个工厂的缝纫机总数不等。根据表 7.5 的调查数据,经过计算,可以得到 $\sum_{i=1}^{n}\bar{y}_i=46.73$, $\sum_{i=1}^{n}(\bar{y}_i-\hat{\bar{\bar{Y}}}_{PPS})^2=3.7754$。由于机器故障而影响生产的总时间 Y 的估计为

$$\hat{Y}_{PPS}=\frac{M}{n}\sum_{i=1}^{n}\bar{y}_i$$

$$=\frac{4500\times 46.73}{10}=21028.50$$

估计量 $\hat{Y}_{PPS}$ 的方差估计为

$$v(\hat{Y}_{PPS})=\frac{1}{n(n-1)}\sum_{i=1}^{n}\left(\frac{\hat{Y}_i}{z_i}-\hat{Y}_{PPS}\right)^2=\frac{M^2}{n(n-1)}\sum_{i=1}^{n}(\bar{y}_i-\hat{\bar{\bar{Y}}}_{PPS})^2$$

$$=\frac{4500^2\times 3.7754}{10\times(10-1)}=849465.00$$

估计量 $\hat{Y}_{PPS}$ 的标准差估计 $\sqrt{v(\hat{Y}_{PPS})}=921.66$。从而,由于机器故障而影响生产的总时间的估计值为 21028.50 小时,方差估计为 849465.00,标准差估计为 921.66 小时。由于机器故障而影响每台机器生产的平均时间 $\bar{\bar{Y}}$ 的无偏估计量 $\hat{\bar{\bar{Y}}}_{PPS}$ 为

$$\hat{\bar{\bar{Y}}}_{PPS}=\frac{\hat{Y}_{PPS}}{M}$$

$$=\frac{21028.50}{4500}=4.673$$

估计量 $\hat{\bar{\bar{Y}}}_{PPS}$ 的方差估计

$$v(\hat{\bar{\bar{Y}}}_{PPS})=\frac{v(\hat{Y}_{PPS})}{M^2}$$

$$=\frac{849465.00}{4500^2}=0.0419$$

估计量 $\hat{\bar{\bar{Y}}}_{PPS}$ 的标准差估计 $\sqrt{v(\hat{\bar{\bar{Y}}}_{PPS})}=0.20$。从而,由于机器故障而影响每台机器生产的平均时间的估计值为 4.673 小时,方差估计为 0.0419,标准差估计为 0.20 小时。

二、总体比例和 *C* 类单元总数的估计

对于有放回不等概率抽群的两级抽样,总体中的 C 类单元总数记为 A, C' 类单元总数为 A', C 类单元总数与总体单元总数之比为总体比例,用 P 表示, $P=A/M$ 。第 i 个群单元中的 C 类单元数记为 A_i , C 类单元比例记为 P_i , $P_i=A_i/M_i$ 。设第 i 个群单元中的第 j 个基本单元的标志值 y_{ij} 为

$$y_{ij}=\begin{cases}1, y_{ij}\in C\\ 0, y_{ij}\notin C\end{cases}\tag{7.51}$$

经过计算,可以得到表 7.9。

表 7.9 总体的 C 类单元总数、总体比例和总体方差

总体	表达式
总体的 C 类单元总数	$A=\sum_{i=1}^{N}\sum_{j=1}^{M_i}y_{ij}=Y$
总体比例	$P=A/M=\sum_{i=1}^{N}\sum_{j=1}^{M_i}y_{ij}/\sum_{i=1}^{N}M_i=\bar{\bar{Y}}$
总体的第 i 个群的 C 类单元数	$A_i=\sum_{j=1}^{M_i}y_{ij}=Y_i$
总体的第 i 个群比例	$P_i=A_i/M_i=\sum_{j=1}^{M_i}y_{ij}/M_i=\bar{Y}_i$
总体的第 i 个群内方差	$S_{2i}^2=M_iP_i(1-P_i)/(M_i-1)$

采用有放回不等概率抽群的两级抽样,从总体中抽取 n 个群,再从所抽取的每个群中抽取 m_i 个基本单元,$m=m_1+\cdots+m_n$ 。在样本中,C 类单元数记为a ,第 i 个群单元中的C类单元数记为 a_i 个,群单元比例记为 p_i ,$p_i=a_i/m_i$ 。设定样本中第 i 个群单元第j 个基本单元的标志值 y_{ij} 为

$$y_{ij}=\begin{cases}1, y_{ij}\in C\\0, y_{ij}\notin C\end{cases}\tag{7.52}$$

经过计算,可以得到表 7.10。

表 7.10 样本的 C 类单元数、样本比例和样本方差

样本	表达式
样本的 C 类单元数	$a=\sum_{i=1}^{n}\sum_{j=1}^{m_i}y_{ij}=y$
样本的第 i 个群的 C 类单元数	$a_i=\sum_{j=1}^{m_i}y_{ij}=y_i$
样本的第 i 个群比例	$p_i=a_i/m_i=\sum_{j=1}^{m_i}y_{ij}/m_i=\bar{y}_i$
样本第 i 个群内方差	$s_{2i}^2=m_ip_i(1-p_i)/(m_i-1)$

对于有放回不等概率抽群的两级抽样,C 类单元总数 A 的无偏估计量 $\hat{A}_{PPS}$ 为

$$\hat{A}_{PPS}=\frac{1}{n}\sum_{i=1}^{n}\frac{\hat{A}_i}{z_i}=\frac{1}{n}\sum_{i=1}^{n}\frac{M_ip_i}{z_i}=\frac{M}{n}\sum_{i=1}^{n}p_i\tag{7.53}$$

总体比例 P 的无偏估计量 $\hat{P}_{PPS}$ 为

$$\hat{P}_{PPS}=\frac{\hat{A}_{PPS}}{M}=\frac{1}{n}\sum_{i=1}^{n}\frac{M_ip_i}{Mz_i}=\frac{1}{n}\sum_{i=1}^{n}p_i\tag{7.54}$$

根据定理 7.13 和推论 7.13,估计量 $\hat{A}_{PPS}$ 是 C 类单元总数 A 的无偏估计量,即 $E(\hat{A}_{PPS})=A$。估计量 $\hat{P}_{PPS}$ 是总体比例 P 的无偏估计量,即 $E(\hat{P}_{PPS})=P$ 。根据定理 7.14 和推论 7.14,无偏估计量 $\hat{A}_{PPS}$ 和 $\hat{P}_{PPS}$ 的方差分别为

$$V(\hat{A}_{PPS})=\frac{M}{n}\left[\sum_{i=1}^{N}M_i(P_i-P)^2+\sum_{i=1}^{N}\frac{M_i(1-f_{2i})}{m_i}\frac{M_iP_i(1-P_i)}{M_i-1}\right]\tag{7.55}$$

$$V(\hat{P}_{PPS})=\frac{1}{Mn}\left[\sum_{i=1}^{N}M_i(P_i-P)^2+\sum_{i=1}^{N}\frac{M_i(1-f_{2i})}{m_i}\frac{M_iP_i(1-P_i)}{M_i-1}\right] \tag{7.56}$$

根据定理 7.15 和推论 7.15,无偏估计量 $\hat{A}_{PPS}$ 和 $\hat{P}_{PPS}$ 的方差的无偏估计分别为

$$v(\hat{A}_{PPS})=\frac{M^2}{n(n-1)}\sum_{i=1}^{n}(p_i-\hat{P}_{PPS})^2 \tag{7.57}$$

$$v(\hat{P}_{PPS})=\frac{1}{n(n-1)}\sum_{i=1}^{n}(p_i-\hat{P}_{PPS})^2 \tag{7.58}$$

例 7.4(续 2) 若例 7.4 中的数据是采用有放回不等概率抽群的两级抽样,概率与每个班级人数成比例,试估计全校四年级有报考硕士研究生意向的学生数和所占比例,并给出方差估计和标准差估计。

解:根据资料可知,该大学四年级学生总数 $M=4681$,班级总数 $N=129$。将班级作为群。样本的班级数 $n=20$,各班有报考硕士研究生意向的学生比例之和 $\sum_{i=1}^{n}p_i=13.97$。采用有放回不等概率抽群的两级抽样,概率与每个班级人数成比例,全校四年级有报考硕士研究生意向的学生总数 A 的无偏估计量 $\hat{A}_{PPS}$ 为

$$\begin{aligned}\hat{A}_{PPS}&=\frac{M}{n}\sum_{i=1}^{n}p_i\\&=\frac{4681\times13.97}{20}=3269.68\approx3270\end{aligned}$$

经过计算,$\sum_{i=1}^{n}(p_i-\hat{P}_{PPS})^2=0.0602$,无偏估计量 $\hat{A}_{PPS}$ 的方差估计为

$$\begin{aligned}v(\hat{A}_{PPS})&=\frac{M^2}{n(n-1)}\sum_{i=1}^{n}(p_i-\hat{P}_{PPS})^2\\&=\frac{4681^2\times0.0602}{20\times(20-1)}=3471.2842\end{aligned}$$

估计量 $\hat{A}_{PPS}$ 的标准差估计 $\sqrt{v(\hat{A}_{PPS})}=58.92\approx59$。全校四年级有报考硕士研究生意向的学生总数的估计值为 3270 人,方差估计为 3471.2842,标准差估计 59 人。全校四年级有报考硕士研究生意向的学生所占比例 P 的估计为

$$\begin{aligned}\hat{P}_{PPS}&=\frac{\hat{A}}{M}\\&=\frac{3270}{4681}=69.86\%\end{aligned}$$

估计量 $\hat{P}_{PPS}$ 的方差估计为

$$\begin{aligned}v(\hat{P}_{PPS})&=\frac{v(\hat{A}_{PPS})}{M^2}\\&=\frac{3471.2842}{4681^2}=0.000158\end{aligned}$$

估计量 $\hat{P}_{PPS}$ 的标准差估计 $\sqrt{v(\hat{P}_{PPS})}=1.26\%$。从而,全校四年级有报考硕士研究生意向的学生所占比例的估计值为 69.86%,方差估计为 0.000158,标准差估计 1.26%。

第五节　群规模不等情形下的三种估计量比较

对于群规模不等的情形，本章给出了两种抽样方法，分别是不放回等概率抽群的两级抽样和有放回不等概率抽群的两级抽样，相应地给出了三种估计量。假设第一级抽样比 f_1 可以忽略不计。采用不放回等概率抽群的两级抽样，总体总值 Y 的简单估计量 $\hat{Y}=N\sum_{i=1}^{n}M_i\bar{y}_i/n$ 的方差为

$$V(\hat{Y})=\frac{N^2(1-f_1)}{n}\left[\frac{1}{N-1}\sum_{i=1}^{N}(Y_i-\bar{Y})^2\right]+\frac{N}{n}\sum_{i=1}^{N}\left[\frac{M_i^2(1-f_{2i})}{m_i}\frac{\sum_{j=1}^{M_i}(y_{ij}-\bar{Y}_i)^2}{M_i-1}\right]$$

$$\approx\frac{1}{n}\sum_{i=1}^{N}\frac{(NY_i-Y)^2}{N-1}+\frac{1}{n}\sum_{i=1}^{N}\left[\frac{NM_i^2(1-f_{2i})}{m_i}\frac{\sum_{j=1}^{M_i}(y_{ij}-\bar{Y}_i)^2}{M_i-1}\right]$$

方差 $V(\hat{Y})$ 的大小主要取决于 $NY_1,\cdots,NY_N$ 的离散程度，以及每个群内单元标志值 $y_{ij}(j=1,\cdots,M_i)$ 的离散程度。前者反映了群间方差的大小，后者反映了群内方差的大小，方差 $V(\hat{Y})$ 为群间方差和群内方差的加权和。以群规模作为辅助变量，总体总值 Y 的比率估计量 $\hat{Y}_R=M\sum_{i=1}^{n}M_i\bar{y}_i/\sum_{i=1}^{n}M_i$ 的方差为

$$V(\hat{Y}_R)=\frac{N^2(1-f_1)}{n}\left[\frac{1}{N-1}\sum_{i=1}^{N}M_i^2(\bar{Y}_i-\bar{\bar{Y}})^2\right]+\frac{N}{n}\sum_{i=1}^{N}\left[\frac{M_i^2(1-f_{2i})}{m_i}\frac{\sum_{j=1}^{M_i}(y_{ij}-\bar{Y}_i)^2}{M_i-1}\right]$$

$$\approx\frac{1}{n}\sum_{i=1}^{N}\frac{N^2M_i^2}{M^2}\frac{(M\bar{Y}_i-Y)^2}{N-1}+\frac{1}{n}\sum_{i=1}^{N}\left[\frac{NM_i^2(1-f_{2i})}{m_i}\frac{\sum_{j=1}^{M_i}(y_{ij}-\bar{Y}_i)^2}{M_i-1}\right]$$

方差 $V(\hat{Y}_R)$ 的大小主要取决于 $M\bar{Y}_1,\cdots,M\bar{Y}_N$ 的离散程度，以及每个群内单元标志值 $y_{ij}(j=1,\cdots,M_i)$ 的离散程度。前者反映了群间方差的大小，后者反映了群内方差的大小，方差 $V(\hat{Y}_R)$ 为群间方差和群内方差的加权和。采用有放回不等概率抽群的两级抽样，第 i 个群单元被抽取的概率为 $z_i=M_i/M$，$0\leqslant z_i\leqslant 1$，$\sum_{i=1}^{N}z_i=1$，总体总值 Y 的无偏估计量 $\hat{Y}_{PPS}=M\sum_{i=1}^{n}\bar{y}_i/n$ 的方差为

$$V(\hat{Y}_{PPS})=\frac{M}{n}\sum_{i=1}^{N}M_i(\bar{Y}_i-\bar{\bar{Y}})^2+\frac{M}{n}\sum_{i=1}^{N}\left[\frac{M_i(1-f_{2i})}{m_i}\frac{\sum_{j=1}^{M_i}(y_{ij}-\bar{Y}_i)^2}{M_i-1}\right]$$

$$\approx\frac{1}{n}\sum_{i=1}^{N}\frac{M_i}{M}(M\bar{Y}_i-Y)^2+\frac{1}{n}\sum_{i=1}^{N}\left[\frac{MM_i(1-f_{2i})}{m_i}\frac{\sum_{j=1}^{M_i}(y_{ij}-\bar{Y}_i)^2}{M_i-1}\right]$$

方差 $V(\hat{Y}_{PPS})$ 的大小也主要取决于 $M\bar{Y}_1,\cdots,M\bar{Y}_N$ 的离散程度，以及每个群内单元标志值 $y_{ij}(j=1,\cdots,M_i)$ 的离散程度。前者反映了群间方差的大小，后者反映了群内方差的大小，方差 $V(\hat{Y}_{PPS})$ 为群间方差和群内方差的加权和。三个估计量的群内方差部分大小都取决于每个群内单元标志值 $y_{ij}(j=1,\cdots,M_i)$ 的离散程度。方差 $V(\hat{Y}_R)$ 和 $V(\hat{Y}_{PPS})$ 的群间方差都与 $M\bar{Y}_1,\cdots,M\bar{Y}_N$ 的离散程度密切相关。

例 7.5　某学校 10 个班级的人数、平均成绩和方差见表 7.11。将这 10 个班级作为总

体。为了估计 10 个班级的总成绩,采用不放回等概率抽群的两级抽样,试分别计算简单估计量和比率估计量的方差。采用概率与班级人数成比例的有放回不等概率抽群的两级抽样,计算无偏估计量的方差。为了演示简单,抽样比 $f=n/N$ 忽略不计,第二级抽样比都等于 20%。

表 7.11 某学校 10 个班级的学习成绩

班级	人数	平均成绩	方差
1	29	68	137
2	25	80	118
3	25	79	118
4	24	83	113
5	27	75	127
6	28	71	132
7	29	68	137
8	27	74	127
9	22	90	104
10	26	76	123

解:由题意可知,总体的群单元总数 $N=10$,基本单元总数 $M=262$,每个群内基本单元数不等。不失一般性,抽取的群数记为 n,第二级抽样比 $f_{2i}=0.2$, $i=1,\cdots,n$ 。根据表 7.11 的数据,经过计算,可以得到表 7.12。

表 7.12 例 7.5 的计算结果(/n)

方差	群间部分	群内部分	总和
$V(\hat{Y})$	27973	1301760	1329733
$V(\hat{Y}_R)$	2984284	1301760	4286044
$V(\hat{Y}_{PPS})$	2791764	1293232	4084996

表 7.12 第 2 列给出了群间方差部分的计算结果。采用不放回等概率抽群的两级抽样,简单估计量的群间方差部分最小,为 $27973/n$ 。比率估计量的群间方差部分最大,为 $2984284/n$ 。采用概率与班级人数成比例的有放回不等概率抽群的两级抽样,估计量的群间方差部分为 $2791764/n$ 。表 7.12 第 3 列给出了群内方差部分的计算结果。采用不放回等概率抽群的两级抽样,简单估计量的群内方差部分最小,为 $1301760/n$ 。比率估计量的群内方差部分最大,为 $1301760/n$ 。采用概率与班级人数成比例的有放回不等概率抽群的两级抽样,估计量的群内方差部分为 $1293232/n$ 。三个估计量的总方差分别为 $1329733/n$, $4286044/n$, $4084996/n$,后两者的大小比较接近。相对来说,采用不放回等概率抽群的两级抽样,简单估计量的方差最小。

在例 7.5 中,每个班级的总成绩 $Y_1,\cdots,Y_N$ 都近似为 1988,离散程度小,即第 i 个班级总成绩 Y_i 受人数 M_i 影响小, $NY_1,\cdots,NY_N$ 的离散程度也小。由于群规模差异,班级人数 $M_1,\cdots,M_N$ 的离散程度相对大,平均成绩 $\bar{Y}_1,\cdots,\bar{Y}_N$ 的离散程度大,即 $M\bar{Y}_1,\cdots,M\bar{Y}_N$ 的离

散程度大。此时,方差 $V(\hat{Y})$ 往往会小于方差 $V(\hat{Y}_R)$ 和 $V(\hat{Y}_{PPS})$,采用不放回等概率抽群的两级抽样,简单估计量的方差更小。

例 7.6 为了与例 7.5 对比,下面给出了另一个学校的 10 个班级的人数、平均成绩和方差,见表 7.13。将这 10 个班级作为总体。为了估计 10 个班级的总成绩,采用不放回等概率抽群的两级抽样,试分别计算简单估计量和比率估计量的方差。采用概率与班级人数成比例的有放回不等概率抽群的两级抽样,计算无偏估计量的方差。为了演示简单,抽样比 $f = n/N$ 忽略不计,第二级抽样比都等于 20%。

表 7.13 某学校 10 个班级的学习成绩

班级	人数	平均成绩	方差
1	29	85	137
2	25	84	118
3	25	86	118
4	24	84	113
5	27	85	127
6	28	84	132
7	29	85	137
8	27	84	127
9	22	86	104
10	26	85	123

解:由题意可知,总体的群单元总数 $N = 10$,基本单元总数 $M = 262$,每个群内基本单元数不等。不失一般性,抽取的群数记为 n,第二级抽样比 $f_{2i} = 0.2$,$i = 1, \cdots, n$。根据表 7.13 的数据,经过计算,可以得到表 7.14。

表 7.14 例 7.6 的计算结果($/n$)

方差	群间部分	群内部分	总和
$V(\hat{Y})$	3488734	1197840	4686574
$V(\hat{Y}_R)$	38352	1197840	1236192
$V(\hat{Y}_{PPS})$	36313	1206248	1242561

表 7.14 第 2 列给出了群间方差部分的计算结果。采用不放回等概率抽群的两级抽样,简单估计量的群间方差部分最大,为 $3488734/n$。比率估计量的群间方差部分小,为 $38352/n$。采用概率与班级人数成比例的有放回不等概率抽群的两级抽样,无偏估计量的群间方差最小,为 $36313/n$。表 7.14 第 3 列给出了群内方差部分的计算结果。采用不放回等概率抽群的两级抽样,简单估计量的群内方差部分最小,为 $1197840/n$。比率估计量的群内方差部分最小,也为 $1197840/n$。采用概率与班级人数成比例的有放回不等概率抽群的两级抽样,估计量的群内方差最大,为 $1206248/n$。三个估计量的总方差分别为 $4686574/n$,$1236192/n$,$1242561/n$,后两者的大小比较接近。相对来说,采用不放回等概率抽群的两级抽样,简单估计量的方差最大。

在例 7.6 中,每个班级的平均成绩都近似为 85,平均成绩 $\bar{Y}_1,\cdots,\bar{Y}_N$ 的离散程度小,$M\bar{Y}_1,\cdots,M\bar{Y}_N$ 的离散程度也小。由于群规模差异,总成绩 $Y_1,\cdots,Y_N$ 的离散程度大,即第 i 个班级总成绩 Y_i 受班级人数 M_i 影响大,即 $NY_1,\cdots,NY_N$ 的离散程度大。此时,方差 $V(\hat{Y})$ 往往会大于方差 $V(\hat{Y}_R)$ 和 $V(\hat{Y}_{PPS})$,采用不放回等概率抽群的两级抽样,简单估计量的方差最大。

第六节 模拟案例

为了估计某地区规模以下服务业企业的营业收入,第六章采用单级整群抽样。为了对比,本章采用两级抽样估计该地区规模以下服务业企业的营业收入,介绍两级抽样的样本抽取和估计过程。数据来源于 2018 年度某地区 12779 个规模以下服务业企业的营业收入,村级单元的服务业企业营业收入数据见附录 B。将村级单元作为一级抽样单元,村级单元内包含的调查小区作为二级抽样单元,采用两级抽样抽取样本。

该地区共有 12779 个调查小区,分属于 367 个村级单元。每个村级单元包含的调查小区数并不相同。本节将上述 12779 个调查小区作为基本单元,每个群单元内的基本单元数并不相等。对于村级单元,可以采用不放回等概率抽群的两级抽样,也可以采用有放回不等概率抽群的两级抽样,每个群被抽取的概率与调查小区数成比例。

表 7.15 该地区各村级单元数据

编号	村级单元编码	调查小区个数
1	120101001005	14
2	120101001006	13
3	120101001012	10
4	120101002014	33
5	120101003003	12
⋮	⋮	⋮
363	120225100242	10
364	120225100246	16
365	120225100249	10
366	120225106701	70
367	120225114214	13
总计		12799

第六章采用单级整群抽样调查某地区 12779 个调查小区的规模以下服务业企业的营业收入,估计量的精度要求在置信概率 95%下每个调查小区规模以下服务业企业平均营业收入的估计量的方差为 50,最终确定抽取 45 个村级单元。本章采用两级抽样,将第六章表 6.17 的村级单元数据作为采用不放回等概率抽样所抽取的村级单元。为了演示简单,再采用简单随机抽样从被抽取的村级单元中独立抽取 5 个调查小区作为二级抽样样本,抽取的

各调查小区营业收入额见表7.16。

表7.16　两级抽样的调查数据

序号	群单元	基本单元的营业收入额(万元)				
7	120101003019	251	650	154	702	756
14	120101005004	191	241	697	663	714
23	120102003018	105	699	654	498	292
26	120102004010	391	644	174	320	697
32	120102006004	449	414	503	318	657
43	120102009018	634	638	159	697	337
63	120103009033	200	291	540	184	114
69	120103011007	299	300	662	645	246
72	120103012405	146	94	454	292	690
76	120103013702	571	291	548	198	207
78	120104001015	716	192	246	335	409
81	120104002030	266	693	50	408	203
90	120104005014	501	552	107	671	716
91	120104005015	493	342	648	548	305
109	120104008019	102	150	242	146	359
118	120104009016	289	608	592	354	562
135	120105004027	354	342	253	322	145
137	120105004030	639	599	438	46	652
141	120105005014	350	561	563	192	147
143	120105005016	284	718	93	666	447
153	120105007006	73	89	254	693	194
166	120105010003	402	257	363	585	154
179	120106004008	539	594	611	658	105
195	120110005201	447	468	100	252	251
197	120110005851	215	438	496	604	243
211	120111100006	507	564	299	702	488
217	120111100204	80	290	143	140	352
224	120111103703	595	540	456	431	60
229	120111105203	495	493	563	205	345
244	120112108004	401	202	242	589	445
254	120113004020	299	97	385	50	136
256	120113004022	662	246	121	603	588
263	120113100025	338	534	305	506	640

续表

序号	群单元	基本单元的营业收入额（万元）				
290	120114115210	401	401	356	206	735
299	120115001015	554	606	727	709	504
306	120115002705	111	685	654	447	48
309	120115007201	449	290	299	589	659
328	120116406400	295	136	695	343	247
330	120221100208	535	189	542	653	647
332	120221100222	648	560	705	599	685
334	120221100703	51	333	104	363	624
348	120223108201	509	737	715	495	754
351	120223108206	742	259	698	502	763
356	120225001018	501	459	520	540	710
366	120225106701	739	241	485	564	97

利用两级抽样的样本，试分别采用简单估计量和比率估计量估计该地区12779个调查小区规模以下服务业企业的营业收入、每个调查小区规模以下服务业企业的平均营业收入。为了对比，将所抽取样本当作采用有放回不等概率抽群的两级抽样所获取的，重新估计该地区12779个调查小区规模以下服务业企业的营业收入和平均营业收入。另外，估计规模以下服务业企业营业收入为580万元及以上的调查小区总数所占比例，给出相应的估计值和标准差估计。

一、采用不放回等概率抽群的两级抽样的简单估计量

村级单元总数 $N=367$，调查小区数 $M=12779$，抽取的群单元数 $n=45$，调查小区数 $m_1=\cdots=m_{45}=5$。根据表7.16的数据，计算得到村级单元的样本均值和样本方差见表7.17。

表7.17 模拟案例的计算数据之一

序号	i	M_i	$\bar{y}_i$	s_{2i}^2	a_i	p_i
7	120101003019	18	434.6	64756.8	2	0.4
14	120101005004	14	586.0	12823.5	3	0.6
23	120102003018	30	307.0	74396.0	1	0.2
26	120102004010	37	458.4	13707.8	1	0.2
32	120102006004	31	363.8	31413.2	1	0.2
43	120102009018	18	432.8	6795.7	0	0.0
63	120103009033	24	450.2	71950.7	2	0.4
69	120103011007	29	309.8	10984.7	0	0.0
72	120103012405	49	387.4	51828.3	1	0.2
76	120103013702	13	471.6	42700.3	1	0.2

续表

序号	i	M_i	$\bar{y}_i$	s_{2i}^2	a_i	p_i
78	120104001015	31	454.0	36590.5	1	0.2
81	120104002030	20	327.0	45579.0	1	0.2
90	120104005014	38	384.0	49984.0	1	0.2
91	120104005015	21	446.6	28706.3	0	0.0
109	120104008019	29	373.2	33814.2	1	0.2
118	120104009016	30	504.8	69389.7	4	0.8
135	120105004027	30	321.4	40452.8	0	0.0
137	120105004030	22	462.2	61343.2	2	0.4
141	120105005014	48	391.8	26359.7	0	0.0
143	120105005016	32	459.8	19685.7	1	0.2
153	120105007006	33	216.8	33881.2	0	0.0
166	120105010003	39	443.6	29170.8	1	0.2
179	120106004008	136	394.8	62819.2	2	0.4
195	120110005201	44	347.8	24507.2	0	0.0
197	120110005851	91	227.2	26882.7	0	0.0
211	120111100006	23	546.8	37740.2	3	0.6
217	120111100204	35	474.6	90793.3	3	0.6
224	120111103703	38	530.0	58988.0	3	0.6
229	120111105203	58	496.0	59172.5	2	0.4
244	120112108004	30	498.0	76574.5	3	0.6
254	120113004020	18	444.4	34409.3	1	0.2
256	120113004022	18	462.4	30122.3	1	0.2
263	120113100025	38	291.4	52541.3	1	0.2
290	120114115210	29	528.0	21906.5	2	0.4
299	120115001015	23	510.0	81995.0	2	0.4
306	120115002705	36	468.0	95883.5	2	0.4
309	120115007201	19	496.0	22507.0	2	0.4
328	120116406400	76	436.4	70327.8	2	0.4
330	120221100208	16	512.6	34945.3	2	0.4
332	120221100222	24	409.2	49433.2	2	0.4
334	120221100703	18	458.8	53572.7	2	0.4
348	120223108201	25	548.6	56045.3	3	0.6
351	120223108206	41	350.8	23974.7	0	0.0
356	120225001018	17	468.4	33374.3	1	0.2
366	120225106701	70	392.4	24727.3	1	0.2

1. 该地区 12779 个调查小区规模以下服务业企业的营业收入和每个调查小区规模以下

服务业企业的平均营业收入的估计。利用表 7.17 的数据，可以计算 $\hat{\bar{Y}}=\sum_{i=1}^{n}M_i\bar{y}_i/n=14266.5$，$s_b^2=\sum_{i=1}^{n}(M_i\bar{y}_i-\hat{\bar{Y}})^2/(n-1)=72153146$，$s_w^2/n=\sum_{i=1}^{n}\left\{M_i^2(1-f_{2i})\left[\sum_{j=1}^{m_i}(y_{ij}-\bar{y}_i)^2/(m_i-1)\right]/m_i\right\}/n=14660879$。该地区调查小区规模以下服务业企业的营业收入 Y 的估计为

$$\hat{Y}=\frac{N}{n}\sum_{i=1}^{n}M_i\bar{y}_i$$
$$=367\times 14266.5=5235805$$

估计量 $\hat{Y}$ 的方差估计为

$$v(\hat{Y})=\frac{N^2(1-f_1)}{n}\left[\frac{\sum_{i=1}^{n}(M_i\bar{y}_i-\hat{\bar{Y}})^2}{n-1}\right]+\frac{N}{n}\sum_{i=1}^{n}\frac{M_i^2(1-f_{2i})s_{2i}^2}{m_i}$$
$$=\frac{367^2\times 72153146\times(1-45/367)}{45}+367\times 14660879=194861117464$$

估计量 $\hat{Y}$ 的标准差估计 $\sqrt{v(\hat{Y})}=441430.8$ 万元。每个调查小区规模以下服务业企业的平均营业收入 $\bar{\bar{Y}}$ 的估计为

$$\hat{\bar{\bar{Y}}}=\frac{\hat{Y}}{M}=\frac{5235805}{12779}=409.7194$$

估计量 $\hat{\bar{\bar{Y}}}$ 的方差估计为

$$v(\hat{\bar{\bar{Y}}})=\frac{v(\hat{Y})}{M^2}$$
$$=\frac{194861117464}{12779^2}=1193.25$$

估计量 $\hat{\bar{\bar{Y}}}$ 的标准差估计为 $\sqrt{v(\hat{\bar{\bar{Y}}})}=34.54$ 万元。从而，12779 个调查小区规模以下服务业企业的营业收入的估计值为 5235805 万元，方差估计为 194861117464，标准差估计为 441430.8 万元。每个调查小区规模以下服务业企业的平均营业收入的估计值为 409.7194 万元，方差估计为 1193.25，标准差估计为 34.54 万元。

2. 规模以下服务业企业的营业收入为 580 万元及以上的调查小区总数及其比例的估计。根据表 7.17 的数据，得 $\sum_{i=1}^{n}(M_ip_i-\sum_{k=1}^{n}M_kp_k/n)^2/(n-1)=100.4306$，$\sum_{i=1}^{n}M_ip_i=425.8$，$\sum_{i=1}^{n}[M_i^2(1-f_{2i})p_i(1-p_i)/(m_i-1)]/n=62.30133$。规模以下服务业企业的营业收入为 580 万元及以上的调查小区总数 A 的估计为

$$\hat{A}=\frac{N}{n}\sum_{i=1}^{n}M_ip_i$$
$$=\frac{367\times 425.8}{45}=3472.636\approx 3473$$

估计量 $\hat{A}$ 的方差估计为

$$v(\hat{A}) = \frac{N^2(1-f_1)s_b^2}{n} + Ns_w^2$$
$$= \frac{367^2 \times 100.4306 \times (1-45/367)}{45} + 367 \times 62.30133 = 286604.2$$

估计量 $\hat{A}$ 的标准差估计为 $\sqrt{v(\hat{A})} = 535.3543 \approx 535$。规模以下服务业企业的营业收入为 580 万元及以上的调查小区所占比例 P 的估计为

$$\hat{P} = \hat{A}/M = 3473/12779 = 27.17\%$$

估计量 $\hat{P}$ 的方差估计为

$$v(\hat{P}) = \frac{v(\hat{A})}{M^2} = \frac{286604.2}{12779^2} = 0.0018$$

估计量 $\hat{P}$ 的标准差估计为 $\sqrt{v(\hat{P})} = 4.19\%$。于是，该地区规模以下服务业企业的营业收入为 580 万元及以上的调查小区总数的估计值为 3473 个，方差估计为 286604.2，标准差估计为 535 个。规模以下服务业企业的营业收入为 580 亿元及以上的调查小区所占比例的估计值为 27.17%，方差估计为 0.0018，标准差估计为 4.19%。

二、采用不放回等概率抽群的两级抽样的比率估计量

以每个村级单元包含的调查小区个数 M_i 作为辅助变量，构造比率估计量。

1. 该地区 12779 个调查小区规模以下服务业企业的营业收入和每个调查小区规模以下服务业企业的平均营业收入的比率估计。根据表 7.17 的数据，经过计算可得，$\sum_{i=1}^{n} M_i \bar{y}_i = 641992.4$，$\sum_{i=1}^{n} M_i^2(\bar{y}_i - \hat{\bar{\bar{Y}}}_R)^2/(n-1) = 11797862$，$\sum_{i=1}^{n} M_i = 1559$，$\sum_{i=1}^{n}\{M_i^2(1-f_{2i})\left[\sum_{j=1}^{m_i}(y_{ij}-\bar{y}_i)^2/(m_i-1)\right]/m_i\}/n = 1628987$。以每个村级单元包含的调查小区个数 M_i 作为辅助变量，该地区规模以下服务业企业的营业收入 Y 的比率估计为

$$\hat{Y}_R = \frac{M\sum_{i=1}^{n} M_i \bar{y}_i}{\sum_{i=1}^{n} M_i}$$
$$= \frac{12779 \times 641992.4}{1559} = 5262361$$

比率估计量 $\hat{Y}_R$ 的方差估计为

$$v(\hat{Y}_R) = \frac{N}{n}\sum_{i=1}^{n}\frac{M_i^2(1-f_{2i})s_{2i}^2}{m_i} + \frac{N^2(1-f_1)}{n}\left[\frac{\sum_{i=1}^{n} M_i^2(\bar{y}_i - \hat{\bar{\bar{Y}}}_R)^2}{n-1}\right]$$
$$= 367 \times 1628987 + \frac{367^2 \times (1-45/367) \times 11797862}{45} = 32145200618$$

估计量 $\hat{Y}_R$ 的标准差估计为 $\sqrt{v(\hat{Y}_R)} = 179290.8$ 万元。每个调查小区规模以下服务业企业平均营业收入 $\bar{\bar{Y}}$ 的比率估计为

$$\hat{\bar{\bar{Y}}}_R = \frac{\sum_{i=1}^{n} M_i \bar{y}_i}{\sum_{i=1}^{n} M_i}$$

$$=\frac{641992.4}{1559}=411.80$$

比率估计量 $\hat{\bar{\bar{Y}}}_R$ 的方差估计为

$$v(\hat{\bar{\bar{Y}}}_R)=\frac{1}{M^2}v(\hat{Y}_R)$$

$$=\frac{32145200618}{12779^2}=196.8441$$

比率估计量 $\hat{\bar{\bar{Y}}}_R$ 的标准差估计 $\sqrt{v(\hat{\bar{\bar{Y}}}_R)}=14.03$ 万元。于是，采用比率估计量，该地区 12779 个调查小区规模以下服务业企业的营业收入估计值为 5262361 万元，方差估计为 32145200618，标准差估计为 179290.8 万元。每个调查小区规模以下服务业企业的平均营业收入估计值为 411.80 万元，方差估计为 196.8441，标准差估计为 14.03 万元。

2. 规模以下服务业企业营业收入为 580 万元及以上的调查小区总数及其比例的比率估计。由表 7.16，$\sum_{i=1}^{n}M_i^2(p_i-\sum_{k=1}^{n}M_kp_k/\sum_{k=1}^{n}M_k)^2/(n-1)=61.729$，$\sum_{i=1}^{n}M_i=1559$，$\sum_{i=1}^{n}M_ip_i=425.8$，$\sum_{i=1}^{n}[M_i^2(1-f_{2i})p_i(1-p_i)/(m_i-1)]/n=62.3013$，以每个村级单元包含的调查小区总数 M_i 作为辅助变量，该地区规模以下服务业企业营业收入为 580 万元及以上的调查小区总数 A 的比率估计为

$$\hat{A}_R=\frac{M\sum_{i=1}^{n}M_ip_i}{\sum_{i=1}^{n}M_i}=\frac{12779\times 425.8}{1559}=3490.249\approx 3490$$

比率估计量 $\hat{A}_R$ 的方差估计为

$$v(\hat{A}_R)=\frac{N^2s_w^2}{n}+\frac{N^2(1-f_1)}{n}\left[\frac{\sum_{i=1}^{n}M_i^2(p_i-p)^2}{n-1}\right]$$

$$=\frac{367^2\times(1-45/367)\times 61.729}{45}+367\times 62.3013=184970.4$$

比率估计量 $\hat{A}_R$ 的标准差估计为 $\sqrt{v(\hat{A}_R)}=430.0819\approx 430$。该地区规模以下服务业企业的营业收入为 580 万元及以上的调查小区所占比例 P 的比率估计为

$$\hat{P}_R=\frac{\sum_{i=1}^{n}M_ip_i}{\sum_{i=1}^{n}M_i}$$

$$=\frac{425.8}{1559}=27.31\%$$

比率估计量 $\hat{P}_R$ 的方差估计为

$$v(\hat{P}_R)=\frac{v(\hat{A}_R)}{M^2}$$

$$=\frac{257283.6}{12779^2}=0.0011$$

比率估计量 $\hat{P}_R$ 的标准差估计为 $\sqrt{v(\hat{P}_R)}=3.37\%$。于是，采用比率估计量，该地区规模以下服务业企业营业收入为 580 万元及以上的调查小区总数估计值为 3490 个，方差估计为

184970.4,标准差估计为 430 个。该地区规模以下服务业企业营业收入为 580 万元及以上的调查小区比例的估计值为 27.31%,方差估计为 0.0011,标准差估计为 3.37%。

三、采用有放回不等概率的两级抽样的无偏估计量

为了演示,将表 7.16 的数据当作采用有放回不等概率抽群的两级抽样所获取的,每个村级单元被抽取概率与群内调查小区个数成比例。下面,估计该地区 12779 个调查小区规模以下服务业企业的营业收入和平均营业收入,并估计规模以下服务业企业的营业收入为 580 万元及以上的调查小区总数及其所占比例。给出相应的估计值和标准差估计。该地区村级单元总数 $N=367$,调查小区总数 $M=12779$,抽取的村级单元数 $n=45$,每个村级单元被抽取的概率与所包含的调查小区个数成比例。

1. 该地区 12779 个调查小区的规模以下服务业企业的营业收入和平均每个调查小区规模以下服务业企业的营业收入估计。利用表 7.16 的数据,经过计算得到,$\sum_{i=1}^{n}\bar{y}_i=19279.4$,$\sum_{i=1}^{n}(\bar{y}_i-\hat{\bar{\bar{Y}}}_{PPS})^2/n=6745.504$。采用有放回不等概率抽群的两级抽样,概率与调查小区个数 M_i 成比例,该地区调查小区规模以下服务业企业的营业收入 Y 的估计为

$$\hat{Y}_{PPS}=\frac{M}{n}\sum_{i=1}^{n}\bar{y}_i$$

$$=\frac{12779\times 19279.4}{45}=5474921$$

估计量 $\hat{Y}_{PPS}$ 的方差估计为

$$v(\hat{Y}_{PPS})=\frac{M^2}{n(n-1)}\sum_{i=1}^{n}(\bar{y}_i-\hat{\bar{\bar{Y}}}_{PPS})^2$$

$$=\frac{12779^2\times 6745.504}{45\times(45-1)}=25035453506$$

估计量 $\hat{Y}_{PPS}$ 的标准差估计为 $\sqrt{v(\hat{Y}_{PPS})}=158226$ 万元。平均每个调查小区规模以下服务业企业营业收入 $\bar{\bar{Y}}$ 的估计为

$$\hat{\bar{\bar{Y}}}_{PPS}=\frac{\hat{Y}_{PPS}}{M}$$

$$=\frac{5474921}{12779}=428.4311$$

估计量 $\hat{\bar{\bar{Y}}}_{PPS}$ 的方差估计为

$$v(\hat{\bar{\bar{Y}}}_{PPS})=\frac{v(\hat{Y}_{PPS})}{M^2}$$

$$=\frac{25035453506}{12779^2}=153.3069$$

估计量 $\hat{\bar{\bar{Y}}}_{PPS}$ 的标准差估计 $\sqrt{v(\hat{\bar{\bar{Y}}}_{PPS})}=12.3817$ 万元。于是,采用概率与每个村级单元的调查小区个数 M_i 成比例的有放回不等概率抽群的两级抽样,该地区 12779 个调查小区规模以下服务业企业的营业收入估计值为 5474921 万元,方差估计为 25035453506,标准差估计

为 158226 万元。该地区每个调查小区的规模以下服务业企业的平均营业收入的估计值为 428.4311 万元，方差估计为 153.3069，标准差估计为 12.3817 万元。

2. 规模以下服务业企业营业收入为 580 万元及以上的调查小区总数及其比例的估计。利用表 7.17 的数据，经过计算得到，$\sum_{i=1}^{n} p_i = 12.8$，$\sum_{i=1}^{n}(p_i - \hat{P}_{PPS})^2 = 1.8791$。采用有放回不等概率抽群的两级抽样，概率与每个村级单元的调查小区数 M_i 成比例，规模以下服务业企业的营业收入为 580 万元及以上的调查小区总数 A 的估计为

$$\hat{A}_{PPS} = \frac{M}{n}\sum_{i=1}^{n} p_i = \frac{12779 \times 12.8}{45} = 3634.916 \approx 3635$$

估计量 $\hat{A}_{PPS}$ 的方差估计为

$$v(\hat{A}_{PPS}) = \frac{M^2}{n(n-1)}\sum_{i=1}^{n}(p_i - \hat{P}_{PPS})^2 = \frac{12779^2 \times 1.8791}{45 \times (45-1)} = 154981.9$$

估计量 $\hat{A}_{PPS}$ 的标准差估计为 $\sqrt{v(\hat{A}_{PPS})} = 393.6774 \approx 394$ 个。规模以下服务业企业的营业收入为 580 万元及以上的调查小区所占比例 P 的估计为

$$\hat{P}_{PPS} = \frac{\hat{A}_{PPS}}{M} = \frac{3634.916}{12779} = 28.44\%$$

估计量 $\hat{P}_{PPS}$ 的方差估计为

$$v(\hat{P}_{PPS}) = \frac{v(\hat{A}_{PPS})}{M^2} = \frac{154981.9}{12779^2} = 0.0009$$

估计量 $\hat{P}_{PPS}$ 的标准差估计为 $\sqrt{v(\hat{P}_{PPS})} = 3.08\%$。于是，采用有放回不等概率抽群的两级抽样，概率与每个村级单元的调查小区数 M_i 成比例，该地区规模以下服务业企业的营业收入为 580 万元及以上的调查小区总数的估计值为 3635 个，方差估计为 154981.9，标准差估计为 394 个。该地区规模以下服务业企业的营业收入为 580 万元及以上的调查小区所占比例的估计值为 28.44%，方差估计为 0.0009，标准差估计为 3.08%。

小　结

本章介绍了两级抽样的基础知识。两级抽样有时会减小调查费用，减少抽样框的构造难度。当群规模相同时，常采用不放回等概率抽群的两级抽样。当群规模不等，可以采用不放回等概率抽群的两级抽样，也可以采用有放回不等概率抽群的两级抽样，群被抽取的概率与群规模成比例。本章的知识要点如下。

1. 设总体由 N 个群组成，每个群包含若干基本单元。采用概率抽样从总体中抽取 n 个群，再采用简单随机抽样从被抽取的群中抽取若干基本单元进行调查，这种抽样过程称为两级抽样。

2. 当群规模相等时，即 $M_1 = M_2 = \cdots = M_N = M_0$，采用不放回等概率抽群的两级抽样，总体均值和总体比例的无偏估计量如下。

表 7.18　群规模相等的总体均值的无偏估计量及其方差估计

估计量	方差估计
$\hat{\bar{Y}} = \frac{1}{nm_0}\sum_{i=1}^{n}\sum_{i=1}^{m_0} y_{ij}$	$v(\hat{\bar{Y}}) = \frac{(1-f_2)f_1 s_w^2}{m_0 n} + \frac{(1-f_1)s_b^2}{nM_0}$
$\hat{P} = \frac{1}{n}\sum_{i=1}^{n} p_i$	$v(\hat{P}) = \frac{1-f_1}{n(n-1)}\sum_{i=1}^{n}(p_i - p)^2 + \frac{(1-f_2)f_1}{n^2(m_0-1)}\sum_{i=1}^{n} p_i(1-p_i)$

3. 当群规模不相等时，总体总值估计量和 C 类单元总数的估计量及其方差估计。

表 7.19　群规模不等的总体总值的估计量及其方差估计

估计量	方差估计
$\hat{Y} = \frac{N}{n}\sum_{i=1}^{n} M_i \bar{y}_i$	$v(\hat{Y}) = \frac{N^2(1-f_1)}{n}\left[\frac{\sum_{i=1}^{n}(M_i\bar{y}_i - \hat{\bar{Y}})^2}{n-1}\right] + \frac{N}{n}\sum_{i=1}^{n}\frac{M_i^2(1-f_{2i})s_{2i}^2}{m_i}$
$\hat{Y}_R = \frac{M\sum_{i=1}^{n} M_i\bar{y}_i}{\sum_{i=1}^{n} M_i}$	$v(\hat{Y}_R) = \frac{N}{n}\sum_{i=1}^{n}\frac{M_i^2(1-f_{2i})s_{2i}^2}{m_i} + \frac{N^2(1-f_1)}{n}\left[\frac{\sum_{i=1}^{n} M_i^2(\bar{y}_i - \hat{\bar{Y}}_R)^2}{n-1}\right]$
$\hat{Y}_{PPS} = \frac{M}{n}\sum_{i=1}^{n}\bar{y}_i$	$v(\hat{Y}_{PPS}) = \frac{M^2}{n(n-1)}\sum_{i=1}^{n}(\bar{y}_i - \hat{\bar{Y}}_{PPS})^2$

表 7.20　群规模不等的 C 类单元总数的估计量及其方差估计

估计量	方差估计
$\hat{A} = \frac{N}{n}\sum_{i=1}^{n} M_i p_i$	$v(\hat{A}) = \frac{N^2(1-f_1)s_b^2}{n} + Ns_w^2$
$\hat{A}_R = \frac{M\sum_{i=1}^{n} M_i p_i}{\sum_{i=1}^{n} M_i}$	$v(\hat{A}_R) = \frac{N^2 s_w^2}{n} + \frac{N^2(1-f_1)}{n}\left[\frac{\sum_{i=1}^{n} M_i^2(p_i - p)^2}{n-1}\right]$
$\hat{A}_{PPS} = \frac{M}{n}\sum_{i=1}^{n} p_i$	$v(\hat{A}_{PPS}) = \frac{M^2}{n(n-1)}\sum_{i=1}^{n}(p_i - \hat{P}_{PPS})^2$

习　题

1. 某高校欲利用两级抽样调查下述标志，请分别选择两级抽样的单元，并叙述理由。

(1)全校学生拥有的电脑数;(2)每位同学拥有的各种英语教学书籍;(3)测试男生平均每分钟仰卧起坐次数。

2. 利用某商店的发票估计上月销售额。若该商店上月共用18本发票,采用简单随机抽样抽取了4本。每本发票共有200张,采用简单随机抽样从抽取的每本发票中独立抽取40张发票,调查数据见表7.21。试估计该商店上月销售额及其标准差。

表7.21 某商店发票的数据

第 i 本发票	发票金额 $\sum_{j=1}^{40} y_{ij}$	$\sum_{j=1}^{40} y_{ij}^2$
1	441.95	7180.00
2	368.92	4026.59
3	317.24	3260.77
4	357.40	4665.84

3. 试验田划分为160个小地块,每个地块有9株植物。现采用简单随机抽样抽取40个地块,再从每个地块中抽取3株植物,观察植物生长情况。结果显示,无病害植物的地块有22个,有1株病害植物的地块有11个,有2株病害植物的地块有4个,全部3株为病害的地块有3个。试估计整个试验田发生病害的植物总数及其占总植物数的比例,给出估计量的标准差估计。

4. 某灯泡厂生产某种灯泡,1月份生产1000箱,2月份生产500箱,3月份生产300箱,每箱100个。用简单随机抽样方法分别从三个月产品中抽出5箱,开箱检测每箱灯泡的合格率,数据见表7.22。试估计各月以及全季度产品的合格率。

表7.22 灯泡的合格率

单位:%

月份	检验箱序号				
	1	2	3	4	5
1	90	90	80	30	90
2	70	80	40	90	90
3	100	100	90	80	80

5. 某居民区共有200个居民点,拥有微波炉共计16000台。现以居民点作为群单元,采用简单随机抽样抽取3个居民点。再以微波炉作为二级抽样单元,简单随机抽样从被抽取的每个居民点抽取微波炉,得到调查数据如表7.23。试估计该居民区每周使用微波炉的平均时间。

表7.23 居民区的微波炉使用时间

名称	台数	一周内使用时间(小时)			
向阳胡同	$M_1 = 80$	$y_{11} = 3$	$y_{12} = 7$	$y_{13} = 5$	
南斜街	$M_2 = 200$	$y_{21} = 6$	$y_{22} = 4$	$y_{23} = 12$	$y_{24} = 10$
北菜园	$M_3 = 120$	$y_{31} = 0$	$y_{32} = 2$	$y_{33} = 10$	$y_{34} = 8$

6. 某工厂欲征求工人对一项改革措施的意见,工厂有12个车间,各车间人数见表

7.24。采用有放回不等概率抽样从12个车间中抽取4个车间,每个车间被抽取的概率与车间人数成比例。从被抽取的每个车间中,采用简单随机抽样抽取10人,征询对该项改革措施是否赞同,调查的车间与赞成人数见表7.24。试根据调查结果估计该工厂赞成该项改革措施的工人总数。

表7.24 工人赞成改革措施人数

车间	1	2	3	4	5	6	7	8	9	10	11	12
人数	45	82	52	91	62	96	85	73	50	76	64	60
被抽取	否	否	是	否	否	是	否	否	否	是	是	否
赞成人数			4			3				8	6	

7. 某高校学生会欲对全校女生拍摄个人艺术照的比例进行调查。全校共有女生宿舍200间,每间住6位同学。学生会采用两级抽样,从200间宿舍中不放回等概率抽取10间宿舍,再从被抽取的每间宿舍中采用简单随机抽样独立抽取3位同学进行调查,调查数据见表7.25。试估计拍摄过个人艺术照的女生比例,并给出估计量的标准差估计。

表7.25 学生会的调查数据

宿舍	曾拍摄的人数	宿舍	曾拍摄的人数
1	2	6	1
2	0	7	0
3	1	8	1
4	2	9	1
5	1	10	0

8. 某居委会欲调查居民健身活动情况。已知该居委会有500名居民,在所属10个居民单元中抽出4个单元,再从被抽取的每个居民单元中独立抽出若干居民,两个阶段都采用简单随机抽样,调查居民每天健身活动的时间,调查数据见表7.26(以10分钟为1个单位)。试估计居民每天健身活动的平均时间,并给出方差估计。再构造比率估计量,估计居民每天健身活动的平均时间,给出比率估计量的方差估计。如果表7.26的数据是第一阶段采用有放回不等概率抽群的两级抽样,被抽中概率与居民单元人数成比例,重新估计居民每天健身活动的平均时间,给出估计量的方差估计,并进行比较。

表7.26 样本居民活动资料

单元	总人数	样本量	时间				
1	32	4	4	2	3	6	
2	45	5	2	2	4	3	6
3	36	4	3	2	5	8	
4	54	5	4	3	6	2	4

主要参考文献

[1]杜子芳. 抽样技术及其应用[M]. 北京:清华大学出版社，2005.

[2]冯士雍，倪加勋，邹国华. 抽样调查理论与方法[M]. 北京:中国统计出版社，1998.

[3]冯士雍，施锡铨. 抽样调查——理论、方法与实践[M]. 上海:上海科学技术出版社，1996.

[4]胡桂华，武洁. 人口普查质量评估理论与实践[M]. 北京:中国社会科学出版社，2016.

[5]金勇进，杜子芳，蒋妍. 抽样技术[M]. 4 版. 北京:中国人民大学出版社，2015.

[6]李金昌. 应用抽样技术[M]. 3 版. 北京:科学出版社，2015.

[7]许宝禄. 抽样论[M]. 北京:北京大学出版社，1982.

[8]W. G. Cochran. 抽样技术[M]. 张尧庭，吴辉，译. 北京:中国统计出版社，1985.

[9]Graham J. W. Missing data: analysis and design[M]. New York: Springer, 2012.

[10]Judith T. Lessler, William D. Kalsbeek. 调查中的非抽样误差[M]. 金勇进，主译. 倪加勋，校. 北京:中国统计出版社，1997.

[11]Leslie Kish. Survey sampling[M]. New York:Johns Wiley & Sons, 1965.

[12]Little R. J. A. , Rubin D. B. Statistical analysis with missing data[M]. New York: John Wiley &Sons, 1987.

[13]Richard L. Scheaffer, William Mendenhall, R. Lyman Ott, et al. Elementary survey sampling [M]. 7th ed. Boston:Brooks/Cole, 2012.

[14]Schfer J. L. Analysis of incomplete multivariate data[M]. New York:Chapman and Hall, 1997.

[15]Sharon L. Lohr. 抽样：设计与分析[M]. 金勇进，编译. 北京：中国统计出版社，2009.

专题 A　无回答

无回答是影响调查数据分析结论可信度的重要因素，可能造成估计量的系统偏差。在调查设计、调查数据收集、整理和分析过程中的很多潜在因素都可能造成无回答。本章主要介绍无回答的相关内容，分为两节。第一节介绍无回答的含义、无回答产生原因、无回答偏差、无回答机制和无回答模式；第二节介绍无回答的处理办法，包括无回答的预防措施、无回答层再抽样、无回答的插补法和总体均值估计量的加权调整法。

本章的符号说明

$\bar{Y}$	项目 y 的总体均值，$\bar{Y}=Y/N$
$\bar{Y}_R$	项目 y 的回答层均值
$\bar{Y}_M$	项目 y 的无回答层均值
N	单元总数
N_R	回答层单元数
N_M	无回答层单元数
W_R	回答层权数，回答层单元数与单元总数之比，即 $W_R=N_R/N$
W_M	无回答层权数，无回答层单元数与单元总数之比，即 $W_M=N_M/N$
Y_{OBS}	项目 y 的观测数据
Y_{MIS}	项目 y 的无回答数据
n	样本量
n_A	样本的回答单元数
$\bar{y}_A$	样本的回答层均值
w_A	样本中回答层单元数与样本量之比，$w_A=n_A/n$
n_M	样本的无回答单元数
$\bar{y}_M$	样本的无回答层均值
w_M	样本中无回答层单元数与样本量之比，$w_M=n_M/n$

第一节　无回答的含义

在调查实践中，无回答是指单元没有提供某些或全部调查数据。一般地，无回答分为单元无回答和项目无回答。单元无回答是指单元没有接受调查，或没有提供调查问卷的任何信息。例如，没有收回调查问卷，或者收回的调查问卷全部项目空白而出现的无回答。项目无回答是指单元只回答了调查问卷的某些而不是全部的调查数据。例如，在填写调查问卷过程中，或者认为某些问题涉及个人隐私而不愿回答，或者认为某些问题不能理解而没有回答，造成项目无回答。

在现场调查中，事前安排好的实验被意外原因终止造成无回答；一些特殊原因的失访也会导致单元无回答；检测限以下数值由于测量工具的局限性会造成无回答；实验单元意外死亡会造成无回答；跟踪调查时单元搬迁而无法取得联系造成无回答，等等。在调查实践中，无回答经常发生，甚至很难避免。特别是以人为单元，更容易出现无回答。很多教材曾引用下面一个案例。1992 年，英国保守党第四次在大选中以 7.6%的优势胜出。在大选当日，4 个主要民意调查公司最后一次民意测验结果仍然表明工党领先了 0.9%，预测误差达到了 8.5%。在后来的研究中发现，引起如此大预测误差的主要原因之一是在民意测验中没有明确意图的选举人导致预测误差大于 2%。在调查中，这些选举人"拒绝回答"或回答"不知道"，在进行统计分析时没有对这些数据采取适当的统计分析方法，导致统计分析的严重偏差。

目前，无回答的研究文献很多，对无回答含义的解释并不完全一致。Little 和 Rubin (1987)[①]用无回答机制描述无回答的含义。Graham(2012)[②]定义无回答为单元完成调查的状态。后者的定义是为了引入描述无回答状态变量 M，$M=1$ 表示调查数据 Y 是观测的，不是无回答；$M=0$ 表示调查数据 Y 为无回答。本章关注无回答的解决办法，采用变量 M 描述无回答的状态。近年来，随着调查应用的领域越来越广泛，无回答问题更加突出。如何更有效处理无回答问题仍是亟待深入研究的统计学问题之一。

一、产生无回答的原因

在实际调查中，无回答产生的可能原因很多，涉及组织者、调查方案设计者、调查员和被调查单元以及调查的各个阶段等。其中，主要原因如下。

1. 调查方案设计不合理或者问卷设计不恰当，导致调查得不到被调查单元的数据；问卷涉及个人隐私或者工作机密，被调查单元不愿或不能回答；调查问卷过长，调查项目过多，被调查单元没有足够时间完成调查问卷；调查项目太复杂或选项含糊不清，被调查单元无法正确理解调查项目含义。

2. 调查员缺少职业素养，对被调查单元不热情不主动，往往招致被调查单元拒绝回答调查项目；调查员缺乏追问、补问、查漏等必备的基本能力和技巧；调查员的工作态度不积极，往往会放弃联络困难的被调查单元；现场的调查员遗漏填写某些调查项目，或者认为调查项目无关紧要或者对调查项目理解不当而没有调查。

3. 调查单位没有做好调查的宣传和组织工作，被调查单元经常以各种借口拒绝参加调查；调查时间选择不当，往往找不到外出频率较高的被调查单元；或者被调查单元比较忙、正在就餐或者正在准备外出而不接受入户调查。

4. 数据录入员由于粗心遗漏了某些调查数据，或者按照自己意愿删除某些调查数据。

5. 对于敏感性调查项目，被调查单元认为某些项目可能会招致日后麻烦或不利影响而拒绝回答；某些社会风俗习惯引起被调查单元的消极情绪而拒绝回答；调查问卷的调查项目表述不明确，或者调查项目不能引起被调查单元的兴趣容易产生无回答。

6. 被调查单元是聋哑人、智障或文盲；作为独生子女的被调查单元无法回答有关兄弟姐妹关系等调查项目；被调查单元无读写能力，不能参加邮寄调查；在医学和生物学等的临床实验研究中，被调查单元的治愈康复、死亡或不愿意继续参加实验而中途退出。

---

① Little R. J. A., Rubin D. B. Statistical analysis with missing data [M]. New York: John Wiley &Sons, 1987.

② Graham J. W. Missing data: analysis and design [M]. New York: Springer, 2012.

7. 被调查单元的疏忽也会遗漏某些调查项目;被调查单元态度消极、对调查重要性认识不够、出于自身原因或情绪欠佳等拒绝参加调查。

8. 调查员对某些被调查单元没有调查权,或者被调查单元地址不详,或者被调查单元无法寻找等;统计保障制度建立得不完善,缺乏统计执法力度不能保证某些调查的顺利进行。

9. 在网络调查中,邮件没有到达被调查单元邮箱,或邮件达到被调查单元邮箱但被调查单元在调查期间没有打开邮箱;被调查单元的计算机无法下载调查问卷;调查员没有收到或无法下载已完成的调查问卷。

10. 含调查问卷的信件无人打开;电话调查中,调查员的电话无人接听。

上述罗列的是产生无回答的常见原因,还有很多未被罗列的其他原因也会导致无回答。罗列出无回答的全部潜在原因很困难,甚至是不可能的。调查员和调查组织单位更倾向于高质量完成调查工作,积极性和主动性更高,不断积累调查经验和付出更多的努力,往往会减少或避免自身原因所造成的无回答。与调查人员和调查组织单位相比,被调查单元并不会更多关注调查工作,很难主动减少或避免无回答的出现。

二、无回答偏差

在无回答的早期研究中,人们假定无回答是被调查单元的本质特征,被调查单元要么回答调查项目,要么不回答调查项目。按照是否回答调查项目,将所有被调查单元分为两个集合,回答调查项目的被调查单元集合称为回答层,不回答调查项目的被调查单元集合称为无回答层。

这里,为了简单,只关心一个调查项目 Y。令 N_U , N_R , N_M 分别为总体中被调查单元总数、回答层单元数和无回答层单元数,$\bar{Y}_U$, $\bar{Y}_R$, $\bar{Y}_M$ 分别为总体均值、回答层均值和无回答层均值。设无回答层和回答层的被调查单元数占比分别为 $W_R = N_R/N_U$ 和 $W_M = N_M/N_U$ 。可以验证 $W_R + W_M = 1$,并且 $\bar{Y}_U = \bar{Y}_R W_R + \bar{Y}_M W_M$ 。由于事前很难判断每个单元是否为无回答,N_R , N_M , $\bar{Y}_R$, $\bar{Y}_M$ 都未知。从总体中随机抽取的单元,可能来自回答层,也可能来自无回答层。观测到的样本标志值都是来自回答层的单元,样本均值记为 $\bar{y}_R$ 。当抽样方法是简单随机抽样,回答层的样本均值是回答层均值的无偏估计,即 $E(\bar{y}_R) = \bar{Y}_R$ 。用样本均值 $\bar{y}_R$ 估计总体均值 $\bar{Y}_U$,偏差为

$$E(\bar{y}_R) - \bar{Y}_U = \bar{Y}_R - (\bar{Y}_R W_R + \bar{Y}_M W_M) = W_M(\bar{Y}_R - \bar{Y}_M) \quad \text{(A. 1)}$$

偏差大小取决于无回答层单元数占比 W_M ,以及回答层均值和无回答层均值之间的差值。对于简单随机抽样,样本均值是总体均值的无偏估计。由于无回答导致观测的样本量减小,用观测的样本均值估计总体均值的偏差称为无回答偏差。在数据分析模型中,由于无回答导致模型参数估计量的期望不再等于参数真值,其偏差也被称为无回答偏差。

在很多社会调查中,无回答单元往往与回答单元具有不同的统计特征,差值 $\bar{Y}_R - \bar{Y}_M$ 往往不等于0,而且是未知的,无回答引起的估计量偏差大小很难确定。在有些情况下,无回答是客观的偶然因素导致的,不会造成回答层与无回答层之间的观测值存在较大差异,只会造成样本量减小。但在另外一些情况下,回答单元和无回答单元的统计特征存在较大差异,回答层样本不能全面反映总体的统计特征,造成较大的估计量偏差。

根据等式(A.1),当无回答层均值与回答层均值之间差异较小或无回答率 W_M 较小时,无回答偏差也较小。在实际调查中,差值 $\bar{Y}_R-\bar{Y}_M$ 未知,减小偏差只能尽量降低总体无回答率 W_M 。有些学者鼓励调查数据具有适当高的回答率,认为回答率应该大于 50%,回答率高于 60%更好。有些学者认为面访调查的回答率为 85%是合适的最低限度,回答率低于 70%很可能产生严重偏差。目前,由于实际调查问题的复杂性,尚未形成关于无回答率最低限度的公认标准。鉴于等式(A.1)成立条件为无回答单元的本质特征,因而有些研究文献也指出无回答率对总体均值估计量的影响并不大,无回答率的降低不代表无回答偏差减小,无回答偏差还容易受到调查环境的影响。

为了描述无回答偏差的严重程度,Collins 等(2001)①采用了标准化偏差。记估计量 $\bar{y}_R$ 的标准化偏差为 $SB(\bar{y}_R)$,均方误差为 $MSE(\bar{y}_R)$ 。则

$$SB(\bar{y}_R)=\frac{E(\bar{y}_R)-\bar{Y}_U}{\sqrt{MSE(\bar{y}_R)}} \tag{A.2}$$

Collins 等认为,标准化偏差的绝对值不超过 40%,无回答不会对估计量造成显著影响;标准化偏差超过 40%,无回答可能导致统计分析出现显著偏差。无回答原因和调查项目的相关程度也影响标准化偏差大小。

无回答的敏感性分析是在给定参数取值区间内,检验无回答对估计量偏差的影响程度。如果在给定的参数值范围内无回答偏差可能很小,则倾向于无回答偏差的真实水平很小。敏感性分析的参数包括无回答率、目标变量和辅助变量之间相关系数,无回答原因变量与目标变量之间相关系数等。对于未知的相关系数,需要进行估计。在参数取值范围内,无回答偏差显著性的检验统计量

$$T(\bar{y}_R)=\frac{\bar{y}_R-\bar{Y}_U}{\sqrt{MSE(\bar{y}_R)}/\sqrt{n_{reps}}} \tag{A.3}$$

其中 n_{reps} 为模拟次数。该检验统计量渐进服从 T 分布,自由度等于模拟次数减 2。

偏差测度了估计量的期望和总体真值之间差值。由于总体真值未知,因而实践中估计量的偏差无法测算,但很多评价无回答偏差的方法都以偏差的函数为基础。对于无回答偏差的评价,偏差的局限性是在模拟过程中偏差的显著性与模拟次数有关。标准化偏差是偏差的函数,评价无回答偏差更合理;局限性是随着样本量增加则标准化偏差增大。评价无回答偏差的其他方法还有标准差、相对偏差、根均方误差等。

三、无回答机制

Rubin(1987)②引入数据缺失机制,描述缺失数据的随机性质,并与造成缺失数据的具体原因联系起来,以便选择缺失数据的分析方法。为了描述方便,本章将缺失机制称为无回答机制。无回答机制包括三种,分别为完全随机无回答机制、随机无回答机制和非随机无回答机制。这里,假设每个单元有 k 个调查项目。

完全随机无回答机制是指无回答与被调查单元的数值无关。把 n 个单元 k 个调查项目

---

① Collins I. M., Schafer J. L., Kam C. M. A comparison of inclusive and restrictive strategies in modern missing data procedure [J]. Psychological Methods, 2001, 6: 330-351.

② Little R. J. A., Rubin D. B. Statistical analysis with missing data [M]. New York: John Wiley &Sons, 1987.

的样本数据写成 $n \times k$ 矩阵，记为 $Y=(y_{ij})$，其中 y_{ij} 表示单元 i 第 j 调查项目取值。无回答单元集合记为 S_M，无回答状态矩阵记为 $M=(m_{ij})$，为 $n \times k$ 矩阵，其中 m_{ij} 为单元 i 第 j 调查项目的无回答状态变量，定义为

$$m_{ij}=\begin{cases}1, y_{ij} \notin S_M \\ 0, y_{ij} \in S_M\end{cases} \tag{A.4}$$

m_{ij} 是随机变量。若对于所有参数 φ，都有 $f(M \mid Y,\varphi)=f(M \mid \varphi)$，则无回答机制为完全随机无回答，其中函数 $f(\cdot)$ 为某分布函数。在完全随机无回答的情况下，无回答是否发生完全随机，回答层与无回答层有相同分布。例如，外国某大公司雇员在中国分公司工作，其小孩在中国参加中文课程学习。由于特殊原因，该雇员必须离开中国，导致小孩没有中文课程的学习成绩。雇员离开是小孩没有中文成绩的原因，雇员离开与小孩的学习成绩是不相关的。小孩有没有中文课程的学习成绩是完全随机的。

随机无回答机制是指无回答仅依赖于单元已回答的调查项目，不依赖于无回答项目。令 $Y=(Y_{mis}, Y_{obs})$，Y_{obs} 代表 Y 的完全回答项目集合，Y_{mis} 代表 Y 的无回答项目集合。若对于所有参数 φ，有 $f(M \mid Y,\varphi)=f(M \mid Y_{obs},\varphi)$，则无回答机制为随机无回答。无回答只与已回答项目集合 Y_{obs} 值有关，与无回答项目集 Y_{mis} 值无关。给定完全回答数据集，对于所有可能的无回答项目取值，无回答状态变量的条件分布函数相同。例如，在学生心理健康调查中，调查项目数量为 K，K 较大，阅读速度慢的学生很难完成全部调查项目，阅读速度快的学生完成全部调查项目相对容易。在调查问卷开始，设置单独的调查项目，测量学生阅读速度，全部学生都完成了该调查项目。在这个例子中，用 Y_{obs} 表示阅读速度，$Y_{obs}=1$ 代表阅读速度快；$Y_{obs}=0$ 代表阅读速度慢。最后一项调查项目的无回答状态变量 m_K，$m_K=1$ 表示回答，$m_K=0$ 表示无回答。m_K 的分布函数为

$$\begin{cases}P(m_K=1 \mid Y_{obs}=1)=0.90 \\ P(m_K=1 \mid Y_{obs}=0)=0.10\end{cases} \tag{A.5}$$

最后一项调查项目的无回答依赖于学生的阅读速度 Y_{obs}。

随机无回答机制假设无回答与其他调查项目有关。验证随机无回答机制是否成立需要获得无回答层的调查数据。在没有获得无回答层调查数据的情况下，很难通过回答层调查数据进行显著性检验。在实际调查中，也只能依据有关的辅助信息进行判断。通过增加辅助调查项目，获取无回答的辅助信息，有利于识别随机无回答机制。

非随机无回答机制是指无回答依赖于已回答调查项目 Y_{obs}，也依赖于无回答调查项目 Y_{mis}。这种机制在社会生活中更常见。在国民收入调查中，更高的收入者更倾向于无回答，以避免未来可能会出现对自己不利的情况。在受害经历的犯罪调查中，年龄、性别、受教育程度等相同的受害者会根据主观意愿决定是否参加调查。由于非随机无回答的原因很复杂又不易观测，非随机无回答机制的判断更加困难。

导致无回答的原因很多，只有把具体的无回答原因与无回答机制联系起来，才能选择更好的解决方法。Graham(2012)[①]凭借自己的工作经验，认为在预防医学领域的很多实验数据表现为随机无回答，因而可以按照随机无回答机制进行无回答数据分析。

如何识别无回答机制，不仅依赖于统计学方法，更需要实质性学科结合相应的知识体系

---

① Graham J. W. Missing data: analysis and design [M]. New York: Springer, 2012.

给出无回答的适当解释,并判断统计模型的合理性。

四、无回答模式[①]

常用的无回答模式有6种,分别是单项目无回答模式、多项目无回答模式、单调无回答模式、一般无回答模式、文件匹配无回答模式和因子分析无回答模式,如图A.1所示。

(a) 单项目无回答模式

i	Y_1	Y_2	Y_3	Y_4
1	●	●	●	●
2	●	●	●	●
3	●	●	●	●
4	○	●	●	●
5	○	●	●	●

(b) 多项目无回答模式

i	Y_1	Y_2	Y_3	Y_4
1	●	●	●	●
2	●	●	●	●
3	●	●	●	●
4	●	●	○	○
5	●	●	○	○

(c) 单调无回答模式

i	Y_1	Y_2	Y_3	Y_4
1	●	●	●	●
2	●	●	●	●
3	●	●	●	○
4	●	●	○	○
5	●	○	○	○

(d) 一般无回答模式

i	Y_1	Y_2	Y_3	Y_4
1	●	●	●	○
2	●	○	●	●
3	●	●	●	○
4	●	●	○	●
5	●	○	●	●

(e) 文件匹配无回答模式

i	Y_1	Y_2	Y_3
1	●	●	○
2	●	●	○
3	●	○	●
4	●	○	●
5	●	○	●

(f) 因子分析无回答模式

i	Y_1	Y_2
1	●	○
2	●	○
3	●	○
4	●	○
5	●	○

注:●为回答项目,○为无回答项目,Y_1,Y_2,Y_3,Y_4为调查项目。

图 A.1　调查项目无回答的模式

图A.1(a)所示为单项目无回答模式,无回答仅限于单个项目。例如,家庭生活满意度调查,研究家庭生活满意度与家庭月均收入Y_1和家庭人口数Y_2、人均居住面积Y_3、教育程度Y_4之间关系。Y_1包含无回答,而Y_2,Y_3,Y_4是完全回答项目。

图A.1(b)所示为多项目无回答模式,无回答限于多个项目,这些项目都为回答,或者无回答。在未成年人使用网络调查中,调查项目包括性别Y_1、父母是否离异Y_2,父母离异的未成年人还要回答项目Y_3,Y_4,父母未离异的未成年人不回答项目Y_3,Y_4。

图A.1(c)所示为单调无回答模式,某调查项目无回答,则后面项目都为无回答。例如,在研制新药的临床试验过程中,参加实验的每个病人需要定期到医院检查。有些病人进行完第一次检查,记录了观测数据Y_1,之后由于觉得药物没有疗效,不再继续参加实验,后续检查Y_2,Y_3,Y_4都是无回答。有些病人进行了两次检查,记录了观测数据Y_1,Y_2,之后由于觉得药物疗效显著,已经康复,不再继续参加实验,后续检查Y_3,Y_4都是无回答。有些病人进行三次检查,记录了观测数据Y_1,Y_2,Y_3,之后不想再继续参加实验,后续检查Y_4是无回答。

图A.1(d)所示为一般无回答模式,无回答项目没有明显规律。这种无回答模式在社会

① Little R. J. A., Rubin D. B. Statistical analysis with missing data [M]. New York: John Wiley &Sons, 1987.

调查中经常出现。例如，调查大学生每周上网时间，调查内容包括是否有计算机 Y_1，在寝室上网时间 Y_2、在教室上网时间 Y_3、在图书馆上网时间 Y_4。有的大学生忘记回答 Y_2，有的大学生不回答 Y_3，有的大学生不想回答 Y_4。

图 A.1(e)所示为文件匹配无回答模式，无回答项目常常描述未同时调查的多个数据集。例如，多个小组调查一国动物生存状况，第一小组调查脊椎动物的生存状况，第二小组调查无脊椎动物的生存状况。调查项目包括动物名称 Y_1，脊椎动物类别 Y_2 和无脊椎动物类别 Y_3。每种动物只属于 Y_2 和 Y_3 中的一类。

图 A.1(f)所示为因子分析无回答模式，无回答项代表不能观测的隐变量。

上述六种模式几乎包括了无回答模式的全部可能情况。对于无回答数据，若采用某种无回答模式进行统计分析困难，可以转换成另一种无回答模式进行统计分析。

第二节　无回答的解决办法

无回答的解决办法旨在减小由于无回答引起的估计量偏差，提高参数估计的精度。解决办法分为事前预防和事后补救。事前预防是指在调查数据收集之前采取的一系列措施以降低无回答率。事后补救指调查数据收集之后的补救办法。调查实践显示，调查准备工作尽可能细致、调查问卷尽可能严谨等有针对性的预防措施可以有效提高回答率，这是无回答的最好解决方法。

一、无回答的预防措施

在调查各个阶段，要充分考虑无回答的各种潜在影响因素，做好如下工作。

(1)设计调查方案要明确界定调查目的、调查总体和被调查单元。调查内容要满足调查目的和预期精度要求。数据搜集方法要适当。调查问卷要尽可能引起被调查单元的兴趣，被调查单元凭借自身的常识和经验能够回答调查问卷。调查项目要围绕调查主题，问题具体明确，语言简单易懂，排列顺序和内容之间逻辑性清晰。调查项目太多会增加调查负担，引起被调查单元的抵触情绪，出现无回答。开放性问题和敏感性问题容易引起被调查单元拒绝回答，往往放在调查问卷最后。

(2)为了避免调查员自身原因造成的无回答，调查组织者应慎重挑选调查员，关注调查员的修养和素质、较强沟通能力和高度责任心。组织调查员培训学习，使调查员明确调查的目的和意义，提高调查员的调查技术和被拒绝时应对技巧。调查员要严格完成已制定的调查工作，充分发挥主观能动性，克服调查过程中出现的不利因素。尽可能为调查员提供被调查单元的信息和准确联系方式，避免无法联系被调查单元而产生无回答。

(3)调查前期大力宣传调查的重要性和调查单位的社会影响力和权威性，提高被调查单元参与调查的积极性，获得被调查单元的理解和支持。在调查过程中，对调查员工作监督和检查，减少或杜绝调查不认真、不负责的现象。及时总结调查中出现的问题，分析原因并找出应对办法，降低无回答率。在法律约束下，调查组织者和调查员要确保被调查单元的调查问卷严格保密，仅用于调查研究目的，不会将调查数据透漏给其他任何个人和机构，不会对被调查单元产生不利影响。现场的调查员应认真介绍调查目的、意义和合法性，调查内容、调查时间和调查过程尽可能预先通知被调查单元，减少调查过程的困难。

(4)物质奖励是提高回答率的有效办法。邮寄调查的抽奖,入户调查的赠送小礼品,都会提高回答率。在调查之前,详细介绍完成全部问题的奖励办法,调动被调查单元参与调查的积极性,鼓励被调查单元完成调查问卷的全部问题。

(5)调查问卷发放要保证调查问卷的送达率。调查问卷的送发方式包括邮局送发、随报刊送发、专人送发等。根据预先估计的调查问卷回收率,采用适当的调查问卷送发方式。调查问卷的多种送发方式组合,提高调查问卷的送达率,便于被调查单元参与调查的方式选择。调查之前的提醒信函和提醒明信片,贴有邮票的信封都能提高回答率。在适当时间寄发催收信或刊发启示,对及时寄回问卷的被调查单元给予奖励,提高调查问卷的回答率。入户调查时间一定要选在被调查单元空闲并乐于接受调查的时间,回避被调查单元忙碌或不在家时段。入户调查的时间还要考虑时令季节和天气状况等因素。

(6)在调查问卷收集和整理过程中,要认真审核问卷数据,检查被调查单元自己保护性地有意填错,或者是无意写错。一旦发现数据错误,要设法得到正确数据。

(7)Warner 模型和 Simmons 模型等关于敏感性问题的随机化回答设计能够保护被调查单元隐私,减小被调查单元的心理抵触,提高回答率。

(8)网络调查的形式包括邮件调查或互联网调查等。网络调查有较好的匿名性,减少被调查单元的心理顾虑,并节省调查时间和成本。

(9)计算机辅助电话调查的调查问卷显示在电脑屏幕上,调查员对被调查单元的回答内容进行记录和编码。计算机辅助电话调查具有电话调查的优点,具有较高的数据收集精度和回答率。

(10)由于现场调查的复杂性,常会出现没有联系到被调查单元,或被调查单元不能顺利完成调查问卷等情况。在调查费用允许的情况下,需要事先确定重复调查的次数。在调查过程中,会出现不明原因的拒访或无法参加调查等情况,可以选择其他调查方式或者选择未入样单元替换这些单元。替换程序是在调查实施前确定的。

抽样调查是一项非常复杂的工作,特别是政治、经济、人口等大型社会调查,需要更多调查人员投入,涉及更多被调查单元。为了提高调查数据的回答率,调查方案设计和调查过程控制需要更多的调查经验和知识积累。另外,统计基础知识普及和统计法律法规宣传,有利于增强居民对统计调查的认识,提高调查数据回答率,改善调查数据质量。

调查实践经验显示,由于实际问题的复杂性,事前预防措施无论多么严谨细致,无回答仍然可能出现,很难彻底解决。无回答的事后处理办法也是重要的研究内容。事后处理主要包括三个方面,分别为无回答层再抽样、无回答的插补方法、基于无回答数据的估计方法。

二、无回答层再抽样

无回答层再抽样是指对无回答层中的被调查单元再进行一次抽样调查,获取无回答层的调查数据及其数据特征,用以构造性质优良的参数估计量,降低无回答偏差。无回答层再抽样需要支付更多调查费用,花费更多调查时间,常用于单元无回答的情况。这里,考虑只有一个调查项目 Y。

Hansen 和 Hurwitz(1946)①最早提出无回答层再抽样，引入了 Hansen & Hurwitz 估计量。假设从总体中随机抽取容量为 n 的样本，包含 n_R 个回答单元，n_M 个无回答单元，n_R 和 n_M 都是随机变量。无回答单元集合记为 S_M 。定义单元 y_i 的无回答状态变量 m_i 为

$$m_i = \begin{cases} 1, y_i \notin S_M \\ 0, y_i \in S_M \end{cases} \tag{A. 6}$$

$m_i = 0$ 的样本单元组成了样本无回答层。从样本无回答层，采用简单随机抽样抽取子样本，容量记为 νn_M ，事前指定的抽样比记为 v ，$k = 1/\nu$ 称为扩张系数。假设经过很大努力，νn_M 个单元都完全回答，均值记为 $\bar{y}_{M2}$。令 $\bar{y}_R$ 为样本回答层均值。总体均值估计量为

$$\hat{\bar{Y}}_{HW} = \frac{n_R}{n}\bar{y}_R + \frac{n_M}{n}\bar{y}_{M2} \tag{A. 7}$$

估计量 $\hat{\bar{Y}}_{HW}$ 为样本回答层均值 $\bar{y}_R$ 和无回答层子样本均值 $\bar{y}_{M2}$ 的加权和。如果无回答层子样本单元全部回答，Hansen & Hurwitz 估计量能消除无回答偏差。总体总值的 Hansen & Hurwitz 估计量为 $\hat{Y}_{HW} = N\hat{\bar{Y}}_{HW}$ 。估计量 $\hat{\bar{Y}}_{HW}$ 是无偏的，即 $E(\hat{\bar{Y}}_{HW}) = \bar{Y}$ 。估计量 $\hat{\bar{Y}}_{HW}$ 的方差为

$$V(\hat{\bar{Y}}_{HW}) = (1-f)\frac{S_U^2}{n} + \frac{W_2(k-1)}{n}S_M^2 \tag{A. 8}$$

其中 W_2 为总体无回答层单元数所占比例，S_U^2 为总体方差，S_M^2 为无回答层方差。如果有限总体修正系数可以忽略，Hansen & Hurwitz 估计量的方差估计为

$$v(\hat{\bar{Y}}_{HW}) \approx \frac{n_R-1}{n-1}\frac{s_R^2}{n} + \frac{n_M-1}{n-1}\frac{s_M^2}{n} + \frac{1}{n-1}\left[\frac{n_R}{n}(\bar{y}_R - \hat{\bar{Y}}_{HW})^2 + \frac{n_M}{n}(\bar{y}_M - \hat{\bar{Y}}_{HW})^2\right] \tag{A. 9}$$

s_R^2 和 s_M^2 分别代表回答层样本方差和无回答层样本方差。

对于无回答层再抽样，也可以利用辅助变量构造比率估计量。假定 X 是辅助变量，与 Y 近似成比例，为完全回答，总体均值为 $\bar{X}$ 。当总体均值 $\bar{X}$ 已知，直接抽取容量为 n 的样本。当总体均值 $\bar{X}$ 未知，先简单随机抽取容量为 n' 的样本，用样本均值 $\bar{x}'$ 估计总体均值 $\bar{X}$ 。样本量 n' 越接近于 N 越好。再从容量为 n' 的样本中随机抽取容量为 n 的样本。记 n_R 为容量 n 的样本中回答单元数，n_M 为容量 n 的样本中无回答单元数。从 n_M 个无回答单元中随机抽取容量为 νn_M 的子样本，ν 为抽样比，$k = 1/\nu$ 为抽样比的倒数($k > 1$)。假定经过努力，νn_M 个单元都完全回答。于是，比率估计量②为

$$\hat{\bar{Y}}_{Ra} = \frac{\bar{y}^*}{\bar{x}^*}\bar{x}' \tag{A. 10}$$

其中 $\bar{x}'$ 为第一次抽样的 n' 个单元 x 的均值，作为总体均值 $\bar{X}$ 的估计量，$\bar{y}^*$ 和 $\bar{x}^*$ 都是总体均值 $\bar{Y}$ 和 $\bar{X}$ 的 Hansen & Hurwitz 估计量，其中 $\bar{x}^* = w_R\bar{x}_R + w_M\bar{x}_{M2}$，$\bar{y}^* = w_R\bar{y}_R + w_M\bar{y}_{M2}$，

---

① Hansen M. H. , Hurwitz W. N. The problem of nonresponse in sample surveys [J]. Journal of the American Statistical Association, 1946, 41: 517—529.

② Okafor F. C. , Lee H. Double sampling for ratio and regression estimation with sub sampling the non-respondent [J]. Survey Methodology, 2000,26(2):183—188.

$w_R = n_R/n$，$w_M = n_M/n$，$\bar{x}_R$ 和 $\bar{y}_R$ 分别表示样本量 n 的样本中 n_R 个回答单元的均值，$\bar{x}_{M2}$ 和 $\bar{y}_{M2}$ 分别表示样本量为 νn_M 的样本均值。估计量 $\hat{\bar{Y}}_{Ra}$ 的方差为

$$V(\hat{\bar{Y}}_{Ra}) = \left(\frac{1}{n'} - \frac{1}{N}\right)S_Y^2 + \left(\frac{1}{n} - \frac{1}{n'}\right)S_R^2 + \frac{W_2(k-1)}{n}S_{2R}^2 \tag{A.11}$$

其中 $S_R^2 = S_Y^2 + R^2S_X^2 - 2RS_{XY}$，$S_{2R}^2 = S_{2Y}^2 + R^2S_{2X}^2 - 2RS_{2XY}$，$R = \bar{Y}/\bar{X}$ 是总体比率，S_Y^2 和 S_{2Y}^2 分别是变量 Y 的总体方差和无回答层方差，S_X^2 和 S_{2X}^2 分别是变量 X 的总体方差和无回答层方差，S_{XY} 和 S_{2XY} 是总体协方差和无回答层协方差。估计量 $\hat{\bar{Y}}_{Ra}$ 的方差估计近似为

$$v(\hat{\bar{Y}}_{Ra}) = \left(\frac{1}{n'} - \frac{1}{N}\right)\hat{S}_Y^2 + \left(\frac{1}{n} - \frac{1}{n'}\right)\hat{S}_R^2 + \frac{w_2(k-1)}{n}\hat{S}_{2R}^2 \tag{A.12}$$

其中 $\hat{S}_Y^2 = \frac{1}{n-1}[\sum_{a_1} y_i^2 + k\sum_{a_{2m}} y_i^2 - n\bar{y}^{*2} + w_2(k-1)s_{2my}^2]$，$\hat{S}_{2R}^2 = \frac{1}{m-1}\sum_{a_{2m}}(y_i - r^*x_i)^2$，$\hat{S}_R^2 = \frac{1}{n-1}[\sum_{a_1}(y_i - r^*x_i)^2 + k\sum_{a_{2m}}(y_i - r^*x_i)^2]$，$a_1$ 表示样本回答层的单元集合，a_{2m} 和 s_{2my}^2 分别表示样本无回答层的子样本单元集合和样本方差，$r^* = \bar{y}^*/\bar{x}^*$ 表示样本比率。

三、基于无回答数据的总体均值估计

基于无回答调查数据的总体均值估计方法主要分为两类。一类为完整数据集分析法，即忽略无回答，仅用完整回答单元的数据。另一类为加权调整法，利用辅助信息对回答层样本均值进行修正，辅助信息包括调查数据或历史数据等。

完整数据集分析法直接剔除无回答的单元，得到完整数据集，再估计总体均值，即总体均值 $\bar{Y}$ 的估计量为 $\bar{y}_R$。常用的剔除法包括单元剔除法、配对剔除法和项目剔除法。单元剔除法是直接剔除含无回答的单元。配对剔除法指若单元的两个配对调查项目中存在无回答，则剔除该单元。配对剔除法主要为了估计方差和协方差矩阵。项目剔除法指若调查项目含无回答，则剔除该调查项目。完整数据集分析法适用于完全随机无回答模式，且无回答率较低的调查数据。很多社会调查在多次回访后依然会存在无回答。在这种情况下，多次回访后仍然无回答的单元经常被忽略，仅选用完全回答单元进行估计。有的学者认为，该方法在无回答率5%以下的应用效果较好。剔除无回答的单元，导致样本量变小，损失样本信息，降低估计量精度。如果无回答项目属于不同单元，该方法会剔除更多单元。对于调查成本很高的调查数据，更不能随便剔除无回答单元。

降低无回答偏差的另一种途径是利用无回答调查数据调整总体均值估计量的权数。在总体均值估计量的计算公式中，每个样本单元标志值的系数也称为权数，表示单元的重要性，也决定了估计量的统计性质。加权调整法是将样本单元划分为回答单元和无回答单元，增大回答单元的权数，减小无回答偏差。回答单元 y_i 的权数选用其回答概率 π_i 的函数，π_i 的估计与无回答机制有关。

这里，只考虑有一个调查指标 Y。当 n 个单元 $y_1,\cdots,y_n$ 都回答时，总体总值估计量为

$$\hat{Y} = \sum_{i=1}^{n}\omega_i y_i = \sum_{i=1}^{n}\frac{y_i}{\pi_i} \tag{A.13}$$

其中 ω_i 为单元 y_i 的权数，π_i 是单元 y_i 进入样本的概率，是已知的。如果单元存在无回答，

y_i 的权数调整 ω_i 为 $(\pi_i p)^{-1}$，总体总值估计量为

$$\hat{Y}=\sum_{i=1}^{n_R}\omega_i y_i=\sum_{i=1}^{n_R}\frac{y_i}{\pi_i p_i} \tag{A.14}$$

其中 p_i 是单元 y_i 的回答概率。回答概率 p_i 的不同估计方法形成了不同的加权调整法。常用的加权调整法有如下几种。

1. Politz-Simmons 加权调整法①。该方法常用在入户调查中。在入户调查的时间段内，经常在家的被调查单元被调查员找到的概率更大。经常在家的被调查单元更倾向于具有相同统计特征；经常在家和经常不在家的被调查单元往往有不同的统计特征。设 t_i 是被调查单元 i 在前 5 天的调查时间段内在家天数，则被找到的概率 $\hat{p}_i=(t_i+1)/6$。总体均值估计量为

$$\hat{Y}_{PS}=\sum_{i=1}^{n_R}\frac{y_i}{\pi_i\hat{p}_i}=\sum_{i=1}^{n_R}\frac{6y_i}{\pi_i(t_i+1)} \tag{A.15}$$

对于简单随机抽样，每个单元进入样本的概率相等，即 $\pi_i=n/N$ 。于是，

$$\hat{Y}_{PS}=\frac{N}{n}\sum_{i=1}^{n_R}\frac{6y_i}{t_i+1} \tag{A.16}$$

2. 同权集区调整法。同权集区调整法的适用范围是，在每个加权组的无回答单元和回答单元的统计特征相近，并具有近似相等的回答概率。同权集区调整法将容量为 n 的单元分为 H 个互不相交的集区，假设每个集区的单元回答概率相同。令集区 A 含 n_A 个单元，其中前面的 n_{AR} 个为回答单元。于是，集区 A 的回答概率为

$$\hat{p}_A=\sum_{i=1}^{n_{AR}}\frac{1}{\pi_{Ai}}\Big/\sum_{i=1}^{n_A}\frac{1}{\pi_{Ai}}$$

其中 π_{Ai} 为集区 A 中单元 i 的回答概率。集区 A 的总值为

$$\hat{Y}_A=\sum_{i=1}^{n_{AR}}\frac{y_i}{\pi_i\hat{p}_A}=\frac{\left(\sum_{i=1}^{n_A}\frac{1}{\pi_{Ai}}\right)\left(\sum_{i=1}^{n_{AR}}\frac{y_i}{\pi_i}\right)}{\sum_{i=1}^{n_{AR}}\frac{1}{\pi_{Ai}}} \tag{A.17}$$

集区 A 中每个单元均值为

$$\hat{\bar{Y}}_A=\left(\sum_{i=1}^{n_{AR}}\frac{y_i}{\pi_i\hat{p}_A}\right)\Big/\left(\sum_{i=1}^{n_A}\frac{1}{\pi_{Ai}}\right)=\left(\sum_{i=1}^{n_{AR}}\frac{y_i}{\pi_i}\right)\Big/\left(\sum_{i=1}^{n_{AR}}\frac{1}{\pi_{Ai}}\right) \tag{A.18}$$

总体均值估计量为各集区样本均值的加权平均。

$$\hat{\bar{Y}}=\sum_{A=1}^{H}\left[\frac{\sum_{i=1}^{n_A}\frac{1}{\pi_{Ai}}}{\sum_{A=1}^{H}\sum_{i=1}^{n_A}\frac{1}{\pi_{Ai}}}\right]\hat{\bar{Y}}_A=\sum_{A=1}^{H}\left[\frac{\sum_{i=1}^{n_A}\frac{1}{\pi_{Ai}}}{\sum_{A=1}^{H}\sum_{i=1}^{n_A}\frac{1}{\pi_{Ai}}}\right]\left[\frac{\sum_{i=1}^{n_{AR}}\frac{y_i}{\pi_i}}{\sum_{i=1}^{n_{AR}}\frac{1}{\pi_{Ai}}}\right] \tag{A.19}$$

① Politz A. N. , Simmons W. R. An attempt to get not-at-home into the sample without call-back [J]. Journal of the American Statistical Association, 1949, 44: 9—16.

有关同权集区调整法更多内容参见文献(Cochran,1977)①。

四、插补法

插补法是对无回答项或无回答单元进行估计,赋予无回答替代值。观测数据和插补数据构成"完全数据集",便于统计软件和模型进行分析。插补值区别于标志值,带有插补数据的统计分析结果并不等同于全部观测数据的统计分析结果,需要进一步验证结论的可信度。统计方法不能区分插补值和标志值,插补法选择应谨慎。

插补值越接近无回答的实际值越好。常用均方误差或根均方误差描述插补值的准确度。令 y_i 和 $\hat{y}_i$ 分别代表无回答的实际值和插补值,n_M 为无回答项的个数,则均方误差(MSE)和均方根误差(RMSE)定义分别为

$$MSE=\sum_{i=1}^{n_M}\frac{(\hat{y}_i-y_i)^2}{n_M} \tag{A.20}$$

$$RMSE=\sqrt{\sum_{i=1}^{n_M}\frac{(\hat{y}_i-y_i)^2}{n_M}} \tag{A.21}$$

均方误差或均方根误差越小,插补值与实际值之间差异越小,插补法准确度越高。按照选用插补值的个数,插补方式分为单重插补和多重插补。单重插补方式是为无回答赋予单一估计值。该插补方式简单易行,操作性强,但插补值常常不稳定,容易引起样本分布失真,而得不到参数的真实方差。

多重插补方式是为无回答赋予多个估计值(Little, Rubin,1987)②。多重插补方式包括如下三个步骤。

1. 插补步——依次赋予无回答 m 个插补值,相应生成 m 个"完全数据集"。通常,m 为 5～40 或者更大;

2. 分析步——对每个"完全数据集"运用相同方法进行统计分析,得到每个参数的 m 个估计值;

3. 合并步——对每个参数的 m 个估计值进行综合,给出多重插补的参数估计值和方差或标准误。多重插补的参数估计是参数的 m 个估计值的算术平均;它的方差估计 s^2 为"完全数据集"内部方差和"完全数据集"之间方差的加权和,即

$$s^2=\frac{1}{m}\sum_{i=1}^{m}s_i^2+\left(1+\frac{1}{m}\right)s_M^2 \tag{A.22}$$

"完全数据集"内部方差 $\sum_{i=1}^{m}s_i^2/m$ 为 m 个"完全数据集"的方差 s_i^2 的平均值,描述来源于"完全数据集"估计量的变异性。"完全数据集"之间方差 s_M^2 为参数的 m 个估计值的样本方差,描述插补值差异造成的估计量变异性。Schafer(1977)③给出自由度为

① Cochran W. G. Sampling techniques [M]. 3rd ed. New York: John Wiley and Sons, 1977. 中文版:张尧庭,吴辉. 抽样技术[M]. 北京:中国统计出版社, 1985.

② Little R. J. A. , Rubin D. B. Statistical analysis with missing data [M]. New York: John Wiley and Sons, 1987.

③ Schfer J. L. Analysis of incomplete multivariate data [M]. New york: Chapman and Hall, 1997.

$$df(s^2)=(m-1)\left[1+\frac{\sum_{i=1}^{m}s_i^2}{(1+m)s_M^2}\right]^2 \tag{A.23}$$

多重插补方式给出参数估计的方差估计或标准误估计，弥补了单重插补的不足。

插补步是多重插补的关键，使用不同的插补法得到的参数估计结果存在差异。目前，常用的插补法有均值插补法、基于回归模型的插补法、链式多重插补法、热插补法、自举插补法、EM插补法、马尔科夫链蒙特卡罗插补法、贝叶斯自举插补法、倾向得分插补法等。其中，自举插补法(Bootstrap 插补法)、EM 插补法、马尔科夫链蒙特卡罗插补法(MCMC 插补法)、贝叶斯自举插补法、倾向得分插补法能提供多个不同插补值。

1. 均值插补法。均值插补法用回答单元标志值的平均值作为无回答估计值。该插补法操作简便，应用广泛。均值插补法只能生成一个插补值。如果多个单元同一项目无回答，所有无回答只能用同一均值替代。该方法的不足是忽略了样本随机性，进而影响样本方差和样本分布。令 y_i 为单元 i 实际值，n 为样本量，y_i^R 为第 i 个回答单元值，$\bar{y}_R$，s_R^2 为样本回答层均值和方差，n_R 为样本回答层单元数，y_j^M 为第 j 个无回答单元实际值。采用均值插补法，用 $\bar{y}_R$ 估计 y_j^M，则插补数据的均值 $\bar{y}$ 为

$$\bar{y}=\frac{\sum_{i=1}^{n}y_i}{n}=\frac{\sum_{i=1}^{n_R}y_i^R+\sum_{j=1}^{n-n_R}y_j^M}{n}=\frac{n_R\bar{y}_R+(n-n_R)\bar{y}_R}{n}=\bar{y}_R$$

样本方差 s^2 为

$$s^2=\frac{\sum_{i=1}^{n}(y_i-\bar{y})^2}{n-1}=\frac{\sum_{i=1}^{n_R}(y_i^R-\bar{y})^2+\sum_{j=1}^{n-n_R}(y_j^M-\bar{y})^2}{n-1}$$

将 $y_j^M=\bar{y}=\bar{y}_R$ 代入上式，得

$$s^2=\frac{\sum_{i=1}^{n_R}(y_i^R-\bar{y}_R)^2+\sum_{j=1}^{n-n_R}(\bar{y}_R-\bar{y}_R)^2}{n-1}=\frac{\sum_{i=1}^{n_R}(y_i^R-\bar{y}_R)^2}{n_R-1}\frac{n_R-1}{n-1}=\frac{n_R-1}{n-1}s_R^2$$

由于 $n>n_R$，则 $s^2<s_R^2$，插补后的样本方差变小，置信区间长度变短。全部无回答项都用回答单元均值代替，会导致均值频数变大，其经验分布在均值点上容易形成尖峰，造成经验分布扭曲，经验分布与实际分布之间出现严重偏差。

条件均值插补法，又称类均值插补法，或称分层均值插补法，先对单元分层，再用每层的回答单元均值估计该层的无回答。相对于均值插补法，条件均值插补法选择的层内单元具有更好的同质性，有利于提高插补值精度，降低经验分布的扭曲程度。

类似于均值插补法，对于离散型数据的无回答，众数插补法用回答单元的众数估计无回答。众数插补法对无回答的估计是有偏的。

2. 基于回归模型的插补法。基于回归模型的插补法利用回答单元数据建立无回答项目的回归模型，用回归模型的预测值估计无回答。常用的基于回归模型的插补法是线性回归插补法。例如，考虑 n 个单元的调查项目 $Y_1,\cdots,Y_k$，其中只有第 n 个单元 Y_k，即 y_{nk} 无回答。令 Y_k 关于 $Y_1,\cdots,Y_{k-1}$ 的回归模型为 $Y_k=\beta_0+\sum_{j=1}^{k-1}\beta_jY_j+\varepsilon$，$\beta_0$ 为截距项，$\beta_1,\cdots,\beta_{k-1}$ 是回归系数。利用前 $n-1$ 个完全回答数据建立的回归模型为 $\hat{Y}_k=\hat{\beta}_0+\sum_{j=1}^{k-1}\hat{\beta}_jY_j$，则无回答的插补值为

$$\hat{y}_{nk}=\hat{\beta}_0+\sum_{j=1}^{k-1}\hat{\beta}_j y_{nj} \tag{A. 24}$$

式中，$\hat{\beta}_0$ 为截距项的估计值，$\hat{\beta}_1,\cdots,\hat{\beta}_{k-1}$ 是回归系数的估计值，$y_{n1},\cdots,y_{n(k-1)}$ 为第 n 个单元其他项目标志值。均值插补法可以看作是回归插补法的特殊情况。对于回归变量取值相同的单元，基于回归模型的插补法给出的插补值相同，也会扭曲经验分布函数。另外，可以将基于回归模型的插补值加上扰动项，扰动项的分布描述插补值的随机性，该方法称为基于回归模型的插补法，也叫预测均值匹配(Predictive Mean Matching，PMM)插补法①。

若目标变量 Y_k 是分类变量，建立 Logistic 回归模型，对无回答进行估计。基于完全回答单元数据，建立 Logistic 回归模型 $\text{logit}(\hat{p}_j)=\hat{\beta}_0+\hat{\beta}_1 Y_1+\cdots+\hat{\beta}_{j-1}Y_{j-1}$，其中 $Y_1,Y_2,\cdots,Y_{j-1}$ 为完全回答变量，$\hat{\beta}_0,\hat{\beta}_1,\cdots,\hat{\beta}_{j-1}$ 为参数估计值。计算单元 j 调查项目 k 的无回答概率 $\hat{p}_{jk}=P(m_{jk}=0\mid y_{j1},y_{j2},\cdots,y_{j(k-1)})$，也称为倾向得分。依据倾向得分，指定无回答为相应类别。另外一种方法是，依据倾向得分，先将单元分为四至五组或更多组；再从无回答项所在组中采用贝叶斯自举法估计无回答。该方法称为倾向得分插补法，常用于对无回答进行多重插补。

3. 热插补法和冷插补法。热插补法也叫作热平台插补法、热卡插补法、就近补齐法。该插补法从回答单元中随机抽取与无回答相似的单元，估计无回答。分层热插补法是先利用辅助变量对单元分层，使得层内单元的数量特征差异尽可能小，再从无回答所在层中随机抽取回答单元值构造插补值。冷插补法则利用样本外的其他来源信息，如前期调查数据、历史数据、同类调查数据或官方数据等构造插补值。

4. 自举插补法。自举插补法是从回答单元集中重复抽取单元，再对无回答进行估计。例如，n 个单元中有 2 个无回答，分别为记为 y_{n-1},y_n。自举插补法先从 $n-2$ 个完全回答单元中有放回抽取 m 组单元，每组含 2 个单元，记为 (y_{i1},y_{i2})，$i=1,2,\cdots,k$，再依次计算选中单元均值 $\sum_{i=1}^{m}y_{i1}/m$ 和 $\sum_{i=1}^{m}y_{i2}/m$，分别作为无回答项 y_{n-1},y_n 的估计值。

贝叶斯自举插补法是利用先验知识改进自举插补法。例如，假设 r 个回答单元为 $Y_1,\cdots,Y_r$，先验概率为 $(0,1)$ 区间的均匀分布。随机抽取 $(0,1)$ 区间的 $r-1$ 个服从均匀分布随机数，按照从小到大顺序排列，依次为 $a_1,\cdots,a_{r-1}$，并令 $a_0=0$ 与 $a_r=1$。对于每个无回答，从回答单元 $Y_1,\cdots,Y_r$ 中以概率 $a_1-a_0,a_2-a_1,\cdots,1-a_{r-1}$ 独立抽取，所抽取的 Y_i 作为该无回答的估计值。贝叶斯自举插补法常用在多重插补中。

5. EM 插补法。EM 插补法将对数似然函数 $l(\theta|Y)$ 中无回答 Y_{mis} 视为未知参数 θ 和回答单元数据 Y_{obs} 的函数。插补过程包括 E 步和 M 步。E 步在给定参数估计值和回答单元数据 Y_{obs} 条件下求解无回答的条件期望，作为无回答插补值；M 步基于回答单元数据 Y_{obs} 和无回答插补值对未知参数进行最大似然估计；E 步和 M 步重复进行，直到未知参数和无回答插补值平稳。例如，线性回归模型为 $Y=X\beta+\varepsilon,\varepsilon\sim N(0,\sum),\sum=\sigma^2 I$，其中 $y_1,y_2,\cdots,y_{N_0}$ 是回答单元，$y_{N_0+1},y_{N_0+2},\cdots,y_N$ 是无回答，未知参数为 $\theta=(\beta,\sum)$。EM 插补法的过程为

① 杨贵军，李静华. 基于 PMM 多重插补法的线性模型系数估计量的模拟研究[J]. 数量经济技术经济研究，2014，31(10)：139－150.

E 步:根据回答单元数据和未知参数 $\theta^{(t)}$ 的估计值,计算无回答的条件期望,得到无回答估计值 $y_i^{(t)}=x_i\beta^{(t)}$, $i=N_0+1,\cdots,N$;

M 步:根据回答单元数据 $y_1,y_2,\cdots,y_{N_0}$ 和插补数据 $y_i^{(t)}=x_i\beta^{(t)}$, $i=N_0+1,\cdots,N$;估计 $\theta^{(t+1)}$,得到

$$\beta^{(t+1)}=(x'x)^{-1}x'y^{(t)}$$

$$\sigma^{2(t+1)}=\frac{1}{n}[\sum_{i=1}^{N_0}(y_i-x_i\beta^{(t+1)})^2+\sum_{t=N_0+1}^{N}(x_i\beta^{(t)}-x_i\beta^{(t+1)})^2]$$

给定未知参数 θ 的初始值 $\theta^{(0)}$,E 步和 M 步重复计算,直至未知参数和无回答估计收敛为止。收敛时 $y_i^{(t)}=x_i\beta^{(t)}$, $i=N_0+1,\cdots,N$ 作为无回答的插补值。EM 插补法要求样本量必须足够大,保证最大似然估计量的渐近无偏性和渐进正态性。EM 插补法的收敛速度取决于无回答率。无回答率越高,收敛速度越慢。

Bootstrapped-based EM(EMB)多重插补法是常用的多重插补法。该方法先采用 Bootstrap 法从样本中抽取数据,再用 EM 算法对无回答进行插补,并给出未知参数的估计值。EMB 多重插补法兼顾 Bootstrap 法和 EM 算法的优良性。感兴趣的读者请参考文献(James, Gary, 2010)①和(杨贵军,孙玲莉,孟杰,2016)②。

6. 马尔科夫链蒙特卡罗插补法,也简称为 MCMC 插补法。

MCMC 插补法先确定无回答的联合后验分布,无回答的条件期望为无回答的插补值。

例如,回答单元为 Y_{obs} ,无回答单元为 Y_{mis} 。(Y_{obs},Y_{mis}) 服从多元正态分布,未知参数为 $\theta=(\mu,\sum)$,

步骤Ⅰ:给定均值向量 μ 和方差协方差矩阵 $\sum$,生成条件分布 $F(Y_{mis}\mid\theta,Y_{obs})$ 的随机数,作为无回答的插补值;

步骤Ⅱ:利用收集的回答单元数据和插补数据,估计总体参数 $\theta=(\mu,\sum)$ 。

重复步骤Ⅰ和步骤Ⅱ,产生的数组链 $(Y_{mis}^{(1)},\theta^{(1)})$, $(Y_{mis}^{(2)},\theta^{(2)})$, …,收敛于分布函数 $F(Y_{mis},\theta\mid Y_{obs})$ 。从该收敛的序列中,随机抽取 m 组数,其中相应于无回答部分的均值作为无回答的估计值。

Data Augmentation(DA)多重插补法是最常用的 MCMC 多重插补法之一。利用 DA 多重插补法对无回答进行多重插补,再建立线性回归模型,系数估计量的统计性质受插补重数的影响。在随机无回答机制下,随着无回答率增大,选择更大插补重数,往往会得到更好的回归系数估计③。

除了上述的无回答插补法之外,还有很多其他的插补方法,其他插补方法这里不一一列举。感兴趣的读者请参考相关著作。

目前,无回答插补法主要适用于某些特殊情况下的无回答问题,不同插补方法各有优点

---

① James H., Gary K.. What to do about Missing Values in Time-Series Cross-Section Data [J]. American Journal of Political Science, 2010,54(2): 561—581.

② 杨贵军,孙玲莉,孟杰. 基于 EMB 多重插补法的线性模型系数估计量的模拟研究[J]. 数量经济技术经济研究, 2016,33(10):128—141.

③ 杨贵军,骆新珍. 基于 DA 插补法的线性回归模型系数估计量的模拟研究[J]. 统计与信息论坛,2014,29(3): 3—8.

和局限性。限于无回答问题的复杂性,并没有一种插补法总是最优的。在实际应用中,不同插补法的组合运用有时会得到更好的插补值。同时,应尽可能利用相关性更大的辅助变量和距离更近的完整观测数据。用无回答和辅助变量之间相关性描述辅助变量对无回答的重要性,相关性越强的调查项目往往对无回答越重要。用无回答与完整观测单元之间的距离描述完整观测单元与无回答的取值的相近程度,距离越近的单元取值相等的可能性往往越大。

专题 B　Exact Confidence Intervals for Hypergeometric Parameters

Preface

Statistics is the science of collecting, organizing and interpreting data. One important feature for any science is that under certain conditions scientists are able to tell you the outcome. Statistics deals with random experiments and no one is able to predict the next outcome exactly. So statisticians retreat a little bit and claim that they provide the chance that an outcome is going to occur under certain conditions.

The most important theorem in Statistics is the Central Limit Theorem. It says if the sample size is large enough, then the sample mean behaves as if it comes from a normal distribution. People (statisticians and non-statisticians) typically are attracted by the second part of the statement, and intentionally or unintentionally ignore the first part. So please tell us: How large is large? Maybe n (the sample size) at least 30? Someone is whispering.

A striking fact is the study on the well-known Wald interval for a proportion. The interval, validated by the Central Limit Theorem, is so simple and was taught in every introductory statistical textbook since 1920's. It is proved that this interval has a probability of 1 to miss certain values of the proportion no matter how large the sample size is. So it raises some serious questions: Are statistical inferences (especially for asymptotic inferences) reliable as they claim to be? Anything wrong with the Central Limit Theorem?

In this monograph, we present some inference results that are valid for any sample size: exact confidence intervals for the hypergeometric parameters: the unknown population size or the unknown number of units with a certain attribute in a population. These are important quantities to be estimated in Ecology and Survey Sampling. We do not need to answer the question of "how large is large" because the results are based on the probability theory on any finite sample and are established by mathematical proofs. Therefore, the claims are just as what they are claimed. In the meantime, we also investigate the reliability of relevant asymptotic inference results and show that there is a difference between what they claim and what they truly are and the Central Limit Theorem is not able to validate confidence intervals.

The author thanks Professor Guijun Yang for his thought and generosity of adding this special topic to this book. Also he wishes to thank his wife, Xuan Ma, and his daughter, Yunyang, for their support and patience in all these years.

Weizhen Wang
Dayton, OH, USA

Chapter B. 1　Introduction

Why need hypergeometric distribution? In survey sampling, we typically take a sample without replacement, i. e. , we observe an outcome from a subject only one time. For example, in an opinion poll on a certain issue with only two possible answers "yes" or "no", a group of people are randomly selected and interviewed and each person can attribute "yes" or "no" only one time. If a simple random sample is selected, then the random observation X, the number of "yes" in the sample, follows a hypergeometric distribution, denoted by $Hyper(M, N, n)$, where N is the number of persons in the population (the population size), M is the number of persons in the population who have opinion "yes" (the number of units in the population with a certain attribute), and n is the sample size. Therefore, the hypergeometric distribution, not the binomial distribution, plays the central role to model the data in survey sampling. Among the three integer quantities, M, N, and n, that specify the hypergeometric distribution, n is a known constant, however, either M or N can be an unknown parameter of interest to be estimated as follows.

Case Ⅰ: N unknown but M given;

Case Ⅱ: M unknown but N given.

For instance, the opinion poll described above is an example of Case Ⅱ since N is assumed to be known for a given community, but M, the number of individuals in the community with opinion "yes", is to be estimated. Capture-recapture sampling, which has important applications in Ecology, is an example of Case I where N is the unknown animal population size but M is the known number of animals with tag in the population. In both cases, we need to estimate M or N based on X, and this is our primary goal.

The random observation X follows a hypergeometric distribution with a probability mass function

$$p_h(x; M, N) = \frac{\binom{M}{x}\binom{N-M}{n-x}}{\binom{N}{n}}, \forall \max\{0, n+M-N\} \leqslant x \leqslant \min\{M, n\} \quad \text{(B. 1. 1)}$$

Then

$$F_h(x; M, N) = P(X \leqslant x) = \sum_{u \leqslant x} p_h(u; M, N) \quad \text{(B. 1. 2)}$$

is the cumulative distribution function of X. Let $p = M/N$ be the population proportion of the units with attribute. It can be shown that the mean, variance and standard deviation of X are as follows

$$EX = np \quad \text{(B. 1. 3)}$$

and

$$Var(X) = np(1-p)\frac{N-n}{N-1}, \text{and } \sigma_X = \sqrt{np(1-p)\frac{N-n}{N-1}} \quad \text{(B. 1. 4)}$$

and $\sqrt{(N-n)/(N-1)}$ is called the finite population correction (fpc) factor. When n is much smaller than N (so the fpc is close to 1) and $n \leqslant M$, then X can be approximated by a binomial random variable with n trials and a probability of success p, which has a probability mass function

$$p_b(x;p)=\binom{n}{x}p^x(1-p)^{n-x}, \forall 0 \leqslant x \leqslant n \tag{B.1.5}$$

Why need exact confidence intervals for hypergeometric parameters M and N? There exist many approximate intervals to estimate M and N, and they all claim a confidence level of $1-\alpha$. However, they have a severe validation problem.

The idea of confidence interval is to use an interval to capture the unknown parameter with a predetermined chance, say $1-\alpha$, no matter where the parameter is located in the parameter space; in contrast, point estimator, which assumes a single value (i. e, an interval of width zero) and uses this zero-width interval to capture the parameter, typically has a zero chance to capture the parameter. Therefore, confidence interval provides reliable inferences but point estimator not. Figuratively, a strategy is developed to capture a certain terrorist. A good strategy must be able to capture the terrorist with a 95% chance or higher no matter where he hides. If there exists a location, e. g., some remote area, at which the strategy does not work, then the terrorist cannot be captured with 95% chance if the terrorist chooses to hide there. Therefore, the strategy is not considered as a good one in terms of capturing the terrorist. For a confidence interval $C(X)=[L(X), U(X)]$ for a parameter θ that belongs to the parameter space H, the coverage probability of $C(X)$ is the probability of including θ, and is defined to be

$$Cover_C(\theta)=P_\theta(\theta \in C(X))=P_\theta(L(X) \leqslant \theta \leqslant U(X)) \tag{B.1.6}$$

where P_θ stands for the distribution of X at the parameter value θ. To assure the capture over the whole parameter space H, we require the infimum coverage probability of $C(X)$

$$ICP(C)=\inf_{\theta \in H} Cover_C(\theta) \geqslant 1-\alpha \tag{B.1.7}$$

for a pre-specified level $1-\alpha \in [0,1]$, say 95%. A confidence interval $C(X)$ is said to be exact for estimating θ at level $1-\alpha$ if (B.1.7) holds. Requiring the infimum at least $1-\alpha$ means that the strategy assures a capture of the terrorist with at least $1-\alpha$ chance no matter where he hides.

Unfortunately, approximate intervals for M or N do not meet this requirement since at certain values of parameter M or N their coverage probabilities may be much less than $1-\alpha$ or even zero regardless of the sample size n. In context of the terrorist example, there exists some locations where the terrorist cannot be found with a predetermined chance if he/she hides there. Therefore, approximate intervals do not make reliable inferences even though they claim so, and a large sample cannot overcome the problem. The latter contradicts with our intuition that if we know enough about the population then we should make a correct decision as the sample size tells how much information about the population is collected.

In short, exact optimal intervals for M and N are important and needed. We discuss why approximate intervals and bootstrap intervals fail and then show how to derive exact intervals in the next two chapters.

Chapter B. 2 Capture-recapture sampling

B. 2. 1 Introduction

In Ecology it is often of interest to estimate the size of an animal population, and mark and recapture is a commonly used method for this purpose. This is an excellent example that people understand the objective world through active intervention.

Originally, the population of interest consists of an unknown number of certain animals, e. g. , all fish in a pond. It is not practical to capture and count all animals to find the population size. A given portion of the population (the first sample) is captured, marked, and released. Later, another given portion (the second sample) is recaptured and the number of marked individuals within this sample is counted. By human intervention (marking animals), the original single population is purposely divided by the researcher into two disjoint sub-populations: the marked animals and the unmarked animals. i. e. , we randomly assign two treatments (mark or not) to homogeneous individuals. Therefore, we do have a designed experiment.

Intuitively, the second sample mimics the marked population. i. e. , the distribution of the marked animals in the second sample is similar to that in the marked population. So the proportion of marked animals in the second sample should be close (equal) to the proportion of marked animals in the original population, an estimate of the total population size can be obtained by dividing the number of marked animals by the proportion of marked animals in the second sample. This simple idea yields the well known Lincoln-Petersen estimator (Lincoln, 1930; Petersen, 1896). Other names for this method, or closely related methods, include capture-recapture, capture-mark-recapture, mark-recapture, sight-resight, mark-release-recapture, band recovery, dual-record system, multiple-record system.

In Section B. 2. 2 we introduce the capture-recapture sampling with two captures (two samples). In Section B. 2. 3, the Lincoln-Petersen estimator of N is described, and is shown to be the maximum likelihood estimator. We show in Section B. 2. 4 how to calculate the coverage probability function of any given confidence interval for N. Then two approximate intervals, the Lincoln-Petersen interval and the Chapman interval, are discussed in Section B. 2. 5 and their converge probabilities are computed in Section B. 2. 6. In Section B. 2. 7 we show that any bootstrap interval have a zero infimum coverage probability. The best exact lower and upper one-sided intervals are described in Section B. 2. 8, where the best interval means that it is a subset of any other level $1-\alpha$ interval. An admissible two-sided interval in Wang (2015) is discussed in Section B. 2. 9. A variation of the capture-recapture sampling with two captures is given in Section B. 2. 10. Another major application for these methods is in epidemiology, where they are used to estimate the completeness of ascertainment of disease registers. Typical applications include estimating the number of people needing particular services (e. g. , services for medically frail elderly living in the community), or with particular conditions (e. g. , people infected with HIV). We discuss this topic in Section B. 2. 11, and give a brief description for the case of more than two captures in Section B. 2. 12.

B. 2. 2 Capture-recapture sampling with two captures

We start from the simplest case where two independent simple random samples from a finite population are collected to estimate the size of that population. However, the most important idea is already contained in this case.

Data collection: First randomly capture M (known) units from N (unknown) units, tag and release them. Later, another simple random sample of size n (known) is recaptured and the number of tagged units in this sample, denoted by X, is observed. The goal is to estimate N using X based on the two samples: the first capture of size M and the second capture of size n.

Assumptions:

1) The population is closed, i. e. , the population remains unchanged (no immigration, emigration, birth or death between capture and recapture). So N is constant when the two samples are collected;

2) Two samples are independent;

3) Each sample is a simple random sample.

Here are some practical concerns. Marking individuals does not affect their catch-ability, including a trap-shy or trap-happy behavior. For example, some animals might have a different behavior after the first capture as they might get used to human contact and therefore the probability of their capture in the second sample is higher than the rest of the population (i. e. , trap-happy). Animals do not lose marks between the two sampling periods. All marks are reported on discovery in the second sample. Population size refers to the catchable population. Random sampling is critical. Poor marking techniques will destroy the most careful recapture scheme.

The observed random variable X follows a hypergeometric distribution as given in (B. 1. 1). The population size N is the unknown parameter assuming positive integer value and has range$[\max\{n,M\},+\infty)$. The goal of this section is to estimate N using

i) point estimators;

ii) confidence intervals of forms: $[L(X),+\infty)$ (lower one-sided) and $[\max\{n,M\}, U(X)]$ (upper one-sided) and $[L(X),U(X)]$ (two-sided).

The first is simple in calculation but not reliable for the purpose of estimating N, and the second is more complicated but is supposed to capture N with at least a predetermined chance, the so-called confidence level $1-\alpha$, no matter where N is located. In fact the first is a special case of the second with an interval width zero, and it typically has a chance zero (or close to zero) to include N. If a hypothesis test of level $1-\alpha$ regarding N is needed, one may simply check whether the $1-\alpha$ confidence interval includes the null hypothesis space. If no, then reject the null hypothesis; otherwise, fail to reject the null hypothesis. This yields a level α test.

B.2.3 Point estimation

The first step to make a guess on N is perhaps point estimation. i.e., use the data X to assign a value to N. Since the two samples in the capture-recapture sampling are both a simple random sample and the sampled population remains the same for the two sampling periods, the second sample would be similar in distribution to the first one. Thus the two proportions of marked animals are equal to each other. i.e.,

$$\frac{x}{n} \text{ (from the second sample)} = \frac{M}{N} \text{ (from the first sample)} \tag{B.2.1}$$

which leads to the Lincoln-Petersen estimator of N:

$$\hat{N} = \frac{nM}{x} \tag{B.2.2}$$

For a number x, let $[x]$denoted the largest integer no larger than x. For example, $[3.97]=3$ and $[4.0]=4$.

Theorem B.1 (*Chapman*, 1951) *The integer part of the Lincoln-Petersen estimator in* (*B*.2.2), $[\hat{N}]$, *is the maximum likelihood estimator for* N *under model* (*B*.1.1).

Proof of Theorem B.1. For an observed value x of X, consider a ratio

$$\frac{p_h(x;M,N+1)}{p_h(x;M,N)} = \frac{\binom{M}{x}\binom{N+1-M}{n-x}\binom{N}{n}}{\binom{N+1}{n}\binom{M}{x}\binom{N-M}{n-x}} = \frac{(N+1-M)(N+1-n)}{(N+1)(N+1-M-n+x)}$$

as a function of N. The ratio is at least 1 if and only if

$$N+1 \leqslant \frac{nM}{x}$$

which establishes the claim.

One obvious drawback for the Lincoln-Petersen estimator is that it is equal to ∞ when $X=0$ is observed. Thus the expected value of $\hat{N}$ is also equal to ∞, which implies that it is a biased estimator. Notice this, Chapman (1951) proposed a less biased estimator

$$\tilde{N} = \frac{(n+1)(M+1)}{X+1} - 1 \tag{B.2.3}$$

This estimator is always finite and is nearly unbiased (Wittes, 1972; Lohr, 1999,

p. 409), and is recommended for use in practice by many researchers. Ironically, as we show later, it yields a confidence interval with a very poor coverage, even lower than the coverage of the interval based on the Lincoln-Petersen estimator. Therefore, we do not spend time to study the biasness of the Chapman estimator as it is not reliable anyway.

Example B. 1. A biologist wants to estimate, N, the number of turtles in a lake. She captures 10 ($=M$) turtles on her first visit to the lake, and marks their backs with paint. A week later she returns to the lake and captures 15 ($=n$) turtles. Five ($=x$) of these 15 turtles have paint on their backs, indicating that they are the recaptured animals. So the Lincoln-Petersen estimator claims that there are $\hat{N}=15\times 10/5=30$ turtles in the lake, and the Chapman estimate is $\tilde{N}=(15+1)\times(10+1)/(5+1)-1=28.33\approx 28$ as N must be an integer.

B. 2. 4 Coverage probability of a confidence interval

The main reason of using a confidence interval rather than a point estimator to estimate a parameter is the reliability. Just like in our daily life, security is always the top concern. If the reliability is low for a confidence interval, then whether we need a confidence interval is in question. To quantify the reliability, we define the coverage probability function of an interval $C(X)$ for N to be the chance that $C(X)$ includes N:

$$Cover_C(N)=\sum_{x=0}^{\min\{n,M\}} I_{C(x)}(N)p_h(x;M,N)\text{, for } N=\max\{n,M\},\cdots,+\infty \quad \text{(B. 2. 4)}$$

where $I_{C(x)}(N)$ is the indicator function, and it is equal to 1 if $N\in C(x)$; and is equal to zero, otherwise. Note that the coverage probability is a function of N, so it may assume different values at different values of N. i. e., some value of N may be easier to catch (with a higher coverage probability) and other values might not. Since N is unknown, we need to require the coverage probability not small for all possible values of N. In particular, if

$$\inf\{Cover_C(N): N=\max\{n,M\},\max\{n,M\}+1,\cdots,+\infty,\}\geqslant 1-\alpha \quad \text{(B. 2. 5)}$$

then $C(X)$ is called an exact confidence interval for N of level $1-\alpha$. Equation (B. 2. 5) is a special case of (B. 1. 7). For an approximate confidence interval based on asymptotic normality, we would expect (B. 2. 5) to be true (or close to be true) when the sample size n is large.

Example B. 2. Consider the following confidence interval $C_O(X)=[L_O(X), U_O(X)]$ for N when $M=10$ and $n=8$:

x	0	1	2	3	4	5	6	7	8
$U_O(x)$	∞	3168	301	108	57	35	24	17	13
$L_O(x)$	31	22	18	16	14	13	12	11	10

Now compute the coverage probability at a given value of $N=30$. Note 30 belongs to

$C_O(x)$'s for $x=1,2,3,4,5$, then

$$Cover_{C_O}(30)=\sum_{x=0}^{8} I_{C_O(x)}(30)p_h(x;10,30)=P(1\leqslant X\leqslant 5)$$
$$=F_h(5;10,30)-F_h(0;10,30)=0.9712$$

This can be done in R as follows:

```
> x=1:5
> probx=phyper(5,10,20,8)-phyper(0,10,20,8)
> probx
[1] 0.9712426
```

where in R a hypergeometric distribution $Hyper(M,N,n)$ is specified by $M(=10)$ and $N-M(=20)$ and $n(=8)$ rather than M, N and n. Similarly,

$$Cover_{C_O}(20)=\sum_{x=0}^{8} I_{C_O(x)}(20)\,p_h(x;10,20)=P(2\leqslant X\leqslant 6)=0.9802$$

The chance that $C_O(X)$ includes N is higher at $N=20$ than that at $N=30$.

We can also show

$$\inf_N\{Cover_{C_O}(N):N\geqslant 10\}=Cover_{C_O}(30)=0.9712$$

see Exercise 4. So this interval is of level 0.95. But it seems possible to improve (reduce) this interval since the true infimum coverage probability is 0.9712 larger than 0.95. i.e., we may derive an interval, say $C_I(X)$, so that $C_I(X)$ is a subset of $C_O(X)$ and the confidence level for $C_I(X)$ is still 0.95. Hence, they are both of level 0.95, but $C_I(X)$ is more precise than $C_O(X)$ because the former is smaller.

B.2.5 Approximate intervals for N

There have been many attempts to derive the approximate intervals for N, see for example, Petersen (1896), Lincoln (1930), Sekar and Deming (1949), Chapman (1951), Bailey (1951), Seber (1982, 1986, 1992) and Cormack (1989). Here we describe two widely used approximate intervals for N based on the Lincoln-Petersen estimator and the Chapman estimator, respectively:

$$C_{N1}(X)=[\hat{N}-z_{\frac{\alpha}{2}}\hat{se}(\hat{N}),\hat{N}+z_{\frac{\alpha}{2}}\hat{se}(\hat{N})] \tag{B.2.6}$$

where

$$\hat{N}=\frac{nM}{X},\hat{se}(\hat{N})=\left[\frac{Mn(M-X)(n-X)}{X^3}\right]^{1/2}$$

and z_α is the upper 100αth percentile of a standard normal distribution, and

$$C_{N2}(X)=[\tilde{N}-z_{\frac{\alpha}{2}}\hat{se}(\tilde{N}),\tilde{N}+z_{\frac{\alpha}{2}}\hat{se}(\tilde{N})] \tag{B.2.7}$$

where

$$\tilde{N}=\frac{(n+1)(M+1)}{X+1}-1,\text{and }\hat{se}(\tilde{N})=\left[\frac{(M+1)(n+1)(M-X)(n-X)}{(X+1)^2(X+2)}\right]^{1/2}$$

We name C_{N1} the Lincoln-Petersen interval and C_{N2} the Chapman interval. The standard error estimates are given in Sekar and Deming (1949) and Chapman (1951), respectively. The first interval has an obvious drawback: no definition at $X=0$ as $\infty \pm \infty$ is involved. If we set $C_{N1}(0)=[\max\{n,M\}, +\infty)$, then it is too wide and also counter-intuitive since a large estimate of N (a large lower limit) would be expected for a small observed $X=0$. The second interval overcomes this problem and always has a finite length including at $X=0$.

Example B. 1 (continued). With $M=10$, $n=15$, $x=5$, the 95% Lincoln-Petersen interval is

$$\frac{15\times 10}{5}\pm 1.96\times\sqrt{\frac{15\times 10\times(10-5)\times(15-5)}{5^3}}=[14.82, 45.18]$$

and the corresponding 95% Chapman interval is

$$\frac{(15+1)\times(10+1)}{5+1}-1\pm 1.96\times\sqrt{\frac{(10+1)\times(15+1)\times(10-5)\times(15-5)}{(5+1)^2\times(5+2)}}$$
$$=[16.75, 39.92]$$

The latter seems better than the former due to a shorter width. However, such a comparison is not valid since they indeed do not have the same confidence level as we show in the next section even though they both claim to be of level 0.95. In fact, the finite length of the Chapman interval, as shown later, results in a zero infimum coverage probability. See Figure B. 1 for the coverage probabilities of two intervals (B. 2. 6) and (B. 2. 7). They both are far below than the nominal level 0.95 even when the sample size n is large.

B. 2. 6 The coverage of approximate intervals for N

We now investigate the coverage probability of two approximate intervals $C_{N1}(X)$ and $C_{N2}(X)$ for N introduced in (B. 2. 6) and (B. 2. 7). This was first discussed in Wang (2015).

Lemma B. 1 *For any $\alpha\in(0,1)$, write $C_{N1}(X)=[L_{N1}(X), U_{N1}(X)]$ and u_1 be the smallest integer larger than $U_{N1}(1)$. Then the infimum coverage probability of interval $C_{N1}(X)$ given in (B. 2. 6) is less than or equal to $\min\{a,b\}$, where $a=\dfrac{\min\{n,M\}}{\max\{n,M\}+1}$ and $b=p_h(0;M,u_1)$ with p_h given in (B. 1. 1).*

Proof of Lemma B. 1. We compute the coverage probability of C_{N1} at two points: $N=u_0\overset{defined}{=}\max\{n,M\}+1$ and $N=u_1$ and show that they are equal to a and b, respectively, which establishes the claim.

First note that the interval $C_{N1}(\min\{n,M\})$ reduces to a point $\max\{n,M\}$. Then

$$Cover_{C_{N1}}(u_0)\leqslant 1-P(X=\min\{n,M\})=1-\frac{\binom{M}{\min\{n,M\}}\binom{u_0-M}{n-\min\{n,M\}}}{\binom{u_0}{n}}=a$$

Secondly, note that $U_{N1}(x)$ is nonincreasing in x and $u_1>U_{N1}(1)$. Then u_1 only belongs to $C_{N1}(0)$, and

$Cover_{C_{N1}}(u_1) = P(X=0) = p_h(0; M, u_1) = b$

Is $\min\{a, b\}$ a sharp upper bound for the infimum coverage probability of $C_{N1}(X)$? A numerical study (not a simulation study) conducted by Wang (2015) provides a positive answer. Roughly speaking, $u_1 \approx (1+z_{\frac{\alpha}{2}})nM$ and $b \approx p_h(0; M, u_1)$. If the ratio of n/M is far away from 1, then $a < b$; otherwise, $b < a$. For example, if the second sample size n is half or doubled of the first sample size M, then the infimum coverage probability is about 0.5 for any confidence level $1-\alpha$. To have a better coverage probability, one should choose $n \approx M$. But the infimum coverage bounded by b is still much smaller than the nominal level as shown in Table B.1.

Example B.3. When $n=M=100$ and $\alpha=0.1$, $a=100/101$, very close to 1; following Lemma B.1,

$$U_{N1}(1) = \frac{100 \times 100}{1} + z_{0.05}\sqrt{\frac{100 \times 100 \times (100-1) \times (100-1)}{1^3}} = 26284.05$$

$u_1 = 26285$, and

$b = p_h(0; M, u_1) = p_h(0; 100, 26285) = 0.683$

Therefore, the infimum coverage is no larger than $\min\{a, b\} = 0.683$, as in Table B.1.

Table B.1: The infimum coverage probability for C_{N1}.

level	$1-\alpha=0.9$			$1-\alpha=0.95$			$1-\alpha=0.99$		
$n(=M)$	100	500	1000	100	500	1000	100	500	1000
a	0.991	0.998	0.999	0.991	0.998	0.999	0.991	0.998	0.999
b	0.683	0.685	0.685	0.711	0.713	0.713	0.754	0.756	0.756
$\min\{a, b\}$	0.683	0.685	0.685	0.711	0.713	0.713	0.754	0.756	0.756

Many researchers recommend $C_{N2}(X)$ over $C_{N1}(X)$ in practice because the Chapman estimator $\tilde{N}$ is nearly unbiased. However, in terms of coverage probability, it performs even worse.

Lemma B.2 *For any $\alpha \in (0,1)$ and any M and n, the infimum coverage probability of interval $C_{N2}(X)$ given in (B.2.7) is equal to zero.*

Proof of Lemma B.2. Note that $C_{N2}(x)$'s are finite for all x. Pick any integer N_0 larger than all upper limits of $C_{N2}(X)$, then N_0 does not belong to any $C_{N2}(X)$, which implies $Cover_{C_{N2}}(N_0) = 0$.

Figure B.1 shows the coverage probability for the two intervals. It is clear that none of them should be used in practice due to the poor coverage even for a large sample size. This strongly motivates the usage of exact intervals. For practice purpose, it is generally believed that $n \geqslant 30$ is considered a large sample, thus the Central Limit Theorem starts working and approximate intervals have an appropriate confidence level as claimed. From Figure B.1, Table B.1 and Lemmas B.1 and B.2, we see the behavior of coverage probability for $n=500$, 1000 and any large sample size. It is clear that this belief is not correct, and the Central Limit Theorem is not enough to establish the validity of approximate intervals.

Why does the Central Limit Theorem (or the asymptotic normality) not imply the validity of a confidence interval? In fact, using $C_{N1}(X)$ as an example, the asymptotic normality implies that for a given N

$$\lim_{n\to+\infty} P(N \in C_{N1}(X)) = 1-\alpha \tag{B.2.8}$$

Thus

$$\inf_{N} \lim_{n\to+\infty} P(N \in C_{N1}(X)) = 1-\alpha \tag{B.2.9}$$

However, the validity of $C_{N1}(X)$ requires a uniform convergence:

$$\lim_{n\to+\infty} \inf_{N} P(N \in C_{N1}(X)) = 1-\alpha \tag{B.2.10}$$

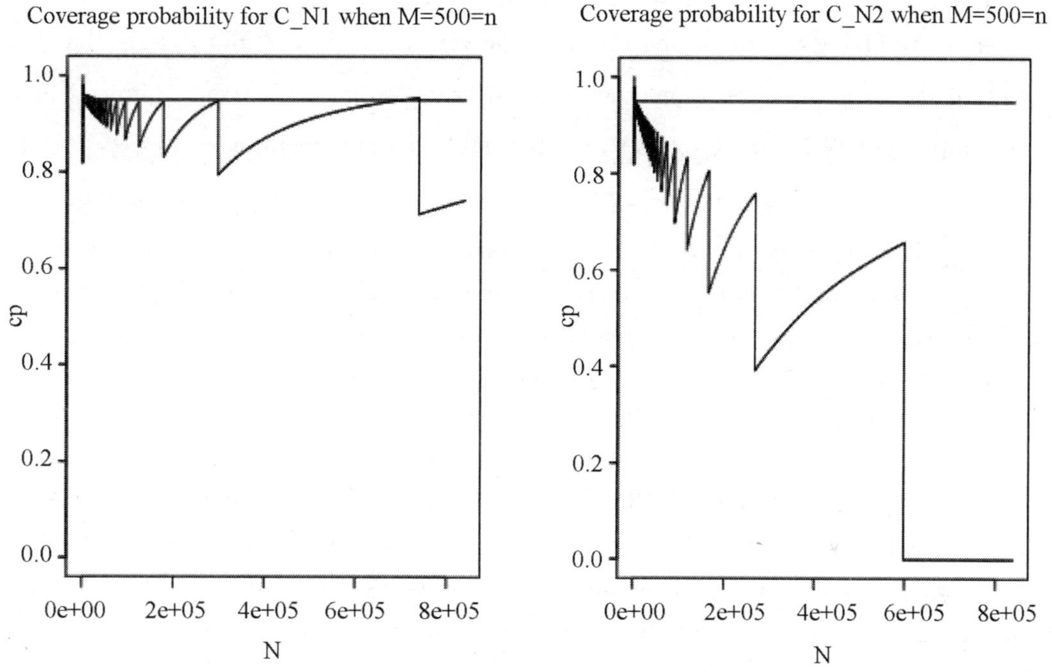

Figure B.1: Coverage probilities of two approximate 95% intervals $C_{N1}(X)$ and $C_{N2}(X)$ for N when $M=500=n$ and a reference line of 0.95.

i.e., the asymptotic normality would imply the validity of a confidence interval if we can switch the order of inf and lim. From calculus, a point-wise convergence (B.2.9) typically does not guarantee a uniform convergence (B.2.10). Unfortunately, asymptotic inferences automatically assume an equivalence between these two types of convergence, and this has become a general approach to derive asymptotic confidence intervals and tests for years, which from a mathematical point of view is incorrect.

B.2.7 Bootstrap intervals for N

Bootstrap interval was first proposed by Efron (1979). It is claimed to be effective in constructing confidence interval. Here we present a study on the infimum coverage probability of any bootstrap interval for N.

Suppose we have two samples from the two captures. From the second sample $\underline{X}=\{X_1,\cdots,X_n\}$, where $X=\sum_{i=1}^{n}X_i$, and each X_i is the indicator function for whether the ith animal is marked. Let $\hat{N}(\underline{X})$ be any given estimator of N. e. g. , $\hat{N}=\tilde{N}$ in (B. 2. 3). The bootstrap interval based on $\hat{N}$ is derived as follows.

Step 1. Take a sample $\underline{X}^*=\{X_1^*,\cdots,X_n^*\}$ of size n from the sample $\underline{X}$ with replacement. Compute and record $Y_1=\hat{N}(\underline{X}^*)$.

Step 2. Repeat Step 1 many times, say $h-1$ times, and record $Y_2,\cdots,Y_h$. Let $\underline{Y}=\{Y_1,\cdots,Y_h\}$.

Step 3. Let $L(\underline{X},\hat{N},\underline{Y})$ be the $100(\alpha/2)$ percentile of $\{Y_1,\cdots,Y_h\}$. Note that L is a function of $\underline{X}$, $\hat{N}$ and $\underline{Y}$. So L may assume different values for a fixed sample $\underline{X}$ due to the re-sampling of $\underline{X}$. Let $U(\underline{X},\hat{N},\underline{Y})$ be the $100(1-\alpha/2)$ percentile of $\{Y_1,\cdots,Y_h\}$. Then $[L(\underline{X},\hat{N},\underline{Y}),U(\underline{X},\hat{N},\underline{Y})]$ is the $100(1-\alpha)\%$ bootstrap interval for N based on the estimator $\hat{N}$. Note that this interval is not necessarily unique for the given sample $\underline{X}$.

Example B. 1 (continued). In the second sample of $15(=n)$ turtles, we observe $5(=x)$ marked turtles. Therefore we repeatedly take a sample of size 15 from $\underline{x}=\{1,1,1,1,1,0,0,0,0,0,0,0,0,0,0\}$ (5 one's and 10 zeros) with replacement for $10000(=h)$ times. Each time we compute the Lincoln-Petersen estimate based on a resample of $\underline{x}$. Then the 2.5th and 97.5th percentiles of these estimates are 16.667 and 75, respectively, and $[16.667,75]=[17,75]$ is the 95% bootstrap interval for N, the total number of turtles in the lake, based on the Lincoln-Petersen estimator. If we redo it for another 10000 times, the resulting interval might be different from the previous one. This would be more likely to happen if h is chosen to be smaller. Here is an R-code for this calculation.

```
#  1. An example for the boostrap interval for a population size
#  N.
#  2. Estimate N using the Lincoln-Petersen estimator
#  3. The 1st sample =10 (=M) marked turtles; the 2nd sample
#       =15(=n) turtles containing 5(=x) marked turtles.

M=10
second=c(1,1,1,1,1,0,0,0,0,0,0,0,0,0,0) #  the 2nd sample
h=10000     #  the number of bootstrap samples
Nhat=1:h    #  store the estimate of N
n=length(second)
for (j in 1:h){
rsecond=sample(second,replace=T)
```

```
Nhat[j] < - sum(rsecond)  # the sample total
Nhat[j] < - n* M/Nhat[j]  # the Lincoln-Petersen estimator
}
quantile(Nhat, c(. 025, . 975)) # the 95% bootstrap interval
```

Buckland (1984) used a bootstrap interval based on the Lincoln-Petersen estimator to estimate N as described in Steps 1—3. Researchers sometimes view the bootstrap as a panacea for statistical inference (Andrews, 2000). Next we give a striking result that any bootstrap interval for N has a zero infimum coverage probability, which indicates the risk of applying such intervals. Some previous results can be found in Wang (2013), where he first showed that any bootstrap interval for any function of proportions has a zero infimum coverage probability for any sample size.

Theorem B. 2 *For any given estimator* $\hat{N}$ *for* N *and any given* $\alpha \in (0,1)$, *let* $[L(\underline{X},\hat{N},\underline{Y}),U(\underline{X},\hat{N},\underline{Y})]$ *be the* $1-\alpha$ *bootstrap interval based on* $\hat{N}$. *Then the infimum coverage probability of* $[L(\underline{X},\hat{N},\underline{Y}),U(\underline{X},\hat{N},\underline{Y})]$ *is zero.*

Proof of Theorem B. 2. Write $C(\underline{X},\hat{N},\underline{Y})=[L(\underline{X},\hat{N},\underline{Y}),U(\underline{X},\hat{N},\underline{Y})]$ Consider a possible sample $\underline{x}_0$ that contains n zeros. That is, there is no marked animal in the second capture. Therefore, $\underline{x}^*=\underline{x}_0$ for any resample $\underline{x}^*$. Hence $\hat{N}(\underline{x}^*)=\hat{N}(\underline{x}_0)$ is a constant, say a_0. Hence, any percentile of the set of $\{y_1,\cdots,y_h\}$ in Step 3 is equal to a_0, and $C(\underline{x}_0,\hat{N},\underline{y})=[a_0,a_0]$. Pick a sequence of positive integers $N_k\neq a_0$ with $\lim\limits_{k\to+\infty}N_k=\infty$. Then $N_k\notin C(\underline{x}_0,\hat{N},\underline{y})$. Note $\underline{x}_0$ occurs if and only if $X=0$ in the second sample. Then we have

$$
\begin{aligned}
ICP(C) &\leqslant \lim_{k\to+\infty} Cover_C(N_k)=\lim_{k\to+\infty}P(N_k\in C(\underline{x}_0,\hat{N},\underline{y}))\\
&\leqslant \lim_{k\to+\infty}[1-P(X=0\mid M,N_k)]\\
&=\lim_{k\to+\infty}\left[1-\frac{N_k-M}{N_k}\frac{N_k-M-1}{N_k-1}\cdots\frac{N_k-M-n+1}{N_k-n+1}\right]\\
&=1-\left(\lim_{k\to+\infty}\frac{N_k-M}{N_k}\right)\cdots\left(\lim_{k\to+\infty}\frac{N_k-M-n+1}{N_k-n+1}\right)\\
&=1-1\times\cdots\times 1=0
\end{aligned}
$$

In fact, we can move one step further to compute the coverage probability for a bootstrap interval based on any estimator for N, for example, the Lincoln-Petersen estimator $\hat{N}=nM=X$. With the coverage probability formula, the finite-sample property of bootstrap interval is ready to be examined. Following the notation in Step 2, suppose $Y_1,\cdots,Y_h$ are the independently identically distributed bootstrap estimates for N. Then,

$$L(\underline{X},\hat{N},\underline{Y})=Y_{(l)},U(\underline{X},\hat{N},\underline{Y})=Y_{(u)}$$

for $l=\left[h\frac{\alpha}{2}\right]+1$ and $u=h+1-l$. Here $[x]$ denotes the largest integer no larger than

x and $Y_{(l)}$, for example, denotes the l-th order statistic of Y_i's. The coverage probability for the bootstrap interval $[L(\underline{X},\hat{N},\underline{Y}),U(\underline{X},\hat{N},\underline{Y})]$ is

$$\begin{aligned} Cover(N) &= P(L(\underline{X},\hat{N},\underline{Y}) \leqslant N \leqslant U(\underline{X},\hat{N},\underline{Y})) \\ &= E[P(Y_{(l)} \leqslant N \leqslant Y_{(u)} \mid X)] \end{aligned} \quad (B.2.11)$$

where X follows $Hyper(M,N,n)$ and nM/Y_i, for a given X, follow a binomial random variable with n trials and a success probability $\frac{X}{n}$. See more details in Exercise 10. With the coverage probability formula, we can compute the infimum coverage probability quickly and precisely.

B.2.8 Two smallest exact one-sided intervals for N

Now we discuss how to derive exact lower and upper one-sided intervals as they may be useful, for example, in estimating a lower bound of N for an endangered species. In terms of their construction, the two one-sided intervals are equivalent, but are fundamentally different from two-sided interval.

Intuitively, a large value of N tends to yield a small value of X. So the confidence limits, $L(X)$ and $U(X)$, should be nonincreasing in X. This natural ordering on the limits exists only for the univariate case. For the multi-variate case, finding an optimal order on the confidence limits is very challenging, and so far there is no general effective solution for this issue. Wang (2010) proposed an optimal order construction based on induction for any finite sample space that includes many important applications such as inferences on proportions. But his construction is computationally intensive for multi-dimensional case. For the univariate case, Bol'shev (1965) provided a complete solution for one-sided intervals. Below, we follow Wang (2015) to derive the smallest exact lower and upper one-sided $1-\alpha$ confidence intervals for N.

Theorem B.3 *For any* $\alpha \in (0,1)$, *let*

$$L_O(x) = \begin{cases} \max\{n,M\}, if\ x = \min\{n,M\} \\ \max\{N: 1-F_h(x;M,N-1) \\ = \sum_{i=x+1}^{\min\{n,M\}} p_h(i;M,N-1) \geqslant 1-\alpha\}, otherwise \end{cases} \quad (B.2.12)$$

Then $[L_O(X), +\infty)$ *is the smallest* $1-\alpha$ *confidence interval among all* $1-\alpha$ *intervals of form* $[L(X), +\infty)$ *with nonincreasing* $L(X)$. *i.e.*, $L(X) \leqslant L_O(X)$.

When searching for a good confidence interval, we need to specify a class of intervals first, and then find the best in that class provided that the best interval exists. If the interval class is too small, then the best interval in the class typically exists, but it may not be good enough. On the other hand, if the interval class is too big, then the best interval simply does not exist. In real life, it is easy to find the smartest person in a family, but is not possible to find such a person in a country; and the smartest person in that family might not be smart at all. Our task here is to identify an interval class large enough but with the smallest (best) interval in the class. So we pick the interval class $\mathscr{B}_l$ that consists of all level $1-\alpha$ one-sided intervals of form $[L(X), +\infty)$ with a nonincreasing function $L(x)$. i. e.,

$\mathscr{B}_l = \{[L(X), +\infty)$; i) it is of level $1-\alpha$; ii) $L(X)$ is nonincreasing$\}$

For two intervals $C_1(X)$ and $C_2(X)$ in $\mathscr{B}_l$, we say

$C_1(X)$ is no worse than $C_2(X)$ if $C_1(x)$ is a subset of $C_2(x)$ for all values x.

(B. 2. 13)

This is the set inclusion criterion by Wang (2006). Therefore, $C_1(X)$ is as precise as or more precise than $C_2(X)$. Also the two intervals both have a confidence level $1-\alpha$, hence, $C_1(X)$ is no worse than $C_2(X)$. Interval $[L_O(X), +\infty)$ is a subset of any interval $[L(X), +\infty)$ in $\mathscr{B}_l$, and it is equal to the intersection of all intervals in $\mathscr{B}_l$. So it is the smallest in $\mathscr{B}_l$, and is the most precise. The restriction on the nonincreasing limit is not a problem here, as if an interval is not nonincreasing, then it is counter intuitive and won't be used in practice. There are two other popular criteria for evaluating the precision of confidence intervals: the expected length criterion and the false coverage probability criterion. However, both of them have an implementation problem. i. e., it is difficult to check whether $C_1(X)$ is no worse than $C_2(X)$ as they require a lot of computation on expectation or probability. The set inclusion criterion does not need such computations, and the smallest interval, if it exists, automatically minimizes the expected length and the false coverage probability. So the smallest interval is also the best under these two criteria. Before show the proof of Theorem B. 3, we illustrate the theorem in an example.

Example B. 2 (continued). Consider the construction of the smallest 97.5% confidence interval $[L_O(X), +\infty)$ for N when $M=10$ and $n=8$ by applying Theorem B. 3.

When $x=0$, the function

$$h(N) = 1 - F_h(x; M, N-1) = 1 - F_h(0; 10, N-1) = \sum_{i=1}^{8} p_h(i; 10, N-1)$$

assumes the following values at different $N=29,\cdots,33$, which is done in R programming as below. It is clear that $L_O(0)=31$ by (B. 2. 11) as 31 is the largest value of N such that $h(N)$ is at least 0.975. See Exercise 10 for a proof.

```
> h< - function(N){1- phyper(0,10,N- 1- 10,8)}
> N= 29:33
> hN= h(N)
> cbind(N,hN)
      N        hN
[1,] 29 0. 9859213
[2,] 30 0. 9823906
[3,] 31 0. 9784774
[4,] 32 0. 9742050
[5,] 33 0. 9695987
```

Repeat this process for $x=1,\cdots,8$, the rest values of X, and obtain $L_O(x)$, which is given in Example B. 2. Be aware that the infimum coverage probabilitys for $[L_O(X), +\infty)$ and $[L_O(X), U_O(X)]$ are 0. 9785 and 0. 9712, respectively.

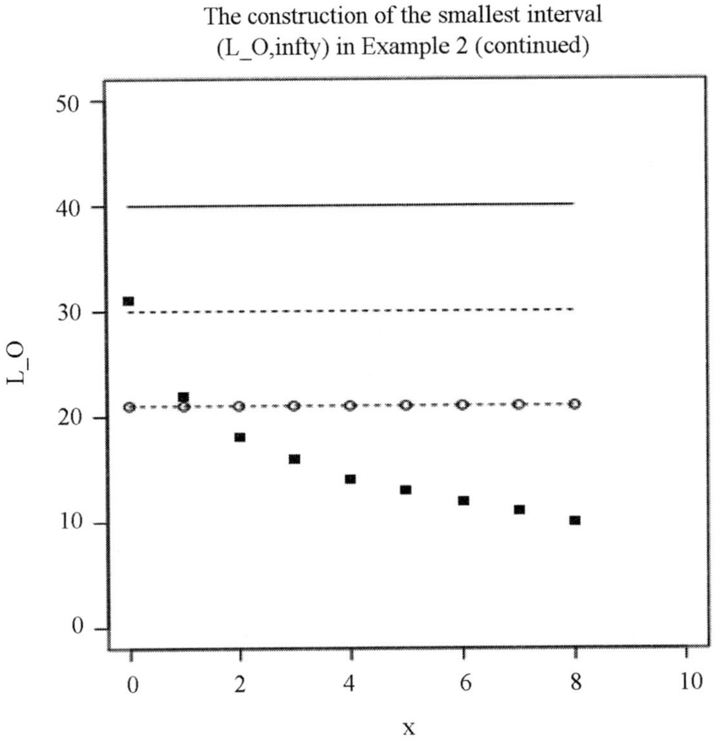

Figure B. 2: The construction of the smallest interval $[L_O, \infty]$ in Example B. 2 (continued). Each black square point is $L_O(x)$ *for* $x = 0,\cdots, 8$.

Let us understand why interval $[L_O(X), +\infty)$ is the smallest. It is clear that $N=40$ belongs to all $[L_O(X), +\infty)$'s, so the coverage probability at $N=40$ is $Cover(40)=1$. When determining $L_O(0)$, i) push N as large as possible; Due to the monotonicity of $L_O(X)$, the value $N_0=L_O(0)-1$ belongs to all $[L_O(X), +\infty)$ except for $x=0$, see the dashed line in Figure B. 2, and ii) $Cover(N_0)=1-F_h(0;10,N_0)$ must be at least 0. 975. These two imply that $L_O(0)=31$ is the largest possible choice of (0). Similarly, when determining $L_O(1)$, the coverage probability is computed by adding probability masses at x-values excluding $x=0$, 1, see the dashed-circle line in Figure B. 2.

Proof of Theorem B. 3. We need to show the following three:

i) $L_O(x)$ is nonincreasing in x;

ii) $[L_O(X), +\infty)$ is of level $1-\alpha$;

iii) $L_O(X) \leqslant L(X)$ for any level $1-\alpha$ interval $[L(X), +\infty)$ provided that $L(X)$ is nonincreasing in x.

For i), let $g(x, N)=P(X>x)=1-F_h(x; M, N-1)$. It is clear that g is nonincreasing in x for a fixed N. Thus for $x_1>x_2$, $g(x_1, N) \geqslant g(x_2, N)$, which implies i).

To prove ii), Let $A_0 = [L_O(0), \infty)$, and let $A_x = [L_O(x), L_O(x-1))$ *for* $x = 1, \cdots, \min\{n, M\} = k$. The range of N, $[\max\{n, M\}, \infty)$, is partitioned to $\bigcup_{x=0}^{k} A_x$. Let $Cover_{L_O}(N)$ denote the coverage probability of interval $[L_O(X), \infty)$. When $N \in A_0$, $Cover_{L_O}(N) = 1 \geqslant 1-\alpha$; when $N \in A_x$ for $x = 1, \cdots, k$,

$$Cover_{L_O}(N) = P(X \geqslant x) \geqslant Cover_{L_O}(L_O(x-1)) \geqslant 1-\alpha$$

The first inequality above follows that X is stochastically nonincreasing in N (see Exercise 10); and the second inequality is due to (B. 2. 11).

To prove iii), suppose it is not true (we will construct a contradiction below). Then there exists a level $1-\alpha$ confidence interval $[L^*(X), \infty)$ for N with nonincreasing $L^*(X)$ such that $L^*(x) > L_O(x)$ for some value x. Let x^* be the smallest value of X such that $L^*(x^*) > L_O(x^*)$. Therefore, $Cover_L(L^*(x^*)-1) = 1 - F_h(x^*; M, L^*(x^*)-1) \geqslant 1-\alpha$, that contradicts with (B. 2. 11), the definition of $L_O(x^*)$. The proof is complete.

To derive the best upper one-sided $1-\alpha$ interval, we have the following result.

Theorem B. 4 *For any* $\alpha \in (0,1)$, *let*

$$U_O(x) = \begin{cases} +\infty, if\ x = 0 \\ \min\{N : F_h(x-1; M, N+1) \\ = \sum_{i=0}^{x-1} p_h(i; M, N+1) \geqslant 1-\alpha\}, otherwise \end{cases} \tag{B. 2. 14}$$

Then $[\max\{n, M\}, U_O(x)]$ *is the smallest* $1-\alpha$ *confidence interval among all* $1-\alpha$ *intervals of form* $[\max\{n, M\}, U(X)]$ *with nonincreasing* $U(X)$. *i. e.*, $U_O(X) \leqslant U(X)$.

The proof of this theorem is left as an exercise.

B. 2. 9 Two exact two-sided intervals $C_O(X)$ and $C_I(X)$ for N

Here is the first major result. We are only interested in confidence intervals $C(X) = [L(X), U(X)]$ for N with following properties:

i) $C(X)$ is of level $1-\alpha$;

ii) both lower and upper confidence limits $L(X)$ and $U(X)$ are nonincreasing in X.

Let $[L_O(X), +\infty)$ and $[\max\{n, M\}, U_O(x)]$ be the smallest one-sided $1-\alpha/2$ intervals for N derived in the previous section. Then $C_O(X) = [L_O(X), U_O(X)]$, the intersection of the two one-sided intervals, is an exact interval of level $1-\alpha$ satisfying the two properties. The well-known Clopper-Pearson interval (1934) for a proportion based on a binomial distribution is obtained in this way. The advantage is its simplicity and accessibility. But it is also known that such an interval is conservative. So there are many efforts to improve this interval, including Blyth and Still (1983), Casella (1986) and Wang (2014). The result discussed below is an extension of Wang (2014) to hypergeometric parameters and is present in Wang (2015).

Table B. 2: 95% Confidence interval C_O and its improvement C_I.

x	0	1	2	3	4	5	6	7	8
$U_O(x)$	∞	3168	301	108	57	35	24	17	13
$U_I(x)$	∞	1568	208	84	47	35	23	16	12
$L_I(x)$	36	24	18	16	14	13	12	11	10
$L_O(x)$	31	22	18	16	14	13	12	11	10

Can $C_O(X)$ be improved? More precisely, is there a subinterval of $C_O(X)$ still of level $1-\alpha$ and with nonincreasing limits? Next we propose an iterative algorithm (Algorithm Ⅰ) that generates an exact interval, $C_I(X)=[L_I(X), U_I(X)]$, which is a subset of $C_O(X)$ and is admissible under the set inclusion criterion (B. 2. 13). i. e., any proper subinterval of $C_I(X)$ is of level strictly less than $1-\alpha$. Therefore, interval C_I is recommended for estimating N in practice due to its reliability and optimality, and an R-code is developed by the author to compute this interval. Table B. 2 contains the 95% interval $C_O(X)=[L_O(X), U_O(X)]$ and the improved interval $C_I(X)=[L_I(X), U_I(X)]$ when $n=8$ and $M=10$. The improvement is substantial in terms of interval length. The infimum coverage probabilities for the two intervals are 0. 9712426 and 0. 950026, respectively. Note that the length of $C_O(x)$, $U_O(x)-L_O(x)$, is decreasing in x. We construct $C_I(x)$ following this order by squeezing each interval $C_O(x)$ (choose the shortest by lifting up $L_O(x)$ and pressing down $U_O(x)$ for $x=0$ first, $x=1$ second, $\cdots$, until x reaches the last value $\min\{n, M\}$, with the infimum coverage probability always maintained at at least $1-\alpha$ for the whole process. The procedure ends in $\min\{n, M\}+1$ steps. At each step the shortest interval always exists because there are only a finite number of choices, and also we can show the uniqueness. Since at each step we obtain the shortest interval, then the resultant $C_I(X)$ must be admissible.

For illustration purpose, consider Table B. 2. In Step 1, we start from $x=0$ and lift $L_O(0)=31$ up as large as possible while keeping the rest of $C_O(x)$'s unchanged. The process stops at $L_I(0)=36$ since this value makes the interval of level 0. 95 and $L_I(0)=37$ would yield a confidence level less than 0. 95. In this step, we solve only one unknown $L_I(0)$ because $U_I(0)$ must always be infinity to assure the 0. 95 level (think why). In Step 2, we improve the interval obtained in Step 1: lift $L_O(1)=22$ up to an integer c, press $U_O(1)=3168$ down to d, keep the interval unchanged at $x\neq 1$ and maintain the confidence level at least 0. 95 during this process. There are only a finite number of choices for pair (c, d) since $22\leqslant c\leqslant d\leqslant 3168$. So pick the pair $(c^*, d^*)=(24, 1568)$ that has the smallest d-c among all such pairs (c, d), and define $[L_I(1), U_I(1)]=[24, 1568]$. In this step two unknowns $L_I(1)$ and $U_I(1)$ are solved. The rest of the steps are similar to Step 2 and the construction ends at Step 9.

In the process, we have to compute the infimum coverage probability of intermediate intervals many times. The infimum coverage probability of an interval $C(X)=[L(X), U(X)]$ for N is defined as

$$ICP(C)=\inf_{N\geqslant N_0} Cover_C(N)=\inf_{N\geqslant N_0}\sum_{x=0}^{k} I(L(x)\leqslant N\leqslant U(x))\,p_h(x;M,N) \tag{B. 2. 15}$$

where $k=\min\{n,M\}$ and $N_0=\max\{n,M\}$. From the computational point of view, this is not doable as the infimum is searched on an infinite set. Wang (2007, not the author) first found an effective way to compute the infimum coverage probability of confidence interval for a proportion p, and the infimum is only searched on a finite set. Wang (2015) extended this result to N as follows. Define

$$A_l=\{N=\max\{N_0,L(x)-1\}:x=0,\cdots,k-1\}$$

and $A_u=\{N=U(x)+1:x=1,\cdots,k\}$

It is obvious that both A_l and A_u are finite sets. In addition, if both $L(X)$ and $U(X)$ are nonincreasing, then we can prove that

$$ICP(C)=\inf_{N\in A_l\cup A_u} Cover_C(N) \tag{B. 2. 16}$$

To compute the infimum coverage probability for $C_O(X)$ in Example B. 2, $k=8$ and $N_0=10$, and

$$A_l=\{30,21,17,15,13,12,11,10\} \text{ and } A_u=\{3169,302,109,58,36,25,18,14\}$$

Therefore, the search on the infimum coverage probability can be done by computing $Cover_C(N)$ at 16 values of N.

A formal description of Algorithm I to generate interval $C_I(X)$ for N is given below. At each step (Step k) we compute an interval $C_k(X)=[L_k(X),U_k(X)]$ for $k=1,\cdots,\min\{n,M\}+1$. The last one is equal to $C_I(X)$ and $C_I(X)=C_k(X)$ for $x\leqslant k-1$.

Step 1: In this step we determine $C_I(0)=[L_I(0),U_I(0)]$ by modifying $[L_O(0), U_O(0))$. The upper limit has to be equal to $+\infty$(otherwise $ICP(C_I)$ is zero). So only lift the lower limit up as much as possible and keep the rest of intervals unchanged. i. e., for any integer $a\geqslant L_O(0)$, let

$$C_a(x)=\begin{cases}[a,+\infty), & \text{if } x=0\\ C_O(x), & \text{if } x>0\end{cases} \tag{B. 2. 17}$$

if $ICP(C_a)$ is at least $1-\alpha$. Such an interval exists if pick $a=L_O(0)$. Then $C_1(X)$ is the $C_a(X)$ with the largest a, denoted by a^*, which is obviously unique. In this step we obtain $C_1(X)=C_{a^*}(X)$ and $C_I(0)=C_1(0)=[a^*,+\infty)$.

By induction, the interval is constructed up to Step $k-1$ for $k\geqslant 2$. i. e., $C_{k-1}(X)$ is constructed and $C_I(x)$ is constructed up to $x\leqslant k-2$.

Step k: In this step we determine $C_I(x)=[L_I(x),U_I(x)]$ for $x=k-1$. For a pair of integers (c,d) such that $L_{k-1}(k-1)\leqslant c\leqslant d\leqslant U_{k-1}(k-1)$. Let

$$C_{c,d}(x)=\begin{cases}C_I(x), & \text{if } x\leqslant k-2\\ [c,d], & \text{if } x=k-1\\ [L_{k-1}(x),\min\{U_{k-1}(x),d\}], & \text{otherwise}\end{cases} \tag{B. 2. 18}$$

if infimumcoverageprobability($C_{c,d}$) is at least $1-\alpha$. Several facts are worthy mentioning: i) such an interval exists because $C_{k-1}(X)$ is one of them; ii) the minimum function in the third line of (B. 2. 18) is to make sure the interval having nonincreasing confidence limits; iii) Since there are only finite many pairs of (c,d), there exists a pair (c^*,d^*) so that d^*-c^* is the smallest among all such pairs of (c,d); iv) In fact we can also prove that this pair is unique. In this step, we define

$$C_k(X)=C_{c_k^*,d_k^*}(X),\text{ and } C_I(k-1)=[L_I(k-1),U_I(k-1)]=[c_k^*,d_k^*] \tag{B. 2. 19}$$

The interval construction is complete by induction.

Fact iii) shows that we pick the best (shortest) interval available at each step. Therefore $C_I(X)$ is admissible. Fact iv) assures a unique output from the algorithm. So $C_I(X)$ is well defined and the algorithm generates a unique output. To summarize the results we have:

Theorem B. 5 *Following Algorithm I above, a unique exact $1-\alpha$ confidence interval $C_I(X)=[L_I(X),U_I(X)]$ for N is generated. Both confidence limits are nonincreasing in X, and any proper subinterval of $C_I(X)$ is of level strictly less than $1-\alpha$.*

Proof of Theorem B. 5. Here we outline the proof and skip the tedious details. First, interval $C_I(X)$ exists since $C_a(X)$ in (B. 2. 17) and $C_{c,d}(X)$ in (B. 2. 18) exist and C_I is equal to one of them. Secondly, $C_I(X)$ is of level $1-\alpha$ since all $C_a(X)$ and $C_{c,d}(X)$ are of level $1-\alpha$. Thirdly, $C_I(X)$ is unique (fact iv in Step k). Fourthly, $C_I(X)$ is admissible because d^*-c^* is the smallest difference $d-c$ (fact iii in Step k).

Example B. 3. Pollock et al. (1990) gave data to estimate the size of a population of bobwhite quail in a Florida field research station. A capture-recapture sampling design was employed: $M=148$ quail were trapped and banded over a 20 day period and $n=82$ birds were recaptured and from which $X=39$ bands were recovered. We use an R-code and obtain 95% confidence intervals $C_O(39)=[260,394]$ and $C_I(39)=[263,394]$.

Unlike the case of one-sided interval in which the smallest interval always exists, the smallest two-sided interval typically does not exist. Wang (2006) provides a necessary and sufficient condition for the existence of the smallest two-sided interval for a binomial proportion: only when the number of trials n and/or the level $1-\alpha$ is very small. Similar results would be expected for the hypergeometric case. So in practice using admissible two-sided interval is the best choice. Here $C_I(X)$ is constructed by squeezing each interval $C_O(x)$ in the order of $x=0,\cdots,\min\{n,M\}$. We may also use other orders and/or improve any existing level $1-\alpha$ interval to obtain admissible intervals. For example, one may improve the trivial constant interval $C_t(X)\equiv[\max\{n,M\},+\infty)$ in the order of $x=\min\{n,M\},\cdots,0$. This, however, results in an admissible interval that is very short when x is large but might be long when x is small. Our initial choice of $C_O(X)$ and the order of $x=0,\cdots,\min\{n,M\}$ make the resultant interval $C_I(X)$ perform well in general. Figure B. 3 compares the coverage probabilities for these two intervals of level 0. 95 when $n=75$

and $M=150$. It is clear that $C_I(X)$ has a much closer coverage to 0.95 than $C_O(X)$. However, one would think from the right plot that a further improvement over the coverage of $C_I(X)$ may be possible. This is not true since $C_I(X)$ is admissible.

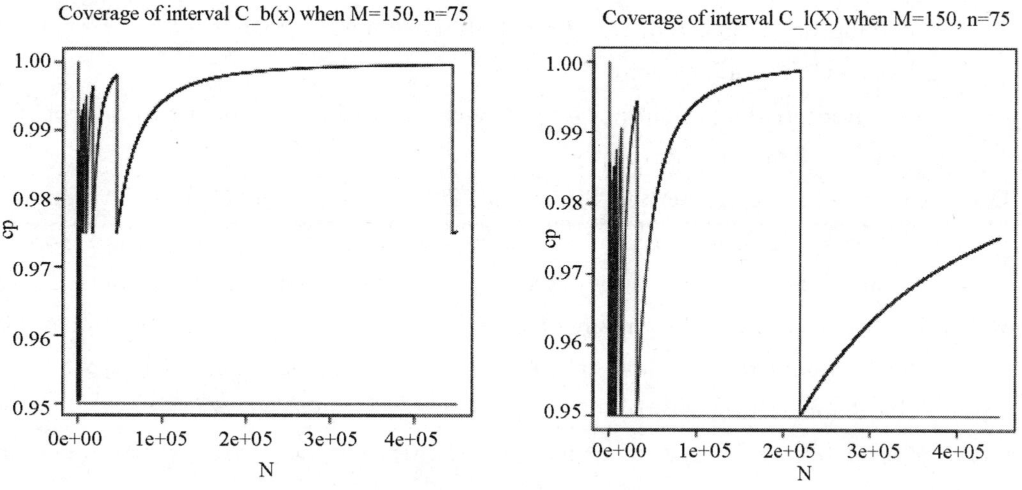

Figure B.3: Coverage probability of two exact 95% intervals $C_O(X)$ and $C_I(X)$ for N when $n=150$ and $M=75$ and a reference line of 0.95.

B.2.10 Collecting the second sample with replacement

If we catch units one by one with replacement (this may occurs if the animal (unit) is not easy to catch) when select the second sample of size n, then X_W, the number of tagged units, follows a binomial distribution with n trials and a probability of success $p=M/N$. Based on X_W, one can mimic the process in the previous two sections to construct the smallest one-sided confidence intervals and admissible two-sided interval for N, which now has a range of $[M, +\infty)$. The coverage probability of an interval $C(X_W)$ for N is

$$Cover_C(N)=\sum_{x=0}^{n} I_{C(x)}(N)p_b\left(x;\frac{M}{N}\right), \text{for } N=M,\cdots,+\infty \tag{B.2.20}$$

where $p_b(x;p)$ is given in (B.1.5). The details of the construction are similar to that for interval $C_I(X)$ and skipped, and can be left as a project.

B.2.11 The dual-record system

This is the equivalent version of capture-recapture sampling in Epidemiology. For example, N, the number of HIV positive cases in a population, needs to be estimated. A cases of HIV positive are listed in source Ⅰ); B cases of HIV positive are listed in source Ⅱ), and C cases are found in both sources. The connection to the capture-recapture sampling is as follows:

a) The list from source Ⅰ = the first sample, the list from source Ⅱ = the second sample

b) $A=M$, $B=n$, $C=x$. Therefore, the Lincoln-Petersen estimator is $\hat{N}=\frac{AB}{C}$.

Note that if switch the two lists, we can prove that the interval remains the same.

The assumptions change to

1) The population is closed, i. e. , the population remains unchanged.

2) The two lists are independent.

3) Each member of the population has the same probability of being on a given list.

4) Individuals are matched correctly.

Discussed in Seber, Huakau and Simmons (2000), in practice, the first assumption will be satisfactory if the time frame is sufficiently short. Unfortunately, the second and third assumptions might be false. For example, a list of diabetic patients compiled from doctors' records will not be independent of a hospital's admission list if some doctors always send their patients to that hospital. Furthermore, if a list comes from people who join a particular diabetes support group, there will be those who are joiners and those who are not. The probability of being on such a list will therefore vary from person to person so that there is heterogeneity. Assumption 4) will also be false because there will be patients who give false information deliberately or accidentally, there will be some omissions, and there will be transcribing errors. It may happen that such errors may not seriously affect any statistical analysis, but we at least need to know something of their magnitude. Because of the breakdown of assumptions 2) and 3), the generalized linear models have become the main method of analysis. In this context, they were first introduced by Fienberg (1972) and developed further by Cormack (1989). There are now many epidemiological applications to all kinds of populations including the homeless, drug addicts, and people with dog bites! The two-list problem is of particular interest since the two lists are sometimes independent, having been constructed using independent methods. For example, one list may come from official sources while the other comes from an independent sample survey. We focus on this type of situation.

Example B. 4. Egeland et al. (1995) used the capture-recapture method to estimate N, the total of fetal alcohol syndrome cases among Alaska Natives born between 1982 and 1989. Two sources of cases were used: 13 cases identified by private physicians and 45 cases identified by the Indian Health Service (IHS); and 8 cases were on both lists. With A $=13(=M)$, B$=45(=n)$ and C$=8(=x)$, the Lincoln-Petersen estimate is

$$\hat{N}=\frac{AB}{C}=73.125$$

and the exact 95% confidence intervals are

$C_O(8)=[54,137]$ and $C_I(8)=[56,137]$

The 95% Lincoln-Petersen interval is $C_{N1}(8)=[44.629459,101.62054]=[45,101]$, which has an infimum coverage probability 0.2826 (the true confidence level) that is attached at $N=46$ following Lemma B. 1, and the 95% Chapman interval is $C_{N2}(8)=[46.785271,$

94.32584] =[47,94], which has an infimum coverage probability zero that occurs at any $N \geqslant 1494$.

B.2.12 More than two captures

Consider the capture-recapture sampling with more than two captures. i.e., instead of one follow-up sample, a series of follow-up samples are taken. At each follow-up sample, the number of marked animals is recorded and all unmarked animals in the follow-up sample are marked and released. We have three options regarding marking:

a) use only one type of marking, not distinguishing among follow-up samples.

b) use a separate type (color, number sequence) mark for each follow-up sample.

c) mark each captured animal with its own unique mark (number, color bands combinations).

The first marking option is used in the Schnabel method (1938) to estimate the animal population size of a closed population. It is an extension of the Lincoln-Petersen method to the multiple captures. The other two marking options are used in the Jolly-Seber method, which is claimed to deal with an open population that permits for birth, death, immigration and emigration. Here we focus on the first case.

Assume a series of samples, where all animals are marked with the same mark after capture. In sample i between 1 to k, we record the following data:

n_i = number of animals caught in sample i = the sample size of sample i

X_i = number of recaptures in sample i (with $X_1 = 0$)

U_i = number of animals newly marked in sample i (accidental deaths are subtracted)

M_i = number of marked animals in the population just before the ith sample is taken $= \sum_{j=1}^{i-1} U_j$ (with $M_1 = 0$).

Let $\hat{N}_S$ be the Schnabel estimator for the population size N. Then

$$\hat{N}_S = \frac{\sum_{i=1}^{k} n_i M_i}{\sum_{i=1}^{k} X_i} \tag{B.2.21}$$

If $X_i / \hat{N}_S$ and $M_i / \hat{N}_S$ are always less than 0.1 for all i, the following estimator

$$\hat{N}_{S1} = \frac{\sum_{i=1}^{k} n_i M_i}{1 + \sum_{i=1}^{k} X_i} \tag{B.2.22}$$

is recommended by some researchers based on unproven reasons. When $k=2$, the Schnabel estimator $\hat{N}_S = n_2 M_2 / X_2$ is the Lincoln-Petersen estimator in (B.2.2). Following the Lincoln-Petersen method, $n_i M_i / X_i \approx N$ for each $i = 2, \cdots, k$. So $n_i M_i \approx X_i N$ and

$$\hat{N}_S \approx \frac{N \sum_{i=1}^{k} X_i}{\sum_{i=1}^{k} X_i} = N$$

Example B.5. A researcher is interested in N, the number of frogs living in and around a small pond in North Central Florida. Over a two week period, the researcher walks the perimeter of the pond, capturing all frogs seen, looking for brand marks, and marking those which are not marked. All frogs are released back into the pond after marking. Forty-eight hours lapse between sampling, and 4($=k$) sampling dates are used. Data from this study are given below.

i sample	n_i sample size	X_i recaptures	U_i newly marked	M_i marked before sample i
1	42	0	42	0
2	30	14	16	42
3	55	23	22	58
4	60	45	15	80

$$\hat{N}_S=\frac{42\times 0+30\times 42+55\times 58+60\times 80}{0+14+23+45}=112.80$$

The confidence interval for N that is based on $\hat{N}$ in (B. 2. 21) is given by

$$C_S=\left[\frac{1}{\frac{1}{\hat{N}_S}+z_{\frac{\alpha}{2}}\frac{\sqrt{\sum_{i=1}^{k}X_i}}{\sum_{i=1}^{k}n_iM_i}},\frac{1}{\frac{1}{\hat{N}_S}-z_{\frac{\alpha}{2}}\frac{\sqrt{\sum_{i=1}^{k}X_i}}{\sum_{i=1}^{k}n_iM_i}}\right] \tag{B. 2. 23}$$

Variations of the above interval can be found in Krebs (1999, Chapter 2). When $k=2$, C_S under the setting of two captures reduces to

$$C_{S2}(X)=[L_{S2}(X),U_{S2}(X)]=\left[\frac{nM}{X+z_{\frac{\alpha}{2}}\sqrt{X}},\frac{nM}{X-z_{\frac{\alpha}{2}}\sqrt{X}}\right] \tag{B. 2. 24}$$

This interval is not well defined when X is smaller than $z_{\alpha/2}^2$ as the upper limit of the interval is negative. In this case, we redefine the upper limit to be $+\infty$ to make the interval to have a larger coverage probability. Also when $X=0$ the lower limit of $C_{S2}(0)$ is equal to $+\infty$ and this makes the infimum coverage probability zero. So we refine

$$L_{S2}(0)=\frac{nM}{1+z_{\alpha/2}}=L_{S2}(1)$$

which is the most conservative version that makes $L_{S2}(X)$ nonincreasing. More precisely,

$$C_{S2}(X)=\begin{cases}\left[\frac{nM}{1+z_{\alpha/2}},+\infty\right), & \text{if } X=0\\ \left[\frac{nM}{X+z_{\alpha/2}\sqrt{X}},+\infty\right), & \text{if } 1\leqslant X\leqslant z_{\alpha/2}^2\\ \left[\frac{nM}{X+z_{\frac{\alpha}{2}}\sqrt{X}},\frac{nM}{X-z_{\frac{\alpha}{2}}\sqrt{X}}\right], & \text{if } X\geqslant z_{\alpha/2}^2\end{cases} \tag{B. 2. 25}$$

It would be interesting to find the infimum coverage probability of this interval.

Example B. 3 (continued). Reconsider the data in Example B. 3, we compute the 95% interval $C_{S2}(39)=[236.8463,453.5122]=[237,453]$, which is much wider than the

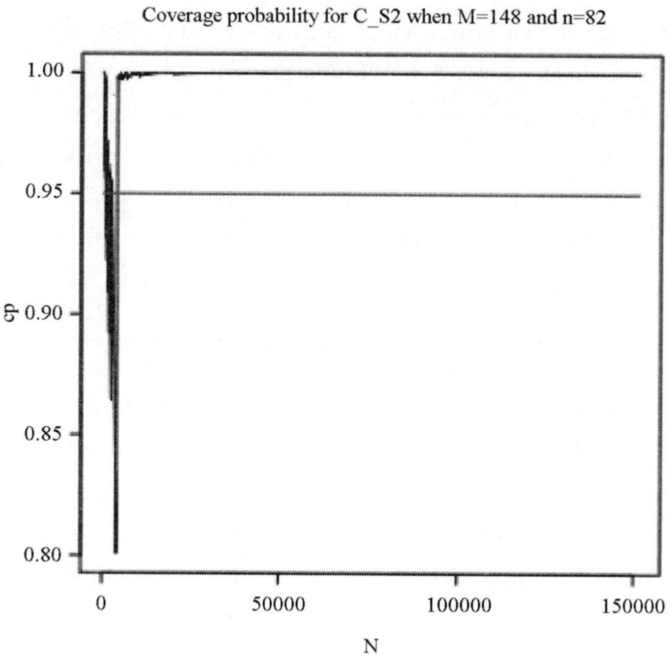

Figure B. 4: Coverage probability of the 95% interval $C_{S2}(X)$ for N when $n=82$ and $M=148$ and a reference line of 0. 95.

two exact 95% intervals $C_O(39)=[260,394]$ and $C_I(39)=[263,394]$. Also the coverage probability of $C_{S2}(X)$ is given in Figure B. 4. The interval has an infimum coverage probability 0. 8007644 that is achieved at $N=4100$, and it has a too large coverage when N is large. So it is difficult to believe that the general interval C_S for more than captures would have a reasonable coverage probability. See more discussion in Exercise 17.

Chapter B. 3 Simple random sampling

B. 3. 1 Introduction

Chapter B. 2 discusses Case I, where N is an unknown parameter and M is a given constant. Now we deal with Case Ⅱ: estimate the unknown M using $X \sim Hyper(M,N,n)$ when N is known. In this case, we only observe a single simple random sample of size n. M is the unknown number of units with a certain attribute in a population of size N. For example, M is the number of persons who wish to build a kindergarten in a community of 10000 ($=N$) residents, and we want to estimate M by randomly interview 100 ($=n$) residents. In the survey, 64 ($=x$) residents support the idea. This is the most basic survey sampling, and is commonly used in practice.

People may make mistakes repeatedly in this case. The most famous example is The 1936 Literary Digest Poll. The US presidential election of 1936 was between Alfred Landon, the Republican governor of Kansas, and the incumbent President, Franklin D. Roosevelt. The Literary Digest had a history of accurately predicting the winners of presidential elections that dated back to 1916 but failed this time. The 1936 Literary Digest poll was one of the largest and most expensive polls ever conducted, with a sample size of around 2.4 million people! At the same time the Literary Digest was making its fateful mistake, George Gallup was able to predict a victory for Roosevelt using a much smaller sample of about 50,000 people. In the US presidential election of 2016, almost all opinion polls claimed that Hillary Clinton would be the winner but Donald J. Trump became the president.

Similar to Chapter B.2, we will provide point estimator and confidence interval for M. In Section B.3.1, we give a naive point estimator and introduce a commonly used approximate interval that is based on this estimator. We then study their behaviors, including the unbiasedness and the coverage probability. Unfortunately, the infimum coverage probability is not acceptable even though the point estimator is unbiased. In Section B.3.2, we derive the smallest lower and upper exact $1-\alpha$ intervals for M. Section B.3.3 describes an exact two-sided admissible interval for M which was proposed in Wang (2015).

B.3.2 A point estimator and an approximate interval for M

Recall $X \sim Hyper(M,N,n)$. Note that the sample proportion should be close to the population proportion. i.e.,

$$\frac{X}{n}=\frac{M}{N}$$

So

$$\hat{M}=N\frac{X}{n}$$

One can show that $\hat{M}$ is very close to the mle of M. See Exercise 18. Also

$$E(\hat{M})=N\frac{EX}{n}=\frac{N}{n}n\frac{M}{N}=M$$

So $\hat{M}$ is an unbiased estimator for M. The corresponding $1-\alpha$ confidence interval for M is the Wald type interval

$$C^M(X)=\left[\frac{NX}{n}\pm t_{\frac{\alpha}{2},n-1}\left(\frac{(N-n)NX(n-X)}{n^2(n-1)}\right)^{\frac{1}{2}}\right] \tag{B.3.1}$$

where $t_{\alpha,n-1}$ is the upper 100α th percentile of a t-distribution with $n-1$ degrees of freedom. This interval is recommended in practice by many researchers (e.g., Thompson, 2002, p. 40, and Lohr, 1999, p. 35).

Is $ICP(C^M)$ close to $1-\alpha$? A bad sign for interval $C^M(X)$ is that the interval reduces to a single point when $X=0$ or $X=n$. Figure B.5 indicates that when $n=200$ and $N=1000$ the infimum coverage probability of the 95% interval $C^M(X)$ is equal to 0.2$(=n/N)$ and is achieved at $M=1$ and $M=999=N-1$. Therefore, there is no guarantee for $C^M(X)$

to capture M always with the desired confidence level if the sample is much smaller than the population.

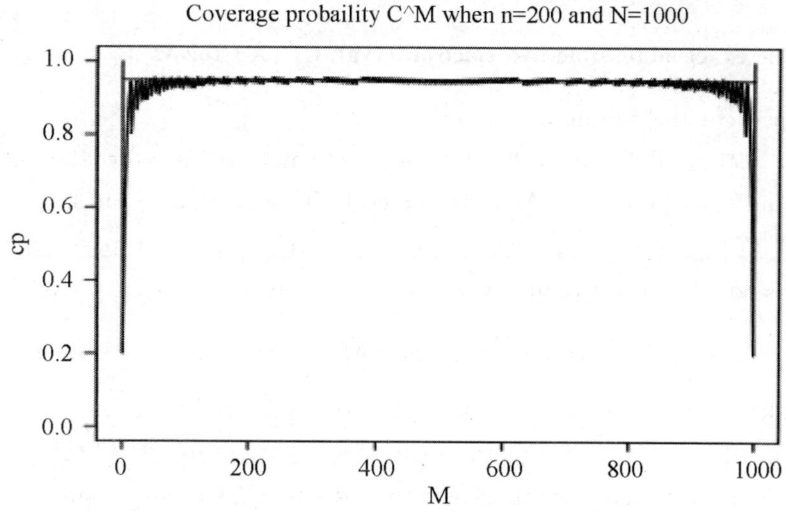

Figure B. 5: Coverage probability (cp) of the 95% interval $C^M(X)$, plotted versus M, with a reference line at 0.95.

Lemma B. 3 *For any $\alpha \in (0,1)$, N and n, the $1-\alpha$ Wald type interval $C^M(X)$ for M given in (B. 3. 1) has a minimum coverage probability no larger than n/N.*

The proof is left as an exercise. See Exercise 19.

B. 3. 3 Two exact smallest one-sided intervals for M

Due to the nature of the distribution of $Hyper(M,N,n)$ when M is unknown and N is given, we should search for an interval $C(X)=[L(X),U(X)]$ for M under two natural restrictions:

$L(X)$ is a nondecreasing function in X (B. 3. 2)

$U(X)=N-L(n-X)$ (B. 3. 3)

since a large M tends to yield a large value of X and $n-X \sim Hyer(M,N,n)$. Therefore, $U(X)$ is also nondecreasing. Under (B. 3. 2), the smallest lower one-sided $1-\alpha$ confidence interval $[L_S^M(X),N]$ is derived in Theorem B. 6, and the smallest upper one-sided interval $[0,U_S^M(X)]$ is derived from $[L_S^M(X),N]$ following (B. 3. 3).

Theorem B. 6 *For any $\alpha \in (0,1)$, let*

$$L_S^M(x)=\begin{cases}0, if\ x=0\\ \max\{M: \sum_{i=0}^{x-1} p_h(i;M-1,N) \geq 1-\alpha\}, if\ x>0\end{cases} \tag{B. 3. 4}$$

Then, among all $1-\alpha$ confidence intervals for M of the form $[L(X),N]$ with nondecreasing $L(X)$, $[L_S^M(X),\infty]$ is the smallest, i.e., $L(X) \leq L_S^M(X)$.

The proof is similar to Theorem B. 3 and is omitted.

Theorem B. 7 *For any $\alpha \in (0,1)$, let*

$$U_S^M(X)=N-L_S^M(n-X) \tag{B. 3. 5}$$

Then, among all $1-\alpha$ *confidence intervals for* M *of the form* $[0,U(X)]$ *with nondecreasing* $U(X)$, $[0, U_S^M(X)]$ *is the smallest, i.e.,* $U_S^M(X) \leqslant U(X)$.

See Exercise 21 for a proof.

B. 3. 4 The exact admissible two-sided interval $C_I^M(X)$ for M

Here we present the second major result.

Similar to Section B. 2. 9, we start from two smallest one-sided $1-\alpha/2$ intervals, $[L_O^M(X),N]$ and $[0,U_O^M(X)]$ for M constructed in Theorems B. 6 and B. 7, then $C_O^M(X) = [L_O^M(X),U_O^M(X)]$ is a $1-\alpha$ interval. Several researchers have proposed this interval. In fact, $C_O^M(X)$ is equal to the Konijn (1973) interval, denoted by $[L_K^M(X),U_K^M(X)]$, since $L_K^M(x) = \max\{M: \sum_{i=x}^{n} p_h(i;M',N) \leqslant \alpha/2, \forall M' < M\}$ for $x>0$ and $L_K^M(0)=0$ (see Buonaccorsi, 1987) are equivalent to (B. 3. 4) with α replaced by $\alpha/2$. Buonaccorsi (1987) also pointed that $C_O^M(X)$ is always a subset of the Cochran interval (1977).

We apply an iterative algorithm (Algorithm Ⅱ) to $C_O^M(X)$ to obtain an admissible interval $C_I^M(X) = [L_I^M(X),U_I^M(X)]$. The process is similar to the construction of $C_I(X)$ but with two differences. a) The length of $C_O^M(x)$ reaches its maximum when $x \approx [\frac{n}{2}]$, so the interval construction starts at $x=\frac{n}{2}$ if the sample size n is even and at $x=[\frac{n}{2}]$ if n is odd, then x goes down by 1 in each step until x reaches 0. b) In each step, we use (B. 3. 3) to determine $C_I^M(n-x)$ from $C_I^M(x)$ as follows:

$$L_I^M(n-x) = N - U_I^M(x), \text{ and } U_I^M(n-x) = N - L_I^M(x) \qquad \text{(B. 3. 6)}$$

We determine up to four unknowns (but only up to two independent unknowns) in each step. Algorithm Ⅱ (described in Section B. 3. 4) generates $C_I^M(X)$ for an even sample size n. Theorem B. 8 lists some properties for $C_I^M(X)$. The proof is similar to Theorem B. 5 and is omitted. When n is odd, $C_I^M(X)$ has the same result, so details are skipped.

Theorem B. 8 *For an even sample size* n, *a unique exact* $1-\alpha$ *confidence interval* $C_I^M(X) = [L_I^M(X),U_I^M(X)]$ *for* M *is generated following Algorithm Ⅱ. This interval satisfies* (B. 3. 2) *and* (B. 3. 3), *and is admissible under the set inclusion criterion.*

Table B. 3 contains the 95% interval $C_O^M(X)$ and the improved interval $C_I^M(X)$ when $n=20$ and $N=200$. The minimum coverage probabilities for $C_O^M(X)$ and $C_I^M(X)$ are 0. 9517089 and 0. 9500568, respectively, and the coverage probabilities are given in Figure B. 6. The ratio of the total lengths for $C_I^M(X)$ and $C_O^M(X)$ is equal to 0. 9408.

Table B. 3: Two 95% intervals, $C_O^M(X)$ and $C_I^M(X)$, when $n=20$ and $N=200$.

x	0	1	2	3	4	5	6	7	8	9	10
$U_O^M(X)$	32	47	61	73	85	95	106	116	125	134	143
$U_I^M(X)$	29	45	61	70	85	95	104	114	123	130	138
$L_I^M(X)$	0	1	4	10	16	22	30	34	45	49	62
$L_O^M(X)$	0	1	3	8	13	19	26	33	40	48	57
x	20	19	18	17	16	15	14	13	12	11	
$U_O^M(X)$	200	199	197	192	187	181	174	167	160	152	
$U_I^M(X)$	200	199	196	190	184	178	170	166	155	151	
$L_I^M(X)$	171	155	139	130	115	105	96	86	77	70	
$L_O^M(X)$	168	153	139	127	115	105	94	84	75	66	

The construction of $C_I^M(X)$ starts at $x=10$, and in each step we determine $C_I^M(x)$ and $C_I^M(n-x)$. In Step 1, we only determine $C_I^M(10)$ because $x=10=n-x$ here. We lift $L_O^M(10)=57$ up to an integer a and press $U_O^M(10)=143$ down to $N-a$ simultaneously, and keep the other $C_O^M(x)$'s unchanged. Name this interval $C_{a,N-a}^M(X)$. For each integer $a \geqslant 57$, compute the minimum coverage of $C_{a,N-a}^M(X)$ and find that it is at least 0.95 when $a=62$, but is less than 0.95 when $a=63$. So $a=62$ is the largest integer to make $C_{a,N-a}^M(X)$ of level 0.95. Then define $C_I^M(10)=[62,138]$. In Step 2, we determine $C_I^M(X)$ at $x=9$ and $x=11$ by squeezing $C_{a,N-a}^M(X)=[L_{a,N-a}^M(X), U_{a,N-a}^M(X)]$ with $a=62$ from Step 1. Lift $L_{a,N-a}^M(9)=48$ up to an integer c (press $U_{a,N-a}^M(11)=152$ down to $N-c$) and press $U_{a,N-a}^M(9)=134$ down to an integer d (lift $L_{a,N-a}^M(11)=66$ up to $N-d$), and keep the rest of $C_{a,N-a}^M(x)$'s unchanged. Name this interval $C_{c,d}^M(X)$. For all $48 \leqslant c \leqslant d \leqslant 134$, we compute the minimum coverage for $C_{c,d}^M(X)$, and find the pair $(c^*, d^*)=(49, 130)$ such that d^*-c^* is the smallest $d-c$ among those $C_{c,d}^M(X)$'s with minimum cover-

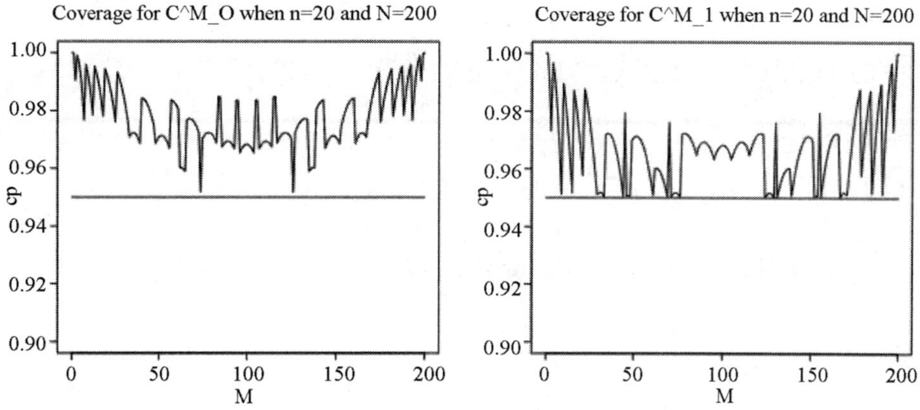

Figure B. 6: Coverage probabilities (cp) of two exact 95% intervals $C_O^M(X)$ and $C_I^M(X)$ (the proposed interval), plotted versus M, with a reference line at 0.95.

age at least 0.95. So, define $C_I^M(9)=[49,130]$, and $C_I^M(11)=[70,151]$ following (B.3.6). Repeat Step 2 for $x=8,\cdots,0$, and the construction ends in Step 11. A formal description of this process, Algorithm Ⅱ, is given in Section B.3.4.

B.3.5 Algorithm Ⅱ

Algorithm Ⅱ is for the computation of $C_I^M(X)$ for M and is available in an R-code from the author. For illustration purposes, consider the case of an even n. The case of an odd n is similar and is omitted.

Step1-Ⅱ: We determine $C_I^M\left(\frac{n}{2}\right)=\left[L_I^M\left(\frac{n}{2}\right),U_I^M\left(\frac{n}{2}\right)\right]$ by squeezing $\left[L_O^M\left(\frac{n}{2}\right),U_O^M\left(\frac{n}{2}\right)\right]$ with a restriction $U_I^M\left(\frac{n}{2}\right)=N-L_I^M\left(\frac{n}{2}\right)$. For any given integer $a\geqslant L_O^M\left(\frac{n}{2}\right)$, let

$$C_{a,N-a}^M(x)=\begin{cases}[L_O^M(x),\min\{N-a,U_O^M(x)\}], & \text{if } x<\frac{n}{2}\\ [a,N-a], & \text{if } x=\frac{n}{2}\\ [N-\min\{N-a,U_O^M(n-x)\},N-L_O^M(n-x)], & \text{if } x>\frac{n}{2}\end{cases}\quad(\text{B.3.7})$$

if its minimum coverage is at least $1-\alpha$. The minimum in the first line of (B.3.7) is to make interval $C_{a,N-a}^M(X)$ satisfy (B.3.2) and the third line is for (B.3.3). Such an interval $C_{a,N-a}^M(X)$ exists because $C_O^M(X)$ is one such interval. Let $C_1^M(X)$ be the $C_{a,N-a}^M(X)$ with the largest a, denoted by a^*, which is obviously unique. In this step we obtain $C_1^M(X)=C_{a^*,+\infty}^M(X)$ and $C_I^M\left(\frac{n}{2}\right)=C_1^M\left(\frac{n}{2}\right)=[a^*,N-a^*]$.

By induction, suppose that an interval $C_{k-1}^M(X)$ is constructed for some $k-1\geqslant 1$ (note that $C_1^M(X)$ corresponds to $k=2$), $C_I^M(X)$ is constructed for $x\in\left[\frac{n}{2}\pm(k-2)\right]$ ($C_I^M(x)=C_{k-1}^M(x)$ for $x\in\left[\frac{n}{2}\pm(k-2)\right]$), and $C_{k-1}^M(X)$ satisfies (B.3.2) and (B.3.3).

Step k-Ⅱ: In this step we determine $C_k^M(X)$ and $C_I^M(x)$ at $x=\frac{n}{2}-(k-1)$ (then at $x=\frac{n}{2}+(k-1)$ by (B.3.3)) by modifying $C_{k-1}^M(X)=[L_{k-1}^M(X),U_{k-1}^M(X)]$. For any pair of integers (c,d) with $L_{k-1}^M\left(\frac{n}{2}-(k-1)\right)\leqslant c\leqslant d\leqslant U_{k-1}^M\left(\frac{n}{2}-(k-1)\right)$, let

$$C_{c,d}^{M}(x)=\begin{cases}[L_{k-1}^{M}(x),\min\{d,U_{k-1}^{M}(x)\}], & \text{if } x<\frac{n}{2}-(k-1)\\ [c,d], & \text{if } x=\frac{n}{2}-(k-1)\\ C_{k-1}^{M}(x), & \text{if } \frac{n}{2}-(k-2)\leqslant x\leqslant\frac{n}{2}\end{cases} \tag{B. 3. 8}$$

(for $x>\frac{n}{2}$ define $C_{c,d}^{M}(x)$ following (B. 3. 3) if its minimum coverage is at least $1-\alpha$. Interval $C_{c,d}^{M}(X)$ exists for some (c,d) because $C_{k-1}^{M}(X)$ is one such interval. Let D be the smallest difference of such $d-c$'s. Furthermore, let (c^*,d^*) be the pair with the smallest d among pairs that have a difference D. Therefore, (c^*,d^*) exists and is unique. Then define $C_k^M(X)=C_{c^*,d^*}^{M}(X)$ and $C_I^M(X)=C_{c^*,d^*}^{M}(X)=[c^*,d^*]$ at $x=\frac{n}{2}-(k-1)$.

The construction is complete in Step $(\frac{n}{2}+1)$ by induction.

Again, the minimum function in the first line of (B. 3. 8) is to make the interval $C_{c^*,d^*}^{M}(X)$ satisfy (B. 3. 2). Incidentally, in our extensive numerical study, the pair (c,d) that has the smallest difference D is typically unique for the commonly used confidence levels. Nevertheless, our selection of the smallest d in addition to the smallest D guarantees a unique output from Algorithm Ⅱ. Since we in every step select the pair with the shortest difference D, the interval $C_I^M(X)$ is admissible.

Exercises

1. Show that $p_h(x;M,N)$ in (B. 1. 1) is a probability mass function.

2. Show $EX=np$ and $Var(X)=np(1-p)(N-M)/(N-1)$ when $X\sim HyperH(M,N,n)$. Hint: X is the number of successes in n draws (without replacement) and is equal to $\sum_{k=1}^{n}X_k$, where X_k be the number of success in the kth draw. Find EX_k, $Var(X_k)$, and the covariance of X_k and $X_{k'}$ for $1\leqslant k<k'\leqslant n$.

3. Rewrite $p_h(x;M,N)$ in (B. 1. 1) as $p_h(x;M,N,n)$. Show that

$$p_h(x;M,N,n)=p_h(x;n,N,M)$$

Therefore, the first and second samples can be swapped.

4. Consider Example B. 2.

a. Compute $Cover_{C_O}(N)$ at $N=10$, 20, 30, and 31.

b. Write a program (R program) to compute $Cover_{C_O}(N)$ for any N.

c. Plot $Cover_{C_O}(N)$ versus N for $N=10$, 11, …, 50. The coverage probability as a function of N goes up and down when N goes large. Can you see when it starts to go up?

Find the minimum and the minimum point of $Cover_{C_O}(N)$ from the plot. Can you prove $Cover_{C_O}(30) = \min\{Cover_{C_O}(N): N \geq 10\}$?

5. Confirm the infimum coverage probability for the case of $1-\alpha=0.95$ and $n=M=500$ in Table B. 1.

6. Let $X \sim Hyper(M, N, n)$. Another attempt to improve the Lincoln-Petersen interval $C_{N1}(X)$ is

$$C_{N3}(X) = \left[\frac{nM}{X} - z_{\frac{\alpha}{2}}\left(\frac{n^2M(M-X)}{X^3}\right)^{\frac{1}{2}}, \frac{nM}{X} + z_{\frac{\alpha}{2}}\left(\frac{n^2M(M-X)}{X^3}\right)^{\frac{1}{2}}\right] \quad (B.3.9)$$

which was proposed by Bailey (1951). This interval is very similar to $C_{N1}(X)$ except that the standard error ignores the finite population correction. Bonett (1988) concluded from a simulation study that $C_{N3}(X)$ was more efficient than $C_{N1}(X)$. Is it true? For any $\alpha \in (0,1)$, let u'_1 be the smallest integer larger than $U_{N3}(1)$. Let $a' = \frac{M}{n+1}$ and $b' = p_h(0; M, u'_1)$ with p_h given in (B. 1. 1). Then $ICP(C_{N3})$ is less than or equal to $\min\{a', b'\}$ if $M < n$, and is less than or equal to b' if $M \geq n$.

7. Bailey (1951) described another approximate $1-\alpha$ interval for N,

$$C_{N4}(X) = \left[\frac{(n+1)M}{X+1} \pm z_{\frac{\alpha}{2}}\left(\frac{M^2(n+1)(n-X)}{(X+1)^2(X+2)}\right)^{\frac{1}{2}}\right] \quad (B.3.10)$$

Show that, for any $\alpha \in (0,1)$ and any M and n, $ICP(C_{N4})$ is equal to zero.

8. Consider a sequence of functions $f_n(x) = nx$ for $x > 0$ and $n = 1, 2, \cdots$. Show that

$$\inf_{x>0} \lim_{n\to+\infty} f_n(x) \neq \lim_{n\to+\infty} \inf_{x>0} f_n(x)$$

This simple example shows that the order of *inf* and *lim* cannot be switched.

9. Let X be a Poisson random variable with an unknown mean λ. i. e. , the pmf of X is given by

$$p_p(x;\lambda) = \frac{\lambda^x}{x!}e^{-\lambda}$$

Assume $\underline{X} = \{X_1, \cdots, X_n\}$ is an independently identically distributed sample with the common pmf above. Show that the bootstrap interval for λ based on any estimator $\hat{\lambda}(\underline{X})$ has a zero infimum coverage probability for any sample size n.

10. We now take a close look at the bootstrap interval for N based on the Lincoln-Petersen estimator $\hat{N} = nM/X$, where $X \sim Hyper(M, N, n)$ for known M and n.

a. Suppose $M = 10$ and $n = 15$ and the second sample, X_i's, consists of 3 one's and 12 zero's. i. e. , We marked 10 animals and released them, and we found 3 marked animals in the second sample of size 15. Using a computer program, generate a bootstrap sample $\{X_1^*, \cdots, X_n^*\} \overset{iid}{\sim} Bino(1, X/n)$ for the given $X = \sum_{i=1}^n X_i$. Then, the bootstrap estimate for N on this sample is $Y_1 = nM/(\sum_{i=1}^n X_i^*)$. Repeat this process many times and generate $h = 1000$ bootstrap estimates $\{Y_1, \cdots, Y_h\}$ for N and obtain a 95% bootstrap interval $[Y_{(26)}, Y_{(975)}]$.

b. For a general h, show that $Y_{(l)}$ for $l = [h\frac{\alpha}{2}] + 1$ is a $100(\frac{\alpha}{2})\%$ percentile of Y_j's and $Y_{(u)}$ for $u = h + 1 - l$ is a $100(1-\frac{\alpha}{2})\%$ percentile of Y_j's.

c. Derive the coverage probability function for the bootstrap interval $[Y_{(l)}, Y_{(u)}]$

$Cover(N) = P(Y_{(l)} \leqslant N \leqslant Y_{(u)})$

Hint: use the conditional distributions of $Y_j | X$ and $Y_{(j)} | X$.

d. For $M = 10$, $n = 15$, $h = 1000$ and $\alpha = 0.05$, compute $Cover(4)$ using the formula in c) and confirm your calculation by simulations. Find the minimum of $Cover(N)$. Is it close to 95%? Try other combinations of M, n, h and α, is there a case that the minimum of $Cover(N)$ close to $1-\alpha$?

e. What is the expected length of the bootstrap interval $E[Y_{(u)} - Y_{(l)}]$?

f. Derive the coverage probability and expected length for the bootstrap interval based on the Chapman estimator in (B. 2. 3). Confirm your results by simulations.

11. For fixed M and n, the hypergeometric distribution $X \sim Hyper(M, N, n)$ is stochastically nonincreasing in N. i. e. , for any value x of X: 0, …, $\min\{n, M\}$, $h(N) = P(X > x)$ is nonincreasing in N.

12. Theorem B. 3 claims that $[L_O(X), +\infty)$ is the smallest interval in interval class $\mathscr{B}_l$ that consists of all level $1-\alpha$ one-sided intervals of form $[L(X), +\infty)$ with a nonincreasing $L(X)$. Suppose now we give up the nonincreasing condition on $L(X)$ for class $\mathscr{B}_l$,

a. Is interval $[L_O(X), +\infty)$ still the smallest? If yes, give a proof; otherwise give a counter example.

b. Does the smallest interval still exist in this case? Why or why not?

13. Prove Theorem B. 4. Also identify in which interval class $\mathscr{B}_u$ interval $[\max\{n, M\}, U_O(X)]$ given in Theorem B. 4 is the best (smallest) interval.

14. Confirm the result in Table B. 2 i. e. ,

a. compute $C_O(X)$ following Theorems B. 3 and B. 4.

b. compute $C_I(X)$ for $X = 2, \cdots, 8$. For example, to find $C_I(2)$, one may hold $L_O(2) = 18$, then press down $U_O(2)$ from 301 to the smallest value, say d_0, before the infimum coverage probability goes below 0. 95. Then $U_I(2) = d_0$. Next hold $U_I(2) = d_0$ and lift $L_O(2)$ from 18 to the largest value, say c_0, before the infimum coverage probability goes below 0. 95. Then $L_I(2) = c_0$. In this way, we complete a two-dimensional search of (c_0, d_0) through two one-dimensional searches on d_0 and c_0, respectively. One can prove that these two approaches give the same result, and this is true for all values of X.

15. Investigator used capture-recapture to estimate N, the number of fishers in a large lake. 7 fishers were captured in August 1981, and 12 fishers were captured in Febru-

ary 1982, and of those 12, 4 had also been captured in the first sample. Give the mle estimate of N and a 95% exact admissible confidence interval $C_I(X)$ for N using R program.

16. In the summer camp for middle school students at Wright State University in June 2013, students were asked to estimate the number of crickets (many) in a large box. Try out the two-sample capture-recapture method for this purpose. Describe fully what you should do.

17. Cochi et al. (1989) recorded data on congenital rebella syndrome from two sources: The National Congenital Rubella Syndrome Registry (NCRSR) obtained data through voluntary reports from state and local health departments, and The Birth Defects Monitoring Program (BDMP) obtained data from hospital discharge records from a subset of hospitals. The data are given below by years. The goal is to estimate, N, the total number of cases of congenital rubella syndrome between 1970 and 1985.

Year	NCRSR	BDMP	both	Year	NCRSR	BDMP	both
1970	45	15	2	1978	18	9	2
1971	23	3	0	1979	39	11	2
1972	20	6	2	1980	12	4	1
1973	22	13	3	1981	4	0	0
1974	12	6	1	1982	11	2	0
1975	22	9	1	1983	3	0	0
1976	15	7	2	1984	3	0	0
1977	13	8	3	1985	1	0	0

a. Do you think that the assumptions for capture-recapture hold here?

b. Derive the 95% Chapman interval for N based on the data.

c. Compute the coverage probability of the interval in part b) at $N=58513$.

d. Derive the exact 95% confidence interval $C_O(X)$ for the total number of cases of congenital rubella syndrome in the year of 1981.

e. Derive the exact 95% confidence interval $C_I(X)$ for the total number of cases of congenital rubella syndrome in the year of 1981.

18. Consider $C_{S2}(X)$ in (B. 2. 25), the special case of C_S in (B. 2. 23) when there are k captures.

a. Confirm in Example B. 3 that the coverage probability at $N = 4100$ $Cover_{C_{S2}}(4100)=0.8007644$ using R programming.

b. For any n and M, show that

$ICP(C_{S2}) \leqslant 1 - F_h(1; M, N^*, n)$

where N^* is the largest integer less than $L_{S2}(1)$.

c. For $n=500=M$, show that $ICP(C_{S2}) \leqslant 0.7965758$.

19. Assume $X \sim Hyper(M,N,n)$. Show that the maximum likelihood estimator of M is

$$\hat{M}=\begin{cases}0, & \text{if } X=0\\ \left[N_{\frac{x}{n}}+\left(\frac{x}{n}-1\right)\right], & \text{if } X>0\end{cases} \qquad \text{(B. 3. 11)}$$

where $[c]$ denotes the largest integer no larger than c.

20. Prove Lemma B. 3 by computing the coverage probability of $C^M(X)$ at $M=1$. Note that $M=1$ is not included in $C^M(0)$.

21. Derive the 97.5% smallest lower one-sided confidence interval $[L_S^M(X), N]$ for M following Theorem B. 6 when $n=20$ and $N=200$ using R program. See the result in Table B. 3.

22. Prove Theorem B. 7 assuming that Theorem B. 6 is true.

23. Derive the coverage probability and expected length for the $1-\alpha$ bootstrap interval for the population proportion $p=M/N$ using the estimator $\hat{p}=\frac{X}{n}$, where $X \sim Hyper(M,N,n)$ for known N and n. Is there a case of N, n, α and h (the number of bootstrap estimates) that the minimum of coverage probability function $Cover(M)$ is close to $1-\alpha$?

Bibliography

[1]Agresti, A. and Coull, B. A. (1998). Approximate is better than "exact" for interval estimation of binomial proportions. *The American Statistician*, 52, 119—126.

[2] Andrews, D. (2000). Inconsistency of the bootstrap when a parameter is on the boundary of the parameter space. *Econometrica* 68, 399—405.

[3]Bailey, N. T. J. (1951). On estimating the size of mobile populations from recapture data. *Biometrika*, 38, 293—306.

[4]Blyth, C. R. and Still, H. A. (1983). Binomial confidence intervals. *Journal of the AmericanStatistical Association*}, 78, 108—116.

[5]Brown, L. D., Cai, T. T. and DasGupta, A. (2001). Interval estimation for a binomial proportion. *Statistical Sciences*, 16, 101—133.

[6]Buonaccorsi, J. P. (1987). A note on confidence intervals for proportions in finite populations. *The American Statistician*, 41, 215—218.

[7]Buckland, S. T. (1984). Monte Carlo confidence intervals. *Biometrics*, 40, 811—817.

[8]Casella, G. (1986). Refining binomial confidence intervals. *The Canadian Journal of Statistics*, 14, 113—129.

[9]Chapman, D. G. (1951). Some properties of the hypergeometric distribution with application to zoological sample censuses. *University of California Publications in Statistics*, 1, 131—160.

[10]Clopper, C. J. and Pearson, E. S. (1934). The use of confidence or fiducial limits in the case of the binomial. *Biometrika*, 26,404—413.

[11]Cochran, W. G. (1977), *Sampling Techniques*. 3rd ed., New York: John Wiley.

[12]Cochi, S. L., Edmonds, L. E. Dyer, K., Greaves, W. L., Marks, J. S., Rovira, E. Z., Preblud, S. R. and Orenstein, W. A. (1989). Congenital rebella syndrome in the United States: 1970—1985. *American Journal of Epidemiology*, 129, 349—361.

[13]Cormack, R. M. (1989). Log-linear models for capture-recapture. *Biometrics*, 45, 395—413.

[14]Efron, B. (1979). Bootstrap methods: another look at the jackknife. *Annals of Statistics*, 7, 1—26.

[15]Egeland, G. M., Perham-Hester, K. A. and Hook, E. B. (1995). Use of capture-recapture analyses in fetal alcohol syndrome surveillance in Alaska. *American Journal of Epidemiology*, 141, 335—441.

[16]Fienberg, S. E. (1972). The multiple recapture census for closed populations and incomplete 2k contingency tables. *Biometrika*, 59, 591—603.

[17]Huwang, L. (1995). A note on the accuracy of an approximate interval for the binomial parameter. *Statistics & Probability Letters*, 24, 177—180.

[18]Konijn, H. S. (1973), *Statistical Theory of Sample Survey Design and Analysis*, Amsterdam: North-Holland.

[19]Krebs, C. J. (1999). *Ecological Methodology*, 2nd ed., Addison-Wesley Educational Publishers, Inc.

[20]Lincoln, F. C. (1930). Calculating waterfowl abundance on the basis of banding returns. Circular number 118, US Department of Agriculture, Washington, DC.

[21]Lohr, S. L. (1999). *Sampling: Design and Analysis*. Pacific Grove, CA: Duxbury Press.

[22]Petersen, C. G. J. (1896). The yearly immigration of young plaice into the Limfjord from the German sea. *Report to the Danish Biological Station*, 6, 5—48.

[23]Pollock, K. H., Nichols, J. D., Brownie, C. and Hines, J. E. (1990). Statistical inference for capture-recapture experiments. *Wildlife Society Monographs*, 107, 1—97.

[24]Sekar, C. C. and Deming, W. E. (1949). On a method of estimating birth and death rates and extent of registration. *Journal of the American Statistical Association*, 44, 101—115.

[25]Seber, G. A. F. (1982), *The Estimation of Animal Abundance*, 2nd ed. London: Griffin.

[26]Seber, G. A. F. (1986). A review of estimating animal abundance. *Biometrics*, 42, 267—292.

[27]Seber, G. A. F. (1992). A review of estimating animal abundance: II. *International Statistical Review*, 60, 129—166.

[28]Seber, G. A. F. , Huakau, J. T. and Simmons, D. (2000). Capture-Recapture, Epidemiology, and List Mismatches: Two Lists. *Biometrics*, 56, 1227—1232.

[29]Thompson, S. K. (2002). *Sampling*, 2nd ed. , John Wiley & Sons, Inc.

[30]Wang, H. (2007), Exact confidence coefficients of confidence intervals for a binomial proportion. *Statistica Sinica*, 17, 361—368.

[31]Wang, W. (2006). Smallest confidence intervals for one binomial proportion. *Journal of Statistical Planning and Inference*, 136, 4293—4306.

[32]Wang, W. (2010). On construction of the smallest one-sided confidence interval for the difference of two proportions. *The Annals of Statistics*, 38, 1227—1243.

[33]Wang, W. (2013). A note on bootstrap confidence intervals for proportions. *Statistics and Probability Letters*, 83, 2699—2702.

[34]Wang, W. (2014a). An iterative construction of confidence interval for a proportion. *Statistica Sinica*, 24, 1389—1410.

[35]Wang, W. (2015). Exact optimal confidence intervals for hypergeometric parameters. *Journal of the American Statistical Association*, 110, 1491—1499.

[36]Wittes, J. T. (1972). On the bias and estimated variance of Chapman's two-sample capture-recapture population estimate. *Biometrics*, 28, 592—597.